Carol Herselle Krinsky

Europas Synagogen

Carol Herselle Krinsky

Europas Synagogen

Architektur, Geschichte und Bedeutung

Fourier Verlag · Wiesbaden

Aus dem amerikanischen Englisch übertragen von
Bettina Witsch-Aldor

Die Übersetzerin dankt Frau Sigrid Warscher,
Stuttgart, für ihre unermüdliche Hilfe,
ebenso Herrn Dr. Nikolaus Vielmetti, Institut für
Judaistik, Wien, für zahlreiche Hinweise.

Titel der amerikanischen Originalausgabe:
»Synagogues of Europe«

Fourier Verlag GmbH Wiesbaden 1997
Lizenzausgabe mit freundlicher Genehmigung
der Deutschen Verlags-Anstalt GmbH, Stuttgart
Lektorat: Nora von Mühlendahl
Typographische Gestaltung: Christine Wegener
Satz und Druck: Wagner GmbH, Nördlingen
Bindearbeit: Großbuchbinderei Monheim, Monheim
Printed in Germany
ISBN 3-925037-89-6

Inhalt

Abkürzungen

Die folgenden Abkürzungen werden in Anmerkungen und Bibliographien benutzt.

AJYb
American Jewish Year Book (manchmal Yearbook).

Aronius, Regesten
J. Aronius, Regesten zur Geschichte der Juden im fränkischen und deutschen Reiche bis zum Jahre 1273, Berlin 1902.

AZJ
Allgemeine Zeitung des Judenthums.

Bachi, Appunti
A. Bachi, »Appunti sulla architectura della sinagoga«, in: Israel. La rassegna mensile, Ser. 2, VIII (1933).

Bendt & Bothe
V. Bendt und R. Bothe (Hrsg.), Synagogen in Berlin. Zur Geschichte einer zerstörten Architektur, Berlin 1983 (Stadtgeschichtliche Publikationen, herausgegeben von Rolf Bothe, 1).

Gans, Memorbook
M. H. Gans, Memorbook: History of Dutch Jewry from the Renaissance to 1940, Baarn 1977.

Grotte, Deutsche
A. Grotte, Deutsche, böhmische und polnische Synagogentypen vom XI. bis Anfang des XIX. Jahrhunderts, Berlin 1915 (Mittheilungen der Gesellschaft zur Erforschung jüdischer Kunstdenkmäler, Frankfurt a. M., 7. und 8. Bd.).

Gutmann, Synagogue
J. Gutmann (Hrsg.), The Synagogue. Studies in Origins, Archaeology and Architecture, New York 1975.

Hammer-Schenk, Opplers
H. Hammer-Schenk, »Edwin Opplers Theorie des Synagogenbaus«, in: Hannoversche Geschichtsblätter, XXXII, Nr. 1/3 (1979).

Hammer-Schenk, Synagogen
H. Hammer-Schenk, Synagogen in Deutschland: Geschichte einer Baugattung im 19. und 20. Jahrhundert, Hamburg 1981.

Hammer-Schenk, Untersuchungen
H. Hammer-Schenk, »Untersuchungen zum Synagogenbau in Deutschland von der ersten Emanzipation bis zur gesetzlichen Gleichberechtigung der Juden (1800–1871)«, Diss., Tübingen 1974.

Krautheimer, Mitt. Syn.
R. Krautheimer, Mittelalterliche Synagogen, Berlin 1927.

Nahon, Arks
U. Nahon, Holy Arks and Ritual Appurtenances from Italy in Israel, Tel Aviv 1970.

Piechotka
K. und M. Piechotka, Wooden Synagogues, Warschau 1959.

Pinkerfeld
J. Pinkerfeld, Beth ha-knesset be'Italja, Jerusalem 1954.

Wischnitzer, Architecture
R. Wischnitzer, The Architecture of the European Synagogue, Philadelphia 1964.

▷
◁
Diese Bildhinweise beziehen sich auf die inneren Textspalten.

Danksagung

Ich freue mich, all denen meinen Dank aussprechen zu können, die zur Verwirklichung dieses Buches beigetragen haben. Einigen danke ich noch gesondert am Ende der Abhandlungen über bestimmte Synagogen im zweiten Teil des Bandes. Sollte ich jemanden vergessen haben, hoffe ich, daß diejenigen, die mir in der Vergangenheit so freundlich geholfen haben, dieses Versehen nicht nachtragen werden.

Einigen Wissenschaftlern sage ich an dieser Stelle meinen Dank, weil sie sich in besonderer Weise für mich eingesetzt haben: Sybil Milton (Leo Baeck Institute), Mosche Barasch (Hebrew University), Joseph Gutmann (Wayne State University) und Adolf K. Plaszek (Bibliothekar i. R. an der Avery Library). Die Bibliotheken und Mitarbeiter des Leo Baeck Institute, der YIVO, der Avery Library, des Hebrew Union College, des Jewish Theological Seminary und der Jewish Division der New York Public Library haben mir mit zahlreichen Hinweisen geholfen. Es ist mir ein Bedürfnis, Fred Bogin, Marek Web, Fruma Mohrer, Lucjan Dobroszycki und die inzwischen verstorbene Zosa Szajkowski hier besonders zu erwähnen. Neben vielen anderen haben mir Steve Zipperstein und Abraham D. Glicksberg großzügig ihre Zeit und ihr Wissen zur Verfügung gestellt. Aus Platzmangel kann ich leider nicht alle diejenigen erwähnen, die mir an den europäischen Instituten geholfen haben, aber J. J. F. W. van Agt, Sándor Scheiber, Nikolaus Vielmetti und Evžen Lukeš widmeten mir besonders viel Zeit bei meiner straff organisierten Forschungsreise. Die Einrichtungen und Sammlungen folgender Organisationen sind unter anderen sehr hilfreich gewesen: Royal Institute of British Architects, United Synagogue, Federation of Synagogues, Liberal Synagogue, Consistoire Israélite, Archives Nationales, Caisse Nationale des Monuments Historiques, Rijksdienst voor de Monumentenzorg, Institut für die Geschichte der deutschen Juden in Hamburg, Bibliothek Germania Judaica in Köln, Zentralrat der Juden in Deutschland in Düsseldorf, Allgemeine Unabhängige Jüdische Wochenzeitung, Stadtbüchereien und Archive mehrerer deutscher Städte bei der Beschaffung von Bildmaterial, Österreichische Nationalbibliothek, Bundesdenkmalamt, Jüdische Gemeinde in Wien, Jüdisches Gemeindebüro und Jüdisches Historisches Institut in Warschau, Pánstwowy Institut Sztuki, Amt für Polnische Denkmäler, Abteilung für Kunstgeschichte an der Jagiello-Universität in Krakau, Jüdisches Historisches Museum in Budapest, Staatliches Jüdisches Museum und Technisches Nationalmuseum in Prag sowie die im Bildnachweis genannten Institutionen.

Außer den Erwähnten bin ich weiteren Fachleuten auf diesem Gebiet begegnet, mit denen ich eine fruchtbare Korrespondenz geführt habe. Hier seien besonders Rachel Wischnitzer, Harold Hammer-Schenk und Hannelore Künzl erwähnt. Im Frühstadium meines Vorhabens half Richard Krauthammer mir durch zahlreiche Quellenhinweise. Während meiner ganzen Arbeit an diesem Buch habe ich das Niveau angestrebt, das er vor mehr als fünfzig Jahren in seinem eigenen klassischen Werk über mitteleuropäische Synagogen erreicht hat.

Die Hilfe von Freunden, Kollegen und Familienangehörigen ist für einen Autor stets wichtig. Mein Mann, Robert D. Krinsky, hat mich in jeder Weise unterstützt; er und unsere Kinder waren geduldig, nachsichtig und ausgezeichnete Reisebegleiter. Meine Mutter, Jane Gartman Herselle, unsere Tante, Charlotte Krinsky, sowie Freunde und Kollegen von der New York University, unter anderen Jane Castello, Edward Sullivan, Pearl Ehrenreich, Henry Berman und Ethel Hirsch, haben auf ihren Reisen Photographien für mich gemacht und Hinweise gesammelt. James Duncan Berry und Pamela Lawrence haben mit Intelligenz und guter

Laune Routinearbeiten ausgeführt. Jim Morgans und Nora Beesons kluge Kritik und sachkundigen Anregungen haben zu grundlegenden Verbesserungen geführt. Moira Duggan war mir eine ausgezeichnete Lektorin. Ich danke auch Madelaine Fava, die mehrere Pläne neu gezeichnet hat. Mit Karen Bank, Lauren T. Klein, Pamela Stinson und Julianne Griffin von der Architectural History Foundation habe ich mit Vergnügen zusammengearbeitet.

Mein Dank gebührt auch der New York University für Studienurlaube und dem American Council of Learned Societies für seinen Zuschuß zu den Reisen nach Osteuropa.

Vorwort

Architektur ist, wie die Politik, die Kunst des Möglichen. Könige, Parlamente oder große Unternehmen können imposante Bauwerke in Auftrag geben und ihre Träume verwirklichen. Leute, die weniger Macht und Einfluß besitzen, bauen, so gut sie es können.

Normalerweise enthalten baugeschichtliche Bücher immer viele Beispiele großartiger und gewaltiger Gebäude, die für Leute errichtet wurden, welche die Möglichkeiten hatten, ihre Wünsche in bezug auf die Architektur zu verwirklichen oder die kulturellen Tendenzen der führenden Gesellschaftsschicht zum Ausdruck zu bringen. Das vorliegende Buch ist jedoch anders, da sein Thema ein anderes ist. Es behandelt Synagogen in Europa, die Kultbauten einer Minderheit, der in keinem europäischen Land Bürgerrechte zugestanden wurden, bis die Franzosen sie ihr im Jahre 1791 gewährten. Die Juden waren daher gezwungen, ihre Vorstellungen von der Architektur ihrer Bauten und deren Verwirklichung den politischen und gesellschaftlichen Umständen anzupassen. Diese Abhandlung befaßt sich mit herausragenden noch existierenden Bauten, einigen bescheideneren Gebäuden und solchen, deren Existenz nur aus unvollständigen historischen Quellen bekannt ist.

Wurden Juden aufgefordert, sich in einer Stadt niederzulassen – dies geschah meist, damit sie Aufgaben in Handel und Finanz übernahmen, welche von den Einheimischen selbst nicht erfüllt werden konnten –, so konnten ihre Synagogen auch ansehnliche und gut ausgestattete Bauwerke sein. Wurden die Juden an dem Ort, wo sie lebten, jedoch nur geduldet, dann waren ihre Synagogen zwangsläufig einfache, unscheinbare, dem Blick der Öffentlichkeit entzogene Gebäude. Christen, welche die Lehre ihrer eigenen Kirche mißachteten und die Juden verfolgten, zerstörten häufig die Synagogen und verjagten die Gläubigen, oder sie benutzten die Gotteshäuser zu anderen Zwecken. Deshalb wird an den Synagogen besonders deutlich, welche Beziehungen zwischen Architektur und Gesellschaft bestanden, und somit auch, welche Wirkung die herrschende Gesellschaftsschicht auf das Selbstverständnis der Minderheit hatte.

Es ist an der Zeit, sich mit der Synagogenarchitektur auseinanderzusetzen. Die Forschung widmet sich heute zunehmend den ethnischen Minderheiten. Wir sind eher bereit, einzelne Gesellschaftsgruppen in ihrer Eigenart zu schätzen, als parallel zur herrschenden Kultur existierende Sonderentwicklungen zu ignorieren oder gar abzulehnen.

Deshalb nehmen wir heutzutage mehr als nur die Kathedralen und Paläste, die bisher überwiegend Gegenstand der Architekturgeschichte waren, in den Kanon dieses Fachgebiets auf. Auch wenn die große, von berühmten Baumeistern und einflußreichen Auftraggebern geschaffene Architektur stets vorherrschend bleiben wird, so hat es doch in letzter Zeit immer mehr Untersuchungen über regional bedingte Architektur, über Kolonialbauten, Wohnhäuser, Bauten des Mittelstandes, Krankenhäuser und sogar Gefängnisse gegeben. Wir möchten heute wissen, wie jedermann lebte, was dem unbesungenen Helden, dem Angehörigen einer Minderheit geschah. Untersuchungen verschiedener kultureller Milieus tragen auch dazu bei, daß wir die besonderen Qualitäten des meisterhaften Kunstwerks besser verstehen.

Im allgemeinen ist die Umwelt des Durchschnittsmenschen, sowohl sein Alltag als auch die Gebäude, in denen er lebte, historisch weniger belegt als die seit jeher anerkannten Meisterwerke. Es sind jedoch genügend Zeugnisse, sogar genug Bauten einer oft verfolgten Minderheit vorhanden, um uns ein ausreichendes Bild von Synagogen sowie von der jüdischen Gedankenwelt und den Gesetzen zu vermitteln, die in ihre Planung eingegangen sind.

Die Synagoge: eine Einführung

Ursprung und Definition

Eine Synagoge ist ein Gebäude, das einen dreifachen Zweck erfüllt: Sie dient der Abhaltung des jüdischen Gottesdienstes, als Studienplatz und als Versammlungsort der Gemeinde. Diese Gemeinde ist der Schlüssel zur Idee der Synagoge: Jeder Ort, an dem sich mindestens zehn Männer zum Gebet zusammenfinden, kann als solche dienen, denn bestimmte Gebete können nur dann verrichtet werden, wenn zehn Männer anwesend sind. Die Vereinigung der Zehn bildet die Synagoge in ihrem eigentlichen Sinne, nicht so sehr das Gebäude selbst.[1] Das Wort Synagoge stammt vom griechischen synagein = zusammenführen.[2] Statt eines hebräischen Wortes wurde ein griechisches zur Grundlage unserer modernen Bezeichnung, denn die hebräische Bibel, das Alte Testament, kannte keinen Ausdruck dafür. Als die Bibel geschrieben wurde, zwischen dem 9. und 2. Jahrhundert vor Chr.*, hielten die Juden ihren Gottesdienst in Opfertempeln ab. Da sie Bauern und Hirten waren, opferten sie von den Früchten der Erde und von den Tieren ihrer Herden, auf daß Gott das Land weiterhin fruchtbar mache. Der Tempel war auch ein Ort, wo die Juden als isolierte Monotheisten ihren Glauben erneuern konnten.

Der größte aller Tempel wurde um 955 v. Chr. in Jerusalem von König Salomo erbaut. Gegen 620 v. Chr. wurde er zum Hauptheiligtum des Judentums, als der mächtige König Josiah in einer Periode religiöser und politischer Stabilität andere Tempel verbot. Im Jahre 586 v. Chr. fielen die Babylonier in Jerusalem ein, zerstörten Salomos Tempel und verschleppten viele Einwohner der Stadt in das Euphrattal. Als die Gefangenen um den Verlust ihres Tempels trauerten, tröstete der Prophet Ezechiel sie mit folgenden Worten:

»So spricht der Herr, Herr: Zwar habe ich sie zu den Heiden abgeführt; zwar habe ich sie in die Länder hin zerstreut! Doch diene ich ihnen diese kurze Zeit zur Schutzwehr in den Ländern, die sie jetzt betreten« (Ezechiel, 11. Kap., Vers 16).

Nach der Zerstörung ihres religiösen und politischen Zentrums errichteten die Juden im babylonischen Exil vermutlich Opferschreine, die das verlorene Heiligtum in Jerusalem ersetzen sollten. Vielleicht haben sie auch Gemeindeversammlungen abgehalten. Aber sie haben wahrscheinlich noch keine Synagogen gehabt, in denen sich die Gemeinde traf und wo zu Beginn und am Ende der Versammlung Gebete oder rituelle Handlungen verrichtet wurden.

Als die Juden im späten 6. Jahrhundert v. Chr. in ihre Heimat zurückkehren durften, errichteten sie in Jerusalem einen bescheidenen Tempel. Die aus dem Exil Heimgekehrten und ihre Nachfahren haben vielleicht weiterhin Gemeindetreffen außerhalb des Tempels abgehalten, aber die Jahrhunderte, die zwischen der Babylonischen Gefangenschaft und dem Aufstand der Hasmonäer gegen die syrische Herrschaft (167 v. Chr.) lagen, waren eine Zeit, in der die Priester an Einfluß gewannen und in der anderen religiösen Institutionen wenig Möglichkeiten geboten wurden, sich im Wettstreit mit dem Tempel zu entwickeln. In einigen Dokumenten aus dem 3. Jahrhundert v. Chr. und auch später wird auf *proseuchai*, Orte des Gebets, verwiesen, die zugleich Heiden und Juden dienten; aber der einzige Ort, den man eindeutig eine Synagoge nennen kann, entstand nach dem Aufstand der Hasmonäer.[3] Frühere *proseuchai* wie sie im Dritten Makkabäerbuch, 7. Kap.,

* Diejenigen Juden, welche die Bezeichnung »v. Chr.« und »n. Chr.« nicht verwenden wollen, ersetzen diese durch »v. u. Z.« (vor unserer Zeitrechnung) und »u. Z.« (unsere Zeitrechnung).

Vers 7–23* erwähnt werden, waren vielleicht Heiligtümer, wo Juden in Zeiten der Fremdherrschaft dem Herrscher ihre Treue bezeugten und für ihn beten konnten, da ihnen dies in heidnischen Tempeln nicht möglich war.[4]

Einer umstrittenen Hypothese zufolge ist der Ursprung der Synagoge als ein Bau für religiöse Versammlungen in der Zeit nach dem Aufstand der Hasmonäer anzusetzen. Zu jener Zeit entwickelten sich die Pharisäer, fromme Gelehrte, die mit dem Tempel als dem traditionellen, religiösen und politischen Machtzentrum eigentlich nichts zu tun hatten, zu Rivalen der führenden Priester und der Mitglieder des Tempelrats.

Der Sinn des Priesterkults war es, die Fruchtbarkeit des Landes zu gewährleisten, und das geschah in Form von Opfern, die von den Priestern an einer zentralen Kultstätte, dem Tempel von Jerusalem, dargebracht wurden. Das Ziel der Pharisäer hingegen war, dem einzelnen die Rettung seiner Seele nach dem Tode und die Auferstehung des Leibes im messianischen Zeitalter zu sichern. Dieses individuelle Heil konnte durch die *Halachot*, ein System von Gesetzen, die von diesem neuen Gelehrtenstand, den Pharisäern, verordnet wurden, erlangt werden. Der grundlegende Gesetzeskodex, der den Priesterkult ordnete, war der Pentateuch; die Seelenrettungsreligion der Pharisäer beruhte auf einem göttlich offenbarten zweifachen Gesetz, dem geschriebenen und dem mündlichen.[5]

Die Auslegung des Gesetzes und die dazugehörigen Lesungen aus dem Pentateuch und den Propheten verlangten Versammlungsplätze, die sich vielleicht zu Synagogen entwickelt haben – Gebäude, die sowohl der Versammlung der Kultgemeinde als auch dem Gebet dienten.

Das Gesetz oder die Thora, die im weitesten Sinne des Wortes als des Herrn Wille und Tat betrachtet wird, stellt die Verbindung zwischen profanen und religiösen Aktivitäten her. Dieses Gesetz wurde zuerst im Pentateuch, aber auch an anderer Stelle in der hebräischen Bibel festgehalten sowie in Form von mündlich überlieferten, maßgebenden Vorschriften, die angeblich zu Mosis Zeiten erlassen wurden. Das mündlich überlieferte Gesetz wird deshalb als gültig betrachtet, weil der Herr seinem Volk nicht befohlen hätte, den Sabbat zu heiligen[6], ohne ihm zu sagen, wie es das tun sollte. Man bewahrte das geschriebene Gesetz, die fünf Bücher Mosis, das in regelmäßige Lesungen unterteilt ist und durch entsprechende Abschnitte aus anderen Büchern der Bibel ergänzt wird, in Form von Thorarollen auf, die jede Synagoge besitzen muß und die heiliger gehalten werden als das Gebäude selbst. Jede Synagoge hat einen Behälter für die Rollen, die Heilige Lade, sowie für den Vorleser und Ausleger ein Podium und einen Tisch, Almemor genannt. Heilige Lade und Almemor bilden den Ort zur Überlieferung und Verbreitung des Gesetzes.

Obwohl der genaue Entstehungszeitpunkt der Synagoge unbekannt ist, liegt er doch offensichtlich nach 70 n. Chr. In jenem Jahr zerstörten die Römer den Tempel von Jerusalem, der unter Herodes dem Großen seit dem Jahre 20 v. Chr. wiederaufgebaut worden war. Da also das Zentrum des Opferdienstes nicht mehr bestand, mußten die Juden andere Institutionen entwickeln, um den Thoraschülern und allen, die früher im Tempel gebetet und geopfert hatten, eine Bleibe zu bieten. Von jener Zeit an ist das Judentum eine Kultgemeinschaft und nicht mehr hierarchisch oder zentralisiert aufgebaut gewesen. Jede örtliche Gruppe von Juden erwartete von ihrer Synagoge, daß sie den gesamten Glauben, die Gesetze und die Überlieferung eines Volkes bewahren solle, das davon überzeugt war, Gott habe es von den anderen unterschieden und auserwählt – eines Volkes, das zudem oft gezwungen war, ein isoliertes Dasein zu führen, und sich nur durch seine eigenen Institutionen erhalten konnte. Sowohl die religiös-erzieherischen als auch die gemeinschaftlichen Aktivitäten sind in dem lateinischen Begriff *scola* (= Schule, scuola, escolo, Judenschul, Schul) enthalten, der zumindest seit dem 12. Jahrhundert verwendet wurde und später sowohl eine Synagoge als auch eine religiöse Schule bezeichnen konnte.[7]

Jüdische Gemeinden bauten Synagogen im Heiligen Land und im Mittelmeerraum bis zur islamischen Eroberung im 7. Jahrhundert. Synagogen außerhalb des Heiligen Landes befanden sich zum Beispiel in dem geschäftigen römischen Hafen Ostia, in der bedeutenden Stadt

▷ Ostia, Abb. 202

* Das Dritte und Vierte Makkabäerbuch gelten, weil sie im 1. Jahrhundert n. Chr. entstanden sind, für die christliche Religion als apokryph.

Sardis in der Türkei und in der kleinen Provinzstadt Stobi in Jugoslawien. Archäologen haben tief im Hinterland des Vorderen Orients Synagogen gefunden, zum Beispiel in Dura-Europos in Syrien. Möglicherweise bestanden auch einige im Norden Europas. In Köln etwa befand sich eine Synagoge. Manche waren unabhängige Gebäude, andere waren, wie einige der frühen Kirchen, Räume in Bauten, die anderen Zwecken dienten. Verschiedene lagen innerhalb der Stadtmauern, andere außerhalb. Man wählte oft eine Lage in der Nähe eines Flusses, denn fließendes Wasser ist bei mehreren Reinigungsritualen sehr wichtig. Manche Synagogen standen in Höfen. Es gibt Beispiele mit Säuleneingängen und geschnitzten Ornamenten, andere waren von bescheidenem Aussehen. Sie erfüllten alle den gleichen Zweck, hatten aber unterschiedliche Formen. Entsprechend konnten auch besondere Bibelstunden, Gebete und auf dem Gesetz Mosis beruhende Entscheidungen von Ort zu Ort und von einer Gemeinde zur anderen, sogar am gleichen Ort, verschieden sein.

Tempel und Synagoge

Synagogen und religiöse Schulen wurden im Talmud, dem grundlegenden jüdischen Gesetzeswerk, eher als materielle denn als spirituelle »kleine Heiligtümer« (Ezechiel, Kap. 11, Vers 16) definiert. Der Talmud ist uns in zwei nach 200 n. Chr. zusammengetragenen Fassungen überliefert, die nach ihren Fundorten als »Jerusalem-Fassung« und als »Babylonische Fassung« bekannt sind.[8] Die babylonischen Weisen schrieben, daß die Synagogen und Studierhäuser Ezechiels ein »minderes Heiligtum« darstellten, und wandten die Worte, »Herr, Du bist unsere Wohnung gewesen« (Psalm 90, Vers 1), auf ihre Synagogen und religiösen Schulen an.[9] Später gaben die Juden ihren eigenen Einrichtungen überall den Status eines »minderen Heiligtums«. Eine spanische Synagoge aus dem 14. Jahrhundert in Córdoba enthält eine Inschrift, die besagt, daß das Gebäude ein »Miniaturheiligtum und ein Haus des Zeugnisses« sei, »von Isaak Moheb gebaut ... im Jahre 75 (= 1315) als ein vorläufiger Bau. Erstehe auf, o Gott, eile und baue Jerusalem wieder auf!« Ein italienischer Rabbiner aus dem 15. Jahrhundert schrieb über »die Synagoge, das Haus unseres Herrn, das kleine Heiligtum«.[10] Juden, die sich der Reformbewegung des 19. Jahrhunderts anschlossen, nannten ihre Synagogen sogar Tempel, denn die modernen Bauten ersetzten diesen für eine unbestimmte Zukunft.

Auch wenn die Synagogen als »mindere Heiligtümer« dem Tempel nicht als ebenbürtig betrachtet werden, sind sie doch der Ort, an dem Juden die Erinnerung an Tempelriten lebendig halten. In Synagogen werden Vorschriften, wie Opfer im Tempel vorgenommen werden sollen, vorgelesen und erklärt, wobei die Lesung als eine mindere Form der Handlung selber betrachtet wird. Hoseas Worte: »(Als Ochsen) nimm gnädig an, wenn wir einlösen unserer Lippen Rufe!« (Kap. 14, Vers 3) wurden auf das Ansagen von Opferverfahren und auf Gebete im allgemeinen angewandt. Die Trennung von Männern und Frauen in der Synagoge ist darauf zurückzuführen, daß es im Tempel einen Frauenhof und eine Galerie für Frauen gab, wenn Festlichkeiten abgehalten wurden. Diese Bräuche erklären, warum die jüdische Obrigkeit sagen kann, daß es, »wenn jemand in der Synagoge betet, ist, als ob er im alten Tempel bete«.[11]

Die Beziehung zwischen Tempel und Synagoge drückte sich verbal und weniger in der Architektur aus, denn Tempel und Synagoge blieben architektonisch grundsätzlich verschieden. Der Tempel diente dem ganzen Volk Israels, die Synagoge nur einer Gemeinde, gewöhnlich der Bevölkerung eines Ortes. Die Synagoge konnte sogar einer Privatperson gehören. Der Tempel war geheiligter, denn er war von Gott geschaffen und deshalb einmalig. Die besonderen Gegebenheiten einer Synagoge hingen hingegen von weltlichen Faktoren ab: dem Gebiet, dem Land, dem Zeitpunkt ihrer Entstehung, den für den Bau benutzten Materialien, der Wahl des Entwurfs und wie orthodox ihre Gemeinde war. Die Heiligkeit des Tempels war immerwährend, er konnte daher niemals verkauft oder zu anderen Zwecken benutzt werden. Die Heiligkeit einer Synagoge dagegen beruht auf den Handlungen, die in ihr vollzogen werden, die Gemeinde kann also das Gebäude verkaufen und an einen anderen Ort ziehen. Das Heiligtum in Jerusalem war ein imposantes Bauwerk, bei dem eine symmetrische Anlage von Terrassen und offenen Höfen zu dem wichtigsten Gebäude mit dem inneren Heiligtum führte, das nur von dazu ausersehenen Personen betreten werden durfte. Eine Synagoge dagegen kann sowohl ein kleiner Raum als auch ein großer, kirchenartiger Bau sein.

▷ Worms, Abb. 170

Im Tempel wurde besonderer Wert auf Opferhandlungen gelegt, die im allgemeinen von Priestern im Vorhof zelebriert wurden. Die Synagoge dagegen soll eine Gemeinde aufnehmen. Der Gottesdienst in einer Synagoge spielt sich hauptsächlich im Innern ab und bedarf keiner Beihilfe von geweihten Geistlichen. Zehn beliebige männliche Juden, die das Alter von dreizehn Jahren überschritten haben, bilden das *Minjan*, die Mitgliederzahl, die notwendig ist, um eine Gemeinde zu bilden und einen vollständigen Gottesdienst abhalten zu können. Gewöhnlich wurden die Gebete in der Synagoge von einem hervorragenden Mitglied der Gemeinde und später von einem Kantor geleitet, während der Rabbiner (Lehrer) für Erziehung und für Auslegung der Texte und Gesetze verantwortlich war. Ein Jude kann zum Rabbiner ernannt werden, wenn er ein theologisches Seminar absolviert hat, was völlig verschieden von der Priesterweihe ist. Fast jeder Jude, der die notwendige Gelehrsamkeit besitzt, kann darauf hoffen, Rabbiner oder Kantor zu werden. Die Priester des jüdischen Tempels hingegen wurden teilweise aufgrund einer erblichen Kastenzugehörigkeit gewählt.

▷ Kopenhagen, Abb. 235
Stockholm, Abb. 237
Budapest, Abb. 38

Deshalb ist es keineswegs erstaunlich, wenn nur relativ wenige Synagogen architektonisch dem Tempel gleichen. Sogar die Reformtempel ahmten den alten Tempel in ihrer Architektur nicht nach. Besaß eine Synagoge überhaupt Anklänge an ihn, so betrafen diese lediglich einige wenige Einzelheiten, die an den Tempel erinnern sollten. Aus praktischen Gründen und um die Gemeinde versammeln zu können, hatten die Synagogen einen Hof wie der Tempel und wie dieser auch ein Becken zum Händewaschen. Synagogen mit einer Vorhalle, der sich der Gebetssaal und schließlich der Alkoven für die Heilige Lade anschließen, erinnern an die Anlage des Tempels von Herodes, auch wenn solche Ähnlichkeiten wohl eher aufgrund rationeller Planung als aus Imitationsabsichten entstanden sind. Die östliche der beiden Säulen in der Wormser Synagoge aus dem 12. Jahrhundert trug auf ihrem Abakus biblische Inschriften, in denen Salomos Tempel erwähnt wird. Vielleicht sollten die Wormser Säulen Nachahmungen von Jachin und Boas, den beiden Säulen an Salomos Tempel, darstellen. Die spanisch-portugiesische Synagoge in Amsterdam aus dem Jahre 1674 hat ungewöhnliche, abfallende und sich krümmende Strebepfeiler: Sie gehen zurück auf eine bebilderte Rekonstruktion des Tempels von Salomo, die im Jahre 1642 veröffentlicht wurde.[12] In manchen Synagogen wurde ein Stück Wand unverputzt oder unbemalt gelassen, um die Gemeinde an die Zerstörung des Tempels zu erinnern.[13] Die Erbauer von Synagogen konnten kaum mehr Anklänge an den Tempel liefern, denn die alten Beschreibungen desselben waren unklar, und gelehrte Illustratoren boten eine geradezu verwirrende Vielfalt von unterschiedlichen Rekonstruktionen an.

Warschau, Abb. 99
Hamburg, Abb. 154

Die meisten symbolischen und erinnerungsträchtigen Anklänge finden wir im 19. Jahrhundert, als Auftraggeber und Architekten erwarteten, daß eine Synagoge, genau wie andere Bauten jener Zeit, eine bestimmte Botschaft vermitteln sollte. Die dreiteilige Fassade einer Synagoge, deren mittlerer Teil am höchsten ist und deren Teile alle ein flaches Dach tragen, entspricht nicht nur der Anlage einer Basilika, sondern auch der Fassade von Salomos Tempel, wie sie auf vielen Rekonstruktionen dargestellt wurde. Ein Säulen- oder Türmchenpaar, das die Fassade oder den Eingang säumt, soll vielleicht an Jachin und Boas erinnern. Die von Türmchen flankierte Kuppel auf der Nimweger Synagoge könnte von den seltsamen Bauten inspiriert gewesen sein, die auf niederländischen Gemälden aus dem 15. Jahrhundert den Tempel darstellen sollten.[14]

Die talmudischen Weisen hatten andere Vorstellungen von der Ähnlichkeit zwischen den »minderen« und den höheren Heiligtümern. Sie machten keine genaue Angaben über Stil und Form, sondern setzten allgemeine Richtlinien fest. Der Betende soll während der Lesung der achtzehn vorgeschriebenen Dankgebete nach Jerusalem gewendet sein, denn Daniel »begab sich in seine Wohnung, welche in dem oberen Stockwerk Fenster nach Jerusalem hatte. Er kniete dreimal am Tage nieder, betete und pries vor seinem Gott« (Daniel, Kap. 6, Vers 11). Die Gemeinde soll sich der Heiligen Stadt zuwenden.[15] Weil Daniels Zimmer Fenster hatte, muß auch die Synagoge Fenster haben.[16] Der Talmud legt Andeutungen in bezug auf die Höhe in Ezra, Kap. 9, Vers 1, und in den Sprüchen Salomonis, Kap. 1, Vers 21, in dem Sinne aus, daß die Synagoge höher als andere Häuser der Stadt und an dem höchsten Punkt der Stadt angelegt sein solle.[17] Natürlich waren sich die Weisen darüber im klaren, daß die Behörden nicht erlauben würden, Synagogen höher als Türme und Zinnen der Stadt zu erbauen oder als die Paläste, die solche Türme hatten[18], aber normalerweise waren Türme, die höher als die Synagoge waren, nicht bewohnt. Der Talmud, der das Religiöse stets über das Profane erhebt, erwähnt, daß Männer vor der Heiligen Lade[19], welche die Thora enthält, »niedergehen«. Interpretiert man dies wörtlich, so könnte es heißen, daß die Heilige Lade über die Gemeinde erhoben werden soll. Eine Heilige Lade in einer Wandnische oder einer Umfassung, zu der Stufen hinaufführen, wird zum ersten Mal in einer Aufzeichnung aus dem 3. Jahrhundert n. Chr. erwähnt.

Schriftgelehrte des Talmuds sagten, man könne in einem »kleinen Heiligtum« bestimmte Tätigkeiten ausüben, die im Tempel von Jerusalem oder in einer Talmudschule unmöglich verrichtet werden könnten. In einer Synagoge betet man nämlich hauptsächlich für sich selber, in einer Talmudschule aber lernt man, das Gesetz zu verstehen, und sucht nach moralischer Anleitung, auch wenn man dort beten kann.[20] Der Talmudgelehrte Raba aus Babylon sagte: »Genauso wie es auf dem Tempelhügel verboten ist, Schuhe zu tragen, dies aber in der Synagoge erlaubt ist, so ist es verboten, auf dem Tempelhügel auszuspucken, in der Synagoge aber erlaubt.« Die Synagoge ist im Vergleich zum Tempel »mit dem Haus eines Mannes gleichzusetzen«, doch: »Genauso wie der Mann es nicht gerne sehen würde, wenn man durch sein Haus geht, um den Weg abzukürzen, aber nichts dagegen hätte, wenn man in seinem Hause Schuhe trägt und ausspuckt, so ist es verboten, die Synagoge als Abkürzung zu benutzen, aber es ist nicht verboten, dort Schuhe zu tragen oder auszuspucken.«[21] Leute, die in eine Diskussion über das Gesetz vertieft sind, dürfen während eines Unwetters in die Synagoge eintreten, um ihre fromme Unterhaltung dort fortsetzen zu können, sonst sollte die Synagoge aber nicht bloß als Zuflucht vor Hitze und Regen dienen. Ein Gelehrter und seine Schüler dürfen sich in einer Synagoge anziehen und, nach späteren Auslegungen dieser Textstelle, sogar essen und schlafen, denn sie leben sozusagen in der Synagoge[22], aber andere Leute dürfen dort weder essen noch trinken oder die Synagoge als gesellschaftlichen Treffpunkt benutzen.

Eine Synagoge kann in eine Talmudschule verwandelt werden, aber nicht umgekehrt, denn heilige Objekte und Bauten dürfen nicht an Heiligkeit verlieren.[23] Eine Synagoge darf verkauft werden, wenn das Geld für einen Almemor oder eine Heilige Lade, dem heiligsten Gegenstand in einer Synagoge, verwandt wird. Wird ein Almemor verkauft, so darf das Geld zum Kauf von Stoffdecken für die Thorarollen benutzt werden. Wird eine Thoradecke verkauft, so darf der Erlös nur für eine Thorarolle, dem allerheiligsten aller Gegenstände, ausgegeben werden.[24]

Deshalb sollte sich die Institution, die den Verkauf einer Gemeindesynagoge an eine Privatperson billigt, die Möglichkeit eines Rückkaufs sichern, denn die Heiligkeit des Gebäudes wird vermindert, es sei denn, eine beschlußfähige Gemeinde (Quorum) ist vorhanden, um bestimmte Weiheriten zu vollziehen. Eine Synagoge kann verkauft werden, auch wenn sie danach für profane Zwecke verwendet wird, sofern das Geld für eine neue Synagoge oder irgendeinen anderen geheiligten Zweck verwendet wird. Eine Synagoge ist dagegen nicht verkäuflich, wenn das Gebäude zu einem »unreinen« Zweck benutzt werden soll, etwa als Bad, Gerberei, Wäscherei, auch als rituelles Bad.[25] Eine Synagoge kann weder verpfändet noch verliehen werden, nachdem sie als Synagoge gedient hat. Eine verfallene Synagoge darf nur für bestimmte profane Zwecke benutzt werden, denn etwas von ihrem heiligen Status bleibt stets an ihr haften. Im Idealfall sollte die Ruine unberührt bleiben, von Gras und Unkraut überwuchert, so daß im Beschauer Mitgefühl aufkommt: »Ich mache zu Trümmern eure Städte und lasse eure Heiligtümer unbewohnt, und nicht mehr rieche ich euren süßen Duft« (Levitikus, Kap. 26, Vers 31). Diese Worte brachten die Schriftgelehrten des Talmuds auf die Idee, daß die »kleinen Heiligtümer« so belassen werden sollten, wie der Herr gesagt hat.[26] Auch eine verfallene Synagoge soll man nicht als Wegabkürzung benutzen, es sei denn, an der Stelle, wo sie erbaut wurde, ist vorher ein Weg durchgegangen, oder der Vorübergehende geht hindurch, um zu beten, und nicht etwa, um einen bequemen Weg zu benutzen.[27]

Diesen Vorschriften können wir entnehmen, daß Synagogen zumindest zwei Türen besaßen, sonst hätten sie nicht als Abkürzung benutzt werden können! Außerdem heißt es in den Sprüchen Salomonis, Kap. 8, Vers 34: »Heil sei den Menschen, die mich hören und Tag für Tag an meinen Türen wachen und meiner Tore Pfosten hüten.«[28] Auch wenn die babylonischen Talmudgelehrten von einer Synagoge mit nur einer Tür sprachen, erwähnten sie doch Beispiele mit zwei Türen, wobei die zweite anscheinend hinter der ersten lag, was bedeutete, daß es eine Vorhalle geben mußte (Abb. 1).[29] Diese Stelle wurde später so interpretiert, daß eine Vorhalle bestehen mußte, auch wenn die wörtliche Auslegung des Talmuds einigen Spielraum in der Interpretation zuläßt.

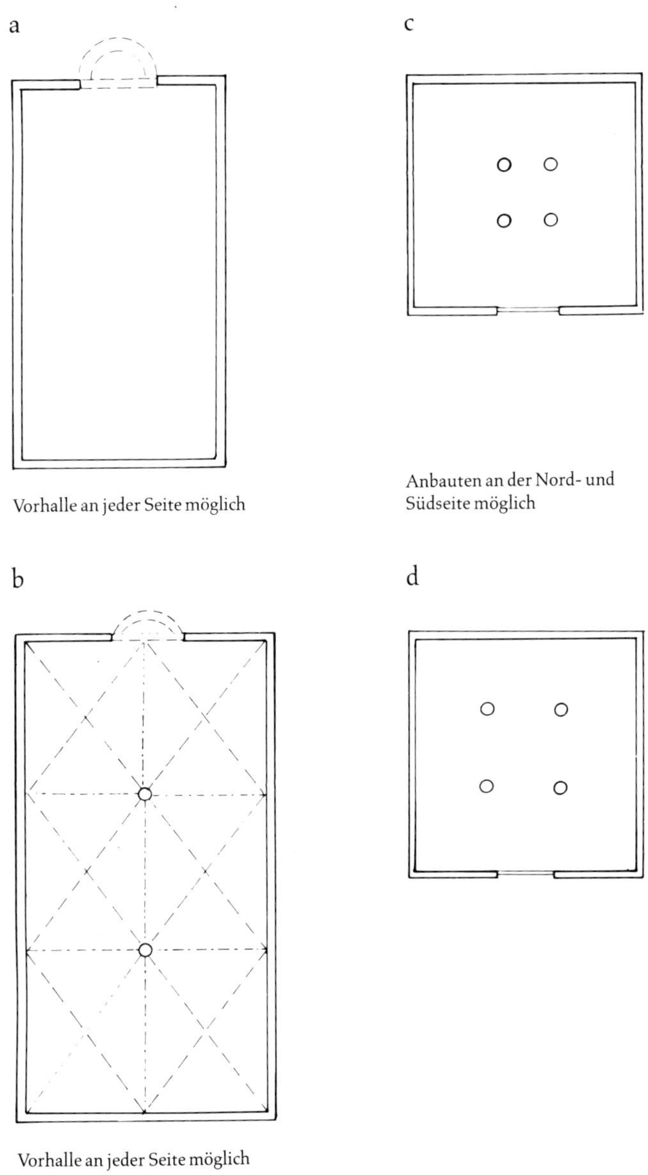

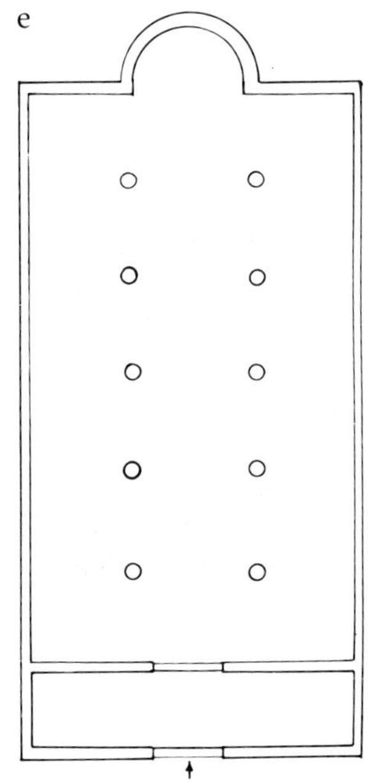

Abb. 1. Schematische Synagogengrundrisse: (a) einschiffig mit möglicher Nische für die Heilige Lade; (b) zweischiffig mit möglicher Nische für die Heilige Lade; (c) Vier-Pfeiler-Tabernakel (Osteuropa); (d) Vier-Pfeiler-Grundriß (sephardisch); (e) dreischiffig mit Emporen und Apsis.

Profanbauten und Synagogen

Die Synagoge kann jedoch zu bestimmten profanen Zwecken wie auch zum Gebet benutzt werden, denn in der Thora sind heilige und profane Elemente miteinander verbunden. Gottes Wille kommt in alltäglichen Beschäftigungen zum Ausdruck, und die täglichen Beschäftigungen haben heilige Bedeutung. Die durch das Gesetz geschmiedete Verbindung von sakralem und weltlichem Tun hatten die Talmudgelehrten im Sinn, als sie frommen Männern erlaubten, »in Synagogen und Lehrhäuser zu gehen, um am Sabbat die öffentlichen Angelegenheiten im Auge zu behalten«.[30] In den Vorhöfen des Tempels wurden wohl auch Geschäfte betrieben, aber die öffentlichen Aktivitäten in einer Synagoge waren viel zahlreicher und von größerer Bedeutung. Die Synagoge und ihr Hof[31] dienten für Proklamationen, gesetzliche Entscheidungen und Vereidigung.[32] Geschäftliche Bekanntmachungen und Meldungen über verlorenes oder gestohlenes Gut konnten dort vorgenommen werden.[33] Die Behörden konnten verlangen, daß Bekanntmachungen dort mehrere Wochen hintereinander verlesen wurden, um sicher zu sein, daß jeder Jude davon erfuhr.[34] Andere Mitteilungen betrafen direkt die Betenden: Bitten um Gaben oder Geld, um Gefangene auszulösen, Strafen und Exkommunikation, die den Abtrünnigen galten, Speisevorschriften oder etwa die Empfehlung an die Gemeinde, nicht bei Fleischern einzukaufen, die den Sabbat nicht hielten, indem sie Fleisch verkauften. Feste und Hochzeiten wurden in der Synagoge selbst oder in ihrem Hof gefeiert, je nach Jahrhundert und Land. Synagogen im Römischen Reich gewährten Asyl, und Sklaven konnten dort freigelassen werden.[35] Das Gemeindearchiv, der Gerichtshof, der Pranger und der Schatz der Gemeinde konnten ebenfalls in der Synagoge untergebracht werden, denn in manchen Fällen war es durchaus angebracht, von dem Recht religiöser Gebäude zu profitieren, Zuflucht zu gewähren.

Die Liturgie verlangt, daß die Thorarollen im Hauptgebetsraum feierlich aus ihrem Behälter genommen und zum Almemor gebracht sowie daß sie an religiösen Feiertagen, mehrmals im Jahr, in einer Prozession um die Synagoge getragen werden. Der jüdische Gottesdienst, der die gesamte anwesende Gemeinde in gemeinsamer Handlung vereint, kann auf die vielen Altäre und Kapellen, wie sie in manchen Kirchen vorhanden sind, verzichten und braucht keine Wandelgänge, Krypten, Schreine und Seitenkapellen für die, die für sich beten, wie Mönche und Eremiten. Simple, auf lokaler Tradition beruhende bauliche Lösungen wurden gefunden, um diese einfachen jüdischen Gottesdienstriten durchzuführen. Eine Gemeinde benötigte lediglich einen überdachten, geschlossenen Bau und genug Raum, um die Betenden, die Heilige Lade und den Almemor unterzubringen (siehe Abb. 1a); nur wenige Vorschriften des Talmuds beziehen sich auf die architektonische Gestaltung.

Die Betenden benutzten Stühle und Lesepulte, die sie bei Prozessionen leicht zur Seite rücken konnten; bis zur Mitte des 19. Jahrhunderts war dies in fast allen Synagogen üblich. Auch aus diesem Grunde hatten weder Liturgie noch Talmud viel Einfluß auf die Architektur von Synagogen. Anhänger unterschiedlicher Riten konnten ihren Gottesdienst in gleichartig gestalteten Gebäuden abhalten; es brauchte höchstens die Position des Almemors oder die Stuhlverteilung verändert zu werden.

Endingen, Abb. 131
Lengnau, Abb. 132

Im Grunde genügt jeder einfache Raum den Anforderungen. Eine Synagoge kann in einem Wirtshaus untergebracht sein (zum Beispiel in Plauen, 1867–1893) oder in einem Privathaus, selbst wenn es Christen gehört, wie in der Zeit, als Juden keinen Grundbesitz haben durften (zum Beispiel in Hagenau im Elsaß, im 12.–14. Jahrhundert).[36] Eine Pariser Gemeinde hatte ihre Synagoge im Jahre 1910 im Hôtel de Sens, das im 15. Jahrhundert als Residenz des Erzbischofs von Sens erbaut worden war.[37] In Regensburg kauften die Juden ein besonders praktisches Haus, denn es hatte eine Hauskapelle, die leicht in eine Synagoge verwandelt werden konnte (1841–1913). Andere Gemeinden hielten ihre Veranstaltungen in gesonderten Gebäuden ab und mieteten lediglich einen Raum für das Gebet, wie in Zürich 1383 und in Bad Nauheim vor 1929. Große Räume in einem Wohnhaus können einem Synagogenraum so ähnlich sehen, daß die Einbuchtung in der Wand eines großen Zimmers in »Jew's Court«, einem Haus in Lincoln, sowohl als Nische für sammelten sich im obersten Stockwerk ihrer Häuser. Die frühen Kirchen waren ebenfalls Gemeindezentren mit Höfen und Versammlungsräumen. Später wurden Pfarrschulen in den Vorhallen von Kirchen untergebracht, die genau wie Synagogen für den Unterricht benutzt wurden. Christopher Wren schuf sogar einen Entwurf für St. Paul's Cathedral in London, auf dem ein Säulengang zu sehen ist, der für die vielen weltlichen Aktivitäten gedacht war, die sich innerhalb und außerhalb der Kathedrale abspielten.[42] Die verschiedenen Formen der Kirchen entsprachen, genau wie die der Synagogen, dem Wandel des Ortes, der Liturgie und der Epoche, in der sie gebaut wurden. Ebenso wie Wren seinen Stadtkirchen die verschiedensten Formen und Grundrisse gab, konnten Synagogen sich in ihrem Äußeren unterscheiden. Die Grundrisse vieler Synagogen gleichen denen von Kapellen ohne Seitenschiffe oder sind sogar mit ihnen identisch. Synagogen wurden wie Kapellen in Altersheimen, Waisenhäusern, Krankenhäusern und Schulen eingerichtet.[43] Einige frühe Kirchen des Franziskaner- und des Dominikanerordens, die eine für Predigten geeignete Anlage benötigten, teilten den ein- oder zweischiffigen Grundriß von Kapitelhäusern, Krankensälen und anderen weiträumigen Anlagen mit den Synagogen (Abb. 4, siehe Abb. 1b).[44] Die Mönche dieser Orden benötigten eine andere als die traditionelle Kirchenarchitektur, genauso wie die Juden. Eine protestantische Kirche, in der mehr Wert auf die Predigt gelegt wird und weniger auf andere Zeremonien, kann, wie eine Synagoge, einem Versammlungsraum oder einem Auditorium gleichen. Kirchen mit Emporen waren im 17. Jahrhundert in den Niederlanden das Vorbild für entsprechende Synagogen, »denn gleichartige soziale und religiöse Bedingungen (führten) zu gleichartigen Ergebnissen«.[45] Auf den Britischen Inseln wurden ab dem 18. Jahrhundert protestantische Kirchen in Synagogen umgebaut[46], und auch auf dem Kontinent wurden manchmal kleine Kirchen in Synagogen umgewandelt.[47] Manche Juden würden eine Synagoge nicht in einem Gebäude mit Abbildungen an den Wänden einrichten, oder sie würden nicht in Richtung der Bilder beten; trotzdem darf in einer Synagoge eine Statue stehen, vorausgesetzt, diese ist nicht dazu da, angebetet zu werden.[48] Quäker und Juden legen Wert darauf, in einem einheitlich gestalteten Raum zusammenzukommen, ansonsten ist ihnen das Aussehen des Raumes, in dem sie beten, gleichgültig. Auch die Quäker waren eine Minorität und manchmal der Diskriminierung ausgesetzt, aber erfolgreich in Ausbildung und Geschäften.[49] Die Kirchen der Christlichen Wissenschaft – die nicht zur Hauptrichtung der christlichen Tradition gehört – unterschieden sich manchmal, wie die Synagogen, bewußt von den örtlichen, herkömmlichen Kirchen. Das trifft für die Kirchen der Christian Science in London zu, die vielfach außergewöhnlich langweilig wirken, weil man die ästhetische Anziehungskraft von Bauten anderer Glaubensrichtungen vermeiden will. Im allgemeinen zeigen die nicht-anglikanischen Kirchen in Großbritannien Stilvarianten, die bei Bauten der anglikanischen Kirche gewöhnlich nicht verwendet werden, und dasselbe trifft in anderer Weise auf Synagogen zu.

Breslau, Abb. 179

▷ Toledo, Abb. 181, 184

Amsterdam, Abb. 224, 226, 228

London, Abb. 246, 247

Synagogen lassen sich auch leicht in Kirchen umwandeln: Man braucht nur den Almemor zu entfernen, einen Altar aufzustellen und, falls notwendig, einen Teil für den Klerus abzutrennen. Wenn die Juden aus einer Stadt ausgewiesen oder innerhalb einer Stadt umgesiedelt wurden, was häufig der Fall war, ging ihr Gemeindegut oft an die in dem entsprechenden Gebiet herrschende Kirche über. So wurden in den achtziger Jahren des 12. Jahrhunderts in Paris Synagogen zu katholischen Kirchen. In England geschah dies im 13. Jahrhundert, in Spanien im Jahre 1391 und noch einige Male in der Folgezeit, bis die Juden schließlich im Jahre 1492 ganz ausgewiesen wurden; in Schlesien 1494, in Wien 1670, und dies sind nur einige wenige Beispiele. Die katholische Kirche hat eine besondere Liturgie, um eine ehemalige Synagoge als Kirche zu weihen.[50]

Einräumige Synagogen und Synagogen mit Emporen eignen sich besonders als protestantische Kirchen. Die Methodisten von Glogau hielten ihren Gottesdienst in einer ehemaligen Synagoge ab. Aus einer Synagoge in Great Yarmouth wurde eine Missionsanstalt gemacht. Ehemalige Synagogen in Eschwege, Groningen, Höchberg, Reichenberg, Plau und Rexingen sind heute Kirchen; die Mitglieder ihrer Gemeinden haben sich während der Nazizeit ver-

Abb. 4. Regensburg, doppelschiffige Synagoge, Innenansicht, frühes 13. Jahrhundert mit Renaissance-Almemor, Radierung von Albrecht Altdorfer, 1519.

streut oder sind umgebracht worden. Im Jahre 1952 verkauften die Juden von Aix-en-Provence ihre 112 Jahre alte Synagoge an Protestanten.[51] Die neue Bestimmung der Gebäude verletzt das jüdische Gesetz nicht, denn Christen werden nicht als Götzenanbeter betrachtet. Da Christen außerdem jedes verfügbare Gebäude als Kirche erwerben und benutzen können, stellt der Kauf einer Synagoge für sie nicht die einzige Möglichkeit dar.[52]

Viele Synagogen sahen sogar wie Kirchen aus. Die kleinen holländischen Synagogen in Veghel und Gennep im 19. Jahrhundert glichen Kapellen, und die deutsche Synagoge in Buchau am Federsee, die sogar einen Glockenturm hatte, sah wie eine protestantische Kirche aus.[53] Die Wettbewerbsentwürfe, die im Jahre 1918 und 1919 an der École des Beaux-Arts in Paris für eine Synagoge und eine protestantische Kirche eingereicht wurden, ähnelten sich in er-

Budweis, Abb. 43, 45

Buchau, Abb. 125, 126

den auf dem Boden saßen, nicht aber knieten, oder alle in eine Richtung schauten, so wie Moslems sich nach Mekka richten. Da man weiter nördlich aus klimatischen Gründen nicht auf dem Boden sitzen kann[61], stellten europäische Juden bewegliche Möbel und Bänke entlang der Wände und um den Almemor herum auf. Die Karäer werfen sich nur für kurze Zeit auf den Boden, ansonsten sitzen die Anhänger dieser Richtung auf Bänken oder Stühlen wie andere Juden. Die Einrichtung bestimmt natürlich das Aussehen eines Synagogenraums und läßt mehr oder weniger Bewegungsfreiheit zu. Hierin liegt ein weiterer Unterschied zur Moschee.

Prag, Abb. 49
Endingen, Abb. 131
Lengnau, Abb. 132

Die Armut der Juden während ihrer ganzen Geschichte, die gesetzlichen Bestimmungen, denen sie unterworfen waren, und die mangelnde Sachkenntnis der Erbauer waren entscheidende Gründe dafür, daß sie irgendwelche Gebäude, die ihnen als Synagogen überlassen wurden, für diesen Zweck umrüsteten. Unter so unbeständigen und oft ärmlichen Lebensbedingungen kam es ihnen wohl nicht in den Sinn, über Architektur nachzudenken. Dazu kommt, daß der Talmud vorschreibt, man solle während des Gebets seine Umgebung nicht beachten.[62] Diese Faktoren hemmten die Entwicklung einer traditionell jüdischen Architektur.

Amsterdam, Abb. 223, 224
London, Abb. 246, 247

Der Glaube eines Juden drückt sich in allen Aspekten seines Lebens aus, nicht so sehr in Gemeinschaftsritualen. Deshalb kann er seine Religion voll ausüben, auch wenn er nicht in eine Synagoge gehen kann. Die Synagoge ist ein neutraler Platz, an dem man privat, wenn möglich mit neun anderen Männern, beten kann. Die Gemeinschaft von Zehn oder das Quorum erlaubt, alle heiligen Handlungen, die das rabbinische Gesetz vorschreibt, zu vollziehen. Ein Jude soll eine Synagoge einrichten, wenn in seiner Stadt ein Quorum zusammengebracht werden kann[63], aber der Reisende oder der Jude, der sich allein in einem Gebiet befindet, der Invalide oder Personen, die von der Gemeinschaft einer Synagoge abgeschnitten sind, können mit Hilfe von vorgeschriebenen Verhaltensregeln und in privatem Gebet, unabhängig von Priestern, Altären oder geweihten Gebäuden, ihren Glauben ausüben.

Ein besonders eingerichtetes Gebäude hat infolgedessen nur eine relative Bedeutung. Schalom Asch beschrieb in seinem Roman *Warschau* eine Gemeinde, deren Mitglieder »von ihrer Arbeit zurückgekommen waren und keinerlei Vorbereitung getroffen hatten, keinerlei Ehrerbietung bezeigten, als ob ihr Gott einer von ihnen wäre. Mit Ihm war keine Zeremonie vonnöten«. Die Gemeinde betete in einem Hof in »einem kalten Verschlag aus neuen Brettern mit einem Schindeldach. Darin lebte der Gott der Armen. Seine Hütte war genauso erbärmlich wie die ihre«.[64]

Je nach Gruppen und Individuen ist diese relative Gleichgültigkeit gegenüber der architektonischen Umgebung natürlich unterschiedlich ausgeprägt. Eine aus den Mitteln einer frommen Stiftung errichtete Synagoge sieht anders aus als eine, die jemand gebaut hat, der seinen Unterhalt mit dem Verkauf von Stühlen verdient. Im 19. Jahrhundert war die Architektur oft Ausdruck nationalistischer Selbstverherrlichung, und Juden mußten auf das Image ihrer erst vor kurzem gleichgestellten Minderheit innerhalb einer breiteren Gesellschaft achten, in der Staat und christliche Kirche oft eng verflochten waren. Das im Verlauf der gesamten europäischen Geschichte sich wandelnde Verhältnis von Einschränkung durch das Gesetz und Freiheit der Juden bestimmte die Architektur der Synagoge.

Ritualeinrichtungen

Fromme Juden mögen zwar beim Gebet wenig auf die ästhetische Ausstattung einer Synagoge achten, sie sind aber um so bedachter auf die richtige Anordnung der Einrichtung. Die Ritualeinrichtung ist mit der Liturgie und mit althergebrachten Traditionen verbunden, die den Zusammenhalt der Minderheit zu wahren helfen. Die Einrichtung einer Synagoge konnte je nach Epoche, örtlichen Bräuchen und danach, wie orthodox die Gemeinde war, unterschiedlich angelegt sein.

Jede Synagoge braucht eine Heilige Lade, das heißt den Behälter für die Thorarollen, und einen Almemor, das heißt den Tisch und das Podium, wo die Rollen verlesen werden. Die Gemeinde braucht Sitzgelegenheiten, denn die Männer verbringen viele Stunden in der Synagoge, entsprechend den Forderungen des Talmuds, mehrmals täglich mit dem Quorum zu beten. Die Synagoge benötigt Platz für Lesepulte, um die Gebetbücher und Gebetsmäntel oder -schals sowie die Gebetsriemen, welche die orthodoxen Juden tragen, aufzubewahren. Auch sollte ein Becken vorhanden sein, damit sich die Männer für die traditionelle Reinigung vor dem Gebet die Hände waschen können. Die Synagoge kann auch einen Raum haben, in dem sich die Alten und Kranken ausruhen können, sowie Toiletten, denn der Gottesdienst dauert während der Neujahrsfeiern und den hohen Feiertagen des Versöhnungsfestes im Herbst einen ganzen Tag.

Der Almemor

Der Almemor ist der Einrichtungsgegenstand, welcher die Anlage einer Synagoge am meisten beeinflußt. Der Vorsteher liest dort während des Gottesdienstes aus den Thorarollen und leitet die Gemeinde an, sich beim Gebet nach Jerusalem zu wenden. Die Aufmerksamkeit aller ist auf den Almemor gerichtet, und dies wird durch sein Aussehen und durch den Platz, den er einnimmt, betont. Auch durch die Beleuchtung, die meist um den Almemor am stärksten ist, wird er hervorgehoben. Der Tisch muß groß genug sein, um die Rollen darauf ausbreiten zu können, im allgemeinen steht er auf einer erhöhten Plattform, die von einem Almemorgitter umgeben ist. Der Tisch soll aus Holz sein, in Anlehnung an die hölzerne Kanzel, von der Esdras das Gesetz Mosis verlas, so wie es in Nehemias, Kap. 8, Vers 4, geschrieben steht. Das Almemorgitter kann aus beliebigem Material gefertigt sein und auch eine beliebige Form haben. Manchmal wird es durch eine hohe, schirmartige Einfassung ersetzt (siehe Abb. 4, 5), die entweder von einem kleinen Gewölbe oder einem durchbrochenen Dach überdeckt ist. Die Plattform und ihre Überdachung können quadratisch, rechteckig oder vieleckig sein, im letzteren Falle sind sie meist achteckig. Der Almemor in Mülhausen vor 1865 und der ein Jahrhundert früher in Endingen waren sechseckig, während der in Hirsingen aus der Mitte des 19. Jahrhunderts zehneckig war.[1] Einer posttalmudischen Tradition zufolge kann der Boden um den Almemor herum vertieft werden, so daß die Gebete »aus der Tiefe« emporsteigen können (Psalm 130, Vers 1). Beispiele dafür finden sich in Wilna (Große Synagoge), London (Bevis Marks Synagogue), Altona (Aschkenasische Synagoge) und Kurnik in Polen.

Amsterdam,
Abb. 224, 226, 228

Preßburg, Abb. 27
Prag, Abb. 49
Krakau, Abb. 71
Worms, Abb. 172
Wolpa, Abb. 97
Fürth, Abb. 147
Endingen, Abb. 131

Wilna, Abb. 92
London, Abb. 243

Der Almemor steht im allgemeinen auf der Hauptachse des Baus[2] und wird durch ein Dachfenster, eine Laterne oder durch ihn flankierende Säulen betont. Die Schirmwand, die Überdachung und die Beleuchtung des Almemors lenken die Aufmerksamkeit auf den Vorsteher und die Thorarollen, aus denen er vorliest, und vereinen auf diese Weise die Ge-

Budapest, Abb. 37
Wilna, Abb. 93

Prag, Abb. 49
Lemberg, Abb. 82, 85
Wien, Abb. 66

meinde. Veränderungen des Standortes des Almemors bieten eine Reihe von räumlichen und architektonischen Möglichkeiten beim Entwurf der Synagoge.[3] In aschkenasischen Synagogen steht der Almemor im allgemeinen in der Mitte des Betsaals, entsprechend der Weisung des Gesetzesgelehrten Moses Isserles.[4] In Synagogen mit italienischem Ritus wurde der Almemor üblicherweise gegenüber der Heiligen Lade auf die andere Seite des Raumes gesetzt, entweder auf der Längsachse oder, wie ausnahmsweise in Padua, auf der Querachse.[5] In manchen Fällen befand sich der Almemor auf einem Balkon hinter einem Geländer. In den beiden Synagogen im südfranzösischen Comtat Venaissin aus dem 18. Jahrhundert, in Carpentras und Cavaillon, steht der Almemor auf einem erhöhten Balkon auf der der Heiligen Lade entgegengesetzten Seite des Raumes. In sephardischen Synagogen befindet sich der Almemor im allgemeinen fast am entgegengesetzten Ende der Längsachse, von der Heiligen Lade aus gesehen, auch wenn der große sephardische Gesetzesausleger Maimonides im 12. Jahrhundert darauf hingewiesen hat, daß jedermann die Lesung gut verstehen könne, wenn der Almemor sich in der Mitte des Saales befindet.

Ancona, Abb. 188, 189

Carpentras, Abb. 104, 105
Cavaillon, Abb. 107

▷
Bruck, Abb. 31–33
Frankfurt, Abb. 145
Livorno, Abb. 199
Mailand, Abb. 201
London, Abb. 245

Amsterdam, Abb. 223, 228
London, Abb. 243

Der Almemor konkurriert mit der Heiligen Lade, die am Ende der nach Jerusalem ausgerichteten Achse liegt, weil von ihm aus die Lehre verbreitet wird. In italienischen sephardischen und comtadinischen Synagogen teilen die Gläubigen ihre Aufmerksamkeit zwischen zwei Polen, die auf der Ost-West-Achse liegen, der Heiligen Lade im östlichen und dem Almemor im westlichen Teil des Gebäudes. Bei orthodoxen aschkenasischen Synagogen finden sich sowohl die zentralisierenden Tendenzen eines Raumes, der um den im Mittelpunkt befindlichen Almemor angelegt ist, wie auch die axialen Tendenzen, die durch den Standort der Heiligen Lade geschaffen werden. In aschkenasischen Reform-Synagogen sind beide, Almemor und Heilige Lade, im Osten; die Heilige Lade, die am Ende der Ost-West-Achse steht, beherrscht den Almemor.

▷
Wien, Abb. 66

▷
Endingen, Abb. 131
Lengnau, Abb. 132

Ansbach, Abb. 120
Hamburg, Abb. 150
Plauen, Abb. 157
Venedig, Abb. 220
Amsterdam, Abb. 224

In einer Synagoge, in welcher der Almemor weit von der Heiligen Lade entfernt steht, können die Sitze parallel zur Längsachse des Gebäudes angebracht werden, so daß die Gemeindemitglieder entweder nach rechts oder nach links schauen können und den Kopf nicht um 180° drehen müssen. Die Gläubigen sitzen sich gegenüber und können miteinander Kontakt aufnehmen. Der Austausch von Blicken und Gebärden quer durch den Raum und die Tatsache, daß die Aufmerksamkeit einmal nach rechts und einmal nach links gelenkt ist, können eine gewisse Gleichwertigkeit und Einheitlichkeit bewirken, denn alle Teile des Raumes, alle darin versammelten Personen und alle darin vollzogenen Handlungen sind gleich wichtig. Wohl konzentriert sich die Aufmerksamkeit auf zwei Pole, doch schafft die Bewegung der Hände, der Augen und der Körper Richtungsströme, welche die Teile der Synagoge und die Personen miteinander verbinden. Diese Sitzverteilung erzeugt eine Wirkung, als befände man sich in einer Studentenversammlung. Deshalb wird sie bei Kirchenchören und in Universitätskapellen benutzt.

Die Wirkung des Gebäudes auf seine Benutzer und der Benutzer auf die Raumatmosphäre kann auch bei Synagogen stattfinden, in denen der Almemor im Mittelpunkt steht (siehe Abb. 1c), besonders da, wo die Gläubigen sich in einem Dreiviertelkreis oder an drei Seiten eines Vierecks befinden und durch die gemeinsame Konzentration auf den Almemor vereint werden. Der Rabbiner und der Kantor, manchmal auch die Gemeindeältesten, sitzen neben der Heiligen Lade und schließen den Kreis, indem sie der Gemeinde gegenübersitzen. Bei der fast kreisförmigen Sitzordnung wird die Vorherrschaft des Almemors über die Heilige Lade betont, denn die Gläubigen wenden sich dem Vorleser zu, also dem in der Mitte befindlichen Almemor. In Synagogen, in denen die Sitze beweglich waren, konnte dies leicht arrangiert werden. Wenn die Gottesdienstordnung verlangte, daß die Gemeinde sich erheben sollte, etwa weil die Thorarollen aus der Heiligen Lade herausgenommen oder wieder zurückgelegt wurden, konnten die vor jedem Sitz angebrachten beweglichen Lesestände umgedreht werden, so daß die Gebete in der entsprechenden Richtung gelesen wurden. Für diejenigen, welche die Thora berühren und küssen wollten, während sie zwischen der Heiligen Lade und dem Almemor hin- und hergetragen wurde, konnte ein Durchgang geschaffen werden.[6]

In vielen aschkenasischen Synagogen gab es

feste Sitze um das Gitter oder die Trennwand des Almemors mit dem Rücken zu ihm, auch wenn die anderen Sitze in der Synagoge beweglich waren. Die Sitze um den Almemor waren vielleicht für den Fall da, daß die Synagoge stärker besucht wurde als gewöhnlich. Außerdem brauchten die dort Sitzenden nicht auf den Rükken der Person vor ihnen zu schauen und konnten beim Lesen das Kerzenlicht des Almemors mitbenutzen. Die Sitzplätze um den Almemor wurden als Ehrensitze betrachtet und Würdenträgern der Gemeinde zugeteilt oder Personen, die freigebig zum Bau und der Einrichtung der Synagoge beigetragen hatten. Von diesen Sitzplätzen aus schaute man auf die Mauern der Synagoge und nicht auf den Almemor.[7] Diese Anlage betonte den persönlichen, nach innen gerichteten Wert des Gebets und weniger die vereinte Konzentration der Gemeinde auf den Mittelpunkt. Der Gemeinschaftssinn blieb jedoch erhalten, denn derjenige, der um den Almemor saß, befand sich einem anderen Mitglied der Gemeinde gegenüber.

Die Reformjuden des 19. Jahrhunderts bevorzugten feste Sitze. Sie legten Wert darauf, einen ordentlichen Gesamteindruck zu schaffen, so wie sie individuelles Vor-sich-hin-Beten durch einheitliche Gebete ersetzen wollten. Feste Sitze ermöglichten Gänge, während die Gläubigen in älteren Synagogen sich durch die beweglichen Stühle und Lesepulte hindurchwinden mußten. Feste Sitze bedeuteten, und das ist die wichtigste Folge, daß der Almemor an eine Stelle gesetzt werden mußte, an welcher er von überall her gut gesehen werden konnte. Natürlich wurde er an die Ostseite gesetzt.

Als erster versetzte Israel Jacobson, ein früher Reformer, den Almemor an die Ostseite; dies geschah in der Synagoge seiner Knabenschule in Seesen (Niedersachsen) im Jahre 1810. Eine solche Neuerung konnte leichter in einer Schule als in einer Gemeindesynagoge vorgenommen werden. Aus der Tatsache, daß Jacobson in der Synagoge, die er später in seinem Haus in Berlin einrichtete, den Almemor in der Mitte beließ, kann man ersehen, daß die erwähnte Neuerung nur schwer akzeptiert wurde. Nach und nach bewegte sich jedoch der Almemor in Reformsynagogen in Richtung Heilige Lade[8] und wurde schließlich Teil einer Gesamtkomposition, die aus Heiliger Lade, Plattform für die Heilige Lade, Almemor und manchmal getrenntem Lesepult oder Kanzel bestand.

◁ Prag, Abb. 49
Wolpa, Abb. 97

Der einheitliche und geordnete Ablauf eines Reformgottesdienstes, mit teilweise auch volkstümlichen und nicht nur hebräischen Elementen, entsprach in seinem Konzept der einheitlichen und kirchengleichen räumlichen Organisation, die Heilige Lade und den Almemor nebeneinanderzustellen. Kultivierte Gemeinden deutschsprachiger »Israeliten«[9], welche die übersichtliche, einfache Anordnung in christlichen Kirchen bewunderten, und Juden, die integrierte »Bürger mosaischen Glaubens« sein und sich weder in Mentalität noch Religion von anderen Bürgern unterscheiden wollten, mochten die traditionelle Anordnung, die einer Synagoge etwas Fremdartiges gab, nicht beibehalten. Da die jüdische Bevölkerung im 19. Jahrhundert aufgrund von Immigration und erfolgreicher Krankheitsbekämpfung anstieg, wurden die bestehenden Synagogen zu klein, und neue Synagogen konnten so schnell nicht errichtet werden. Die Verlagerung des Almemors nach Osten gab Raum für zusätzliche Sitzplätze, denn vorher bestand zwischen Almemor und Heiliger Lade ein leerer Raum.

Der aschkenasische Almemor als unabhängiges, freistehendes Element hatte im Herzen der Gemeinde die zentrale Bedeutung als Ort des Lesens und Lernens bewahrt. Wurde der Almemor nach Osten unter die erhöhte Heilige Lade gesetzt, so war er dieser sichtlich untergeordnet. Desgleichen wurde der alte orthodoxe Brauch, individuell und in unterschiedlichem Rhythmus zu beten, in weniger orthodoxen und Reform-Synagogen abgeschafft und statt dessen ein Vorbeter und ein vereinter Chor eingesetzt. War Musik vorhanden, so folgte die Gemeinde dem vom Organisten gesetzten Tempo.[10] Die Gemeinde war nicht mehr zur dauernden Teilnahme am Gottesdienst verpflichtet, und der Gemeinderaum war kein Forum mehr, auf dem sich das dynamische Wechselspiel zwischen axialer Spannung und zentrifugaler Kraft, die vom Almemor ausging, abspielte. Mit einem einzigen statischen Höhepunkt im Osten wurde das Innere der Synagoge ein theaterartiger, zeremonieller und kirchenähnlicher Raum für eine Zuschauermenge. Die Mitglieder der Gemeinde, die still auf ihren fe-

◁ Seesen, Abb. 167

◁ Szegedin, Abb. 57
Leningrad, Abb. 89
Berlin, Abb. 124
Florenz, Abb. 194

Budapest, Abb. 39
Paris, Abb. 111
Berlin, Abb. 124
Lengnau, Abb. 135

sten Bänken saßen, konnten ihre Aufmerksamkeit von dem entfernten Vorbeter oder Rabbiner abschweifen lassen, so wie sie sich in einem Theater von der Handlung des Stückes hätten abwenden können. Ein italienischer jüdischer Beobachter, Augusto Bachi, bemerkte, daß die große Anzahl von Synagogen des 19. Jahrhunderts genau zu der Zeit errichtet wurden, als der Glaube am schwächsten war; er verglich diese Situation mit derjenigen der römisch-katholischen Kirche während der italienischen Renaissance.[11]

▷ Toledo, Abb. 184

Zur gleichen Zeit veränderte sich die Rolle, die der orthodoxe wie der Reform-Rabbiner in West- und Mitteleuropa einnahm, weil neue rechtliche wie soziale Verhältnisse den Juden erweiterte Bürgerrechte gebracht hatten. Der Rabbiner wurde zum offiziellen Vertreter seiner Gemeinde, er war dem Staat gegenüber verantwortlich und wurde in vielen Fällen von diesem bezahlt. Er sollte eine abgeschlossene Ausbildung eines theologischen Seminars haben, nicht nur von seinen Glaubensbrüdern anerkannt sein. Seine zuvor alleinige Zuständigkeit als Richter wurde nun durch die Gerichtshöfe eingeschränkt, welche jetzt Angelegenheiten behandelten, die vorher aufgrund von alten Privilegien und verbrieften Rechten Sache der jüdisch-religiösen Rechtsprechung gewesen waren. Seine frühere Bedeutung als Lehrer wurde dadurch gemindert, daß staatliche Schulen jüdische Jugendliche zuließen. In dem Maße, wie sich Juden mehr für die weltliche Kultur interessierten, an der sie nun teilhaben durften, fanden sie weniger Zeit für das Hebräische und traditionelle religiöse Studien. Die Mitglieder der Gemeinde lasen zwar weiter in der Thora, zusammen mit dem traditionellen Kantor, der vom Almemor aus die Gebete leitete, doch überließen viele Juden von nun an das fortgeschrittene Studium der Religion den Rabbinern. Die veränderte Rolle des Rabbiners führte zu einer veränderten inneren Anordnung der Synagoge.

▷ Paris, Abb. 109

▷ Hamburg, Abb. 150

Die Heilige Lade

Die Heilige Lade und ihr Inhalt sind die sakralsten Bestandteile der Synagoge. Die mit Stoffstreifen zusammengebundenen Thorarollen sind in eine Stoffdecke gehüllt, welche mit einem silbernen Thoraschild geschmückt ist, manchmal sind die Griffe der Rollen mit Kreuzblumen verziert. Einstmals war die Heilige Lade eine tragbare Truhe, die manchmal außerhalb des Beetsaals aufbewahrt wurde. In solchen Fällen verfügte die Synagoge über keine besondere bauliche Anlage für die Heilige Lade. Dasselbe traf bei einigen späteren Synagogen zu, wenn die Lade eine große Truhe war oder die Synagoge in einem Gebäude untergebracht war, das man nicht umbauen konnte. Mittelalterliche Synagogen besaßen manchmal Nischen in der Ostwand, die den Behälter mit der Heiligen Lade aufnehmen konnten (siehe Abb. 1a). Letztere scheint im Mittelalter ein bescheidener Gegenstand gewesen zu sein, auch wenn die Nische von Ornamenten eingerahmt war. Der Almemor blieb sichtlich beherrschend. Vom 16. Jahrhundert an wurde der Behälter der Heiligen Lade größer und der Rahmenschmuck der Nische reicher. Sie konkurrierte sichtbar mit dem Almemor; das ist auch heute noch der Fall.

Die vorherrschend klassizistische Architektur und die Strenge, die sich um das Jahr 1800 in der Gestaltung der Bauten zeigte, trugen dazu bei, daß sich das Aussehen der Heiligen Lade veränderte. Sie war immer noch groß und auffällig, stand aber eher in einer Apsis statt in einer einfachen Nische (siehe Abb. 1e). Die Apsis erinnerte an römische Formen in Verbindung mit römischem Recht und göttlicher Gewalt; einige frühe, unter römischer Herrschaft errichtete Synagogen hatten ebenfalls eine Apsis, in der die Thorarollen aufbewahrt wurden. Apsiden waren vor allem in christlichen Kirchen zu finden, wo sich Wunder und Sakramente vollzogen, die nichts mit dem Judentum zu tun hatten. Apsiden in Reformtempeln, in denen der Almemor, die Kanzel und die erhöhte Heilige Lade untergebracht waren und die sich im Osten des Raumes befanden, sahen Apsiden von Kirchen ganz besonders ähnlich. Orthodoxe Juden, welche die Praktiken anderer Religionen nachzuahmen vermieden, betrübte diese

Ähnlichkeit. Paradoxerweise bildeten die überwältigenden Apsis-Anlagen in Reformtempeln, die den Aufbewahrungsort der Thora verherrlichen sollten, einen Gegensatz zu der prosaischen und rationalen Auffassung der Reformbewegung von Gottesdienstordnung und Thorastudium.[12] Die Anlage ihrer Synagogen zeigte die Ambitionen der Reformer, sich gesellschaftlich und intellektuell zu assimilieren, nicht aber ihre wirklichen Ansichten über die Verehrung Gottes in moderner Zeit. Die Synagoge mit Apsis verkörpert deshalb weder für orthodoxe noch für Reformjuden Glaubens- und Traditionsbezüge in angemessener Form.

Die Heilige Lade hat einen posttalmudischen, symbolischen Assoziationscharakter angenommen. Im Mischna-Teil des Talmuds wird der Begriff *Tewa* für die Heilige Lade benutzt. *Tewa* ist das Wort für die Arche Noah; sephardische Juden benutzen es noch heute. Im Mittelalter wurde das Wort *Aron hakodesch* oder Heilige Arche für die Bundeslade (2. Chronik, Kap. 35, Vers 3) von den aschkenasischen Juden für die Heilige Lade in der Synagoge verwendet (und in Deutschland noch heute). Diese Heilige Lade wurde angeblich im Allerheiligsten in Salomos Tempel aufgestellt. Da die Synagoge als »kleines Heiligtum« betrachtet wird, gelangten die Juden wohl zu dem Schluß, daß, wenn sich die Synagoge mit Salomos Tempel vergleichen läßt, man den heiligsten Teil der Synagoge, also die Heilige Lade, mit dem heiligsten Teil des Tempels vergleichen könne. Entsprechend wird die Heilige Lade mit einem Vorhang verdeckt, den man mit dem Schleier vergleichen kann, welcher im Tempel das Allerheiligste von dem Raum davor abtrennt. Die Heilige Lade ist solide gebaut, aus Sicherheitsgründen natürlich, aber vielleicht auch, weil sie eine spätere Version des Allerheiligsten darstellen sollte, ebenfalls einen Ort, zu dem man nicht vordringen konnte und der das Zeugnis von Gottes Beziehung zu seiner Gemeinde enthielt. Der Behälter der Heiligen Lade war manchmal mit Ansichten von Bauten im Heiligen Land geschmückt, er sollte der Heiligen Lade des Tempels so nahe wie möglich kommen. (In Wirklichkeit weiß niemand, wie die Heilige Lade des Tempels ausgesehen hat, und es ist durchaus möglich, daß Salomos Tempel nicht einmal eine Heilige Lade besaß.)[13] Die Heilige Lade der Synagoge in Kiel hat die Form von Rachels Grab, und die Heilige Lade der Synagoge in Triest symbolisierte den Berg Sinai.[14] Diese Gestaltung hatte zumindest etwas mit der Thora zu tun.

Triest, Abb. 213

Beleuchtung

Juden sollen Gebete lesen, und es ist eine Ehre für sie, zum Almemor gerufen zu werden, um aus den Thorarollen vorzulesen. Der Gottesdienst in der Synagoge erfordert die aktive Teilnahme des Gläubigen. Bevor die Reformbewegung des 19. Jahrhunderts an Einfluß gewann, war es für aschkenasische Juden selbstverständlich gewesen, daß jeder seine Gebete laut vor sich hinsprach, aber nicht unbedingt zusammen mit seinem Nachbarn. Diese Tradition ist in vielen orthodoxen Gemeinden beibehalten worden.

Da jeder seine Gebete lesen soll, ist gute Beleuchtung sehr wichtig. Große Fenster waren ganz besonders da angebracht, wo die christliche Obrigkeit eine Steuer auf jede in der Synagoge abgebrannte Kerze erhob. Synagogen besaßen aber oft nur kleine oder hoch oben in die Mauern eingelassene Fenster, damit von Mutwilligen geschleuderte Steine sie nicht erreichten. Hochgelegene Fenster waren auch praktischer, falls man später seitlich anbauen wollte, ohne die Fenster des Hauptbetsaals zumauern zu müssen. Möglicherweise konnte ein Beamter des jeweiligen Ortes auch bestimmen, daß nur kleine Fenster angebracht werden durften, weil die Gebete der Juden nicht an anderer Leute Ohren dringen sollten. Oder die Juden waren selber darauf bedacht, sowenig Geräusch wie möglich nach außen dringen zu lassen, denn Christen hatten das Recht, eine Synagoge zu schließen, aus der Gebete in »anstoßerregender« Lautstärke zu hören waren. Ein weiterer Grund für kleine Fenster konnte sein, daß der Erbauer zögerte, in eine Mauer, die eine gewölbte Decke stützte, zu große Öffnungen zu machen. Ein dämmriger Raum entsprach wohl auch den Gefühlen und den psychologischen Bedürfnissen der Gläubigen.

Mödling, Abb. 20
Ödenburg, Abb. 21
Prag, Abb. 49
Prag, Abb. 48
Krakau, Abb. 70
Wilna, Abb. 93

Wo die Synagogenfenster von anliegenden Häusern verbaut waren, also kein Licht gaben,

Ancona, Abb. 190
Venedig, Abb. 217
Paris, Abb. 113
Berlin, Abb. 124
Stockholm, Abb. 238

oder wo die Synagoge zu groß war, um nur von Fenstern belichtet werden zu können, waren Dachfenster, manchmal direkt über dem Almemor, angebracht. In Synagogen aus dem 19. Jahrhundert tauchten sie immer häufiger auf, weil Glas zu einem billigen und alltäglichen Produkt wurde.[15]

Prag, Abb. 49

Manchmal beteten Juden aus Sicherheitsgründen auch nachts oder bei schlechtem Wetter, und in diesen Fällen war künstliches Licht wichtiger als natürliches. Kerzenleuchter standen auf dem Geländer oder Gitter des Almemors, hingen vom Gebälk, von der Decke und der Empore herab. Die Mitte des Betsaals und der so wichtige Tisch des Almemors wurden feierlich erleuchtet. Häufig wurde das Licht durch Metallreflektoren verstärkt. Auch an den Wänden befanden sich manchmal Kerzenleuchter, oder über den Häuptern der Gläubigen war ein Brett für Kerzen an der Wand angebracht, so daß diese nicht umfallen und Feuer verursachen konnten. Das Kerzenbrett in der Altneuschul in Prag ist noch immer vorhanden. Beleuchtung über den Köpfen betont die unterwürfige Haltung der Gläubigen, deren Gebete von unten heraufzudringen scheinen. Liegt der obere Teil des Raumes im Dunkeln, entsteht bei den Betenden das Gefühl, dem gewöhnlichen Raum entrückt zu sein, die mystischen Empfindungen werden verstärkt, und es entsteht eine Aura des Übernatürlichen, wie sie bei gewissen osteuropäischen Juden in der späten Renaissance gepflegt wurde. Zu jener Zeit wurden Gottesdienste zu Mitternacht oder anderen nächtlichen Stunden eingeführt. Das unaufhörliche Flakkern des Kerzenlichts paßte zu dem rhythmischen Singsang der Betenden, welche die traditionelle Vor- und Rückwärtsbewegung vollführten. Das Geräusch in der Synagoge dürfte sich wie ein Summen angehört haben. Dies alles war etwas ganz anderes als das feierliche Ritual in einer römisch-katholischen Kirche oder die eher statische und rationalistische Atmosphäre, welche bei bestimmten protestantischen Kirchen herrscht.

Lengnau, Abb. 132
Prag, Abb. 49
▷
Sofia, Abb. 59
Florenz, Abb. 194
Wilna, Abb. 93

Das Ewige Licht hängt in den meisten modernen Synagogen vor der Heiligen Lade. Diese Lampe wird als erste angezündet, wenn eine Synagoge eingeweiht wird oder die Thorarollen in die Heilige Lade gelegt werden.[16] Sie soll an die Ewige Lampe im Tempel erinnern und ist eines der Verbindungsglieder zwischen der Synagoge als »minderem Heiligtum« und dem ehemaligen großen Heiligtum in Jerusalem. Das Ewige Licht ist auch als Symbol für die Gegenwart Gottes unter seinem Volk gedeutet worden[17] oder als Stellvertreter des göttlichen Lichts, das vom Heiligtum in Jerusalem herkam[18], auch als Symbol für das Gesetz, welches die Juden lebendig erhalten sollten.[19] Die Form des Ewigen Lichts ist nicht vorgeschrieben. Gewöhnlich ist es eine Hängelampe, die vor der Heiligen Lade aufgehängt ist, die Längsbetonung des Raumes unterstreicht und dem Bereich eine zusätzliche Wirkung verleiht. In polnischen Synagogen der Spätrenaissance stand die Lampe in einer Nische in der Eingangshalle, vielleicht weil man die Feuergefahr im Betsaal verringern wollte.[20]

▷
London, Abb. 152

Das Lesepult

Seit dem 5. oder 6. Jahrhundert taucht das Lesepult in der Inneneinrichtung der Synagoge auf; in einigen Fällen sogar etwas früher. Aber erst im 18. Jahrhundert wird es allgemein üblich.[21] Vom Lesepult aus verliest der Vorbeter oder Kantor Texte, die weniger heilig sind als die, welche vom Almemor aus verlesen werden. Es dient auch zum Gebetsopfer. Ein jüdisches Lesepult ist im allgemeinen ein bescheidenes Möbelstück und unterscheidet sich von einer Kirchenkanzel oder einem Rednerpult nur durch seine Verzierungen, auf denen der sechszackige Stern, der Löwe von Juda oder andere übliche jüdische Ornamente zu sehen sind.

Das Lesepult hat keinen bestimmten Standort. Irgendwann begannen sephardische Juden, den Gottesdienst nur vom Almemor aus zu leiten, und brauchten kein Lesepult. In den Synagogen, wo ein Lesepult vorhanden ist, kann dieses die Raumeinrichtung beeinflussen, indem es die Aufmerksamkeit auf den Bereich lenkt, in dem die Heilige Lade untergebracht ist, auf die Querachse oder irgendeinen anderen Punkt, an dem es steht. In aschkenasischen Synagogen traditionell orthodoxer Anlage steht das Lesepult meist in der Nähe des Almemors. In Reformtempeln ist es Teil der im Osten der

Synagoge befindlichen Komposition aus Heiliger Lade und Almemor und verstärkt die Ausrichtung der Gemeinde auf einen Punkt.[22]

Chor und Orgel

Als Chor und Orgel[23] in Reformtempeln eingeführt wurden, brauchten sie einen geeigneten Platz. Im allgemeinen wurden sie auf der westlichen Empore angebracht, manchmal aber auch in einer breiten Vertiefung über oder neben der Heiligen Lade. Dadurch wurde die einheitliche Ausrichtung aller Vorgänge in der Synagoge betont, welche die Reformer schufen, als sie den Almemor nach Osten in die Nähe der Heiligen Lade rückten.

Anlagen für Frauen

Die Beziehung vom Tempel in Jerusalem zu den »minderen Heiligtümern« legt nahe, die im Tempel vorhandenen Anlagen auf die Synagoge zu übertragen. Zumindest bei einigen Anlässen[24] trennte man im Tempel die Frauen von den Männern, und Talmudgelehrte interpretierten dies so, daß in Synagogen die Geschlechter voneinander getrennt bleiben sollten.[25] Orthodoxe Juden rechtfertigten diese Auslegung unter Berufung auf den Respekt, den man den Gemeindeältesten schuldet und den man kundgeben könne, indem man ihrer Tradition des getrennten Gottesdienstes folge.[26] Dazu kommt, daß »Synagogen einen Juden von bösen Gedanken reinigen können und ihn zu einem tugendhaften Mann werden lassen können«. Sieht ein frommer Mann jedoch eine Frau, wenn er das Hauptgebet »Sch'mah« vorliest, kann er sich und das Gebet nach Meinung der Orthodoxen verunreinigen, wenn wollüstige und leichtfertige Gedanken in ihm aufkommen.[27] Eine Trennung von Männern und Frauen, in welcher Form sie auch erfolgt, verhindert die Möglichkeit einer solchen Versuchung. Ein weiteres Argument ist, daß bei einer gemischten Gemeinde der Sitz eines Verstorbenen von jemand anderem als seinem Sohn eingenommen werden kann, falls kein solcher vorhanden ist. Das bedeutet eine Gefahr für die im jüdischen Gesetz festgelegten Besitzrechte und ein Aufgeben der Familientradition.[28]

Bis hierher habe ich mich bei meinen Untersuchungen auf Synagogeneinrichtungen konzentriert, die allein für Männer bestimmt waren. Lange Zeit wurde eine Abteilung für Frauen erst nach dem eigentlichen Bau der Synagoge in Betracht gezogen, denn verhältnismäßig wenige weibliche Gemeindeglieder besuchten den Gottesdienst. Das jüdische Gesetz macht eine Ausnahme für Frauen bei der Verpflichtung, den Gottesdienst zu besuchen, weil ihnen die häuslichen Pflichten obliegen. Frauen werden beim Quorum nicht mitgezählt, lesen nicht aus den Thorarollen vor und werden auch nicht Rabbiner oder Kantor.[29] Der Frauenbereich einer Synagoge wird also als weniger heilig betrachtet als der Männerbereich, und die Trennwand zwischen den beiden ist nur Mittel zum heiligen Zweck, nicht aber wesentlicher Bestandteil eines »kleinen Heiligtums«.[30] Im allgemeinen hatten Synagogen weniger Sitzplätze für Frauen als für Männer, und nur unter besonderen Umständen waren erstere zahlreicher als letztere vertreten, zum Beispiel aufgrund von Abwesenheit (oder Tod) von Männern in Kriegszeiten.[31] Bis in das 18. Jahrhundert hinein war es für eine unverheiratete Frau nicht üblich, aschkenasischen Gottesdiensten beizuwohnen, außer an hohen Feiertagen wie dem Purim-Fest und dem Simchas-Thora-Fest.[32] Es gab getrennte Gottesdienste für Frauen, die von Frauen oder Männern in der Landessprache abgehalten wurden und unter anderem aus sentimentalen Erzählungen religiöser Themen bestanden. Der Frauenbereich besaß weder Heilige Lade noch Almemor, denn nur Männer waren dazu verpflichtet, Hebräisch zu lernen und die Thora zu lesen und zu studieren.

Der Frauenbereich war oft überfüllt, dunkel und schlecht belüftet, es sei denn, es handelte sich um einen durch einen Vorhang oder Schirm abgetrennten Teil des Männerbereichs. Frauen waren gezwungen, sich angespannt nach vorne zu beugen, um hören und sehen zu können, was auf der anderen Seite der Abschirmung vor sich ging. Die Einrichtung des Frauen-

Krakau, Abb. 72
Lemberg, Abb. 83

◁
Szegedin, Abb. 57
London, Abb. 152

bereichs war auf ein Minimum beschränkt oder völlig unzureichend.[33] Manchmal war eine Treppe zum Frauenbereich in einem Nachbarhaus angebracht, von dem aus ein Durchgang in der Brandmauer zur Synagoge geschaffen wurde. Der Frauenbereich konnte auch in einem Raum im Erdgeschoß untergebracht sein, wie in Worms, oder sich in einem besonderen Flügel der Synagoge befinden, wie in der Prager Pinkas-Synagoge. Er vergrößerte den Hauptbetsaal nicht, da er von dem Männerbereich durch eine Trennwand oder Mauer abgetrennt war. Am unbequemsten waren die Frauenbereiche, die unter dem Männerraum einer Synagoge lagen.[34] In diesem Fall nahmen die Frauen im buchstäblichen Sinne eine »niedrigere« Stellung ein. Da die Synagoge im höchsten Teil eines Gebäudes liegen soll, kann ein Raum, der unter eine Synagoge liegt, nicht die gleiche Heiligkeit besitzen wie die Synagoge. Durch ein Gitter im Fußboden des Männerbereichs durften die Frauen den Gottesdienst mit anhören und die Thorarollen sehen, wenn diese nahe an das Gitter herangebracht wurden.

Worms, Abb. 169, 171

Vom 14. Jahrhundert an besaßen viele Synagogen einen Anbau für Frauen, der seitlich an die Synagoge angefügt war, höher lag als der Männerbereich und von diesem aus kaum zu sehen war. Der Anbau konnte an jeder beliebigen Seite oder um die ganze Synagoge herum liegen, ging aber im allgemeinen nicht über die Stelle hinaus, an der die Heilige Lade untergebracht war.[35] Lag der Anbau an einer Seite des Männersaals, so verdunkelte er manchmal den Hauptraum, weil bestehende Fenster zugebaut wurden oder keine weiteren Fenster mehr in die Mauer eingelassen werden konnten. Hatte der Anbau kleine Fenster oder lagen diese in mehreren Reihen, so konnte ein Rhythmus der Öffnungen entstehen, der mit denen an der entgegengesetzten Mauer des Hauptraumes korrespondierte.[36] Dieser Gegensatz konnte das Aussehen eines gewöhnlichen rechteckigen oder sonst einfachen Raumes beleben, wirkte aber im allgemeinen wie eine Verlegenheitslösung.

Krakau, Abb. 72
Lemberg, Abb. 82

Ancona, Abb. 189, 190

Fürth, Abb. 147

▷
Krakau, Abb. 70
Lańcut, Abb. 80

Der erhöhte Anbau erfordert eine mehrstökkige Konstruktion. Dies war zwar kostspielig, aber der Raum, der sich unter dem Frauenbereich befindet, konnte als zusätzlicher Sitzraum für Männer oder auch als Schulzimmer, Versammlungssaal, Büro, Bibliothek, Wochentagssynagoge oder Vorraum benutzt werden. Durch den zusätzlichen Bau einer einzigen Mauer nach außen konnte man derart ohne viel Aufwand verschiedene Zwecke erfüllen. Der erhöhte Frauenteil selbst konnte später Teil des Hauptraumes werden, indem man die Gitter entfernte oder die Öffnungen vergrößerte. In diesem Fall wirkte der Anbau wie eine Empore, auch wenn der Erbauer der Synagoge ursprünglich keine Empore vorgesehen hatte.

▷
Lemberg, Abb. 84
Ansbach, Abb. 121

Der getrennte Anbau war mindestens bis ins späte 19. Jahrhundert zu finden. Israel Zangwill beschrieb in seinem Roman *Children of the Ghetto* (deutsch: *Kinder des Ghetto*) einen solchen Anbau in einer Londoner Synagoge. Es war ein Raum, der »keinerlei Verbindung mit dem Männerteil besaß; es war ganz einfach ein Raum, der oberhalb des ihren lag, und die Deklamationen des unsichtbaren Kantors drangen nur schwach durch den Boden, auch wenn das Geschrei des vereinten männlichen Chors die Frauen auf dem laufenden hielt, was ihre Ehemänner taten.«[37]

Vom späten 16. Jahrhundert an wurde im Hauptraum vieler Synagogen eine Empore für Frauen angebracht, nach und nach wurde sie Bestandteil aller Synagogen mit Ausnahme der ärmlichsten, das heißt solcher, wie Zangwill sie beschrieben hat, oder Bauten sehr kleiner Gemeinden. Für die Architektur der Renaissance ist bezeichnend, daß man eine harmonische Anordnung aller Gebäudeteile anstrebte, denn die früheren Ad-hoc-Anbauten in unausgewogener Größe und Form waren gewiß keine harmonischen Konstruktionen. Lag eine Synagoge auf einem freiliegenden Grundstück, so konnte sie eine beliebige Form erhalten. Für die Architekten war es eine verlockende Aufgabe, Emporen in ihren Entwurf aufzunehmen. Führte eine Außentreppe zur Empore, konnte dies den kastenförmigen Bau auflockern, wie bei den alten Synagogen in Krakau-Kasimierz, Rosenberg und Mislowitz. Sie konnte aber auch Teil der Fassadengestaltung sein, wie in dem Wettbewerbsentwurf von Felix Ascher für die Synagoge in der Oberstraße in Hamburg. Die Treppe konnte auch unbeholfen wirken, wie die Außentreppe an der sephardischen Synagoge in Amsterdam (1675) in ihrer ursprünglichen Form. Die Stützen der Empore im Betsaal der Synagoge, die bis zur Decke hochführen, lassen den Raum breiter wirken. Die schöne Synagoge von Livorno wurde nach ihrem Umbau im Jahre 1789 zu einer eleganten, rhythmisch gestalteten Anlage, bei der die übereinandergesetzten Emporen von Bogenreihen umrandet waren. Sogar bei der aufsehenerregenden Synagoge, die zwischen 1958 und 1962 erbaut wurde und die alte Synagoge ersetzte, verleiht die ausladende, geschweifte Empore dem Innenraum Schwung und betont den auf den Mittelpunkt ausgerichteten Entwurf. Bei einem engen Grundstück kann der Architekt jedoch gezwungen sein, eine Empore vorzusehen, um den Frauenbereich unterzubringen. Erreicht dieser eine bestimmte Größe, so kann der Raum überladen wirken, vor allem, wenn die Empore zu weit in den Betsaal reicht. Der Architekt hat natürlich die Möglichkeit, die Empore so hoch zu legen, daß sie sich klar vom Männerbereich abhebt. Dies wurde in der spanischen und in der deutschen Synagoge in Venedig erreicht. In diesen beiden Bauten schufen die ovalen Emporen einen Kontrapunkt zu den länglichen Räumen und der Mittelachse und vereinten alle Teile des Raumes, indem sie die Zweiteilung des Raumes abschwächten, die man dort findet, wo die Sitzbänke parallel zur Hauptachse gesetzt sind wie hier. Das längliche Oval bewahrte die Polarität der Heiligen Lade und des Almemors, bewirkte aber zugleich eine einigende Linienführung, durch welche die Gläubigen, die Einrichtung und der Raum miteinander verbunden wurden – als sollte zum Ausdruck gebracht werden, daß ein gemeinsames Streben sie vereint. Eine geschwungene Empore kann die auf den Mittelpunkt bezogene Anlage und die Einheit einer Synagoge betonen, auch wenn sie nur um einen Teil des Raumes herumführt.[38] Eine Empore, die an den Längswänden eines rechteckigen Synagogenraumes verläuft, betont die Ost-West-Achse. Wird die auf der Westseite liegende Empore für die Orgel und den Chor benutzt, so werden Emporen für die Frauen an der Süd- und Nordwand angebracht, außer wenn die Gemeinde so klein ist, daß alle im Erdgeschoß Platz finden.

Die Stützen für die Empore können massiv und bedrückend sein oder leicht und gewölbt, regelmäßig und ruhig oder dramatisch in Volumen und Umfang. Die Stützen in der großen sephardischen Synagoge in Amsterdam (1675) sind ungewöhnlich, denn die Frauenemporen ruhen auf von der baulichen Anlage unabhängigen Stützpfeilern und nehmen knapp die Hälfte der Breite der Seitenschiffe ein. Sie reichen an keiner Stelle an die Hauptpfeiler des Raumes heran, die bis zur Decke emporsteigen. Die Emporen wirken, als wären sie nicht Teil des Raumes, sondern ein Anhängsel, was sie im 17. Jahrhundert ja auch noch waren. Legt der Architekt die Sitze so an, daß sie zur Außenwand hin ansteigen, können die Frauen sehen, was sich im Männerbereich darunter abspielt, ohne sich direkt an die Gitter drängen zu müssen.[39]

Die Reformer machten im 19. Jahrhundert die Gitter um den Frauenbereich niedriger oder schafften sie ganz ab. War der Frauen- vom Männerbereich durch Mauern getrennt, so wurden diese durch breite Durchbrüche geöffnet, so wie in Worms, oder sie wurden abgerissen. Die Reformer legten großen Wert darauf, das jüdische Familienleben zu fördern, und erlaubten den Frauen, dem Gottesdienst unbehindert beizuwohnen, und den Männern, die Frauen beim Gebet zu sehen, auch wenn die Geschlechter weiterhin getrennt blieben.

Nur liberale Juden, welche die Reformideen bis in das 20. Jahrhundert übertrugen, erlaubten eine gemischte Gemeinde, aber selbst in der liberalen Synagoge in der Berliner Prinzregentenstraße aus dem Jahre 1930 saßen die Frauen, die nicht zu einer Familie gehörten, mit der sie die Bänke hätten teilen können, immer noch unter sich.[40]

Da der Reformgottesdienst vorherrschend in der Landessprache abgehalten wurde, erwartete man von den Frauen, daß sie die Texte mitlasen und den Gottesdienst verfolgten. Der Frauenbereich mußte also ebenfalls gut beleuchtet werden. Nahmen mehr Frauen an den langen Gottesdiensten der hohen Feiertage teil, brauchte man mehr Ruheräume und Toiletten. Alle Mitglieder der Familie waren in diesen modernen und zweckmäßig geplanten Synagogen gut untergebracht. Man wollte den (heutigen amerikanischen) Slogan demonstrieren, daß »eine Familie, die zusammen betet, zusammenhält«, vor allem angesichts gesellschaftlicher Einflüsse, welche die jüdische Jugend in Versuchung brachten, zum christlichen Glauben überzutreten.

◁ Livorno, Abb. 196
◁ Livorno, Abb. 198, 199
◁ Paris, Abb. 113
Worms, Abb. 169, 170
Hamburg, Abb. 150
London, Abb. 152
◁ Venedig, Abb. 217–222
◁ Essen, Abb. 140
◁ Amsterdam, Abb. 228

Grund und Boden wirtschaftlich zu nutzen. In den jüdischen Straßen oder Vierteln in Frankfurt am Main, in Venedig und in Nikolsburg, wo die Synagoge sich, wie der Talmud vorschreibt, auf dem obersten Stock befinden sollte, gab es sieben- bis zehnstöckige »Wolkenkratzer«. Eine Synagoge, die sich in einem Wohnhaus befand, war außerdem von der Straße her schwer zu erkennen.

Hatte eine freistehende Synagoge eine architektonisch interessante Fassade, so handelte es sich oft nicht um die Fassade des Betsaals selbst. Bevor den Juden die Bürgerrechte zugesprochen wurden, befanden sich viele Betsäle, wie in Riga, Düsseldorf, Kleve und Celle (siehe Abb. 7), im hinteren Teil des Gebäudes; Gemeinderäume, Schulräume oder das Haus des Rabbiners lagen an der Straßenfront. Das vorgeschobene Gebäude schützte den Betsaal vor dem Eindringen von Vandalen und störenden Geräuschen und verhinderte, daß die Stimmen jüdischer Beter an die Ohren von Christen drangen.

Erbauer

Einflußreiche Personen und später die Zünfte kontrollierten die Ausbildung und Tätigkeit vieler Handwerker. Da Juden häufig nur Geldgeschäfte abwickeln und Waren aus zweiter Hand verkaufen durften, konnten sie im allgemeinen weder bauen noch ihre eigenen Synagogen errichten. Daher wurden bis zum 20. Jahrhundert die meisten Synagogen von christlichen Architekten und Handwerkern entworfen und gebaut. Das Ergebnis hing vom Verständnis des Vorstehers der jüdischen Gemeinde und des Architekten ab, deren Verhältnis zueinander komplizierter war als zum Beispiel das zwischen einem Kirchenausschuß und einem Architekten. Vom Mittelalter bis zum 19. Jahrhundert gab es auf jeden Fall nur wenige große Synagogen, für deren Bau ein guter Architekt benötigt worden wäre.

In einer großen jüdischen Gemeinde gab es meist Männer, die Bauarbeiten ausführen konnten. Vielleicht läßt sich dadurch die Erwähnung eines gewissen Mar Simson (dessen Name jüdisch klingt) als Erbauer einer Synagoge aus dem Mittelalter in Nürnberg erklären.[31] Als »Erbauer« kann entweder die Person bezeichnet werden, die für die Synagoge bezahlte, oder der Handwerker oder Unternehmer, der sie baute. Aber Mar Simson scheint wohl der Maurer gewesen zu sein, denn in den Dokumenten wird auch der Geldgeber erwähnt. In Porto war es ein Don Joseph ibn Aryeh, der »als Amtsträger die Arbeiten überwachte«.[32] Das Baugewerbe gehörte, soweit bekannt, nicht zu den Berufen, die von spanischen Juden ausgeübt wurden, aber Francisco Cantera y Burgos hat behauptet, daß ein Maurer mit dem Namen Juce Gali aus dem späten 15. Jahrhundert ein Jude gewesen sei und daß er von Christen bewohnte Häuser im Mudejar-Stil gebaut habe.[33] Auch wenn uns die Beweise fehlen, daß Juden Synagogen entworfen und gebaut haben, so hat es im 15. Jahrhundert in Prag, Palermo und Krakau Zimmerleute gegeben, die Juden waren.[34] Anscheinend gab es im 14. Jahrhundert in Nürnberg jüdische Maurer, denn im Jahre 1338 wird in den Aufzeichnungen ein gewisser Joseph als Maurer erwähnt. Im folgenden Jahrhundert wurde aber in dieser Stadt durch einen Erlaß allen Juden verboten, Bauarbeiten für Christen auszuführen. Aufgrund dieser Berufsbeschränkungen konnte die nachfolgende Generation wohl kaum solche Tätigkeiten ausüben. An anderen Orten sind jedoch einige wenige Juden als Erbauer von Synagogen belegt. In der bedeutenden jüdischen Gemeinde Prags errichtete ein Architekt namens Herz um das Jahr 1600 die Hohe Synagoge. Juda Goldschmied, der auch unter dem Namen Juda Koref oder Zoref de Herz bekannt ist († 1625), baute einen großen Teil der Pinkas-Synagoge und der Meisel-Synagoge.[36] Ein Maurer namens David unterschrieb einen Vertrag für den Bau der Synagoge von Gnesen im Jahre 1582; Isaak Moses Frankel, ein Handwerker, baute die hölzerne Synagoge von Marosszentkirály in Ungarn und Jakob ben Meir Halevi ein Synagogenportal in Groß-Meseritz.[37]

Nach dem Ende des 17. Jahrhunderts tauchten in Polen jüdische Namen häufiger als Erbauer hölzerner Synagogen auf, obschon in einigen Fällen die Behauptung, es habe sich um Juden gehandelt, nicht sehr überzeugend ist.[38] Polens jüdische Bevölkerung stieg von 3000 um das Jahr 1400 auf 300 000 um 1750, und viele ansehnliche jüdische Gemeinden, vor allem im Süden und Osten des Landes, genossen in den von der Regierung gesetzten Grenzen weitgehende Autonomie. In diesen Gebieten konnten Juden leichter Bau- und Dekorationsgewerbe ausüben, und es stand ihnen ein großes Kundenpotential zur Verfügung, das in den kleineren jüdischen Zentren Westeuropas fehlte. Vielleicht arbeiteten Juden auch am Bau steinerner Gebäude mit. Szymon Zajczyk, der bedeutende Forschungen über polnische Synagogen durchgeführt hat, meint, daß der dort übliche gemauerte Synagogentyp mit vier Pfeilern und neun Feldern von einem begabten Architekten entworfen worden sein muß, der sicher Christ war, aber daß weniger gut ausgebildete Bauarbeiter, vielleicht auch Juden, die Gebäude errichtet haben.[39]

In anderen Fällen war die als Erbauer aufgeführte Person der Geldgeber. Aus Inschriften ist zu ersehen, daß die Erbauer in Córdoba (1315), Toledo (1350–1360) und Sevilla (13. Jahrhundert) die reichen Schutzherren oder Eigentümer der Synagogen gewesen sind. Samuel Melli, der im Jahre 1485 die Synagoge in Ferrara gebaut hat, hatte das Gebäude, in dem sie untergebracht war, im Jahre 1481 gekauft, und man kann annehmen, daß er eher der Eigentümer als der Maurer gewesen ist.[40] Desgleichen scheinen David ben Israel, der um 1290/1300[41] die Steine für die Eingänge der Synagoge in Rouffach erwarb, und Isaak Koblenz, der die Synagoge in Friedberg in Hessen im Jahre 1240[42] erbaute, die Eigentümer gewesen zu sein. Die hebräische Inschrift in der Wormser Synagoge, in welcher der jüdische Erbauer erwähnt wird, bezieht sich gewiß auf den Spender, denn der gewölbte Bau verlangte eine berufliche Ausbildung, zu der Juden im 12. Jahrhundert keinen Zugang hatten. Außerdem sind die Ornamente von ähnlicher Form wie die in den Domen von Worms und Fritzlar, an denen Juden wohl kaum mitgearbeitet haben. Sogar im 9. Jahrhundert sagte man von den Spendern, sie hätten die Synagogen »gebaut«, so wie die Synagoge in der Rue Buffault in Paris (Daniel Osiris Iffla), in Mailand (Salomone Ottolenghi), in Triest (Moses Uzeglio), in Belfast (die Familie Jaffe, die zwei Synagogen hintereinander bezahlte) und in Versailles (die Familie Rothschild). Wir kennen die Namen christlicher Architekten, die große und manchmal auch schöne Synagogen in West- und Osteuropa entworfen haben, bevor den Juden die Bürgerrechte gewährt wurden[43], und in kleinen böhmischen Städten zum Beispiel wurden die bescheidenen Synagogen von derselben Person erbaut, welche die römisch-katholische Kirche am Ort errichtete.[44]

Weitere Vorschriften

Juden und ihre Synagogen unterlagen noch vielen anderen Vorschriften neben denen, die das Wohngebiet und den Bau betrafen. Es wurde schon erwähnt, daß die Obrigkeit private Synagogen schließen und die Gebäude beschlagnahmen konnte. Als Papst Paul IV. das Ghetto in Rom einrichtete[45], befahl er – im Widerspruch zu den Gesetzen seiner eigenen Kirche, die existierende Synagogen schützten –, mehrere der schon bestehenden Gebäude zu zerstören. Jüdische Ärzte, Händler und Finanziers, deren Dienste man benötigte, erhielten Privilegien, die anderen Juden verwehrt waren. Die Obrigkeit begünstigte manchmal sephardische Juden, weil sie für reich gehalten wurden, im Vergleich zu der großen Menge aschkenasischer Juden, die in Armut lebten.[46] Aus den Ausnahmebestimmungen und Modifizierungen, die an die Gesetze angehängt wurden, läßt sich ersehen, auf welche Weise es den Juden gelang, vom Mittelalter bis in die Neuzeit zu überleben und Synagogen zu bauen.[47] Sogar die päpstliche Macht war beschränkt, denn die Bullen aus dem späten 16. Jahrhundert, die den Schutz oder die Unterdrückung der Juden betrafen[48], scheinen nur während des Pontifikats ihres Erlassers bindend gewesen zu sein. In einigen Städten des päpstlichen Territoriums wurde es Juden erlaubt, jahrelang außerhalb der Ghettos zu leben, nachdem der Papst der Stadtobrigkeit befohlen hatte, ihre jüdische Bevölkerung in Ghettos einzuschließen.[49] Nach der Vertreibung der Juden aus Spanien (1492) und Portugal (1496) wurden manche von ihnen andernorts aufgenommen, weil sie Kapital einbrachten und große Kenntnisse im Handel besaßen. Im späten 16. und 17. Jahrhundert fanden sephardische Juden, die sich offen zum Judentum bekannten, und Marranos, das heißt Juden, die zum Christentum übergetreten waren, in den Niederlanden, in England und in Livorno Schutz und die Möglichkeit, ihren Glauben aus-

◁
Lublin, Abb. 76
Pinsk, Abb. 78, 79
Łańcut, Abb. 81
Lemberg, Abb. 85
Wilna, Abb. 92, 93

◁
Toledo, Abb. 184

◁
Worms, Abb. 170

◁
Mailand, Abb. 200
Triest, Abb. 212, 213

◁
Livorno, Abb. 195, 196
London, Abb. 242, 245

Abb. 12. Zabludow, hölzerne Synagoge, spätes 17. Jahrhundert (?), 1765 umgebaut, Außenansicht.

den Rabbiner, Gemeindebüros, Zunfträume und andere Bereiche darin untergebracht werden konnten. Ungefähr zwanzig Beispiele sind auf maßstabsgerechten Zeichnungen und Fotografien festgehalten worden, darunter die Synagogen von Gumbinnen, Pilica, Usljani und Warka. Der Frauenbereich und die Eingangstreppe waren verschieden angelegt, wodurch sich die Synagogen voneinander unterschieden. Wenn die westliche Empore zu klein für die Anzahl von Frauen war, wurden Frauenbereiche an der Nord- oder Südseite angebaut. Die Höhe und Tiefe der Vorhalle und der Empore im Westen konnten verschieden sein. Der Emporenanbau in Janów Trembowelski war verputzt und sah aus, als hätte er eine andere Höhe als der dahinterliegende Betsaal. In Lutomiersk kragte das Dach der Synagoge über das Erdgeschoß vor und wurde von sechs Säulen getragen, so daß eine Vorhalle entstand, hinter der eine geteilte Treppe zu einem Balkon aufstieg.

▷ Wolpa, Abb. 95, 96

Zentraler Grundriß

Der andere, zum Mittelpunkt ausgerichtete Synagogentyp hatte einen ganz oder fast quadratischen Betsaal für Männer, der nicht mehr als 15 Meter auf jeder Seite maß; an allen Seiten, außer im Osten, war er von Anbauten für

Frauen, Gemeindebüros, Vorhalle und andere Räumlichkeiten umgeben. Es scheint, daß bei Synagogen mit axialem Grundriß die Anbauten nicht von Anfang an geplant waren. Beim zentralen Grundriß dagegen bildete der Betsaal der Männer den Kern, um den herum sich alle anderen Teile scharten. Bei diesem Bautyp fand man eher ein mehrreihiges, eckiges oder ein geschwungenes Dach und Eckpavillons an der Nordwest- und Südwestseite. Die Pavillons waren in manchen Fällen durch Galerien erweitert, die um das obere Stockwerk liefen, und durch Schindeldächer mit zwei oder mehr verschiedenen Neigungen oder durch Glockendächer erhöht. Beim zentralen Grundriß wurden häufiger gekrümmte oder kuppelartige Gewölbe oder Kuppeln verwendet (Kuppeln wurden vom 18. Jahrhundert an vor allem in der Gegend von Grodno und Bialystok benutzt), während die meisten Synagogen mit axialem Grundriß ein Tonnengewölbe hatten. Auf den Mittelpunkt orientierte Gewölbe, die steil aufstiegen, schienen sozusagen die Gebete der Gläubigen nach oben mitzureißen; und die Gemeinde wiegte sich dabei rhythmisch hin und her, als wollte sie die im Bau ausgedrückte Bewegung unterstreichen. Beispiele für den zentralen Synagogentyp waren die Synagogen in Grodno und dem nahe gelegenen Wolpa, auch die in Sidra, Sopoczin und Zabludow (die in dieser Form umgebaut worden waren) (siehe Abb. 10, 12). Einige Synagogen dieses Typs, wie die in Wolpa, hatten vier Stützen, um die Kuppel in der Mitte oder eine flache Decke zu tragen. Diese Anlage entsprach dem Grundriß der gemauerten Synagogen mit neun Feldern und vier Pfeilern, nur lagen die Stützpfeiler bei den Holzbauten weiter auseinander. Bei Holzbauten wurden an sich keine Stützen unter der Kuppel benötigt, aber Zimmerleute und Schreiner benutzten die gemauerten Synagogen als Vorbilder, weil diese dauerhafter und angesehener waren.

In der Synagoge von Sniadowo war der Almemor zu unbedeutend und konnte den Raum nicht füllen. In Olkeniki war der eklektizistisch-klassizistische Almemor etwas größer und aufwendiger und konnte sich deshalb behaupten, paßte aber nicht zum Stil und Umfang des Gebäudes. In Wolpa dagegen war der Almemor von angemessener Größe, und die unteren Teile der vier Pfeiler waren Teil des Almemors. Dadurch wurden die bauliche Anlage und die wesentliche Ausstattung sinnvoll vereint. In Sidra, wo die Synagoge eine flache Decke aufwies, erstreckte sich ein großer, quadratischer Almemor vom Boden bis zur Decke, wodurch seine Verbindung mit dem Gebäude klar zum Ausdruck gebracht wurde. In einer Holzsynagoge mit einer zentralen Kuppel verband ein in der Mitte befindlicher hölzerner, überdachter Almemor, auch wenn die Ausführung nicht perfekt war, die schützende Decke über dem heiligen Schrifttext mit dem schützenden Dach über der Gemeinde, im erweiterten Sinne also mit der Himmelskuppel.

Die Holzsynagogen glichen, in Technik und dekorativen Details, den Holzkirchen und hölzernen Landhäusern derselben Gegenden. Außerdem entsprachen die geschwungenen Elemente dieser Synagogen, ihre Lebendigkeit, ihre überraschende Raumfolge und ihre ausgearbeiteten Ornamente in allen Aspekten der späten Barock- und Rokoko-Architektur.

Der Maler und Architekt El Lissitzky wurde im Jahre 1916 von der Jüdischen Ethnographischen Gesellschaft in das Dnjepr-Tal geschickt, um von Juden bewohnte Orte zu besuchen. Er schrieb damals seine Eindrücke von der Holzsynagoge in Mogilew nieder. Er reagierte anders, als er auf westeuropäische, geschichtsträchtige, monumentale Synagogen reagiert hatte: »Es ist wie ein Kind, das in ein Netz eingewickelt ist und beim Erwachen die Augen öffnet und von Insekten und Schmetterlingen, die in der Sonne glitzern, erschreckt wird ... Das ganze Gebilde, das der Maler [der reichen Wandmalereien] zusammengefügt hat, ist von einigen wenigen Farben erfüllt und vermittelt den Eindruck einer lebendigen und blühenden Welt.«[96]

◁ Wolpa, Abb. 96

Dekoration

Die Synagoge von Mogilew gehörte zu den vielen reich ausgemalten Gotteshäusern Osteuropas. Die vielfältigen – das Gesetz betreffenden mystischen, abergläubischen oder astrologischen – Strömungen jüdischen Denkens jener Zeit fanden in diesen Gebäuden ästhetischen Ausdruck. Die kulturelle Verbindung förderte die Entwicklung jüdischer Legenden und Folk-

Abb. 13. Bechhofen, Innenansicht mit Wandmalereien von Eliezer Sussmann, 1733.

▷
Lemberg, Abb. 84
Wolpa, Abb. 97

lore. Das Auftreten falscher Propheten, Verfolgungen, vorübergehender Wohlstand und glückliche Momente, all das waren Erfahrungen, die einen reichen Hintergrund von Bildern und Vorstellungen aus dem täglichen Leben schufen, der sich mit religiöser Tradition und frommen Legenden vereinen ließ.

Früher, im 16. Jahrhundert, waren sich Rabbiner wie Joseph Karo, Mosche ben Joseph aus Trani, Meir Katzenellenbogen aus Padua und David ben Zimra einig gewesen, daß Synagogen keine Abbildungen haben sollten. Sie hatten gemeint, Bilder würden eine geistige Gefahr darstellen. Diese konservative Auffassung half den Gläubigen, jeglicher Versuchung von Götzenanbetung oder der Nacheiferung anderer Religionen zu widerstehen. Zu Beginn jenes Jahrhunderts hatten Juden in Heraklion, die wegen der Götzenanbetung besorgt waren, sogar den dortigen Gouverneur bestochen, damit er einen aus Stein gehauenen Löwen entfernte, den ein reicher Jude auf die Heilige Lade in der Synagoge hatte setzen lassen.[97]

Ende des 17. Jahrhunderts, wenn nicht schon früher, waren jüdische Gemeinden in Osteuropa jedoch eifrig bemüht, ihre Gotteshäuser mit Bildern auszustatten. Diese Synagogen sahen auf ihre Art genauso prächtig aus wie spätbarocke Kirchen. Neue ornamentale Formen verstärkten die überladene und kräftige Wirkung dieser Räume, besonders in Polen und in Teilen der heutigen Sowjetunion, wie in Mogilew am Dnjepr.

In den relativ unabhängigen jüdischen Gemeinden Osteuropas waren Handwerker am Werk, die Heiligen Laden auszuarbeiten, zum Beispiel in Gwosdetz (1731) und Usljani und sicherlich noch in anderen Orten (auch in Livorno, 1745). Häufig schmückten Löwen auf allen Seiten die Öffnung der Heiligen Lade, in Erinnerung an die Löwenornamente von Salomos Palast. Die vielen Darstellungen von Löwen, zusammen mit einem Reh, einem Leoparden und einem Adler, sind auf einen Ausspruch des Rabbiners Juda ben Tema im Teil der Mischna, Sprüche der Väter, Kap. 5, Vers 20, zurückzuführen: »Sei furchtlos wie ein Leopard, leicht wie ein Adler, geschwind wie ein Reh und stark wie ein Löwe, um den Willen Deines himmlischen Vaters zu tun.« Blattornamente in dichten, volkstümlichen Geflechten umgaben so manche polnische Heilige Lade vom 17. bis ins frühe 19. Jahrhundert. In manchen Fällen, wie in Munkács und Chodorow (1652), bevölkerten Vögel und Tiere diese Ranken und Blätter.

Die Heilige Lade stand, umgeben von einem prächtig verzierten Rahmen, hinter metallenen Gittern. Lampen, Reflektoren und Kerzen machten die Synagogen noch eindrucksvoller. Besonders verbreitet waren dekorative Inschriften, die entweder auf die Wände gemalt, auf Tafeln eingeritzt waren oder aus Stuck bestanden. Manchmal ersetzten große Inschriften die spärlich vorhandenen oder zu teuren Gebetbücher. Die mit Inschriften bedeckten Wände von Synagogen in vielen Ländern sind auf Photographien festgehalten, wie die in Ellrich im Südharz, in Casale Monferrato und Czernowitz.[98]

◁ Casale, Abb. 192

Einige Synagogen waren mit Wandmalereien[99] verziert, bei denen die gleichen Motive verwendet wurden wie in den Schnitzereien der Heiligen Lade (Abb. 13). Die Wandmalereien in der Isaak-Synagoge in Krakau-Kazimierz stellten schon 1640 Tiere sowie Ansichten von Städten des Heiligen Landes wie Hebron, Jerusalem und Machpelah dar. In Chodorow zeigten Gemälde aus der Mitte des 17. Jahrhunderts Jerusalem, von Leviathan und einem Baum eingefaßt; sie stammten von einem jüdischen Künstler, Israel ben Mordechai Lisnitzki aus Jaryczow. Jerusalem erschien auch auf Gemälden in der Synagoge von Kamenka-Bugskaja und in verschiedenen anderen Synagogen mit Dekorationen im polnischen Volkskunst-Stil. Die chassidische Synagoge von Rymanow besaß eine Wandmalerei, welche die Klagemauer von Jerusalem darstellte (vielleicht sollte dies die Richtung angeben, in der man beten sollte), sowie Abbildungen von Tieren und Pflanzen. Das bedeutende jüdische Zentrum in Worms wurde geehrt, indem es in der Synagoge in Mogilew am Dnjepr bildlich dargestellt wurde; diese Arbeit wurde von Chaim ben Isaak Segal aus Slutsk (etwa 1740) ausgeführt, der auch Dekorationen in den Synagogen der in der Nähe gelegenen Städte Kopys und Dolginowo gemalt hatte.

Auch die liturgischen Gerätschaften des Tempels wurden in Synagogen abgebildet. In Jablonow erschien im Jahre 1674 an der Nordwand der Brotauslagetisch und an der Südwand der siebenarmige Leuchter. Die Wandmalereien in Bechhofen stellten die gleichen Gegenstände an den entsprechenden Wänden dar. Es läßt sich heute nicht mehr nachprüfen, ob und wie lange dies Brauch in Mittel- und Osteuropa gewesen ist.

Löwen, Früchte, Blumen, Weinranken, Blätter, Urnen, Palmetten, Vögel sind einige der Motive, die häufig zur Dekoration von Synagogen verwendet wurden; ferner gemalte Vorhänge, hinter denen die Heilige Lade zu sehen ist. Gelegentlich tauchte ein ausgefalleneres Thema auf, zum Beispiel in Jablonow, wo ein Elefant mit einem Turm auf dem Rücken Stärke symbolisieren sollte. An der Westwand derselben Synagoge befand sich das Bild einer offenen Tür, welches die Behauptung aus dem Talmud illustrieren sollte, daß alle Pforten zum Himmel nun verschlossen seien außer der Tür der Tränen, durch welche die Gebete zum Thron des Herrn dringen. In Targowica wurden um 1800 die Tierkreiszeichen zusammen mit Vögeln, Urnen und Pflanzenformen in der Kuppel abgebildet. Die Synagoge in Przedborz enthielt Gemälde einer Stadt und von Musikinstrumenten, die vielleicht die im Buch der Psalmen erwähnten darstellen sollten.

Eine Reihe von deutschen Synagogen aus dem 18. Jahrhundert fiel wegen ihrer reichen Volkskunstdekorationen besonders auf (siehe Abb. 13). Diese hölzernen Dorfsynagogen waren manchmal vom Boden bis zur Decke mit Blumen und Weinranken, Urnen, Vögeln, wilden Tieren und Inschriften ausgemalt, wie wir sie aus osteuropäischen Häusern des 17. und 18. Jahrhunderts kennen. Diese Synagogen waren von osteuropäischen Juden dekoriert worden, die im späten 17. und 18. Jahrhundert in den Westen ausgewandert waren. Diese Künstler arbeiteten für Gemeinden, die ebenfalls aus Auswanderern aus dem Osten bestanden und deren Bräuche und Riten sich von denen der ansässigen deutschen Juden unterschieden. Vergleichbare Malereien aus dem 17. Jahrhundert (?) in Holleschau in Mähren sind wahrscheinlich auf Verbindungen mit Polen zurückzuführen.

Zu dieser Gruppe deutscher Synagogen gehören auch die in Bechhofen (1733), in Horb (1735), Unterlimpurg (1739) und Kirchheim (1739/40), die alle von Eliezer ben Salomon Sussmann ausgemalt wurden, der wahrscheinlich aus Brody in Galizien stammte.[100]

Figürliche Darstellungen waren selten, aber in der Hohen Synagoge in Krakau-Kazimierz befanden sich Gemälde mit Motiven aus der Bibel, darunter das Opfer von Isaak, die Arche Noah und die Harfen, die an den Wassern von Babylon hingen. In Westeuropa gab es vor 1750 in Sens Bilder, auf denen jüdische Zeremonien dargestellt wurden (wenn auch nicht unbedingt mit Personen).[101] Im Jahre 1674 schuf Aaron de Chaves ein Gemälde auf Holz, das Moses und Aaron, die Gesetzestafeln haltend, zeigte. Es war in der spanisch-portugiesischen Synagoge von London aufgestellt, und zu einem nicht bekannten Zeitpunkt wurde eine Kopie für die aschkenasische Große Synagoge von London angefertigt.

Die Entwicklung des Synagogenraums in Osteuropa fand in Westeuropas Synagogen keine Parallele, es sei denn, sie wurden von Strömungen aus dem Osten beeinflußt. Aber die Synagogen der Spätrenaissance[102] hatten alle eine eindrucksvolle Atmosphäre, und augenfällige Merkmale zogen die Aufmerksamkeit der Gemeinde auf sich. Die Ausstattung mit sichtbaren und ablenkenden Reichtümern führte jedoch zu einer zunehmenden Betonung der ästhetischen Aspekte einer Synagoge. Auch in dieser Hinsicht war der weltliche Einfluß der Renaissance auf Architektur und Anlage der Synagoge spürbar, selbst wenn die Juden auf diese äußerlichen Effekte zunächst eher mit religiösem Eifer reagierten und den weltlichen Aspekt weniger beachteten.

▷
Sofia, Abb. 58
Berlin, Abb. 122
Florenz, Abb. 193
Turin, Abb. 214

Vom späten 18. Jahrhundert bis zum Ersten Weltkrieg

Die Aufklärung des 18. Jahrhunderts bildete den Hintergrund für umfassende Veränderungen in der Lage der Juden und der Stellung der Synagogen; dieser Wandel vollzog sich von etwa 1800 bis zum Beginn der Verfolgung unter Hitler. Während der Aufklärung wurden die traditionelle Doktrin der Kirche in Frage gestellt und intellektuelle Strömungen gefördert, die vielen Christen ein besseres Verständnis des Judentums vermittelten. Manche pflegten sogar gesellschaftlichen Umgang mit Juden, zum Beispiel in den Salons kultivierter jüdischer Damen in Berlin und Wien um 1800.

Im Verlauf des 19. Jahrhunderts ersetzten besonders in West- und Mitteleuropa allgemeine Bürgerrechte die so leicht zu widerrufenden Privilegien der Juden. Das Ergebnis war, daß Tausende von großen und kleinen Synagogen gebaut wurden, nicht nur an Orten, an denen Juden sich von alters her angesiedelt hatten, sondern auch in Städten, aus denen Juden bisher ausgeschlossen gewesen waren. Warschau bot ein exemplarisches Beispiel für diese Entwicklung, denn Juden durften zu einem bestimmten Zeitpunkt nur in der Vorstadt Praga wohnen. Im Jahre 1864 befanden sich jedoch 72 000 Juden in der Stadt und der Vorstadt, und im Jahre 1900 waren es 306 000. Damit machten sie 40 Prozent der Warschauer Bevölkerung aus.[103] Bis 1914 gab es in allen europäischen Ländern eindrucksvolle Synagogen, mit Ausnahme von Norwegen, wo die jüdischen Gemeinden sehr klein waren, und von Spanien, wo es Juden erst nach 1966 erlaubt wurde, ihre Gebäude öffentlich als Synagogen zu erkennen zu geben.

Synagogen des späteren 19. Jahrhunderts wurden auf breiten Straßen und Plätzen erbaut, genauso wie Kirchen, und ihre Dächer und Kuppeln setzten auffällige Akzente im Stadtbild, so zum Beispiel dem von Berlin, Nürnberg, Turin und Florenz. Synagogen in Malacky, Sofia und vielen Städten Westeuropas wurden sogar in unmittelbarer Nähe großer Kirchen erbaut. In Leobschütz gab es eine ökumenische Anlage: An drei Seiten eines rechteckigen Platzes standen eine protestantische Kirche, eine römisch-katholische Kirche und eine große Synagoge.

In einem großen Teil Osteuropas waren die Juden weniger bevorzugt. Diejenigen, die nach den drei polnischen Teilungen (1772, 1793, 1795) russische Untertanen wurden, durften nur an bestimmten Orten der 25 Provinzen leben, die man als Siedlungsgaue bezeichnete. Der Gau, der im Jahre 1791 eingeführt wurde und bis zur Russischen Revolution von 1917 bestand, schloß die meisten jüdischen Untertanen des Zaren in ein Gebiet ein, das vier Prozent des russischen Territoriums ausmachte. Sie lebten gewöhnlich in elender Armut und hatten nur bescheidenste Synagogen. Die Bauten einiger weniger chassidischer Führer, deren Anhänger eifrig Geld und Einrichtungsgegenstände spendeten, und einige eindrucksvolle Synagogen, die von einzelnen reichen Juden gestiftet wurden, gehörten zu den Ausnahmen. Soweit wir wissen, stellten keine dieser Bauten große architektonische Leistungen dar, aber einige zeichneten sich durch eine Überfülle von Details und kunstvoll ausgearbeitete Heilige Laden und Almemore aus. Die konservativen, frommen Juden vermißten architektonisch schön gestaltete Bauten kaum. Sie erwarteten eher einfache und zweckmäßige, wenn möglich bequeme Synagogen, denn der Talmud verlangt, daß man mehrmals am Tage beten solle. Ihre Gebäude brauchten nicht so eindrucksvoll zu sein wie die der weniger frommen, aber gesellschaftlich stärker integrierten Juden, die nur einmal in der Woche in die Synagoge gingen.

Ein großer Teil des Landes war wirtschaftlich unterentwickelt, denn der Adel wollte keine handeltreibende Mittelklasse, und der großen Masse fehlte die nötige Ausbildung, um andere als unbedeutende Geschäfte führen zu können. Juden, die sich in Industrie, Bankgeschäften und später im Eisenbahnbau auskannten, erlangten in manchen Gebieten Rußlands zur Zeit Katharinas der Großen (Regierungszeit 1762–1796) Wohnprivilegien. Sie durften aber keine zu auffälligen Synagogen errichten.

In der Absicht, sie zu russifizieren, gestattete Zar Alexander II. (Regierungszeit 1855–1881) bestimmten Juden, Land zu erwerben und in einigen neuen Gebieten zu wohnen, und nur kulturell Assimilierte profitierten von diesen Maßnahmen. Sie erhielten aber keine Bürgerrechte. Diese privilegierten Juden waren die Erbauer großer Synagogen in Städten wie Odessa, Kiew und Moskau.[104] Nach Alexanders Tod litt die breite Masse der Juden unter Pogromen, und auch wenn noch einige wenige Synagogen errichtet wurden, so fielen andere der Zerstörung durch Judenhasser zum Opfer, die dafür nicht einmal zur Verantwortung gezogen wurden. Die Leiden der russischen Juden stellten einen der Gründe für die große Auswanderung aus den dem Zaren unterstehenden Gebieten nach Westen dar.

Die Auswanderung aus Rußland wirkte sich tiefgreifend auf den Synagogenbau in Mittel- und Westeuropa aus. Die Stärke vieler jüdischer Gemeinden in Großbritannien zum Beispiel ist den russischen und osteuropäischen Juden zu verdanken, die in den Jahrzehnten nach 1880 ein neues Leben auf den Britischen Inseln begannen. Gelegentlich verlangten die Auswanderer an den seltsamsten Stellen nach einer Synagoge. Für diejenigen unter ihnen, welche auf Schiffen der Hamburg-Amerika-Linie nach Übersee fuhren, wurde schließlich ein großer Betsaal in einer der Auswandererhallen der Reederei in Hamburg eingerichtet.[105]

◁ Warschau, Abb. 101, 102

Allmähliche Verbesserung der rechtlichen Situation

Der Status der Juden in West- und Mitteleuropa erfuhr eine besondere Verbesserung durch die französische Erklärung der Menschenrechte von 1789 und die darauffolgende Revolution. Selbstverständlich bedurfte es beträchtlicher Debatten in der Gesetzgebenden Versammlung, bevor diese Rechte auch den Juden zugestanden wurden. Wie unterschiedlich die Situation einzelner jüdischer Gruppen in Frankreich war, ist aus der Tatsache zu ersehen, daß die Rechte zunächst im Januar 1790 den wohlhabenderen sephardischen Juden der Regionen von Bayonne und Bordeaux zugestanden wurden, dann den Juden des Comtat Venaissin und schließlich im Jahre 1791 den aschkenasischen Juden, die besonders zahlreich im Elsaß waren. Immerhin wurde den Juden schon im Jahre 1789 gestattet, dort Synagogen zu bauen, wo vorher nur Beträume existiert hatten. Im Jahre 1792 existierten in Paris vier Synagogen. Während der einjährigen Schreckensherrschaft, die im Juli 1793 begann, wurden sowohl Synagogen als auch Kirchen nationalisiert und geschändet; die Synagogen in Metz zum Beispiel wurden als Ställe benutzt. Da die Extremisten im allgemeinen der mächtigen römisch-katholischen Kirche viel feindlicher gesinnt waren als den vergleichsweise unbedeutenden Juden, wurden manche vom Staat beschlagnahmte

◁ Leningrad, Abb. 88, 89
Moskau, Abb. 90, 91
Warschau, Abb. 99, 100

Kirchen nie mehr zurückgegeben und einige später zur Nutzung als Synagogen verkauft. Der Erlaß des Direktoriums vom Februar 1795 über die Religionsfreiheit hatte zur Folge, daß die Juden einige ihrer ehemaligen Synagogen wieder in Besitz nehmen konnten.[106]

Die Holländer, die vorübergehend unter französische Herrschaft gerieten, gewährten den Juden im Jahre 1796 weitgehende Rechte. Napoleon setzte seine etwas weniger großzügigen Bestimmungen für Juden in den von ihm eroberten Gebieten durch, darunter auch in Westfalen. Diese Gesetze behielten dort, wenn auch in veränderter Form, während der drei Jahrzehnte der Restauration der Monarchie und konservativer Reaktion, die Napoleons Sturz im Jahre 1814 folgten, ihre Gültigkeit.

Vom Revolutionsjahr 1848 an setzte sich die Emanzipation der Juden in Westeuropa immer stärker durch. Ihnen wurde im allgemeinen das Recht zugestanden, Grundbesitz zu erwerben und Kirchensteuer von ihren Gemeinden zu erheben, und sie erhielten vom Staat einen kleinen Teil der Steuereinnahmen. In der Regel durften sie Synagogen bauen unter der Bedingung, daß sie sich an die allgemeingültigen Bauvorschriften hielten. Allmählich wurden ihnen immer mehr Rechte zugestanden, im besonderen nach der Einigung Italiens und Deutschlands und im Verlauf der nationalstaatlichen Bestrebungen innerhalb des österreichisch-ungarischen Reiches in den Jahren um 1870.

▷ Paris, Abb. 108–111

Alle Religionsgruppen unterlagen weiterhin offiziellen Einschränkungen. Gab es eine Staatskirche, so konnte das zuständige Ministerium die nicht konformen Kirchen schließen lassen oder ihnen Gelder zum Bau von Kirchen verweigern. Die Behörden konnten auch die Wahl des Architekten und des Baustils beeinflussen. In manchen Fällen griff der Staat nicht direkt ein, sondern benutzte vermittelnde Organisationen, die aus Juden (oder anderen nicht der Staatskirche Zugehörigen) bestanden. Solche Komitees wurden von kulturell assimilierten Juden geleitet, die bereit waren, in zweitrangigen Fragen dem Druck der Regierung nachzugeben, dafür aber die Freiheit einhandelten, jüdische Religions- und Gemeindeangelegenheiten nach ihren Vorstellungen zu regeln. Diese Leitung wurde zu einer Art jüdischem »Establishment«, welches die Mehrheit ihrer Glaubensgenossen in den jeweiligen Gebieten repräsentierte, mit Ausnahme der ultraorthodoxen und der ultrareformistischen Juden. In französisch- und deutschsprachigen Ländern waren diese Organisationen jeweils unter den Bezeichnungen »Consistoire« und »Gemeinde« bekannt.

Die Konsistorien wurden unter Napoleon in Frankreich, Belgien, Norditalien und Westfalen wie auch in den Rheinprovinzen eingeführt. Hier waren Juden zu einer Körperschaft zusammengeschlossen, die von Rabbinern und Laien geleitet wurde, welche wiederum dem Ministerium, das sich mit religiösen Angelegenheiten befaßte, verantwortlich waren. Das »Consistoire Israélite« umfaßte offiziell alle Juden Frankreichs, bis ein Gesetz im Jahre 1905 Kirche und Staat trennte. Die Juden in den anderen Gebieten unterstanden so lange den Konsistorien, wie die französische Herrschaft andauerte.[107] Regionale Konsistorien in Frankreich, die 2000 oder mehr Mitglieder hatten, bauten in der größten Stadt der Gegend eine Konsistoriumssynagoge (Paris besaß schließlich mehrere) und weitere kleine Synagogen an verschiedenen Orten, die alle der Zentralverwaltung in Paris unterstanden. Diese Synagogen erhielten wie Kirchen staatliche Unterstützungen, so daß Juden es sich leisten konnten, in Paris, Lyon, Straßburg und anderen Sitzen regionaler Konsistorien Synagogen von eindrucksvoller Größe zu bauen, vorausgesetzt die staatlichen Aufsichtsbeamten waren damit einverstanden. Von etwa 1830 an förderten Mitglieder der Konsistorien aktiv den Bau von Synagogen und wählten dafür jüdische und christliche, städtische und private Architekten.

In Deutschland, Österreich und in der Schweiz waren Juden in von der Regierung vorgeschriebenen Gemeinden, das heißt juristischen Körperschaften, organisiert. Diese unterschieden sich von den Konsistorien insofern, als sie örtliche Zusammenschlüsse waren – sie umfaßten die jüdischen Gemeinden einer Stadt und der umliegenden Dörfer – und nicht Teile einer zentralen Organisation. Juden waren ursprünglich nach preußischem Gesetz (1847), das aber vom vereinigten Deutschland nach 1870 übernommen worden war, automatisch Mitglieder der Gemeinde und hatten finanzielle Beiträge für die Hauptsynagoge zu leisten. Wollten Juden ihren eigenen, separaten Gottesdienst abhalten, weil sie mehr oder weniger orthodox waren, als die Leiter der Gemeinde bestimmt hatten, so mußten sie trotzdem Abgaben an die Hauptsynagoge leisten. Diese Vorschriften begünstigten den Bau einer einzigen großen Synagoge pro Stadt, die leicht zu überwachen war. Gelegentlich nutzte eine Regierung ihre Macht in übler Weise aus, indem sie, wie zum Beispiel in München, Berlin und Straßburg[108], für den Bau von Synagogen ungeeignete Grundstücke anbot. Die Gemeinde konnte selbst bestimmen, wie orthodox sie sein wollte, und davon hing die Inneneinrichtung ihrer Synagoge ab, also die Lage des Almemors oder ob eine Orgel, ein Chor und bunte Glasfenster zugelassen waren.

Unabhängige oder Dissidentensynagogen, die nicht vom Konsistorium oder der Gemeinde verwaltet wurden, konnten nur von reichen oder engagiert sektiererischen Juden errichtet werden. Diese Synagogen wurden von ultraorthodoxen Vertretern (Israelitische Religionsgesellschaft, chassidische Gruppen) und von Reformjuden gebaut, welche die traditionellen religiösen Bräuche nach etwa 1800 vereinfachten und revidierten. Reformjuden waren im allgemeinen wohlhabender als die ultraorthodoxen Juden, denn aufgrund der für die Reform ausschlaggebenden kulturellen Assimilierung war es leichter für sie, Erfolg im Geschäftsleben und im Beruf zu haben. Auch wenn sie zahlenmäßig in der Minderheit waren, konnten sie es sich, wie in Berlin und Hamburg, leisten, ihre eigenen Synagogen zu haben, selbst wenn die Gemeinde dort eher traditionell eingestellt blieb. Wandte sich die Gemeinde der Reform zu, so blieb den Orthodoxen nur übrig, sich an wohlhabende orthodoxe Juden zu wenden, um einen Beitrag für den Bau einer eigenen Synagoge zu erhalten, zum Beispiel an die Familie Rothschild. Im Jahre 1876 wurde den ultraorthodoxen Juden das Recht zugestanden, sich von der Gemeinde zu trennen; in der Folgezeit finanzierten die Adass Israel in Berlin und die Adass Jeschurun in Frankfurt ihre eigenen eindrucksvollen Synagogen.[109] Die offizielle Gemeinde in Budapest erklärte sich einverstanden, Synagogen für die verschiedenen Grade der Orthodoxie einzurichten. Liberale Juden organisierten ihre ultrareformistischen Gemeinschaften in diesem Jahrhundert und bauten vor dem Zweiten Weltkrieg imposante Synagogen in Berlin, Hamburg und London.

Hamburg, Abb. 153, 154

Außerhalb der Gebiete, die den Gemeinden oder Konsistorien direkt unterstanden, fehlte es den jüdischen Organisationen an Macht, Steuergelder zu erhalten oder die Gläubigen zum Bau einer Hauptbezirkssynagoge zu veranlassen. Infolgedessen konnte man in den locker organisierten Gebieten mehr, aber relativ kleine Synagogen finden, es sei denn, sie wurden von wohlhabenden Leuten finanziert oder von der Obrigkeit, die den assimilierten, für die Gesellschaft nützlichen Juden durchaus beim Synagogenbau behilflich sein konnte. Zahlreiche kleine Synagogen zu errichten hatte den Vorteil, daß jede Gruppe je nach dem Grad der Orthodoxie ihr eigenes Gebäude haben konnte, aber größere Synagogen gefielen den Aufsichtsbeamten der Regierung besser, weil dies zugleich weniger Synagogen bedeutete und man die Aktivitäten der Juden besser überwachen konnte.[110]

Die Entwicklung der großen Synagogen

Die großen Synagogen, die von 1850 an in vielen Städten gebaut wurden, entstanden häufig aus anderen Gründen als dem, einer zunehmenden jüdischen Bevölkerung Platz zu bieten. Bei der Planung von Synagogen führten die Befürworter das Argument an, daß die bestehenden Gebäude an hohen Feiertagen völlig überfüllt seien. Ihre Widersacher, die meist den kürzeren zogen, wollten dieses Problem durch das Mieten von Sälen lösen. Sie hofften, die Baugelder für Wohltätigkeitszwecke statt für Ziegel und Mörtel ausgeben zu können. Die Traditionalisten unter ihnen befürchteten, daß der Bau von großen Synagogen, die ihrer Meinung nach eine Imitation großer Kirchen darstellten, das geistige und religiöse Leben der Gemeinde gefährdete. Ihnen war klar, daß eine Assimilierung im Bereich der Architektur oft eine allgemein kulturelle Assimilierung zur Folge hatte und die Entwürfe vieler Synagogen des 19. Jahrhunderts sich praktisch nicht von denen zeitgenössischer protestantischer Kirchen unterschieden.

◁ Hamburg, Abb. 149, 150

◁ Frankfurt, Abb. 144, 145

Verfechter der Errichtung neuer, großer Ge-

Bürger. Mehrere jüdische Architekten (Rosengarten, Oppler, Hirsch) empfahlen und bauten Mitte des 19. Jahrhunderts neoromanische Synagogen, andere dagegen (Aldrophe, L. Levy und Wolffenstein) bauten erst später Synagogen in diesem Stil.[171]

Der byzantinische Stil

Für viele europäische Christen blieben die Juden Fremde aus dem Vorderen Orient. Die Architektur des östlichen Mittelmeerraumes, ob byzantinisch oder osmanisch, war ihrer exotischen Kuppelformen wegen berühmt, die, auf jüdische Bauten übertragen, auch diese als östlich erscheinen lassen konnten. Da es in Venedig und Ravenna Beispiele byzantinischer Architektur gab und in der romanischen Architektur Westfrankreichs Elemente davon zu finden waren, nahm der byzantinische Stil auch eine anerkannte Stellung in Westeuropa ein. Sowohl der einheimische romanische wie der byzantinische Stil waren gekennzeichnet durch dicke Außenmauern, Rundbogen und bestimmte Dekorationen, so daß der letztere als eine Art östlicher (das heißt jüdischer) romanischer Stil betrachtet werden konnte. Dies wurde manchmal von Christen geäußert, wenn sie es für angebracht hielten, den offenkundigen Patriotismus von Juden zu mäßigen.[172] Der Stoßseufzer des jüdischen Künstlers Leo Pinkhof kam sozusagen in dem Text zum Ausdruck, in dem er den Lesern der holländischen jüdischen Wochenzeitschrift *De Vrijdagavond* erklärte, warum der christliche Architekt der Synagoge von Groningen aus dem Jahre 1906 ein so eigenartiges Aussehen gegeben hatte: »Jüdisch ist östlich. Byzantinisch ist östlich. Daher der byzantinische Stil bei Synagogen ... und anstelle der Krypta unter der Apsis mit dem Grab irgendeines Heiligen das Zentralheizungssystem unter der Heiligen Lade.«[173]

Ein im byzantinischen Stil üblicher Grundriß war das griechische Kreuz mit flachen Seitenarmen und einer Kuppel in der Mitte.[174] War der östliche Seitenarm ein Flachbau, so sah er nicht wie ein Ort aus, der eines Priesters würdig war. Sitze füllten einen Teil des Raumes unter der Kuppel aus, falls diese breit genug angelegt war, und Sitzplätze waren sowohl unten wie auf den Emporen in den Kreuzarmen untergebracht.

London, Abb. 152
Florenz, Abb. 193, 194
Triest, Abb. 210–213

Dieser Grundriß schuf einen kompakten Raum, in dem die Gemeinde eng versammelt werden konnte. So mancher Nachteil einer langschiffigen Basilika mit Emporen wurde vermieden, in der die Ost-West-Achse und die östlich gelegene Heilige Lade als Höhepunkt betont wurden und in der Dutzende von Sitzreihen hintereinanderstanden, so daß die Gläubigen auf den Rücken der vor ihnen Sitzenden blickten. Der Zentralplan mit Kuppel hatte den Vorteil, daß die Gläubigen sowohl untereinander als auch mit dem Almemor und der Heiligen Lade visuellen Kontakt hielten. Blieb der Almemor in der Mitte, so betonte die Kuppel darüber seine zentrale Lage, und der Vorleser war sich bewußt, daß er im wahren Sinne des Wortes im Mittelpunkt seiner Gemeinde stand. (Wurde der Almemor jedoch nach Osten verlegt, so befand sich nichts Besonderes unter der breiten Kuppel.) Gewölbe und Kuppel verursachen eine unzuverlässige Akustik; außerdem ist ihr Bau aufwendig, und das Grundstück muß entsprechend groß sein. Andererseits war eine Kuppel in der Stadtsilhouette nicht zu übersehen. Man vermied aber gleichzeitig Türme, die ein sichtbares Merkmal der christlichen Kirchen blieben. Kuppeln verliehen dem Innern des Raumes auch etwas Großzügiges und eine gewisse Weite, was dem Selbstbewußtsein der Gemeinde in der Zeit der Verbesserung der sozialen und wirtschaftlichen Lage der Juden wohltat.[175]

Die Juden selber legten manchmal Wert darauf, ihren Patriotismus zu bekunden, indem sie den romanischen Stil wählten, und gleichzeitig ihre Eigenart hervorzuheben, indem sie byzantinische Elemente verwendeten, besonders dann, wenn sich ihr politischer, gesellschaftlicher und wirtschaftlicher Status so schnell verbesserte, daß es ihnen nicht mehr schadete, sich zu ihrer eigenen Religion zu bekennen.

Abraham Hirsch, der jüdische Architekt der Synagoge von Lyon (1864), schrieb, er habe Elemente byzantinischer Architektur benutzt, um den östlichen Ursprung der Religion mit einem modernen Grundriß und modernen Baustoffen in Einklang zu bringen.[176] Als die Zeitschrift *Der Architekt* Ludwig Paffendorfs Entwurf für die Synagoge in Düsseldorf (die nicht gebaut wurde) veröffentlichte, wurde im Begleittext erklärt, daß der Stil, in dem »syrische«

(das heißt frühchristliche und byzantinische) und romanische Stilformen vermischt waren, deshalb gewählt worden sei, weil die syrische Architektur die Romanik beeinflußt habe.[177] Der Autor des Textes wußte, daß seine Leser sich hinzudenken würden: »...genauso wie das östliche Judentum Einfluß auf den Westen hatte«. Tatsächlich war das ganze Gebäude byzantinisch, die Einzelheiten aber stammten von keinem östlicheren Punkt als dem Wiener modernen Kreis um Otto Wagner. Dies war durchaus passend, denn wie der Text sagte, hielten sich die Juden auf dem neuesten Stand und wollten, daß ihre Gebäude nicht altmodisch waren. Solche Interpretationen des byzantinischen Stils zeigen deutlich, welche Vorstellungen über die historische und gesellschaftliche Stellung der Juden herrschten: alt und östlich oder modern, aber nicht einfach lediglich in der Geschichte von Generationen christlicher Europäer im Abendland verwurzelt.

Der maurisch-islamische Stil

Islamische Formen, die man ebenfalls mit dem Vorderen Orient in Zusammenhang brachte, wurden in der Synagogenarchitektur häufiger verwendet als byzantinische Stilformen. An vielen Bauwerken fand man hufeisenförmige Bogen, die rund oder spitz, zugespitzt oder abgerundet sein konnten.[178] An den Wänden befanden sich mehrfarbige, den Dekorationen von Moscheen und Palästen entlehnte Ornamente.[179] In diese waren manchmal Inschriften gesetzt, figürliche Darstellungen wurden jedoch vermieden. Schlanke Pfeiler aus Gußeisen ahmten die zierlichen Stützen der Alhambra nach, und da sie dünn waren, behinderten sie nicht die Sicht. In manchen Fällen wölbte sich eine zwiebelförmige Kuppel über der Heiligen Lade, oder sie endete in Türmchen, die wie Minarette aussahen.[180] Wo ein horizontales, mit einem zinnenartigen Ornament versehenes Gesims in der Mitte der Fassade, zu den Seiten abfallend, angebracht war[181], wurde man nicht nur an Rekonstruktionen von Salomos Tempel erinnert, sondern auch an Moscheen und islamische Palastfassaden sowie an das Portal und die Mauergestaltung im Löwenhof der Alhambra. In einigen der im islamischen Stil entworfenen Synagogen, bemerkte der jüdische Architekt A. Rosengarten verächtlich, »fehlt nur der Halbmond auf der Zinne«.[182]

Islamische Merkmale fielen zum ersten Mal an einer Synagoge in Deutschland im Jahre 1832 ins Auge, und zwar an der von Friedrich von Gärtner in Ingenheim. Darauf folgten sehr bald zwei Synagogen in München von August von Voit.[183] Islamische Stilformen waren schon vorher bei Landhäusern und Vergnügungsbauten angewendet worden. Synagogenarchitekten aber verwendeten sie wegen ihres östlichen Charakters, nicht etwa in der Absicht, die Gotteshäuser ihrer Auftraggeber zu trivialisieren. Zwischen 1838 und 1840 entwarf Gottfried Semper das Innere der Dresdener Synagoge und brachte dünne Pfeiler und Einzelheiten an, die Illustrationen der Alhambra entnommen waren. Sein Entwurf wurde aufgrund seiner Veröffentlichung in der *Allgemeinen Bauzeitung* im Jahre 1847 weithin bekannt und seine Innenausstattung im maurischen Stil später in Dutzenden von Synagogen übernommen.[184]

Dresden, Abb. 130

In den fünfziger Jahren des 19. Jahrhunderts wurden islamische Stilformen in der Synagogenarchitektur allgemein als Alternative zu klassizistischen und neoromanischen Stilformen anerkannt.[185] Die exotischen Details der Leipziger Synagoge, die im Jahre 1855 von dem jüdischen Architekten Otto Simonson erbaut wurde, waren unter den Juden besonders bekannt, denn Händler aus vielen Ländern besuchten die berühmte Leipziger Messe; außerdem wurden sechs Lithographien des Gebäudes veröffentlicht. Bilder mehrerer anderer Synagogen mit sogenannten maurischen Stilformen erschienen in der Architektur- und sonstigen Presse und als Einzeldrucke. Semper, Ludwig von Förster und Ernst Zwirner[186], die alle derartige Synagogen planten, genossen einen so guten Ruf, daß dieser Stil immer populärer wurde.

◁ Antwerpen, Abb. 115

◁ Budapest, Abb. 39
Budapest, Abb. 38

Diese christlichen Architekten sahen einen Zusammenhang zwischen der traditionellen jüdischen und der islamischen Bauweise. Förster meinte, daß die beiden Säulen Jachin und Boas, die vor Salomos Tempel standen, in Form von Minaretten überlebt hätten; deshalb brachte er auf seinen Synagogen noch zwei dünne Türmchen an.[187] In Odessa wurde im Jahre 1859 ein Reformtempel im »arabischen« Stil gebaut, der Salomos Tempel so genau nachahmte, wie das

◁ Bukarest, Abb. 34
Wien, Abb. 64
Stockholm, Abb. 237

Szegedin, Abb. 56, 57
▷ Bukarest, Abb. 34, 35
Rom, Abb. 205
Triest, Abb. 210
▷ Moskau, Abb. 90
Warschau, Abb. 98, 100
▷ Florenz, Abb. 193, 194
Turin, Abb. 214, 215
Leningrad, Abb. 88, 89

gestreiften, langgezogenen Synagoge in Gran (1890) zeigte seine in den Jahren 1900 bis 1903 erbaute Szegediner Synagoge überraschende Kontraste: Sie hatte in der Mitte eine Kuppel, die sich hoch über einem Bau in griechischer Kreuzform erhob. Gotische, maurische und romanische Elemente waren bei ihrer Ausstattung vermischt worden, die Mauern mit Ornamenten überladen und das Dach mit vielen Türmchen und Zinnen versehen. Die Wettbewerbsentwürfe von anderen Architekten für diese Synagoge zeigten fast genauso üppige Bauten. Die Synagogen von Baumhorn und andere in Kronstadt, Szolnok, Neumarkt, Salgótarján und Subotica waren in der gleichen Art gebaut. Vielleicht sollten sie die Unterschiede zwischen diesen Provinzen und der Hauptstadt Wien zum Ausdruck bringen; oder die Architekten dieser Bauten versuchten, durch Kombination von Stilelementen aus vielen Ländern und Zeiten etwas international Jüdisches zu schaffen, in dem alle Epochen der europäischen und mittelöstlichen Geschichte vertreten waren und das nicht konventionell christlich aussah. Diese Synagogen sind durch die Verwendung vieler Stilformen und durch ihr fröhlich-überladenes Äußeres profanen Bauten wie Theatern und Wohnhäusern verwandt, nicht aber Kirchen. In dieser Hinsicht mochten sie Christen, die sich in sicherem Abstand halten wollten, und auch Juden, die Kirchenarchitektur nicht nachahmen wollten, durchaus befriedigt haben.

Polen und angrenzende Gebiete

In Polen und den russischen Grenzgebieten wurden die architektonisch andersartigen neuen Synagogen des 19. Jahrhunderts im allgemeinen von der neuentstandenen Klasse jüdischer Industrieller finanziert, die Textil- (Lodz), Tabak-, Gerberei- und Spinnereiunternehmen (Wilna), Holzhandlungen (Minsk) und Eisenbahngesellschaften (Moskau) gegründet hatten. Diese Gruppe wohlhabender Juden war ihrer unterschiedlichen Religion und ihrer gesellschaftlichen Stellung wegen von den Christen separiert; sie unterschied sich auch weitgehend von ihren Glaubensgenossen, weil ihr Privilegien zugestanden wurden, die man nützlichen Geschäftsleuten gewährte. Fast alle anderen Juden waren sehr arm und wurden verfolgt. Diese Unternehmer finanzierten relativ große Synagogen in historistischen Stilformen von mehr oder weniger maurischem Äußeren. Die Bauten sahen anders aus als die bescheidenen Schulen der übrigen Juden und unterschieden sich völlig von Kirchen. Hufeisenbogen, gestreifte Mauern, zwiebelförmige Kuppeln, halbgotisches Maßwerk, romanische Säulen und lombardische Bänder – all diese Elemente waren in der russischen und kleinstädtischen byzantinischen Architektur Osteuropas bekannt; nunmehr wurden sie mit einem neuen Baustil verbunden. Von Rumänien bis Litauen, von Schlesien bis Rußland war bei den religiösen jüdischen Bauten, die von örtlichen Magnaten errichtet wurden, die Kleinstadtsynagoge in historistischem Stil eher die Regel als die Ausnahme. Gemeinden in Osteuropa und im östlichen Mitteleuropa leisteten sich überall ähnliche Synagogen, wie etwa die Prager Königliche Weinberge, während die von zwiebelförmigen Kuppeln gekrönten hohen Türme der Synagoge in Mislowitz in Schlesien dem bunten Gebäude das Aussehen einer maurischen Kirche gaben.[221] Die klassizistischen Stilformen, die für das Äußere der Synagogen in Moskau und in Warschau in der Tlomazka-Straße verwendet wurden, gehören zu den wenigen Ausnahmen.

Italien

Nach 1870 war es aufgrund der Einigung Italiens und der rechtlichen Gleichstellung der Juden auch in diesem Lande möglich, auffällige Synagogen zu errichten. Aus Dankbarkeit für ihre frisch erworbenen Rechte[222] entschlossen sich die Juden von Turin und Florenz, Synagogen zu bauen, die zur Verschönerung der beiden ersten Städte des neuen Italiens beitragen sollten. Vielleicht wollten sie in einer Zeit, in der der Gottesdienstbesuch zurückging[223] und die jungen Leute der Versuchung ausgesetzt waren, zum Christentum überzutreten, um leichter in der Gesellschaft akzeptiert zu werden – wie dies in Wien, Berlin und anderen großen Städten der Fall gewesen war –, die Synagogen anziehender gestalten. Der jüdische Vorstand in Turin bat den bekannten Ingenieur Alessandro Antonelli, eine Synagoge zu entwerfen, die das höchste Gebäude Italiens werden sollte (auch wenn sie zum Zeitpunkt der Vollendung schon keine Synagoge mehr war). In Mailand wurde einer der prominentesten Architekten der Stadt mit dem Bau einer Synagoge beauftragt. In Rom gestattete man den Juden den Neubau einer Synagoge an einem dominierenden Punkt der Stadt in der Nähe des gerade eingedämmten Tibers.

Jede dieser Synagogen sah anders aus und spiegelte den Lokalpatriotismus der Regionen Italiens wider, von denen eine jede ihre eigene Tradition besaß, aber kein Bau war in einem bekannten Stil errichtet. In Mailand entwarf Beltrami eine gestreifte, mittelalterlich wirkende Kirche, bei der er sich wahrscheinlich von den mitteleuropäischen Synagogen, die Ausdruck einer gewissen Assimilation der Juden waren, beeinflussen ließ. In Florenz errichteten Treves, Falcini und Micheli einen byzantinischen Kuppelbau, mit goldenen, islamischen Wandornamenten, bei dem sie sich von Fassadenentwürfen jenseits der Alpen und von Kuppelbauten über zentralem Grundriß inspirieren ließen; jedoch war ihr Bau klar und monumental angelegt, weil er auf einem ungewöhnlich offenen und auffälligen Grundstück lag. Für die römische Synagoge schufen Armanni und Costa einen kompakten, rechteckigen Bau mit zentralem Grundriß und einer mäßig hohen Kuppel im sogenannten babylonischen Stil. Antonelli errichtete in Turin den originellsten all dieser Bauten: ein quadratisches Gebäude, eingerahmt von Renaissancesäulen und gekrönt von einer parabolischen Kuppel mit vier Seiten und einem spitzen Turm darauf. Diese und andere Synagogen waren Ausdruck des Vertrauens, das die italienischen Juden in ihre neue Stellung setzten, auch Zeichen ihrer Bindung an die jeweiligen Städte. Die Stilformen, die für Italien ungewöhnlich waren, bewiesen, daß die Juden sich dort sicher genug fühlten, um ihre Eigenheit der römisch-katholischen Mehrheit kundzutun, sogar in einer Zeit, da in anderen Ländern der Antisemitismus zunahm.

Die Stilformen des frühen 20. Jahrhunderts

Obwohl zu Beginn des 20. Jahrhunderts viele Gemeinden bei konservativen Bauformen blieben, versuchten einige, ihre Synagogen modernen Lebensbedingungen anzupassen. Genügte es nach Meinung der Architekten, die überholten Bauelemente auszutilgen, um sich einem zukünftigen Baustil anzunähern, so brauchten sie nur die älteren Formen zu vereinfachen und elementare geometrische Formen, Volumen, Bauteile und kontrastierende Baustoffe beizubehalten. Ein großer Teil der Synagogen des frühen 20. Jahrhunderts waren kompakte und massive Bauten von eindrucksvollem, monumentalem Charakter, bei denen Formen aus der byzantinischen und romanischen Architektur, vor allem Kuppelbauten über zentralem Grundriß, und Kontraste zwischen gekrümmten Linien und rechteckigen Blöcken vereinfacht wurden. Sie unterschieden sich von früheren Synagogen dadurch, daß die Flächen einfacher und die massiven Blöcke noch kompakter gestaltet wurden und der Bau nicht mehr aus separat gestalteten Elementen bestand. Im Versuch, die einzelnen Teile sich gegenseitig durchdringen zu lassen, stimmten diese schweren, geometrischen Bauten mit gewissen Vorstellungen des Jugendstils überein. Beispiele, an denen diese stilistische Tendenz deutlich wird, befanden sich in Deutschland in Augsburg und Essen (Steeler Straße), in Österreich-Ungarn in Sarajevo (sephardische Synagoge) sowie in Triest und Trentschin. Einige dieser Bauten sahen wie westliche Versionen der Hagia Sophia oder anderer byzantinischer und islamischer Bauten in Istanbul aus. Ob die Architekten den Juden ein östliches Image verleihen wollten oder nicht – das Fluidum des Orients haftete diesen Synagogen an. Die Synagogen in Bamberg, Görlitz, Nimwegen und verschiedene Entwürfe für den Offenbacher Synagogenwettbewerb von 1912 hatten kompakte, gedrängte, blockartige Bauteile mit auffälligen schweren Türmen. Bei diesen Bauten führten die vertikalen Linien, die kaum von horizontalen Elementen unterbrochen wurden, das Auge des Betrachters zum Turm. Im allgemeinen schienen die Architekten den Eindruck von Einheitlichkeit und Eleganz anzustreben.[224]

Andere Architekten wiederum benutzten Elemente der klassizistischen Architektur mit deren klarer Formgebung und monumentalen Vereinfachungen – also elementare Formen und einen ursprünglichen Stil (Abb. 16). Diese Rückkehr zu fundamentalen Quellen entsprach der Stellung des Judentums als Grundlage des Christentums. Kubische und klassizistische Elemente stellten die Synagoge in den Rahmen

◁ Mailand, Abb. 200
Rom, Abb. 206
◁ Mailand, Abb. 200
◁ Florenz, Abb. 193, 194
Essen, Abb. 138–140
Frankfurt, Abb. 144, 145
Triest, Abb. 212, 213
◁ Rom, Abb. 206, 207
◁ Turin, Abb. 214, 215

▷ Antwerpen, Abb. 115, 116

▷ Köln, Abb. 128
Paris, Abb. 112, 113

einer allgemeinen europäischen Kulturtradition. Die Juden nahmen also Formen wieder auf, die von den Griechen und Römern, von den Baumeistern Napoleons (der in gewissem Maße ein Befreier der Juden gewesen war) und Karl Friedrich Schinkel bevorzugt worden waren und welche die modernen Architekten in profanen und christlichen Bauten wiederaufleben ließen. Damit schufen sie ein Bild von sich selbst, das sie als Europäer und kultivierte Bürger zeigte. Da das klassizistische Erbe Teil der französischen und englischen Geschichte war und neben der rheinischen Romanik und der norddeutschen Backsteingotik als ein dritter »deutscher« Stil betrachtet wurde, konnten die Juden durch Verwendung klassizistischer Stilformen Vorwürfen begegnen, lediglich säkularistisch und international eingestellt zu sein. Der Neoklassizismus bot den Juden einen guten Schutz vor den Stürmen des Antisemitismus.

Die massiven Synagogen in Mainz, Offenbach, Bad Wildungen, in Berlin am Kottbuser Ufer sowie die Fassade der Synagoge im Westen Frankfurts sind alles Beispiele für diese Tendenz.[225] Sie wurden für assimilierte Juden gebaut, die lieber über Dekor und rationale Fragen nachdachten als über die Mysterien der Kabbala. Der Architekt E. Hiller schrieb im Jahre 1906, daß Synagogen keine mystische Atmosphäre zu erzeugen brauchten, sie sollten vielmehr ruhige, klare Linien haben und das Gefühl der Geborgenheit und des Verhaftetseins vermitteln. Sie müßten jedoch hinreichend groß und weit sein und Beständigkeit ausdrücken, die man in den aufgeklärten Ländern der westlichen Welt auch voraussetzen könne.[226] Die gestreifte, klassizistische Fassade der Reformsynagoge im Frankfurter Westen verbarg die ägyptisch und assyrisch inspirierten Details im Innern.[227] Die Gemeinde, die wie andere versuchte, rein deutsch und voll jüdisch zugleich zu sein, akzeptierte diese Diskrepanz.

Die Synagogen in Mainz, Offenbach und Bad Wildungen hatten einen kreisförmigen Grundriß, der vor Ende des 19. Jahrhunderts nicht oft vorkam. Bei der runden Synagoge sollte die klare geometrische Form, die weder historischen noch geographischen Einwirkungen unterlag, die Einheit ausdrücken, jenen wichtigen Aspekt des jüdischen Gottesdienstes. Die runde Form kann auch als Symbol für die Universalität und die Omnipräsenz des Herrn gedeutet werden.

Sogar bei enger an romanische und andere historische Vorbilder angelehnten Synagogen verzichteten die Architekten nach und nach auf »übertriebene« Einzelheiten. Dies ist deutlich an den Synagogen in Antwerpen zu sehen. Joseph Hertogs hatte dort in den Jahren 1891 bis 1893 eine bis in die Details eklektizistische Hauptsynagoge errichtet. Die Synagogen von Joseph DeLange und Jules Hofman aus den Jahren 1910 bis 1929 waren jedoch viel einfachere Bauten.[228] Die Begeisterung für phantasievolle Kombinationen von Formen und Stilen ließ auch bei den englischen, deutschen und holländischen Synagogenarchitekten langsam nach. Einige gingen bei der Suche nach einem historisch weniger gebundenen Stil zum Jugendstil über.

Damals wurden Synagogen – und Kirchen – häufig nur noch mit Ornamenten dekoriert, denen es an Überzeugungs- und Ausdruckskraft fehlte. Sie entfernten sich weit von dem ungekünstelten, fröhlichen Überschwang älterer Volkskunstdekorationen, auch vom Reichtum an Andeutungen, wie man sie in Gemeinden fand, die stärker von jüdischer Kultur als von der der herrschenden Klasse bestimmt wurden. Zu den ausnehmend guten Beispielen von Synagogendekoration gehören die Fenster, die Thorn Prikker, ein christlicher Künstler, für die Krefelder Synagoge im Jahre 1902 entworfen hatte.[229] Seine geometrischen, abstrakten Darstellungen der Heiligen Lade und der Mizra sowie die Kraft seiner sechszackigen Sterne steigerten die Aufmerksamkeit der Betenden und unterstrichen die Bedeutung von Thora und Heiliger Lade. Sie hatten jedoch nichts mit der Architektur des Bauwerks gemein, das äußerst ausgefeilte spätgotische Details aufwies, die auf einen früheren und einfacheren Rundbogenstil aufgesetzt waren.

Von 1914 bis 1933

Während des Ersten Weltkriegs waren die Juden besonderen Angriffen und Ausschreitungen ausgesetzt. Zwischen 1914 und 1918 zer-

Abb. 16. Offenbach, 1913–1916, Außenansicht 1981.

störten Angehörige der Truppen beider Seiten Synagogen, gleichgültig ob es sich um bescheidene oder kunstvolle Bauten handelte. Zu letzteren gehörte die Synagoge des chassidischen Oberhauptes in Belz.[230] Im Jahre 1914 wurden Juden in der Synagoge von Staszow angegriffen und elf von ihnen dort erhängt. Deutsche Soldaten stellten Pferde in der Synagoge von Pruszkow unter, und im Jahre 1915 schlachteten sie Schweine in der Synagoge von Snekschni.[231]

Während des Krieges wurden in Gefangenenlagern und Militärstützpunkten Synagogen und christliche Kapellen eingerichtet, zum Beispiel in Döberitz, auch in Flüchtlingslagern wie Nikolsburg und Bruck an der Leitha. Die Bauten waren einfach und klein und nur für eine beschränkte Gemeinde gedacht. Das Gebäude in Döberitz sah wie eine winzige Kapelle mit einem niedrigen Türmchen aus; die Synagogen von Bruck und Nikolsburg waren Holzbauten mit Teerpappedächern, aber mit soviel Rücksicht auf die Tradition geplant, daß die Besucher sich gewiß an ihre Gotteshäuser im heimatlichen Galizien erinnert fühlten.

Sogar nach der russischen Revolution blieben die Lebensbedingungen der Juden und die Stellung ihrer Synagogen prekär. In den Jahren 1919 und 1920 erreichten Berichte den Westen, wonach Soldaten in Fastow in der Ukraine Petroleum über die Synagogen geschüttet und sie dann angezündet hatten, obschon sie voll Menschen waren, die dort Schutz gesucht hatten.[232] Es gab weitere grauenhafte Geschehnisse. Was mit Brutalität nicht erreicht wurde, konnte man durch neue, scharfe Gesetze erzielen: Im Jahre 1921 begannen die Bolschewiken eine systematische Kampagne zur Schließung der Synagogen[233]. Sechzig wurden im Jahre 1928 geschlossen, darunter eine in Poltawa am Vorabend der hohen jüdischen Feiertage. Einige Gebäude wurden verständlicherweise von der neuen Sowjetregierung konfisziert, um als Notunterkünfte zu dienen, aber mit anderen geschah dies aus weniger überzeugenden Gründen.

◁ Bruck, Abb. 31–33

Auch im östlichen Mitteleuropa war die Situation der Juden nicht günstig. Trotz des Drucks, den die Westmächte auf die Balkanstaaten ausübten, gewährte lediglich Griechenland den Juden gleiche Bürgerrechte, und zwar schon in den Jahren 1870 bis 1872. Auf dem Berliner Kongreß von 1878 erklärten sich die anderen Balkanstaaten einverstanden, die rechtliche Lage der Juden zu verbessern, aber Serbien und Bulgarien taten dies nur zögernd, und in Rumänien wurde praktisch überhaupt nichts unternommen, bis der Vertrag von Versailles die rumänische Regierung zwang, einige Veränderungen vorzunehmen. Durch den Versailler Vertrag wurde auch die Unabhängigkeit Polens wiederhergestellt. Aber die neue polnische Regierung erließ erst 1921 und 1931 Gesetze, welche die im Versailler Vertrag versprochenen Rechte der Minderheiten gewährleisteten. Zwischen 1919 und 1939 bauten polnische Juden nur bescheidene Synagogen und stellten einige existierende wieder her. Gleichzeitig nahmen christliche und jüdische Gelehrte ihre Forschungen über die Geschichte der Synagogenarchitektur in den östlichen Ländern wieder auf.

▷ Preßburg, Abb. 28–30
Wien, Abb. 66
Prag, Abb. 49

Gleich nach dem Ersten Weltkrieg wurden in Mittel- und Westeuropa Synagogen geplant, die erdrückend massiv wirkten, vielleicht weil man versuchte, das Gefühl der Stabilität zurückzugewinnen, das vor dem Kriege bestanden hatte. Die jungen Architekten, welche bei einem Wettbewerb für eine Synagoge im Jahre 1918 an der Ecole des Beaux-Arts in Paris[234] ausgezeichnet wurden, lieferten Entwürfe, die offenbar von den Synagogen in Straßburg (das nun wieder zu Frankreich gehörte), Essen (aufgrund einer detaillierten Veröffentlichung bekannt geworden) und anderen Bauten mit zentralem Grundriß aus den vergangenen Jahrzehnten beeinflußt waren. Fritz Landauer, einer der Architekten des massiven Kuppelbaus der Synagoge von Augsburg, benutzte einen fast unveränderten Entwurf von 1912 für den Wettbewerb, der im Jahre 1924 für die Synagoge von Wien-Hietzing ausgeschrieben wurde.[235] K. P. C. de Bazel entwarf für Enschede in den Niederlanden eine klobige, geometrische, wie abgeschnitten wirkende Synagoge im maurisch-byzantinischen Stil, die erst 1928 eingeweiht wurde. Die beiden Synagogen in Kaschau hätte man sicher für fortschrittlich gehalten, wenn sie vor dem Krieg entworfen worden wären. Die Neolog-Synagoge mit Säulengang und Rotunde mit Kuppelgewölbe war ein vereinfachtes Pantheon und eine jüngere Schwester der geometrischen, neoklassizistischen Bauten aus den Vorkriegsjahren. Die orthodoxe Synagoge, bei der man bezeichnenderweise jede damals von Christen verwendete Stilform vermied, war eine elegante Version eines orientalischen Gebäudes mit niedrigem, mit zwei Türmen und Zinnen versehenem Vorbau und einer Vorhalle, die vor dem Betsaal lag.[236] Die von Assimilanten oder Separatisten benutzten Stilformen sind für die Auffassungen zwischen den beiden Weltkriegen charakteristisch. Aber die Modernisierung älterer Stilformen mag in der neugegründeten, demokratischen Tschechoslowakei ein Anzeichen dafür gewesen sein, daß Juden an der modernen Kultur teilhaben wollten. Die einfache, mit einem Säulengang versehene Synagoge in Preßburg aus dem Jahre 1923 zeigte innen wie außen geometrische Formen und glatte Mauern. Hier wurde jedoch insofern auf die Tradition angespielt, als der Almemor in einem Metallkäfig mit Spitzbogen (wie in der Prager Altneuschul) eingeschlossen war und niedrige Arkaden mit kleinen Fenstern angebracht wurden, die an die alten Schulen der Vergangenheit erinnerten.

▷ Amsterdam, Abb. 229, 230

Andere Architekten gaben ihren Synagogen Erscheinungsformen, die sich von den historisch inspirierten Stilen, welche die traditionellen Juden benutzten, weitgehend unterschieden. Die Neolog-Synagoge in Hévíz war ein kleiner Bau mit Giebeldach und drei Eingängen, über denen jeweils ein langes, rechteckiges Fenster unter einem spitzen Dach angebracht war. Die Fassade wirkte wie die eines malerischen Cottage ohne Ornament und Struktur. Die helle, freundliche Synagoge in Oslo, die aus den Jahren 1918 bis 1920 stammt, sieht mit ihren schmucklosen, nur von einem niedrigen Türmchen an einer Seite des Portals unterbrochenen Mauern wie eine kleine Dorfkirche aus.[237] Die Synagoge in der Linnaeusstraat in Amsterdam bot das verfeinerte und elegantere Bild einer umgewandelten Kirche. In ihrer Form, die auf die Arts-and-Crafts-Bewegung des frühen 20. Jahrhunderts zurückging, näherte sie sich der Architektur der Amsterdamer Schule um 1920.[238] Für die liberalen Synagogen von London, Paris und Berlin[239] wurden Variationen eines klassizistischen Stils benutzt, bei der Londoner und der Berliner abgewandelte Formen des Pantheons.

Einige Synagogenarchitekten entwarfen bescheidene Bauten mit klareren Linien, stärkeren strukturellen Kontrasten und größeren Fenstern, als man vielleicht vor dem Krieg gewagt hätte. An den Synagogen Willesden Green in London, Greenbank Drive in Liverpool, in Dieburg (Entwürfe von Rudolf Joseph, 1928/29) und in Zürich sind moderne Tendenzen ablesbar.[240] Diese Bauten waren, wie viele Pavillons auf der Pariser »Exposition des Arts Décoratifs et Industriels Modernes« im Jahre 1925, immer noch in historisierenden Stilformen errichtet. Häufig hatten sie symmetrische Fassaden mit leicht vorspringenden Ecken und mit Eingängen, die älteren Vorbildern entstammten, aber zumindest waren sie nicht mit Ecksteinen, spitzen Türmchen und Zinnen überladen. Das Innere war im allgemeinen glatt und nur spärlich dekoriert, in blasseren und helleren Farben gehalten als die der düsteren, mit Kuppelgewölben versehenen, modernisiert-orientalischen Synagogen der älteren Generation. Diesen fehlte ein klarer Ausdruck, und sie boten nicht unbedingt eine zum Beten anregende Atmosphäre; dagegen waren sie meist gut belichtet, zweckmäßig angelegt, leicht instandzuhalten, unaufdringlich (was wohl hieß, daß die Juden gut in die moderne Gesellschaft integriert waren) und nicht ausgesprochen häßlich.

Zwei aus strengen geometrischen Elementen zusammengesetzte Synagogen tragen Kuppelgewölbe, die zwischen den byzantinisch beeinflußten Synagogen der älteren Generation und der Architektur der internationalen modernen Avantgarde vermitteln. Peter Behrens entwarf für die jüdische Gemeinde in Sillein eine Synagoge mit einer Halbkugel, die in einen rechteckigen Bau eingelassen ist. An der Fassade wird die mathematische Strenge durch einen an den Ecken hochführenden Karnies unterbrochen, vielleicht eine Andeutung an nahöstliche Bauten. Unterschiedliche Baustoffe, von roh behauenem Stein bis zu glattem Verputz, modifizieren die schlichte Bauweise. Behrens' Synagoge ist durch den angedeuteten Historismus und die Mischung der Baustoffe anderen zeitgenössischen Synagogen verwandt.

Die Heldengedenk-Synagoge in Budapest ist ebenfalls ein einfacher geometrischer Bau mit Anklängen an antike Bauten, wie »Rachels Grab« im Heiligen Land. Beide Bauwerke haben eine Halbkugel, kubische Formen und konstrastierende Materialien.[241]

Die Architekten der Avantgarde verzichteten auf ältere Vorbilder. Harry Rosenthals ruhige, schwere geometrische Blöcke schufen in der Synagoge, die er um 1929 für ein Privathaus entwarf, eine Atmosphäre der Meditation. Die Liberale Synagoge in der Oberstraße in Hamburg (1931) war ein ähnlich massiver, kubischer Bau. Zu den von berühmten Architekten geplanten Synagogen gehört die in Tilsit (siehe Abb. 14, 15) von Erich Mendelsohn aus den Jahren 1925/26 in Form eines ungeschmückten, rechteckigen Betsaals mit glatten Wandflächen und scharfen Kanten. Richard Neutras Wettbewerbsentwurf von 1924 für die Synagoge in Wien-Hietzing hatte horizontale Linien, Bandfenster, ein Flachdach und glatte Flächen – die Kennzeichen der internationalen, modernen Architektur. In diesem Fall war der Entwurf von den Prärie-Häusern Frank Lloyd Wrights mit ihren langen, niedrigen Linien und vom Werk Mendelsohns beeinflußt. Die Synagoge in der Jacob Obrechtplein in Amsterdam von dem berühmten holländischen Architekten Willem Marinus Dudok kommt dem Stil Wrihgts sehr nahe. Dieser stand wahrscheinlich auch bei dem 1939 erfolgten Umbau der ehemals maurisch gestreiften Synagoge von 1891 in Rotterdam-Botersloot Pate. Synagogenentwürfe der zwanziger Jahre, entfernt beeinflußt von Frank Lloyd Wright und Mies van der Rohe und aus nebeneinander oder hintereinander angeordneten horizontalen Blöcken bestehend, wurden in der Rue J. Lacroix in Paris und für die Hendon United Synagogue in London Mitte der dreißiger Jahre verwendet. Fritz Landauer gab sein Interesse an exotischen, mit Kuppelgewölben versehenen Synagogen Ende der zwanziger Jahre auf und entwarf eine kistenförmige Synagoge für Plauen, die teilweise auf Pfählen ruhte, eine Imitation von Le Corbusiers Citrohan-Häusern. Ein nicht realisierter Entwurf von Wiener und Jaretzki aus dem Jahre 1929 für die Synagoge in der Klopstockstraße in Berlin war vermutlich von Le Corbusiers Villa »Les Terrasses« in Garches beeinflußt.[242] Otto Eisler schuf, ohne Rückgriff auf andere Werke im Internationalen Stil, eine schlichte, rechteckige Synagoge für die hochkultivierte jüdische Gemeinde in Brünn. Edward Lewis entwarf einen ähnlichen Bau für die liberale Synagogengemeinde von Hove in der Nähe von Brighton in Sussex.[243]

Das Interesse der Architekten jener Zeit an industriell hergestellten Baustoffen, die eine dem Maschinenzeitalter entsprechende Architektur ermöglichen sollten, fand seinen Ausdruck in der Dollis Hill Synagogue in London. Sie wurde 1937 von dem Ingenieur E. Owen

Hamburg, Abb. 154, 155
Wien, Abb. 68
Amsterdam, Abb. 231, 232
◁ Sillein, Abb. 158–160
Plauen, Abb. 156, 157
London, Abb. 248, 249

Williams begonnen, der nur Details der Fensterformen von älteren Vorbildern übernahm, darunter den siebenarmigen Leuchter und den Davidstern. Diese Synagoge aus Stahlbeton hatte neuartige, wie ein Akkordeon gefaltete Seitenwände, die so stabil waren, daß sich zusätzliche Innenstützen erübrigten.

Die Frage der Synagogendekoration wurde in den dreißiger Jahren besonders aktuell, als die moderne Kunsttheorie die Synagogenplanung zu beeinflussen begann.[244] Da die moderne Architektur das Ornament vermied und die Bedeutung in der reinen Form sah, konnte sie denjenigen, die an die bedeutungsschwere Atmosphäre und das Spiel von Farben und Licht in den älteren, nach historischen Vorbildern gestalteten Synagogen gewöhnt waren, ein Gefühl von Behaglichkeit vermitteln. Der anhaltende Wunsch, in einer Synagoge ein abwechslungsreiches Dekor und eine leichtverständliche Ausstattung für den Gottesdienst zu finden, hat jedoch dazu geführt, daß sogar in modernen Gebäuden bunte Fenster und große Aufbauten um die Heilige Lade, mit aufgerichteten Löwen, sechszackigen Sternen und anderen vertrauten Symbolen, angebracht werden. In den Fenstern konnte man auch halbabstrakte Darstellungen von Ritualgegenständen finden oder Anspielungen auf die Leidensgeschichte der Juden und ihre Hoffnung auf Frieden.

Zwischen den beiden Weltkriegen bewegten sich die künstlerische Ausstattung und Architektur von Synagogen zwischen einem vorsichtig konservativen und einem kühnen neuen Stil. Die Wahl der Gestaltung hing davon ab, ob die Gemeinde Vertrauen in die Zukunft setzte oder sich angesichts des zunehmenden Antisemitismus behaupten wollte.

▷ Livorno, Abb. 195–197 London, Abb. 244, 245

Von 1933 bis 1983

Nach der Machtergreifung der Nationalsozialisten in Deutschland wurden Synagogen in Brand gesteckt, gesprengt oder verwüstet. Nach 1938 griff der Zerstörungswahn auf Österreich, die Tschechoslowakei, Rumänien und andere besetzte Länder über, in denen die Regierung antisemitische Ausschreitungen zuließ. Synagogen wurden nur in den Fällen verschont, wo Brand und Bomben die benachbarten Häuser von Christen beschädigt hätten oder die Synagogen so solide gebaut waren, daß man sie nicht so leicht in die Luft sprengen konnte.[245] Unter Hitler wurden Juden gezwungen, Synagogengebäude zu Schleuderpreisen zu verkaufen und Ritualgegenstände abzuliefern. In manchen Internierungs- und Zwangsarbeitslagern, sogar in manchen Konzentrationslagern wurden einfachste Synagogen eingerichtet, entweder im geheimen durch die Insassen oder ostentativ von der Lagerleitung, die ihre Gefangenen beruhigen oder außenstehenden Beobachtern gegenüber die entsetzlichen Lebensbedingungen verheimlichen wollte. Es gibt einige Beschreibungen und Zeichnungen von diesen nackten Räumen, eiskalten und zugigen Speichern und naßkalten Kellern, in denen die Gefangenen beteten.[246] Mutige Antifaschisten richteten sogar eine geheime Synagoge im römisch-katholischen Waisenhaus »La Brise Neige« in Grenoble ein[247], und für die Frommen, die noch in Freiheit waren, gab es ein paar versteckte Beträume.

Während des Zweiten Weltkriegs wurden Synagogen in den von den Deutschen besetzten Ländern in einen Stall, ein Lagerhaus, eine Wäscherei, ein Krankenhaus, eine Müllablade, ein Bordell oder in ein Gefängnis für Deportierte umgewandelt.[248] Kirchen wurden für diese Zwecke nicht benutzt, es sei denn, die christliche Mehrheit zeigte einen großen Widerstand gegen die Besatzungsmacht. Auch wurden Synagogen in Brand gesteckt und verwüstet und das Baumaterial entwendet. Viele Synagogen wurden durch Bomben der Kriegsgegner zerstört, darunter die Synagogen in London, Livorno und Rotterdam, die aus dem 18. Jahrhundert stammten. Alle hölzernen Synagogen, die sich in Osteuropa erhalten hatten, wurden zerstört, natürlich auch die Synagogen aus Stein. Nur etwa ein Dutzend von den Vorkriegssynagogen blieb in ganz Griechenland stehen. Ob die Zerstörung jeweils von örtlichen Antisemiten, von sowjetischen Soldaten, Armeeangehörigen der Achsenmächte oder einfach von Bürgern vorgenommen wurde, die Brennholz suchten, ließ sich nur ermitteln, wo es zuverlässige Zeugen gab.

Zu den mehr als sechs Millionen Juden, die

Abb. 17. Hamburg, 1960, Außenansicht 1981.

während des Zweiten Weltkriegs umkamen, gehörte manchmal die gesamte jüdische Bevölkerung einer Stadt. Die Überlebenden sammelten sich meist in Städten, und nur in isolierten Gebieten Rumäniens und der sowjetischen Republik Georgien führten die Juden nach dem Krieg weiterhin ein Kleinstadtleben. In einigen Städten konnten die ausgebrannten Synagogen wiederaufgebaut werden. Die Synagoge in der Roonstraße in Köln zum Beispiel war hoch genug gewesen, daß man sie durch eine eingezogene Decke halbieren und so den Betsaal unten von den Gemeinderäumen und Büros darüber trennen konnte.[249] Neue Synagogen waren dort erforderlich, wo die alten Gebäude zu groß waren, um von den wenigen überlebenden Juden, die meist alt und krank waren, wiederaufgebaut, instand gehalten und geheizt werden zu können. Neubauten entstanden in Hamburg (siehe Abb. 17), wo in der Vorkriegssynagoge in der Oberstraße ein Rundfunksender eingerichtet worden war, und in Essen, wo die Synagoge aus dem Jahre 1913 zu einem Ausstellungszentrum für Handwerk und Kunstgewerbe wurde. In anderen Städten riß man die Synagogen, die keine Gemeinde mehr hatten, ab, wenn ihre Trümmer zur öffentlichen Gefahr wurden oder keine andere Verwendung für sie gefunden werden konnte. Die Synagoge in Nikolsburg aus der Spätrenaissance drohte einzustürzen, und die schöne Neorenaissance-Synagoge in Krems wurde Ende der siebziger Jahre abgerissen, weil sich keine Funktion für sie fand.

Die Standortwahl von Nachkriegssynagogen wurde nicht nur durch die Ausrottung von großen Teilen der Bevölkerung bestimmt, sondern auch durch die Völkerwanderung nach dem Kriege. Die Bombenschäden und die psychologischen Kriegsfolgen waren im East End in London so stark, daß Tausende von Vorkriegsbewohnern diesen Stadtteil verließen und niemals wieder zurückkehrten. Es wäre sinnlos gewesen, die aschkenasische Große Synagoge von 1790 für eine dort nicht mehr vorhandene orthodoxe Synagogengemeinde wiederaufzubauen. In den Londoner Vorstädten wurden damals viele Synagogen gebaut, zum Beispiel in den Bezirken Ilford, Edgware und Pinner (siehe Abb. 6).

In Südfrankreich und in der Gegend von Paris ließen sich Tausende von Juden aus Nordafrika nieder, die aufgrund des arabisch-israelischen Konflikts und des Algerienkriegs ihre Heimatländer verlassen hatten. In den Hauptansiedlungsgebieten der nordafrikanischen jüdischen Bevölkerung wurden also neue sephardische Synagogen benötigt. Die Synagoge von Carpentras wurde von einer Immigrantengemeinde wiedereröffnet, und die aschkenasische Synagoge in der Rue des Tournelles in Paris wurde in eine sephardische umgewandelt. In den Pariser Vororten entstanden riesige Wohn-

◁ Hamburg, Abb. 153, 154

◁ Essen, Abb. 139, 140

Carpentras, Abb. 104, 105

▷ Dubrovnik, Abb. 46, 47
▷ Mailand, Abb. 201
Belfast, Abb. 239, 240
London, Abb. 250, 251

siedlungen, und Juden haben sich dort angesammelt und neue Synagogen eingerichtet. Die erste Synagoge in Blanc-Mesnil lag an der geräuschvollen Schneise des Flughafens und obendrein direkt neben einer Motorradgarage, aber nach und nach konnten die jüdischen Gemeinden ihre Synagogen an geeigneteren Plätzen einrichten. Drei Verfolgungswellen nach dem Krieg veranlaßten viele polnische Juden, in Westeuropa Zuflucht zu suchen. Die ultraorthodoxen und chassidischen Einwanderer benötigten neue Synagogen. Diese wurden in jüdischen Wohngebieten eingerichtet, so daß die Gläubigen am Sabbat nicht zu reisen brauchten. Für Flugreisende gibt es Beträume in den Flughäfen Zürich, Paris-Orly in der Nähe der ökumenischen Kapelle und Paris-Roissy zwischen den mohammedanischen und christlichen Andachtsräumen.

Viele Nachkriegssynagogen sind als Gemeindezentrum angelegt, denn es gehört zu den wichtigsten Aufgaben der Gläubigen, für die Alten und Eingewanderten zu sorgen. Dort, wo kulturelle Assimilation und Mischehen von Juden die Regel sind, wird versucht, die jüngeren Juden an die Gemeinde zu binden, indem man religiöse, gesellschaftliche, kulturelle und sogar sportliche Aktivitäten anbietet. Von wenigen Ausnahmen abgesehen, sind die Gemeindezentren unauffällige Bauten. In Essen wurde eine halbkreisförmige Synagoge als Teil des jüdischen Gemeindezentrums errichtet, in anderen Städten aber, wie in Caen und Dortmund, könnte man die Synagogen mit kleinen Geschäftshäusern oder Schulen verwechseln.

Essen, Abb. 141, 142

Die Gründung des Staates Israel hatte eine unerwartete Wirkung auf die Geschichte der Synagogen. Einige verlassene Gebäude wurden tatsächlich in das neue Land transloziert, wo sie in Museen wiederaufgebaut wurden. Außerdem wurden Dutzende von Heiligen Laden, Almemoren, Lampen, Vorhängen und anderen Gegenständen der Synagogenausstattung nach Israel gesandt, viele davon werden dort in Synagogen verwendet. Ein großer Teil dieser Geräte stammt aus kleinen italienischen Synagogen, die schon vor dem Zweiten Weltkrieg nicht mehr benutzt worden waren, und es gibt verschiedene Veröffentlichungen darüber.[250] Starben die Juden in kleineren Gemeinden aus oder konnten sie ihre Synagoge nicht länger unterhalten, so ist es vorgekommen, daß die Ausstattung dieser Synagogen – wie zum Beispiel in Dubrovnik – ebenfalls ins Museum oder nach Israel gebracht wurde.

▷ Wien, Abb. 67, 68
Plauen, Abb. 156, 157
Amsterdam, Abb. 233, 234

Als in der zweiten Hälfte der vierziger Jahre in Europa wieder Synagogen gebaut wurden, waren die meisten Entwürfe modern, ob die Architekten Christen oder Juden waren.[251] In den wirtschaftlich schwierigen Zeiten nach den beiden Weltkriegen herrschte Mangel an ausgebildeten Handwerkern, Baustoffen und Geldmitteln. Infolgedessen beschränkte man sich auf eine eher zweckmäßige als auf eine traditionelle, eindrucksvolle Architektur. Man bevorzugte eine rationale, klare Bauweise als Reaktion auf die Schrecken des Holocaust, neigte zu industriell hergestellten Baustoffen und -teilen und versuchte, mit Hilfe der Technik, die verbliebenen Zeugnisse einer Kultur wiederherzustellen, die von Menschenhand beschädigt worden waren. Sogar der moralische Wert der Maschinen ließ sich positiv interpretieren: Sie dienten allen ohne Vorurteil, sie waren genau, aber anpassungsfähig. Historisierende Formen waren nicht mehr gefragt, vielleicht weil man ihre Ornamentik für unpassend hielt oder weil sie von Lebensformen zeugten, die der Vergangenheit angehörten, an die man nicht erinnert werden wollte. Sicherlich empfand man auch, daß die ehemaligen, exotisch wirkenden Synagogen dazu beigetragen hatten, die Juden von der Gesellschaft abzusondern.

Die Einfachheit moderner Formen paßte auch gut zu einer Religion, die den Geist und das ethische Empfinden des Menschen anspricht. Eine moderne Synagoge kann schön sein, weil sie universale Merkmale eines Gotteshauses aufweist: durch die Art ihrer Belichtung, ihre schlichte Ruhe, ihre Proportionen. Die Überlebenden jahrelanger Schreckensherrschaft sollten nicht durch Ausgaben für eine prächtige, weltliche Ausstattung schockiert werden. Das Licht des Herrn, die reine geometrische Form und von Menschenhand gestaltete einfache Details sollten eine Synagoge zu einem würdigen Gotteshaus machen. Die theoretische Grundlage für eine solche Auffassung war schon vor dem Krieg in den Synagogenentwürfen von Richard Neutra, Erich Mendelsohn (siehe Abb. 14, 15), Fritz Landauer, Otto Eisler und A. Elzas gelegt worden.

In einer Epoche neuer Lebensbedingungen und Hoffnungen war es an der Zeit, die Botschaft breiter zu verkündigen.[252]

Die modernen Synagogen sind im allgemeinen in ihrer Erscheinung zurückhaltend, mit Ausnahme der Bauten in Livorno und Essen. Viele dieser Gotteshäuser und Gemeindezentren sind rechteckige Kastenbauten, bei denen, entsprechend dem Bedürfnis nach Sicherheit und Wärmeisolierung, mehr oder weniger Glas verwendet wurde. Die moderne Architektur mit ihren geometrischen Formen, ihrer Reduktion dieser Formen auf stark vereinfachte Elemente sowie wirtschaftliche Erwägungen und die Notwendigkeit, schnell zu bauen, haben funktional angemessene, aber keine besonders schönen Synagogen hervorgebracht, wie die in Sarcelles, Fontainebleau, Creteil, Caen, Dortmund, London-Smith Terrace und Villeurbaine.[253] Sie zeichnen sich weitgehend durch Betonflächen, eckige statt geschwungene Bauteile oder breite Glasflächen im Wechsel mit Betonwänden aus. Die meisten britischen und irischen Synagogen sind in Form und Baustoffen etwas abwechslungsreicher, die französischen ansehnlicher. Die Heaton Park Synagogue in Manchester hat einen blockartigen Mittelteil und vorkragende Seitenflügel – die gleiche Form wie die Vorkriegssynagoge in der Oberstraße in Hamburg –, aber der Bau in Manchester ist schmäler und nüchterner mit einer unverhältnismäßig großen Glasfront auf der Eingangsseite. Die dürftig wirkende Synagoge in Dublin-Terenure hat einen hüttenartigen Vorbau und wechselnde Fenstergestaltung, darunter auch in Form von sechszackigen Sternen; im ganzen ist dieses Bauwerk eine überladene Ausgabe der Vorkriegssynagoge in der Lekstraat in Amsterdam.

Bei einigen Synagogenbauten bewiesen die Architekten etwas mehr Phantasie. Zwei holländische Bauten, in der Bentincklaan in Rotterdam und die Liberale Synagoge in Amsterdam, zeigen eine Kombination aus Kiste und freistehenden Flächen, eine ablesbare Unterscheidung von Betsaal und Gemeinderäumen. Die holländischen Architekten benutzten auch unterschiedliche Baustoffe und setzten Beton, Glas, Natursteinverblendung, Metall und andere Materialien nebeneinander.

Bei einigen Synagogen erscheinen eckige Formen in Grundrissen und Dachlinien, so bei der Queenhill Synagogue in Leeds, der Meade Hill Road Synagogue und der Stenecourt Synagogue, beide in Manchester, sowie der Finchley United Synagogue in London. Eine sehr verbreitete Grundrißform für Synagogen ist das Polygon, das man bei vielen Beispielen von den fünfziger bis zum Ende der siebziger Jahre findet, darunter in Hamburg, Belfast, Norwich, London-Kingsbury und London-Pinner, der Whitefield Parke Lane Synagogue in Manchester und in Livorno (siehe Abb. 6, 17).[254] Hexagonale Grundrisse spielen vielleicht auf die sechs Zacken des jüdischen Sterns an, aber jede polygonale Form ist eine ausgezeichnete Anlage für ein Gebäude, in dem eine Gemeinde wirklich vereint sein soll. Die polygonale Form kommt dem Kreis sehr nahe, und die Kreisform hat den Vorteil, minimaler Mauerfläche zur Umschließung eines gegebenen Volumens zu bedürfen. Aber ein Polygon mit geraden Wänden ist leichter und billiger zu bauen. Auch für römisch-katholische Kirchen wurden polygone Grundrisse verwendet, seitdem das Zweite Vatikanische Konzil beschloß, eine engere Kommunikation zwischen dem Priester und den Gläubigen und den Gläubigen untereinander herzustellen. Die Ähnlichkeit zwischen Synagoge und katholischer Kirche mag den Juden gefallen, weil es ihrem Wunsch entspricht, daß ihr Haus unter anderen Häusern nicht besonders hervortrete.

London, Abb. 250, 251
◁ Essen, Abb. 141, 142
Livorno, Abb. 198, 199
Belfast, Abb. 238, 240
Livorno, Abb. 198, 199
◁ Hamburg, Abb. 153

Gelegentlich erscheinen gerundete Formen. Einfache Räume, ohne jede Andeutung exotischer Pracht, haben gekurvte Dächer bei den Synagogen in Straßburg, Grove End Road in London und in Oss; geschwungene Synagogenwände sind in Offenbach, Paderborn und Düsseldorf zu finden und drei niedrige Kuppelgewölbe über einem großen Auditorium bei der Synagoge in der Fasanenstraße in Berlin. Eine der größten gerundeten Dachflächen befindet sich auf der United Synagogue in der Edgware Road in London. Ihren Umfang und die Dachform verdankt sie ihrer ursprünglichen Bestimmung als Ausstellungshalle für das Festival of Britain im Jahre 1951.

◁ Amsterdam, Abb. 233, 234

Das Kuppelgewölbe trat als jüdisches wie auch als allgemeingültiges Symbol für die Himmelskuppel nur selten wieder auf: an den Synagogen in Hagen, Bremen und Essen, die alle

Essen, Abb. 141, 142

um 1960 erbaut wurden. Die Zeiten der massiven Synagogen mit Kuppelgewölbe sind vergangen, ebenso die Kultur der Juden des ausgehenden 19. Jahrhunderts und die großen Gemeinden, die sie trugen und die solche Synagogen finanzierten. In Essen besteht das Kuppelgewölbe des Betsaals lediglich aus einer dünnschaligen Halbkugel, der Eingang ist daneben gesetzt. Da die Synagogengemeinde hier ganz von einem simulierten Himmelsgewölbe umgeben ist, wirkt diese Halbkugel anders als die Kuppeln früherer Synagogen, die auf rechtekkige oder kreuzförmige Räume gesetzt waren. Diese erhobenen Kuppeln sollten andeuten, daß der Kosmos weit vom menschlichen Lebensraum entfernt ist. In Essen ist ein direkter Kontakt mit einer einfachen reinen himmlischen Form gegeben.[255]

▷ Belfast, Abb. 239, 240

Einige wenige Synagogen haben noch Formen, die an traditionelle Bauwerke der Vergangenheit erinnern. Die Synagogue de la Paix in Straßburg gleicht einer Basilika mit Emporen. Die spitzen Dächer der Synagogen in Minden[256] und Hengelo lassen an das Zelt in der Wüste denken; letztere zeigt Elemente aus Entwürfen, die Jahrzehnte vorher entstanden, wie die Synagogen in Sillein von Josef Hoffmann und in Wien-Hietzing von Hugo Gorge und Fritz Landauer.[257] Die Synagoge in der Bentincklaan in Rotterdam hat eine Außenmauer auf der Eingangsseite, die wohl an die Klagemauer in Jerusalem erinnern soll, und die Steinverblendung am Kellergeschoß der Liberalen Synagoge von Amsterdam ruft möglicherweise die geometrischen Steinbauten von Judäa ins Gedächtnis. Die Bremer Synagoge, ein Kubus mit Kuppelgewölbe, läßt an Grabformen im Heiligen Land denken. Beim Gemeindezentrum in der Fasanenstraße in Berlin sind noch Fragmente der Synagoge von 1912 erhalten, die auf demselben Grundstück stand; hiermit will man das Andenken an die Berliner Juden von vor 1933 bewahren. In Livorno wollte der jüdische Architekt Angelo di Castro mit seinem Entwurf an das Zelt in der Wüste erinnern, außerdem eine auffallendere Wirkung erzielen, als dies sonst beim nüchternen, modernen Stil der Fall ist. Er schuf einen Bau mit Kanten und Rippen, die im italienischen Design der späten fünfziger und frühen sechziger Jahre so beliebt waren. Seine klare Absicht war, einen auffallenden Bau zu schaffen. Form und Stil sollen zum Ausdruck bringen, daß die Juden nicht völlig ausgerottet sind, auch ihre Hoffnung auf eine lebendige Zukunft an ihren alten Wohnstätten nicht aufgegeben haben.[258]

Sillein, Abb. 161
Wien, Abb. 66

Livorno, Abb. 198, 199

Verschiedene Nachkriegssynagogen haben kompakte Formen, manchmal mit Rundungen oder Reminiszenzen an den geschlossenen geometrischen Stil der dreißiger Jahre. Hierzu gehören die Synagogen in Offenbach, Minden und Düsseldorf, alle aus den fünfziger Jahren.[259] In der späteren Entwicklung der Moderne, etwa von 1960 an, setzt man klare Kontraste zwischen kompakten Mauern und Öffnungen, zum Beispiel bei den Synagogen von Belfast, Hamburg und Creteil (siehe Abb. 17).

Die meisten Nachkriegssynagogen, ob nun geschlossen oder durchbrochen, haben einen betont offenen und einheitlich gestalteten Raum. Ausnahmen bilden die ultraorthodoxen Synagogen, wo die Frauen noch immer dem Blick entzogen sind. Die Mehrzahl wirkt eher wie Vortragssäle; das gleiche gilt für die nach dem Krieg gebauten Kirchen.

Einige der gelungensten Entwürfe für Synagogen der Nachkriegszeit waren diejenigen, bei denen die Architekten Reste bestehender Bauten zu berücksichtigen hatten oder eine neue Synagoge in eine vorgegebene historische Umgebung einfügen mußten. Das Problem stellte sich in jeder Stadt anders. In London verlangte das Denkmal bei der Synagoge am Great Cumberland Place die Erhaltung der bestehenden halbkreisförmigen Platzfassaden, und der Fensterabstand dieser Gebäude sollte respektiert werden. Das führte dazu, daß der Hauptbetsaal, verschiedene Wohnungen, die Wochentagssynagoge, Empfangsräume, Festsäle, Treppen, das Zimmer des Frauenvereins, ein Versammlungsraum und ein Autoparkplatz alle hinter der alten Fassade untergebracht werden mußten, aber kein Raum über dem Betsaal liegen durfte. In Ost-Berlin wurde die Synagoge in der Rykestraße weitgehend in ihrer früheren Form restauriert, als wolle man demonstrieren, daß die kommunistische Regierung, wenngleich gegen jede Religion eingestellt, nicht für die Zerstörungen unter Hitler verantwortlich gemacht werden könne. Die sephardische Synagoge von 1725 in Den Haag wurde im Jahre 1976 für die liberale Synagogengemeinde (die einzige Richtung des Judentums, die in den Niederlanden zugenommen hat) umgebaut. In Mailand wurde eine vollkommen neue Synagoge hinter den Ruinen der alten Fassade errichtet. Bei der Reformsynagoge in Frankfurt ist die ehemalige ägyptisch-mesopotamische Dekoration drastisch vereinfacht und modernisiert worden, und die neuen, leichtgebauten Wände und geometrischen Ornamente lassen ihre ursprüngliche Architektur vergessen.

Die Stellung der Juden und ihrer Synagogen hat sich in Westeuropa endlich normalisiert. In Ungarn ist sie stabil geblieben. Dies ist aber keineswegs in der Sowjetunion, in Osteuropa und in den Balkanstaaten, mit Ausnahme von Griechenland, der Fall. Zwar hat es in der Sowjetunion Hunderte von Synagogen gegeben, aber die Behörden hatten bis zum Jahre 1966 alle bis auf zweiundsechzig geschlossen. Dreiundvierzig davon, also 65 Prozent, stehen in Georgien und den kaukasischen und zentralasiatischen Republiken, in Gebieten also, in denen sich zu jener Zeit nur 13 Prozent der jüdischen Bevölkerung der UdSSR befanden.[260] Weil es anderswo kaum Synagogen gibt, sind die gläubigen Juden gezwungen, ein geheimes Quorum zu bilden, und die Angst vor den Behörden hält viele davon ab, überhaupt gemeinsam zu beten. Die jüdischen Gemeinden in Osteuropa und den Balkanstaaten sind heute sehr klein.[261] Ist eine Synagoge vorhanden, so besteht sie aus einem einfachen Raum, es sei denn, der Bau aus der Vorkriegszeit ist erhalten geblieben. Wurde in diesen Ländern eine Synagoge wiederaufgebaut, so geschah dies in Form genauer historischer Nachbildung (Warschau, Bukarest), ohne die geringste kreative Veränderung. Wiederhergestellte Synagogen wurden häufig in öffentliche Bibliotheken (Przemysl-Scheinbach, Sroda, Strzyzów, Zamość, Petrikau-Trybunalski), in Kunstmuseen (Lesko, Reichshof-Neue Stadt), in Stadtarchive (Reichshof-Alte Stadt) und einen Konzertsaal (Tschenstochau) verwandelt. Manchmal wurden sie auch weniger bedeutenden Nutzungen zugeführt, zum Beispiel als Lagerhäuser (Bochnia, Olesna, Szydlowiec, Chrzanów, Kaschau, Woronesch, Gur), als Garagen (Ostrolenka, Wlodawa) und als Puppentheater (Große Synagoge Kiew). Einige wenige sind als jüdische Museen wiederaufgebaut, sollen zu solchen werden (Alte Synagoge Krakau-Kazimierz, Lańcut, die Prager Synagogen) oder sind als historische Denkmäler restauriert worden (Warschau-Nozyk, Wlodawa, Samokov). Manche enthalten Ausstellungskästen (Prag, Alte Synagoge Krakau-Kazimierz) oder Gedenkinschriften, zum Beispiel die Prager Pinkas-Synagoge die Namen der 77 000 tschechischen jüdischen Märtyrer. Gottesdienste werden in der Altneuschul und der Synagoge in der Jerusalem-Straße in Prag abgehalten. Gibt es in einer Stadt keine Synagogengemeinde oder keine Thorarollen mehr, dann sind die erhalten gebliebenen Synagogen Zeugen der mutwilligen Zerstörung und der Vernichtung von Menschenleben. Wie schön und erinnerungswürdig diese Synagogen auch gewesen sein mögen, so sind sie nur noch tote Hüllen, denn die lebendige Synagoge, das heißt das Quorum von zehn Männern, kann sich in vielen Teilen Europas nicht mehr versammeln.

◁
Mailand, Abb. 200, 201

Prag, Abb. 48, 49, 51
Samokov, Abb. 52, 53
Krakau, Abb. 70–72
Lańcut, Abb. 80, 81

Über die Bedeutung der Synagogen

Die verschiedenen Aspekte der Synagogenarchitektur haben eines gemeinsam: Sie zeigen, wie sich der Status und das Interesse der Spender wandelten. Bescheidene, kastenförmige Bauwerke fügten sich an solchen Orten in das Stadtbild, wo die Gemeinde zwar eine nützliche Rolle in der städtischen Wirtschaft spielte, aber nicht in der Lage war, eine Synagoge zu errichten, die mit der Pfarrkirche hätte konkurrieren können. Bescheidene Synagogen waren die Norm; exzeptionelle Gebäude bildeten die Ausnahmen und bewiesen, daß weder die Sozial- noch die Baugeschichte sich Regeln unterstellen lassen.

Hübsche Synagogen in herzoglichen Parkanlagen (siehe Abb. 8, 9) im Stil des jeweiligen Hofes machen sichtbar, daß die Juden Leibeigene des adligen Herrn waren, unter dessen Schutz sie standen. Die großen Synagogen in vielen Städten lassen erkennen, in welchem Maße die Obrigkeit die jüdische Hilfe in Handel und Finanzen benötigte, und daß sie ihnen daher gestattete, ansehnliche Gebäude zu errichten. Großartige Synagogen in Osteuropa, zum

◁
Bukarest, Abb. 34, 35
Warschau, Abb. 101, 102

Lańcut, Abb. 80, 81
Berlin, Abb. 117, 118
Ansbach, Abb. 119–121
Budapest, Abb. 36–42
Leningrad, Abb. 88, 89
Moskau, Abb. 90, 91
Warschau, Abb. 98, 100
Berlin, Abb. 122, 124
Wilna, Abb. 92, 93

Warschau, Abb. 101, 102
Florenz, Abb. 193, 194
Mailand, Abb. 200
Toledo, Abb. 184, 185
Ramsgate, Abb. 252, 253

▷
Venedig, Abb. 220–222

Florenz, Abb. 193, 194
Turin, Abb. 214, 215

▷
Budapest, Abb. 38

Beispiel in Bialystok, Brody und Wilna, zeigen, daß der Anteil der Juden an der Bevölkerung vor 1939 zu groß war, um unterdrückt werden zu können. Spendete eine Einzelperson eine Synagoge, drückte sich darin häufig der Wunsch aus, durch das Gebäude quasi weiterleben zu können. Dies war besonders bei kinderlosen Stiftern der Fall.[262] Eine große, gut gebaute Synagoge wurde meist dort errichtet, wo die jüdische Gemeinde optimistisch in die Zukunft sehen konnte, zum Beispiel in Marseille. Dort meinte der Rabbiner im Jahre 1863, daß die neue Synagoge ein Zeichen für den stetigen Aufstieg der Juden in der Gesellschaft und für ihren Glauben an die Zukunft sei.[263] Die Juden von Turin planten in den sechziger und die von Florenz in den siebziger Jahren des 19. Jahrhunderts prächtige, neue Synagogenbauten als Ausdruck ihrer Dankbarkeit für die ihnen gewährte rechtliche Gleichstellung.[264] Bei der Einweihung des massiven Synagogenbaus in Mainz im Jahre 1912 betonte der Rabbiner, die Größe der Synagoge und ihre Lage bewiesen, daß die Juden in Deutschland frei und keine Bürger zweiter Klasse seien.[265] Die französischen Juden, die Wert darauf legten, an der Kultur der Nation teilzuhaben und gleichzeitig ihren Glauben beizubehalten, nannten ihre Synagogen »Tempel« – eine Bezeichnung, die man für protestantische Kirchen benutzte, deren rechtliche Stellung derjenigen der Juden glich, solange der Katholizismus Frankreichs Staatsreligion war.[266] Ludwig Geiger, der Verleger der deutschen jüdischen Wochenzeitung *Allgemeine Zeitung des Judenthums*, sagte in bezug auf die deutschen Juden, die ähnliche Vorstellungen hatten, daß im 19. Jahrhundert »die Frage der Assimilation nicht existiert; wir sind vollkommen assimiliert ... Unter Assimilation verstehen wir die vollkommene Integration in das Deutschtum, in seine Nationalität, seine Sprache und seine Kultur, ohne jedoch unseren Glauben aufzugeben«.[267]

Der inbrünstige Ton, in dem diese Erklärung abgegeben wurde, verriet, daß die Juden sich über ihre unsichere Stellung im klaren waren. An vielen Orten herrschte eine ähnliche Situation, was aus einem Artikel im *Le Nouvelliste* von Marseille deutlich hervorgeht: Der Verfasser lobte die neue neoromanische (das heißt westeuropäische) Synagoge seiner Stadt und erklärte, daß sie von der schönsten arabischen und byzantinischen Architektur inspiriert sei, was der Bestimmung des Baus vollkommen entspreche.[268] Offensichtlich betrachtete er nicht den Bau selbst, sondern befaßte sich mit dem Image der Juden als östliches und exotisches Volk. (Und diese Vorstellung hegten sicherlich jene Juden, die ihre eigenen Traditionen gerade jetzt hervorzuheben gedachten, da sie die Freiheit dazu erlangt hatten.) Der besondere Charakter der Juden wurde fortwährend betont; die Kunsthistorikerin Elena Bassi entdeckte an der ovalen Empore der Scuola Spagnola in Venedig »orientalische« Merkmale, obschon sie in demselben Absatz schrieb, daß die Empore westlichen Theatern verwandt sei.[269] Der Eindruck ihrer Verschiedenheit und Überlegenheit, den die Juden vermittelten, führte die Antisemiten dazu, deren schöne Synagogen als Herausforderung und Aggression zu betrachten.

Die Synagoge diente auch als literarischer Hintergrund für den für die Juden so bezeichnenden Konflikt zwischen Integration und Separation. Für diejenigen, die den Schritt vom Ghetto in die moderne Welt wagten, mag eine bescheidene, traditionelle Synagoge der Ort gewesen sein, an dem ein junger Mensch am schärfsten den Abstand spürte, der ihn von der Vergangenheit trennte, so wie in Israel Zangwills bekanntem Roman »Kinder des Ghettos«. In Ludwig Hatvany-Deutschs Roman »Bondy Jr.«, in dem die Verstädterung und Kulturübernahme von mehreren Generationen ungarischer Juden beschrieben wird, wirkt die Synagoge in der Dohány-Straße in Budapest auf den ehrgeizigen Helden wie ein Drache, der drohend aus dem Nebel auftaucht.[270] Für junge Leute bedeuteten diese »Drachen« Konflikte und Hindernisse, die man lösen und überwinden mußte.

Bei der Einweihung nach dem Zweiten Weltkrieg gebauter Synagogen wurde häufig zögernd das Vertrauen in die moralische und religiöse Wiedergeburt des Menschen nach dem Holocaust ausgedrückt. Die *Stuttgarter Zeitung* schrieb über die neue Stuttgarter Synagoge, sie stelle ein Symbol des Vertrauens und der Zuversicht sowie einen Treffpunkt dar.[271] Der Oberrabbiner des Konsistoriums des Departements Bas-Rhin, Abraham Deutsch, sagte, der Stein aus dem Heiligen Land, der in die neue

Straßburger Synagoge eingelassen wurde, sei ein Zeichen dafür, daß die gefühlsmäßigen Bindungen der Juden an Israel sie nicht vergessen lassen, daß sie in Frankreich leben und dort leben wollen. Im Jahre 1982 beschrieb Ionel Schein, ein jüdischer Architekt, die tiefere Bedeutung seiner vor kurzem eröffneten Synagoge in Paris. Diese Synagoge ist ein kleiner, rechteckiger Bau, der am Fuße eines hohen Gebäudes steht und keine eigentliche Fassade besitzt – als solle angedeutet werden, wie bescheiden und wie gleichgültig er den von Menschen geschaffenen Hierarchien gegenübersteht. Aus einfachen Baustoffen errichtet, darunter Glas und Kacheln, kündet er vom Interesse an den alltäglichen Dingen, vermeidet aber jegliche Symbolik und Anspielungen auf andere Zeiten und Länder. Der Bau ist nur – oder man sollte sagen: hauptsächlich – ein Platz, an dem Personen und Ideen zusammenfinden, ein Ort der Ruhe und der Freundschaft.[272]

Auch wenn die Synagoge zu bestimmten Zeiten sehr spezielle Bedeutungen zum Ausdruck bringen wollte, hat sie doch einige allgemeine Bedeutungen beibehalten.[273] Sie muß kein Ort heiliger Mysterien sein, vielmehr einer, an dem Menschen zusammentreffen können. Sie ist ein Ort der Gemeinschaft, an dem ein Jude Teil eines Quorums sein möchte, statt ein einsamer Sünder zu bleiben, der sich um sein Seelenheil sorgt. Die Synagoge muß nicht an prominenter Stelle in einer Stadt errichtet sein, um geistige gegen weltliche Machtansprüche geltend zu machen. Sie ist statt dessen ein Heim für die frommen Juden, jenen überlassen, die in ihrem Glauben und ihrer Hingebung selbst die erbärmlichste Hütte in ein Haus der Versammlung, ein Haus des Lernens und ein Haus der Gebete verwandeln.

Anmerkungen

Vorwort

1 »In einigen Städten, in denen es sehr viele Chassiden gibt, ist die Synagoge fast leer und bleibt für Frauen geöffnet, die im *Beth Hamidrasch* (dem Haus, in dem erwachsene Männer religiöse Studien betreiben) der Chassiden nicht zugelassen werden, und ein paar alte Juden gehen der Frauen wegen in die Synagoge, um den Gottesdienst zu leiten« (*Jewish Chronicle*, 25. März 1859, S. 3). Siehe auch J. R. Mintz, *Legends of the Hasidim*, Chicago und London 1968, S. 31, 48.

2 Synagogen der Karäer werden im 16. Jh. in Lutsk und im 19. und 20. Jh. in Odessa, Dnjepropetrowsk, Wilna und Trakai erwähnt. In der Mitte des 19. Jh. gab es auch viele Karäer in Feodosia, Ferekep und Simferopol, sie müssen dort wohl Synagogen gehabt haben. Siehe *Jewish Chronicle*, 15. Juli 1859, S. 7; A. Frostig, »Zur Genese und Geschichte der Karäer in Polen«, in: *Anthropos*, LXXV, Nr. 1–2 (1980), S. 24–48.

3 *Talmud* (Babylonische Fassung), Traktate Schekalim 49b, Peah 21b, Hrsg. Epstein, London 1936 ff.

Die Synagoge: eine Einführung

1 Babylonischer Talmud, Sanhedrin 2b.

2 Dieses Wort wurde in der griechischen Septuaginta-Bibelübersetzung für das hebräische Wort *Edah*, eine Versammlung im Freien, benutzt. Nach und nach wurde es für eine religiöse Versammlung und besonders für die der Juden verwendet.

3 Philo, *Legatio ad Cajum*, Ausg. A. Pelletier, Paris 1972, Paragraph 156, S. 179–181; Ausg. E. M. Smallwood, Leiden 1961, S. 92 und Fußnoten (zu Paragr. 153–156) S. 232–238.

4 E. Rivkin, »Ben Sira and the Non-Existence of the Synagogue«, in: *In the Time of Harvest: Essays in Honor of Abba Hillel Silver*, Ausg. D. J. Silver, New York und London 1963, S. 320–354. Für diesen wichtigen Hinweis bin ich Joseph Gutmann zu Dank verpflichtet.

5 *Ibidem*; siehe auch J. Gutmann, »The Origin of the Synagogue«, in: *Archäologischer Anzeiger – Beiblatt zum Jahrbuch des Deutschen Archäologischen Instituts*, LXXXVII, Nr. 1 (1972), S. 39, abgedruckt in: idem (Hrsg.), *Synagogue*, S. 72–76; siehe auch S. Zeitlin, »The Origin of the Synagogue«, in: *Proceedings of the American Academy of Jewish Research*, II, 1930–1931, S. 69–81, abgedruckt in: Gutmann, *Synagogue*, S. 14–26; siehe auch J. Gutmann (Hrsg.), *Ancient Synagogues. The State of Research*, Chico/Calif. 1981.

6 Exodus, 20. Kap., Vers 8; Deuteronomium, 5. Kap., Vers 12.

7 R. Krautheimer, *Mitt. Syn.*, S. 90–91 und Fußnoten; N. Golb, »Nature et destination du monument juif découvert à Rouen«, in: *Proceedings of the American Academy of Jewish Research*, XLVIII, 1981, S. 155–156, unterscheidet *synagoga* von *scuola* in mittelalterlichen und spätlateinischen Texten. Dieser Unterschied wurde anscheinend von der Spätrenaissance an nicht immer gemacht, und das jiddische Wort *Schul* kann sowohl den einen wie den anderen Bautyp meinen.

8 Babylonischer Talmud, Megillah 29a. Der Talmud besteht aus zwei Teilen, der Mischna und der Gemara. Die Mischna wurde nach etwa 200 n. Chr. kompiliert und hält sowohl das geschriebene als auch das mündlich überlieferte Gesetz fest. Sie enthält auch eine geringere Anzahl von nicht gesetzlichen Texten, die für nicht so bindend gehalten werden, wie Sprichwörter, Parabeln und Homilien. Die Gemara ist eine Niederschrift von Debatten und Ausführungen über die Mischna, die von Gelehrten zu einem frühen Zeitpunkt vorgenommen wurden. Praktiken, die von der Mehrheit der Gelehrten oder von anerkannten jüdischen Autoritäten akzeptiert werden, erhebt man zu Gesetzesvorschriften. Die Meinungen der Minderheit, die in der Gemara aufgeschrieben sind, oder die Meinungen späterer Gelehrter, die nicht von der Mehrheit der Gesetzesgelehrten akzeptiert werden, haben einen weniger zwingenden rechtlichen Status. Über den Talmud siehe H. L. Strack, G. Sternberger, *Einleitung in Talmud und Midrasch*, 7. Aufl., München 1982. Sogar die maßgebenden Teile des Talmud erfordern die Formulierung zum Gesetz oder einen bindenden Präzedenzfall, und die Gesetze müssen kodifiziert werden. In den Hauptgesetzeskodizes und Kompilationen, die von orthodoxen Juden als maßgebend betrachtet werden, sind enthalten: 1. der *Mischne Thora* oder *Jad Hachasaka* (über Synagogen siehe: Hilkoth Teffilah, 11. Kap.), vollendet etwa 1180 von Moses ben Maimon, besser unter dem Namen Maimonides oder unter Juden abgekürzt als Rambam bekannt (1135–1204), welcher

in Spanien und Ägypten arbeitete; 2. der *Arba' ha Turim* von Jakob ben Ascher (1269–1343), der in Spanien tätig war; 3. der *Schulchan Aruch*, der zwischen 1564 und 1571 von Joseph Karo (1488–1575) geschrieben wurde, welcher in Bulgarien und dem Heiligen Land gelebt hat. Kommentare erklären die Gesetze, lösen Probleme, die bei Anwendung der Gesetze auftreten, und lösen Differenzen zwischen sephardischen und aschkenasischen Bräuchen. Der aschkenasische Rabbiner Moses Isserles, der unter dem Namen Remo bekannt (1510–1572) und in Kazimierz bei Krakau tätig gewesen ist, stellte den maßgebenden aschkenasischen Kommentar zum *Schulchan Aruch* her. Responsa, das heißt maßgebliche rechtliche Meinungen, können auch als gesetzmäßig bindend anerkannt werden.

9 Bab. Talmud Berachot 6a, 6b. Megillah 29a. Religiöse Schulen umfassen die *Cheder* (Grundschule) und die *Jeschiwa* (höhere Schule). Die häufig mit einer Synagoge verbundene *Cheder* ist kein »minderes Heiligtum«, das mit einer Synagoge vergleichbar wäre. Die *Jeschiwa* kann in einem getrennten Bau untergebracht sein und ihre eigene Synagoge haben, aber eine Schule für junge Männer ist auch noch kein »kleines Heiligtum«. Das Lehrhaus der Erwachsenen, *Beth Hamidrasch*, ist nach dem Talmud aber sogar noch heiliger als eine Synagoge und kann alle für eine Synagoge notwendigen Einrichtungen besitzen, denn die Frommen verbringen dort viele Stunden.

10 Juda ben Eliezer Münz, in Padua tätig, 15. Jh., in S. B. Freehof, *A Treasury of Responsa*, Philadelphia 1963, S. 94; siehe auch Jerusalem-Talmud, Mischna Joma VII,1; Sota VI,7 über Parallelen zwischen Synagoge und Tempel.

11 J. Berachot, nach der Übersetzung von B. Litvin, *The Sanctity of the Synagogue*, New York 1959, S. 48; siehe auch M. Rosenmann, *Der Ursprung der Synagoge und ihre allmähliche Entwicklung*, Berlin 1907, S. 26–31; über Parallelen zwischen Synagoge und Tempel siehe auch *The Zohar*, übersetzt von H. Sperling, M. Simon und P. P. Levertoff, London 1934, Nachdruck 1978, Traktate Beschala 59b, S. 186; A. Hirsch, »Temple consistorial israélite de Lyon«, in: *Revue générale de l'architecture et des travaux publics*, XXIII (1865), Spalte 219–220.

12 J. J. Leon Templo, *Retrato del Templo de Selomo*, Middelburg 1642. Siehe vergleichbare Illustrationen in: J. van Agt, *Synagogen in Amsterdam*, Den Haag 1974, S. 44.

13 O. Böcher, *Die alte Synagoge zu Worms*, Worms 1966, S. 101–103. Über die unverputzte Wand siehe A. Eisenberg, *The Synagogue Through the Ages*, New York 1974, S. 180.

14 Zwei Säulen oder Türmchen: siehe L. von Förster, »Diskussion über seine Synagoge in der Tempelgasse in Wien«, in: *Allgemeine Bauzeitung*, XXIV (1859), S. 14–16. Die Synagoge in Helsinki hat zwei kleine Säulen im Relief an der Fassade. Die Synagoge in der Tlomazka-Straße in Warschau hat zwei riesige Säulen am Eingang zur Nische der Heiligen Lade. Über Nimwegen vergleiche Jan van Eyck (?), *Kreuzigung*, Berlin-Dahlem, Staatliche Gemäldegalerie. Das Zwischenstück zwischen Gemälde und Synagoge ist vielleicht die Jerusalemkerk in Brügge mit ihrem ausgeprägten Turm. Der Architekt in Nimwegen, Oscar Leeuw (der vielleicht Jude gewesen ist), arbeitete für das Denkmalamt und kannte sicherlich die Jerusalemkerk, zumindest von Bildern.

15 Die Synagoge in Stobi war in der späten Antike nicht nach Jerusalem ausgerichtet (Information von Dean Moe), ebenso die aus dem frühen 20. Jh. stammende Chewra Kaddischa – Krankenhaus-Synagoge in Budapest, die aus diesem Grunde von manchen Juden nicht benutzt wurde; siehe D. S. van Zuiden in: *De Vrijdagavond*, V (17. Aug. 1928), S. 311. Die Synagogengemeinde konnte sich jedoch während des Gebets nach Jerusalem ausrichten. Der Talmud enthält von einer Minderheit vertretene Meinungen, nach denen man auch in andere Richtungen beten darf, denn der Herr sei überall: Bab. Talmud, Baba Batra 25a. Über Differenzen zwischen archäologischen Überresten und jüdischen Gesetzesvorschriften siehe F.-G. Hüttenmeister, »Synagogues et écoles en Palestine Ier–VIIe siècle«, in: B. Blumenkranz (Hrsg.), *Art et archéologie des juifs en France médiévale*, Toulouse 1980, S. 143–156, bes. S. 150–156.

16 Bab. Talmud, Berachot 31a, 34b.

17 Bab. Talmud, Schabbat 11a. Siehe auch *Schulchan Aruch*, Orach Chajim 150, Paragr. 2, und Isserles' Kommentar dazu.

18 Juden sahen sich vielleicht gezwungen, ihre Häuser höher als Synagogen zu bauen, wenn sie in hohen Wohnhäusern überfüllter Ghettos lebten. Aufgrund eines besonderen Umstands baute der Architekt S. Engel im Jahre 1909 eine Wohnung für den Synagogendiener über den Betsaal der Synagoge auf der Hoheluftchaussee in Hamburg; siehe K. Goldenberg, »Die Kultus- und Profanbauten der Juden, erläutert an Hand von Hamburg-Altona-Wandsbek«, Diss., Dresden Technische Hochschule, etwa 1922, S. 59. Die christliche Obrigkeit erwirkte, daß die Juden die Höhe der Synagoge in Carpentras reduzierten; siehe weiter unten, Carpentras und Cavaillon. Zumindest in zwei Fällen lösten Juden dieses Problem, indem sie Maste auf die Synagogendächer setzten, die die notwendige Höhe erreichten und doch nicht herausfordernd wirkten (Bab. Talmud, Schabbat 11a). Solche Maste sind an den Synagogen in Fürth bei Nürnberg und in Frankfurt an der Oder aus dem 18. Jh. bekannt; siehe L. Löw, »Der synagogale Ritus«, in: *Monatsschrift für Geschichte und Wissenschaft des Judenthums*, XXXIII (1884), S. 220. Im Jahre 1787 mußten die Juden in Trebitsch in Mähren das Dach der Synagoge niedriger machen, weil die Lichter des Gebäudes vom örtlichen Schloß aus zu gut sichtbar waren. H. Gold, *Die Juden und Judengemeinde Mährens*, Brünn 1929, S. 523–527. Moderne Wolkenkratzer machen es selbstverständlich unmöglich,

Synagogen höher als Häuser zu bauen. Synagogen in Gefängnissen oder anderen ungewöhnlichen Orten können unter Umständen den üblichen Regeln auch nicht entsprechen.

19 Bab. Talmud, Berachot 34a.

20 Bab. Talmud, Megillah 26b–27a.

21 Bab. Talmud, Berachot 62b.

22 Bab. Talmud, Megillah 28b; über Dekor siehe auch *Schulchan Aruch*, Orach Chajim, 150,1.

23 Bab. Talmud, Megillah 26b–27a; J. Megillah III,1.

24 Bab. Talmud, Megillah 26a–27a; J. Megillah III, 1–3.

25 Der Talmud erlaubt nur Stadtsynagogen, Wohnungen für Synagogendiener zu haben (Bab. Talmud, Joma 11a–12a), da sie nicht durch dörfliche Sitten, wie das Halten von Tieren im Haus, verunreinigt werden konnten. Hygienische Überlegungen mögen auch die Trennung von Leichenräumen vom Betsaal bewirkt haben. Eine Synagoge von »römischen« (in diesem Zusammenhang syrischen) Juden, die sich auf einen Raum öffnete, in dem ein Leichnam aufgebahrt war, war besonders ungewöhnlich.

26 Bab. Talmud, Megillah 28a–28b. Die Platznot in überfüllten Ghettos führte dazu, daß manche Juden auf Grundstücken zerstörter Synagogen bauten.

27 Bab. Talmud, Berachot 62b; Bab. Talmud, Megillah 28a, 29a.

28 Bab. Talmud, Berachot 8a–8b; Jer. Fassung, Berachot V,1.

29 Bab. Talmud, Berachot 8a.

30 Bab. Talmud, Ketubbot 5a.

31 Bab. Talmud, Megillah III,3.

32 Beispiele: J. Aronius, *Regesten*, Nr. 663, Nr. 772; M. Wiener, *Regesten zur Geschichte der Juden in Deutschland während des Mittelalters*, Bd. 1, Hannover 1862, Nr. 475, S. 172 f., Nr. 614, S. 197–199; F. Baer, *Die Juden im christlichen Spanien*, Berlin 1935, S. 217.

33 *Encyclopedia Judaica*, 1971, s. u. Synagoge.

34 R. Krautheimer, *Mitt. Syn.*, S. 91. Siehe Anschlagtafeln in der sephardischen Synagoge von Amsterdam und Photographien in der YIVO, New York, von den Anzeigen in der Großen Synagoge von Wilna.

35 Sklaven: S. Baron, *A Social and Religious History of the Jews*, Bd. 1, New York 1937, S. 88. Asyl: H. L. Gordon, »The Basilica and the Stoa in: Early Rabbinical Literature«, in: *Art Bulletin*, XIII (1931), S. 352–375, bes. S. 359, zitiert *Corpus inscriptionum latinarum*, Berlin 1863, Bd. 3, Nachtrag Nr. 6583. Metzger, in: Zittsheim 1939, G. Plaut, *The Rise of Reform Judaism*, New York 1963, S. 213–215. Siehe auch *Enzyclopedia Judaica*, 1971, s. u. Synagoge.

36 E. Scheid, »Histoire de la synagogue de Haguenau«, in: *L'univers israélite*, XXXVI (15. Dez. 1880), mit einem Artikel, der in den folgenden Nummern beendet wird.

37 G. Hillairet, *Dictionnaire historique des rues de Paris*, 4. Ausg., Paris 1966, S. 527. (Diesen Hinweis verdanke ich Barbara Michaels.)

38 I. Meyer, *Zur Geschichte der Juden in Regensburg*, Regensburg 1913, S. 74–75. Über Zürich siehe R. Krautheimer, *Mitt. Syn.*, S. 88; über Bad Nauheim siehe R. Stahl, *Geschichte der Nauheimer Juden* (Bad Nauheimer Jahrbuch 8, Nr. 9/12), Bad Nauheim 1929, S. 13; über Plauen siehe W. Goldberg (Hrsg.), *Blätter der Erinnerung an die Weihe der Synagoge Plauen i/V*, Plauen 1930, S. 7; über Lincoln und Bury siehe V. D. Lipman, *The Jews of Medieval Norwich*, London 1967, S. 22–25 und Fn. 2–3, in denen Lipman gegen diese Identifizierungen angeht, gegen Helen Rosenau, »Note on the Relationship of Jews' Court and the Lincoln Synagogue«, in: *Archeological Journal*, XCIII (1936), I. Teil, S. 51–56, und in ihrer Dissertation, »The Architectural Development of the Synagogue«, London, Courtauld Institute, 1939, S. 58, in Übereinstimmung mit C. Roth, *Medieval Lincoln Jewry and its Synagogue*, London 1934.

39 Über Umwandlungen zu und von Synagogen siehe *Jewish Chronicle*, 1. Mai 1846, S. 131; J. F. van Agt, »Synagogues in the Netherlands«, in: *Studies on the History of Dutch Jewry*, III, (1981), S. 108 (Ich bedanke mich für die holländische Version des hebräischen Artikels bei Dr. van Agt); idem, »Nieuwe functies voor oude Synagogen«, *Plan*, VII, Nr. 10 (1976), S. 54–56; U. Kaploun, *The Synagogue*, Philadelphia 1973, S. 57; *Encyclopedia Judaica*, 1971, in: *Yearbook*, 1974, S. 288 über Burgas; L. Gostynski, *Les pierres racontent*, Paris 1973, S. 52–53 über Biecz; *AJYb*, 1968, S. 380; N. Chinitz und S. Nachman, *Slutzk and Vicinity Memorial Book*, New York und Tel Aviv 1962, S. XVII; I. Heller und Z. Vajda, *The Synagogues of Hungary*, New York 1968, S. 2; A. Diamant, *Materialien zum 40. Jahrestag der Synagogenzerstörung in Hessen*, Frankfurt am Main 1978, S. 18; H. Rutkowski, *Kazimierz Dolny: Krajobraz i Architektury*, Warschau 1965, Abb. 105; *New York Times*, 13. Febr. 1977, X, Teil 2, S. 1 u. 38; über Schlüchtern siehe Diamant, *Zerstörte Synagogen vom November 1938*, Frankfurt am Main 1978, S. 111; E. Krausz, *Leeds Jewry. Its History and Social Structure*, Cambridge 1964, S. 16; B. Postal und S. Abramson, *Traveler's Guide to Jewish Landmarks in Europe*, New York 1971, passim; Photographien in der YIVO, New York, und dem Leo Baeck Institute, New York (bes. von fränkischen Synagogen, von I. Schweirz aufgenommen).

40 Paris, Archives Nationales, F 19 11112–11115; die Städte Krautergersheim, Neuwiller, Niederbronn, Reichshoffen, Saare-Union (vor 1828), Saverne (vor 1833), Scherwiller, Schweinheim, Straßburg (vor 1812), Trimbach, Uhrwiller, Westhausen, Zellwiller. Über Lüttich: *Jewish Chronicle*, 14. Jan. 1859, S. 7.

41 J. R. Mintz, *Legends of the Hasidim*, Chicago und London 1968, S. 31 u. 48.

42 Im Juli-August 1982 in der Whitechapel Art Gallery in London ausgestellt.

43 Allgemeine Informationen über den Frauenbereich

und seine Auswirkung auf die Grundrisse siehe R. Krautheimer, *Mitt. Syn.*, S. 132–135.

44 R. Krautheimer, *Die Kirchen der Bettelorden in Deutschland*, Köln 1925.

45 H. Rosenau, »The Synagogue and Protestant Church Architecture«, in: *Journal of the Warburg and Courtault Institutes*, IV (1941), S. 83, abgedruckt in Gutmann, *Synagogue*, S. 309–316.

46 London: Cannon Street Road, Great Synagogue in der Commercial Road, Great Synagogue in der Philpot Street, Rouel Road, orthodoxe Synagoge in Stepney, Woolwich, alle aus C. Roth, *The Federation of Synagogues*, London 1937, S. 34. Die Gemeinde der Spitalfield Great Synagogue versammelte sich in einer ehemaligen Hugenottenkirche, die später von Methodisten benutzt wurde, die Gemeinde der West-Londoner (Reform-)Synagoge traf sich zuerst in einer ehemaligen Kapelle in der Bruton Street, die liberale Synagogengemeinde versammelte sich zuerst von 1911 bis 1928 in einer Kapelle in der Hill Street, und die Nord-Londoner progressive Gemeinde baute eine methodistische Kirche um. Siehe auch E. Jamilly, »Anglo-Jewish Architects and Architecture«, in: *Jewish Historical Society of England. Transactions*, XVIII, (1958), S. 127–141. Über Dublin, wo im Jahre 1835 eine presbyterianische Kirche zur Synagoge wurde und die Synagoge in der Hill Street eine römisch-katholische Kirche gewesen war, siehe C. Roth, *The Rise of Provincial Jewry*, London [1950], S. 70–71, und *AJYb*, 1963, S. 202. Die Synagoge in der Graham Street in Edinburgh hatte Protestanten gehört, siehe D. Daiches, *Two Worlds: An Edinburgh Jewish Childhood*, New York 1954, S. 14; Ilana Samuels, Cardiff, und Dow Marmur, London, wiesen mich freundlicherweise darauf hin, daß Synagogen in Cardiff auch Kapellen gewesen waren. Siehe auch H. Guttmann, »Zur Rechtslage der Synagoge im Mittelalter«, in: *Emlékkönyv néhai Dr. Kohn Sámuel* (Hrsg.), S. Hevesi, S. Löwinger u. a., Budapest 1941, S. 177–191.

47 Kirchen wurden auch auf dem europäischen Kontinent zu Synagogen:
Antwerpen, ehemals St. Salvator: *Encyclopedia Judaica*, 1971;
Bussum, ehemals Hersteld Apostolische Gemeente, 1931 von J. Baars umgebaut;
Capriata d'Orba: S. Foà, *Gli ebrei nel Monferrato*, Alessandria 1914, S. 124;
Coburg: *Encyclopedia Judaica*, 1971, s. u. Coburg;
Dijon, ehemals Kirche der Malteserritter, 1820 verkauft: Z. Szajkowski, »Synagogues during the French Revolution of 1789–1800«, in: *Jewish Social Studies*, XX, Nr. 4 (1958), S. 227;
Dordrecht, ehemals St.-Maria-Kloster: J. Zwarts, »Joodse gemeenten buiten Amsterdam«, in: H. Brugmans und A. Frank (Hrsg.), *Geschiedenis der Jooden in Nederland*, Bd. 1, Amsterdam 1940, S. 404;
Kronstadt: *Jewish Chronicle*, 11. Juli 1862, S. 5;
Naaldwijk: Gans, *Memorbook*, S. 450;
Orla: L. Dobroszycki und B. Kirshenblatt-Gimblett, *Image Before my Eyes*, New York 1977, S. 62;
Paris: ehemals Kapelle des Collège de Boissy, in der Rue Suger (sephardische Synagoge von 1770 bis 1826): E. Haymann, *Paris Judaica*, Paris 1977, S. 46;
Rouen: ehemals Ste.-Marie-la-Petite, während der Französischen Revolution verstaatlicht, 1792 an eine Privatperson verkauft, 1865 in eine Synagoge verwandelt: Szajkowski, »French Revolution«, S. 227;
St. Dié: Archives Nationales F 19 11122, s. u. St. Dié;
Straßburg: Ein während der Revolution verstaatlichtes Kloster wurde zum »Hospice de Brutus«, dann eine Reitschule und im Jahre 1833 zur Synagoge umgebaut: H. Haug, »De la première synagogue à la Synagogue de la Paix«, *La Synagogue de la Paix*, Straßburg 1958, S. 12–26, bes. S. 14;
Stettin: Die Freie Christliche Gemeinde bat im Jahre 1850, die Synagoge für ihre Versammlungen benutzen zu dürfen, da die Behörden sich weigerten, ihr den Stadtsaal zur Verfügung zu stellen; *Jewish Chronicle*, 5. April 1850;
Toulouse: Juden reichten eine Bittschrift ein, eine ehemalige Kirche benutzen zu dürfen: Szajkowski, »French Revolution«, S. 226;
Utrecht: Die Mennonitenkirche wurde gekauft und als Synagoge umgebaut, 1792. Gans, *Memorbook*, S. 492;
Verdun: Die während der Revolution verstaatlichte Kirche wurde im Jahre 1805 an die Juden verkauft: Szajkowski, »French Revolution«, S. 227;
Zwolle: Die ehemalige Dominikanerkapelle wurde im 19. Jh. umgewandelt (Information von J. J. van Agt).

48 S. B. Freehof, *Reform Jewish Practice and its Rabbinical Background*, New York 1963, S. 39–44. Siehe Bab. Talmud, Awoda Sara 43b. Man konnte eine Synagoge auch mit einem heidnischen Tempel verwechseln (Bab. Talmud, Sanhedrin 61b), und aus einer Synagoge in Tiberias wurde ein heidnischer Tempel: J. Baumgarten, »Art in the Synagogue: Some Talmudic Views«, in: R. Gordis und M. Davidowitz (Hrsg.), *Art in Judaism*, New York 1975, S. 37, Fn. 53, berichtigter Nachdruck in: J. Gutmann, *Synagogue*, S. 79–89.

49 Ein Bethaus der Quäker hat jedoch nicht die zentralen Punkte einer Synagoge (Heilige Lade und Almemor). Die Quäker vermeiden kunstvolle Dekorationen und sinnträchtige Stilformen, ihre Kirchen sind auch selten so groß wie die größten Synagogen, und sie erlauben Männern und Frauen, zusammenzusitzen.

50 Lateinischer Text: J. Parkes, *The Conflict of the Church and the Synagogue*, Cleveland 1961, S. 401. Siehe auch L. H. Stookey, »The Gothic Cathedral as the Heavenly Jerusalem. Liturgical and Theological Sources«, in: *Gesta*, VIII (1969), S. 35–41.

51 London: Threadneedle Street (1243) und Basinghall Street (etwa 1256): G. Richardson, *The English Jewry under Angevin Kings*, London 1960, S. 197, Fn. 1. Spanien: F. Baer, *Die Juden im christlichen Spanien*,

1. Teil: *Urkunden und Regesten*, 2. Bd.: *Kastilien/ Inquisitionsakten*, Berlin 1936, S. 234, Nr. 249 (Sevilla, 2. Aug. 1391); Striegau, Schweidnitz, Oels: A. Grotte, *Synagogenspuren in schlesischen Kirchen* (Schriften der Gesellschaft zur Förderung der Wissenschaft des Judentums, 41), Breslau 1937, S. 22, S. 26–35, und E. Hitzig, *Katalog der vom »Verein Jüdisches Museum Breslau« in den Räumen des Schlesischen Museums für Kunstgewerbe und Altertümer veranstalteten Ausstellung* ..., Breslau 1929, S. 13. Glogau: R. Krautheimer, Besprechung über A. Grotte, *Synagogenspuren*, in: *Jewish Social Studies*, I (1939), S. 482, darin einige Meinungsverschiedenheiten mit Grottes Vorstellungen über die oben erwähnten schlesischen Bauten. Brünn: M. Wiener, *Regesten*, 1. Bd., S. 247, Nr. 223. Köln: A. Kober, *Cologne*, Philadelphia 1940, S. 97. Wien: S. Krauss, »Wiener Synagogen in der Vergangenheit«, in: *Menorah*, IV, Nr. 1 (Januar 1926), S. 16. Aix-en-Provence: R. Berg, C. Chemouny und F. Didi, *Guide juif de France*, Paris o. D., S. 138. Paris und andere Orte: S. Grayzel, *The Church and the Jews in the XIIIth Century*, überarbeitete Aufl., New York 1966, S. 357–358. Neapel: A. Milano, *Storia degli ebrei in Italia*, Turin 1963, S. 443. Eger nach 1350: »Die Ruinen der ehemaligen Juden-Synagoge zu Eger«, in: *Mitteilungen der kaiserlichen königlichen Central-Commission zur Erforschung und Erhaltung der Baudenkmale*, I (1856), S. 89–90 (Hinweis von Evžen Lukeš). Eine Synagoge in Great Yarmouth wurde im Jahre 1892 ein Missionssaal, siehe V. D. Lipman, *A Social History of the Jews in England*, London 1954, S. 108. Nach dem Zweiten Weltkrieg wurden Synagogen in Eschwege und Reichenberg in Kirchen verwandelt (A. Diamant, *Zerstörte Synagogen*, alphabetische Liste der Städte), ebenso Synagogen in Plau (siehe H. Eschwege, *Die Synagogen in der deutschen Geschichte*, Dresden 1980, S. 173), Höchberg in Franken (Photographie von I. Schweirz, Leo Baeck Institute, New York), und Groningen (Gans, *Memorbook*, S. 480).

52 Freehof, *Reform Jewish Practice*, S. 33–35.

53 Beispiele in L. Ehrmann, »Synagogen«, in: *Die jüdischen Denkmäler in der Tschechoslowakei* (Hrsg. S. H. Lieben), Prag 1933, S. 1–9, Abb. 1–24; I. Schweirz' Photographien von fränkischen Synagogen, im Leo Baeck Institute, New York; P. Rieger, *Jüdische Gotteshäuser und Friedhöfe in Württemberg*, Augsburg 1932.

54 Ecole nationale des Beaux-Arts, *Les concours d'architecture de l'année scolaire*, X, 1918–1919, Abb. 3–18 (Synagogen). Vergleiche XI, 1919/20, Abb. 185–204 (»temples protestants«).

55 K. A. C. Creswell, *A Short Account of Early Muslim Architecture*, Harmondsworth 1958, S. 2 über Bilder in der Ka'ba, S. 7 über Kirchen, die als Moscheen benutzt wurden. Von der Großen Moschee von Damaskus wurde allgemein angenommen, daß sie eine Synagoge gewesen war; siehe M. Schreiner, »Les juifs dans al-Beruni«, in: *Revue des études juives*, XII (1886), S. 263.

56 F. Baer, *Die Juden im christlichen Spanien*, 1. Teil, Bd. 2, S. 50, Nr. 67. Zu bemerken ist, daß Frauen in Moscheen in Nebenräumen untergebracht waren, so wie jüdische Frauen in Synagogen einen getrennten Bereich hatten.

57 *Jewish Chronicle*, 11. Juli 1862, S. 5.

58 Freehof, *Reform Jewish Practice*, 2. Bd., S. 41.

59 Die Tatsache, daß die Juden in Highgate (London) keinen Einspruch gegen den Verkauf von Synagogenland für einen Hindutempel erhoben (*AJR Information* XXXII [Nov. 1977], S. 3), läßt vermuten, daß der derzeitigen Betrübnis über den Verkauf von Synagogeneigentum an Moslems eher die arabisch-israelischen Konflikte als religiöse Skrupel zugrunde liegen.

60 Sogar wenn Juden in einem bestimmten Gebiet eine Synagoge zum zentralen »minderen Heiligtum« ernannten, konnte es vorkommen, daß sie im Vergleich zu den kleinen örtlichen Beträumen schlecht besucht wurde. Eine Synagoge kann zu Ehren eines Gelehrten eingerichtet werden (Remo in Krakau-Kazimierz oder die kleine Synagoge, die zu Ehren von Nathan Spira, der im Jahre 1582 starb, dort errichtet wurde), oder sie kann nach einem Gelehrten benannt werden: Ba'al ha'Turim-Synagoge, Chios, die nach Jakob ben Ascher benannt wurde, der dort gebetet haben soll; P. P. Argenti, *The Religious Minorities of Chios: Jews and Roman Catholics*, Cambridge 1970, S. 198. Eine Synagoge kann auch nach einer Privatperson benannt werden (z. B. die Magnus Memorial Synagogue in Clatham bei Rochester). Im Judentum hat der Akt, sich an jemanden zu erinnern, nicht die gleichen Implikationen göttlicher Präsenz, wie das bei den *Kubbahs* (islamische Grabmäler) und den christlichen *Memoria* der Fall ist. Eine Synagoge muß nicht unbedingt jemandem gewidmet sein. Sie kann »die Große« (Hauptsynagoge einer bestimmten Gruppe, aber nicht unbedingt die größte in einer Stadt) oder »Chor«-Synagoge (worin die bei Reformgottesdiensten übliche Verwendung eines Chors zum Ausdruck kommt) genannt werden; sie kann nach der Stadt benannt werden, aus der diejenigen stammen, die sie gegründet haben, oder nach der Art des Handels, den die Gemeindeglieder treiben; sie kann Namen wie »Pforte zum Gebet«, »Heiliges Gesetz« oder »Haus Israel« bekommen.

61 Juden sitzen am Jahrestag der Zerstörung des Tempels auf dem Boden der Synagoge, aber dieser Tag der Trauer und die damit verbundenen Rituale sind etwas Besonderes.

62 Jer. Fassung, Berachot V, 1.

63 Jer. Fassung, Mischna Berachot V, 1.

64 Von W. und E. Muir übersetzt, New York 1933, S. 487.

Ritualeinrichtungen

1 Über Zeichnungen vom 13. bis zum Ende des 16. Jh. siehe T. M. Metzger, *Jewish Life in the Middle Ages*, New York 1982, S. 71–74. Über Hirsingue und andere Beispiele aus dem 19. Jh. siehe Zeichnungen im Leo Baeck Institute, New York, Archiv.
2 Stiche Albrecht Altdorfers von etwa 1519 zeigen den Almemor in der mittelalterlichen Regensburger Synagoge leicht von der Achse abweichend. Vielleicht war dies die Idee des Künstlers, um den Almemor verständlich zu machen.
3 Diese Spannung bei Synagogenentwürfen wurde zuerst und besonders sachverständig von R. Krautheimer, *Mitt. Syn.*, behandelt.
4 Hierin kam ihm Maimonides, *Mischne Thora*, Tefillah XI, 3 (etwa 1180 vollendet) zuvor; siehe auch Deuteronomium, 31. Kap., Vers 11, als eine mögliche Bibelquelle für diese Idee.
5 Die diagonale Anlage ist auch in der Alten Kloyz-Synagoge in Wilna zu sehen, aber diese wurde als Lehrhaus gebaut. Es gab sie auch in Rotterdam, 1725, und Celle, 1780. Der Almemor steht im Mittelpunkt einer Synagoge, die in einem Manuskript des 15. Jh. aus Mantua von Jakob ben Aschers *Arba'ah Turim* zu sehen ist: Vatikan Bibliothek, Kod. Rossi 555, in: Cecil Roth (Hrsg.), *Jewish Art*, New York 1961, Spalten 415–416, abgebildet.
6 A. Perlin, »The Liturgy and Liturgical Context Surrounding the Reading of the Torah: Shabbat Morning in the Ashkenazic Rite«, M. A. These, Hebrew Union College-Jewish Institute of Religion, New York 1982, S. 80.
7 Prager Altneuschul; Worms, vor dem 19. Jh.; Frankfurt am Main, nach 1711; Lańcut; Wolpa, usw. Die Pläne der Sitzordnung aus verschiedenen Zeiten sind für Worms, Bischofsheim im Elsaß, Casale Monferrato und Amsterdam erhalten geblieben.
8 A. Grotte, *Deutsche*, S. 13 gibt die prä-Reform-Almemore an, die im Osten aufgestellt waren. Die Anzahl der Gebete, die während der Überführung der Thorarollen von der Heiligen Lade zum Almemor gesprochen wurden, hing von der Entfernung zwischen diesen rituellen Ausstattungen ab: A. Perlin, »Reading the Torah«, S. 58. Vielleicht sagten diese Synagogengemeinden weniger Gebete als andere.
9 Cecil Roth macht den Unterschied anhand einer Anekdote in italienischer Spache deutlich, die von einem Antisemiten handelt, der sagt, er leihe Geld von einem Israeliten (eine respektvolle Bezeichnung), er schulde es einem Hebräer (eine neutrale Bezeichnung), und er habe es einem Juden zurückzuzahlen (eine Bezeichnung, die abwertend benutzt wird).
10 Sephardische Gebete werden vereint gesprochen, aber Autoren, die über die Wandlungen im aschkenasischen Gottesdienst geschrieben haben, schrieben diese Veränderungen den Bräuchen in Kirchen, nicht dem sephardischen Einfluß zu.
11 Bachi, S. 25–46. Unregelmäßiger Synagogenbesuch und ungenügende Beachtung der religiösen Bräuche waren Phänomene, die nicht nur im 19. Jh. auftraten, siehe T. Endelman, *The Jews of Georgian England, 1714–1830*, Philadelphia 1979, S. 132–134.
12 Ähnlich siehe A. Z. Idelsohn, *Jewish Liturgy and its Development*, New York 1932, S. 276.
13 Die Heilige Lade, die im Buch der Könige beschrieben wird, »ist die der priesterlichen und Deuteronomium-Schreiber«. J. Gutmann, »Deuteronomy: Religious Reformation or Iconoclastic Revolution?« in: J. Gutmann (Hrsg.), *The Image and the Word: Confrontations in Judaism, Christianity, and Islam*, Missoula 1977, S. 12.
14 K. Goldenberg, »Die Kultus- und Profanbauten der Juden. Erläutert anhand von Hamburg-Altona-Wandsbek«, Diss., Dresden, Technische Hochschule, etwa 1922, S. 41.
15 Paris, Rue Notre-Dame de Nazareth; Paris, Rue Pavée; Budapest, Dohány-Straße; Stockholm. In kleinen Synagogen: Ancona/Levantina; Ramsgate; Cheltenham.
16 Jüdische Enzyklopädien, s. u. Ewiges Licht oder *Ner Tamid*, in Hebräisch.
17 Bab. Talmud, Schabbat 22b.
18 *Midrasch Rabba*, Exodus 36,1, H. Freedman und M. Simon, London 1961, S. 438.
19 *Idem*, Exodus 36,2, S. 438; Exodus 36,3, S. 439; Leviticus 31,4, S. 397.
20 S. Klass, *Responsa of Modern Judaism*, New York 1966, Bd. 2, S. 297–298; Grotte, *Deutsche*; und A. Breier, M. Eisler und M. Grünwald (Hrsg.), *Holzsynagogen in Polen*, Baden bei Wien 1934.
21 Jüdische Enzyklopädien, s. u. Kanzel.
22 Äußerst kunstvoll gearbeitete sind in Casale Monferrato und Florenz zu finden.
23 Die Einrichtung von Orgeln wurde von orthodoxen Rabbinern scharf kritisiert, denn sie meinten, man imitiere damit christliche Bräuche. Sie zogen die traditionelle, unregelmäßige und persönliche Weise vor, die Gebete zu singen. Gegen 1886 besaßen jedoch zumindest 65 Synagogen Orgeln, später waren sie auch in vielen anderen zu finden. Die Liste der 65 Synagogen ist in *Magyar Zsidó Szemle* III (1886), S. 506–507 zu finden.
24 Bab. Talmud, Sukkah 51b; M. Middot II,5; in Zacharias Kap. 12, Vers 12 ist zu lesen, daß Frauen getrennt trauerten.
25 Zum Frauenbereich siehe R. Krautheimer, *Mitt. Syn.*, S. 132–135. Der Talmud, Jer. Fassung, Berachot III,3 sagt, daß Frauen die Lesung der Thora hören und den Gebeten folgen müssen; Bab. Talmud, Megillah 23a sagt, daß Frauen das Recht haben, aus der Thora zu lesen, aber »die Weisen sagten, daß eine Frau aus Respekt vor der Gemeinde nicht aus der Thora lesen« solle.
26 Sprüche Salomos 1,8; 6,20; über die Verbindung dieser Verse mit der Tendenz, die Lehren der Eltern aufzugeben, siehe B. Litvin, *The Sanctity of the Synagogue*, New York 1959, S. 146.

27 Bab. Talmud, Berachot 16a, über die Wirkung von Synagogen. B. Litvin, *The Sanctity of the Synagogue*, New York 1959, S. 130–135, 164–165, 218 über verwerfliche Gedanken.

28 B. Litvin, *The Sanctity of the Synagogue*, S. 134.

29 Bab. Talmud, Megillah 23a. Siehe auch Perlin, »Reading the Torah«, S. 110–111. Nur liberale Seminare weihen Frauen zu Rabbinern. Die erste Frau, welche die theologische Akademie in Berlin absolvierte, wurde nach Theresienstadt gebracht, wo der Oberrabbiner Unger ihr nicht erlauben wollte, Gottesdienste zu leiten. Vor ihrem Tod wurde ihr gestattet, anderen Gefangenen Beistand zu leisten und zu unterrichten, siehe R. Feder, »Religious Life in Terezín«, in: *Terezín*, Prag 1965, S. 52. In Florenz benutzten Frauen während der Renaissance hebräische Buchstaben, aber italienische Wörter: U. Cassuto, *Gli ebrei a Firenze nell'età del rinascimento* (Pubblicazioni del R. Instituto di Studi Superiori, Practici e di Perfezionamento in Firenze. Sezione de Filosofia e Filologia), Florenz 1918, S. 217.

30 B. Litvin, *The Sanctity of the Synagogue*, S. 258–259.

31 Eine Ausnahme scheint jedoch die Pinkas-Synagoge in Prag gewesen zu sein, wo den Frauen wohl mehr Sitze zugeteilt worden sind: H. Volavková, *The Pinkas Synagogue*, Prag 1955, S. 78. Vielleicht ist der Raum, der später für Sitzplätze für Frauen benutzt worden ist, ursprünglich für andere Zwecke gebaut worden.

32 C. Roth, *The Great Synagogue, London, 1690–1940*, London 1950, S. 74.

33 J. J. Schudt, *Jüdische Merckwürdigkeiten*, Frankfurt am Main 1715, 6. Buch, Kap. 32, Paragr. 6, S. 220–221; Grotte, *Deutsche*, S. 21; W. P. Eckert, »Aus den Akten des Trienter Judenprozesses«, in: *Miscellanea Medievalia. Veröffentlichungen des Thomas-Instituts an der Universität Köln, IV: Judentum im Mittelalter. Beiträge zum christlich-jüdischen Gespräch*, Berlin 1961, S. 319.

34 Der Frauenbereich unter dem Betsaal der Männer ist in Städten des Comtat Venaissin und dem nahe gelegenen Avignon zu finden. Siehe T. Platter Jr., *Beschreibung der Reisen durch Frankreich, Spanien, England und die Niederlande, 1595–1600*, Basel und Stuttgart [1968], S. 128. Über Frauen, die im Weinkeller des Synagogendieners saßen, siehe B. Litvin, *The Sanctity of the Synagogue*, S. 146. Siehe auch R. Wischnitzer, *Architecture*, S. 71–72 u. 284, Fn. 37.

35 War eine Synagoge in einem engen Gebäude untergebracht, so konnte der Anbau für den Frauenbereich eher über der Heiligen Lade oder über dem Eingang liegen als an den Längsseiten. Wurde die Heilige Lade versetzt, wie das in Casale Monferrato der Fall war, so konnten sich die vorher existierenden Anbauten an der Mauer mit der Heiligen Lade befinden.

36 Fürth, dem Umbau von 1692 gemäß; Frankfurt am Main nach 1711.

37 I. Zangwill, *Children of the Ghetto*, Philadelphia 1892, Bd. 2, S. 317.

38 Die ovale Empore der venezianischen Synagogen wurde vielleicht anderswo nicht angebracht, weil man vermeiden wollte, die Empore über der Heiligen Lade zu haben; wie in Triest.

39 Chassidische und ultraorthodoxe Synagogen haben Abschirmungen oder Gitter, möglichst 1,50 m oder höher; weniger strenggläubige Synagogengemeinden bringen niedrigere Trennvorrichtungen an; siehe S. Rubenstein, *The Synagogue. An Illustrated Analysis of the Aspects of the Synagogue*, New York 1972/73, S. 6.

40 A. Rosengarten, der jüdische Architekt, der bei dem Entwurf der Kasseler Synagoge (etwa 1840) mitgearbeitet hat, sagte, daß die Synagogengemeinde keine Gitter verlangte, um die Frauen dahinter zu verstekken, auch wenn dies vorher üblich gewesen wäre; siehe R. Hallo, *Kasseler Synagogengeschichte (= Die Geschichte der Judengemeinde Kassel)*, Kassel 1932, S. 62. Über die Synagoge in der Prinzregentenstraße siehe S. Baron, *A Social and Religious History of the Jews*, Bd. 3, New York 1937, S. 149, Fn. 25. Männer und Frauen sitzen heute in der Neolog-Synagoge (gemäßigt reformistisch) in der Dohány-Straße in Budapest zusammen. Vielleicht besteht die Synagogengemeinde nicht so sehr auf Beachtung der Vorschriften, oder es ist ihr unmöglich, eine so große Synagoge, die zu einer Touristenattraktion geworden ist, zu überwachen.

41 I. Levy, *The Synagogue*, London 1963, S. 39, zitiert Juda Loeb, *Kitve Maharil*, Jerusalem 1960, S. 189.

42 Przysucha: L. Dobroszycki und B. Kirshenblatt-Gimblett, *Image before my Eyes*, New York 1977, S. 61. Lemberg: M. Balaban, *Zydzi Lwowscy na przelomie XVI-go wieku*, Lemberg 1906, Abb. 24, 54, und A. Grotte, *Deutsche*, S. 17. Über Prag: S. Baron, *Social and Religious History ...*, Bd. 2, 1937, S. 93.

Die europäische Synagoge von der Antike bis zur Neuzeit

1 R. Krautheimer, *Mitt. Syn.*, S. 54; A. Seager, »Ancient Synagogue Architecture: An Overview«, in: J. Gutmann (Hrsg.), *Ancient Synagogues: The State of Research*, Chico/Kalif. 1981, S. 39 ff.; F.-G. Hüttenmeister, »Synagogues et écoles en Palestine, Ier–VIIer siècles« in: B. Blumenkranz (Hrsg.), *Art et archéologie des juifs en France médiévale*, Toulouse 1980, S. 143–156. Die Funktion von Emporen und Apsiden wurde vielleicht nicht genau bestimmt, bis die Religion selbst durch die Kompilation des Talmuds klarer definiert worden war; siehe R. Krautheimer, *Mitt. Syn.*, S. 55.

2 J. Gutmann (Hrsg.), *Ancient Synagogues*; F.-G. Hüttenmeister und G. Reeg, »Die antiken Synagogen in Israel«, in: *Beiheft zum Tübinger Atlas des Vorderen Orients*, 12/1, Wiesbaden 1977; G. Foer-

ster, »A Survey of Ancient Diaspora Synagogues«, in: L. I. Levine (Hrsg.), *Ancient Synagogues Revealed*, Jerusalem 1981, S. 164–171. Wenn das Gebäude in Aegina eine Synagoge gewesen ist, so wurde die Apsis vielleicht für Sitzplätze für die Gemeindeältesten benutzt. Das war vielleicht in Sardis der Fall, wo die Heilige Lade nicht in der Apsis stand; siehe A. Seager, »The Synagogue at Sardis«, in: L. I. Levine, *Ancient Synagogues Revealed*, S. 178–184. Über Stobi siehe auch J. Wiseman, »Stobi in Yugoslavian Macedonia. Archeological Excavations and Research 1977–1978«, in: *Journal of Field Archaeology*, V, Nr. 4 (1978), S. 391–429; J. Wiseman mit D. Mano-Zissi, »Excavations in Stobi«, in: *American Journal of Archaeology*, LXXV (1971), S. 395–411; LXXVI (1972), S. 407–424; LXXVII (1973), S. 391–403; D. Moe, »The Cross and the Menorah«, in: *Archaeology*, XXX (1977), S. 148–157; G. Foerster, »A Survey of Ancient Diaspora Synagogues«, in: *Ancient Synagogues Revealed*, Hrsg. L. I. Levine, Jerusalem 1981, S. 161–170. Über das Vorhandensein einer Synagoge in Solin in der Nähe von Split in Dalmatien siehe Y. Eventov, *A History of Yugoslav Jews*, Bd. 1, Tel Aviv 1971. Dr. Elena Lattanzi hat wissenschaftliche Beiträge über die kürzlich entdeckte Synagoge in Bova Marina verfaßt.

3 *Encyclopedia Judaica*, 1971, s. u. Kunst; L. A. Mayer (Hrsg.), *Bibliography of Jewish Art*, Jerusalem 1967; C. Roth (Hrsg.), *Jewish Art*, London 1961; R. Gordis und M. Davidowitz (Hrsg.), *Art in Judaism*, New York 1975; J. Gutmann, »Prolegomenon« und »The Second Commandment and the Image in Judaism«, in: idem (Hrsg.), *No Graven Images: Studies in Art and the Hebrew Bible*, New York 1971, S. XI–LXIII, 1–14.

4 J. Gutmann, »Deuteronomy: Religious Reformation or Iconoclastic Revolution?« in: idem (Hrsg.), *The Image and the Word: Confrontations in Judaism, Christianity and Islam*, Missoula 1977, S. 5–25; I. Z. Kahana, »Synagogue Art in Halakhic Literature«, in: *Bet ha'knesset*, M. Hacohen (Hrsg.), Jerusalem 1955, S. 255–308 (hebräisch); D. Kaufmann, »Zur Geschichte der Kunst in den Synagogen«, in: *Gesammelte Schriften*, M. Brann (Hrsg.), Frankfurt am Main 1908, S. 87–103; S. Klass, *Responsa of Modern Judaism*, Brooklyn (New York) 1966, Bd. 2, S. 298–300.

5 Im Talmud steht ebenfalls nichts über Abbildungen, Besonderheiten des Entwurfs für die Heilige Lade und den Almemor und darüber, wie Frauen untergebracht werden sollen. Über posttalmudische Vorschriften siehe C. Touati, »La synagogue dans la littérature rabbinique«, in: B. Blumenkranz (Hrsg.), *Art et archéologie*, S. 133–135.

6 Diesbezügliche Gesetzeserlasse befinden sich im Kodex von Theodosios: Liber I, Titulus 9, Art. 14; Liber IX, Titulus 45, Art. 2; Liber XVI, Titulus 8, Art. 9, 12, 20–22, 25–27; Novella 3, Paragr. 3 (Codex Justinianus Liber I, Titulus 9, Art. 18). Briefe Gregors des Großen, J. P. Migne (Hrsg.), *Patrologia (Latina)*, Paris 1896, Bd. 77 (Liber I, Ep. XXXV), Spalte 489; (Liber I, Ep. XLVII) Spalten 509–511; (Liber IX, Ep. VI), Spalten 944–945.

7 P. P. Argenti, *The Religious Minorities of Chios: Jews and Roman Catholics*, Cambridge 1970, bes. S. 43–45; J. Juster, *Les juifs dans l'empire romain. Leur condition juridique, économique et sociale*, Paris 1914, Bd. 1, bes. S. 456–472; J. Parkes, *The Conflict of the Church and the Synagogue*, Cleveland 1961, bes. S. 379–391; E. Synan, *The Popes and the Jews in the Middle Ages*, New York 1965.

8 J. Juster, *Les juifs ...*, Bd. 1, S. 456 ff.

9 Codex Justinianus, Liber I, Titulus 5, Art. 17; Novella 37 aus dem Jahre 535; Ecloga, App. 4, 13; siehe J. Juster, *Les juifs ...*, S. 473 (Fn. 9 zu S. 472).

10 Clermont-Ferrand: Aronius, *Regesten*, S. 14, Nr. 38; Orléans: *ibidem*, S. 18, Nr. 48; Syrakus: *ibidem*, S. 310, Fn. 68.

11 Siehe oben, Fn. 7, über das Vermeiden erzwungener Taufe siehe J. P. Migne (Hrsg.), *Patrologia (Latina)*, Bd. 77 (Liber I, Ep. XLVII), Spalten 509–511.

12 *Ibidem* (Liber II, Ep. VI), Spalte 457. Dies wurde als Präzedenzfall für das Entfernen einer Synagoge in London im Jahre 1272 angeführt, siehe H. G. Richardson, *The English Jewry under Angevin Kings*, London 1960, S. 195. Über Troyes: G. Caro, *Sozial- und Wirtschaftsgeschichte der Juden im Mittelalter und der Neuzeit*, Frankfurt am Main 1924, Bd. 2, S. 107; über Sens: S. Grayzel, *The Church and the Jews in the XIIIth Century*, Philadelphia 1933, Dok. Nr. 14, S. 106; über Segovia: O. d'Araujo, »La grande synagogue de Ségovie«, in: *Revue des études juives*, XXXIX (1912), S. 209–216; über London, 1765: C. Roth, *The Great Synagogue, 1690–1940*, London 1950, S. 137; über Thionville (Diedenhofen) 1806: A. Kohn, »Zur Geschichte der Juden in Diedenhofen«, in: *Festschrift zur Einweihung der neuen Synagoge in Diedenhofen, 19. September 1913*, Diedenhofen 1913, S. 34. Im 20. Jh. dienten laute Gebete als Vorwand, Synagogen in Znamenka und Lublin zu entfernen (*AJYb*, 1913–1914 [1913] S. 328). Wenn sie wirklich zu nahe an Kirchen gebaut worden waren, so hätte das damalige Gesetz eine solche Bauweise schon vorher verhindern müssen.

13 Siehe auch Aronius, *Regesten*; B. Blumenkranz, *Juifs et chrétiens dans le monde occidental 430–1096*, Paris 1960 (Ecole pratique des Hautes-Etudes, Sorbonne. Sixième section: Sciences économiques et sociales. Etudes juives), bes. S. 294 ff.; H. Guttmann, »Zur Rechtslage der Synagoge im Mittelalter«, in: *Emlékkönyv néhai Dr. Kohn Sámuel*, S. Hevesi und L. Löwinger (Hrsg.), Budapest 1941, S. 177–191, bes. S. 189–191; S. Katz, *The Jews of the Visigothic and Frankish Kingdoms of Spain and Gaul*, Cambridge/Mass. 1937; G. Kisch, *The Jews in Medieval Germany: A Study of their Legal and Social Status*, Chicago 1949, bes. S. 294–295.

14 H. Wilson, *The Gelesian Sacramentary*, Oxford

1894, S. 141. Ein Sakramentarium ist eines der frühesten Meßbücher der römisch-katholischen Kirche und enthält die Meßteile für den Zelebranten sowie Gebete, die bei Taufen, Priesterweihen und Kirchweihen verwendet wurden. Fälschlicherweise ist der Name des Papstes Gelasius (Pontifikat 492–496) mit dieser Fassung des Sakramentariums verbunden worden.

15 16. Konzil von Toledo, 633, von Blumenkranz in: *Juifs et chrétiens*, S. 313 zitiert.

16 Zu den einschlägigen Quellen gehören: F. Baer, *Die Juden im christlichen Spanien*, Berlin 1936; S. Baron, *A Social and Religious History of the Jews*, New York 1952; M. Behrson, *Dyplomataryusz dotyczacy Zydów w dawnej Polsce, 1388–1782*, Warschau 1910; P. Bloch, *Die Generalprivilegien der polnischen Judenschaft*, Posen 1892; G. Caro, *Sozial- und Wirtschaftsgeschichte*; V. Colorni, *Gli ebrei nel sistema del diritto comune fino alla prima emancipazione*, Mailand 1956; H. Fischer, *Die verfassungsrechtliche Stellung der Juden in den deutschen Städten während des dreizehnten Jahrhunderts*, Breslau 1931; S. Grayzel, *The Church and the Jews*; S. Krauss, »The Christian Legislation on the Synagogue«, in: *Ignace Goldziher Memorial Volume*, Teil II, Jerusalem 1958, S. 14–42; M. Stern, *Urkündliche Beiträge über die Stellung der Päpste zu den Juden*, Kiel 1893; S. Stern, *Der preußische Staat und die Juden*, 3. Teil: *Die Zeit Friedrichs des Großen*, New York 1949 (Schriftenreihe wissenschaftlicher Abhandlungen des Leo-Baeck-Instituts, 24), Tübingen 1971; O. Stobbe, *Die Juden in Deutschland während des Mittelalters in politischer, sozialer und rechtlicher Beziehung*, 3. Aufl., Braunschweig 1923.

17 Z. B. Provinz-Synode der Erzdiözese Gnesen, 1267: Aronius, *Regesten*, S. 301–303, Nr. 724, das Statut der Juden in: *Statutes of the Realm* (England), Bd. 1, S. 221, 221a; über Österreich: Herzog Friedrich von Österreich, 1244, in: O. Stobbe, *Die Juden in Deutschland*, S. 267.

18 P. Bloch, *Die Generalprivilegien*; A. Grotte, *Deutsche*, S. 66–67, über Ausweisungen und neue Ansiedlungen in Böhmen.

19 J. Zwarts, »Joodse gemeenten buiten Amsterdam«, in: H. Brugmans und A. Frank (Hrsg.), *Geschiedenis der Jooden in Nederland*, Bd. 1, Amsterdam 1940, S. 450. Juden lebten in Fürth bei Nürnberg, in Altona bei Hamburg, in Maarssen bei Utrecht, in Alt-Ofen bei Buda und Pest, in Praga bei Warschau usw.; Juden wohnten auch in Prztyk und arbeiteten in Radom oder in Rozprza und arbeiteten in Piotrkow: Piechotka, S. 16.

20 Im Jahre 1290 aus England vertrieben, im Jahre 1492 aus Spanien und 1496 aus Portugal. Pius V. versuchte, sie von fast allen Städten des Kirchenstaats mit seiner Bulle *Hebraeorum gens sola*, die am 26. Februar 1569 erlassen wurde, zu vertreiben. Über Frankreich siehe G. Caro, *Sozial- und Wirtschaftsgeschichte*, Bd. 1, S. 358. Die Güter der Juden wurden in Mainz 1096 konfisziert, in Speyer 1195 und in Frankfurt am Main 1241, siehe Aronius, *Regesten*, S. 88, Nr. 186, S. 151–152, Nr. 337, S. 226–227, Nr. 529. Synagogen, die als Geschenke vergeben wurden, z. B. Basel, 1401, siehe M. Wiener, *Regesten zur Geschichte der Juden in Deutschland während des Mittelalters*, Hannover 1862, S. 55, Nr. 17; Erfurt und Halle 1467, *ibidem*, S. 90, Nr. 78; London: Threadneedle Street, Basinghall Street vor 1256, siehe Richardson, *English Jewry*, S. 197; Brünn 1454 (wo ein Teil der Synagoge zum Schlachthaus wurde), Wiener, *Regesten*, S. 247, Nr. 223. Die Görlitzer Juden mußten dauernd aus der Stadt aus- und wieder einziehen, siehe A. Levy, *Geschichte der Juden in Sachsen*, Berlin 1900, S. 28–29.

21 Wohnplätze: Frankfurt am Main (M. Stern, *Urkundliche Beiträge*, S. 64–65, Nr. 59), Köln (Aronius, *Regesten*, S. 127, Nr. 296) und Trier (*ibidem*, S. 209–210, Nr. 475).

22 Speyer, 1084: *Encyclopedia Judaica*, 1971, s. u. Jüdische Viertel; Turin: Juden bedauerten, daß es kein Ghetto mehr gab: *Jewish Chronicle*, 11. Mai 1860, S. 2; Verona: Juden waren erfreut, daß ein Ghetto eingerichtet wurde, weil das ihre Sicherheit vergrößerte und Assimilation vermied: N. Pavoncello, *Gli ebrei in Verona dalle origini al secolo* XX, Verona 1960, S. 31. Sephardische Juden in Venedig zogen in die Nähe des vorhandenen Ghettos, bevor sie gezwungen wurden, in einem Ghetto eingesperrt zu leben.

23 Über Wörlitz siehe Abb. 8, 9 und H. Eschwege, *Die Synagoge*, S. 90–91, und R. Wischnitzer, *Architecture*, S. 160; Rheda: W. Weinberg, *Tale of a Torah Scroll*, Cincinnati 1976, S. 2. Ich bin Prof. Werner Weinberg für einen hilfreichen Brief und ein Exemplar seines Buches dankbar. Lequeu: H. Rosenau, »Architecture and the French Revolution: Jean Jacques Lequeu«, in: *Architectural Review*, CVI (Aug. 1949), S. 111–116; idem, »German Synagogues in the Early Period of Emancipation«, in: *Publications of the Leo Baeck Institute. Yearbook*, VIII (1963), S. 214–225; auch Ofen, Lańcut, Lublin, Bendin, Casale Monferrato, Cífer, Riga, Ostrog, Prag, Breslau. Über die Provence im allgemeinen siehe D. Iancu-Agou, »Topographie des quartiers juifs en Provence médiévale«, in: *Revue des études juives*, CXXXIII, Nr. 1–2 (1974), S. 11–156.

24 Aus Dresden und Meißen ausgewiesen: A. Levy, »Notes sur l'histoire des juifs de Saxe«, in: *Revue des études juives*, XXV (1892), S. 223–226; aus Köln: A. Kober, *Cologne*, Philadelphia 1940, S. 97; aus Schweidnitz: A. Grotte, *Synagogenspuren in schlesischen Kirchen*, Breslau 1937, S. 29–30 (Schriften der Gesellschaft zur Förderung der Wissenschaft des Judentums, 41); aus Nürnberg: siehe jüdische Enzyklopädien unter dem betreffenden Ort. Londoner Juden ließen sich im östlichen Teil der Stadt nieder, außerhalb der Stadtgrenzen, denn die Stadtobrigkeit erlaubte nur »Freien«, Einzelhandel zu betreiben, und

Juden konnten keine Freien sein; C. Roth, *Great Synagogue*, S. 153.

25 Lieben: B. Nosek, »Die jüdische Gemeinde in Lieben im 16. bis 19. Jahrhundert«, in: *Judaica Bohemiae*, XVI, Nr. 2 (1980), S. 103–118.

26 Apostelgeschichte, Kap. 16, Vers 13.

27 R. Wischnitzer, »Starinnaja synagoga we Lutsk«, in: *Nowy Woschod*, 1913, Nr. 1, Spalten 48–52; M. Bersohn, *Dyplomataryusz*, S. 128–129.

28 H. S. N., »The Jews of Spain in the Nineteenth Century«, in: *Jewish Chronicle*, 28. April 1848, S. 515–516; 5. Mai 1848, S. 523–524; 12. Mai 1848, S. 531–532; 26. Mai 1848, S. 547–548.

29 In einigen Teilen Deutschlands durften die Juden (um 1500) Land besitzen, aber sie konnten nicht an einem anderen Ort Landbesitzer sein: G. Kisch, *Jewry Law in Medieval Germany*, New York 1949, S. 110. Die Päpste schützten die Rechte der Juden auf Landbesitz in einem großen Teil Italiens nördlich von Rom: M. Stern, *Urkündliche Beiträge*, S. 38 ff., Nr. 31, S. 54, Nr. 49. Die Bulle *Cum nimis absurdum*, die für die päpstlichen Länder (1555) maßgebend war, besagte: »nec ... bona immobilia possedere possint«. Die Erlaubnis, Land zu besitzen, war je nach Ort und Epoche verschieden.

30 Kapazität an Sitzplätzen und Einschränkung der jüdischen Bevölkerung in Preußen: H. Sachar, *The Course of Modern Jewish History*, Cleveland und New York 1958, S. 36 über Hamburg im Jahre 1710. In Rom unter Julius II. im Jahre 1504 und Clemens VII. im Jahre 1524 sowie in Sachsen im Jahre 1711 war es Juden erlaubt, ihre Gebete zu verrichten, aber nur mit leiser Stimme und in Privathäusern: M. Stern, *Urkündliche Beiträge*, S. 68 ff., Nr. 68, Nr. 69; A. Levy, *Geschichte*, S. 55. Italienische Juden in Nijkerk durften im Jahre 1728 eine Synagoge haben unter der Voraussetzung, daß diese von außen wie ein Haus aussah; J. Zwarts, »Joodse gemeenten buiten Amsterdam«, S. 435.

31 A. Müller, *Geschichte der Juden in Nürnberg, 1146–1945*, Nürnberg 1968, S. 20. Beiträge zur Geschichte und Kultur der Stadt Nürnberg, 12.

32 C. Roth, »Jewish Art and Artists before Emancipation«, in: C. Roth (Hrsg.), *Jewish Art*, S. 511. M. Lowenthal, *A World passed by*, New York 1933, S. 185, sagt, daß Joseph »der Aufseher und Meister der Arbeit« genannt wurde. Der Unterschied ist vielleicht von Bedeutung, da »Amtsträger« vielleicht eher den Leiter eines Baukomitees für ein profanes Gebäude meinte als einen Baumeister.

33 F. Cantera y Burgos, »España medieval: Arqueología«, in: *The Sephardi Heritage* (Hrsg.), R. D. Barnett, New York 1971, S. 29–68. Es ist nicht eindeutig, woher wir wissen, daß Gali ein Jude war und nicht vielleicht ein damals zum Christentum Konvertierter. Er baute bald danach zusammen mit christlichen und mohammedanischen Architekten das *cimborio* des Seo de Zaragoza, behauptet Cantera y Burgos.

34 M. Wischnitzer, *A History of Jewish Crafts and Guilds*, New York 1965, S. 211. In Dokumenten wird auch auf sizilianische Bauhandwerker hingewiesen, und in Palermo gab es in den vierziger Jahren des 15. Jh. eine jüdische Zimmermannszunft, einem jüdischen Reisenden und Schriftsteller, Obadiah de Bertinoro, zufolge; siehe M. Wischnitzer, »Notes to a History of the Jewish Guilds«, in: J. Gutman (Hrsg.), *Beauty in Holiness: Studies in Jewish Customs and Ceremonial Art*, New York 1970, S. 25.

35 R. Krautheimer, *Mitt. Syn.*, Fn. 142; A. Wolf, »Etwas über jüdische Kunst und ältere jüdische Künstler«, in: *Mitteilungen der Gesellschaft für jüdische Volkskunde*, V, Nr. 1, Heft 9 (1902), S. 45, S. 48 f.

36 V. Benda, *The State Jewish Museum in Prague*, Prag o. D., S. 19. Diese Information, von Judas' Grabstein, ist ins Englische übersetzt in: R. Wischnitzer, *Architecture*, S. 78.

37 Gnesen: A. Warschauer, *Geschichte der Stadt Gnesen*, Posen 1918, S. 131 ff.; Ungarn: I. Heller und Z. Vajda, *The Synagogues of Hungary. An Album*, New York 1968, S. 18; Zimmerleute: M. Wischnitzer, *A History*, S. 175; Ziegeleien, Bauunternehmer: *ibidem*, S. 178–179; Polen: Z. Zajczyk, »Architektura barokowych boznic murowanych w Polsce«, in: Builetyn Naukowy (Builetyn Historii Sztuki), I, Nr. 4 (1933); Piechotka, bes. S. 34. Jüdische Handwerker mit Namen Moses ben David, David Fels und Joseph Tudesco arbeiteten an der Synagoge in der Londoner Church Lane (17. Jh.), entwarfen aber keine Bauten, siehe C. Roth, *Great Synagogue*, S. 2–3.

38 Traditionellerweise wird Simcha ben Solomon Weiss aus Lutsk als der Baumeister der Synagoge in Nasielsk aus dem 18. Jh. betrachtet, obwohl er vielleicht nur der Maler und Dekorateur gewesen ist, siehe M. Bersohn, »Einiges über die alten Holzsynagogen in Polen«, in: *Mitteilungen der Gesellschaft für jüdische Volkskunde*, VII, Nr. 2, Heft 14 [1904], S. 12. Jüdische Maler verschönerten die Synagogen mit Volkskunst, aber es gibt keinen Beweis dafür, daß sie Gebäude entwarfen oder bauten (Zajczyk, »Architektura barokowych«, S. 195). Ezekiel ben Moses aus Sokal muß nicht unbedingt der Baumeister der gemauerten Synagoge in Lukow, ehemals Maciejow, gewesen sein (1781, Jahr der Vollendung der Dekoration. Werk von Ezekiel, Sohn des Moses aus Sokal«, zitiert in: M. Wischnitzer, *A History ...*, S. 231). Jüdische Goldschmiede stellten christliche Meßgeräte her, aber es ist wohl kaum anzunehmen, daß sie vor der Gleichberechtigung an einem Bau gearbeitet haben (Wolf, »Etwas über jüdische Kunst ...«, in: *Mitteilungen*, V, Nr. 1, Heft 9, 1902, S. 43–44), denn sie hätten mit Christen arbeiten müssen, die außerdem Mitglieder von exklusiven Bauzünften waren (M. Bersohn, »Einiges über die alten Holzsynagogen in Polen«, in: *Mitteilungen der Gesellschaft für jüdische Volkskunde*, IV, Nr. 2, Heft 8, 1901, S. 169). Nach der Gleichberechtigung im späten 19. Jh. ent-

warf Ludwig Levy eine protestantische Kirche, und Giacomo Levi erhielt den Auftrag aufgrund eines Wettbewerbs, die Kathedrale in Mondoví im Jahre 1859 auszumalen (*Jewish Chronicle*, 11. Febr. 1859). Siehe auch *AZJ*, 1860, S. 168 über jüdisch-christliche Zusammenarbeit an Kirchen und Synagogen in Düdelsheim in Hessen in den fünfziger und sechziger Jahren des 19. Jh., und Wolf in: *Mitteilungen*, Neue Reihe I, Heft 1 (VIII, Heft 15, 1905), S. 44.

39 Zajczyk, »Architektura barokowych«; in der zweiten Hälfte des 18. Jh. baute Hillel Benjamin aus Lask in der Nähe von Lodz die Holzsynagoge in Lutomiersk und die Holzsynagoge in Zolochev, siehe M. Bersohn, in: *Mitteilungen*, IV, Nr. 2, Heft 8 (1901), S. 182–183. S. Goldberg verband Hillels Namen mit der Synagoge von Kurnik in: »Die Holzsynagoge zu Kurnik«, in: *Mitteilungen zur jüdischen Volkskunde*, III, Heft 1 (X, Heft 21, 1907), S. 67–69.

40 A. Balletti, *Gli ebrei e gli estensi*, Reggio Emilia 1930, S. 95.

41 R. Krautheimer, *Mitt. Syn.*, S. 194, gibt die deutsche Übersetzung der hebräischen Inschrift mit »David, Sohn des R. Israel, die Steine der Pforten erworben hat« wieder. Bedeutet dies möglicherweise, daß David die Synagoge als Eigentum geerbt hat?

42 G. Lukomski, *Jewish Art in European Synagogues*, New York 1947, S. 46.

43 Man glaubt, daß Matteo Gucci die Alte Synagoge in Krakau-Kazimierz gegen 1570 umgebaut hat. Paolo Romano soll die Isaak-Nachmanowitz-Synagoge in Lemberg 1582 entworfen haben. Francesco Olivieri war wahrscheinlich für die Isaak-Jakobowitz-Synagoge in Krakau-Kazimierz, 1638–1644, verantwortlich. Peter Ronka aus Posen baute Mitte des 16. Jh. die Synagoge von Brest in Weißrußland (siehe Piechotka, passim). Sicherlich brauchte ein Architekt, der für den Herrn des jeweiligen Ortes arbeitete, nicht für die Juden zu arbeiten, die dem Herrn unterstanden, aber Historiker nehmen an, daß sie es taten.

44 L. Ehrmann, »Synagogen«, in: *Die jüdischen Denkmäler in der Tschekoslowakei*, S. H. Lieben (Hrsg.), Prag 1933, S. 7. A. Grotte, »Historische Baudokumente jüdischer Wanderung in Böhmen und Mähren«, in: *Jahrbuch der Gesellschaft für die Geschichte der Juden in der Tschechoslowakischen Republik*, VII (1935), S. 399–409.

45 Die Bulle, durch die das Ghetto eingerichtet wurde, war *Cum nimis absurdum*, erlassen am 14. Juli 1555.

46 Das beste Beispiel hierzu ist, daß den sephardischen Juden im Jahre 1790 die Bürgerrechte zugesprochen wurden, den aschkenasischen Juden aber erst im Jahre 1791. Die sephardischen Juden waren nicht darauf erpicht, daß den niederen Aschkenasim die Bürgerrechte zuerkannt wurden (Z. Szajkowski, »Relations among Sephardim, Ashkenazim, and Avignonese Jews in France from the 16th to the 20th Centuries«, in: *Jews and the French Revolutions of 1789, 1830 and 1848*, New York 1970, S. 235–266, auch idem, »Emancipation of Jews During the French Revolution. A Bibliography of Books, Pamphlets, and Printed Documents, 1789–1800«, in: *Studies in Bibliography and Booklore*, III, Nr. 3–4 (Dezember 1958), S. 87. In Livorno wollten die sephardischen Juden keine anderen Synagogen außer ihren eigenen haben, S. Baron, *Social, Religious History*, Bd. 14, 1969, S. 92. In England ließen die sephardischen Juden nur widerwillig die aschkenasischen zu, weil sie befürchteten, die viel zahlreicheren Armen der letzteren Gruppe unterstützen zu müssen (C. Roth, *Great Synagogue*, S. 253). Die sephardischen Juden in Manchester wiesen Annäherungen von seiten der aschkenasischen zurück; *History of the Manchester Congregation of Spanish and Portuguese Jews 1873–1923*, Einführung von H. Peirera Mendes, Manchester 1923, S. 24–33.

47 Privilegien siehe Aronius, *Regesten*, S. 71–74, Nr. 170 über Speyer (1096); S. Baron, *Social, Religious History*, Bd. 14, 1969, S. 165 über M. Meisel in Prag; M. Stern, *Urkündliche Beiträge*, S. 21, Nr. 7 über Lublin, 1567; A. Milano, »La costituzione ›Livornina‹ del 1593«, in: *Israel. La rassegna mensile* XXXIV (1968) S. 394–410, und idem, »Gli antecedenti della ›Livornina‹ del 1593«, *ibidem*, XXXVIII (1972), S. 343–440. Zwischen 1565 und 1569 entstanden 115 Synagogen in 46 Städten dadurch, daß sogar im Kirchenstaat Privilegien gewährt wurden; M. Stern, *Urkündliche Beiträge*, S. 143–145, Nr. 134, Nr. 135. Colorni, *Gli ebrei*, S. 8 Hinweis, daß das kanonische Recht, das nach dem Beschluß von *Extravagantes comunes* veröffentlicht wurde, für Orte nicht bindend war, die keine unterstützenden Maßnahmen ergriffen hatten oder das Kirchendokument nicht offiziell veröffentlichten. Auf S. 8–13 und 47 und den entsprechenden Fußnoten wird eine knappe Aufzählung des Kirchenrechts und der Hauptbullen gegeben, die Synagogen betrafen.

48 Die Bulle von Pius V., *Hebraeorum gens sola*, die am 26. Febr. 1569 erlassen wurde, bedeutete eine Beschränkung der Juden im Kirchenstaat auf Rom und Ancona. Die Bulle Sixtus' V., *Christiana pietas*, vom 2. Okt. 1586 widerrief diese Bulle, aber die von Clemens VIII., *Caeca et obdurata*, vom 25. Febr. 1593 widerrief wiederum *Christiana pietas*. Trotzdem gestattete Clemens VIII. mit einer Bulle vom 8. Aug. 1598 eine Synagoge in Sermide.

49 S. Baron, *Social, Religious History*, Bd. 14, 1969, S. 116–117, gibt an, wann in den verschiedenen italienischen Städten Ghettos eingerichtet wurden.

50 Fünf getrennte Gemeinden mit getrennten Synagogenräumen wurden in Rom zugelassen, aber sie mußten sich ein Gebäude teilen. In Venedig gab es Synagogen und Betplätze für je verschiedene Riten.

51 Rouffach, Bamberg, Miltenberg, Budweis, Alte Synagoge Posen, Frankfurt am Main 1460, Pinkas-Synagoge Prag, Alte Synagoge in Krakau-Kazimierz. Dieser Typ Synagoge behauptete sich.

52 R. Krautheimer, *Mitt. Syn.*, S. 87.

53 Exodus, Kap. 27, Vers 21; Kap. 36, Vers 35; Kap. 40, Vers 21.

54 Mordechai ben Hillel (gest. 1290), in seinem Schabbat, Kap. III, Paragr. 311, zitiert in: Freehof, *Reform Jewish Practice and its Rabbinical Background*, New York 1963, S. 184–185; Rabbi Eliezer ben Joel Halevi, etwa 1200, zitiert in: I. Elbogen, *Der jüdische Gottesdienst und seine geschichtliche Entwicklung*, Leipzig 1913, Fn. 127; Raschi zitiert in: Touati, *La synagogue dans la littérature rabbinique*, S. 134.

55 R. Krautheimer, *Mitt. Syn.*, S. 134 und Fn. 30, und siehe oben, Kap. 2, Fn. 34. Der Frauenbereich der späteren Synagoge von Brest in Weißrußland war ein getrennter Bau, siehe L. Dobroszycki und B. Kirshenblatt-Gimblett, *Image before my Eyes*, New York 1977, S. 60.

56 Über die Bedeutung und den Einfluß des Zweiten Gebots und über talmudische und mittelalterliche Quellen über Synagogenkunst siehe die Werke der folgenden, die in der nachfolgenden Bibliographie aufgeführt werden, s. u. Kunst: L. A. Mayer, J. M. Baumgarten, B. Cohen, B. Jacob und C. Roth, in: Gordis und Davidowitz, S. 13–52, 64–71; J. Gutmann, in: *No Graven Images*, S. XI–14, und in: *The Image and the Word*, S. 5–25; I. Z. Kahana, »Synagogue Art in Halakhic Literature«. Siehe auch *Encyclopedia Judaica*, 1971, s. u. Kunst und D. Kaufmann, »Zur Geschichte der Kunst in den Synagogen«, in: *Gesammelte Schriften*, (Hrsg.) M. Brann, Frankfurt am Main 1908, S. 87–103.

57 Wolf, in: *Mitteilungen*, Neue Reihe I, Heft 1, (VIII, Heft 15, 1905), S. 39.

58 Mitteilungen über Synagogendekoration sind zwar selten, aber solche über die Bebilderung von Manuskripten und Büchern relativ häufig.

59 Doppelschiffige Synagogen: Altneuschul, Prag; Regensburg; Passau; Männer-Synagoge in Worms und der spätere Anbau für Frauen; Erfurt (2. Synagoge), etwa 1357; Chelm, wahrscheinlich 17. Jh.; Schweidnitz; Oels; Alte in Krakau-Kazimierz. Über Schweidnitz und Oels: siehe A. Grotte, *Synagogenspuren in schlesischen Kirchen*, Breslau 1937 (Schriften der Gesellschaft zur Förderung der Wissenschaft des Judentums, 41).

60 Worms: Anbau für Frauen; Eger.

61 Altneuschul, Prag; Alte in Krakau-Kazimierz. Manchmal wird behauptet (vgl. H. Frauberger, »Über Bau und Ausschmückung alter Synagogen«, in: *Mitteilungen der Gesellschaft zur Erforschung jüdischer Kunstdenkmäler*, II [1901]), daß die beiden Säulen Jachin und Boas an Salomos Tempel darstellen, aber diese Interpretation ist vor dem 17. Jh., siehe R. Krautheimer, *Mitt. Syn.*, S. 110, nicht bekannt.

62 Regensburg (obwohl A. Grotte meinte, daß es dort vier Innenstützen gab: »Die Beeinflussung jüdischer östlicher Sakralkunst durch Prager Vorbilder«, *Jahrbuch der Gesellschaft für die Geschichte der Juden in der Tschechoslowakischen Republik*, VI [1934], S. 457).

63 Toledo: Beide Synagogen sind erhalten geblieben, nur die heutigen Decken stammen aus späterer Zeit; Vatikan MS Rossi 555, Mantua, 1435 (Roth, *Jewish Art*, gegenüberstehende Spalten 415–416); Katalanisches Gemälde »Christus unter den Gelehrten«, Metropolitan Museum of Art, New York; Italienisches Machsor Ms. von 1425, Sammlung G. Weill (*L'Arche*, Nr. 79–80, Aug.–Sept. 1963, S. 123).

64 Über weitere Rippen siehe weiter unten, Altneuschul, Prag, und Ödenburg; auch R. Krautheimer, *Mitt. Syn.*, S. 107. Es ist unwahrscheinlich, daß weitere Rippen hinzugefügt wurden, um die Kreuzform zu vermeiden, wie weiter unten erklärt wird.

65 Ostia, 4. Jh.; Altneuschul, Prag, 14. Jh. Truhen für die Heilige Lade sind in Manuskripten des 14. Jh. und späteren zu sehen, abgebildet in T. und M. Metzger, *Jewish Life in the Middle Ages*, New York 1982, Abb. 88–93, 96–98 und auf S. 62–69.

66 Auch in Zamość und Drěvohostice (jetzt nach Holleschau überführt); ein Beispiel aus dem 18. Jh. befindet sich in der Pinkas-Synagoge in Prag. Siehe auch A. Grotte, »Alte Almemorgitter, in: *Ost und West*, XVII, Nr. 5/6 (1917), Spalten 157–162.

67 Pinkas-Synagoge in Prag; Worms; Toledo (beide vorhandenen Synagogen); Straßburg; Köln; Speyer nach 1349, wahrscheinlich als Ersatz für eine während der Judenverfolgung in demselben Jahr zerstörte Synagoge.

68 Altneuschul, Prag; Ödenburg (beides mittelalterliche Synagogen); Tomar.

69 Córdoba, Toledo-Tránsito.

70 Toledo-Blanca.

71 Segovia.

72 Auch in der Synagoge von Córdoba von 1315 gibt es eine Nische.

73 R. Wischnitzer, *Architecture*, zitiert die Hauptquellen bis etwa 1962; siehe auch D. Cassuto, »Costruzioni rituali ebraiche nell'alto medioevo«, in: *Gli ebrei nell'alto medioevo*, Spoleto 1980, S. 1017–1057 (Settimane di studio del Centro italiano sull'alto medioevo, 26, Spoleto, 1978).

74 Bendin; Druja.

75 Große Synagoge in Wilna; Ostrog; Ostrolewka; Ljuboml; Szczebrzeszyn; auch Carpentras, wo die Juden weder zahlreich noch sehr privilegiert waren.

76 Lukow.

77 Gorochowetz; Petrikau-Tribunalski.

78 Druja, Grodek. Die meisten der polnisch-ukrainischen Beispiele in den Fn. 74–78 stammen von Illustrationen in R. Abramowitsch, *The Vanished World*, New York 1947. Über Grodek (ehemals Grodek Jagiellonski) siehe G. Lukomski, *Jewish Art in European Synagoges*, New York 1947.

79 Siehe R. Wischnitzer, *Architecture*, über diese Synagogen.

80 Joseph Karo (1488–1575), *Schulchan Aruch*, geschrieben 1564–1571; Karo lebte in Bulgarien und im Heiligen Land. Moses Isserles (1510–1572) alias Remo, *Mappa*. Die erste gedruckte Ausgabe des

Schulchan Aruch mit *Mappa*: 1578. Isserles lebte in der Vorstadt Kazimierz, jetzt ein Bezirk von Krakau. Über die zentrale Lage des Almemors siehe *Mappa* bis *Schulchan Aruch*, Orach Chajim 150,5. Eine Anmerkung über verbreitete religiöse Bezeichnungen: Der Name Remo für Rabbi Moses unterscheidet diesen besonderen, ausgezeichneten Gelehrten von anderen Rabbinern mit Namen Moses. Eine andere berühmte Abkürzung ist Raschi für Rabbi Schlomo (Solomon) ben Isaak, einen Gelehrten, der im Mittelalter in Worms tätig war.

81 Fremde Religionen nachzuahmen ist zu vermeiden: I. Buch der Könige, 11. Kap.; siehe auch *Midrasch, Rabba*, Hrsg. H. Freedman und M. Simon, London 1939 über Exodus, Kap. 36, Vers 1 (S. 435).

82 A. Grotte, *Deutsche*, S. 71.

83 Alt-Ofen von A. Landherr, 1820, vielleicht mit Heiliger Lade aus früherer Zeit, Photo freundlicherweise von R. Wischnitzer überlassen; Kremenetz, Photo im Leo Baeck Institute, New York; Rogasen, A. Grotte, *Deutsche*, S. 52.

84 Lemberg, Isaak-Nachmanowitz-Synagoge; Pinczów, Szczebrzeszyn, Zamość, Hohe Synagoge in Prag.

85 A. Grotte, *Deutsche*, passim; über Nord-Böhmen siehe S. 66–86.

86 Trentschin, Lemberg-Vorstadt, sephardische Synagoge in Tomar, Samokov, Sofia-Cahal de Francos, Gibraltar, Charlotte Amalie. Vier Hauptstützen standen frei in der Amsterdamer sephardischen Synagoge (1670er Jahre) und in der Altonaer aschkenasischen Synagoge (bestimmt um 1832, vielleicht schon 1682 oder 1716), aber diese Anlagen betonen die Längsausrichtung, und durch die Säulen wird eher ein Hauptschiff mit Seitenschiffen gebildet als ein zentral gelegener Baldachin wie in Tomar. Über Altona siehe R. Klee-Gobert mit H. Ramm, *Die Bau- und Kunstdenkmäler der Freien und Hansestadt Hamburg, II, Altona, Elbevororte*, 2. Aufl., Hamburg 1970, S. 102 (ich danke H. Hipp für dieses Buch) und Eschwege, *Die Synagoge in der deutschen Geschichte*, S. 86. Das Gewölbeschema und der ganze Charakter der winzigen Synagoge in Tomar machen eine Verbindung mit polnischen Vier-Pfeiler-Synagogen unwahrscheinlich. Es gibt keine bekannte Verbindung zwischen byzantinischen Kirchengrundrissen mit neun Feldern und den polnischen Synagogen.

87 Spätes 16. Jh.: Przemysl; 17. Jh.: Brody, Lublin-Maharschal, Lemberg-Vorstadt, Ostrog, Pinsk, Reichshof-Altstadt, Slonim, Wilna-Große, Zolkiew; 18. Jh. Lańcut, Lukow, Nikolsburg, Reichshof-Neustadt; 19. Jh. Jaroslau-Große. Datum unbekannt: Druja, Nowogrodek, Przeworsk, Reimannskau-Große, Tarnów.

88 Die halbkugelförmigen Kuppelgewölbe in Priluki und Plozk sind vielleicht im 19. Jh. an ältere Gebäude hinzugefügt worden.

89 Auch Lutsk, Nowogrodek, Nikolsburg – Altschul.

90 Klaus-Synagoge in Prag, Synagoge in der Heidereutergasse in Berlin, Ansbach usw.

91 H. Rosenau, »The Synagogue and Protestant Church Architecture«, in: *Journal of the Warburg and Courtauld Institutes*, IV (1941), S. 80–84; J. J. van Agt, *Synagogen in Amsterdam*, Den Haag 1974, S. 15.

92 Die Emporen, die aus der Meisel-Synagoge in Prag aus dem Jahre 1689 bekannt sind, stammen vielleicht schon von 1592; siehe R. Krautheimer, *Mitt. Syn.*, S. 135–136, aber die Beweise sind nicht eindeutig. Über Amsterdam siehe van Agt, *Synagogen in Amsterdam*, S. 13–18.

93 W. S. Samuel, *The First London Synagogue of the Resettlement*, London 1924 (*Jewish Historical Society of England, Transactions*, X).

94 Die eingebaute Empore mag vielleicht bis zur gemischten aschkenasisch-sephardischen Synagoge in Altona übergegangen sein, die im Jahre 1647 eingeweiht wurde und 1713 abbrannte; eine »Oberweiberschul mit einem Geländer« wird in einem Dokument erwähnt, das K. Goldenberg in »Die Kultus- und Profanbauten der Juden. Erläutert an Hand von Hamburg-Altona-Wandsbek«, Diss. Dresden, Technische Hochschule, etwa 1922, S. 50, zitiert.

95 Die Stelle, an der sich die Vorhalle befinden sollte, war nicht vorgeschrieben. In den Synagogen aus dem späten 13. Jh. und frühen 14. Jh., Altneuschul, Prag, Regensburg und Córdoba, befand sie sich entlang der Südmauer. In Ödenburg–Judenstraße Nr. 22–24 und später in Pińczów von etwa 1600 befand sie sich an der Nordmauer.

96 E. Lissitzky, »The Synagogue of Mogilev, Reminiscences«, in: *Rimon*, III (1923), S. 9–12 (hebräisch). Meine Übersetzung kommt der von A. Kampf nahe, der mehr von diesem Text in »In Quest of Jewish Style in the Era of the Russian Revolution«, in: *Journal of Jewish Art*, V (1978), S. 48–75, bes. S. 52, zitiert.

97 Über diese Quellen siehe Kahana, »Synagogue Art in Halakhic Literature«, bes. S. 260–263, und J. Karo, *Awkat Rochel* (eine Sammlung von Responsen), Nr. 66, übersetzt in S. B. Freedhof (Hrsg.), *A Treasury of Responsa*, Philadelphia, 1966, S. 108 ff.

98 Inschriften in Toledo werden in den Veröffentlichungen von Cantera y Burgos, siehe unten, Toledo, gegeben. Über Ellrich: R. Wischnitzer, »Die Synagoge in Ellrich am Südharz«, Sonderdruck aus der *Monatszeitschrift für Geschichte und Wissenschaft des Judenthums*, 1939; D. Dawidowitz, *Wandmalereien in alten Synagogen: Das Wirken des Malers Eliezer Sussmann in Deutschland*, Hameln und Hannover 1969; idem, *Wall Paintings of Synagogues in Poland*, Jerusalem 1968 (hebräisch). Es ist wahrscheinlich, daß der Brauch, Wandinschriften zu verwenden, im späteren 16. Jh. begann; siehe Wolf in: *Mitteilungen*, V, Nr. 1, Heft 9 (1902), S. 50.

99 Malereien in Mittel- und Osteuropa siehe Davidowitz, *Wandmalereien*, und L. Joel, »Über jüdische Kunst und Synagogen«, in: *Literarische Warte*, Supplement zu *Der Israelit* (Frankfurt), 2. Juli 1914; M. Kremer, »Jewish Artists and Guilds in Former Po-

land, 16th–18th Centuries«, in Gutmann (Hrsg.), *Beauty in Holiness*, S. 34–65; Piechotka; Grotte, »Historische Baudokumente«; und Veröffentlichungen von H. Frauberger, H. Strauss, E. Toeplitz und A. Wolf, in der Bibliographie weiter unten zitiert, s. u. Kunst. Siehe auch M. Wischnitzer, »Notes to a History of the Jewish Guilds«, in Gutmann (Hrsg.), *Beauty in Holiness*, S. 15–33, und idem, *A History . . .*, bes. S. 230–231.

100 Davidowitz, *Wandmalereien*, passim.

101 H. Gross, »Etude sur Simson ben Abraham de Sens«, in: *Revue des études juives*, VI (1883), S. 169. Die Synagoge in Monheim wurde gegen 1715–1741 mit figurativen Bibelszenen ausgeschmückt, die in Stuckrelief ausgeführt waren; siehe Wolf, *Mitteilungen*, Neue Reihe I, Heft 1 (VIII, Heft 15, 1905), S. 40. Belegte jüdische Künstler, die vom 17. Jh. bis zum frühen 19. Jh. hölzerne Synagogen in Polen dekorierten, sind unter anderen: David Friedländer in Grójec und Wyszogrod (1810); Samuel Goldbaum (Bauhandwerker oder Maler) in Kępno; Ezechiel ben Moses aus Sokal in Lúkov (1781); Ber ben Israel (Schnitzer der Heiligen Lade in Usljani); Judah Leib ben Baruch in Pogrebischenski; Simcha ben Solomon Weiss aus Slutsk in Nasielk; Michael Jechiel ben Peretz und Samuel ben Solomon in Zhidachow; Israel ben Mordechai aus Jaryczow in Chodorow und Gwosdetz (1652); Isaak Baer ben Jehuda Loeb aus Jaryczow und sein Sohn in Gwosdetz (etwa 1729); Isaak Loeb ben Jehuda Hacohen ist eine andere Fassung des Namens seines Vaters.

102 R. Wischnitzer, »Mutual Influences between Eastern and Western Synagogue Architecture from the 12th to the 18th Century«, in: *YIVO Annual of Jewish Social Science* II–III (1947), S. 25–68, abgedruckt in Gutmann, *Synagogue*, S. 265–308. I. Fishoff, *The Architecture of Italian Synagogues: Artistic and Historical Heritage of Oriental Jewry*, VIII (1981), S. 3–19, bes. S. 19; Pinkerfeld, passim.

103 Eine Volkszählung, die von den Deutschen im Jahre 1939 in Warschau vorgenommen wurde, zeigte, daß 370000 Juden dort lebten. In jüdischen Enzyklopädien findet man weitere Bevölkerungsstatistiken.

104 Einige der chassidischen Zentren entwickelten sich und besaßen recht große Synagogen, vergleiche Belz. Neue Industriestädte wie Lodz und Provinzhauptstädte wie Warschau, Kiew, Odessa, Moskau, Riga und Petersburg zogen viele Juden an und hatten im späten 19. Jh. beeindruckende Synagogen, die von privilegierten und kulturell assimilierten Juden erbaut wurden.

105 Architekten- und Ingenieurs-Verein, *Hamburg und seine Bauten, unter Berücksichtigung der Nachbarstädte Altona und Wandsbek*, Bd. 2, Hamburg 1900, S. 90 und Abb. 161; »... nach Amerika«, in: *Auswanderung in die Vereinigten Staaten*, Ausstellung 4. Juli–26. Sept. 1981, Museum für Hamburgische Geschichte, Katalog, Heft 5, Einleitung von J. Brakker, S. 47; J. Huret, *En Allemagne. De Hambourg aux Marches de Pologne*, Paris 1908, S. 163; *Aus alter und neuer Zeit*, Supplement zu *Israelisches Familienblatt*, Beilage zu Nr. 24 (Juni 1925); *Jewish Chronicle*, 12. Febr. 1904; K. Himer, *Die Hamburg-Amerika-Linie im sechsten Jahrzehnt ihrer Entwicklung 1897–1907*, Hamburg 1907, S. 123; B. Kahn, »Die jüdische Auswanderung I«, in: *Ost und West*, V, Nr. 7/8 (1905), Spalten 457–492; *AJYb*, 1914/15 (1914), S. 247; H. Harbeck, *Hamburg wie es war*, Hamburg 1966, Abb. 23. Die Vorgängerin der Synagoge von etwa 1905 auf der Verschiffungsinsel Veddel war eine Synagoge gewesen, die 1892 am Amerika-Kai in Steinwerder errichtet worden war; siehe *Deutsche Bauzeitung*, 1912, S. 466.

106 Z. Szajkowski, »Synagogues during the French Revolution of 1789–1800«, in: *Jewish Social Studies*, XX, Nr. 4 (1958), S. 215–231. P. Girard, *Les juifs de France de 1789 à 1860*, Paris 1976, passim. Über die Synagogen in Metz: A. Cahen, »Le rabbinat de Metz pendant la période française (1567–1871)«, in: *Revue des études juives*, XIII (1886), S. 105–126, bes. S. 108–110.

107 Siehe jüdische Enzyklopädien, s. u. Konsistorium, Gemeinde, und Übersetzungen dieser Wörter. Belgische Juden hatten später bis 1892 ihr eigenes Konsistorium.

108 Über München: H. Hammer-Schenk, »Untersuchungen«, S. 49. Siehe weiter unten: Berlin. Über Straßburg: H. Hammer-Schenk, *Synagogen*, S. 405 (Hamburger Beiträge zur Geschichte der deutschen Juden, 8); der Hinweis bezieht sich auf die Synagoge aus den neunziger Jahren des 19. Jh., die errichtet wurde, als diese elsässische Stadt zu Deutschland gehörte.

109 H. Schwab, *The History of Orthodox Jewry in Germany*, London 1950, S. 86, zählt abgespaltene Gruppen auf. Im Jahre 1876 hatten Juden in Bayern und Württemberg immer noch kein Sezessionsgesetz.

110 Über Frankreich, 19. Jh. bis 1905: P. C. Albert, *The Modernization of French Jewry*, Hannover 1977, S. 220. Dresden: H. Hammer-Schenk, »Untersuchungen«, S. 185; das bayrische Gesetz von 1813, mit dem die Anzahl der Haus-Synagogen reduziert wurde, *ibidem*, S. 83; Livorno, 18. Jh.: A. Toaff, »Cenni storici sulla comunità ebrei e sulla sinagoga di Livorno«, in: *Israel. La rassegna mensile*, XXI, Nr. 9/10 (Sept.–Okt. 1955), S. 415, Fn. 1; Zürich, 1383: B. Weinert, »Skizzen zur Geschichte der Juden in Zürich«, in: *Jüdisches Jahrbuch für die Schweiz*, IV (1919/1920), S. 193; Preßburg (Bratislava): S. Krauss, »Preßburger Synagogen«, in: *Die Juden und die Judengemeinde Bratislava in Vergangenheit und Gegenwart*, Hrsg. H. Gold, Brünn, 1932, S. 96.

111 Szajkowski, »Synagogues during . . .«, S. 230.

112 Zum Beispiel Leeds: E. Krausz, *Leeds Jewry. Its History and Social Structure*, Cambridge 1964; Manchester: B. Williams, *The Making of Manchester Jewry, 1740–1875*, Manchester 1876. Ausstellungen über die englisch-jüdische Geschichte und der *Jewish*

Chronicle haben unter anderem Karten gezeigt, auf denen Londons jüdische Bevölkerung und die Plätze zu sehen waren, an denen sich Synagogen befinden, siehe auch Sachar, *Modern Jewish History*, S. 498–499.

113 T. Brouwer, »Veenhuizen, de voormalige synagoge«, in: *Bijdragen Rijksdienst voor Monumentenzorg. Koninklijke Nederlandse Oudheidkundige Bond, Bulletin*, LXXVI, Nr. 4–5 (Dez. 1977), S. 240. Diesen Hinweis verdanke ich J. J. van Agt.

114 R. Lehmann, *Nova Bibliotheca Anglo-Judaica*, London 1961, s. u. Maidstone. Portsmouth: *Jewish Chronicle*, 13. Nov. 1868, S. 3; London, King's Bench Debtors' Prison *Minjan* vor 1850: V. D. Lipman, *Social History of the Jews in England*, London 1954, S. 16. Lipman, S. 136, zitiert Statistiken, aus denen zu ersehen ist, daß im Jahre 1894 nur 55 russische und polnische jüdische Immigranten in England und Wales im Gefängnis waren, weit unter dem Prozentsatz von Gefangenen aus der übrigen Bevölkerung. Nanterre: *Jewish Chronicle*, 30. Juli 1874, S. 280. Ensisheim: Leo Baeck Institute Archiv, s. u. Ensisheim für 1834 und 1854, Fol. 2311–2314. Bollwiller, 1833–1856, *ibidem*, s. u. Bollwiller, Fol. 2167–2172 für 1846 und 1856. Bayreuth: *Jewish Chronicle*, 14. Nov. 1856. Suben: *Jewish Chronicle*, 5. März 1868, S. 8. Prag: *Jewish Chronicle*, 13. Juli 1868, S. 3.

115 J. J. Schudt, *Jüdische Merckwürdigkeiten*, Frankfurt am Main 1715, 6. Buch, Kap. 32, bes. S. 222–224. Beschreibung einer orthodoxen Synagoge in Wolhynien, von einem Anhänger der Reformbewegung verfaßt: I. B. Levinson in Sachar, *Modern Jewish History*, S. 192–193. Offenbach: H. Hammer-Schenk, *Synagogen*, S. 126. Kämpfe in Synagogen: L. Finkelstein, *Jewish Self-Government in the Middle Ages*, New York 1964, S. 48, 187. Kulturell assimilierte Besucher der Prager Altneuschul fanden, daß es dem Gottesdienst an Dekor fehlte: *Jewish Chronicle*, 1. Juni 1855, S. 137 und 16. Okt. 1868, S. 6. Geräusch in Synagogen in Saloniki: Réchad Bey, »Turquie: Salonique, 22 novembre, 1892. Les synagogues«, in: *Archives israélites*, LIII, Nr. 52 (29. Dez. 1892), S. 412. Budapest, orthodoxe Synagoge in der Kazinczy-Straße, Versteckspielen u. a.: A. Unger, »Denominations in Contemporary Jewry«, in: *Reconstructionist*, XXXII (18. Febr. 1966), S. 23. Edinburgh: D. Daiches, *Two Worlds. An Edinburgh Jewish Childhood*, New York 1954, S. 50. Der Kantor in Nimwegen im 18. Jh. sollte eigentlich keinen Schnupftabak nehmen, während er aus der Thora vorlas; siehe Zwarts, »Joodse gemeenten buiten Amsterdam«, S. 433. London, Creechurch Lane-Synagogue: *The Diary of Samuel Pepys, M. A. F. R. S.*, New York 1968, 3. Bd., S. 303, für 14. Okt. 1663. Intime, ungezwungene Kameradschaft dürfte vielleicht der Grund für einige Fälle von »schlechtem Benehmen« gewesen sein, die von diesen Schriftstellern beschrieben wurden; auch der Talmud, in dem die Synagoge mit dem eigenen Haus eines Mannes verglichen wird, trug dazu bei, siehe auch Sachar, *Modern Jewish History*, S. 192–193.

116 Über Reform im allgemeinen siehe jüdische Enzyklopädien; auch S. Freehof, *Reform Jewish Practice and its Rabbinical Background*, und D. Philipson, *The Reform Movement in Judaism*, überarb. Ausg., Cincinnati 1930, 1967 nachgedruckt. Die amerikanische Reformbewegung ist liberaler als die europäische; liberales und progressives Judentum entspricht dem amerikanischen Reformjudentum.

117 Joseph Carlebach (ein orthodoxer Gegner der Reformbewegung), »Architektur der Synagoge«, *Jeschurun*, XVI, Nr. 3–4 (1929), S. 109–131, kritisierte reformierte Sitzordnungen unter anderem aus diesem Grund.

118 Über Hof- und Regierungsarchitekten, die Synagogen entwarfen, siehe Seite 435 ff.

119 In den Erinnerungen einer Familie wird ein Hopfenhändler erwähnt, der im 18. Jh. den Bau einer kleinen Synagoge in Uhlfeld leitete (M. Richartz, *Jüdisches Leben in Deutschland. Selbstzeugnisse zur Sozialgeschichte 1780–1871*, New York 1976, S. 242). Dieses seltene Dokument über jüdische Baubeteiligung soll vielleicht nur besagen, daß er Leiter eines Baukomitees war. Ein Militäringenieur, Lewin Holländer, ist möglicherweise der Architekt der Synagoge in Altona von 1694; siehe Wolf, *Mitteilungen*, Neue Reihe I, Heft 1 (VIII, Heft 15, 1905), S. 46–47. In Szegedin gab es jüdische Zimmerleute und Maurer in den siebziger Jahren des 19. Jh., und um 1901 hat es angeblich mehr als 5000 jüdische Maurer und Zimmerleute gegeben. Über Szegedin siehe *Jewish Chronicle*, 29. Juli 1877, S. 5; über Rumänien siehe Wolf, *Mitteilungen*, V, Nr. 1, Heft 9 (1902), S. 48. Über die zahlreichen Bauhandwerker in Wilna um 1880 siehe J. Rülf, *Drei Tage in jüdisch-Rußland*, Frankfurt am Main 1882, S. 40 ff. Juden halfen zu jener Zeit auch beim Kirchenbau in Wilna. Über Juden im Bauhandwerk Osteuropas im 19. Jh. siehe Wolf, *Mitteilungen*, Neue Reihe I, Heft 1 (VIII, Heft 15, 1905), S. 43.

120 Sogar im 20. Jh. waren die meisten Kunden Erich Mendelsohns Juden.

121 Wolf, *Mitteilungen*, Neue Reihe I, Heft 1 (VIII, Heft 15, 1905), S. 48, erwähnt Israel Daniel Itzig, Bauverwaltungsbeamter in Berlin am Ende des 18. Jh.; einen Regierungsbaumeister namens Sachs, 1792–1842 tätig; und den königlichen Bauinspektor Wilhelm Ney, dessen Vater Jude war. In England gab es einen berühmten Architekten, George Basevi, der konvertiert war. Keiner dieser Konvertiten entwarf Synagogen.

122 Über jüdische Architekten in Frankreich siehe Seite 435 ff.

123 Archives Nationales, F 19 11120. Das Resultat dieser Eingabe ist nicht bekannt (R. Weyl und F. Raphael, *Les juifs en Alsace. Culture, société, histoire*, Toulouse 1977, S. 148, Collection Franco-Judaica, 5).

124 *Jewish Chronicle*, 16. Sept. 1898, S. 23.

125 E. Jamilly, »Anglo-Jewish Architects and Architecture in the 18th and 19th Centuries«, in: *Jewish Historical Society of England. Transactions*, XVIII, 1958, S. 127–141, und idem, »Synagogue Art and Architecture«, in: *A Century of Jewish Life, 1870–1970*, London 1971, S. 75–91. Über Mocatta siehe auch den Nachruf in *Jewish Chronicle*, 5. Mai 1882, S. 4 u. 9. J. Lever (Hrsg.), *Catalogue of the Drawings Collection of the Royal Institute of British Architects*, Bd. L–N, London 1973, s. u. Mocatta; V. D. Lipman, *Three Centuries of Anglo-Jewish History*, Cambridge 1961, S. 74; A. S. Diamond, *The Building of a Synagogue*, London 1970, S. 7; H. M. Colvin, *A Biographical Dictionary of British Architects, 1600–1840*, überarb. Ausgabe, 1978, und R. Wischnitzer, *Architecture*, S. 294, Fn. 34–36.

126 Über englische jüdische Synagogenarchitekten siehe Seite 435 ff.

127 F. Voigt in *Allgemeines Künstler-Lexikon*, Hrsg. U. Thieme und G. Becker, s. u. Rosengarten; Wolf, *Mitteilungen*, V, Nr. 1, Heft 9 (1902), S. 48; R. Hallo, *Kasseler Synagogengeschichte*, Kassel 1932, passim.

128 *AJZ*, XV (1851), S. 252. Er behauptete, er hätte sich besonders auf Synagogenarchitektur spezialisiert, erwähnte aber nicht, welche er tatsächlich gebaut hat.

129 Über deutsche jüdische Synagogenarchitekten siehe Seite 435 ff.

130 Über österreichisch-ungarische jüdische Synagogenarchitekten siehe Seite 435 ff.

131 Über diese Synagogen siehe Seite 435 ff., Jüdische Architekten in Österreich-Ungarn. Seine Veröffentlichungen über Synagogenarchitektur sind unter anderen: *Deutsche*; »Alte Almemorgitter«, in: *Ost und West*, XVII, Nr. 5/6 (1917) Spalten 157–162; »Die alte Synagoge in Kurnik«, in: *Zentralblatt der Bauverwaltung*, XXXVI, Nr. 49 (17. Juni 1916), S. 341–342; »Die Beeinflussung jüdischer östlicher Sakralkunst durch Prager Vorbilder«, in: *Jahrbuch der Gesellschaft für die Geschichte der Juden in der Tschechoslowakischen Republik*, VI (1934), S. 457–469; »Die Juden in der Kunst . . . und in der deutschen Baukunst«, in: *C.-V. Zeitung*, VI, Nr. 31/32 (5. Aug. 1927), S. 463; »Die Synagoge als Mittelpunkt jüdischen Gemeindelebens«, in: *Festnummer zum Ordenstage. Großloge für Deutschland VIII U.O.B.B.*, Okt. 1928, S. 155–158; (mit D. Herzog) »Die Synagoge in Bruck a. M.«, in: *Monatsschrift für Geschichte und Wissenschaft des Judentums*, LXXXI (1937), S. 443–444; »Ein neues Synagogen-Bauprogramm«, in: *Die Kirche. Zentralorgan für Bau . . . von Kirchen*, XII (1915), S. 75–78; »Historische Baudokumente jüdischer Wanderung in Böhmen und Mähren«, in: *Jahrbuch der Gesellschaft für die Geschichte der Juden in der Tschechoslowakischen Republik*, VII (1935), S. 399–410 (371–382 in der tschechischen Ausgabe); »Jüdische Sakralkunst in Schlesien«, in: *Menorah*, IV, Nr. 5 (1926), S. 273–278; »Neuere Forschungen über kirchliche Verteidigungsbauten«, in: *Die Denkmalpflege*, XXIII, Nr. 7/8 (1921), S. 56–59; »Ostjüdische Sakralkunst und ihre Ausstrahlungen auf deutsches Gebiet«, in: *Monatshefte für Kunstwissenschaft*, XI, Nr. 5 (1918), S. 135–138; »Restauration der alten Pinkas-Synagoge in Prag«, in: *Denkmalpflege und Heimatschutz*, XXVI (1924), S. 35–36; »Synagogen-Kirchen in Schlesien«, in: *ibidem*, XXXI (1929), S. 35–38; *Synagogenspuren in schlesischen Kirchen* (Schriften der Gesellschaft zur Förderung der Wissenschaft des Judentums, 41), Breslau 1937; »Vergessene Sakralbauten in Westböhmen«, in: *Technische Blätter, Zeitschrift des Deutschen Polytechnischen Vereins in Böhmen*, L (1918), S. 7–14.

132 Daniele Jessurun (setzte die Synagoge wieder instand), Ettore Luzzatto (Präsident des technischen Ausschusses), beide aus Triest. Guiseppe Sullum (Präsident des technischen Ausschusses) Synagoge von Mailand, 1892.

133 Über deutsche und österreichische Architekten jener Zeit siehe Seite 435 ff.

134 B. Zevi, *Erich Mendelsohn, Opera completa*, Mailand 1970, S. 122 (Bibliothek der Zeitschrift *L'architettura, cronache e storia*, 1). Man nimmt an, daß Mendelsohn auch das Jugendheim der Essener Gemeinde entworfen hat, das 1931 vollendet wurde; es besitzt keine Synagoge (siehe H. Schröter, *Geschichte und Schicksal der Essener Juden*, Essen 1980, S. 124–125).

135 »Neue Arbeiten von Arch. Ing. Otto Eisler«, in: *Forum*, VI (1936), S. 126–127.

136 Über holländische jüdische Synagogenarchitekten jener Zeit siehe Seite 435 ff.

137 Über ungarische jüdische Synagogenarchitekten jener Zeit siehe Seite 435 ff.

138 Wettbewerbe wurden u. a. für die Synagogen in Augsburg, 1911; Berlin, 1888, 1907, 1929, 1957; Köln, 1894; Dessau, 1904; Dortmund, 1896; Düsseldorf, 1901; Essen, 1908; Königsberg, 1892–1893; Antwerpen, 1923; Brüssel, 1869; Amsterdam, 1934; Straßburg, 1952; Wien-Hietzing, 1924; Szegedin, 1898, Sillein, 1927–1928; Liverpool 1872; London, Reformsynagoge, 1867, ausgeschrieben.

139 Über christliche Architekten, die Synagogen bauten und die einen besonders guten lokalen oder internationalen Ruf hatten, siehe Seite 435 ff.

140 W. Boesiger (Hrsg.), *Richard Neutra, Buildings and Projects*, Zürich 1951, S. 193, eine Zeichnung des Entwurfs für den Wettbewerb der Synagoge in Wien-Hietzing, 1924.

141 Über chassidische Synagogenbilder siehe jüdische Enzyklopädien; Gemeinde-Gedenkbücher; die *Entsiklopedia schel Galujot* (Enzyklopädie der Diaspora); Abramovitch, *Vanished World*; E. Vinecour und C. Fishman, *Polish Jews. The Final Chapter*, New York 1977; *Pinkas ha'Kehillot* (Enzyklopädie der jüdischen Gemeinden), Jerusalem 1969–1980; siehe diese Quellen unter den Namen der Städte, die Sitze

berühmter chassidischer Autoritäten waren, z. B. Belz, Bobow, Gur, Ljady, Kock, Ruzhin, Reimannskau, Sadgura. In Sadgura befand sich ein Betsaal als Teil des Hofes des dortigen chassidischen Leiters, der mehr als tausend Menschen aufnehmen konnte; er war mit Malereien von Früchten und Blumen ausgeschmückt, die von jüdischen russischen Künstlern ausgeführt worden waren. Der Rabbiner und seine Familie sagten ihre Gebete jedoch meist in anliegenden Bethäusern und hielten den großen Saal nur für die wichtigsten Gebete, die von einem Quorum gesagt werden müssen: siehe H. Gold (Hrsg.), *Geschichte der Juden in der Bukowina*, Tel Aviv, 1958, Bd. 1, S. 100.

142 R. Wischnitzer, *Architecture*, S. 159–160; H. Rosenau, »German Synagogues in the Early Period of Emancipation«, in: *Publications of the Leo Baeck Institute, Yearbook*, VIII (1963), S. 214–225. Ausgezeichnete Photographien in Eschwege, *Die Synagoge in der deutschen Geschichte*, S. 90–91.

143 E. Jamilly, »The Architecture of the Contemporary Synagogue« in C. Roth (Hrsg.), *Jewish Art*, Spalte 758. Auf einer Photographie im YIVO, New York, ist außen der gekrümmte Teil, der in eine rechteckige äußere Hülle eingelassen ist, zu sehen.

144 J. J. van Agt, »De Synagoge van Maastricht en de Synagogen elders in Limburg«, in: *Scolae judaeorum. De jooden in Limburg en hun Synagogen*, Maastricht 1967, S. 25–47; Maastricht: S. 25–31; Meerssen: S. 31–33.

145 F. Feuchtwanger, »Die bildenden Künste im jüdischen Kultus«, in: *Ost und West*, III, Nr. 5 (1903), Spalten 337–338, Vorschlag einer hexagonalen Synagoge mit dem Almemor in der Mitte. In Weißensee in Österreich gab es eine oktogonale Synagoge aus dem 19. Jh., die in einem kargen romanischen Stil erbaut war, und die ältere Synagoge von Floss in der Oberpfalz (1815) ist ein in die Länge gezogenes Oktogon, und in Grotte, *Deutsche*, S. 93 abgebildet. Die Synagoge in Floss hat den Krieg überlebt, bedarf aber dringend der Reparatur.

146 A. Valdenaire, *Friedrich Weinbrenner. Sein Leben und seine Bauten*, 2. Aufl., Karlsruhe 1926, S. 61–65; H. Hammer-Schenk, »Untersuchungen«, S. 317–324; idem, *Synagogen*, S. 235–240; Hallo, *Kasseler Synagogengeschichte*, S. 49, meinte, diese Synagoge wirke wie eine in Pharaonenkleidung gehüllte, von einem Studenten römischer Baukunst errichtet, der an der Restaurierung des gotischen Straßburger Münsters gearbeitet habe.

147 H. Hammer-Schenk, *Synagogen*, S. 37–57 (über Klenze bes. S. 54–55).

148 R. Wischnitzer, *Architecture*, S. 194 ff.; idem, »The Problem of Synagogue Architecture«, in: *Commentary*, III, Nr. 3 (1947), S. 233–241; H. Hammer-Schenk, »Untersuchungen« und *Synagogen*, passim; J. Carlebach, »Architektur der Synagoge«, S. 109–131; M. Eisler, »Bau und Einrichtung der Synagogen«, *Jüdische Rundschau*, 1946, Nr. 4/5, S. 29–35; »Die jüdische Baukunst«, in: *AZJ*, XXXIII (1869), Beilage zu Nr. 37, 14. Sept. 1869, S. 753–754.

149 *Centralblatt der Bauverwaltung*, VI (1886), S. 256–258.

150 Auf Befehl des Gouverneurs, *AJYb*, 1910–1911 (1910), S. 143; über die Schule des Religionslehrers, *ibidem* 1911–1912 (1911), S. 157. Ein milderer, aber wirksamerer Befehl über das Aussehen von Synagogen wurde von Kaiser Wilhelm II. gegeben, der den romanischen Entwurf von 1899 für die Potsdamer Synagoge von J. Otto Kerwien nicht billigte; dementsprechend wurde der Entwurf verändert, und die Synagoge wurde zwischen 1901 und 1903 in einem »postfriderizianischen Stil« (d. h. Spätbarock/Rokokostil) gebaut, den der Kaiser für öffentliche Gebäude in seiner Residenzstadt vorzog. Siehe: R. Kaelter, *Geschichte der jüdischen Gemeinde zu Potsdam. Gedenkschrift*, Potsdam 1903; »Potsdam«, Beilage Nr. 26 zu *AZJ*, LXVII (26. Juni 1903), S. 2.

151 Berlin, Oranienburger Straße; Wien, Tempelgasse; Leipzig; Budapest, Dohány-Straße.

152 Synagoge mit zentralem Grundriß: »Frühchristlicher« Stil: Triest. Synagogen im romanischen Stil: von A. Rosengarten in Hamburg; Raab; Upper Berkeley Street, London; Straßburg 1898. Synagogen im maurischen Stil: Florenz; Duschni-Straße, Prag. Synagogen im »byzantinischen« Stil: Augsburg; Trentschin. Synagogen im überladenen eklektizistischen Stil: Aszod; Kunszentmarton; Subotica. Im ägyptischen Stil: Frankfurt am Main, Westend (mit anderen Stilformen). Im gotischen Stil: Dortmund; Bielefeld.

153 K. Döhmer, *In welchem Stil sollen wir bauen? Architekturtheorie zwischen Klassizismus und Jugendstil*, München 1976, S. 42 (Studien zur Kunst des neunzehnten Jahrhunderts, 36). Da Stiers Bruder Gustav einen Reformtempel in Berlin baute, vergaß Wilhelm ganz sicher die Juden nicht in seinen Bemerkungen.

154 London, United Synagogue Archives, Protokollbuch, 12. Dez. 1867.

155 *Revue générale de l'architecture et des travaux publics*, XXII (1865) Text zu den Tafeln 43–48.

156 *Synagogen in Berlin. Zur Geschichte einer zerstörten Architektur*, V. Bendt und R. Rothe (Hrsg.), Berlin 1983, Katalog Nr. 13.

157 I. Löw, »Glasmalereien der neuen Synagoge in Szegedin«, in: *Mitteilungen der Gesellschaft für jüdische Volkskunde*, VII, Heft 13 (1904), S. 37–39.

158 R. Klapheck, *Die neue Synagoge in Essen a. d. Ruhr, erbaut von Professor Edmund Körner*, Berlin 1914 (Sonderheft d. *Architektur des XX. Jahrhunderts*, 13).

159 H. Rosenau, *A Short History of Jewish Art*, London 1948, S. 58, Abb. 52. Die Hohe Synagoge in Krakau-Kazimierz hatte vor 1915 Bilder von der Arche Noah und Jakobs Opfer, nach Grotte, *Deutsche*, S. 50–51.

160 R. Margittay, »Haldoklo Temeto, Haldoklo Templom«, in: *Múlt és Jövo*, Nr. 1, 1938, S. 16.

161 R. Grünfeld, *Ein Gang durch die Geschichte der Juden in Augsburg. Festschrift zur Einweihung der neuen Synagoge am 4. April 1917*, Augsburg 1917, S. 79 ff.

162 Über den ägyptischen Stil in Synagogen siehe auch H. Hammer-Schenk, *Synagogen*, S. 58–71 über einzelne Bauten außer München und Frankfurts Compostellhof und S. 71–85 über die Bewertung des ägyptischen Stils; R. Wischnitzer, *Architecture*, S. 161 u. 183–185; siehe auch weiter unten: Canterbury, Ramsgate, Skandinavien. Details im ägyptischen Stil wurden an folgenden Synagogen gefunden: Altona, Kleine Papagoyenstraße: Kapitelle, wie sie 1832 erneuert wurden; Efringen-Kirchen; Frankfurt am Main, Compostellhof: Eingang; Frankfurt am Main, Westend: Innenausschmückung; München: Säulenkapitelle von 1824–1826; Ramsgate: Einrahmung der Heiligen Lade; Rödelheim; Straßburg, Rue Ste-Hélène: Einrahmung der Heiligen Lade; Triest: Einrahmung der Heiligen Lade; Details in den Entwürfen für den Wettbewerb für die Kasseler Synagoge von etwa 1836 und Rom, 1889. Über den neoägyptischen Stil im allgemeinen siehe N. Pevsner und S. Lang, »The Egyptian Revival«, in: *Architectural Review*, CXIX (Mai 1956) S. 242–254.

163 »Die neue Synagoge in Cassel«, in: *Allgemeine Bauzeitung*, V, (1840), S. 205–206.

164 Ägyptische Formen wurden selten, wenn überhaupt, dann etwa zwischen 1840 und 1890 benutzt. Benutzte man damals östliche Formen, zog man maurische und byzantinische Stile vor. Das wachsende Interesse am ägyptischen Stil beruhte vielleicht darauf, daß man den maurischen nicht mehr befriedigend fand, da man den ägyptischen mit dem um 1900 neu aufkommenden Klassizismus verband und da so viele öffentliche Bauten um 1900 in der Schwere und Massivität ihrer Architektur an den ägyptischen Stil erinnerten.

165 Siehe P. Frankl, *The Gothic*, Princeton 1960, S. 89–93, 417, 511; H. Hammer-Schenk, *Synagogen*, S. 234. Die Wettbewerbsvorschriften für das Parlament in London wiesen zum Beispiel deutlich darauf hin, daß die Entwürfe in einem englisch-gotischen oder in einem Tudor-Stil gehalten sein sollten. Zu den ausgezeichneten Beobachtern, die verstanden, warum Juden im Mittelalter den gotischen Stil benutzt hatten, gehörten auch Goethe, der die Reste der Synagoge in Eger besuchte und nach 1820 bemerkte, daß sie »in der guten, alten Zeit deutscher Architektur« gebaut worden sei (M. Waldman, *Goethe and the Jews: A Challenge to Hitlerism*, New York und London 1934, S. 145), und Wilhelm Lübke, der die gotischen Synagogen in Prag und Passau kannte (H. Hammer-Schenk, *Synagogen*, S. 233). Mit Vergnügen liest man die Bemerkungen von Joseph Jacobs, Historiker seiner eigenen Synagoge in Canterbury, der meinte, die Gotik sei ein christlicher Stil und also zu vermeiden zugunsten des ägyptischen Baustils, in dem die Canterbury-Synagoge gehalten ist (*Narrative of the Erection of the New Synagogue at Canterbury*, 1851, Ms. in London, United Synagogue Archives, Abschrift in der Stadtbibliothek von Canterbury). Durch die Gleichsetzung von Gotik mit Christentum, die im allgemeinen vorgenommen wurde, waren die paar jüdischen Synagogenarchitekten, die den gotischen Stil benutzen wollten, gezwungen, ihre Wahl ganz entschieden zu verteidigen; siehe unten, Fn. 206–209.

166 Über Rundbogenstil und romanischen Stil in der deutschen Architekturtheorie und ihre Anwendung bei Synagogenbauten siehe H. Hammer-Schenk, *Synagogen*, S. 165–175, 217–232; idem, »Opplers«, S. 101–113; A. Rosengarten, *Die architektonischen Stylarten*, Braunschweig 1857, S. 346. Eine Quelle der Verwirrung zwischen romanischem, Rundbogen- und byzantinischem Stil war die Verwendung von italienischer Romanik oder präromanischen Modellen wie S. Vitale in Ravenna in Nordeuropa (siehe Dresden, Außenansicht). Einen fremden romanischen Stil konnte man für »exotische« Leute verwenden. Die Synagoge in der Upper Berkeley Street in London ist nicht in einem englisch-romanischen Stil, und die United Synagogue Archives besitzen die Analyse des Architekten N. S. Joseph von fremden Rundbogenstilformen, die an der Central Synagogue in London benutzt werden konnten.

167 Choral-Synagoge, Wilna; Antwerpen, 1893.

168 Siehe unten, Hannover; auch Straßburg, 1898; Köln, Roonstraße u. a.

169 G. Riesser, *Verteidigung der bürgerlichen Gleichstellung der Juden gegen die Einwürfe des Herrn Doktor Paulus, 1831 (Gesammelte Schriften*, Hrsg. M. Isler, Frankfurt und Leipzig 1867, Bd. 1, S. 133), tat alle diejenigen ab, die Juden unaufhörlich darauf hinwiesen, daß ihre Vorfahren nach Deutschland eingewandert waren. Die Juden, die er repräsentierte, »sind hier geboren, und weil wir hier geboren sind, haben wir keinerlei Anspruch auf ein Heim irgendwo anders«. Kurz, »entweder sind wir Deutsche, oder wir haben kein Vaterland«. Bei der Grundsteinlegung für die Synagoge in der Hamburger Oberstraße wurde im Jahre 1930 folgende Erklärung abgegeben: »Wir deutschen Juden empfinden das Gefühl der Verwurzelung (im deutschen Boden) ganz besonders stark in diesen Zeiten, da uns (Nazis) unser Recht auf ein deutsches Heim streitig machen wollen.« Dies hieß nicht, das Judentum zu verlassen oder Unterschiede zwischen Religionen und Kultbauten zu verhüllen. Die Bedeutung des Stils als Hinweis auf die gesellschaftliche Position ist auch von K. Prellwitz, »Eine Synagoge von Friedrich Adler«, in: *Innen-Dekoration*, XXVIII (1917), S. 348, erwähnt worden.

170 Die Synagoge in Worms wurde wiederaufgebaut. Die anderen Bauten sind: Rom, ein Haus im Vicolo dell' Atleta, das als Synagoge für Ferdinand Gregorovius Mitte des 19. Jh. identifiziert wurde; Bury St. Edmunds, Moyses Hall; Lincoln, Jews Court.

171 Rosengarten: Kassel, Hamburg–Kohlhöfen, Alte und Neue Klaus-Synagoge. Oppler: Hannover, Bleiche-

tektonisches aus München, II: Die neue Synagoge«, in: *Zeitschrift für bildende Kunst*, XXIII (1888), S. 234–237. O. Herbenová behandelte den Umbau der Synagoge in der Duschni-Straße in Prag, der im maurischen Stil erfolgte und bei dem islamisch-spanische Vorbilder für die Ausschmückung benutzt wurden, und bezeichnete sie als eine Szenerie für Tausendundeine Nacht: »Španělská synagoga«, in: *Židovská ročenka 5721*, Prag 1960, S. 113. Rosengarten meinte, der einzige Vorteil für die Juden, islamische Architektur zu verwenden, bestehe in der Vermeidung gegenständlicher Ornamente: »Die neue Synagoge in Cassel«, in: *Allgemeine Bauzeitung*, V (1840), S. 205–206.

197 B. Levy, »Causerie parisienne. L'orphélinat – les nouveaux temples – la Fondation Bischoffsheim«, in: *Archives israélites*, XXXV (1874), S. 395–400.

198 Edwin Oppler, der von ihrer Existenz wußte, behauptete, die Synagogen in Prag und Worms seien älter und vollständiger, und schlug vor, daß, wenn man Modelle aus der Vergangenheit heranziehen wollte, man sie ganz nahe, nämlich zu Hause, fände. Er war nicht etwa dafür, sie zu kopieren, sondern meinte, man sollte statt dessen moderne Gebäude in einem authentischen deutschen Stil innerhalb des deutschen Staates schaffen. Siehe *Leben und Schicksal. Zur Einweihung der Synagoge in Hannover*, 1963, S. 193, und H. Hammer-Schenk, »Opplers«.

199 Girault de Frangey, *Monuments arabes et moresques de Cordoue, Séville et Grenade*, Paris 1837; Patricio de la Escosura, *España artística y monumental*, Paris 1842, Bd. 1, S. 44–45, 71–72.

200 *Jewish Chronicle*, 13. Juni 1873, S. 177. Der Architekt war Edward Salomons.

201 R. Wischnitzer, *Architecture*, S. 208–209; V. Stassow, »Po powodu Postroiki sinagogi w Sant Peterburge«, in: *Jewreiskaja Biblioteka*, II (1889), S. 435–453.

202 *Builder*, XXX (20. Jan. 1872), S. 49.

203 Spatzerowei (ehemals Promenaden, Kosciuszko) Aleja. Die Überreste der Synagoge wurden nach 1945 zerstört.

204 Weitere Synagogen mit gotischen Elementen sind unter anderen: In Österreich: Wien – Müllnergasse, Neudeggergasse und Schmalzhofgasse, alle von Max Fleischer zwischen 1884 und 1906. In der Tschechoslowakei: Bartfeld, etwa 1808, Budweis von Fleischer, späte neunziger Jahre des 19. Jh.; Prag – Altschul, etwa 1837; Prag – Meisel, von Alfred Grotte umgebaut, 1893–1905; Groß-Meseritz von August Prokop, 1867. In Frankreich: Oberschäffolsheim. In Deutschland (West und Ost): Bückeburg, eingeweiht 1866; Fulda, 1859; Fürth von A. Reindel nach 1831; Eldagsen von Bösser, 1866–1868; Göttingen, 1897; Hadamar, 1842; Krefeld, 1902, umgebaut von J. Reck; Ladenburg, eingeweiht 1832; Oedheim, sechziger Jahre des 19. Jh.; Regensburg, 1837–1841. In Großbritannien: Leeds; Pontypridd von Lloyd, 1895. In Ungarn: Devecser; Hatvan. In den Niederlanden: Aalten; Amersfoort, 1842; Borne; Buren; Culemborg; Emmen, 1878; Gennep; Haarlem, 1841, 1896; Harderwijk; Harlingen, 1877; Heusden; Kampen; Oldenzaal, 1880; Schiedam; Veghel; Zutphen, vor 1879; Zwolle, vor 1860. In Polen: Posen – Neue Synagoge. Die Synagoge in Coburg behielt die alten gotischen Formen der St.-Nikolaus-Kapelle bei, als diese im Jahre 1873 in eine Synagoge umgewandelt wurde. Über gotische Elemente in Karlsruhe, 1798 ff., siehe H. Hammer-Schenk, *Synagogen*, S. 235–240. Die meisten der holländischen Gebäude und die Synagoge in Pontypridd sehen wie bescheidene Kapellen aus.

205 Über Fürth siehe unten und H. Hammer-Schenk, *Synagogen*, S. 243–246. Über Prag siehe H. Hammer-Schenk, *Synagogen*, S. 246–247; J. Herman und M. Vilímková, *Die Prager Synagogen*, Prag 1970; O. Herbenová, »Spanelská synagoga«, S. 108–109; V. Sadek, »La synagogue réformée à Prague (la ›Vieille école‹) et les études juives au cours au 19ième siècle«, in: *Judaica Bohemiae*, XVI, Nr. 2 (1980), S. 119–123. Über Regensburg siehe H. Hammer-Schenk, *Synagogen*, S. 247–249, und I. Meyer, *Zur Geschichte der Juden in Regensburg*, Berlin 1913.

206 *Jewish Chronicle*, 15. Sept. 1851, S. 384. In Beilen in den Niederlanden veranstalteten im Jahre 1855 der Bürgermeister und der Küster eine Kollekte, um eine Synagoge bauen zu helfen: Gans, *Memorbook*, S. 476. Über Solihull siehe *AJR Information*, XXXII, 1977, S. 3. Der Bürgermeister von Lingolsheim im Elsaß richtete eine Spendenkasse ein, und ein protestantischer Pfarrer führte im Jahre 1861 eine Sammlung durch, um eine neue Synagoge zu bauen: *Jewish Chronicle*, 11. Okt. 1861. Die Synagoge in Leiden wurde mit Geldern wiederaufgebaut, die zum Teil von christlichen Privatpersonen gestiftet worden waren: *AJR Information*, XXXIII (Juni 1975). Ein Katholik verlieh den größten Teil des Geldes, das für die neue Synagoge in Rosenberg benötigt wurde, zu einem außergewöhnlich niedrigen Zinssatz: H. E. Weigert (1819–1905), »Meine Lebensgeschichte bis 1895« in M. Richarz (Hrsg.), *Jüdisches Leben in Deutschland. Selbstzeugnisse zur Sozialgeschichte 1780–1871*, New York 1976, S. 319. Ein Studentenchor der Universität Münster in Westfalen machte nach dem Zweiten Weltkrieg eine Rundreise durch die Vereinigten Staaten, um Geld für den Wiederaufbau der Synagoge in dieser Stadt zusammenzubringen: P. Spiegel, *Festschrift zur Weihe der neuen Synagoge in Münster/Westf.*, [Münster] 1961, S. 38.

207 »Über Synagogenbauten«, in: *Zeitschrift des österreichischen Ingenieur- und Architekten-Vereines*, XLVI, Nr. 8 (4. Mai 1894), S. 253–258.

208 *Zentralblatt der Bauverwaltung*, XIV (1894), S. 178–179.

209 H. Hammer-Schenk, *Synagogen*, S. 444. Das Bestreben, nicht so offensichtlich anders (d. h. exzentrisch) zu wirken, war sicher ein Faktor bei der Entscheidung

der Bochumer Juden, die Türme abzureißen, die der Synagoge aus dem 19. Jh. ein so seltsames Aussehen gegeben hatten. Auch die Hamburger Juden waren 1856 sehr nervös, weil sie meinten, zu sehr aufzufallen, siehe H. Hammer-Schenk, *Synagogen*, S. 190.

210 »Wie baut man Synagogen?« *AZJ*, LXV, Nr. 10 (8. März 1901), S. 115–117.

211 Die Einweihungszeremonie in Dortmund: *Dortmunder Zeitung*, 6. Juni 1900. Krefeld: E. Stockhausen, »Zur Geschichte der jüdischen Gemeinde Krefelds im 19. Jahrhundert«, und D. Hangebroch, »Emigriert – Deportiert. Das Schicksal der Juden in Krefeld zwischen 1933 und 1945«, beide in: *Krefelder Juden*, Hrsg. G. Rotthoff, Bonn 1980, S. 69, 142–145 (Krefelder Studien, 2).

212 Hangebroch, »Emigriert – Deportiert«, bes. S. 142–145. Die Erneuerung der Fassade der Krefelder Synagoge in einer exzentrischen Mischung von spätgotischen dekorativen Steinarbeiten und Rundbogenformen sollte vielleicht an einen frühen deutschen Renaissancestil erinnern; Photographie in Eschwege, *Die Synagoge in der deutschen Geschichte*, S. 107.

213 J. Heřman und M. Vilímková, *Prague's Synagogues*, S. 53, 56. Die Juden waren zwischen ihrer Neigung zu deutscher Kultur und dem Druck des aufkommenden tschechischen Bewußtseins eigener Kultur gefangen.

214 Budapest-Ujlak, Zsigmond-Straße (heute Leo-Frankel-Straße): Heller und Vajda, *The Synagogues of Hungary*, S. 24 und Abb. 373–374.

215 Haarlem: Photographie im YIVO. Andere holländische Synagogen: photographische Dokumente im Rijksdienst voor Monumentenzorg.

216 Juden deutscher Herkunft zeigten wenig Begeisterung, sich mit ihren östlichen, besonders den jiddisch sprechenden Glaubensbrüdern zusammenzuschließen, sogar noch nach 1945; siehe M. Elovitz, »The Wiesbaden Synagogue«, in: *Reconstructionist*, XXXII (9. Dez. 1966), S. 20, und P. Arnsberg, *Neunhundert Jahre »Muttergemeinde Israel«, Frankfurt am Main 1074–1974*, Frankfurt 1974, S. 193. Über die Juden französischer Herkunft sagte Rabbi Israel Lévi aus Paris, daß französische Rabbiner den im Ausland geborenen orthodoxen Rabbiner Herzog in der Synagoge in der Rue de Tournelles nicht akzeptierten und daß Predigten in fremder Sprache unausbleiblich Nachwirkungen auf die gesamte Gemeinde haben würden (Consistoire Israélite Archives B-95. Commission du 4ième arrondissement, 20. Mai 1913). Rabbiner, die bei der Versammlung vom 4. Juni 1913 zugegen waren, hätten polnische orthodoxe Rabbiner nur zu Konsistoriumskommissionen zugelassen, wenn sie sich mit Ritualangelegenheiten befaßten. Einer von ihnen, J. Zébaume, schrieb am 4. Juni 1913, daß das Konsistorium den Immigranten überlassen sollte, sich um ihre eigenen Armen zu kümmern. Diese Haltung führte natürlich zur Bildung getrennter Synagogengemeinden und zum Bau eigener Synagogen, siehe unten, Paris, Rue Pavée.

217 Die Literatur über diese Themen ist zu umfangreich, um hier zitiert werden zu können, bestätigt aber meine knappen Bemerkungen. Siehe zum Beispiel M. Kreuzberger und I. Foerg (Hrsg.), *Leo Baeck Institute, New York. Bibliothek und Archiv. Katalog*, Bd. 1, Tübingen 1970. Werke über jüdische Geschichte, Soziologie, jüdisch-christliche Beziehungen, Antisemitismus und die Ursprünge des Holocaust können zu Rate gezogen werden.

218 Siehe oben, Fn. 169 über Riesser. Auf patriotischem Verhalten zu bestehen, nützte den Juden sicherlich in ihren Beziehungen zum Kaiser und zu den örtlichen Obrigkeiten, zeigte aber, wie tief sie sich nach voller Integration sehnten. Bei der Einweihung der Reformsynagoge in der Hamburger Poolstraße im Jahre 1842 wurde ein Lied vorgetragen, das mit folgenden Worten schloß: »Wir sind Deutsche mit den engsten Banden. Der Tempel drückt sich selbst klar aus: ein wahres deutsches Gotteshaus.« Das wehrte Bemerkungen ab, das Gebäude sähe fremd aus. Siehe G. Salomon, *Kurzgefaßte Geschichte des neuen israelitischen Tempels in Hamburg während der ersten 25 Jahre seines Bestehens*, Hamburg 1844, S. 137. Die Synagogen, an denen diese Haltung zum Ausdruck kommt, sind unter anderen: Berlin – Fasanenstraße, Köln – Roonstraße, Düsseldorf, Hagen, so wie sie mit zwei Türmen umgebaut wurde, Posen, Straßburg – Quai Kléber.

219 H. Hammer-Schenk, »Ästhetische und politische Funktionen historisierender Baustile im Synagogenbau des ausgehenden 19. Jahrhunderts«, in: *Kritische Berichte, Mitteilungen des Ulmer Vereins für Kunstwissenschaft II*, Nr. 2/3 (1975), S. 14–15.

220 Barcs, Budapest – Rumbach-Straße, Groß Karol, Klausenburg, Fadd, Freistadt, Preschau, Senica, Stuhlweißenburg, Vrbovce. Anderswo: Lowicz, Bukarest – Choral-Synagoge.

221 Photographiesammlungen im YIVO und Leo Baeck Institute, New York; im Państwowy Instytut Sztuki, Warschau; Enzyklopädien und Gemeindegeschichten. Beispiele sind unter anderen: Prag – Jerusalem-Straße, Leningrad – Große Synagoge, Lida, Lodz – Altstadt, Minsk. Im Westen siehe vergleichbar massiv gebaute (oder grobe) Synagogen in Rotterdam-Botersloot und Luxemburg. Die Synagoge in der Tlomazka-Straße in Warschau in klassizistisch-barokkem Stil war eine Ausnahme.

222 Siehe unten, Florenz, Mailand, Rom, Turin.

223 Über nachlassendes Beten zu Hause siehe W. Tachau, »The Architecture of the Synagogue«, in: *AJYb*, XXVII, 1926–1927 (1926), S. 172.

224 Das leicht Orientalische der Entwürfe dürfte auf den Einfluß des Zionismus zurückzuführen sein. Theodor Herzls *Der Judenstaat*, 1896 veröffentlicht, war eine der Antworten auf das immerwährende Problem, dem die Juden gegenüberstanden, die erkannten, wie unwillig viele Christen die jüdischen Versuche aufnahmen, sich zu integrieren. In den veröffentlichten Abhandlungen über Synagogen wird diese Verbin-

dung jedoch nicht hergestellt. Der massive Stil, mit seinen mittelalterlichen oder klassizistischen Varianten, kann in den Architekturzeitschriften Deutschlands und Skandinaviens in der Zeit zwischen 1885 und ca. 1914 gefunden werden. Über Nimwegen siehe B. deBreffny, *The Synagogue*, New York 1978, S. 180–185. R. Ziegler entwarf eine (nicht gebaute) Synagoge für Berlin, welche eine überladenere Version des massiven Stils darstellte, siehe *Berliner Architekturwelt*, XIV (1912), S. 325–327.

225 Über diese Synagogen siehe Hinweise in S. Waetzoldt (Hrsg.) mit V. Haas, *Bibliographie zur Architektur im 19. Jahrhundert. Die Aufsätze in den deutschsprachigen Architektur-Zeitschriften 1789–1918*, Bd. 3, Nendeln 1977, S. 1603–1620, und H. Hammer-Schenk, *Synagogen*.

226 E. Hiller, »Über den modernen Synagogenbau«, in: *Ost und West*, VI, Nr. 1 (Jan. 1906), Spalten 29–36, bes. Spalte 31.

227 »Neubau der Westend Synagoge, Frankfurt am Main«, in: *Deutsche Bauzeitung*, XLV, Nr. 62 (1911), S. 535–536; »Die Westendsynagoge in Frankfurt am Main«, in: *Neudeutsche Bauzeitung*, VII (1911), S. 365–376; »Die Westend-Synagoge in Frankfurt am Main«, in: *Der Baumeister*, IX, Nr. 7 (1911), S. 73–80.

228 J. DeLange, »Ontwerp voor Synagoog te Antwerpen«, in: *Jubelalbum van het Kring voor Bouwkunde 1900–1910*, Antwerpen 1910, S. 73–77. Diesen Hinweis verdanke ich Alfred E. Willis.

229 Drei Fenster sind in Eschwege, *Die Synagoge in der deutschen Geschichte*, S. 130, abgebildet.

230 Über Belz: *AZJ*, 6. Nov. 1914. Allgemeine Vernichtung der Juden und ihrer Monumente: *AJYb* 1915–1916 (1915), S. 226, 268–269; 1916–1917 (1916), S. 117. Unter den besonderen Holzsynagogen, die in den Jahren 1914–1918 zerstört wurden, waren die von Jedwabne, Hziory und Sniadowo; siehe C. Aronson, »Les synagogues en bois du XVIIe et du XVIIIe siècle en Pologne«, in: *Gazette des Beaux-Arts*, sér. VI, XVI (Dez. 1936), S. 233–244. G. Lukomski, »The Wooden Synagogues of Eastern Europe«, in: *Burlington Magazine*, LXVI, Nr. 382 (1935), S. 14–21, sagte, die in Jablonow, Nasielsk und Narow wurden ebenfalls zerstört, aber alle seine Schriften sind mit Vorsicht zu genießen.

231 Staszów und Pruszków: *AJYb* 1915–1916 (1915), S. 260, 263; Snekschni: *ibidem*, 1915–1917 (1916), S. 199.

232 Fastow, *AJYb*, 1920–1921 (1920), S. 281.

233 J. Rothenberg, »Synagogues in the Soviet Union. A Report to the Institute of East European Jewish Affairs, Brandeis University«, Maschinenschriftsatz, März 1966. S. Lightman (Hrsg.), *The Jewish Travel Guide*, London 1980, führt Adressen von Synagogen an 46 Orten der UdSSR auf.

234 Ecole nationale supérieure des Beaux-Arts. *Les concours d'architecture de l'année scolaire X* (1918–1919), Tafeln 3–18.

235 J. Lever (Hrsg.), *Catalogue of the Drawings in the R.I.B.A.*, s. u. Landauer.

236 In Heller und Vajda, *Synagogues of Hungary*, Abb. 448, 449, 454 abgebildet. Siehe dort Abbildung von Preßburg (Abb. 20) und siehe unten: Preßburg.

237 Photographien im YIVO, New York.

238 Siehe unten: Amsterdam, 1928–1938.

239 London–St. John's Wood Road, 1925 von E. Joseph: *Architectural Review*, LVIII (Nov. 1925), S. 198–201. Paris–Rue Copernic, 1922–1924: P. R. Roland Marcel, *A Guide to Jewish Monuments in France*, Paris [1937], S. 18–19. Berlin–Prinzregentenstraße von A. Beer, 1930: Bendt & Bothe, Bd. 1, S. 60–64, 148–155.

240 London–Willesden Green von Landauer, Wills und Kaula, 1936–1938: *Architectural Review*, LXXXIII (Mai 1938), S. 243, *Architects' Journal*, 14. April 1938, S. 617–619, und Lever (Hrsg.), *Catalogue of the Drawings in the R.I.B.A.*, s. u. Landauer, Zeichnungen mit 1936 datiert. Liverpool–Greenbank Drive von A. Ernest Shennan, 1936–1938: *Architecture Illustrated*, XVI (April 1938), S. 90–97. R. Joseph, Projekte: Leo Baeck Institute Archives, R. Joseph Collection. Zürich–Freigutstraße: M. Eisler, »Neue Synagoge«, in: *Menorah*, VIII, Nr. 11/12 (Nov.–Dez. 1930), S. 549. Siehe auch die gestreifte Synagoge in der Carpentierstraat in Den Haag–Bezuidenhout von Jacob Baars, 1938; ein Entwurf für eine Synagoge in Antwerpen von Josef Frank, *Menorah*, VII, Nr. 11/12 (Nov.–Dez. 1929), S. 557; London–Shepherd's Bush, *Builder*, CLVII (14. Juli 1939), S. 67–68.

241 Über Sillein siehe unten. Kriegsdenkmal »Helden-Tempel« siehe Heller und Vajda, *The Synagogues of Hungary*, Abb. 445–447. Der »Helden-Tempel« kommt im Entwurf dem von Béla Lajta für eine nicht gebaute Synagoge in Budapest sehr nahe: *Der Architekt*, XVIII (1912), Tafel 79.

242 Rosenthal: H. Herkommer, »Kirchliche Kunst der Gegenwart«, in: *Deutsche Bauten*, 1930, Nr. 6/7, S. 48. Mendelsohn: B. Zevi, *Erich Mendelsohn, Opera completa*, S. 122. Neutra: W. Boesiger (Hrsg.), *Richard Neutra. Buildings and Projects*, S. 193. Amsterdam–Obrechtplein: siehe unten, Amsterdam 1928–1938. Rotterdam: D. Hausdorff, *Platenatlas van drie en halve eeuw geschiedenis van de joodse gemeente in Rotterdam van 1610 tot ca. 1960*, Baarn 1978, S. 72. Plauen: siehe unten, Plauen. Zu diesem Zeitpunkt war Landauer überzeugt, daß der Erste Weltkrieg Grund genug gegeben habe, neu zu bauen und neues Leben zum Ausdruck zu bringen, und daß es Pflicht der modernen Ausdrucksform sei, Inhalte zu liefern: W. Goldberg (Hrsg.), *Blätter zur Erinnerung an die Weihe der Synagoge Plauen i/V.* [Plauen], 1930, S. 25–28. Berlin–Klopstockstraße: H. Hammer-Schenk, *Synagogen*, Abb. 468, 493–495.

243 Brünn: »Neue Arbeiten von Arch.-Ing. Otto Eisler«, in: *Forum*, VI (1936), S. 126–127. Paris–Rue Ju-

lien-Lacroix: M. Zahar, »Une synagogue à Belleville«, in: *L'amour de l'art*, II (1931), S. 254–255. London–Hendon United: deBreffny, *The Synagogue*, S. 194–195. Vergleichbare Synagogen sind unter anderen: Bad Nauheim und Hamburg–Oberstraße (siehe unten: Hamburg); Hove-Liberal (»Synagogue. Edward Lewis«, in: *Architectural Review*, LXXXV [Jan. 1939], S. 36 ff.); R. Josephs Entwurf von 1934–1937 für einen Bau, den man von einem Ausstellungspavillon in eine bleibende Synagoge umwandeln konnte (Leo Baeck Institute, New York, Archives, R. Joseph Collection). Die Debatte über das unterschiedliche Aussehen währte noch lange nach 1918.

244 H. Hammer-Schenk, *Synagogen*, S. 524–528, über gemalte Dekorationen in deutschen Synagogen der zwanziger Jahre.

245 *Encyclopedia Judaica*, 1971, über einzelne Gemeinden. A. Diamant, *Zerstörte Synagogen vom November 1938. Eine Bestandsaufnahme*, Frankfurt a. M. 1978; R. Thalmann und E. Feinermann, *Crystal Night, 9–10 November 1938*, New York 1974; A. Kober, »Jewish Communities in Germany from the Age of Enlightenment to their Destruction by the Nazis«, in: *Jewish Social Studies*, IX, Nr. 3 (1947), S. 195 ff.; A. Charim, *Die toten Gemeinden*, Wien 1966; Z. Baker, »Bibliography of Eastern European Memorial Books Updated and Revised«, in: *Toledot*, III, Nr. 2–3 (1979–1980), S. 7–42.

246 R. Feder, »Religious Life in Terezín«, in: *Terezín*, Prag 1965, S. 52–53; Heller und Vajda, *Synagogues of Hungary*, S. 191 über Bergen-Belsens Synagoge, die hauptsächlich von ungarischen Juden erbaut wurde; Z. Szajkowski, *Analytical Franco-Jewish Gazetteer, 1939–1945*, New York 1966, S. 202, 210, 280 über französische Lager. Ein Aquarell des verstorbenen Künstlers Norbert Troller, der tschechischer Herkunft war, zeigt eine mit einer Heiligen Lade ausgestattete Kasematte in Theresienstadt und befindet sich in der Sammlung des Leo-Baeck-Instituts, New York.

247 Szajkowski, *Analytical Franco-Jewish Gazetteer*, S. 206, zitiert den Katalog der Ausstellung »Les juifs dans la lutte contre Hitler«, 1965, S. 26.

248 Über den Stall in Verdun, *ibidem*, S. 229. In Ungarn: P. Meyer, *Jews in the Soviet Satellites*, Syracuse 1950, S. 398. Wäscherei: Berlin–Pestalozzistraße. Müllhalde: Celle, R. Wischnitzer, *Architecture*, S. 148–149. Bordell: Belgrad–Kosmayska-Straße. Gefängnis für Deportierte: Bordeaux–Rue Ste-Catherine, 1944, F. Ambrière, *Guide religieux de France*, Paris 1967, S. 973–974.

249 Dies wurde auch bei Kirchen getan, die zu einem anderen Zweck umgebaut wurden, z. B. in London, Bedford Park.

250 U. Nahon, *Holy Arks and Ritual Appurtenances from Italy in Israel*, Tel Aviv 1970 (hebräisch), Zusammenfassung der früheren Veröffentlichung von Nahon über dieses Thema.

251 Über jüdische Synagogenarchitekten nach 1945 siehe Seite 435 ff.

252 Frankreich: Fontainebleau, Sarcelles, Massy und Antony (Photographien im Büro des Consistoire Israélite, Paris, mit freundlicher Genehmigung von M. Bronner); Paris–Abrabanel (»Synagogue à Paris«, in: *L'architecture d'aujourd'hui*, XXXVI, Nr. 12 [Apr.–Mai 1966], [S. 92–93] über die preisgekrönten Entwürfe von Heaume und Persitz, und *ibidem*, Okt.–Nov. 1966, S. 30, über den abgelehnten Vorschlag von Neumann und Hecker); »Centro comunitario e sinagoga a Parigi«, in: *L'architettura*, XXVIII (Juni 1982), S. 408–416. England: Hove–Palmeira Avenue; über die Romford Synagogue in London schrieb ein Kritiker, sie sehe wie ein umgewandelter Luftschutzkeller aus und habe ein flaches Dach, durch das der Regen hereinliefe. Sie vermittelte offensichtlich einen anderen Eindruck als den eines universal-abstrakten Symbols, siehe *Jewish Chronicle*, 10. Juli 1964. Siehe auch London–Smith Terrace, Leeds–Moortown Road. Irland: Dublin–Terenure. Westdeutschland: Dortmund, Trier. Niederlande: Rotterdam. Italien: Mailand, wiederaufgebaut. Spanien: Madrid. Über Dublin, Leeds, Dortmund, Trier und Rotterdam siehe R. Wischnitzer, *Architecture*, S. 248–276.

253 Die Synagoge von Villeurbanne zumindest hat eine andere Geschichte. Sie wurde im Jahre 1963–1964 gebaut, mit Geldern, die von der »Conference on Jewish Material Claims Against Germany« gegeben wurden, sowie mit anderen Geldmitteln und freiwilliger Arbeit, die von einer protestantischen Jugendgruppe, Aktion Sühnezeichen, zur Verfügung gestellt wurden, welche die Sünden ihrer Eltern wiedergutzumachen hoffte.

254 Ich danke Murry Cohen, Philip Creme, Alexander Flinder, Maureen Gilbert, Jane Leaver, Bernhard Leitner und Rachel Wischnitzer für Photographien, Pläne und Bilder.

255 Siehe unten: Essen.

256 R. Wischnitzer, *Architecture*, S. 262, Abb. 234.

257 Siehe unten: Sillein und Wien-Hietzing.

258 Siehe unten: Livorno.

259 R. Wischnitzer, *Architecture*, S. 250 und 262, Abb. 224 und 234. Auch in dem Zeitungsbüro der *Allgemeine unabhängige ... Wochenzeitung* und im Zentralrat der Juden in Deutschland, beide in Düsseldorf, befinden sich Photographien. Ich danke den Herren Spiegel, Sachser und Levy dort.

260 G. Swet, »The Jewish Religion in Soviet Russia« in G. Aronson u. a. (Hrsg.), *Russian Jewry, 1917–1967*, New York 1969, S. 215–216. Rothenberg, »Synagogues«, S. 6–8, führt alle im Jahre 1965 bekannten erhalten gebliebenen Synagogen auf. Siehe auch L. Shapiro, »Russian Jews after Stalin« in Aronson (Hrsg.), *Russian Jewry*, S. 452–455.

261 D. J. Elazar (Hrsg.), *Balkan Jewries Today*, Jerusalem und Philadelphia 1974.

262 Vergleiche Samuel Halevi Abulafia (Toledo), Morde-

chai Meisel (Prag), Moses Montefiore (Ramsgate), Abraham Oppenheimer (Köln), der Vater von Joseph Isserles (Krakau), Jacob Neuschatz (Jassy), I. Landau (Paris).

263 D. Cohen, »Une page d'histoire des juifs de Marseille au XIXe siècle. La construction du temple de la rue Breteuil (1874)«, in: *Revue des études juives*, CXXXV, Nr. 1–3 (1976), S. 78–79.

264 Siehe unten: Florenz, Turin.

265 Der Rabbiner von Mainz zitiert in S. Salfeld, *Blätter zur Erinnerung an die Einweihung der neuen Synagoge in Mainz*, Mainz 1913, S. 18.

266 Die römisch-katholische Religion war vor 1905 die Staatsreligion. Dr. Jonathan Helfand, Autor von Studien über das französische Judentum im 19. Jh., bestätigt diese Gleichsetzung von Synagoge mit etwas Exotischem und Bedenklichem. Auch italienische Synagogen wurden Tempel genannt, und der Wandel von der Bezeichnung »scuola« zu »tempio« wurde von Bachi, »Appunti«, S. 36, bemerkt. Englische Juden begründeten ihre Ansprüche auf Gleichberechtigung auf die Ähnlichkeit ihrer Religion mit christlichen Bekenntnissen, die ebenfalls außerhalb der Staatskirche, der Church of England, standen (T. Endelman, *The Jews of Georgian England*, Philadelphia 1979), aber sie benutzten normalerweise die Bezeichnung *temple* nicht.

267 *AZJ*, 10. Okt. 1913, S. 484–485; Cohen, »Une page d'histoire ...«, in: *Jewish Chronicle*, 30. Sept. 1887. Unter anderen, die Geigers Auffassung teilten, befanden sich im Jahre 1854 Juden aus Leipzig (in W. Haller, »Der Tempelbau«, in: *Aus Geschichte und Leben der Juden in Leipzig*, Leipzig 1930, S. 56–57) und der Oberrabbiner von Metz im Jahre 1919 (*Archives israélites*, LXXIV [2. Okt. 1913]).

268 Cohen, »Une page d'histoire ...«, S. 80.

269 E. Bassi, *Architettura del sei e settecento a Venezia*, Neapel (ca. 1962), S. 118. Siehe auch einen Besucher in Worms, der über ihr »östliches« Aussehen in *The Builder*, 1867, schrieb, wie unten, s. u. Worms, bemerkt wird. Siehe auch den Autor in der *Illustrierten Zeitung* über die Synagoge der Israelitischen Religionsgemeinschaft von 1853 in Frankfurt am Main, s. u. Frankfurt am Main.

270 I. Zangwill, Ausgabe in New York, 1892, verlegt, Bd. 2, S. 317; L. Hatvany-Deutsch, *Bondy Jr.*, New York 1931, S. 227 (ursprünglich: *Bondy jr. Ein Roman*, München 1929): »Dann erschien die Synagoge vor ihnen im Dunst wie ein doppelköpfiger Drache, mit ihren roten Ziegelsteinen und ihren beiden Türmen. Die senkrechten Streben der Eisengitter davor standen da wie unbewegliche Wachposten mit Hellebarden.«

271 5. Juli 1971. Über Karlsruhe siehe auch *AZJ*, 16. Juli 1971.

272 *Strasbourg. La Synagogue de la Paix*, Straßburg 1958, S. 75. Ähnlich, in Vorkriegsjahren: Rabbi Loeb in Osnabrück, 1906, zitiert in: K. Kühling, *Die Juden in Osnabrück*, Osnabrück 1969, S. 74; F. Engel, »Der Jude und die deutsche Kultur«, in: *C-V Zeitung*, VI, Nr. 31–32 (5. Aug. 1927), S. 436–437; Frankfurt am Main, Westend-Reformsynagoge, 1910, wurde in einer Lokalzeitung als Ausdruck der jüdischen Haltung beschrieben, nämlich daß sie »treudeutsch und jüdisch allezeit« wären, siehe *Kleine Presse*, 29. Sept. 1910. Paris, Rue Gaston-de-Caillavet, Liberale Synagoge, von I. Schein, »Centro Comunitario e sinagoga a Parigi«, in: *L'architettura*, XXVIII (Juni 1982) S. 410, beschrieben.

273 Eine Auswahl von Vorstellungen über die religiöse Haltung, die in der Synagogenarchitektur ausgedrückt werden soll, kann man in J. Klein, *Was lehrt uns das Gotteshaus? Predigt bei der Einweihung der neu erbauten Synagoge der israelitischen Gemeinde in Czempin, 17. September 1861*, Breslau 1861, finden; E. Mihaly, »Jewish Prayer and Synagogue Architecture«, in: R. Gordis und M. Davidowitz (Hrsg.), *Art in Judaism*, New York 1975, S. 53–63; J. Carlebach, »Architektur der Synagoge«, in: *Jeschurun*, XVI, Nr. 3–4 (1929), S. 109–131, bes. S. 114–125.

Ausgewählte Beispiele

Einführung

Die in diesem Teil behandelten Synagogen sind für die baulichen und historischen Verhältnisse in vielen Gebieten Europas zu verschiedenen Zeiten repräsentativ. Möchte sich der Leser über weitere Synagogen informieren, so findet er Material in den in der Bibliographie aufgeführten Werken und den Geschichten der Gemeinden, die in den wichtigsten jüdischen Forschungsbibliotheken verfügbar sind. In einigen Fällen gibt es keinerlei zuverlässige Informationen, besonders über die zerstörten Synagogen Osteuropas.

Die kurzen Abhandlungen in diesem Teil sind nach neun geographischen Kategorien geordnet:

- Österreich-Ungarn und die Balkanländer
- Osteuropa und die UdSSR
- Frankreich und Belgien
- Deutschland und die Schweiz
- Die Iberische Halbinsel
- Italien
- Die Niederlande
- Skandinavien
- Großbritannien und Nordirland

Bei dieser Einteilung bin ich manchmal mehr von kulturellen Zugehörigkeiten als von derzeitigen Staatsgrenzen ausgegangen. Die Synagogen von Breslau (Wroclaw) werden zum Beispiel unter Deutschland behandelt und nicht unter Polen, weil die Stadt zur Zeit der Errichtung der Gebäude zu Deutschland gehörte. Sillein und die Londoner Reformsynagoge sind jeweils zusammen mit den Synagogen in der Oberstraße und der Poolstraße in Hamburg behandelt, weil die tschechischen und englischen Beispiele zum Verständnis der deutschen Bauten beitragen. Die Synagogen in Triest wurden unter österreichischer Herrschaft erbaut, aber da die kulturelle Zugehörigkeit der Juden dort weder rein österreichisch noch rein italienisch war, schien es vertretbar, Triest unter Italien einzureihen. Belgien ist Frankreich zugeordnet worden, weil die Juden in beiden Ländern im 19. Jahrhundert Konsistorien unterstanden und ihre Synagogen oft neoromanische Stilformen aufwiesen. Die Schweiz wird hier Deutschland zugeschlagen, weil die im Buch behandelten Schweizer Synagogen ehemals zu Baden gehörten, bevor die Grenzen verändert wurden, und sie sind für die Kleinstadt-Synagogen des 18. und 19. Jahrhunderts, die man sowohl in Deutschland wie in der Schweiz findet, repräsentativ. Die Synagogenbauer in den Balkanländern waren kulturell und politisch mit ihren Kollegen in Österreich und Ungarn verbunden, und es erschien uns unnötig, die einzige Ausnahme, die Synagoge in Samokov in Bulgarien, getrennt zu behandeln.

Österreich-Ungarn und die Balkanländer*

Niederösterreich und das Burgenland – mittelalterliche Synagogen

Entlang der Ostgrenze Österreichs und im westlichen Randbereich Ungarns sind Überreste mittelalterlicher Synagogen zu finden: in Hainburg, Korneuburg und Ödenburg. Eine weitere, die zerstört ist, entstand näher bei Wien, in Mödling. Dieses Gebiet hieß im späten Mittelalter, vor der Vertreibung der Juden im Jahre 1420/21, und ab dem 18. Jahrhundert jüdische Ansiedler willkommen. Sowohl mittelalterliche Synagogen wie solche aus dem 19. Jahrhundert sind erhalten geblieben, einige inzwischen unter Denkmalschutz gestellt.

Abb. 18. Hainburg, mittelalterliche Synagoge, Außenansicht.

Hainburg

Das kleine, seit eh und je als Synagoge identifizierte Steingebäude, das sich in der mittelalterlichen Straße befindet, die vom Marktplatz nach Westen führt und als Judenstraße bekannt ist, hat seit 1420 nicht mehr als solche (Abb. 18) gedient. Da Veränderungen am Bau vorgenommen wurden, ist seine ursprüngliche Form nicht klar zu erkennen. Ein auf dem gleichen Grundstück angelegtes rituelles Bad und ein Waschbecken, das angeblich existiert hat, untermauern die Annahme, daß es sich um eine Synagoge gehandelt hat.

Geblieben sind ein oktogonaler Steinturm, der mit einem spitzen Dach gedeckt ist, und daneben ein rechteckiger Raum, dessen an den Turm anschließende Wand das gleiche Mauerwerk aufweist. Der Turm hat keine Fenster und dürfte wahrscheinlich die Heilige Lade beherbergt haben. Eine Eintragung in das katholische Kirchenbuch aus dem Jahre 1830 belegt, daß der achteckige Turm Bilder von Abraham, Isaak und Jakob enthielt. Obwohl dies die Verbindung mit dem jüdischen Glauben nahelegt, sind keine anderen figürlichen Darstellungen aus dem Mittelalter an den Wänden um die Heilige Lade bekannt, und die Bilder können durchaus aus der Zeit vor 1420 gestammt haben. Ein Oktogon, das an ein Rechteck gefügt ist, und ein oktogonaler Raum für die Heilige Lade sind meines Wissens in der Synagogenarchitektur einmalig. Zu den zahlreichen Juden im spätmittelalterlichen Hainburg gehörten auch Händler und ein Geldverleiher. So kann man annehmen, daß die Gemeinde genug Geld und Vertrauen in die Zukunft gehabt hat, um sich bauliche Experimente leisten zu können.

* Die Synagoge in Sillein wird unter dem Abschnitt Deutschland: moderne, geometrische Synagogen, behandelt.

Korneuburg

In dieser nördlich von Wien gelegenen Stadt waren Juden als Händler mit landwirtschaftlichen Erzeugnissen und Salz tätig. Ihre rechteckige Synagoge, die wahrscheinlich aus dem 14. Jahrhundert stammt, liegt im Stadtzentrum, eine Straße vom zentralen Platz entfernt (Abb. 19). Dieser Bau ist seit dem 15. Jahrhundert nicht mehr als Synagoge benutzt worden, und sein Dach stammt allem Anschein nach aus der Barockzeit, aber das Gebäude befand sich im Jahre 1980 in allgemein gutem Zustand. Die Synagoge, die von außen 13,20 × 10,50 Meter mißt (L. Moses gab ihre Ausmaße mit 11,60 × 9,40 Meter an, offensichtlich die Maße des Innenraums), ist hauptsächlich aus roh behauenem Stein gebaut. Besser verarbeiteter örtlicher Stein ist für die Tür- und Fenstereinrahmungen und in der Mitte sowie für die Ekken der langen Nord- und Südmauern verwendet worden, wahrscheinlich um die Gewölbe zu festigen. Die Synagoge war ursprünglich mit zwei vierteiligen Kreuzrippengewölben versehen, wie aus Rippenspuren in den Wänden zu ersehen ist. Der fast rechteckige Grundriß ist daher den Grundrissen der Synagogen in Miltenberg und Ödenburg, Juden-Straße Nr. 11, ähnlich. Die Höhe der ursprünglichen Fassade ist aus dem noch vorhandenen Gipskarnies zu erkennen. Die Synagoge von Korneuburg hat hohe, spitze Fenster, die teilweise mit Ziegeln ausgefüllt sind; eine Tür mit Spitzbogen wurde später zugemauert. Stufen führten vom Eingang zum Betsaal hinunter. Überbleibsel dieser Treppe wurden 1932 als Stufen zu einem Frauenbereich auf einer Empore interpretiert, aber diese Auffassung ist keineswegs bewiesen.

Abb. 19. Korneuburg, mittelalterliche Synagoge, Außenansicht.

Nachdem der Bau den Juden im Jahre 1421 abgenommen worden war, wurden eine Mühle und ein Silo darin untergebracht, ein Speicherboden und eine Ladetür zu diesem Zweck eingebaut. Die Stufenreste haben vielleicht mit der späteren Verwendung der Synagoge als Heuboden und als Lager eines Apothekers zu tun. Die derzeitigen Besitzer, die den Bau zur Garage umfunktionieren wollen, verkürzten die Höhe der Wände um 2 Meter, worauf das Denkmalamt eingriff und das Gebäude unter Denkmalschutz stellte, in der Absicht, es in ein Wohnhaus umzuwandeln.

Abb. 20. Mödling, mittelalterliche Synagoge, Innenansicht.

Mödling

Von der Architektur her, die auf einer Zeichnung von 1875 erscheint, war die nunmehr zerstörte Synagoge von Mödling ein Raum, der zumindest zwei Joche lang und mit vierteiligen Kreuzrippengewölben über etwa quadratischen Feldern gedeckt war (Abb. 20). Die Rippenprofile lassen ein Entstehungsdatum frühestens im späten 13. Jahrhundert vermuten; das Gebäude kann nicht aus der Zeit nach der Vertreibung der Juden von 1420/21 stammen.

Aus der Freihandzeichnung ist schwer zu erkennen, ob das Bauwerk im Nordteil ein wenig breiter als im Südteil war. Das Bodenniveau dürfte ursprünglich tiefer gelegen haben als zu dem Zeitpunkt, da die Zeichnung hergestellt wurde, so daß die Besucher der Synagoge nicht das Gefühl hatten, daß die Ecken der Gewölbe auf ihnen lasteten. Die Proportionen der Fenster und ihre Anordnung an der Ostseite lassen ebenfalls vermuten, daß der Boden ursprünglich tiefer lag, denn die beiden kleinen, tief eingesetzten, dreiteiligen Fenster und ein zentrales Rundfenster sind überraschend niedrig in die Wand eingelassen.

Die Veränderungen des Raums sind vermutlich nach der Vertreibung von 1420/21 vorgenommen worden. Die neuen Besitzer benutzten das Gebäude für irgendwelche christliche Zwecke, denn sie brachten an der Nordwand gegenüber dem Eingang an der Südseite ein Kruzifix an. Der Eingang auf der Zeichnung ist eine unförmige Öffnung, drei Stufen über dem Boden senkrecht in die Südwand gesetzt. Die Verbindung zwischen Türschwelle und Fußboden besteht aus einer einfachen Holzleiter. Es ist zwar anzunehmen, daß der Fußboden der Synagoge tiefer als die Türschwelle lag (so daß das Gebet »aus der Tiefe« emporsteigen konnte), aber schwer vorstellbar, daß eine Synagogengemeinde, die sich eine gemauerte Synagoge mit Gewölben leisten konnte, sich keine richtige und sichere Treppe hat erlauben können. Der Südeingang muß daher aus der Zeit nach 1421 stammen.

Abb. 21. Ödenburg, Neue Straße Nr. 22–24, Außenansicht 1981.

Ödenburg

Das Vorhandensein von Juden in Ödenburg ist dort vom frühen 13. Jahrhundert bis zu ihrer Vertreibung im Jahre 1526 belegt. Während dieser Zeit errichteten sie zwei Synagogen, die fast einander gegenüber in der Judenstraße (die seit 1440 »Uj« oder »Neue« Straße heißt) liegen. Beide sind nach dem Zweiten Weltkrieg entdeckt worden: die Synagoge in der Nr. 11 Mitte der fünfziger und die der Nr. 22–24 Mitte der sechziger Jahre. Die Synagoge Nr. 22–24 ist älter (um 1300) als die Nr. 11, die von etwa 1350 stammt. Beide stehen auf dem hinteren Teil des Grundstücks, Nr. 22–24 etwas näher an der Straße (Abb. 21). Bei beiden liegt der Eingang zwischen zwei später entstandenen Häusern, wobei Nr. 11 durch einen Toreingang zum Hinterhof eines Hauses erreicht werden kann, das zur Straße einen fast geschlossenen Block bildet (Abb. 22). Beide Synagogen sind längliche, ungefähr 6 × 9 Meter

Abb. 22. Ödenburg, Neue Straße Nr. 11, Straßenansicht 1981.

Abb. 23. Ödenburg, Neue Straße Nr. 22–24, Innenansicht zur Heiligen Lade mit modernem Almemor, 1981.

große Steinbauten mit dicken, verputzten Mauern, Steinplatten auf dem Fußboden, Kreuzrippengewölben, kleinen Fenstern, die hoch oben in die Mauer eingelassen sind, einer Nische für die Heilige Lade an der Ostwand (wahrscheinlich führten Stufen zur Nische hinauf) und einem oder mehreren Anbauten für die Frauen (Abb. 23, 24). Die Frauenbereiche, die nach dem Bau des Betsaals für Männer hinzugefügt wurden, sind mit diesem durch schlitzartige Öffnungen verbunden. Die Verwendung der übrigen Nischen an der jeweiligen Ostwand ist nicht bekannt.

Abb. 24. Ödenburg, Neue Straße Nr. 11, Innenansicht.

Die ältere Synagoge Nr. 22–24 zeigte im dreieckigen Tympanon über der schlichten, rechteckigen Nische für die Heilige Lade in Stein gemeißelte Ranken und Blätter. Mehrteiliges Maßwerk füllte das Tympanon über der Eingangstür zur Vorhalle auf der Nordseite; ebenfalls sind Fragmente des mit Maßwerk versehenen Tympanons über der Nische der Heiligen Lade entdeckt worden. Die Synagoge besitzt relativ lange Fenster in der Ostwand, eines an jeder Seite der kleinen, runden, mit Maßwerk versehenen Öffnung über der Nische für die Heilige Lade.

Der wesentliche Unterschied in der Architektur der beiden Gebäude liegt in den Gewölben. Zwar haben beide Kreuzrippengewölbe, die auf Kragsteinen in der Wand ruhen, aber das frühere Gewölbeschema bestand aus drei solchen Gewölben mit zwei Hilfsrippen, die den westlichen und östlichen Tragrippen beigegeben waren. Diese Rippen verbanden die Spitze des Gewölbes mit der West- und der Ostmauer und bildeten so eine Art Baldachin über der Heiligen Lade. Die Gewölbe in Nr. 22–24 haben ein eleganteres Profil als die vierteiligen Gewölbe in Nr. 11. Die spätere der beiden Synagogen, die aus einem einfachen zweijochigen Raum besteht, ähnelt in Größe, Grundriß und Gewölbeform der Synagoge in Miltenberg, die auch eine fensterlose Nordwand und eine vergleichbare Anlage für die Heilige Lade besaß. Der Grundriß und die Gewölbe des Baus in der Neuen Straße Nr. 11 können auch mit denen der nahe gelegenen Synagoge von Korneuburg verglichen werden. Derzeit ist das Gebäude Nr. 22–24 als historisch bedeutend klassifiziert und beherbergt ein Museum, während Nr. 11 noch restauriert werden muß.

Bibliographie

Hainburg

G. Dehio, *Handbuch der deutschen Kunstdenkmäler*, 2. Abteilung: *Österreich*, II, Hrsg. D. Frey, K. Ginhart u. a., Wien und Berlin 1935, S. 185, 188.

R. K. Donin, *Die Kunstdenkmäler der Stadt Hainburg*, Wien 1931, S. 45–46 und Abb. 29.

L. Moses, *Die Juden in Niederösterreich*, Wien 1935, S. 131. Enthält kurze Bemerkungen über Synagogen in Neunkirchen (S. 141) und andere – hauptsächlich aus dem 17. Jahrhundert – in Bockfliess, Michlstetten, Nieder-Absdorf, Schönbühel, Tribuswinkel und Wolfstal.

L. Moses, »Synagogenbauten und deren Reste in Niederösterreich«, in: *Unsere Heimat. Monatsblatt des Vereines für Landeskunde von Niederösterreich*, 1932, Nr. 10, S. 297–307, bes. S. 302–304.

J. Pick, *Jüdisch-geschichtliche Stätten in Wien und in den österreichischen Bundesländern*, Wien 1935, S. 44.

Korneuburg

Akten im Bundesdenkmalamt in der Wiener Hofburg.

J. Pick, op. cit., S. 46.

F. Zeissl, *Geschichte der Stadt Korneuburg*, Bd. 1, Korneuburg 1959, S. 73 ff.

Ich verdanke viele Informationen Dr. Wolfgang Schleidt, Dept. of Biology, University of Maryland, der Versuche in die Wege geleitet hat, das Gebäude zu erhalten.

Mödling

K. Giannoni, *Geschichte der Stadt Mödling*, Wien 1905.

Ödenburg

F. David, *A soproni ó-zsinagóga*, Budapest 1978, darin J. Sedlmayr, »A Soproni ó-zsinagóga helyreállítása« (A Magyarországi szidó hitközségek monografiái, 8, Hrsg. S. Scheiber).

I. Feuer, »Magyarországi középkori zsinagógák az általános európai fejlödes tükrében«, in: *Magyar Izraelita Országos Kommittee, Evkönyv* 1971/72, S. 43 ff.

R. Hootz, *Kunstdenkmäler in Ungarn. Ein Bildhandbuch*, Berlin 1974, S. 434–435.

J. Nagypál-Kiss, »Die Rekonstruktion der Stadt Sopron/Ungarn«, in: *Bauwelt*, 1978, Heft 40, S. 1502–1505.

M. Pollak, *Die Geschichte der Juden in Ödenburg*, Wien 1929 (Übersetzung der ungarischen Ausgabe von 1896).

S. Scheiber, »Une synagogue médiévale à Sopron«, in: *Revue des études juives*, CXVIII (1959/60), S. 79–93, bes. S. 84–91.

J. Sedlmayr, »Középkori zsinagóga helyreállitása«, in: *Magyar Epitömüvészet, 1977, Nr. 4, S. 48–53.*

J. Sedlmayr, »14 Század eleji zsinagóga helyreállitása Sopronban«, in: Müemlékvédelem, XXII, Nr. 1 (1978), S. 10–18.

Preßburg

Preßburg, berühmter Sitz der Orthodoxie, war das führende Zentrum der Juden in der Slowakei. Seine Jeschiwa war weit bekannt, und der Talmudgelehrte Moses Sofer, von 1807 bis 1839 Preßburgs Oberrabbiner, half den Kampf gegen die Reform zu führen. Eine Reformgemeinde, die sich erst 1872 bildete, hielt ihren Gottesdienst in zu Synagogen umgewandelten Gebäuden ab, bis Dezsö Milch eine gestreifte, zweitürmige Synagoge entwarf, die zwischen 1893 und 1895 gebaut wurde (Abb. 25). Im Jahre 1927 hatten die Reformjuden schon eine zweite Synagoge und zwei Schulen. Trotzdem wurde das

Abb. 25. Preßburg, Reformsynagoge, 1893–1895, Fassade.

Abb. 26. Preßburg, Orthodoxe Synagoge, 1862–1863, Fassade.

jüdische Leben Preßburgs von den orthodoxen Juden bestimmt, im Jahre 1927 unterhielten diese elf Synagogen, sechs Bethäuser, sechs Schulen, darunter die Jeschiwa, und elf Lehrhäuser.

Preßburgs Juden errichteten zwischen 1335 und 1923 viele Synagogen. Zwischen 1335 und 1425 mußten sie ihre Wohnungen und ihre Synagogen dreimal verlegen. Ein Teil des Baus von 1335 ist vielleicht in den Mauern der Ursulinenkirche enthalten. Im Jahre 1439 wird eine Synagoge in der Nähe des Rathauses erwähnt, einem Viertel, in dem sich damals die Juden angesiedelt hatten. Dieser Bau blieb in jüdischen Händen, bis die Juden im Jahre 1527, nach der Niederlage der Ungarn gegen die Türken in der Schlacht von Mohácz (1526), aus der Stadt vertrieben wurden oder flohen. Die Stadt erwarb das Gebäude im Jahre 1539 und wandelte es in eine Mühle um, was vermuten läßt, daß die Synagoge keine besondere Form hatte, die ihre Verwendung als nützlichen Bau verhindert hätte.

Während der folgenden 150 Jahre lebten die Juden am Fuß des Schloßhügels unter der Schirmherrschaft der Grafen Pálffy; im Jahre 1712 wurden sie innerhalb der Stadt in ein Ghetto verwiesen. Zwei Jahre später gestattete Graf Nikolas Pálffy den Juden, zwei Synagogen zu unterhalten, eine in einem Haus auf dem Schloßhügel, das einem Christen gehörte, und eine weitere an anderer Stelle in einem unauffälligen Gebäude, das 1783 renoviert wurde. Das Haus auf dem Hügel kauften die Juden im Jahre 1716 und bauten es um. Im Verlauf des 18. Jahrhunderts erwarben sie einige Häuser in der Nachbarschaft, und im Jahre 1783 hatten sie genügend Raum und Geld, um eine beträchtliche Renovierung und Vergrößerung der Synagoge vornehmen zu können. Das erneuerte Gebäude brannte im Jahre 1796 ab, aber zu jener Zeit gab es bereits viele private Synagogen und Zusammenkünfte zum Gebet. Eine Generation früher hatte die Synagogengemeinde Schwierigkeiten gehabt, ein Quorum zum Gebet zusammenzubringen, und versucht, die privaten Versammlungen zu unterbinden, so daß sich alle Männer in der Hauptsynagoge zusammenfinden mußten.

In den dreißiger Jahren des 19. Jahrhunderts gab es acht Synagogen, die alle im Bereich einer Straße lagen. Sigmund Mayer, der zu jener Zeit in Preßburg aufwuchs, schrieb, daß eine Synagoge um so mehr Ansehen genoß, je größer das Gebäude war und je länger der Gottesdienst dauerte.

Die orthodoxe Synagoge

Die wachsende jüdische Bevölkerung benötigte mehr Synagogenraum, und die Gemeinde ersetzte 1862/63 die Hauptsynagoge auf dem Schloßhügel durch einen großen, gemauerten und verputzten Bau von Ignatz Feigler (Abb. 26, 27). Der Architekt schuf ein Bauwerk, das sich vollkommen von den bescheidenen Häusern und den Mietsräumen unterschied, in denen die Juden bis dahin gebetet hatten. Er plante ein Gebäude mit zwei schlanken seitlichen Türmen und einem mittleren, von einer Kuppel gekrönten Turm. Da dieser Entwurf von der Kirchenarchitektur beeinflußt war, lehnten mehrere einflußreiche Rabbiner ihn ab und verlangten eine Veränderung. Der Oberrabbiner wollte an der Einweihung nur teilnehmen, wenn die Kuppel in der Mitte entfernt würde. Hastig begann man eines Nachts den Abriß der Kuppel,

Abb. 27. Preßburg, Orthodoxe Synagoge, Innenansicht.

und so entstand die Legende, daß der anstößige Teil des Baus durch ein Wunder verschwunden wäre. Die Synagoge wirkte danach nicht mehr wie eine Kirche, vielmehr eher wie eine Festung mit einem maurisch dekorierten flach gedeckten Turm – was nun auch nicht gerade zu einer Synagoge paßte. Vielleicht hatte sich Feigler von der kurz zuvor vollendeten Synagoge in Köln inspirieren lassen, die eine gestreifte Fassade mit starken horizontalen Betonungen, Gesimse mit Arkaden und einen Turm mit Kuppelgewölbe hinter der Fassade aufwies. Die Türmchen an der Kölner Synagoge glichen nicht so sehr Glockentürmen einer Kirche, und nichts an diesem Bauwerk vermittelte einen kirchenartigen Eindruck. Feigler kann auch die Synagoge in der Oranienburger Straße in Berlin mit ihrem Kuppelgewölbe und ihren Türmchen gekannt haben, die sich damals im Bau befand (siehe Abb. 182–184). Eine Synagoge, deren Entwurf eng mit dem Preßburger Vorbild verwandt war, entstand in Preschau, wo die Mehrheit der Gemeinde die orthodoxe Glaubensrichtung ablehnte und sich weniger Gedanken darüber machte, ob ihre Synagoge an eine Kirche erinnern könnte.

Die massive Synagoge erhob sich hinter einem Torbau, der mit Zwiebeltürmchen geschmückt war. Im Innern führten zwei Reihen von Balkonen auf dünnen Eisenstützen um drei Seiten des Raums. Der Betsaal wurde von breiten Fenstern und Kronleuchtern in barockem wie in zeitgenössischem Stil belichtet. Der Almemor, eine von einem Eisengitter umgebene, erhöhte Plattform, nahm in der Mitte der Synagoge sehr viel Platz ein. Die Stelle, an der die Heilige Lade stand, hatte drei Bogen und ein Kuppelgewölbe und war mit geometrischen und Pflanzendekorationen in kräftigen Farben versehen, die, mit dem schweren horizontalen Karnies, wohl eine Art salomonisch-assyrisch-maurisch-östlichen Eindruck vermitteln sollten. Die übrige Ausgestaltung bestand aus einer Mischung islamischer und mittelalterlicher Elemente. Vielleicht hatte der Architekt eine Art jüdischer Gotik schaffen wollen, indem er Details in östlichem, exotischem Stil hinzufügte. Das Geländer des Almemors hatte gotisches Maßwerk; das Maßwerk der Fenster erinnerte sowohl an maurische wie an gotische Formen. Die Eisenstützen der Emporen endeten in Konsolen und erinnerten an die dünnen Säulen der Alhambra (eine beliebte Quelle für Synagogenentwürfe, nachdem Semper sie in Dresden verwandt hatte). Die Emporengitter und die Deckenmalereien waren maurisch in den Details.

Die Synagoge in der Heydukova-Straße

Nach der Gründung der tschechoslowakischen Republik (1918) zogen einige orthodoxe Juden in ein anderes Stadtgebiet und schrieben einen Wettbewerb für den Entwurf einer Synagoge in der Heydukova-Straße aus. Artur Szalatnai aus Preßburg gewann den ersten Preis, und seine Synagoge öffnete im Jahre 1923 ihre Tore. Die *Deutsche Bauzeitung* pries sein Talent, mit dem er traditionelle, funktionale und individuelle Elemente in seinem Bau zu vereinen wußte.

Die Südseite des asymmetrischen Grundstücks geht auf eine enge, bedeutungslose Straße, und der Architekt entwarf auf dieser Seite eine Fassade, die weder zu auffällig war, um zu stören, noch zu zurückhaltend, um nichtssagend zu wirken (Abb. 28). Die ocker-

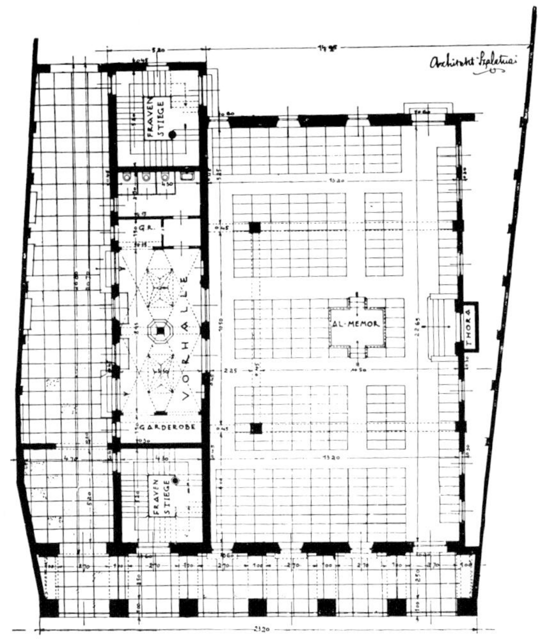

Abb. 28. Preßburg, Heydukova-Straße, 1923, Fassade.

Abb. 29. Preßburg, Heydukova-Straße, Grundriß.

gelb verputzten Mauern entsprachen denen anderer Bauten in der Stadt, und die Synagoge fügte sich daher gut in dieses Quartier ein. Unter einem horizontalen Karnies steht eine Reihe von sieben quadratischen Pfeilern, von denen die beiden äußersten an die Seitenwände anschließen, wodurch der Eindruck eines klassischen dorischen Säulengangs entsteht. Die Ausschmückung beschränkt sich auf zwei Gesimse, welche die Kapitelle an den Pfeilern ersetzen, und auf stilisierte Blumen in den Zwischenfeldern des Frieses. Die Fenster schließen im Erdgeschoß oben gerade und im ersten Stock oben rund ab; sie vermitteln mit ihren runden oder eckigen Mittelpfosten einen modern-maurischen Eindruck und deuten damit die traditionelle Ausstattung des Innenraums an. Dieser Bau unterscheidet sich durch seine traditionellen Elemente von denen im Internationalen Stil, die, wie die am Ende des Jahrzehnts entstandene Synagoge in Plauen (Abb. 156, 157), ungeschmückte Flächen, kubische Volumen und dünne Außenwände hatten. Allerdings wurde bei diesem Gebäude moderne Technik angewandt, es besteht aus Stahlbeton. Einige Bauelemente wurden aus Kunststein hergestellt, darunter die Pfeiler der Fassade, die Emporen, die Fensterstreben und das Wasserbecken in der Vorhalle.

Die Männer betreten durch eine Tür im Südosten direkt den Betsaal, die Frauen gehen durch die Südwesttür, um die im Südteil gelegene Treppe zu erreichen, die zu ihren Emporen führt (Abb. 29). Ein Türbogen an der Südwestecke öffnet einen engen Durchgang zur Vorhalle, die auf der Westseite des Betsaals liegt. Durch eine Vorhalle wird normalerweise die talmudische Vorschrift erfüllt, daß man durch zwei Türen in die Synagoge eintreten soll, aber in diesem Falle verliert sie etwas von dieser Funktion als zweite Tür, denn sie liegt abseits. In der Mitte der Vorhalle erhebt sich aus einem Wasserbecken eine dicke Säule. Synagogen besitzen üblicherweise ein Becken zum Händewaschen, aber diese seltsame und eher ungeschickte Kombination ist ungewöhnlich. Man wollte wahrscheinlich dem Eingangsbereich eine exotische Note geben.

Jenseits der Vorhalle liegt der Betsaal, der von Norden nach Süden breiter ist als von Osten nach Westen (Abb. 30). Der Raum wirkt aber seitlich nicht breiter, denn die Emporen auf drei Seiten erzeugen den optischen Eindruck eines quadratischen Raums. Die Frauen sind der orthodoxen Tradition gemäß von den Männern getrennt und ihrem Blick entzogen.

Auch der Almemor steht, dem orthodoxen Brauch entsprechend, im Zentrum des inneren

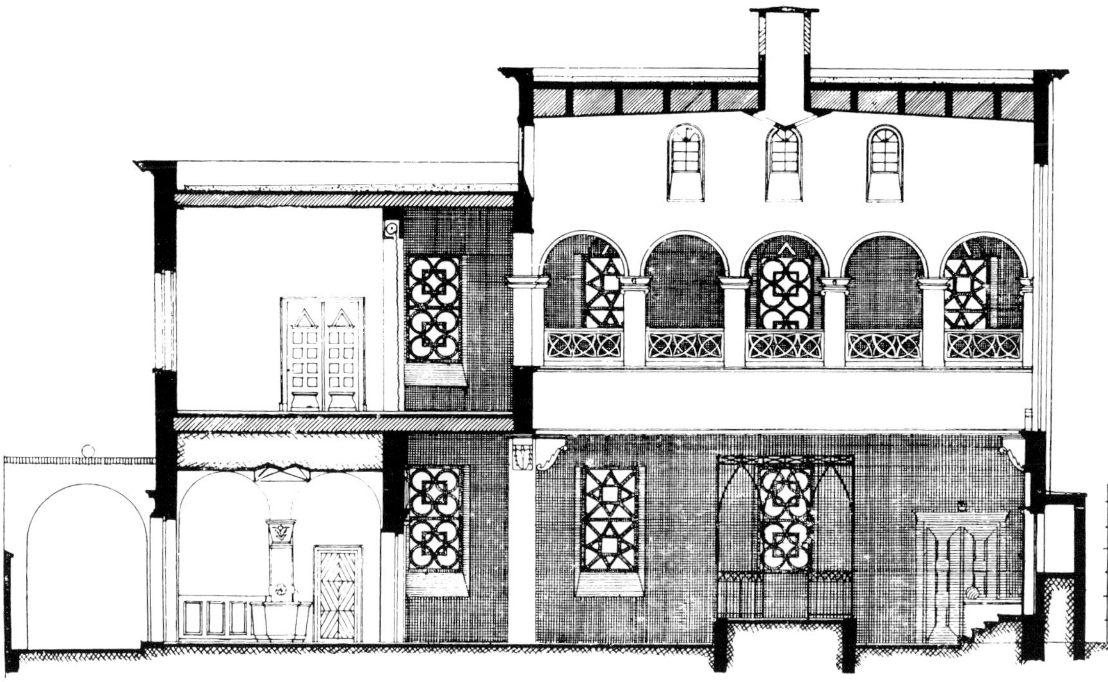

Abb. 30. Preßburg, Heydukova-Straße, Längsschnitt.

Quadrats, hier genau in der Mitte auf einer erhöhten Plattform, die von einem Eisengeländer umschlossen und von einem eisernen Baldachin mit Spitzbogen überdacht ist. Dieser Entwurf erinnert an die Almemore des späten Mittelalters und der Renaissance in Mittel- und Osteuropa, wie derjenige in der Altneuschul in Prag. Er beruht auch teilweise auf einem Entwurf von Hugo Gorge für die Synagoge in Wien-Hietzing aus dem Jahre 1912, der 1918, also etwa zur Zeit des Entwurfs von Szalatnai, veröffentlicht wurde (siehe Abb. 49, 66). Der Almemor ist beeindruckender als die Heilige Lade, die platt und daher unscheinbar wirkt. Kerzenleuchter und Bilder, die in den bemalten hölzernen Synagogen der Spätrenaissance in Osteuropa verwendet wurden, schmücken den Triumphbogen an der Mauer mit der Heiligen Lade. Ein hohes und schmales Fenster führt von der Mitte des Karnieses über der Heiligen Lade zur Decke empor, auf dem farbigen Glas sind stilisierte Blumen dargestellt. Der Versuch, der Wand mit der Heiligen Lade einen modernen Anstrich zu geben, und die Originalität dieses Fensterentwurfs zeigen, daß Szalatnai für die orthodoxen Juden in der modernen Gesellschaft einen besonderen Rahmen schaffen wollte, so wie seine Auftraggeber es anscheinend in ihrem persönlichen Leben anstrebten.

Die Geländer der Emporen und die Fensterstreben lassen dieselbe Absicht erkennen: Sie wirken leicht orientalisch, aber Szalatnai kopierte nicht direkt alte Formen. Die für eine streng orthodoxe Gemeinde bestimmten traditionellen Andeutungen werden mit modernen glatten Flächen, klaren Linien und geometrischen Formen vereint. In dieser Hinsicht bildet Szalatnais Synagoge eine Parallele zu der modernen Kirche von Auguste Perret in Le Raincy. Perret benutzte ein modernes Baumaterial – den Stahlbeton – und stellte daraus hohe, dünne Elemente, wie die einer gotischen Kirche, her sowie eine durchbrochene Außenwand mit eingelegtem Glas, die an mittelalterliche Fenster erinnert.

Szalatnais wohldurchdachter Bau überstand den Zweiten Weltkrieg, nur der größte Teil seiner Gemeinde überlebte ihn nicht; im Mai 1942 waren wahrscheinlich alle Juden deportiert oder hatten sich verborgen. Nach Kriegsende stellten die übriggebliebenen Mitglieder der Gemeinde und Flüchtlinge aus anderen Gegenden die verwüstete Reformsynagoge wieder her und statteten sie mit einem Almemor und Emporen aus, die den orthodoxen Vorstellungen entsprachen, aber das Gebäude wurde später abgerissen. Eine andere Synagoge wurde in ein Fernsehstudio verwandelt. Die Heilige Lade der zerstörten orthodoxen Synagoge auf dem Schloßhügel befindet sich jetzt in der Jeschiwa Hechal Preßburg in Jerusalem. Sie ist dort in dunkler Holzfarbe neu aufgearbeitet worden, so daß sie dem Geschmack einer Generation entspricht, die nicht von der Gemeinsamkeit islamischer Dekorationen und orthodoxen Judentums überzeugt ist. In Preßburg selbst existiert immer noch eine kleine jüdische Gemeinde mit einem Rabbiner, der in der Synagoge von 1923 Gottesdienst abhält. Es scheinen nicht genügend Mittel vorhanden zu sein, um das Gebäude in gutem Zustand zu erhalten.

Bibliographie

»Bauten aus der Slowakei«, in: *Deutsche Bauzeitung*, Okt. 1929, S. 705–709.
A. Charim, *Die toten Gemeinden*, Wien 1966.
Encyclopedia Judaica, 1971, s. u. Preßburg.
H. Gold (Hrsg.), *Die Juden und die Judengemeinde Bratislava in Vergangenheit und Gegenwart*, Brünn 1932, bes. S. Krauss, »Preßburger Synagogen«, S. 91–98; siehe auch S. 114, 136.
A. Grünhut, *Katastrophenzeit des slowakischen Judentums. Aufstieg und Niedergang der Juden von Preßburg*, Tel Aviv 1972.
I. Heller und Z. Vajda, *The Synagogues of Hungary. An Album*, Hrsg. R. Braham und E. Farkas, New York 1968, S. 11, Abb. 3, 218, 219, 420.
Jewish Encyclopedia, s. u. Preßburg.
»Neubau eines jüdischen-orthodoxen Tempels in Bratislava. Arch. Artur Szalatnai«, in: *Forum* I (1931), S. 109–111.
Universal Jewish Encyclopedia, s. u. Preßburg.
S. Hacohen Weingarten, *History of the Jews of Bratislava. Arim wa – imaht be'Jisrael*, Hrsg. Y. L. Hacohen Maimon (Fishman), Bd. 7, Jerusalem 1960.

Ich danke Ludovit Dojč und Štefan Šlachta für Photographien, Informationen und Unterstützung sowie Robert und Sarah Kaiser für Informationen über die heutige Situation der Preßburger Juden.

Bruck an der Leitha

Die Synagoge in Bruck an der Leitha, nicht weit von Wien, wurde im Jahre 1915 erbaut, und zwar um einem Notstand abzuhelfen, nicht um die wachsenden Anforderungen einer bestehenden Gemeinde zu befriedigen. Die österreichischen Beamten, die mit der Sorge um die Auswanderer aus den kriegsverheerten Städten Galiziens beauftragt waren, schufen gut geplante Wohnhäuser, Krankenhäuser und Kultbauten. Die nach Westen strömenden Flüchtlinge wurden in speziell geschaffene neue Siedlungen eingewiesen. Man war sich darüber im klaren, daß Wien und andere große Städte nicht mit einer Menge von Einwanderern aus Galizien fertigwerden konnten, die nicht an das Stadtleben gewöhnt waren. Die Juden, die von den christlichen Flüchtlingen getrennt wurden, um die Gefahr von Reibereien zwischen verschiedenen Gruppen zu mindern, wurden im Herbst 1914 in Pohrlitz bei Nikolsburg und in Gaja sowie im Winter 1914/15 in Bruck an der Leitha angesiedelt.

Die Wohngebäude, oft aus langen, in Familieneinheiten aufgeteilten Baracken bestehend, waren zumindest annehmbar. Die Gemeinschaftsbauten und Schulen wurden sinnvollerweise aus Holz errichtet, das am Ort vorhanden war, und die Architekten waren um ausreichend natürliche Belichtung und Lüftung bemüht. Die Kultbauten hatten eine eindrucksvolle und stabilisierende Wirkung, da die Planer damit rechneten, daß die Flüchtlinge vielleicht sogar nach Kriegsende bleiben und die Gebäude dann dauernd gebraucht würden.

Die Gotteshäuser, die sowohl für jüdische als auch für christliche Gläubige errichtet wurden, erinnerten an die einfachen, geometrischen Holzbauten ihrer Heimat im Osten und wirkten auf ihre Benutzer sicher gewohnt und tröstend (Abb. 31). Rechteckige Formen wurden durch die stark geneigten Dächer variiert, wie die älteren osteuropäischen Kultgebäude (siehe

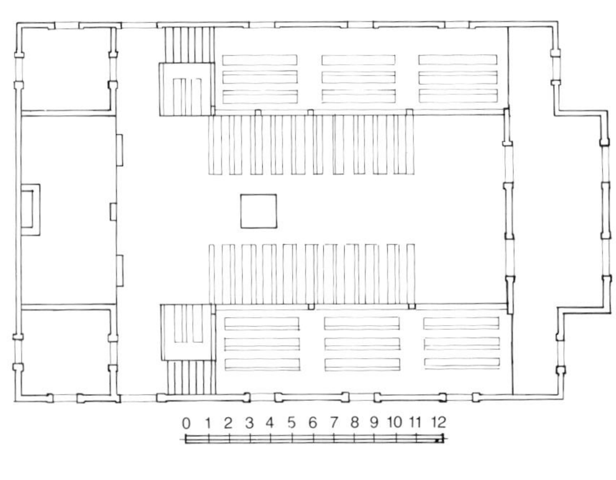

Abb. 31. Bruck an der Leitha, 1915, Grundriß.

Abb. 32. Bruck an der Leitha, Außenansicht.

Abb. 12). Die Architekten benutzten eine doppelte Holzverkleidung, die mit Teerpappe gedeckt war. Im Innern waren die Bauten mit traditionellen Dekorationen bemalt, zum Beispiel mit sechszackigen Sternen, die sich leicht mit Schablonen herstellen ließen (Abb. 32).

Die Synagoge in Bruck an der Leitha war ein fast quadratischer Kastenbau, im Osten durch eine Nische für die Heilige Lade, beide Seiten dieser Nische durch Gemeinderäume und im Westen durch eine Vorhalle verlängert (Abb. 33). Drei Paar hölzerne Pfeiler unterteilten den Hauptraum, stützten zugleich das Dach und begrenzten die Emporen für die Frauen auf der Nord- und der Südseite. Die Emporen hatten, dem orthodoxen Brauch entsprechend, hohe Barrieren. Der Almemor, der auf einer leicht erhöhten Plattform stand und von einem einfachen Geländer umgeben war, stand in der Mitte des Gebäudes, was ebenfalls den orthodoxen Regeln entsprach. Der Raum erhielt Licht durch lange, reihenförmig angeordnete, lichtgadenartige Fenster und durch rundbogige Fenster und Türen, die in polygonale Einfassungen gesetzt waren. Strenge und Sparsamkeit dieses Baus wurden durch besondere Merkmale wie die unterschiedlichen Fensteröffnungen, die schrägen hölzernen Außenstützen und die zarten ornamentalen Bänder, die auf die hellen Wände des Innenraums gemalt waren, gut kaschiert.

Die Architekten kamen überwiegend von den Bauämtern der umliegenden Gebiete, einige aber aus dem kaiserlichen Bauministerium. Der unbekannte Architekt der Synagoge in Bruck hatte zweifellos Geschmack und gutes Urteilsvermögen: Die Synagoge vereinigte Anspielungen auf ältere Traditionen Galiziens mit der Klarheit der frühen modernen Architektur und stellte ein besonders angenehmes und wirt-

Abb. 33. Bruck an der Leitha, Innenansicht.

schaftliches Refugium für diejenigen dar, die vernünftig geplanter und praktischer Hilfe bedurften.

Bibliographie

AJYb, 1916/17 (1916), S. 116.

H. Fischel. »Bauanlagen der Staatlichen Flüchtlingsfürsorge«, in: *Der Architekt. Monatshefte für Bau und Raumkunst, mit der Beilage »Die bildenden Künste«*, XXI (1916–1918), Heft 1/2, S. 15–24. (Es handelt sich um *Der Architekt*, XXI, und zugleich *Die bildenden Künste*, I.)

Bukarest

Bukarest ist lange Zeit die bevorzugte Stadt der rumänischen Juden gewesen. Trotz einer Menge rechtlicher Beschränkungen, die man ihnen dort auferlegte, wanderten sie in die Umgebung der Stadt und wurden bis zum 19. Jahrhundert in einen Vorort verwiesen. Einige der Synagogen sind nur durch die Geschichte ihrer Zerstörung bekanntgeworden. Von etwa 1800 an vermehrte sich ihre Zahl entsprechend der rasch anwachsenden jüdischen Bevölkerung. Von einer geschätzten Anzahl von tausend Juden im Jahre 1800 wuchs die Bevölkerung zum etwa Sechsfachen im Jahre 1860 an, kurz bevor 1861 Bukarest zur Hauptstadt des neugegründeten Königreichs Rumänien wurde.

Arme und auf dem Lande lebende Juden hatten unter den harten Gesetzen der ersten Hälfte des 19. Jahrhunderts mehr zu leiden als die städtische jüdische Bevölkerung, die es zu relativem Wohlstand brachte. Schon im Jahre 1818 baten die sephardischen Juden Bukarests um die Erlaubnis, eine neue Synagoge zu bauen. Die jüdische Bevölkerung setzte sich nicht nur aus denen zusammen, die in der Stadt geboren waren, sondern auch aus russischen, preußischen und österreichischen Zuwanderern, von denen manche zu den traditionellen und andere zu den reformistischen Richtungen des Judentums gehörten. Die meisten Gruppen hatten kleine Synagogen. So wie in Jassi mag der Anstoß zum Bau größerer Synagogen in Bukarest vom Druck ausgegangen sein, den die jüdische Bevölkerung ausübte. Synagogenangehörige boten das unwürdige Schauspiel, Vorübergehende mit der Bitte anzusprechen, sie möchten ihnen doch helfen, ein Minjan in einer Synagoge zu bilden, deren Gemeinde zu klein war, um ein Quorum von Männern zusammenbringen zu können. Im Jahre 1837 diskutierte die Synagogengemeinde der Schneider, wie sie ein neues Bethaus errichten könnte. In den späten vierziger und den fünziger Jahren des 19. Jahrhunderts entstanden eindrucksvolle Synagogen in Vacareşti, dem jüdischen Viertel von Bukarest, welche die verschiedene Herkunft und die unterschiedlichen Grade an orthodoxen Glaubensrichtungen innerhalb der jüdischen Bevölkerung spiegelten.

Die Sinagoga Mare

Im Jahre 1845 schlossen sich verschiedene Synagogengemeinden zusammen und bildeten die Große (Mare) Synagoge, die zwischen 1845 und 1847 nach dem Entwurf der Obersten der Gemeinde gebaut wurde. Dieses große Gebäude wurde von zerstörerischen Elementen beschädigt und Mitte der sechziger Jahre des 19. Jahrhunderts repariert. 1903 wurde es umgebaut oder erneuert und die Wand mit der Heiligen Lade im Jahre 1909 weiter nach Osten verlegt, 1915 erhielt es elektrisches Licht, und 1931/32 wurde es gründlich renoviert. Gherson M. Horowitz (1882–1942) dekorierte die Synagoge 1936 mit Deckenmalereien im Rokokostil. Die Faschisten beschädigten sie in den frühen vierziger Jahren stark, aber nach dem Zweiten Weltkrieg wurden Reparaturen vorgenommen, vor kurzem wurde das Gebäude restauriert.

Die heutige Form stammt wahrscheinlich von 1903 bis 1909. Die Synagoge ist aus Ziegeln erbaut, die mit renaissanceartigen Stuckelementen verziert sind, über einem Bossenwerkfundament. Pfeiler teilen die sorgfältig gemauerte Fassade in Felder auf. Die Anlage erinnert von außen an eine Basilika; der eklektizistische, aber nüchtern ausgestattete Innenraum besteht aus einem Mittelschiff, das von zwei mit Emporen versehenen Seitenschiffen flankiert ist. Er hat eine Nische für die Heilige Lade im Osten und weite, mehrteilige und farbig ausgemalte Bogen, welche die Öffnungen der Emporen zum Mittelschiff krönen.

Die Malbim-Synagoge

Im Jahre 1848 errichteten die orthodoxen Juden eine Synagoge, die jetzt nach einem gelehrten Rabbiner namens Malbim (1809–1879) benannt ist. Als Rabbiner von Bukarest (1858–1863) und anderer Städte war er ein leidenschaftlicher Gegner der Reform. Die Synagoge, die von seinen Anhängern gebaut wurde, ist reichlich mit maurischen Motiven und Maßwerk geschmückt sowie mit Details anderer Stilformen versehen. Vielleicht wurde auch hier wie an anderen Orten eine Gestaltung gewählt, welche sich von der zurückhaltenderen Formgebung anderer Synagogen unterschied, um die besonderen Vorstellungen der Gemeinde zum Ausdruck zu bringen. Die heutige Form stammt sicher aus der Zeit nach 1848 oder sogar 1868, dem Baujahr, das in einer Quelle angegeben wird. Die Synagoge wurde 1904 renoviert, wobei wahrscheinlich ihr jetziges Aussehen bestimmt wurde, und 1928 noch einmal.

Der Tempel Unirea-Sfanta

1850, zwei Jahre nach Eröffnung der Malbim-Synagoge, weihte die Synagogengemeinde der Schneider ihr neues Gebäude ein, das als Unirea-Sfanta oder Heilige Unions-Synagoge bekannt ist. Der Grundriß mit Mittelschiff und mit Emporen versehenen Seitenschiffen kann aus dem Jahre 1850 stammen, aber die derzeitige Höhe des Gebäudes, die Verwendung von eisernen Stützpfeilern für die zweistöckigen Emporen und der hohe gotische Bogen, der zur Heiligen Lade führt, lassen vermuten, daß all dies aus dem Jahre 1906 stammt, als die Synagoge verändert oder umgebaut wurde. Die freundlich wirkende Fassade hat rot- und beigefarbene Streifen und eine Mischung von maurischen, byzantinischen und romanischen Details, die alle zu Beginn dieses Jahrhunderts in Osteuropa noch sehr gebräuchlich waren. Der vier Joche lange Innenraum ist mit farbigen und üppigen Ornamenten geschmückt, darunter stilisierte Pflanzen und sechszackige Sterne, die ihren Höhepunkt in den Dreiviertelkreisen und mehrfachen Gesimsen über der Heiligen Lade erreichen. Der Almemor und die Heilige Lade liegen auf der Ostseite nahe beieinander. Die Synagoge wurde im Jahre 1941 von der faschistischen Eisernen Garde demoliert und später restauriert. Seit 1978 beherbergt sie das Jüdische Historische Museum, in dem Ritualgegenstände und andere Exponate untergebracht sind.

Der Choral-Tempel

Eine Synagoge, die ihr ursprüngliches, aus der Mitte des 19. Jahrhunderts stammendes Aussehen bewahrt hat, ist der Choral-Tempel, der zwar im Juni 1860 feierlich eingeweiht wurde, aber tatsächlich erst in den Jahren 1864 bis 1866 erstellt wurde und bereits 1867 der Reparatur bedurfte, nachdem Mutwillige ihn im Jahre 1866 beschädigt hatten (Abb. 34, 35). Der Bau wurde von einer vornehmlich deutsch-österreichischen Synagogengemeinde errichtet, je-

Abb. 34. Bukarest, Choral-Tempel, 1864–1866, Fassade 1981.

Abb. 35. Bukarest, Choral-Tempel, Innenansicht zum Eingang.

ner Gruppe, welche für die im gebräuchlichen Ritual enthaltenen Reformideen am empfänglichsten war. Die Architekten Enderle und Freiwald übernahmen für ihre Auftraggeber den Entwurf Ludwig von Försters für die große Synagoge in der Tempelgasse in Wien aus den Jahren 1855 bis 1858 (siehe Abb. 64). Die Bukarester Synagogengemeinde hatte im Jahre 1857 mit der Planung einer neuen Synagoge begonnen und großes Interesse an dem neuen Entwurf dieses bekannten Architekten, der für die österreichische Regierung arbeitete. Die Bukarester Reformgemeinde zeigte, indem sie einen so neuen Bau zum Vorbild nahmen, ihre starke kulturelle Bindung an die deutschsprachigen und progressiveren Gebiete Europas und brachte ihre eigenen modernen Auffassungen zum Ausdruck. Die Hauptsynagoge der kaiserlichen Hauptstadt konnte in den Provinzen leicht kopiert werden, da Förster Zeichnungen und eine Beschreibung seiner Synagoge in seiner eigenen *Allgemeinen Bauzeitung* veröffentlicht hatte.

Nach der Renovierung im Jahre 1932 durch den Architekten I. Leoneanu (der auch 1933 die Gemeindebibliothek baute) wurde die Synagoge erneut von der Eisernen Garde verwüstet, aber das Gebäude wurde nach 1945 mit Hilfe von internationalen jüdischen Wohltätigkeitsorganisationen wiederhergestellt. Heute ist es der Sitz des Oberrabbiners von Rumänien und wird mit Unterstützung der rumänischen Regierung instand gehalten. Der rumänische Staat will durch die Bewahrung dieses Gebäudes der Welt beweisen, daß die rumänischen Juden gut behandelt werden, auch wenn ein Großteil von ihnen seit Ende des Zweiten Weltkriegs es vorgezogen hat, das Land zu verlassen.

Im Jahre 1861 gab es in Bukarest neunundzwanzig weitere Synagogen, und später konnte man in Vacareşti über siebzig zählen. Eine davon war die sephardische Hauptsynagoge, die jetzt nur noch eine leere Backsteinhülle ist. Sie hatte byzantinische Ornamente, als hätte man die türkische Herkunft vieler ihrer Gemeindemitglieder betonen wollen. Die winzige Zisu-Synagoge liegt immer noch ruhig in einem kleinen Garten gegenüber der Unirea-Sfanta-Synagoge. Manche der erhalten gebliebenen Bethäuser sind schwer zu finden, denn die Straßennamen des jüdischen Viertels sind vor kurzem aus den Stadtplänen Bukarests verschwunden. Im Jahre 1961/62 gab es zweiundvierzig Synagogen in der Stadt, 1977 waren es aber nur noch zwölf, und davon wurden vier durch das Erdbeben in demselben Jahr beschädigt.

Auch wenn Rumänien immer noch ein reges jüdisches Leben hat, vor allem in den nordöstlichen Städten des Landes in der Gegend von Fălticeni und Dorohoi, und der Verband Jüdischer Gemeinden der Sozialistischen Republik Rumänien Synagogen, religiöse Schulen, koschere Restaurants und sogar Erholungsheime aufrechterhält, so ist kaum zu erwarten, daß neue Synagogen errichtet werden. Im Jahre 1889, vor der Annexion weiterer Gebiete, aber auch vor der Massenemigration, wurde die jüdische Bevölkerung Rumäniens auf etwa 267 000 Seelen geschätzt; während der zwanziger Jahre zählte Groß-Rumänien ungefähr 760 000 bis 800 000 Juden; im Jahre 1977 gab es im Lande nur noch 40 000.

Bibliographie

AJR Information, Aug. 1978, S. 7.

»Centenarul Sinagogii Mari«, in: *Revista Cultului Mozaic*, XIX, Nr. 111 (1. Dez. 1964).

Verband Jüdischer Gemeinden der Sozialistischen Republik Rumänien, *Jüdisches Leben in Rumänien im Jahre 1978*, Bukarest o. J.

M. A. Halevy, *Comunitatile evreilor din Iaşi Ši Bucureşti*, I, *Pana la 1821*, Bukarest 1931.
M. A. Halevy, *Monografie istorica a Templului Coral din Bucureşti*, Bukarest 1935.
M. A. Halevy, *Sinagoga mare din Bucureşti*, Bukarest 1931.
M. A. Halevy, *Templul Unirea Sfanta din Bucureşti*, Bukarest 1937.
G. Levenson, »Revisiting the Little Tailors' Synagogue«, in: *Jewish Digest*, XXIV (Juli–Aug. 1979), S. 75–78.
Y. L. Hacohen Maimon (Fishman) (Hrsg.), *Arim waimahat be 'Jisrael*, Bd. 4, Jerusalem o. D., S. 207–209.
I. Niemirower, *Ochire asupra istoriei cumunitatii israelite din Iaşi*, Bukarest 1907, bes. S. 30.
Pinkas ha 'Kehillot [Enzyklopädia jüdischer Gemeinden], *Rumania*, Jerusalem 1969, S. 44 ff.
N. L. Porter und D. B. Rostovsky, *The Roumanian Handbook*, London 1931.
S. Savin, »Pictorul-decorator al Sinagogii Mari«, in: *Revista Cultului Mozaic*, XIV, Nr. 200 (1. Febr. 1969), S. 5.
S. Savin, »Vecchi sinagogi din Bucureştiul de altadata«, *ibidem*, XI, Nr. 149 (1. Nov. 1966), S. 3.
Die sephardische Synagoge von Bukarest war 1986 zum Abriß vorgesehen.

Edward Sullivan und Ellen C. Schwartz bin ich für Photographien sowie Berta Barasch für Übersetzungen zu Dank verpflichtet.

Budapest

Die Juden innerhalb der Stadtgrenzen des neuzeitlichen Budapest haben eine lange Geschichte hinter sich, die ihren Höhepunkt im 19. Jahrhundert erreichte. Wie der Historiker Arthur J. May sich ausdrückte, »war so viel des Fortschrittes [der Stadt] der Energie und der Initiative der jüdischen Bevölkerung zu verdanken«, daß die vereinte Stadt Buda und Pest »nicht selten als eine ›jüdische Schöpfung‹ bezeichnet« wurde.

Buda – mittelalterliche Synagogen

Auf dem rechten Ufer der Donau, in Ofen (Buda), erfreuten sich die Juden im allgemeinen von der Mitte des 13. Jahrhunderts bis etwa 1490 eines ruhigen Daseins, das nur in den Jahren 1360 bis 1364 durch Verfolgung und zeitweilige Ausweisung getrübt wurde. Von etwa 1251 bis um 1360 stand eine Synagoge im südlichen Teil des Schloßviertels. Nach 1364 wurden die Synagogen im nördlichen Teil, in der heutigen Tánsics-Straße gebaut, wo bei neueren Ausgrabungen Spuren einer Synagoge von etwa 1400 bis 1461 auf dem Grundstück Nr. 26 und von einer anderen (1461–1526) in Nr. 23 entdeckt wurden. Der ältere dieser beiden Bauten ist ein weiteres Beispiel für den Typ der zweischiffigen Synagoge, wie wir ihn schon aus Worms, Prag (Altneuschul), Regensburg und Krakau (Kazimierz – Alte Synagoge) kennen.

Die Synagoge in Ofen war ungewöhnlich breit und zeugte von der königlichen Protektion und den Privilegien, welche Juden gewährt wurden, die Finanziers des Königs waren. Zu den Überresten des Gebäudes gehören ein Eingang, der mit gotischen Stützpfeilern geschmückt ist, die hebräische Inschriften und Symbole aus dem 16. und 17. Jahrhundert tragen, sowie eine Westwand mit den Umrissen eines zugemauerten Fensters zwischen dem Männer- und dem Frauenbereich. Bei Ausgrabungen 1964/65 wurden 19 Meter der Nordmauer entdeckt und die Ausmaße des Baus auf etwa 19 × 9 Meter, die Höhe auf zwischen 7,50 und 8 Meter festgelegt. Das Gebäude besaß Gewölbe, und seine Innenwände waren wahrscheinlich verputzt. Der Fußboden lag unter Straßenniveau, so wie bei der Synagoge in Tomar, die ungefähr aus der gleichen Zeit stammt. Die beiden Schiffe hatten je drei Gewölbefelder, die von 1541 oder danach stammten, als die Juden in dieses Gebäude zurückkehrten, nachdem sie im Jahre 1526 ausgewiesen worden waren. Nach 1541 betrugen die Ausmaße des Baus 26,50 × 10,70 Meter. Der Frauenbereich lag neben dem der Männer im Süden und war durch Fenster mit diesem verbunden. Auf derselben Seite öffnete sich ein großer, überwölbter Eingang zum Männerbereich. Später wurde dieses Gewölbe durch ein Holzdach ersetzt. Das Gebäude wurde im 16. und 17. Jahrhundert bei Belagerungen der Stadt durch Geschosse beschädigt, die Überreste liegen jetzt unter einem Wohnhaus.

Abb. 36. Budapest, Alt-Ofen, 1820–1821, Außenansicht 1981.

Alt-Ofen

Als den Juden verboten wurde, in Ofen zu leben, zogen sie nach Alt-Ofen, wo ihnen von etwa ab 1712 an eine dort ansässige Adlige, Gräfin Zichy, Schutz und Mietshäuser in einer Enklave in Flußnähe anbot. Im Jahre 1737 wurde auf dem Grundstück der noch vorhandenen Alt-Ofener Synagoge am nördlichen Ende der Lajos-Straße eine Synagoge gebaut; ihr Architekt war Mátyás Nepauer.

Der erhalten gebliebene Bau von 1820/21, bei dem wahrscheinlich Teile des älteren Gebäudes benutzt worden waren, war das Werk von András Landherr, der den Auftrag bekam, weil der Entwurf eines Konkurrenten als weniger solide und zu kostspielig beurteilt wurde (Abb. 36, 37). Landherrs Synagoge, die etwa 130 000 Wiener Florin kostete, war auch nicht sehr solide gebaut und bedurfte im Jahre 1865 und im Jahre 1900 der Reparaturen. Im Ersten Weltkrieg beschlagnahmte die Regierung das Kupfer des Daches. Während des Zweiten Weltkriegs erschien ein senkrechter Riß in der Wand, an der sich die Heilige Lade befand, und der Bau stürzte fast ein. Reparaturen wurden im Jahre 1947 vorgenommen, aber die sehr zusammengeschmolzene Gemeinde konnte die Synagoge nicht mehr ausreichend instand halten. Ende der siebziger Jahre geriet das Gebäude in die Hände einer Fernsehgesellschaft, die das Äußere wiederherstellte, außer der Wand, an der die Heilige Lade gestanden hatte. Diese Wand mußte abgerissen werden.

Die Überreste der klassizistischen Synagoge sind immer noch schön anzusehen. Das Gebäude hat eine sechssäulige Tempelfassade, hinter der sich ein rechteckiger Betsaal befindet. An den Seitenwänden öffnen sich zwei übereinanderliegende Reihen von rund abschließenden Fenstern zwischen Pilastern, die das Äußere in Felder aufteilen. Die Synagoge war unklassisch asymmetrisch mit einem nördlichen Treppenanbau und Emporen nur im Norden und Westen; Landherr baute nur die West- und die Südmauer. Mehrere Details waren außerdem nicht stilrein, zum Beispiel die blattartigen Formen links und rechts von der Uhr im Giebel, die Streifen und Schnörkel an den Pilastern, welche wahrscheinlich die ursprüngliche Giebeldekoration im Jahre 1865 ersetzten, die drei übereinanderliegenden Fensterreihen an der Fassade und die Keilsteine an den Ecken. Jedoch verlieh man um 1820 sowohl Profan- als auch Kultbauten ein würdiges Aussehen dadurch, daß sie wie ein klassischer Tempel gestaltet wurden und eine Säulenvorhalle erhielten.

Die Heilige Lade enthielt achtundzwanzig Thorarollen unter einer bogenförmigen Öffnung in der Wand, über der sich ein Gebälk befand. Darüber waren in einem hohen Bogenfeld die Gesetzestafeln angebracht, die in einem runden Fenster zu schweben schienen, eine eher barocke Lösung. Die Heilige Lade und das gewölbte Feld waren von einem Rahmen umgeben, der aus Säulen auf ungewöhnlich hohen Sockeln, einem hohen Gebälk und einem runden Bogen bestand; gemalte, anscheinend aus Stuck gefertigte Vorhänge fielen vom Rahmen herab. Das Ganze sah wie eine modernisierte Version einer Komposition der Heiligen Lade des 18. Jahrhunderts in Osteuropa aus, mit ihren häufig unglücklichen Proportionen, der gewagten Einfassung und den überschwenglichen Ornamenten zu beiden Seiten. Vielleicht stammte sie aus der vorherigen Alt-Ofener Synagoge. Der Almemor, der stilistisch eher der Zeit entsprach, bestand aus einer Plattform, die von hohen ägyptischen Obelisken eingerahmt war, was in diesem Falle wohl andeuten sollte, daß die Juden ein altes Volk waren und daß ihr Ursprung irgendwo im östlichen Mittelmeerraum lag.

Die Lage des Almemors in der Mitte der Synagoge und der im Vergleich zum Fußboden der Vorhalle tiefer liegende Boden des Betsaals waren traditionell orthodoxe Einrichtungen, an denen man sogar festhielt, als die Gemeinde

Abb. 37. Budapest, Alt-Ofen, Innenansicht zum Almemor und den Emporen.

nach dem Tod des streng orthodoxen Rabbiners Moses Münz im Jahre 1831 konservativ reformiert (neolog) wurde. Die modern eingestellten Juden von Alt-Ofen identifizierten sich mit den ungarischen nationalen Bestrebungen von 1848. Sie hielten ihre Predigten eine Woche in ungarischer Sprache und eine Woche in deutscher Sprache und schlossen das Bad für rituelle Waschungen, weil, wie ein ehemaliger Einwohner von Alt-Ofen bemerkte, »es eben nicht das richtige Viertel dafür war«. Ironischerweise reduzierte sich die Gemeinde von Alt-Ofen im 19. und frühen 20. Jahrhundert infolge der Modernisierung und der sich daraus ergebenden Möglichkeiten, da viele Juden in die neuen Geschäftsviertel nach Pest, auf die andere Seite der Donau, zogen.

Pest, Orczy-Haus

Juden durften sich traditionsgemäß nicht in Pest niederlassen, da die dort ansässigen Handwerker und kleinen Geschäftsleute einer Minderheit mißtrauten, die unter dem Schutz von König und Adel stand.

In den achtziger Jahren des 18. Jahrhunderts wurden sie zum ersten Mal zugelassen, aber nur in einigen Straßen. Sie besaßen eine Synagoge in der Király-Straße Nr. 1340/12r sowie kleine Beträume in privaten Wohnungen. Mittelpunkt ihres Lebens – und der Ort, an dem sich die Synagoge befand – war das Orczy-Haus, ein großes Gebäude mit mehreren Flügeln, das nach seinen adligen Eigentümern benannt war. 1826 oder 1829 richteten die Juden dort eine größere, mit Emporen versehene orthodoxe Synagoge mit mehr als sechshundert Sitzplätzen ein, von Lörinc Zofahl geplant. Innerhalb eines Jahrzehnts bauten sie einen mäßig reformierten Tempel im ersten Stock (eine Emporenbasilika im klassizistischen Stil, ebenfalls von Zofahl 1830 entworfen). Auch ein jüdisches Krankenhaus wurde errichtet (1840/41).

In Handel und Gewerbe gelangten die Juden zu Wohlstand, denn die Behörden unterstützten jegliche Geschäftstätigkeit, weil man den Reichtum Ungarns vermehren und entsprechend den Status dieses Landes innerhalb des Kaiserreiches verbessern wollte. Da man sich im Handel weder auf die ungebildeten Massen noch auf die dazu nicht bereite Aristokratie verlassen konnte, füllten die Juden diese Lücke. Manchmal waren sie nur nominelle Geschäftsführer, oder sie fungierten lediglich als Vertreter adliger Aktionäre. Die ungarische nationale Bewegung war ebenfalls darauf bedacht, Verbündete für ihre Unabhängigkeitsbestrebungen zu gewinnen, und viele Juden nahmen jedwede Einladung in nationalistische Kreise an.

Pest, Dohány-Straße

Im Jahre 1843 waren die Juden in Pest so zahlreich geworden, daß eine neue Synagoge notwendig wurde, aber Streitigkeiten darüber, wie orthodox sie sein sollte, führten dazu, daß die für die umstrittene Synagoge verfügbaren Mittel für eine jüdische Schule verplant wurden, während die Bevölkerung weiter anwuchs. Ein Schriftsteller erklärte, die Juden hätten die kleinen Städte auf dem Lande verlassen wie die Ratten ein sinkendes Schiff. Diese Bemerkung erfolgte anläßlich der Eröffnung der riesigen zweitürmigen Synagoge in der Dohány-Straße im Jahre 1859. Diese faßt etwa dreitausend Personen und ist heute die größte noch als solche genutzte Synagoge Europas (Abb. 38, 39).

Eine für die Durchführung dieses Synagogenprojekts verantwortliche Kraft war Löw Schwab, Rabbiner der Gemeinde von 1836 bis zu seinem Tode im Jahre 1857. Um den Zusammenhalt der Gemeinde zu stärken, schloß er eine liberale Reform-Synagogengemeinde, die sich zwischen 1848 und 1852 gegründet hatte, und leitete im Jahre 1853 die Verhandlungen zwischen den orthodoxen und den Neolog-Juden, um den Bau einer Synagoge für die vereinte Gemeinde in die Wege zu leiten. Als Kompromiß wurden der Gottesdienst in hebräischer Sprache und eine ungekürzte Liturgie vorgesehen, aber ein (männlicher) Chor, niedrige Emporentrennwände, Predigten in der Landessprache und eine Orgel zugestanden.

Die Gemeinde suchte sich den berühmtesten Architekten aus. Die ersten Pläne wurden im Jahre 1848 von Józzef Hild, einem prominenten Neoklassizisten, geschaffen, aber jenes Revolutionsjahr war nicht gerade zum Bauen geeignet, und die Juden waren sich auch noch nicht einig genug. Im Jahre 1850 entwarf ein Eklektizist, Frigyes Feszl, mit zwei Mitarbeitern, Gerster und Kauffer, neue Pläne für eine hohe, mit einer Kuppel versehene und reichgeschmückte Synagoge auf einem Zentralgrundriß, die hinter zweistöckigen Flügelbauten von der Straße zurücklag, aber diese Pläne wurden ebenfalls nicht verwirklicht. Nach dem Kompromiß von 1853 gewann der bekannte Wiener Architekt Ludwig von Förster einen Wettbewerb. Mit der Beauftragung Försters waren die Juden sicher, ein Werk zu erhalten, das allgemein vom Publikum akzeptiert wurde. Dieser Architekt war offiziell ernannt worden, Teile von Wien umzugestalten, und hatte sich den Auftrag für die maurische Synagoge in der Tempelgasse in Wien (siehe Abb. 63, 64) gesichert.

Das Budapester Wettbewerbskomitee, das aus fünfundvierzig Mitgliedern bestand, entschied sich für Försters ebenfalls im maurischen Stil gehaltene Projekt, weil sie meinten, es sei rein orientalisch und verbinde sich glücklich mit Elementen von Salomos Tempel. Der zeitgenössische Historiker Franz Xaver Kempf war der Ansicht, daß die Synagoge im Stil und Umfang (55 × 26 × 26 Meter) diesem Tempel sehr nahekäme und einem Volk entspreche, das auf mehr als fünftausend Jahre Vergangenheit zurückschauen konnte. Er setzte die Türme in Bezug zu Jachin und Boas, den Säulen an Salomos Tempel. Aber er war vorsichtig genug, diesen Vergleich nicht zu weit zu führen, und gab zu, daß verschiedene Details weltlichen Bauten wie der maurischen Alhambra in Granada, dem Alcázar in Toledo und nicht genannten Teilen des Holyrood-Palasts in Edinburgh glichen.

Diese Budapester Synagoge hatte wie die in der Tempelgasse in Wien Ziegelaußenmauern, die sie dünn und scharf umrissen wirken ließen. Die Ziegel waren speziell angefertigt worden und auf ein rotes Steinfundament gesetzt. Mit ihren vergoldeten Kuppeln, den Verzierungen aus Stein und Terrakotta sowie dem Schmiede- und Gußeisen aus den eigenen Minen des Erzherzogs vermittelte die Synagoge einen warmen und farbenfrohen Eindruck und führte zugleich den Ziegel als Baustoff in die Monumentalarchitektur Budapests ein.

Leider wurde der Innenraum mit billigeren Materialien ausgestattet und niemals in der geplanten Weise dekoriert, da die Gelder zuvor ausgingen. Förster gab die Arbeit daran auf und überließ die Aufsicht Hild, der schon vorher die Baustelle überwacht hatte. Hild hörte im Jahre 1856 auf, und Ignác Wechselmann, der jüdische Bauleiter, vollendete das Werk mit Hilfe von Károly Schumann und unter der Aufsicht eines achtköpfigen Baukomitees. Der Bereich, in dem die Heilige Lade stand, war immerhin mit wertvollen Baumaterialien ausgeführt worden nach dem Entwurf Feszls, vielleicht nachdem die anderen prominenten Architekten das Projekt aufgegeben hatten.

Im Vergleich zur Wiener Synagoge nahm die Budapester ein größeres Grundstück in exponierter Lage an einer breiteren Straße ein. Das Budapester Grundstück wurde in den zwanziger Jahren dieses Jahrhunderts vergrößert, um ein Gemeindehaus, einen Garten und die kleine Heldengedenk-Synagoge aufzunehmen. Da die Fassade der Budapester Synagoge viel auffälliger situiert war, konnte Förster kleine, runde Fenster statt jener rosettenförmigen benutzen, die zur Betonung der Wiener Fassade in ihrer engen Straße beitrugen. Die achteckigen Türme der Budapester Synagoge, die über 41 Meter hoch waren, wären in der Wiener Straße wohl kaum zu sehen gewesen, bildeten aber wirkungsvolle Akzente in der Stadtsilhouette von Budapest. Beide Gebäude haben stärker lineare als skulpturale Details, darunter gemustertes oder gestreiftes Mauerwerk, geometrisches Maßwerk an den Fenstern mit einigen Durchbrüchen und Nasen. Die großen Rundbogen-

Abb. 38. Budapest, Dohány-Straße, 1854–1859, Fassade.

Abb. 39. Budapest, Dohány-Straße, Innenansicht zur Heiligen Lade.

fenster in beiden Synagogen und den dazugehörigen Gemeindehäusern waren mit nach gotischen Mustern gefertigtem Maßwerk ausgefüllt, wobei aber runde statt spitze Formen, in manchen Bogen Nasen und durchbrochene Fenstergitter verwendet wurden. All dies schuf eine Art maurischen Stil, den man als »jüdische Gotik« hätte betrachten können.

Im Innenraum dieser beiden Synagogen mit doppelten Emporen und mit einem Basilikagrundriß mit Apsis waren die hohen und schlanken Formen sowohl der maurischen wie der gotischen Architektur zu finden. Schlanke Eisenpfeiler mit vergoldeten Kapitellen trugen die Emporen und die flache Decke, und Kandelaber und Kronleuchter waren in das eiserne Tragwerk eingebaut. Beide Synagogen hatten runde Nasenbogen, welche die Joche des Hauptschiffes abgrenzten. Die Bogen in Budapest wiesen einen Durchmesser von über 12 Metern auf und entsprangen Eisenpfeilern von etwa 0,75 Meter Durchmesser. In beiden Häusern führten runde Bogen zum Bereich der Heiligen Lade, wobei die in Wien mit Nasen verziert waren. Beide hatten glatte Wände und Decken mit gemalten Dekorationen, auch wenn diese in Wien viel kunstvoller waren, weil mehr Geld vorhanden war. Und bei beiden Gebäuden hatte die Ostwand gemalte oder verglaste Rundflächen.

Der Hauptunterschied zwischen beiden Synagogen bestand in der überlegenen Größe des Budapester Baus und ihrer Gestaltung der Ostwand. In Wien war die glatte östliche Wand von einem gemalten Streifen mit maurischer Dekoration eingerahmt, in dem das gemalte Rund über drei mit Pfeilern versehenen, hintereinanderliegenden Bogen um die Heilige Lade herum eingelassen war. Gesetzestafeln verbanden die mit Pfeilern versehenen Bogen mit dem Rund. In Budapest ist die Anlage vielflächig: In einem gegiebelten Rahmen mit einem Stelzbogen sind die Thorarollen eingeschlossen. Eine durchbrochene Wand im maurisch-gotischen Stil füllt die übrige Weite der Öffnung aus, hinter der sich eine quadratische Trommel mit einer zwiebelförmigen Kuppel direkt über der Nische mit den Rollen befindet. Orgelpfeifen sind seitlich von der Kuppel angebracht; und schließlich ist die Ostwand mit ihrem Rundfenster bemerkenswert. Der dreidimensionale Charakter dieser Anlage und die große Kuppel sowie die Gitterwand um die Heilige Lade zeigen den Stil von Feszl. Dieser ist durch seine Konzerthalle in Vigadó bekannt geworden – ein von Wiener Bauten beeinflußtes Bauwerk, überlagert von einer erstaunlichen Mischung von Stilformen, darunter maurischen und gotischen. Die durchbrochene Wand und die Kuppel im Bereich der Heiligen Lade in der Budapester Synagoge inspirierten spätere Entwürfe, zum Beispiel die Synagoge in der Oranienburger Straße in Berlin, während die einfachere Gestaltung des Innenraums und der Außenansicht der Wiener Synagoge viele Nachahmer fand.

Die Synagogen in Budapest und Wien zeigen, daß die Juden in diesen Städten Mitte des 19. Jahrhunderts ein stärkeres Selbstbewußtsein entwickelt hatten. Endlich konnten sie Bauten mit auffälligen Fassaden in einem vorgeblich jüdischen Stil in Auftrag geben. Die großen Gebäude waren Beweis für den geschäftlichen Erfolg und die volle Verstädterung vieler Juden zu jener Zeit.

Förster veröffentlichte die Wiener Synagoge in der *Allgemeinen Bauzeitung*, unterschlug aber die Budapester Synagoge, sicherlich weil sie nicht ganz nach seinem Entwurf ausgeführt worden war. Der Stil war im Prinzip gotisch, deutete aber die orientalische Herkunft des Volkes innerhalb des Vielvölkerstaats Österreich-Ungarn in einer Epoche des zunehmenden Nationalismus an. Natürlich ließ dies die Juden eher orientalisch als europäisch erscheinen, und man fragt sich, welche widersprüchlichen Eindrücke diese Synagoge Theodor Herzl, dem Begründer des modernen Zionismus, vermittelt haben mag, der daneben wohnte und seine Bar Mizwa darin gefeiert hat.

Pest, Rumbach-Straße

Nicht alle waren mit den Bestrebungen einverstanden, die Religion der Zeit anzupassen. Als im Jahre 1853 der Kompromiß in Budapest erreicht wurde, erklärten sich die Teilnehmer einverstanden, sowohl orthodoxe Synagogen als auch solche für diejenigen Juden zu bauen, welche die bisher verwendete Mischung von traditioneller und moderner Liturgie beizubehalten

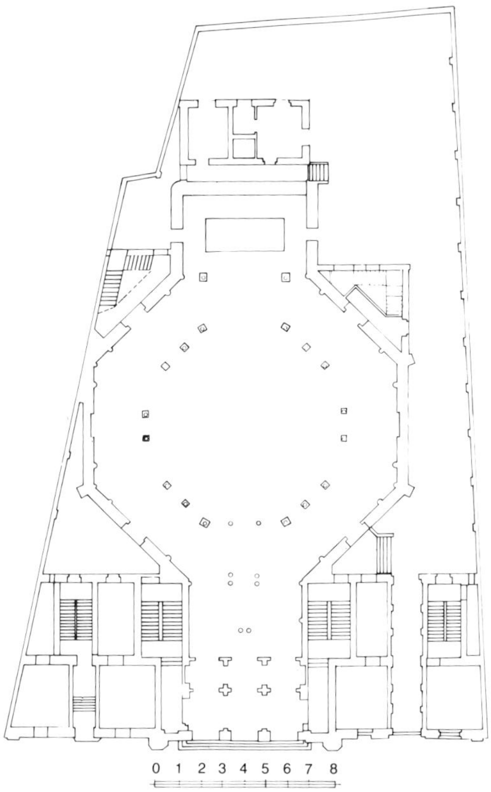

Abb. 40. Budapest, Rumbach-Straße, 1869–1872, Grundriß.

Abb. 41. Budapest, Rumbach-Straße, Innenansicht zur Heiligen Lade.

wünschten. Die Synagogen für diese letztere Gruppe wurden »Status-quo«-Synagogen genannt.

Die Synagoge aus den Jahren 1869 bis 1872 ist ein Beispiel solcher »Status-quo«-Bauten. Interessant ist sie als Frühwerk des Wiener Architekten Otto Wagner, der den Auftrag aufgrund eines Wettbewerbs von 1869 erhielt und eine Sepiazeichnung der perspektivischen Innenansicht zur Pariser Weltausstellung von 1878 sandte. Wagner war damals erst achtundzwanzig Jahre alt, hatte bis dahin nur sieben kleine Aufträge ausgeführt und noch keinen persönlichen Stil gefunden. Dies ist eine der wenigen Synagogen, die an den islamischen polygonalen Kuppelbau in Jerusalem erinnert, der als Felsendom bekannt ist und angeblich an der Stelle des Tempels liegt (Abb. 40, 41, 42). Es gibt keinen einsichtigen Grund, ein »kleines Heiligtum« ebenso wie den islamischen Ersatz für das große Heiligtum zu gestalten, aber Otto Wagners Auftraggebern ging es mehr um bedeutsame Anspielungen als um Logik. Zu etwa der gleichen Zeit entwarf Karoly Benkö für die Stadt Raab eine überkuppelte, quadratische Synagoge, deren Äußeres derjenigen von Dresden glich. Innen bildeten die Emporen jedoch sieben Seiten eines Oktogons. Benkö spielte sicherlich auf den Tempel an, denn gegen das runde Fenster der Ostwand setzte er als Ausschmückung eine dreiteilige Fassade mit schweren, flachen Gesimsen, die Förster zu einem früheren Zeitpunkt mit der Tempelfassade in Verbindung gebracht hatte. Sowohl Benkö als auch Wagner gingen bei ihrer Verwendung von islamischen Formen und Anspielungen auf den Tempel von Vorbildern aus, nämlich von den Synagogen in der Dohány-Straße und in Wien. Vielleicht beabsichtigten sie auch, Försters Ideen, die historisch nicht begründet waren, zu übertreffen. Wagner hatte bei Förster studiert, und es ist möglich, daß er an Hand eines ebenso ungewöhnlichen Baus das Werk seines Lehrers studierte und kritisierte.

Wagners Synagoge besaß an der Ost- und der Westseite zusätzliche rechteckige Felder, etwa 5 Meter breit und 3,50 Meter lang, sowie eine Vorhalle. Der Grundriß stimmt jedoch nicht mit dem des Felsendoms überein, und die Fassaden der beiden Bauten sind verschieden. Wag-

Abb. 42. Budapest, Rumbach-Straße, Fassade 1981.

ner plante eine dreiteilige Anlage, bei der die Mitte höher ist und die Seiten niedriger sind, und änderte derart Försters Entwurf für die Wiener Synagoge ab. Ein dekoratives Karnies mit minarettartigen Türmchen bricht die horizontale Gesimslinie auf. Verputzte Ziegel in farbigem Flächenmuster setzen das Erdgeschoß von den oberen Stockwerken ab. Unter den Öffnungen finden wir ein Portal mit drei Bogen auf Pfeilern, die mit Nasen verziert sind. Eine Bogentriade mit Fensterpaaren schließt die beiden oberen Stockwerke ein. Bei dieser Anlage wurden Elemente der Wiener Synagoge und derjenigen in der Oranienburger Straße in Berlin verwendet.

Wagner und sein Bauleiter Mor Kallina hatten die Pläne im Juli 1879 fertiggestellt. Ihr Gebäude steht auf einem unregelmäßig geformten Grundstück in einer engen Straße, das 50 000 Forint gekostet hatte. Der Bau hat eine Straßenfassade von über 21 Meter und eine Tiefe von 32 Metern. Er ist asymmetrisch auf das Grundstück gesetzt, so daß an allen Seiten genug Platz zur ausreichenden Belichtung und für einen von der Straße geschützten Hof bleibt. Zwischen der Straßenfront und der ersten Seite des Oktogons liegt eine offene, dreikuppelige Vorhalle mit Büros und Nutzräumen zu beiden Seiten der Westseite und der Vorhalle. Am anderen Ende des Oktogons, hinter dem Teil mit der Heiligen Lade, befinden sich kleine Zimmer für den Rabbiner und den Kantor sowie Lagerräume.

Der Hauptinnenraum, das Oktogon, mißt 18,95 Meter von einer Ecke zur anderen. Er enthält 1160 Sitzplätze, davon 786 für Männer. Der Mittelpunkt des Oktogons ist von den mit Emporen versehenen Seiten durch acht Haupteisenpfeiler getrennt, welche die Ecken des Oktogons angeben, sowie durch je zwei kleinere Pfeiler zwischen den Hauptpfeilern, die etwas näher zur Mitte liegen. Die Hauptpfeiler gehen auf Emporenhöhe in weite, runde Nasenbogen über, die ebenfalls aus Eisen hergestellt sind. Über den Emporen läuft eine Fensterreihe um. Licht fällt auch durch große, runde Fenster an jeder Emporenseite sowie durch eine Laterne im geneigten, polygonalen Dach über dem Oktogon ein. Die Laterne befindet sich über der rechteckigen eisernen Almemoranlage in der Mitte des Oktogons. Kleinteilige gemalte Ornamente »maurischen« Stils bedecken viele Wandflächen und wirken im Gaslicht exotisch.

Die jüdische Nachkriegsbevölkerung Budapests benutzte diese Synagoge kaum, und noch ehe im Jahre 1980 die Ostwand einstürzte, waren der Verkauf oder der Abriß des Gebäudes in Betracht gezogen worden. Die Reparaturen würden Millionen kosten, und es ist daher sehr unwahrscheinlich, daß das Gebäude je wieder seiner Nutzung zugeführt werden kann. Auch wenn dieser Bau abgerissen wird, blieben den Budapester Juden noch über dreißig Synagogen, die allen möglichen orthodoxen Richtungen entsprechen. Aber die jüdische Kulturgeschichte Budapests und das Erbe Otto Wagners würden um ein wertvolles Bauwerk gebracht.

Bibliographie

Ofen

I. Feuer, »Magyarországi középkori zsinagógák az általános európai fejlödes tükrében«, in: *Magyar Izraelita Országos Kommittee, Evkönyv*, 1971/1972, S. 43 ff.

F. Grünvald, »A Buda-várhegyi zsinagóga es zsidó temetö helye török idökben«, in: *Jubiläumsband zu Ehren von Prof. Bernhard Heller*, Hrsg. A. Scheiber, Budapest 1941, S. 164–169 (nicht eingesehen).

M. Papp, »Baudenkmäler im mittelalterlichen Judenviertel der Budaer (Ofener) Burg«, in: *Acta Technica Academiae Scientiarum Hungaricae*, LXVII, Nr. 1–4 (1970), S. 205–225.

S. Scheiber, »La découverte d'une synagogue médiévale à Sopron«, in: *Revue des études juives*, CXVII (1959–1960), S. 79–93.

I. Zolnay, »Középkori zsinagógák a Budaj várban«, in: *Budapest Régiségei*, XXII (1971), S. 271–284. Diesen Hinweis verdanke ich Nicholas Ehrenfeld.

I. Zolnay, »Nagy jelentoségü feltárási munka a vár lakone gyedében«, in: *Budapest*, IV (Apr. 1966).

Alt-Ofen, Pest

AJYb LXXVIII (1978), S. 460.

Allgemeine illustrierte Judenzeitung (Pest), I, AZJ, 19. Sept. 1859. 6. Sept. 1860 (Innenansicht).

A. Büchler, *A Zsidók története Budapesten*, Budapest 1901.

Calm, »Ein Sonnabend in Pest«, in: *Jüdisches Volksblatt* (Leipzig), VII, Nr. 37 (1860), S. 146–148; Nr. 40 (1860), S. 157–159.

»Concurrenzpläne für die Synagoge der Leopoldstadt in Budapest«, in: *Der Architekt*, V, Nr. 5 (1899), S. 39 und Tafeln 45, 65.

Csetenyi, »Az otvenes évek sajtója es a zsidó kerdes«, in: *Emlekkönyv néhai Dr. Kohn Sámuel*, Budapest 1941, S. 83–112.

Die Neuzeit, V, Nr. 42 (20. Okt. 1865), S. 494; XII, Nr. 44 (1. Nov. 1872), S. 488–489.

Encyclopedia Judaica, 1971, s. u. Budapest; Obuda (Alt-Ofen).

R. Fehérváry, T. Guszik und M. Kalmár, »A Budapesti VII. Kerületi, Rumbach utcai zsinagoga« (maschinengeschr. Manuskr.), Budapest, Müszaki Egyetem, Épités-Mérnöki Kar, 1980.

I. Friedmann, »Der Bau des Pester israelitischen Kultus-Tempels«, in: *Illustriertes israelitisches Jahrbuch für Ernst und Scheiz*, 1859/60, S. 1–7.

A. Fürst, »Die Judenviertel Budapests«, in: *Menorah*, VII, Nr. 7/8 (1929), S. 385–392.
H. Geretsegger und M. Peintner, *Otto Wagner, 1841–1918*, Salzburg 1964, S. 211.
F. Grünvald und E. Namenyi, »Budapesti zsinagógák«, mit J. Katona, siehe unten, zusammen gebunden.
I. Heller und Z. Vajda, *The Synagogues of Hungary. An Album*, Hrsg. R. Braham und E. Farkas, New York 1968.
Jewish Chronicle, 8. Aug. 1856.
Jewish Encyclopedia, s. u. Alt-Ofen; Budapest.
Jüdisches Lexikon, s. u. Budapest.
J. Katona, *A 90 éves Dohány utcai Templom*, Budapest, 1949, bes. S. 4–16.
F. X. Kempf, *Geschichte und Bau der israelitischen Cultustempel*, Budapest, auch in *Wiener Bauindustrie-Zeitung*, IX (1891–1892), S. 279–280 zusammengefaßt.
A. J. May, *The Hapsburg Monarchy 1867–1914*, Cambridge, Mass. 1951.
Pinkas ha'Kehillot (Enzyklopädie jüdischer Gemeinden), Jerusalem 1976, bes. S. 136, 207 (zur Bibliographie).
F. Pogany, *Budapest Müemlékei*, II (*Magyarország müemléki Topografiája. VI Kotet*), Budapest 1962, S. 424–429, mit einer vollständigen ungarischen Bibliographie über die Synagoge in Alt-Ofen.
M. Pollák, »Zsidó templomépítés Magyarországon a XIX századtól a mai napig«, in: *Evkönyv kiadja. Az izraelita magyar irodalmi Társulat 1934* (*Az Izraelita Magyar Társulat Kiadvanyai LVI, Evkönyv*), 1934, S. 191–206.
J. Sisa, »A Rumbach utcai Zsinagóga, Otto Wagner Ifjúkori Alkotása«, in: *Ars Hungarica*, 1982, Nr. 1, S. 43–49.
H. Sochurek, »Matzoh, Wine, Salami – and Piety – Still Flavor This Wartime Ghetto«, in: *Smithsonian*, Aug. 1979, S. 64–73, 118.
A. Unger, »Denominations in Contemporary Jewry«, in: *Reconstructionist*, XXXII (18. Febr. 1966), S. 22–28.
E. Vadász, »A Pesti Zsidó templom elsö ötven éve«, in: *Magyar Zsidó Szemle*, 1909, S. 193–227, bes. S. 198–211.
A. Zador, J. Rado, *A klasszicismus építészete Magyarországon*, Budapest 1943, S. 83, 87, 154–157.
K. Vazquez, Druck der Alt-Ofener Synagoge vor der Veränderung des Äußeren, Budapest, Historisches Museum.
Der Grundriß der Synagoge in der Rumbach-Straße wurde im Jahre 1968 hergestellt.

Gern danke ich Sándor Scheiber, Ilona Beneschofsky, der Belegschaft des Denkmaldienstes in Budapest, Fruma Mohrer und John Ritter für die großen Dienste, die sie mir erwiesen haben.

Budweis

Die mittelalterliche Synagoge

In der mittelalterlichen Judenstraße dieser böhmischen Stadt stand ein Haus, etwa 5 × 6,50 Meter groß und 7 Meter hoch, das vor der Vertreibung der Juden im Jahre 1506 als Synagoge benutzt worden war. Es handelte sich um ein Steingebäude mit Kreuzgewölbe, das teilweise von vier Stützpfeilern getragen wurde. Der Haupteingang befand sich an der Nordwand, und die große Öffnung in der Südwand hat vielleicht zu einem Nachbarbau oder gar zum Haus des Rabbiners geführt. An der Südwand befanden sich innen zwei verschiedenartig gemalte Ornamente, abwechselnd fünfblättrige Rosen und sechszackige Sterne unter einem trennenden Streifen, darüber schwarze Zeichnungen, die vielleicht einen Wandteppich imitieren sollten. Unmittelbar über dem Streifen lief eine Inschrift aus den Psalmen, die oft mit drei anderen Inschriften derselben Herkunft, die aus anderen Synagogen bekannt sind, verbunden wurde. Die übrigen Wände waren ebenfalls mit Ornamenten bemalt.

Dieses bescheidene Gebäude wurde von den ersten jüdischen Ansiedlern benutzt, die vom 14. Jahrhundert bis 1506 blieben. Nach diesem Jahr hatten die Juden nur noch das Recht, an Märkten teilzunehmen; sie besaßen keine Synagoge, bis die Wohnungsbeschränkungen im Revolutionsjahr 1848 aufgehoben wurden. Danach wuchs ihre Zahl schnell, sie nahmen an Wohlstand zu, assimilierten sich kulturell und gingen zum Reform-Judentum über. Die Synagoge, die sie zwischen 1885 und 1888 erbauten, war in einem mittelalterlichen Stil entworfen – im gotischen –, hatte aber nichts mit ihrer Vorgängerin aus dem Mittelalter zu tun, denn die Überreste der alten Synagoge wurden erst nach 1888 entdeckt. Die Synagogengemeinde des 19. Jahrhunderts brauchte auf jeden Fall eine ganz andere Art von Gebäude.

Der Reformtempel

Die neue Synagoge erweckt Interesse, weil sie wie eine gotische Kirche aussah (Abb. 43, 44, 45). Sie war nicht die einzige Synagoge im gotischen Stil in Europa, aber der auffallendst kirchenartige Bau, der im 19. und 20. Jahrhundert für eine jüdische Gemeinde errichtet worden ist.

Im Jahre 1885 erwarben die Juden ein 4200 Quadratmeter großes Grundstück von der Stadt

Abb. 43. Budweis, 1888, Außenansicht.

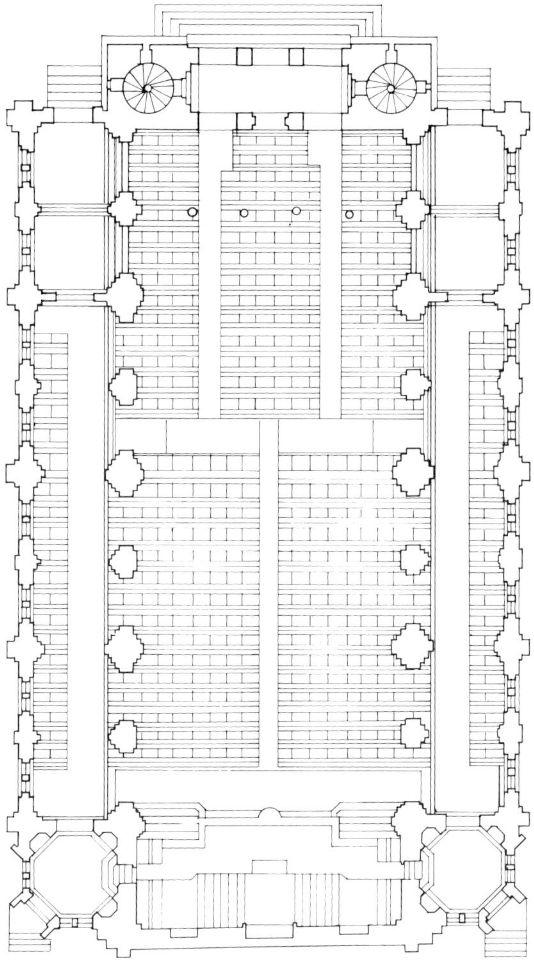

Abb. 44. Budweis, Grundriß.

Abb. 45. Budweis, Innenansicht zur Heiligen Lade.

und beauftragten Max Fleischer, einen in Wien tätigen jüdischen Architekten, das Gebäude zu planen. Die Synagoge wurde außen aus roten und innen aus gelben Ziegeln erbaut. Sie hatte eine Hauptfassade mit zwei Türmen, ein Hauptschiff mit Kreuzgewölben, das etwa 26 Meter lang, 11 Meter breit und 11 Meter hoch war, sowie niedrige, nur 4,50 Meter hohe, gewölbte Seitenschiffe. Sie hatte keine Emporen; daher glich der Innenraum eher dem einer katholischen als einer protestantischen Kirche oder einer Synagoge aus derselben Zeit. Auch in anderen baulichen Anlagen glich sie einer Kirche: Strebepfeiler, die über die Dächer der Seitenschiffe herabführten, Giebel über den Fenstern der Nord- und Südseite, schlanke Türme mit scharfen, dünnen Spitzen und eine Heilige Lade im gotischen Stil, die in Eichenholz gerahmt war. Die Synagoge besaß sogar eine Apsis mit Tonnengewölbe, die fast 5 Meter tief war, eine flache östliche Wand und gemalte Verzierungen an den Wänden hatte.

Das Äußere der Synagoge glich der zweitürmigen Kirche St. Brigitta im Brigittenau-Distrikt (dem XX.) von Wien. Diese stammte von Friedrich von Schmidt, bei dem Fleischer studiert hatte und dem er sehr ergeben war. Zu den besonderen Vorläufern dieser Wiener Kirche gehören neugotische Entwürfe von Karl Friedrich Schinkel wie die Kirche mit zwei Türmen, von der im Jahre 1812 eine Lithographie veröffentlicht wurde. Dem Architekten der Budweiser Synagoge war eher daran gelegen, daß seine Synagoge wie andere Kultbauten des 19. Jahrhunderts aussah, als eine spezifisch jüdische oder lokale Bautradition zu entwickeln. Fleischer ergriff bei einer Versammlung von Architekten im Jahre 1894 in der Hauptstadt das Wort und verteidigte die Verwendung eines so »christlichen« Stils wie die Gotik bei jüdischen Bauten. Er wies darauf hin, daß die Juden immer schon den jeweils herrschenden Baustil benutzt hätten. Wenn also Kultbauten im 19. Jahrhundert oft im gotischen Stil errichtet wurden, so könnten die von Juden in Auftrag gegebenen Bauten ebenfalls in diesem Stil sein. Wenn der gotische Stil sich besonders eignete, um die Gedanken auf Gott zu lenken, dann sollten alle Religionen ihn benutzen. Darüber hinaus, so sagte er, könne man ein schöneres und weniger kostspieliges Gebäude bauen, wenn man einen gotischen Ziegelbau errichtete und nicht irgendeine andere Mischung von Stilformen und Baumaterialien. In einem Vortrag, in dem er seine teilweise gotische Synagoge in der Schmalzhofgasse in Wien erläuterte, sagte Fleischer, die Gotik sei der einzige Stil, der die Verwendung von Ziegelsteinen bei Bauten zuließe, denen man einen entsprechend religiösen Charakter verleihen wolle. (Der Preis für Ziegelsteine war in Budweis besonders niedrig, weil der dort ansässige Fürst versprach, der Synagogengemeinde die Blendziegel billig zu verkaufen. Natürlich hielt die Synagogengemeinde es deshalb für klug, Ziegel zu verwenden, auch wenn dies nichts daran änderte, daß der Kostenvoranschlag schließlich überschritten wurde.)

In seinen Vorträgen stellte Fleischer die Juden als normale österreichische Bürger und ihre Bauten als normale österreichische Bauwerke dar: Jeder, dem der gotische Stil an einer Synagoge besonders auffalle, solle sich auch fragen, warum andere Glaubensbekenntnisse gotische Gebäude bevorzugten. Bei dieser Argumentation nahm Fleischer die Frage des Stils zu Hilfe, um die Anerkennung der Juden als gleichwertige Bürger der Gesellschaft zu bewirken.

Die Synagogengemeinde war offensichtlich mit der Zielsetzung des Architekten einverstanden. Die Gemeindevorsteher baten Fleischer, nachdem sie seine frühere Synagoge in Wien gesehen hatten, ihnen einen gotischen Bau zu entwerfen. Die Gemeinde war so reformistisch, daß die Frauen nicht mehr auf Emporen, sondern im Männerbereich saßen; die einzige »Empore« war die für die Orgel, wo auch ein Frauenchor sang. Der Grund, warum es keine Emporen für Frauen gab, lag offenbar in einer lokalen Tradition: Das etwa vierzig Jahre zuvor errichtete alte Gebäude war zu klein und zu bescheiden gewesen, als daß man hätte Emporen anbringen können, und die Frauen hatten schon dort hinter den Männern gesessen. In dem neuen Bau, der für etwa sechshundert Personen geplant war, hätten die Frauen von den Emporen eine bessere Sicht gehabt (ein Einwand, den Fleischer nicht berücksichtigen wollte) und wären der Heiligen Lade näher gewesen, aber sie blieben unten, wie in einer katholischen Kirche. Fleischer beharrte darauf, daß Emporen dem religiösen Charakter des Baus widersprächen, weniger sicher und bequem als Sitze im Hauptsaal seien, und außerdem wäre es, besonders am Abend bei Gaslicht, auf den Emporen heiß und stickig. Diese überlegten Einwände können aber wohl kaum den Eindruck zunichte machen, daß die Juden fast hofften, mit den Katholiken am Orte verwechselt zu werden, und nicht nur als Mitbürger gelten wollten, auch wenn letzteres für sie sehr wichtig war.

Bei den Einweihungsreden wurden in einem erstaunlichen Ausmaß patriotische Gefühle zum Ausdruck gebracht. Dies muß wohl für die Juden am Ende des 19. Jahrhunderts im Habsburgerreich ein dringendes Anliegen gewesen sein. Die Integration aller ethnischen und religiösen Gruppen innerhalb des Reiches war zu keiner Zeit einfach gewesen. Die Juden fühlten sich besonders unter Druck gesetzt, als das politische Leben in der Hauptstadt immer mehr von Antisemiten bestimmt wurde; zu diesen gehörte auch der Bürgermeister Karl Lueger. Die Juden der Stadt konnten auch leicht als Sündenböcke hingestellt werden, da sie seit einiger Zeit in Berufsbereichen wie dem Einzelhandel, der Medizin und dem Recht zu erheblichem Ansehen gelangt und also der Öffentlichkeit ausgesetzt waren. Gleichzeitig fand eine ungeheure Einwanderungswelle armer Juden aus dem österreichischen Galizien statt. Das Schauspiel dieser heruntergekommenen, jiddisch sprechenden Kleinstadtjuden, die durch die größeren Städte zogen, wurde als »Beweis« für die Illoyalität derjenigen Juden betrachtet, die nicht verstehen wollten, in welch verzweifelter Lage diese Einwanderer waren. Es ist also nicht verwunderlich, daß Fleischer, ein kulturell assimilierter Angehöriger des Mittelstands, durch seine Bauten zu suggerieren versuchte, daß die meisten Juden Österreicher gleich anderen Österreichern, Böhmen gleich anderen Böhmen waren oder sein wollten. Juden sollten nicht besonders und nicht verschieden, keine gerade gelegen kommenden Opfer von Diskriminierung und Verachtung sein. Beteten sie schließlich nicht zum selben Gott, und das in ähnlichen Bauten?

Fleischer ging hierin weiter als die jüdischen Architekten Rosengarten, Hirsch, Aldrophe und Oppler, die zu einem früheren Zeitpunkt die Verwendung des romanischen Stils für Synagogen empfohlen hatten. Den älteren Architekten war der romanische Stil als der beste

Weg erschienen, die Verwurzelung der Juden in Deutschland und Frankreich anzudeuten, besonders wenn sie die Wahl hatten zwischen der Romanik und anderen Stilformen wie dem klassizistischen, maurischen oder gotischen Stil, das heißt, sich für heidnische, islamische oder christliche Bedeutung zu entscheiden hatten. Fleischer wünschte, daß die Gotik der religiöse Baustil aller sein sollte.

Die Öffentlichkeit in Budweis war diesen Verbrüderungsbestrebungen wohlgesinnt, denn der rassistische Antisemitismus war dort im Jahre 1888, als die Synagoge eingeweiht wurde, noch nicht so verbreitet wie 1894, als Fleischer vor den Wiener Architekten sprach. Die Gemeinde Budweis hatte den Juden das Synagogengrundstück in der Tat zu einem niedrigen Preis verkauft, und prominente Bürger der Stadt waren bei der Einweihung am 5. September 1888 zugegen. Es wurde berichtet, sie hätten sich an der einleitenden Orgelmusik und an den Reden erfreut, darunter auch an einer des Architekten, der seine Befriedigung darüber ausdrückte, daß während der Bauarbeiten kein Arbeiter verunglückt war.

Vielleicht waren einige Christen, die der Einweihungszeremonie beigewohnt hatten, am 5. Juni 1942 noch am Leben, als die Nazis die Synagoge in die Luft jagten. Heute ist die Stelle, an der früher die Synagoge stand, ein von Gras überwuchertes Stück Brachland. Die wenigen Juden, die nach 1945 noch in der Stadt lebten, waren meist alte Leute. Die Jungen tauften ihre Kinder lieber, um sie in ihrem späteren Leben vor Problemen einer Minderheit in der Gesellschaft zu bewahren, sicher eine andere Art der Assimilation, als Max Fleischer und diejenigen, für die er eine Synagoge im gotischen Stil entwarf, sie sich vorgestellt hatten.

Bibliographie

A. Charim, *Die toten Gemeinden*, Wien 1966, S. 23–27.

»Die neue Synagoge in Budweis vom Architekten Max Fleischer in Wien«, in: *Der Bautechniker*, XI (1891), S. 249–251, 260.

Encyclopedia Judaica, 1971.

H. Gold (Hrsg.), *Die Juden und Judengemeinde Böhmens in Vergangenheit und Gegenwart*, Brünn 1934, S. 44–48.

H. Hammer-Schenk, *Synagogen*, S. 433–438, und Fn. 961–975 über Fleischer und seine Synagogen an anderen Orten.

E. Hiller, »Betrachtungen über die modernen Synagogen«, in: *Ost und West*, VI (1906), Spalten 28–36, bes. 35–36.

R. Huyer, *Zur Geschichte der Judengemeinde in Budweis*, o. O. 1911.

Jewish Encyclopedia, s. u. Budweis.

»Neue Art von Synagogenbau in Budweis«, in: *Wiener Bauindustrie Zeitung*, V (1888), S. 604.

Österreichische Wochenschrift, 7. Sept. 1888, S. 571; 21. Sept. 1888, S. 605; 18. Mai 1894, S. 392–397: Abdruck von Fleischers Rede »Über Synagogenbauten«, in: *Zeitschrift des österreichischen Ingenieur- und Architekten-Vereins*, XLVI (1894), S. 253–258, Taf. VIII, IX.

Dubrovnik

Wahrscheinlich gab es in der Vergangenheit auf der Balkanhalbinsel viele kleine Synagogen wie die in Dubrovnik, welche als einzige erhalten geblieben ist. Diese Synagoge liegt in einer engen Gasse im Zentrum des Ghettos und nimmt die oberste Etage eines Gebäudes ein, das sich von den Nachbarhäusern durch eine glänzend polierte Tür mit Messingknäufen und die seltsame Ansammlung von verschiedenen Fensterformen unterscheidet (Abb. 46). In den unteren Stockwerken sind die Gemeinderäume untergebracht: eine vernünftige Anlage, die auch in anderen engen Ghettos zu finden ist. Die Synagoge in Dubrovnik gleicht auch insofern anderen, als sie mit dem Nachbarhaus verbunden ist; seit Jahrhunderten gehört dieses Haus der Familie Tolentino, welche die Synagoge instand hält.

Die Synagoge von Dubrovnik ist von Bedeutung aufgrund ihres Alters, ihrer Innengestaltung und weil sie in diesem Gebiet überlebt hat. Wenn man behauptet, sie stamme aus dem Jahre 1352, soll damit wahrscheinlich das Jahr gemeint sein, in dem zum ersten Mal Gottesdienste, die immer im sephardischen Ritus abgehalten wurden, belegt sind. Mit Sicherheit besaßen die Juden im Jahre 1408, als ihnen in der Stadt die Rechtsfähigkeit gewährt wurde, eine Synagoge. Vielleicht befand sie sich in dem derzeitigen Gebäude, aber die Form des heutigen Betsaals stammt aus dem Jahre 1652.

Im Gegensatz zu anderen erhalten gebliebenen europäischen Synagogen besteht diese aus einem länglichen Raum, der innen durch eine von vier Bogen durchbrochene Trennwand unterteilt ist (Abb. 47). Der Almemor, eine große Plattform mit einer hölzernen Balustrade und Lampen aus dem 19. Jahrhundert an den Ecken, geht hier durch die von Bogen durchbrochene Wand hindurch und ist im Osten zur Heiligen Lade und im Westen zum hinteren Teil des Raumes hin verlängert. Wir wissen nicht, wie die Synagogengemeinde hierarchisch aufgebaut oder der Gottesdienst abgehalten wurde, also auch nicht, warum der Raum so angelegt worden ist. Einige sephardische Synagogen in Nordafrika, eine in Tiflis und einige im Heiligen Land sind durch Trennwände mit Bogen unterteilt, hier mag eine Verbindung bestehen.

Die Synagoge ist seit 1652 mehrmals neu eingerichtet worden und hat wahrscheinlich nicht mehr ihr ursprüngliches Aussehen. Die Anlage für die Heilige Lade mit ihren korinthischen Wandsäulen mit gedrehten Schäften scheint aus dem 18. Jahrhundert zu stammen.

Abb. 47. Dubrovnik, Innenansicht zum Almemor, 1985.

Sie ist von überschwenglicher Form und in ihrer Ausführung provinziell. Über der Heiligen Lade treffen sich zwei Voluten in der Mitte und bilden einen Bogen; die Voluten ruhen auf Blöcken über dem Sims der Heiligen Lade. Dieser Bogen und die mit goldenen Lettern versehenen Gesetzestafeln, die er einrahmt, stammen vielleicht nicht aus derselben Zeit wie die Heilige Lade. Diese ist nicht in bestem Zustand, unter anderem weil Emilio Tolentino sie während des Zweiten Weltkriegs auseinandersägte, um sie verstecken zu können. Auf diese Weise rettete er sie, wie auch die Thorarollen und die Lampen. Der Almemor stammt in seiner heutigen Form aus dem 19. Jahrhundert, und auch die blaue, mit goldenen Sternen bemalte Decke mag eine Erfindung des 19. Jahrhunderts sein; sie wurde inzwischen restauriert. Aus welcher Zeit die dunklen Holztäfelungen an den Wänden und alle Kandelaber stammen, ist nicht bekannt. Vor über hundert Jahren wurde die Empore der Frauen im hinteren Teil des Raumes hinzugefügt; sie sind dort luftiger untergebracht als auf den schlecht gelüfteten Emporen hinter den Seitenwänden (die man auch in italienischen Synagogen findet). Die Emporen mußten durch das Haus der Tolentino hereingeschafft werden, denn das Synagogengebäude besaß keine Treppe; auch dies ist aus anderen, älteren Synagogen bekannt. Von der unregelmäßigen Verteilung der Fenster kann man auf verschiedene Bauabschnitte schließen, aber die Einzelheiten der Geschichte dieses Baus sind

Abb. 46. Dubrovnik, Außenansicht, Zeichnung ca. 1965.

zusammen mit den Gemeindeakten im Zweiten Weltkrieg verlorengegangen.

Die Synagoge überstand ein schweres Erdbeben im Jahre 1667 und den Zweiten Weltkrieg. Aufgrund der Verminderung der jüdischen Bevölkerung um 80 Prozent während der Kriegsjahre und der nachfolgenden jüdischen Emigration ist es sehr schwierig geworden, ein Quorum von zehn Männern zusammenzubringen. Touristen besuchen dieses Gebäude, das an andere Synagogen im Mittelmeerraum erinnert mit seinen verputzten Steinmauern, dikken Wänden des Fundaments und der unteren Stockwerke sowie schrägen Stützmauern außen. Innen sind Ritualgegenstände und einige schöne, alte Stoffe zu sehen. Dies sind jedoch Gegenstände einer Gedenkstätte und eines Museums, denn das Gebäude dient nicht mehr als Synagoge einer alten und lebendigen Gemeinde.

Bibliographie

Evrejski istorijski muzej, in: *Zbornik*, I, 1971.

Jewish Chronicle, 16. Mai 1862. (Die jüdische Bevölkerung wird mit 60 Personen angegeben.)

Jewish Historical Monuments in Dubrovnik, Dubrovnik o. J.

B. Laitin, »The Old Synagogue of Dubrovnik«, in: *Chicago Jewish Forum*, XXIII (1965), S. 270–274.

Savez jevrejskih opština jugoslavije, *Spomenica*, Belgrad 1969.

C. Spencer, »The Sephardim of Yugoslavia«, in: *Le judaïsme séphardi*, III (Febr. 1954), S. 110–111.

I. Tagliacozzo, »Dubrovnik: Il suo tempio; il suo ghetto«, in: *Ha-Tikwa*, XXXII (1980), S. 6, 8.

Ich danke Gordon Fellman für Informationen über diesen Bau. Sheila McNally arbeitet an einer Studie über die vermutlich gleich alten Synagogen von Split und Dubrovnik.

Prag

Die Synagogen des jüdischen Viertels von Prag erlitten unter deutscher Besatzung ein anderes Schicksal als die meisten Synagogen. Die Besatzungsmacht wollte sie zu Museen zur Verbreitung des Antisemitismus machen, anstatt sie zu zerstören. Dort sollten Gegenstände ausgestellt werden, die aus anderen böhmischen oder mährischen jüdischen Gemeinden entwendet oder dort beschlagnahmt wurden. Dieses Vorhaben hatte ironischerweise Folgen, die keineswegs beabsichtigt waren: Gegenstände, die sonst zerstört worden wären, wurden bewahrt. Sie befinden sich jetzt im staatlichen Tschechischen Jüdischen Museum, das in mehreren erhalten gebliebenen Synagogen untergebracht ist. Eine dieser Synagogen, die Altneuschul (Abb. 48), ist die älteste Synagoge Europas. (Die Synagoge in Worms wurde zerstört und wiederaufgebaut.) Die anderen Synagogen stammen von ungefähr 1500 bis 1930.

Altneuschul

Der seltsame Name Altneuschul, »Alte Neue Synagoge«, läßt sich durch die Tatsache erklären, daß es eine Altschul oder Alte Synagoge in der Duschni-Straße gegeben hat, und zwar bis in die sechziger Jahre des 19. Jahrhunderts, als sie abgerissen und durch einen Neubau ersetzt wurde. Es gab auch eine Neuschul oder Neue Synagoge in einem anderen jüdischen Viertel in der Nähe. Als man später eine noch neuere Synagoge errichtete, wurde die ehemals neue zur »Alten Neuen Synagoge«.

Ursprünglich gab es in Prag zwei mittelalterliche jüdische Ansiedlungen, auf jeder Seite der Moldau eine. Wahrscheinlich befanden sie sich an den Außenmauern des Hradschin und des Wyschehrad. Mitte des 13. Jahrhunderts wurden sie auf die rechte Moldauseite in einen Bezirk verlegt, der jetzt die Altstadt heißt. Da sich das jüdische Viertel nahe am Fluß befand, wurde es wiederholt völlig überflutet. Die Überschwemmungen von 1771, 1784, 1845, 1862 und 1890 beschädigten die Synagogen so schwer, daß man den Wasserstand der Überschwemmungen des 19. Jahrhunderts an der Mauer der Altneuschul markierte. Es wird berichtet, das Wasser habe im Jahre 1845 1,50 Meter hoch in der Synagoge gestanden. Die beiden ursprünglichen Ansiedlungen bewahrten an dieser elenden Stelle ihre Unabhängigkeit und ihre Synagogen.

Die Altneuschul hat über Jahrhunderte das Interesse von Künstlern, Gelehrten und Laien erweckt (Abb. 49). Die tschechischen Künstler Josef Mánes und Wilhelm Kandler zeichneten

Abb. 48. Prag, Altneuschul, ca. 1280, Außenansicht der Ostseite im späten 19. Jahrhundert.

sie vor 1843, und diese Abbildungen vermitteln uns ein gutes Bild des Innenraums vor der Restauration von 1883 (wenngleich Mánes genauer war als Kandler). Sir George Gilbert Scott zeichnete Einzelheiten der Architektur und der Einrichtung im Jahre 1847. Jüdische Besucher von Prag besuchten ausnahmslos diese Synagoge und beschrieben ihre düstere Atmosphäre und ihre Baufälligkeit. Sentimentale Touristen und leichtgläubige Einwohner der Stadt meinten, an ihren Wänden das Blut der Opfer der Pogrome von 1389 zu sehen, die in Wirklichkeit in der Altschul ermordet wurden. Man erzählte ihnen, die Wände seien aus Respekt vor dem Blut der Märtyrer niemals neu gestrichen worden. Sie glaubten, die beiden Säulen in der Mitte der Synagoge sollten an Jachin und Boas erinnern, und die abgeschrägten Fenster, die man in vielen mittelalterlichen Bauten findet, erinnerten an die in Salomos Tempel. Oft wurde die Geschichte einer Taube erzählt, die über der Synagoge geschwebt und sie während einer Feuersbrunst vor den Flammen bewahrt haben soll. Phantastische Geschichten gingen über den Rabbiner von Prag, Jehuda ben Bezalel Loew, um, der angeblich einen künstlichen Menschen, den Golem, erfunden hatte, und verstärkten das Interesse an dem Synagogengebäude und seiner Beziehung zur fernen Vergangenheit.

Die Synagoge ist ein grauer Steinbau, der aus einem zweischiffigen Hauptraum für die Männer und als Vorhalle benutzten Anbauten auf der Südseite sowie an der Nord- und Westseite für die Frauenbereiche besteht (Abb. 50). Der zweischiffige Grundriß, der früher in Worms und Regensburg zu finden ist, kam wahrscheinlich durch wandernde Juden von Deutschland nach Böhmen; christliche Baumeister waren mit diesem Grundriß von Klosterrefektorien, Kapitelhäusern und Kapellen vertraut.

Das Gebäude, wie wir es kennen, vereint ver-

Abb. 49. Prag, Altneuschul, Innenansicht zur Heiligen Lade, Gemälde von Josef Mánes, 1843.

mutlich zwei der ältesten Synagogengebäude (Abb. 51). Vor nicht langer Zeit haben Nachforschungen ergeben, daß der südliche Anbau eigentlich eine umgebaute einschiffige Synagoge von 1230 bis 1240 war, während der mit ihr verbundene größere zweischiffige Betsaal aus dem letzten Viertel des 13. Jahrhunderts stammt. Diese Hypothese stützt sich auf mehrere Kriterien: 1. Der Anbau ist länger als der zweischiffige Betsaal, und diese Länge wäre nicht notwendig gewesen, wenn der Anbau als Vorhalle für das zweischiffige Gebäude gemeint gewesen wäre. 2. Das spitz zulaufende Tonnengewölbe des Anbaus ist von der Konstruktion des zwei-

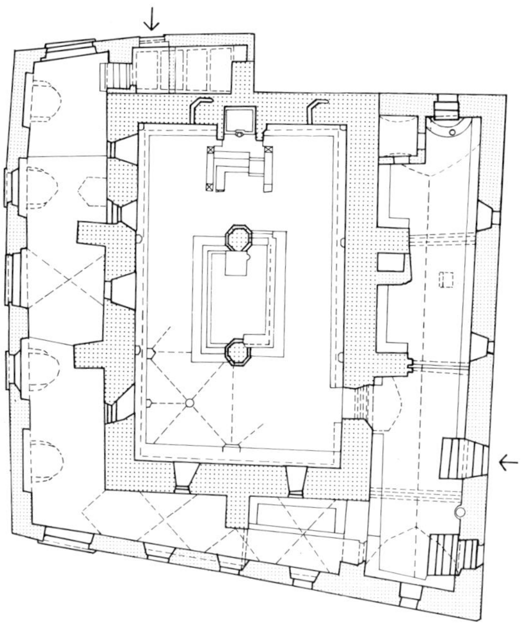

Abb. 50. Prag, Altneuschul, Grundriß; das fünfteilige Gewölbe wird in einem Feld gezeigt.

Abb. 51. Prag, Altneuschul, südlicher Anbau, ca. 1240, Innenansicht 1981.

schiffigen Gebäudes nicht unabhängig, sondern geht hinter den Strebepfeilern der Südwand des zweischiffigen Baus vorbei. Milada Wilimkowa bemerkt: »Es sieht aus, als ob die Strebepfeiler an der Basis zugemauert worden wären und dann vom Gewölbeanfang [den Gewölbebogen des Anbaus] aus hochgebaut worden wären.« 3. Das Südportal des zweischiffigen Gebäudes ist offensichtlich in ein bestehendes Gewölbe eingeschnitten worden, so daß man annehmen muß, zumindest ein Teil des südlichen Anbaus habe vor dem zweischiffigen Bau bestanden. 4. Das Gewölbe gehört zu einer Bauart, die in Böhmen vor 1250 bekannt war. 5. Eine Steinsäule mit gemeißelten Buchstaben, die sich auf einen Kantor beziehen, ist an der Ostmauer des südlichen Anbaus angebracht; die Säule wäre dann Teil der Almemoranlage gewesen. Außerdem befindet sich in der Ostwand des südlichen Anbaus eine zugemauerte Tür, die ursprünglich die Stelle gewesen sein mag, an der sich die Heilige Lade befand. Diese Lade und der Almemor könnten 1250 schon existiert haben.

Später wird erwähnt, daß der südliche Anbau als Synagoge von denjenigen benutzt wurde, die vor den gewöhnlichen Gottesdienstzeiten zum Beten kamen.

Die verputzten Wände der Synagoge sind über einen Meter dick und mit spätgotischen Backsteingiebeln auf der kurzen West- und an der Ostseite verziert. Der zweischiffige Hauptraum ist etwa 14,30 × 8,70 Meter groß und etwa 9,30 Meter hoch. Zwei auf Sockeln stehende oktogonale Pfeiler trennen die beiden Schiffe, die jeweils drei Joche haben. Zwischen den beiden Pfeilern ist reichlich Platz für die Anlage des Almemors, der also die Mitte der Synagoge einnimmt. Die Heilige Lade steht im östlichen Mittelpunkt.

Die Pfeiler tragen Kreuzgewölbe mit fünf Rippen, eine Anordnung, die auf sehr verschiedene Weise ausgelegt worden ist. Manche sehen darin einen Versuch, die Kreuzform zu vermeiden. Das ist jedoch unwahrscheinlich, denn anderswo haben Synagogen Kreuzgewölbe mit vier Rippen, und die Rippen eines Gewölbes sehen nur entfernt wie das lateinische oder Tau-Kreuz aus, das man mit Jesus verbindet. Außerdem sind fünfrippige Gewölbe aus anderen, sowohl christlichen wie maurischen Kultbauten bekannt, darunter dem Refektorium des Klosters Maulbronn und dem nördlichen Querschiff der Kirche von Kolin. Andere interpretieren diese Anordnung als ein Mittel, die Seiten einer Synagoge von ihrem viel wichtigeren Zentrum zu unterscheiden, eine ästhetisch begründete Entscheidung, derer die Architekten dieses Baus durchaus fähig gewesen sein können. In einer dritten Auslegung wird diese Anordnung als Möglichkeit betrachtet, die symbolische Zahl der zwölf Fenster zu betonen, zehn in der Nord- und der Süd- und zwei in der Westwand. Jeder der zwölf Stämme Israels hat sein Fenster in einer eigenen Gewölbetragrippe. Bei dieser Hypothese stößt man jedoch auf Schwierigkeiten. Einerseits hat das westliche Feld fünf Rippen, aber nur ein Fenster, auch wenn dies vielleicht geschah, um die Wölbung gleichmäßig zu gestalten. Auch wissen wir nicht, in welchem Maße Juden zu jener Zeit am Zahlensymbolismus in der Architektur interessiert gewesen sind. Sicherlich befinden sich an den Tympana der Heiligen Lade aus dem späten 13. Jahrhundert und des südlichen Türeingangs zwölf Weintriebe für die zwölf Stämme Israels. Das muß aber nicht besagen, daß die Architekten bauliche Aspekte und Belichtungsbelange mit Aspekten der Dekoration koordinierten. Andererseits gibt es keine andere Erklärung, warum man das sechste Fenster an der Nord- und der Südwand weggelassen hätte.

Die Hauptrippen der Gewölbe ruhen auf Halbsäulen in der Wand und durchkreuzen ein Gesims in 2,40 Meter Höhe vom Boden. Die fünfte Rippe ruht auf einer Konsole in Höhe der Kapitelle der Wandsäulen. Die Gewölbe sind ziemlich angeschlagen und die Rippen an manchen Stellen bis zu 8 Zentimeter von den Tragrippen entfernt. Die Kapitelle sind ebenfalls teilweise beschädigt, und nur wenige besitzen noch ihre ursprüngliche Schönheit. Die Kapitelle der Südseite sind feiner gemeißelt. Viele Kragsteine sind nur noch rauhe Vorsprünge, aber die der beiden Mittelpfeiler sind zierlicher, ebenso das Bossenwerk in den Gewölberippenüberschneidungen. Hier war allem Anschein nach ein Meister am Werk mit ein paar weniger begabten Gehilfen.

Die Synagoge besitzt außer den genannten zwölf aufeinander abgestimmten Fenstern weitere. Die zwei runden Fenster in der Ostwand stammen angeblich aus dem 16. oder 17. Jahrhundert. Auf Ansichten aus dem 19. Jahrhundert ist schon das kleine rechteckige Fenster in der Mitte dieser Wand zu sehen. Das Licht kam ursprünglich hauptsächlich von Leuchtern, die über den Sitzen an der Wand angebracht waren und die früheren Kerzenspieße ersetzten. (Die Fenster waren weitgehend für die Lüftung gedacht.) Reflektoren aus Metall verstärkten das Kerzenlicht. Kandelaber hingen von der Decke und an Haken, die vom Almemorgitter in den Raum ragten. Die meisten der jetzt vorhandenen Kandelaber stammen aus dem 18. und 19. Jahrhundert und sind mit weißen elektrischen Glasbirnen versehen worden; andere wurden während des Krieges von den Nazis geraubt. Auf den Zeichnungen von Josef Mánes werden die Beleuchtungskörper, die gegen 1840 vorhanden waren, genau gezeigt.

Die große Almemoranlage wurde wahrscheinlich errichtet, nachdem im Jahre 1483 nach einem Pogrom Reparaturen notwendig wurden. Sie besteht aus einer Steinplattform, die leicht in den Fußboden versenkt ist und ein schmiedeeisernes Almemorgitter mit Eselsrükken und senkrechten Unterteilungen trägt. Am Gitter sind oben lange Haken für Kandelaber und Blätterknäufe in Form von Kelchen mit Deckeln und Davidsternen angebracht. Die Nordseite des Almemors ist im 18. Jahrhundert restauriert worden, denn der ursprüngliche Teil wurde während einer Zeit jüdischen Exils in den Jahren 1745 bis 1748 gestohlen. Zinnoberrote Dekorationen im Empirestil, die oben auf der Almemoranlage angebracht waren, sind bei der Restaurierung im Jahre 1883 entfernt worden.

Das Fundament der Heiligen Lade ist ein wenig unter das heutige Fußbodenniveau in den Boden eingelassen; zu ihren Türen führen fünf Stufen hinauf. Die Anlage der Heiligen Lade besteht aus Kalksteinpilastern mit in Relief gemeißelten Weinblättern, die auf mit Konsolen versehenen Sockeln ruhen, welche wahrscheinlich aus dem 17. Jahrhundert stammen. Darüber befindet sich ein dreieckiger gotischer Giebel mit gemeißelten Rankenornamenten im Tympanon. Ein großer Teil dieser Anlage wurde bei den Restaurierungen von 1883 bis 1887 und 1920 erneuert; die Skizzen von Josef Mánes für sein Aquarell zeigen, wie die Heilige Lade um 1840 aussah. Bei den modernen Restaurierungsarbeiten wurden die Kalksteinpilaster verstärkt, die ornamentalen Beigaben und die Füllung, mit der das gotische Maßwerk aus Stein an der Brüstung neben den Stufen zur

Heiligen Lade zugestopft worden war, entfernt. Die obersten Modellierungen der Brüstung passen nicht ganz genau zueinander, und die Rahmenmodellierungen sind teilweise sehr grob gearbeitet. Die ursprüngliche geschnitzte und vergoldete Tür der Heiligen Lade, die im 18. Jahrhundert zerstört wurde, ist nach 1784 durch die heute vorhandene eiserne Tür ersetzt worden. Die Brüstung war mit vier obeliskenförmigen Kerzenleuchtern ausgestattet gewesen, von denen drei noch erhalten sind.

Die Synagoge besitzt noch andere alte Einrichtungsgegenstände, darunter Steinbänke an der Nord- und der Südwand (die jetzt mit Holz verkleidet sind), eine riesige Fahne aus rotem Damast, die den Juden, angeblich für ihre Hilfe im Dreißigjährigen Krieg gegen die Schweden, im 18. Jahrhundert von der Krone überreicht worden war, sowie Holzstühle, die entlang der Wände und an der Nord-, Süd- und Westseite des Almemors verteilt sind. Dort stehen sie zumindest seit etwa 1840, Zeugen einer Sitzanordnung um den Almemor herum, die aus viel früherer Zeit stammt. Aber ihre heutige Form mit den gotischen Bogen zeigt, daß sie bei der Restaurierung von 1883 ersetzt wurden. Die Leseständer sind beweglich, und nichts gleicht der einseitig ausgerichteten Möblierung eines Reformtempels. J. J. Schudt bemerkte im 18. Jahrhundert, daß die Gemeinde eine Orgel besaß, eine außerordentliche Einrichtung in einer Synagoge, aber sie wurde nur gespielt, um den Sabbat anzukündigen, nicht am Sabbat selbst. Ursprünglich waren die Wände mit vielfarbigen Ornamenten bemalt, diese wurden aber im Jahre 1618 weiß übertüncht.

Der Betsaal ist von Anbauten umgeben. Der südliche Anbau, die heutige Vorhalle, liegt einige Stufen unter Straßenniveau und der Betsaal noch einige Stufen tiefer. Der ursprüngliche Eingang befand sich anscheinend an der nördlichen Seite des Teils, der im Westen über die Mauern des Betsaals hinausgeht; der heutige Eingang im Süden ist später hinzugefügt worden. In der Vorhalle stehen Geldschränke aus dem 17. Jahrhundert. Es gibt auch niedrige Steinbrüstungen, welche jetzt für Kerzenleuchter benutzt werden, aber die auch als Sitzgelegenheit gedient haben könnten. Diese Vorhalle wurde, wie erwähnt, traditionsgemäß zum Gebet und zum Thorastudium benutzt; heute sind Dokumente und Photographien zur jüdischen Geschichte darin untergebracht. Das Eingangsportal von der heutigen Vorhalle zur Synagoge liegt im westlichen Teil und besteht aus einem steinernen Türbogen mit mehreren Einfassungen. Die zweite von außen hat kreisförmige stilisierte Pflanzenornamente; weiter unten sind Blätter auf den Pseudokapitellen der äußersten Einfassung angebracht, die dadurch das Aussehen einer Türpfostensäule bekommt. Über diesem Eingang befindet sich das zweite schöne Tympanon, in das Weinblätter und Trauben gemeißelt sind, die von aus zwölf Wurzeln sprießenden Trieben hängen. Solche Schmuckformen sind auch aus christlichen Bauten in Böhmen, Sachsen und Schlesien bekannt, auch wenn in diesem Fall auf die zwölf Stämme Juda angespielt wird. Das Spitzbogenfenster beim westlichen Eingangsportal hat in den achtziger Jahren des 19. Jahrhunderts ein früheres rundes Fenster ersetzt.

Der westliche Anbau für die Frauen ist ein Saal mit Tonnengewölbe, der von drei Fenstern im Westen belichtet wird. Verschiedene Einzelheiten lassen vermuten, daß er aus dem frühen 17. Jahrhundert stammt: die charakteristischen Profile der beiden gerippten Lünetten, welche in das Gewölbe hereinragen, die Einfachheit der Lünette über dem Fenster in der Mitte und die schlichte Einfassung der drei Fenster mit ihren verschlungenen Renaissancegittern. Der Anbau ist niedrig und wirkt eindrucksvoll. Er allein genügte aber nicht für alle Frauen der Synagogengemeinde, also mußte ein Anbau im Norden hinzugefügt werden. Ein Anbau im Osten wurde 1908 entfernt, als der heutige Eingang durchgebrochen wurde. Als die Anzahl der am Gottesdienst teilnehmenden Frauen später abnahm und der Anbau im Norden genügend Platz bot, wurde der westliche zu einem Bethaus nach polnischem Ritus (so wurde im Jahre 1868 berichtet) und einem Lehrhaus (wie 1933 berichtet wurde).

Der nördliche Anbau wurde im Jahre 1731 errichtet, um einen älteren Anbau im Norden zu ersetzen, der einzustürzen drohte und die Stabilität der gesamten Synagoge beeinträchtigte. Für den neuen Anbau, der, wie es in einer Inschrift heißt, vom Fundament bis zum Dach neu erstellt wurde, wurde möglicherweise einiges Baumaterial des alten Traktes wiederverwendet. Ein Kreuzgewölbe und Lünetten, die den Fenstern entsprechen, unterbrechen das Tonnengewölbe. Die Frauen hatten durch vier schmale Schlitze gleich denen am westlichen Anbau Einsicht in den Betsaal. Die kleinen Gucklöcher sowie der sehr enge Raum von nur drei Metern Breite offenbaren, welche Position die Frauen in den älteren Synagogen einnahmen. Das Fußbodenniveau in den Anbauten liegt höher, was vielleicht bedeuten sollte, daß das Gebet der Frauen nicht »aus der Tiefe emporzusteigen« brauchte.

Die Altneuschul in ihrem heutigen Zustand stammt also doch nicht ganz aus dem Mittelalter. Der ursprünglich einschiffigen, in der Folgezeit zweischiffigen Synagoge wurden im 15. Jahrhundert Giebel und in der Spätrenaissance Anbauten hinzugefügt. Die alten Wandmalereien verschwanden im Jahre 1618 unter weißem Anstrich. Restaurierungen wurden in den Jahren 1883 bis 1887, 1921 bis 1927 und 1966/67 sowie geringfügige Veränderungen in den neunziger Jahren des 19. Jahrhunderts vorgenommen. Bei der Restaurierung in den achtziger Jahren des letzten Jahrhunderts entfernten Joseph Mocker und Emanuel Brand die nachträglich angebrachten Rokoko- und Empire-Dekorationen im Innern. Sie ersetzten den baufälligen Ostgiebel durch eine Kopie, reparierten das Karnies innen, ersetzten beschädigte Gewölberippen, Giebel und Bossen, verstärkten die Pilaster um die Heilige Lade, stellten neue Stühle hinein und erneuerten das Eingangsportal. Die Reparaturen am Bau selber dauerten nur ein Jahr, aber die Arbeiten an der Heiligen Lade bis 1887.

In den neunziger Jahren des 19. Jahrhunderts und dem ersten Jahrzehnt des 20. Jahrhunderts riß die Gemeinde baufällige Häuser im alten jüdischen Viertel ab. Diese Maßnahme traf hauptsächlich Juden, die zu arm waren, um nach 1848, als ihnen volle Bewegungsfreiheit zugestanden wurde, anderswohin zu ziehen. Die Stadtbeamten parzellierten das Viertel neu und erweiterten die Straßen. Sie bauten die Pariser Straße auf der Ostseite der Synagoge und nahmen damit dem Gebäude seine ursprüngliche Situation im Herzen eines dichtbevölkerten jüdischen Stadtteils. Zu jener Zeit wurden auch ein öffentlicher Brunnen und eine niedrige Mauer, die einen kleinen Hof auf der Ostseite der Synagoge umschloß, abgerissen. Die Synagoge erhielt neue Eingänge und wurde mit elektrischem Licht in den Anbauten und im Hauptbetsaal mit einem neuen Fußboden ausgestattet, der den alten, bei der Überschwemmung von 1890 stark beschädigten ersetzte.

Die Restaurierung von 1921 bis 1927 konzentrierte sich mehr auf die Ausschmückung der Synagoge als auf den Bau selbst. Zu jener Zeit wurde auch eine Zentralheizung eingebaut. Ein am Ort bekannter Skulpturenrestaurator (Heinrich Tschepek) erneuerte viele Details der Innenausstattung. Die meisten Steinornamente wurden entweder zu diesem Zeitpunkt oder im Jahre 1883 neu ausgemeißelt. Auf den Bildern von Joseph Mánes und anderen sind die Konsolen in ihrem ursprünglichen Zustand zu sehen. Während der Besetzung durch die Nationalsozialisten fertigte Franz Zelenka, ein Architekt und Plakatentwerfer, Pläne für den heute vorhandenen roten Ziegelfußboden, für Ersatzstücke der (gestohlenen) Kandelaber und für die Anbringung von elektrischem Licht entlang dem Karnies.

Im Jahre 1966/67 machte der Architekt J. Buschek, welcher für die staatliche Denkmalpflege arbeitete, Pläne für die neue Ausstattung, Isolierung, Beleuchtung, Fensterverglasung, für die Reparaturen an der Heizungsanlage und für Maurerarbeiten an den Gewölben des südlichen Anbaus. Das Gebäude ist jetzt besser ausgestattet, um Tausende von Museumsbesuchern zu empfangen. Allerdings besteht nur noch eine verschwindend kleine Synagogengemeinde.

Die Pinkas-Synagoge

Andere Synagogen in Prag hatten desgleichen eine bewegte Vergangenheit, und über sie ist viel veröffentlicht worden, besonders von Gelehrten, die mit dem Staatlichen Jüdischen Museum in Verbindung stehen. Die Pinkas-Synagoge, das andere Beispiel aus dem Mittelalter, wurde von der berühmten Familie Horowitz als Privatsynagoge erbaut. Sie ist besonders wegen ihres Netzgewölbes über dem einschiffigen Hauptraum bekannt. Das Gewölbe stammt wahrscheinlich von 1519, wie auch sicherlich die ursprüngliche gotische Heilige Lade und die von Gotik und Renaissance bestimmte Almemoranlage. Im frühen 17. Jahrhundert, wahrscheinlich zwischen 1607 und 1620, baute der Baumeister Juda Koref de Herz ein Gewölbe über die Vorhalle auf der Südseite und den Frauenbereich im Erdgeschoß sowie die Empore für Frauen und veränderte das Äußere der Synagoge. Der bei der Überschwemmung von 1771 beschädigte Almemor erhielt im Jahre 1798 eine Rokoko-Einfassung, die noch vorhanden ist. Zu den Umbauten aus dem 19. Jahrhundert gehörten die Angleichung der Fußbodenniveaus und das Öffnen von großen Bogen zwischen dem Männer- und dem Frauenbereich. Christliche Tschechen setzten sich mit Erfolg für die Erhaltung des Gebäudes ein, als gegen 1880 das Ghetto geräumt werden sollte. Franz Richter, ein Bauingenieur, der in den zwanziger Jahren das Bauamt leitete, entdeckte die alte Almemorbrüstung und das alte Steinpult. Weitere Restaurierungsvorhaben blieben bis 1938 auf den Schreibtischen der Stadtbeamten liegen. Auf den Synagogenwänden sind nun die Namen von über 77 000 tschechischen Juden festgehalten, die von den Nationalsozialisten ermordet wurden.

Die Altschul

Die Altschul oder Alte Synagoge in der Duschni-Straße entstand in der Zeit vor dem Pogrom von 1389, bei dem sie beschädigt wurde. Ihre Trümmer wurden als Hülle für eine neue Synagoge iberischer Juden benutzt, die in den neunziger Jahren des 15. Jahrhunderts Zuflucht in Prag suchten. Lange Jahre wurde in dieser Synagoge nach portugiesischem Ritus Gottesdienst gehalten. Dann und wann beteten Juden orientalischer Herkunft in ihr. Zwischen dem 16. Jahrhundert und dem Abriß dieser Synagoge im Jahre 1868 wurde das Gebäude mehrmals umgebaut. 1837 wurde der reformistische aschkenasische Ritus eingeführt und die Synagoge damals allgemein als Tempel bezeichnet. Diese Synagogengemeinde brachte neugotische Einrichtungsgegenstände, Maßwerk und Gewölberippen hinein, anscheinend um ihr Gotteshaus im gotischen Stil umzugestalten, der damals von den Christen als der Stil mit der erhebendsten religiösen Wirkung betrachtet wurde.

Eine neue Synagoge mit zentralem Grundriß von Adalbert Ignaz Ullmann von 1867/68 war im neoromanischen, zu jener Zeit üblichen Stil der assimilierten Juden gehalten, auch wenn sie einige maurische Einzelheiten aufwies. Ein Alternativentwurf für die Innengestaltung wurde im Jahre 1873 von Josef Niklas erarbeitet und in den achtziger Jahren von Anton Baum und Friedrich Münzberger unter der Leitung des Baumeisters Guido Bělský ausgeführt. Er ist vollkommen im maurischen Stil, vielleicht weil man an die iberischen und orientalischen Wurzeln dieser Synagogengemeinde erinnern und den Wunsch der Juden nach einer spezifischen Selbstdarstellung, zumindest im Innern, zum Ausdruck bringen wollte.

Spätere Synagogen

Zu den Prager Synagogen aus späterer Zeit gehören die Hohe Synagoge im jüdischen Rathaus aus dem 16. Jahrhundert, die wahrscheinlich von Pankraz Roder mit den Geldern eines wohlwollenden Spenders, Mordechai Meisel, erbaut und mit einem wirkungsvollen Gewölbe geschmückt wurde, das die Mitte des Raumes betont; des weiteren ein kleinerer Raum im Rathaus, der ehedem zum Beten diente; außerdem die Synagoge aus den Jahren 1590 bis 1592, die von Juda Koref de Herz nach Meisel benannt wurde, welcher den Bau finanzierte (sie wurde später wiederaufgebaut, einmal im Jahre 1691 und dann von 1893 bis 1905); die Klaus-Synagoge, die im Jahre 1694 vollendet, 1883/84 erweitert und 1910 umgebaut wurde; die Großenhofsynagoge von 1627, die von Jakob Basevi – dem ersten Prager Juden, der geadelt wurde – finanziert war; die barocke »Zigeuner«-Synagoge, die zusammen mit der Großenhofsynagoge während der Stadtsanierung um 1900 abgerissen wurde; die Synagoge des Weinberg-Bezirks (Vinohrad), die zwischen 1893 und 1898 von Wilhelm Stiassny und Ludwig Richter erbaut und im Zweiten Weltkrieg bei einem Luftangriff zerstört wurde. Die Kaiser-Franz-Joseph-Jubiläums-Synagoge in der Jerusalemer Straße, die im Jahre 1906 von Stiassny und

Richter zum sechsten Jahrestag der Thronbesteigung erbaut wurde und Platz für 1500 Gläubige bot, wurde bei einer Stadtsanierung verlegt. Die Smíchow-Synagoge aus der beginnenden zweiten Hälfte des 19. Jahrhunderts (1863?) wurde in den dreißiger Jahren umgebaut und wird heute zu profanen Zwecken benutzt. Die Altneuschul und die Jubiläums-Synagoge sind die einzigen, in denen derzeit Gottesdienst abgehalten wird.

Bibliographie

Über die Altneuschul und andere Prager Synagogen:
Allgemeine Bauzeitung, LI (1886), Tafeln 46–48, Julius Deutschs Zeichnungen der Altneuschul.
Allgemeine illustrierte Judenzeitung (Pest), II, Nr. 15 (12. April 1861), Einbandgravierung der Altneuschul, ca. 1860.
»Ancient Synagogues of Central Europe«, in: *Builder*, XXV (5. Jan. 1867), S. 9–10.
E. Bachmann, *Eine spätstaufische Baugruppe im mittelböhmischen Raum*, Brünn und Leipzig 1940, bes. Kap. 2, »Die Prager Synagoge«, S. 40–55 (Kunstgeschichte in Sudeten- und Carpathienländern, Hrsg. K. Swoboda, 3).
V. Benda, *The State Jewish Museum in Prague*, Prag o. D.
B. Foges und D. J. Podiebrad, *Alterthümer der Prager Josefstadt*, Prag 1862.
A. Grotte, *Deutsche*.
A. Grotte, »Die Beeinflussung jüdischer östlicher Sakralbaukunst durch Prager Vorbilder«, in: *Jahrbuch der Gesellschaft für die Geschichte der Juden in der ČSR*, VI (1934), S. 457–469.
J. Heřman und M. Vilímková, *Die Prager Synagogen*, Prag 1970, S. 22–37.
R. Iltis, Hrsg., *Jewish Studies, Essays in Honor of the Very Reverend Dr. Gustav Sicher*, Prag [um 1955], bes. S. 45 ff., 62 ff.
R. Iltis, *Tisić Let. Thousand Years. Tausend Jahre*, Prag 1969.
A. S. Isaacs, »The Study of the Synagogue«, in: *Architectural Record*, XX, Nr. 6 (Dez. 1906), S. 474–475.
Jewish Chronicle, 16. Febr. 1855; 1. Juni 1855; 17. Jan. 1868; 16. Okt. 1868; 26. Sept. 1890.
A. Kisch, »Die Synagogen Prags. I. Die großen Synagogen«, in: *Jahrbuch für die israelitischen Cultusgemeinden Böhmens*, Prag 1893, S. 85 ff.
R. Krautheimer, *Mittelalterliche Synagogen*, S. 202–211.
J. Kreppel, *Juden und Judentum von heute*, Zürich 1925, S. 752, behandelt andere Prager Synagogen, die um 1925 existierten.
J. Lion und J. Lukas, *Das Prager Ghetto*, Prag 1959.
M. Lowenthal, *A World Passed By*, New York 1933, bes. S. 339, 342–343.
J. Mánes, Zeichnungen für ein Aquarell von 1843, Nationalgalerie Prag, Graphische Sammlung.
P. Meyer u. a., *The Jews in the Soviet Satellites*, Syracuse/N. Y. 1953, S. 141–142.
F. M. [Mikowec], »Prag und seine Baukunst«, in: *Allgemeine Bauzeitung*, X (1845), S. 15–38, bes. S. 22 über die Altneuschul und S. 23 über die Altschul; siehe auch Tafel 637 über das Bild der Altneuschul von Mertens.
F. B. Mikowec, *Alterthümer und Denkwürdigkeiten Böhmens* (Bd. 2 mit W. Zap), Prag 1865, Bd. 1, S. 163–167, Bd. 2, S. 97–100.
Monuments of Jewish Culture in Prague and Czechoslovakia (Prag? o. J. [um 1930]).
Z. Muenzer, »Die Altneu Synagoge in Prag«, in: *Jahrbuch der Gesellschaft für die Geschichte der Juden in der Čechoslovakischen Republik*, IV (1932), S. 63–96 (auch in der tschechischen Ausgabe dieser Zeitschrift: *Ročenka Společnosti pro dějiny židu v Československé republice*).
O. Muneles, *The Prague Ghetto in the Renaissance Period*, Prag 1952.
E. Poche, »Nečo o staronové synagoze v Praze«, in: *Kalendář českožidovský* (Praha), 1929/30, S. 123–127.
E. Poche u. a., *Praha středověká. Čtvero Knih o Praze*, Prag 1983 (nicht eingesehen).
M. Popper, »Beiträge zur Geschichte der Juden in Prag«, in: *Monatsschrift für Geschichte und Wissenschaft des Judentums*, XXXVIII (1894), S. 371–379, 414–421, 467–472.
V. Ryneš, »L'incendie de la synagogue du faubourg du château de Prague en 1142«, in: *Judaica Bohemiae*, I (1965), S. 19–24.
J. J. Schudt, *Jüdische Merckwürdigkeiten*, Frankfurt und Leipzig 1714–1718, Buch IV, Kap. 14, Paragr. 3, S. 218.
O. Schürer, *Prag. Kultur, Kunst, Geschichte*, Wien und Leipzig 1930.
G. G. Scott, Zeichnungen von 1847 im Royal Institute of British Architects Drawings Collection, Buch 11 (neue Nr.) oder 27 (alte Nr.). Ich verdanke diese Information Mosette Glaser Broderick.
M. Vilímková, »Seven Hundred Years of the Old-New Synagogue«, in: *Judaica Bohemiae*, V (1969), S. 72–83.
Wischnitzer, *Architecture*, S. 52–54, 78–81, 215.

Über andere Synagogen als die Altneuschul:
AJYb, LXXVIII (1978), S. 452.
A. Deutsch, *Die Zigeuner-, Großenhofs- und Neusynagogen in Prag*, Prag 1907 (nicht eingesehen).
A. Deutsch, »Pražske synagogi«, in: *Věstnik židovske nabožené obce v Praze*, I, Nr. 5 (1934), S. 1 ff.
A. Grotte, »Restauration der alten Pinkas-Synagoge in Prag«, in: *Denkmalpflege und Heimatschutz*, XXVI (1924), S. 35–36.

H. Hammer-Schenk, *Synagogen*, S. 246–249.
O. Herbanová, »Vysoka synagoga«, in: Židovská ročenka 5722, Prag 1960, S. 45–49.
H. Hammer-Schenk, »Španělská synagoga«, in: *ibidem* 5721, Prag 1960, S. 108–113.
D. Kaufmann, »La synagogue de Mardoché Meisel et Jacob Segré«, in: *Revue des études juives*, XXI (1890), S. 143–145.
W. Klein, *100 Jahre Verein für geregelten Gottesdienst der Israeliten in der Altschul in Prag*, Prag 1937.
A. Pářík, *The Prague Synagogues in Paintings, Engravings and Old Photographs*, Prag 1986.
V. Sadek, »La synagogue réformée de Prague (la ›Vieille école‹) et les études juives au cours du 19ième siècle«, in: *Judaica Bohemiae*, XVI, Nr. 2 (1980), S. 119–123.
H. Volavková, *Schicksal des jüdischen Museums in Prag*, Prag 1965.
H. Volavková u. a., *The Pinkas Synagogue*, Prag 1955.
H. Volavková, *Zmizelá Praha, 3. Židovské město Pražké, Prag 1947.*

E. Pařik, E. Lukeš und I. Murray danke ich für ihren außerordentlich hilfreichen Beistand.

Samokov

Diese Synagoge ziert eine Stadt von etwa 13 000 Einwohnern im Südwesten Bulgariens, wo sich sephardische Juden aus Sofia, Dupnitsa und Thessaloniki ansiedelten. Zwischen den beiden Weltkriegen waren in Samokov etwa acht Prozent der Einwohner Juden. An diesem Gebäude wird deutlich, wie die für ein jüdisches Gotteshaus notwendigen Anlagen mit regionalen künstlerischen Formen vereint wurden, und sie bietet ein Beispiel für eine vor der rechtlichen Gleichstellung der Juden errichtete Stadtsynagoge in einem wenig bekannten Teil Europas. Der Grundriß dieser Synagoge glich möglicherweise dem anderer Synagogen in den Balkanländern, aber wahrscheinlich war sie ungewöhnlich groß und gut konzipiert. Sie wurde im Jahre 1858 unter der relativ toleranten Herrschaft der Türken gebaut, bevor Bulgarien 1878 unabhängig wurde, und auch wenn sie nicht so großartig wie eine Moschee oder Kirche war, wurde sie doch attraktiv gestaltet (Abb. 52, 53).

Die langgezogene Synagoge hat im Osten die Heilige Lade, im Norden zur Straße hin den Eingang und einen Anbau im Westen, in dem zweistöckige Emporen angebracht sind. Der fast kubische Betsaal und der Anbau sind unter einem leicht geneigten Dach vereint. Im Unterschied zu den üblichen kleinen Stadtsynagogen ist das Äußere dieses Gebäudes ungewöhnlich, mit überwölbten Eingängen und Fenstern im Erdgeschoß und ellipsenförmigen Fenstern im ersten Stock auf der Höhe der oberen Emporen. Der Mittelpunkt der siebenfeldrigen Nordwand wird durch ein rundes Fenster markiert, dessen Durchmesser größer ist als derjenige der jeweils drei Fenster rechts und links daneben. Die Hei-

Abb. 52. Samokov, 1858, Außenansicht.

Abb. 53. Samokov, Innenansicht zur Heiligen Lade.

lige Lade und die Fensterrahmen sowie das von der glatten Wand vorspringende Karnies sind mit gemalten Blumen- und Blattwerkdekorationen geschmückt. In den Rahmen sind kleine Blattschnörkel angebracht und zwischen den Fenstern Blumensträuße. Um die Haupteingangstür war ursprünglich ebenfalls ein Blumenornament gelegt. Die Dekoration ist ein Beispiel für den künstlerischen Stil, der mit der bulgarischen »Renaissance«, der nationalen Bewegung um die Mitte des 19. Jahrhunderts, und besonders mit der Schule von Samokov verbunden war. Die Motive sind üppig und sehr farbenfroh, was Zeichen guter Volkskunst ist, und ein Gefühl für das Besondere vereint die dekorative Ausmalung mit der Architektur. Schneckenförmige Ornamente und Blattformen betonen die Krümmung der Fensterrahmen, und ein blaues Band verstärkt den Abschlußcharakter des Simses.

Diese Elemente sind nicht nur an jüdischen Bauten zu finden. Die etwas frühere Bayraki-Moschee in derselben Stadt war in einem ähnlichen Stil dekoriert. Daß auch die jüdische Bevölkerung ihn benutzen konnte, ist mehreren Umständen zu verdanken. Im Jahre 1858 befanden sich in Samokov die Juden immer noch in der gleichen Lage wie früher ihre Glaubensgenossen in vielen westeuropäischen Ländern; sie konnten nur im ortsüblichen Stil bauen, der von Juden, Moslems und manchmal auch von Christen benutzt wurde. Sie waren in der Lage, geschickte Künstler anzustellen, weil die am Ort ansässigen wohlhabenden und angesehenen jüdischen Familien das Gebäude finanzierten. Darunter waren auch drei Mitglieder der wohltätigen Industriellenfamilie Arie, die in der Nähe wohnte und mindestens eins ihrer Häuser in dem gleichen Stil dekoriert hatte.

Im Innenraum der Synagoge sind mehr Schnörkel und Blumensträuße zu finden, die weniger zur Betonung der baulichen Formen beitragen als die Dekorationen außen, aber an sich hübsch sind. An der hinteren (westlichen) Wand des Innenraumes befindet sich eine Reihe von blauen und goldenen Sträußen unter runden Bogen, welche die Form der Fenster und Eingänge an den anderen Wänden übernehmen und fortsetzen. An einigen Deckenleisten erscheinen Schnörkel, die an die Außendekoration erinnern, aber die Decke ist hauptsächlich mit geometrischen und islamischen Formen verziert, welche in Rosettenmustern angeordnet sind – typisch für bulgarische Decken in anderen Bauten. Die Kombination von dekorativen Elementen wirkt nicht maurisch wie die in mitteleuropäischen Synagogen der Zeit, etwa in Leipzig oder in der Dohány-Straße in Budapest. Die gesamte Dekoration in Samokov entspricht dagegen lokalen Traditionen: weiße Wände mit einfachen Fenstern und Nischen, die durch kräftige Farbgebung betont werden, und Ornamente wie die an der örtlichen Moschee. Die Synagoge von Samokov ist vermutlich nicht von jüdischen Künstlern dekoriert worden.

Die Architektur unterscheidet sich ebenfalls von den früheren Vier-Pfeiler-Synagogen Osteuropas, die auf den ersten Blick einen ähnlichen Grundriß zu haben scheinen (siehe Abb. 76, 81, 85). Der Bau in Samokov hat innen vier Stützen aus Holz, aber sie sind nicht so miteinander verbunden, daß sie einen Tabernakel bilden, wie das in einigen osteuropäischen Synagogen vom späten 16. bis zum frühen 19. Jahrhundert der Fall war. Die Stützen in Samokov sind hoch und schlank und behindern nicht die Sicht. Sie tragen eine verzierte, vertiefte Kassettendecke, bei der in den quadratischen Feldern in der Mitte abwechselnd Kreise und Quadrate eingezeichnet sind und quadratische und rechteckige Felder an den Außenmauern entlang um den Raum laufen. Der Almemor steht nicht unter dem Mittelquadrat, sondern in der Nähe der westlichen Wand, wie es in Synagogen des Mittelmeerraumes üblich war. Die Anlage von Heiliger Lade, Säulen und Almemor auf der Achse nahm die mystische Atmosphäre oder die Empfindung des religiösen Höhepunkts vorweg, der man in den aschkenasischen Vier-Pfeiler-Synagogen begegnet.

Dieser luftige viersäulige Bautyp von Samokov wird heute in den Synagogen von Balkanjuden in Istanbul verwendet, zum Beispiel bei der Jambol-Synagoge. Noch hat man keine Erklärung gefunden, wie die Verbindung zwischen den sephardischen Synagogen des Balkans und der viersäuligen Synagoge in Tomar in Portugal zustande gekommen ist (siehe Abb. 186), aber Juden, die in den Jahren 1492 und 1496 von der Iberischen Halbinsel vertrieben worden sind, haben sich in den Balkanländern und in der Türkei angesiedelt.

Die Bulgaren retteten während der Nazizeit fast alle ihre Juden, was ihnen hoch anzurechnen ist. Andererseits ermutigte die Regierung sie, nach Israel auszuwandern, und eine überwältigende Mehrzahl hatte ihr Geburtsland vor dem Jahre 1950 verlassen. Die derzeitige Regierung, die offiziell atheistisch ist, unterhält Synagogen in Sofia und Samokov als nationale Kulturdenkmäler; in einigen Berichten wird jedoch behauptet, daß die Synagoge in Samokov als Lagerhaus oder als Stadtmuseum benutzt würde.

Bibliographie

El Correo de Vienna, 14. Febr. 1870 (nicht eingesehen).

A. Rashkovska, »The Arie Painted Houses in Samokov«, in: *ibidem*, V (1970), S. 149–153 (in bulgarischer Sprache mit englischer Zusammenfassung).

A. Rashkovska, »The Synagogue in Samokov«, in: *Social, Cultural, and Educational Association of the Jews in the People's Republic of Bulgaria. Annual*, III (1968), S. 175–179 (in bulgarischer Sprache mit englischer Zusammenfassung, S. 213–214).

V. Tamir, *Bulgaria and Her Jews: The History of a Dubious Symbiosis*, New York 1979, bes. S. 57, 64.

T. Zlatew, *Bulgarski natzionalna arkhitektura*, Sofia 1955, S. 82–84.

Ich danke Milka Bliznakov für die Übersetzung des Materials aus dem Bulgarischen und Mark Epstein für die Photographien der Synagogen in Istanbul.

Szegedin und Sofia

Die Synagogen von Szegedin in Ungarn (1899–1903) und Sofia in Bulgarien (1903–1909) sind charakteristische Beispiele für den Grundriß, der in Europa um die Jahrhundertwende sehr verbreitet war. Er beruhte auf dem griechischen Kreuz oder einem Polygon, mit einer Kuppel oder einem Kuppelgewölbe über dem Kreuz, und dem Haupteingang meist auf der Westseite. An der Ostseite (oder im Trakt der Vorhalle im Westen) befanden sich oft die Büroräume für den Rabbiner und den Kantor, Ankleidezimmer und ein Raum für den Chor. Die Winkel zwischen den Kreuzarmen oder die Diagonalen des Polygons waren häufig mit Bänken, Treppenaufgängen, Kleiderablagen oder Büros ausgefüllt. Zwar hatte auch die vorhergehende Generation Kreuz- oder andere Zentralgrundrisse verwendet, aber niemals zuvor war die dekorative Ausstattung so aufwendig und eklektizistisch gewesen. In den Details waren diese Synagogen natürlich unterschiedlich, aber die Vorliebe für vielfältige Ornamentierung, aus vielerlei Vorbildern zusammengetragen, ließ sich in Synagogen von weit auseinanderliegenden Städten wie Sofia, Brassó, Subotica, Rom, Dortmund und Bielefeld finden, die alle vergleichbare Grundrisse besaßen. Es waren die letzten Beispiele für einen auf die Spitze getriebenen Eklektizismus im Synagogenbau; sogar historistische Bauten, die nach 1918 errichtet wurden, hatten eher karge Flächen und unauffällige Umrisse.

Szegedin

Szegedin gehörte um 1900 zu den größten Städten Ungarns. Die Hauptsynagoge dieser Stadt lag, wie ihre Vorgängerin in Wien, an einer breiten Straße, die als »Ring« bezeichnet wurde. Sie war von einem Garten umgeben und nahm ein Grundstück von etwa 9900 m² ein. Die auffällige Lage und Größe der Anlage erklären sich vielleicht dadurch, daß im Jahre 1896 in Ungarn ein Gesetz erlassen wurde, das allen Religionen gleiche Rechte gewährte. Zu jener Zeit hatten die Juden einen wichtigen Platz in der Gesellschaft erobert und zur Vergrößerung der ungarischen Städte beigetragen, da sie in vielen Orten des Habsburgerreiches weitgehend für den Handel verantwortlich waren.

Dieses Gebäude, in dem 660 Männer und 550 Frauen untergebracht werden konnten, entlastete die frühere, von 1843 stammende Synagoge in der Hajnoczy-Straße, die von Henryk und Jószef Lipowsky erbaut worden war (Abb. 54, 55). Die ältere Synagoge war ein rechteckiger Bau mit Giebeln, unterteilenden Pilastern und anderen klassizistischen Elementen, der innen in Form einer Emporen-Basilika angelegt war. Im Erdgeschoß und auf Emporenebene waren weite und relativ flache Bogen angebracht. Die Almemoranlage (von der vier gedrungene Säulen übrigblieben; anscheinend waren sie zur Dekoration da und trugen nicht, wie

Abb. 54. Szegedin, Hajnoczy-Straße, 1842–1843, Außenansicht.

die früheren Vier-Pfeiler-Tabernakel in polnischen Synagogen, ein Gewölbe) befand sich in der Mitte, und die Nische der Heiligen Lade war seitlich mit Säulenpaaren geschmückt.

Die neue Synagoge unterschied sich innen wie außen von der alten. Sie war das Ergebnis eines der zu jener Zeit häufig ausgeschriebenen Wettbewerbe, in diesem Fall von 1898. Zehn ungarische Architekten reichten ihre Entwürfe ein in der Hoffnung, den ersten Preis von 3000 Kronen zu erhalten, der ein Prozent des Kostenvoranschlags für den gesamten Bau ausmachte. In der Jury saßen, unter anderen, Architekten aus Budapest, Wien und auch aus Szegedin, was zeigt, mit welchem Ernst die jüdische Gemeinde dieses Projekt anging. Vier Entwürfe wurden angekauft oder preisgekrönt; die Projekte der ersten beiden Preisträger wurden in der Wiener Zeitschrift *Der Architekt* veröffentlicht.

Abb. 55. Szegedin, Hajnoczy-Straße, Innenansicht zur Heiligen Lade.

Der Entwurf von Marczell Komor und Deszö Jacob, welcher den zweiten Preis erhielt, zeigt sinusförmig gekrümmte Giebel, die zum zentralen Kuppelgewölbe führen. In diesem Entwurf werden herkömmliche gotische Bogen in freiere, geschwungene Linien umgewandelt, die an den Jugendstil erinnern. Die Synagogen von Bielefeld und Dortmund, beide von Eduard Fürstenau erbaut, sowie die von Aszód und Subotica haben eine ähnliche Form, vielleicht weil die deutschen Entwürfe gerade rechtzeitig veröffentlicht wurden, so daß die ungarischen Architekten sie hatten sehen können. Die Synagoge von Subotica aus dem Jahre 1901 war auch tatsächlich von Komor

Abb. 56. Szegedin, 1899–1903, Außenansicht.

und Jacob geplant worden. In Szegedin wurde jedoch ein Entwurf von Lipót Baumhorn gebaut (Abb. 56, 57).

Baumhorn entwarf mindestens vierundzwanzig Synagogen, mehr, als von jedem anderen europäischen Architekten bekannt sind. Sein energischer Eklektizismus und sein Sinn für das Naheliegende empfahlen ihn anscheinend einem breiten Kundenkreis. Der Stil seiner Synagogen wechselte von mageren und uninteressanten Bauten zu robusteren und selbstbewußteren Konzeptionen. Seine Auftraggeber in Szegedin hatten genug Geld, um sich ein großes Kuppelgewölbe, gewölbte statt flacher Decken und viel geschnitzte und in Stein gemeißelte Dekorationen leisten zu können. Außerdem war der Rabbiner der Gemeinde der gelehrte Immanuel Löw, der als Botaniker auch Schönheit im Kleinen schätzte. Architekt und Rabbiner arbeiteten eng zusammen, und es gelang ihnen, eine ästhetische Gestaltung zu verwirklichen, die anscheinend von vielen Ungarn verschiedenster Herkunft zu jener Zeit als ein Höhepunkt betrachtet wurde. Die Straßen von Budapest selbst sind mit Bauten aus der gleichen Zeit gesäumt, die einen fröhlichen Überschwang von vielerlei Formen und dekorativen Elementen zeigen.

Abb. 57. Szegedin, 1899–1903, Innenansicht zur Heiligen Lade.

Der Grundriß der Synagoge ist außen deutlich ablesbar. Die Arme des Kreuzes sind durch übergiebelte Seitenwände mit Bogenfenstern über mit Giebeln versehenen Portalen und durch getrennte Bedachung gekennzeichnet. Das längere Dach des westlichen Arms beherbergt die Vorhalle. Die Fassade endet in Türmen über den nordwestlichen und südwestlichen Eckräumen. Schräge Dächer steigen zur Kuppel an, die von Giebeln mit dreibogigen Fenstern umgeben ist sowie Maßwerk und eine Laterne als Abschluß aufweist. Die Ornamente sind teilweise üblichen romanischen Motiven entnommen, dazu kommen ein einfallsreicheres, aber schwerfälliges, von der Gotik inspiriertes Maßwerk und Streben, die Portale und Fenster verbinden. Die vielen Türme und Ornamente sowie die verschiedenen Ebenen der Kuppel geben dem gesamten Äußeren einen festlichen Charakter. Die hohe Kuppel, deren Maßwerk sicherlich von der berühmtesten Synagogenkuppel, derjenigen in der Oranienburger Straße in Berlin, abgeleitet ist, beweist, wie sehr man imponieren wollte. Das Kuppelgewölbe der Szegediner Synagoge hat eine doppelte Hülle, die außen beträchtlich höher ist als die, welche man von innen, vom Betsaal aus, sieht.

Im Innern sind erneut romanische und gotische Details mit ein paar maurischen Elementen vereint, um die Emporen-Basilika zu dekorieren. Die Längsbetonung, welche durch die Folge von ostwestlich verlaufenden Stützpfeilern geschaffen wird, und die Konzentration auf den Osten widersprechen der zentralisierenden Wirkung der Kuppel. Wäre die Synagogengemeinde orthodox gewesen, hätte der Almemor in der Mitte unter der Kuppel gestanden. Dies war jedoch eine Neolog-Gemeinde, und daher wölbt sich die Kuppel lediglich über einigen Bänken. Orgelpfeifen nehmen das Gewölbe der Apsis ein. Das Auge wird nach Osten geführt, zur marmornen Trennwand der Heiligen Lade mit ihren Bogen, Verkleidungen, dem Maßwerk und der durchbrochenen Kuppel über der Thoranische.

Die Tonnen- und Kreuzgewölbe, die Kuppel, die dicken Marmorsäulen und quadratischen Pfeiler, die maurischen Spitzbogen und die Kleeblattbogen allein reichten aus, um Aufmerksamkeit zu erregen, aber Rabbi Löw bestand darauf, daß außerdem noch Inschriften und Abbildungen angebracht würden, die allen Teilen des Gebäudes wörtlich ihre Bedeutung zuschrieben. In den Pendentifs der Kuppel befinden sich große Rundfelder mit kobaltblauer Beschriftung, und dort, wo die Stützpfeiler der Pendentifs auf die Emporenbrüstung treffen, sind weitere Inschriften angebracht, die wichtige Gesetze der jüdischen Religion betreffen, wie den Respekt vor den Eltern, die Wohltätigkeit und das Thorastudium. Die Ysoppflanze auf der Tür zur Heiligen Lade symbolisiert die Reinheit des Geistes. In den Gewölben über den Seitenschiffen sind Symbole angebracht, die dem Pentateuch und den Schriften der Propheten entnommen sind. Die Kuppel mit einem Durchmesser von 10 Metern ist aus blauem Glas, auf das goldene Sterne aufgemalt sind, eine Anspielung auf den Himmel.

Auf den Fensterscheiben der Nord- und der Südseite ist der Kalender der jüdischen Feste dargestellt: Die Bilder für das Passah-Fest zeigen Papyrusstauden, das Meer und Chicoréeblüten, die für die bitteren Kräuter stehen, welche beim Festmahl gegessen werden. Auf einigen Fenstern befinden sich auch Inschriften. Auf den Fensterscheiben des Chors und der Haupteingangstür sind Bilder aus der jüdischen Geschichte zu sehen, darunter auch von Kultgegenständen aus dem Tempel. Der Tempel von

Jerusalem erscheint auf einem Fenster am Eingang, darunter befindet sich eine Glasscheibe, auf der die »kleinen Heiligtümer« von Szegedin zu sehen sind: die alte Synagoge und die neuerbaute. Die weitverbreitete Abhandlung über alle Symbole, die der Rabbiner Löw geschrieben hatte, hat wahrscheinlich jene banalen Bilder auf den bunten Glasfenstern inspiriert, die so viele Synagogen entstellen und die selten den Grad bewußten künstlerischen und intellektuellen Bemühens erreichen, dem man in Szegedin begegnet.

Die Synagoge von Szegedin in einem Land, in dem immer noch Tausende von Juden leben, ist erhalten geblieben und zeugt von einer Zeit in der ungarisch-jüdischen Geschichte, da Optimismus und Lebenskraft überwogen.

Sofia

Juden aus dem griechischen und römischen Kulturkreis haben sich angeblich im 4. und 5. Jahrhundert in Bulgarien niedergelassen; in der Zeit vom 14. bis zum Ende des 16. Jahrhunderts kam eine große Anzahl iberischer, deutscher, ungarischer und französischer Herkunft dazu. Im 18. Jahrhundert folgten weitere Juden, um Handel zu treiben. Für die Anhänger unterschiedlicher Riten bestanden getrennte Synagogen, aber um 1900 war die Gemeinde von Sofia, die etwa achttausend Seelen zählte, vorherrschend sephardisch. Die Verfassung von Turnovo (1879) propagierte Freiheit und Gleichheit vor dem Gesetz. Einige Juden kamen zu Wohlstand, auch wenn die meisten arm waren und unter Diskriminierung litten, was die Ausbildung und den Landbesitz betraf, wobei die aschkenasischen Juden im allgemeinen das schwerste Los hatten. Zur Zeit der Jahrhundertwende wurde das alte Juden-Zigeuner-Türken-Viertel in der Innenstadt von Sofia abgerissen, und die ethnischen Gruppen erhielten neue und getrennte Wohnviertel. Im Jahre 1901 konnten sich die Juden von Sofia zum ersten Mal seit einem Jahrzehnt einen Oberrabbiner leisten, und zwei Jahre später begannen sie, eine neue Hauptsynagoge zu planen (die zwischen 1905 und 1910 erbaut wurde). Das Baugrundstück war das einer früheren, kleineren Synagoge, die vermutlich nach 1826 errichtet worden war, als

Abb. 58. Sofia, 1905–1910, Außenansicht, 1929.

Sultan Mahmud II. allen Religionsgruppen gestattete, Gotteshäuser zu errichten, vorausgesetzt sie konkurrierten in ihrem Äußeren nicht mit den Moscheen. Dieses Grundstück wurde um anliegendes Bauland, das Juden gehörte, erweitert.

Mehrere Synagogen, darunter die mit vier Pfeilern versehene Cahal de Francos, waren im Zuge einer Straßenerweiterung in den neunziger Jahren des 19. Jahrhunderts abgerissen worden, und die letzte griechische Synagoge schloß im Jahre 1881, aber die neuen Synagogengemeinden fanden Beträume als Ersatz für die Synagogen. Der Neubau war wahrscheinlich nicht notwendig, denn kleine Gruppen hatten sich schon in ihren neuen Wohngebieten organisiert, und nicht alle Juden in Sofia gehörten dem sephardischen Ritus an, der für die neue Synagoge vorgesehen war. Die Zionisten meinten, daß die jüdischen Schulen zwar unzureichend seien, daß es aber Verschwendung wäre, Neubauten zu errichten. Zwar wurde die vorhandene Synagoge im Jahre 1904 teilweise durch einen Brand zerstört, doch konnte das Gebäude repariert werden; das Feuer brach jedoch aus, als die Planung für die neue Synagoge bereits begonnen war (Abb. 58, 59).

Drei Männer, die allem Anschein nach ihre leitende Stellung durch ein Baudenkmal zu dokumentieren suchten, bewirkten die Realisierung des Projekts: Ezra Tadjer und Abraham Davichon (auch Doyun oder Deutsch) Levi, beide Gemeindeleiter, und ein Herr Ben Bassat. Sie gehörten zu den wenigen reichen Juden, die gute Verbindungen zum Hof besaßen, an den der regierende Fürst einen jüdischen Hofbildhauer, Boris Schatz, berufen hatte. Friedrich Grünanger, der christliche Wiener Architekt, den man für den Synagogenentwurf ausgewählt hatte, war ebenfalls am Hofe bekannt. Während seiner Jahre in Bulgarien (1879–1905) hatte er die königlichen Residenzen in Sofia, Razgrad und Schumen, das Gebäude einer großen Versicherungsgesellschaft und das Seminar in Duchowsnaja entworfen. Diese guten Verbindungen haben wahrscheinlich dazu beigetragen, daß die Juden die Erlaubnis erhielten, die Synagoge im Zentrum Sofias auf ihrem eigenen Grundstück in der Nähe der Alexander-Newsky-Kathedrale, der ehemaligen Kathedrale, der Moschee und dem überdachten Markt des Stadtzentrums zu bauen.

In den Erinnerungen von Levi ist zu lesen, daß er in Sofia eine Synagoge wie die »türkische«, das heißt die sephardisch-balkanesische Synagoge in der Zirkusgasse in Wien, die von 1885 bis 1887 von Hugo von Wiedenfeld gebaut wurde, errichten wollte. Beide Synagogen haben quadratischen Grundriß, in den ein überkuppeltes Achteck eingeschrieben ist (Abb. 60). Das Wiener Gebäude liegt im hinteren Teil eines Hofes, ist viel kleiner und hat dünne und glatte Wände, die mit maurischen Dekorationen verziert sind. Dagegen hat die Synagoge in Sofia eine exponierte Lage, gehört zu den größten sephardischen Gotteshäusern Europas (1170 Sitzplätze) und hat robustere und eklektizistische Dekorationen. Levi wollte vielleicht lediglich ein gut und kunstvoll ausgeführtes Gebäude und überließ dem Architekten, es seinen Wünschen gemäß zu entwerfen, ob es nun dem Wiener Bau glich oder nicht. Die Verbesserungspläne für die jüdische Schule wurden auf Eis gelegt, während das Budget für die Synagoge von 120 000 auf 438 000 Leva anstieg.

Die Synagoge von Sofia gleicht jener in Szegedin nicht nur in ihrer gesamten Anlage und der Ausführung der Fassaden, sondern auch in den Details. Der Stil der Synagoge von Szegedin war schwer zu definieren: Die Zeitschrift *Der Architekt* bezeichnete ihn als eine originelle Mischung aus englischen, gotischen und orientalischen Stilformen, während Sándor Balint, ein moderner Autor, ihn als arabisch-maurisch-mittelmeerverbunden bezeichnete. Im Endeffekt aber glich die Synagoge von Sofia weder der in Szegedin noch der in Wien; ihr Grundriß ist eher auf byzantinische als auf europäische oder islamische Vorbilder zurückzuführen. Grünanger hatte bei seinen frühen Werken in Bulgarien den österreichischen neobarocken Stil verwendet, aber um die Jahrhundertwende folgte die bulgarische Architektur nationalen Strömungen, indem sie einen Stil entwickelte, der auf byzantinischen Vorbildern beruhte, und auch Grünangers Synagoge war Ausdruck dieser Tendenz. Sie hat mit Pfeilern versehene Spitzbogen, Hufeisenbogen und nach islamischen Vorbildern gestaltete kleine Türmchen, gestreifte und mit Bossenwerk verzierte Mau-

Abb. 59. Sofia, Innenansicht zur Heiligen Lade.

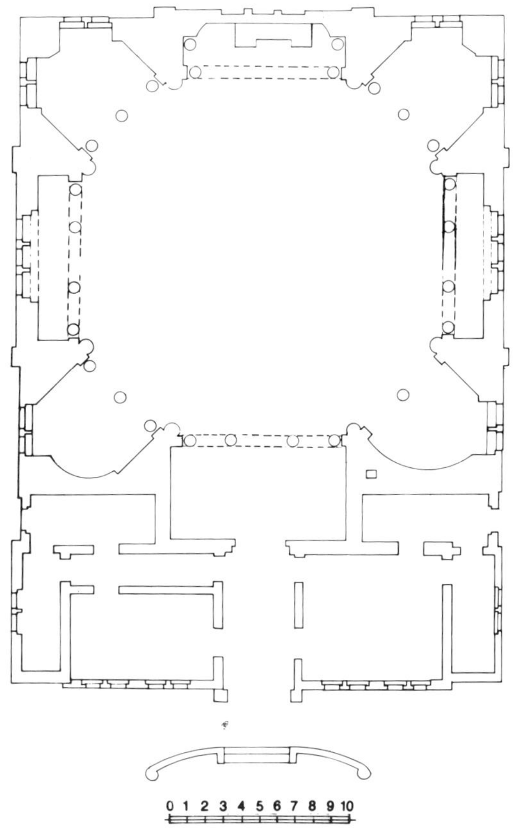

Abb. 60. Sofia, Grundriß, beim Bau leicht verändert.

ern und lange, schmale Fenster, wie man sie an anderen bulgarischen Bauten aus der Zeit findet, zum Beispiel am Palast der Orthodoxen Synode. Sie hat an den Fenstern eine frei entwickelte Form von ausnehmend schwerem gotischen Maßwerk sowie eine gedrückte Kuppel, die vielleicht auf Umwegen von der Kuppel der Pariser Oper abstammt. Das Gebäude gewinnt seinen Reiz durch die offensichtlich besonders liebevolle Ausarbeitung der Details. Viele der dekorativen Elemente finden ihre Entsprechung in der bulgarischen und russischen Architektur der Jahrhundertwende anderer Orte, und es ist durchaus möglich, daß die Synagoge von Sofia authentisch bulgarisch wirken sollte und nicht ausschließlich jüdisch oder exotisch. Grünanger entwarf jedoch einen Bau, der sich im Grundriß von der orthodoxen Basilika und im Äußeren von der glattwandigen Moschee mit niedriger Kuppel unterschied. Man kann nicht mit Sicherheit sagen, ob alle Details dieses Baus nach seinen Entwürfen ausgeführt worden sind, da er Bulgarien im Jahre 1905 verließ.

Die bulgarischen Juden, die sich eines gewissen Wohlwollens von seiten der Behörden erfreuten, empfingen den König am 23. September 1909 zu den Einweihungszeremonien. Er spendete bei dieser Gelegenheit Geld für bedürftige Gemeindeglieder. Leider ist die Synagoge aufgrund der Massenemigration der Juden nach 1948 nur etwa vierzig Jahre wirklich benutzt worden. Heute leben in Bulgarien höchstens sechstausend Juden, und die in Sofia blieben, sind fast alle alt. Sie haben keinen Rabbiner mehr. Ihre große Synagoge, die bei einem Erdbeben im Jahre 1977 beschädigt wurde, ist auf Kosten der Regierung wiederhergestellt und zu einem Wahrzeichen der Stadt erklärt worden. Die Juden halten ihren Gottesdienst nunmehr in einem bescheideneren Bau neben der großen Synagoge ab, in einem Raum, der von keiner Kuppel, sondern von einem Ofenrohr gekrönt ist.

Bibliographie

Szegedin

S. Balint, *Szeged Városa*, Budapest 1959, S. 93–95, 128, 230–231.

Der Architekt, V (1899), Tafeln 86 und 92.
I. Heller und Z. Vajda, *The Synagogues of Hungary. An Album*, Hrsg. R. Braham und E. Farkas, New York 1968, S. 24–26, Abb. 380–415.
I. Löw, »Glasmalereien der neuen Synagoge in Szegedin«, in: *Mitteilungen der Gesellschaft für jüdische Volkskunde*, XIII (1904), S. 37–39.
Z. Nagy und I. Papp, *Szeged* (Városkepek-Müemlékek Szeged), Budapest 1960, S. 230, Abb. 155 und 156.
G. Somogyi und J. Gerle, »Baumhorn Lipót zsinagógái«, in: *Évkönyv. Kiadja a Magyar Izraeliták Országos Képviselete*, Hrsg. S. Scheiber, 1979/1980, Budapest 1980, S. 355–365.

Sofia
AJYb, LXXXIII (1983), S. 230.
O. Alcalay, »Bulgaria«, in: *European Judaism*, II (Winter 1968/69), S. 26–33.
Entsiklopedia schel Galujot, Hrsg. A. Romano u. a., Jerusalem–Tel Aviv 1967, Bd. 10, Spalten 283 und 959.
S. Gergov, *Bulgaria*, Sofia 1974, S. 106.
Jewish Chronicle, 1. Okt. 1909, S. 7.
Jewish Encyclopedia, s. u. Bulgaria.
H. Kamm, »A Sephardic Service in Bulgaria: Worshippers are Mostly Aged«, in: *New York Times*, 18. Mai 1975.
London Times, 29. Sept. 1909, S. 12.
P. Meyer u. a., *The Jews in the Soviet Satellites*, Syracuse/N.Y. 1953, S. 559–575.
Meyers Reisebücher, *Türkei, Rumänien, Serbien, Bulgarien*, 7. Auflage, Leipzig und Wien 1908, S. 46 und 50.
S. Mezan, *Les juifs espagnols en Bulgarie*, Sofia 1925, S. 12–16, 67, 74–75.
»Short Notes on the Past of the Bulgarian Jews«, Sofia o. J. (Broschüre, in der Synagoge von Sofia erhältlich).
E. Singer, »Die Juden in Bulgarien einst und jetzt«, in: *Menorah*, V, Nr. 10 (Okt. 1927), S. 607–610.
P. Stoyanov (Hrsg.), *Churches and Religions in the People's Republic of Bulgaria*, Sofia 1975, S. 72–75.
A. Tadjer (auch Tadger, Tadja, Tadzher), *Notas historicas sorve los judios de Bulgaria* (auch unter dem Titel: *La historia de los judios de Bulgaria y de la Comunidad de Sofia* erschienen), Sofia 1932.
V. Tamir, *Bulgaria and Her Jews: The History of a Dubious Symbiosis*, New York 1979.
YIVO Photographiensammlung.

Ich danke Mark Epstein, daß er Tadjers Buch für mich eingesehen und mir Illustrationen besorgt hat.

Wien

Seitenstettengasse

Zu Beginn dieses Jahrhunderts waren etwa 200 000 Juden in Wien beheimatet, darunter ungewöhnlich große Vereinigungen von türkischen, galizischen, ungarischen und Balkan-Juden. Viele Synagogen wurden errichtet, um örtlichen Gruppen, verschiedenen Stufen der Orthodoxie und Handwerkern besonderer Berufszweige, die ihre eigenen Synagogengemeinden bildeten, zu entsprechen. Die Stilformen der Wiener Synagogen reichten vom Neoklassizismus (Seitenstettengasse) über maurisch (Tempelgasse), eine freie Mischung aus massivem Jugendstil mit romanischen und gotischen Details (Pazmanitengasse) bis zu behutsam modern (Hietzing, Eitelbergergasse). Von all diesen Synagogen – Mitte der dreißiger Jahre waren es ungefähr sechzig – überstand nur eine einzige den Zweiten Weltkrieg: die älteste, der »Tempel« in der Seitenstettengasse im Zentrum von Wien.

Es dauerte lange Zeit, bis die Zahl der Juden groß genug und ihr Status entsprechend war, um diesen Bau in Auftrag geben zu können. Seit dem späten 12. Jahrhundert hatte es in Wien Juden gegeben; die erste Synagoge, die sich im Sankt-Stephans-Bezirk befand, wird in einem Dokument von 1204 erwähnt. Akten aus dem 13. Jahrhundert erwähnen diese und andere Synagogen, und in Dokumenten von 1406 und 1420 wird berichtet, daß einige abbrannten. In dem Dokument von 1420 findet sich eine Beschreibung der Synagoge auf dem Judenplatz: Sie hatte einen Betsaal für Männer, einen Frauenbereich, der mit dem Männerbereich durch ein Fenster verbunden war, sowie bewegliche Sitzgelegenheiten und einen Platz, an dem das Öl aufbewahrt wurde. Im Jahre 1421 wurden die wenigen Juden, die den Pogrom des vorhergehenden Jahres überlebt hatten, vertrieben oder verbrannt.

Nach der offiziellen Austreibung der Juden gelang es nur wenigen, nach Wien zurückzukehren, wo sie Handel trieben oder den Arztberuf ausübten. Die meisten hatten keinen festen Wohnsitz und mußten in Gasthäusern unterkommen, die speziell für Juden bestimmt waren und in denen wahrscheinlich Gottesdienste abgehalten wurden. Nach und nach erkannte der kaiserliche Hof die finanziellen Vorteile, welche die Ansiedlung bestimmter reicher Juden in der Stadt mit sich brachte. Um 1550 durften sieben Familien und um 1599 einunddreißig Juden (wahrscheinlich weniger als sieben Familien) in der Stadt leben. Im Jahre 1614 waren vierundvierzig jüdische Haushalte in Wien ansässig. Es gab zwei Synagogen: Eine, die anscheinend 1620 geschlossen, aber offenbar 1623 wieder eröffnet wurde, befand sich in der Sterngasse, die andere, die im Jahre 1603 autorisiert wurde, hatte Veit Munk, das Oberhaupt der ansässigen privilegierten Juden, gebaut.

Im Jahre 1625 wurden die Juden jedoch in die Leopoldstadt auf der anderen Seite der Donau umgesiedelt, wo sich die jüdische Bevölkerung um ein Vielfaches bis zum Jahre 1670 vermehrte, als sie erneut ausgewiesen wurde. Während dieser Zeit gab es zwei öffentliche Synagogen, eine auf jeder Seite der Großen Pfarrgasse, und mindestens zwei private Synagogen. Loeb Maor Katon (alias Leo Lucerna), einem Arzt, der auch Rabbiner war, gehörte eine der letzteren. Sie hatte drei Fenster auf jeder ihrer vier Seiten, war also wahrscheinlich ungefähr quadratisch. Der gelehrte Zechariah Halevi (alias Zechariah Mayer) war entweder der Eigentümer der anderen privaten Synagoge oder aber half, die neuere, größere öffentliche Synagoge zu gründen, die doppelt soviel kostete wie die alte. Eine Synagoge, die mit diesem Namen verbunden ist, wurde auf jeden Fall zur Pfarrkirche Sankt-Leopold umgewandelt (die kurze Zeit darauf durch eine neue Kirche ersetzt wurde), während eine andere Synagoge im Jahre 1675 zur Sankt-Margareten-Kapelle wurde. Die vertriebenen Juden wanderten meist nach Mähren, Prag, Preßburg und Franken aus, wo die Synagogen wegen des großen Zulaufs manchmal vergrößert werden mußten.

Die Vertreibung von 1670 war auch nicht endgültig, denn im 18. Jahrhundert wird erneut über privilegierte Juden berichtet. Um 1715 wurde eine Synagoge im Hause der Familie Weerheimer eingerichtet und bestand dort bis 1817. Ein Besucher schätzte im Jahre 1735 die jüdische Bevölkerung der Stadt auf achthundert, von denen alle besondere Privilegien oder Verbindungen zum Hofe hatten. Zu jener Zeit gab es acht Synagogen – sieben aschkenasische und eine sephardische –, die sich alle in Privathäusern befanden. Die sephardischen Juden sollen aus Temeschwar gekommen und türkische Untertanen gewesen sein. Als solche unterlagen sie, einem österreichisch-türkischen Vertrag von 1730 zufolge, der türkischen und nicht der jüdischen Gesetzgebung. Deshalb wurde ihnen gestattet, einen Betraum an der Ringmauer Nr. 308 zu haben und später, am 9. April 1778, eine Synagoge einzuweihen, auch wenn diese nur aus einem Raum in einem Gebäude in der Oberen Donaustraße bestand. Als dieses 1824 abbrannte, wurde eine neue Synagoge in der Großen Hafnergasse Nr. 321 eingerichtet, die später renoviert und im Jahre 1867/68 ersetzt wurde, weil es damals fünfundachtzig sephardische Familien in der Stadt gab. Da die Gemeinde ständig zunahm, beauftragte der Vorstand den Architekten Hugo von Wiedenfeld, eine neue, größere Synagoge im maurischen Stil zu entwerfen, die am 17. September 1887 in der Zirkusgasse eingeweiht wurde.

Die aschkenasischen Juden beteten in Privathäusern, zum öffentlichen Gebrauch gab es nur einen Betraum in der Sterngasse, der für Reisende gedacht war und von ärmeren Juden besucht wurde. 1811 wurde diese Synagoge als dunkel, feucht und im Keller liegend beschrieben, »eher wie ein Gefängnis als wie ein Gotteshaus«. Dieser Zustand wurde vielleicht besonders angeprangert, da die Synagogengemeinde schon seit einem Jahr um ein neues Gebäude bat.

Durch einen Erlaß von Kaiser Franz I. vom 8. Februar 1811 wurde diesen Juden erlaubt, einen Betraum in einem Gebäude einzurichten, das sie im Dempfingerhof (ehemals Pempfingerhof) im Katzenstieg kauften. Dies wurde nur unter der Bedingung gestattet, daß sie als Einnahmequelle einer Wohltätigkeitseinrichtung für kranke und arme Juden diente. Diese Synagoge wurde am 11. September 1812 eingeweiht.

Als die vorhandenen privaten Synagogen im Jahre 1817 geschlossen wurden, wurde sie zur Haupt-Gemeindesynagoge, aber sie war bald zu klein für die wachsende Gemeinde. Der repressive Kaiser Franz wollte den Juden nicht erlauben, diese Synagoge zu vergrößern oder eine neue zu errichten, und er ließ auch nicht zu, daß die Reformjuden Wiens ihre eigene Synagoge gründeten. Einige Oberhäupter der Reformgemeinde griffen zur List, um ein größeres Gebäude zu bekommen, damit ihre Ideen an Einfluß gewinnen könnten. Sie verbreiteten, daß das bestehende Gebäude fehlerhaft gebaut worden sei und einzustürzen drohe. Noch bevor dies geprüft werden konnte, ließ der Anführer dieser Gruppe, Michael Lazar Biedermann, das Gebäude einrüsten und abreißen. Nicht einmal der feindselige Kaiser konnte den Juden einen Ort versagen, wo sie ihren Gottesdienst abhalten konnten, und die Pläne für ein neues Gebäude wurden weiterverfolgt. Im Jahre 1823 gab der Vorstand Entwürfe in Auftrag. Bei einer Versammlung am 26. Oktober 1824 wählten sie das Projekt von Josef Kornhäusel (1782–1860) aus, der im traditionellen Empire-Biedermeierstil arbeitete und Architekt des Hofes sowie von Prinz Liechtenstein war (Abb. 61, 62). Der Gemeindevorstand nahm vielleicht an, sein Ruf und seine Verbindungen würden die Gefahr verringern, daß der Kaiser oder die Polizei den Entwurf ablehnte. Stadtbaumeister Jakob Heinz und Stadtzimmermeister Matthias Jacks standen Kornhäusel bei der Arbeit an der Synagoge bei.

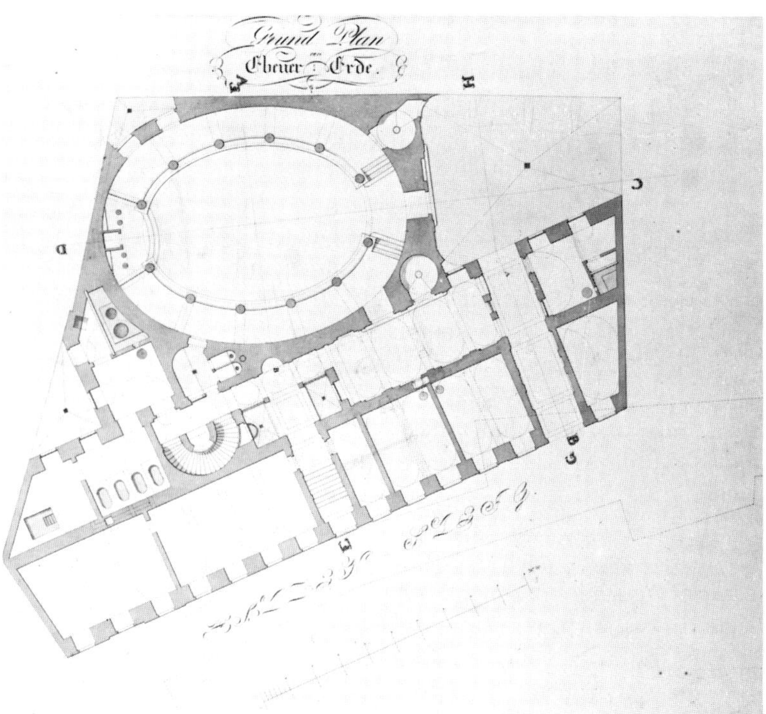

Abb. 61. Wien, Seitenstettengasse, 1824–1826, Grundriß, von Josef Kornhäusel gezeichnet.

In einer späteren Kritik wurde bemerkt, daß ein Gebäude im zeitgemäßen Stil für das Selbstbewußtsein einer jüdischen Gemeinde, deren Kinder immer häufiger getauft wurden, wichtig gewesen sei. Ein anderer Kritiker sah darin ein Anzeichen für das Denken der Reformisten, die nicht etwa eine Assimilierung an das Christentum, sondern Ideale einer universellen Humanität anstrebten. Wiederum ein anderer meinte, daß ein Entwurf à la mode ausgewählt wurde, um Erinnerungen an das Ghetto auszulöschen. Die Gemeindeoberhäupter, die sich mit Tatkraft für ein neues Gebäude einsetzten, waren schließlich die reichen, assimilierten Juden, welche von den ästhetischen Vorstellungen der neuen Reformbewegung stark angetan waren. Die Synagoge wurde am 9. April 1826 eingeweiht, mit Musikbegleitung, die der christliche Komponist Jakob Drechsler, Kapellmeister an St. Stephan, verfaßt hatte. Der Kantor, Salomon Sulzer, und der reformistische Rabbiner, Isak Noah Mannheimer, hatten andere berühmte Komponisten, darunter auch Beethoven, gebeten, eine Musik für diesen Anlaß zu komponieren, und später bekam Sulzer von Schubert eine Begleitung zum 92. Psalm. Sulzer war genauso bestrebt, die Synagogenmusik zu reformieren, wie der Rabbiner es war, den Gottesdienst zu verändern.

Die Obrigkeit gestattete nicht, daß nichtchristliche Kultbauten öffentlich sichtbar waren, und so wurde die Synagoge zwischen zwei fünfstöckige Wohnhäuser eingezwängt, die sie dem Blick von der Straße entzogen. Das Gebäude ist auf Erdgeschoßniveau mit Bossenwerk verziert, darüber hat es glatte Wände; es sieht aus wie viele profane Bauten der Stadt aus der gleichen Zeit und ist ein für seine Zeit in jeder Hinsicht typisches Bauwerk, mit Ausnahme seiner Bestimmung. Der Hauptraum ist oval und von zwölf nicht kannelierten ionischen Säulen umgeben, die zwei Reihen von Emporen tragen (Abb. 63). Eine Kuppel, die ursprünglich mit zart abgestuften, gitterartigen Ornamenten verziert war, überspannt den Raum; und durch die Laterne in der Mitte fließt reichlich Licht herein. Eine verglaste Lünette in der Wölbung über dem Eingang ließ ebenfalls Licht herein, außerdem trugen die Lüster und Kerzenhalter am Fuße der unteren Emporen zur Beleuchtung bei. Auf der Außenseite der Säulen, unter den

Emporen, läuft ein Gang; ursprünglich waren diese Seitenräume nicht so hell erleuchtet wie heute und deutlicher vom Mittelraum abgesetzt. Hohe Trennwände über den Brüstungen der Emporen trennten ursprünglich die Frauen von den Männern. Alle Frauen konnten jedoch die Heilige Lade zumindest teilweise sehen, da sich ursprünglich zu beiden Seiten von ihr weder Emporen noch Sitzbänke befanden. Die Anlage der Heiligen Lade ging nur bis zur Außenmauer und sprang nicht in Form einer Apsis nach außen vor. Sie war von dorischen Pilastern gesäumt, die Rundbogen trugen. Die Gesetzestafeln darüber waren von halbkreisförmigen Strahlen umgeben, die eine Wiederholung der Bogenformen darunter darstellten und der Lünette am Eingang an der entgegengesetzten Seite des Raumes entsprachen. Der einfache, rotdrapierte Almemor war auf der Ostseite unter der erhöhten Heiligen Lade aufgestellt, so wie die Anhänger der Reform es wünschten. Dementsprechend waren alle Bänke der Männer in langen Reihen mit dem Blick nach Osten angeordnet. Der Chor, der sich in der Mitte der oberen Empore befand, war zur Gemeinde gerichtet.

Die ovale Form des Gebäudes, welche die nach Osten ausgerichtete Längsachse mit der zentralisierenden Kraft der Kuppel und der Laterne verband, wäre vielleicht für eine orthodoxe Synagoge passender gewesen als für eine Reformsynagoge. In dieser gab es keinen Grund, den Mittelpunkt zu betonen, aber vielleicht verwendete Kornhäusel diese Form aus ästhetischen Überlegungen. Er scheint an das Pantheon in Rom gedacht zu haben, das ein Tempel für alle Götter war, später eine Kirche, die der Jungfrau Maria und allen heiligen Märtyrern gewidmet war und nun für die Ideale universeller Toleranz und Verbrüderung mit anderen Glaubensrichtungen stehen könnte. Der innere Ring mit den dunkleren umliegenden Bereichen, die Kuppel mit der zentralen Lichtquelle, die Lünette über der Eingangstür, der die Anlage mit der Heiligen Lade gegenüber entspricht – all dies sind Elemente, die letztlich dem Pantheon entlehnt sind. Die profane Vorstellung vom Pantheon als Ruhmeshalle für berühmte Persönlichkeiten nahm diesem römischen Bau etwas von seinen heidnisch-christlichen Nebenbedeutungen und machte ihn als Vorbild für jede Art von Kultgebäude annehmbar, auch für ein jüdisches. Kornhäusel mag sicherlich auch von Profanbauten, wie den Theatern oder der Winterreitschule im Palast, beeinflußt worden sein.

Zwischen 1895 und 1904 wurde die Synagoge von Wilhelm Stiassny, einem jüdischen Architekten, umgebaut, der mehrere Synagogen, darunter auch die für die polnische Synagogengemeinde in der Leopoldgasse (1893), entwarf. Er erweiterte die Emporen der Synagoge in der Seitenstettengasse bis zur Heiligen Lade und entfernte die Trennwände über den Emporenbrüstungen. Das Geländer der oberen Empore wurde verändert, als die vertikalen Stützen, die Kandelaber über zehn der zwölf ionischen Säulen getragen hatten, entfernt wurden (wahrscheinlich weil sie aufgrund einer neuen Beleuchtung überflüssig geworden waren). Er veränderte auch die Beleuchtung am Fuß der

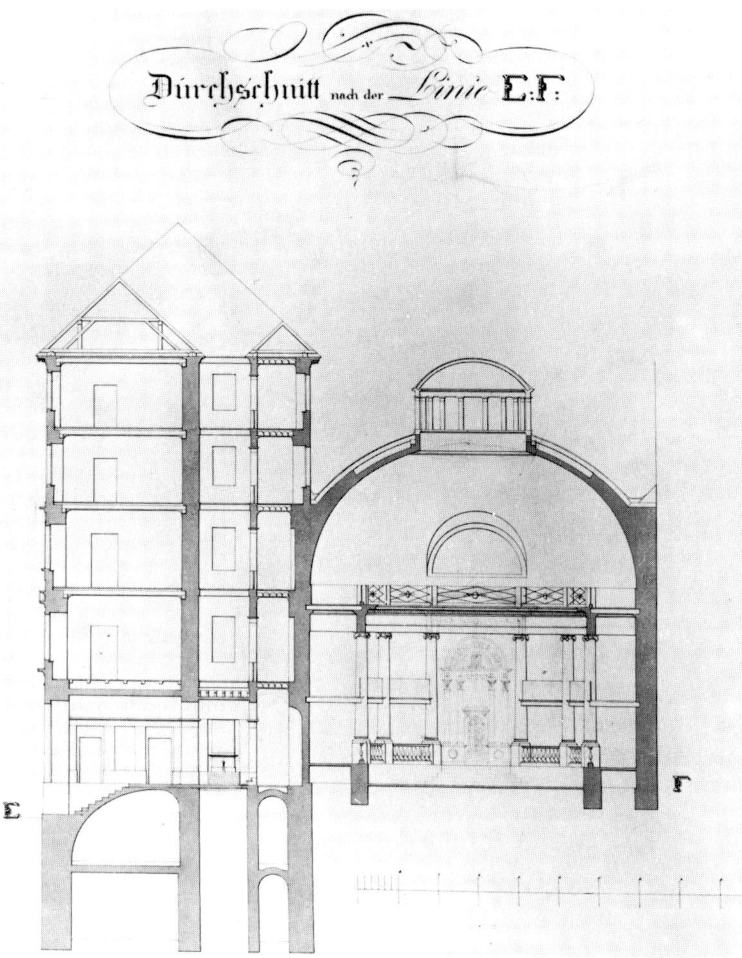

Abb. 62. Wien, Seitenstettengasse, Querschnitt, von Josef Kornhäusel gezeichnet.

Abb. 63. Wien, Seitenstettengasse, Innenansicht zur Heiligen Lade, Gemälde von F. Ranzenhofer, 1904.

Emporen, und Lampen wurden zwischen die Säulen und an die Außenmauer gehängt. Diese Änderungen bewirkten, daß aus einem lichten Zylinderbau mit zentraler Kuppel und kontrastierendem dunklem Außenring ein einheitlicher Raum mit einem einzigen Oval wurde, das von Säulen und Emporen unterteilt war. Während des Zweiten Weltkriegs verwüstet und nahezu zerstört, erfuhr die Synagoge 1963 durch Otto Niedermoser eine grundlegende Renovierung; der ursprüngliche Zustand der Böden, Geländer und Kandelaber in den oberen Emporen wurde wiederhergestellt. Niedermoser bewahrte Stiassnys räumliche Effekte, indem er dessen Beleuchtungsanlage beibehielt, außer daß er elektrisches Licht unter der oberen Empore statt an den Außenmauern anbrachte. Er entwarf eine neue Deckenkomposition mit goldenen Sternen und einem goldenen Flammenkreis um die Laterne, brachte über der Heiligen Lade Strahlen an, die mit glatten Putzflächen abwechselten, veränderte die Lünette und die Pilaster um die Heilige Lade und verkleidete die Außenmauern mit Holzfurnier.

Die ursprünglichen Umrisse und nahezu die gesamte Originalform dieser Synagoge sind erhalten geblieben, und sie vermittelt eine gute Vorstellung vom Geschmack der assimilierten, reformistischen Juden Wiens. Die Gesetzestafeln waren das einzige Anzeichen dafür, daß das Gebäude der jüdischen Religion gewidmet war. Die Synagoge besaß keinerlei exotische Elemente, welche die Absonderung der Juden von den Christen Österreichs ausdrückten, auch wenn jene erst 1867 gleiche Bürgerrechte erhalten hatten. Anscheinend wurde es den Juden freigestellt, die Synagoge zu errichten, die sie haben und bezahlen wollten, vorausgesetzt, sie erregte keine Aufmerksamkeit als etwas Fremdartiges (Subversives). Die Kaiser waren sicherlich über die ethnische Vielfalt in ihrem Lande und um die nationale Einheit besorgt, in einer Zeit, da die Erinnerung an Napoleon noch wach war. Solange die Juden aber die Krone unterstützten und damit einverstanden waren, sich in unauffällige Gebäude zurückzuziehen und den Geschmack und Stil ihrer Umgebung zu übernehmen, konnte es nicht schaden, ihnen den Bau einer schönen Synagoge zu gestatten.

Bibliographie

R. Blaha, *Der Innenraum der Synagoge, Wien I. Seitenstettengasse, 4*, Diss., Wien 1977.

E. Brody, »Schubert und Sulzer Revisited: A Recapitulation of the Events Leading to Schubert's Setting in Hebrew of Psalm XCII, D. 953«, in: *Schubert Studies: Problems of Style and Chronology*, Hrsg. E. Badura-Skoda und P. Branscombe, Cambridge 1982, S. 47–60.

I. A. Frankl, *Zur Geschichte der Juden in Wien*, Wien 1853.

N. M. Gelber, »The Sephardic Community in Vienna«, in: *Jewish Social Studies*, X (1948), S. 359–396.

H. Gold, *Geschichte der Juden in Wien. Ein Gedenkbuch*, Tel Aviv 1966.

M. Grünwald, *Vienna*, Philadelphia 1936.

H. Hammer-Schenk, *Synagogen*, S. 160–162 und Fn. 378.

H. Herzmansky, *Josef Kornhäusel. Eine Künstlermonographie*, Diss., Wien 1964, bes. S. 258 ff.

S. Husserl, *Gründungsgeschichte des Stadt-Tempels*, Wien und Leipzig 1926.

Menorah, 1926, Sondernummer: *100 Jahre Wiener Stadttempel.*

H. Rotter und A. Schmieger, *Das Ghetto und die Wiener Leopoldstadt*, Wien 1926.

K. Schubert, Hrsg., *Studia Judaica Austriaca VI. Der*

Wiener Stadttempel, 1826–1976, Eisenstadt 1978, bes. N. Vielmetti, »150 Jahre Stadttempel. Bilder und Dokumente«, S. 91–102 mit Bibliographie.

S. Spitzer, »Das Wiener Judentum bis zur Vertreibung im Jahre 1421«, in: *Kairos*, XIX, 1977, Nr. 2, S. 134–145.

B. Wachstein, *Die ersten Statuten des Bethauses in der Inneren Stadt*, Wien 1926.

R. Wagner-Rieger, *Wiens Architektur im 19. Jahrhundert*, Wien 1970, S. 17.

G. Wolf, *Geschichte der Juden in Wien* (1156–1876), Wien 1876.

G. Wolf, *Vom ersten bis zum zweiten Tempel. Geschichte der israelitischen Kultusgemeinde in Wien* (1820–1860), Wien 1861.

Ich bin Nikolaus Vielmetti, Bernhard Leitner, W. Kitlitschka, dem Personal der Österreichischen Photographischen Bibliothek und dem Vorstand der Jüdischen Gemeinde in Wien für Informationen und Hilfestellung dankbar.

Tempelgasse

Die Wiener Juden begrüßten im Jahre 1849 die Verfassung von Kaiser Franz Joseph I., in der es hieß, daß der Genuß bürgerlicher oder politischer Rechte nicht vom religiösen Bekenntnis abhänge. Da das Wohnrecht, das Recht, Land zu besitzen, und die Ausübung aller gesetzlich erlaubten Berufe unter diesen Paragraphen fielen, durften die Juden in Wien wohnen, wo sie wollten. Diejenigen, die sich illegal in Wien aufgehalten hatten, konnten sich frei melden. So war die jüdische Bevölkerung, die im Jahre 1846 nur 3739 Seelen zählte, im Jahre 1850 auf 9731 und im Jahre 1854 auf 14 000 bis 15 000 gewachsen (obwohl zwischen 1853 und 1867 viele ihrer Rechte widerrufen wurden).

Von 1846 an benötigten die Juden mehr Synagogenplätze für die hohen Feiertage. Die Synagoge in der Seitenstettengasse wurde im Jahre 1849, als den Juden gestattet wurde, eine offizielle Gemeindeorganisation zu bilden, umgebaut, um mehr Platz zu schafffen, aber das führte zu keiner befriedigenden Lösung. Wien bekam im Jahre 1852 eine weitere Synagoge, indem ein Vorort eingemeindet wurde, aber das erhöhte nicht die Anzahl der Sitzplätze. Einige Beträume wurden im Jahre 1853 eingeweiht, um die stets überfüllten Synagogen zu entlasten, und zumindest einer dieser Beträume war orthodox im Gegensatz zu den Reformtendenzen der offiziellen Gemeinde.

Schließlich gelang es dem Gemeindevorstand, die vier Jahre währenden Verhandlungen über den Bau einer neuen Synagoge abzuschließen, und er veranlaßte nun eine Kostenausschreibung für eine neue, große Synagoge in der Wällichgasse (später Tempelgasse) in der Leopoldstadt, dem 2. Wiener Bezirk, wo die meisten Juden lebten. Der Ritus sollte der gleiche sein wie der in der Seitenstettengasse, so daß die jüdische Gemeinde ihre vom Gesetz geforderte Einheitlichkeit des Kults bezeugen konnte.

Im Jahre 1853 wurde Ludwig von Förster (1797–1863), ein Architekt, der an der Planung der Wiener Stadterneuerung seit 1839 mitgewirkt hatte, mit dem Entwurf beauftragt. Vermutlich fand die Gemeinde sein Werk gut; ganz sicher aber hielt sie es für richtig, einen Architekten mit guten Verbindungen zur Regierung zu nehmen. Im April 1854 waren die Pläne fertig, und im Mai gab der Kaiser seine Einwilligung zum Bau. Die Zeremonie der Grundsteinlegung fand im Jahre 1856 statt, der Einweihungsgottesdienst wurde am 15. Juni 1858 abgehalten.

Förster setzte die Synagoge in die Mitte des Grundstücks, das unregelmäßig und langgezogen war, so daß sie Licht und Luft von allen Seiten bekam und nur an jüdischen Besitz grenzte (Abb. 64). Es ist bezeichnend für den Fortschritt, den die Juden in ihrer gesetzlichen Stellung erreicht hatten, daß die Fassade von der Straße aus sichtbar war; sie brauchte nicht mehr in einem Hof versteckt zu werden wie der Eingang zur Synagoge in der Seitenstettengasse.

Nun stellte sich dem Architekten die Frage, welches Erscheinungsbild die Fassade erhalten sollte, und er ließ sich von Salomos Tempel inspirieren. Er schuf eine dreiteilige Fassade mit einem höheren Mittelteil; vielleicht konnte man sich den Tempel aufgrund der Bibelbeschreibungen, die durch die neuentdeckten assyrischen Funde ergänzt wurden, so vorstellen. Förster verglich seine Vorhalle, die Unterteilung des Betsaals in Haupt- und zwei Seitenschiffe mit Emporen und die Nische für die Heilige Lade mit dem Grundriß von Salomos Tem-

Abb. 64. Wien, Tempelgasse, 1853–1858, Außenansicht, Lithographie von R. van Alt.

pel. Die minarettartigen Türmchen, die den Mittelteil der Fassade einrahmten, sollten an Jachin und Boas, die berühmten Säulen des Tempels, erinnern. Förster wies darauf hin, daß der Grundstein aus dem Heiligen Land stamme. Er prüfte sogar Ausgrabungsberichte aus dem Vorderen Orient, um der alten hebräischen Architektur so nahe wie möglich zu kommen. (Die Berichte, die er las, betrafen jedoch Ninive und nicht Jerusalem.)

Da er annahm, daß Affinitäten zwischen Juden und Arabern bestanden hatten, imitierte er islamische Ornamente und solche alter Bauten aus dem Nahen Osten. Jeder Abschnitt der Fassade hatte ein Vierblattfenster über einer Rundbogenöffnung, von denen die mittlere als Eingang diente. Schwere Gesimse über jedem Abschnitt bildeten einen Kontrast zu den schlanken Türmchen an jeder Ecke. Palmenmuster an den Innenwänden, Spitzbogen, geometrische Deckenornamente, das Maßwerk über dem Eingang und bunte Kacheln in der Vorhalle gehörten zu den vielen Einzelheiten, die islamischen Vorbildern entnommen worden waren.

Schlanke maurische Säulen konnte man gut in Gußeisen nachahmen, und Förster benutzte

Abb. 65. Wien, Tempelgasse, Innenansicht zur Heiligen Lade. Gemälde von F. Ranzenhofer, 1904.

dieses Material, um die Emporen zu stützen (Abb. 65). Die Frauen hatten aufgrund der dünnen Säulen eine ungehinderte Sicht auf den Raum im Erdgeschoß. Hier und andernorts wurde in Synagogen schon sehr früh Gußeisen verwendet, das nicht mit Stein verkleidet war.

Die Nische für die Heilige Lade wurde von mehreren schlanken Säulen eingerahmt, die einen Bogen unter dem horizontalen Karnies trugen. Durch ein Rosettenfenster fiel ebenfalls Licht über der Heiligen Lade ein und erfüllte die Vorschrift des Talmuds, die eine Öffnung im Osten verlangte. Der Almemor stand auf einer Balustrade, die leicht maurische Bogen hatte und sich in der Mitte des Männerbereichs befand.

Diese Entwürfe wurden weithin bekannt, da Förster sie in seiner eigenen Architekturzeitschrift, der angesehenen *Allgemeinen Bauzeitung*, veröffentlichte und erläuterte. Synagogen in Bukarest und in Jassi in Rumänien wurden nach ihnen gestaltet, auch andere in Düren, Lowicz, Gießen sowie zum Teil die Synagoge von Stockholm.

Die Bedeutung dieser Synagoge lag darin, daß sie ein sichtbares Monument für den Zuwachs der jüdischen Gemeinde und für die Verbesserung des rechtlichen wie gesellschaftlichen Status der Juden war. Die Tatsache, daß die Synagogengemeinde die Orgel, für die Förster Raum vorgesehen hatte, nicht anbrachte, bewies, daß die liberaleren Juden sich mit den orthodoxen einigen wollten. Das Gebäude illustriert die christliche Vorstellung von der ethnischen Zugehörigkeit und Geschichte der Juden im Kontext der Architekturauffassungen des 19. Jahrhunderts, die von fast jeder Gruppe ihre »eigene« stilistische Ausdrucksform erwarteten. In diesem Falle hat vielleicht die Verwendung der islamischen Stilformen die Juden lediglich charakterisieren, aber nicht isolieren wollen, denn die Pfarrkirche von Insdorf (1846) hatte ähnliche Ornamente im Chor. Islamische Ausschmückung war in Kirchen selten zu finden, während sie dagegen in Synagogen üblich wurde.

Die Einwanderung der Juden nach Wien dauerte an. 1859, ein Jahr nach der Einweihung der Synagoge in der Tempelgasse, befanden sich so viele erst vor kurzem zugezogene orthodoxe Juden in Wien, daß sie ihre eigene Synagoge einrichteten. Nachdem den Juden in der Verfassung von 1867 fast alle Rechte gewährt worden waren, wurden viele Synagogen gegründet. Im Jahre 1938 gab es etwa sechzig, darunter sieben Gemeindesynagogen, die dem Ritus der Synagoge in der Seitenstettengasse folgten, zwölf orthodoxe Gemeindesynagogen, eine Synagoge im türkisch-sephardischen Ritus, chassidische Synagogen sowie bescheidene Räume, die zum Gebet benutzt wurden. Die Synagoge in der Tempelgasse blieb der auffälligste Bau, überstand im Jahre 1917 einen Brand, und 1921 wurden die Reparaturen zu Ende geführt. In der »Kristallnacht«, vom 9. auf den 10. November 1938, wurden 24 der freistehenden Synagogen zerstört oder schwer beschädigt; die bescheideneren Synagogen waren 1945 alle verschwunden. Ein Teil des Bürogebäudes der Synagoge in der Tempelgasse überstand den Krieg, aber die Trümmer der eigentlichen Synagoge wurden weggeräumt. Försters Aquarellzeichnung der Fassade wurde vor kurzem entdeckt und ist in dem neuen Jüdischen Museum in Eisenstadt ausgestellt.

Bibliographie

L. von Förster, »Über Synagogenbau«, in: *AZJ*, XXII (31. Mai 1858), S. 314–315.

L. von Förster, »Über Synagogenbau«, in: *Allgemeine Bauzeitung*, XXIV (1859), S. 14–16, Tafeln 230–235.

H. Hammer-Schenk, *Synagogen*, S. 182–183, 302–306 und Fn. 711.

Jewish Chronicle, 18. Juli 1873.

I. Oehler, »Geschichte des Leopoldstädter Tempels in Wien«, in: *Zeitschrift für die Geschichte der Juden*, I (1964), S. 22–27.

Österreichischer Ingenieur- und Architekten-Verein, *Wien am Anfang des 20. Jahrhunderts*, Wien 1906, Bd. 2, S. 89.

M. Paul, *Technischer Führer durch Wien*, Wien 1910, S. 281–282.

»Verzeichnis der am 9. und 10. November 1938 von den National-Sozialisten zerstörten Tempelobjekte.« Liste der freistehenden Bauten, beim Vorstand der Jüdischen Gemeinde von Wien erhältlich. (Sechzehn von diesen Synagogen in Niederösterreich, elf im Burgenland und neun an anderen Orten in Österreich fielen der Zerstörung zum Opfer.)

R. Wagner-Rieger, *Wiens Architektur im 19. Jahrhundert*, Wien 1970.

G. Wolf, *Vom ersten bis zum letzten Tempel. Geschichte der israelitischen Cultusgemeinde in Wien (1820–1860)*, Wien 1861.

Hietzing

Die Synagoge in Hietzing, dem 13. Wiener Bezirk, gehörte zum Typ der kleinen Vorstadtsynagoge, der im 20. Jahrhundert immer häufiger vertreten war. Sie ist von besonderem Interesse, weil mehrere Entwürfe für diesen Bau, die zwischen 1912 und 1924 erarbeitet wurden, erhalten geblieben sind. Wir besitzen auch ausführliche Berichte über dieses Gebäude, die von Zeitgenossen geschrieben wurden, dem Architekten Hugo Gorge und dem bekanntesten Kritiker jüdischer Kunst und Architektur, Max Eisler.

Im Jahre 1877 begrüßten die vielen jüdischen Bewohner Wiens, die nach Hietzing in die Sommerfrische gingen, das Angebot des jüdischen Barons Königswarter, seine Villa vorübergehend für Gebetsversammlungen zu benutzen. Fünfunddreißig Jahre später hatte sich die jüdische Bevölkerung von Hietzing stark vermehrt und war wohlhabend genug, daß sie ein Gebäude zu diesem Zweck planen konnte, welches das ganze Jahr über zur Verfügung stand. Im Jahre 1912 schrieb die Gemeinde einen Wettbewerb aus. Unter den Einsendungen befanden sich Entwürfe von Rudolf Perco, Ernst Lichtblau und Hugo Gorge, die alle aus Wien und wahrscheinlich Juden waren. In der Ausschreibung war offenbar gefordert worden, daß bestimmte Gemeinderäume vorhanden sein mußten und der Almemor in der Mitte des Betsaals zu stehen hatte; alle heute noch vorhandenen Entwürfe stimmen in diesen Punkten überein.

Perco entwarf, in Anlehnung an das Pantheon, einen monumentalen Bau, der von zwei Flügeln für die Gemeinderäume eingefaßt war, die wie Wohnhäuser wirkten. Sein »Pantheon« hatte statt eines Portikus einen Eingang mit drei Bogen und eine lange Reihe von engen Fenstern darüber. Der Bau war von einem Giebel mit einem einzigen Davidstern gekrönt, um die Zugehörigkeit anzudeuten.

Lichtblau entwarf einen Bau mit einem flachen Dach, versetzte das Gotteshaus auf die rechte Seite des Grundstücks, so daß die linke Seite für das Gemeindehaus frei blieb. Das Ganze sah wie ein Wohnhaus aus, das auf der rechten Seite von drei langen, rechteckigen Fenstern mit abgewandelten dreieckigen Fensterüberdachungen durchbrochen war, Davidsterne waren in runde Öffnungen in den Wänden eingelassen. In diesem breitergestreckten Bau war der Almemor auffälliger in die Mitte gesetzt, denn auf der Ostseite waren Sitze mit ihm verbunden.

Gorge veröffentlichte seine Zeichnungen und dazugehörige Erläuterungen im Jahre 1918 (Abb. 66). Max Eisler nahm sie freundlich auf, denn sie entsprachen seiner eigenen Vorliebe für einfache Architektur und seinem Konservativismus in der religiösen Praxis. Gorge entwarf ein solides rechteckiges Prisma, das mit grob behauenem Stein verblendet war, vier rechteckige Eingänge hatte und schmale, äußerst spitze Dreiecke, die vom Dach emporragten. Seine früheren Entwürfe für die Fassade zeigten einen vorspringenden Balkon, der auf eckigen Trägern ruhte, kleine Fenster und eine kompaktere Dachform, aber alles in allem kam immer seine Vorliebe für einfache rechte Winkel zum Ausdruck. Er faßte seine Formen als universal und verbindend auf. Er sah hinter der Mauer einen

Abb. 66. Wien-Hietzing, Entwurf für den Innenraum von Hugo Gorge, 1912.

Innenhof vor, dessen hohe, glatte Mauern von rechteckigen Fenstern durchbrochen waren, die optisch den Hof mit dem Synagogenraum verbanden. Sie ließen auch das Licht ein auf die Frauenempore und den Raum darunter wie auch auf Diensträume auf der Straßenseite. In die Mitte des Hofes setzte Gorge einen ungewöhnlich großen Brunnen. Der Haupteingang lag auf der von der Straße ausgehenden Hauptachse. Die Heilige Lade befand sich jedoch nicht am Endpunkt der Achse, sondern im rechten Winkel zu ihr, weil Gorge der Meinung war, daß die Gläubigen sie erst dann sehen sollten, wenn sie in der Synagoge waren. Diese Anordnung erinnert an die Vorhallen auf der Nord- und Südseite in mittelalterlichen Synagogen. Der rechteckige Betsaal war auf der Ost-West-Achse etwas länger, und dies wurde noch dadurch unterstrichen, daß der Blick nach Süden durch die Unterteilung der Südwand in zwei Stockwerke, von denen das obere für die Frauen bestimmt war, aufgehalten wurde. Auf einer Zeichnung des Innenraums, welche die fast endgültige Fassung wiedergibt, sind glatte, weiß verputzte Wände zu sehen, große Fenster mit quadratischen Unterteilungen und schmalen Vorhängen, ein Schachbrettfußboden und eine Decke mit großen Quer- und dünnen Längsbalken, die in einem spätmittelalterlichen Stil gehalten ist. Bogen führten vom Boden bis weit über die Köpfe der Frauen hinauf, und vor den Bogen ist ein massives Geländer angebracht. Auf einem späteren Entwurf ist ein einziger Stützpfeiler unter der Frauenempore angebracht. Die Sitze sollten sehr gerade Rückenlehnen haben und in dem Almemor zugewendeten Reihen angeordnet werden wie in mittelalterlichen Synagogen. Der Entwurf der Almemoranlage beruhte auf mittelalterlichen Vorbildern wie der Altneuschul in Prag. Sie hatte eine Plattform, die von einem Käfig aus schmiedeeisernen Streben umgeben war, von dem Kerzenleuchter an horizontalen Streben in den Raum ragten (siehe Abb. 49, 71). Sie nahm die Mitte des Gebäudes ein und zog die Aufmerksamkeit aller auf sich, denn Gorge meinte, daß der Ausgangspunkt jeder Synagogenplanung die ewige zentrale Handlung allen jüdischen Gottesdienstes sein müsse: die Vermittlung der Heiligen Schrift und die Lesung aus der Thora. Die Heilige Lade verkörperte eine noch ältere Tradition, denn sie bestand aus einer Truhe mit spitz zulaufendem Deckel, die *an*, aber nicht *in* der Ostwand stand. Diese Anlage sollte an die tragbare Lade in der Wüste erinnern, die im zweiten Buch Mose beschrieben wird. Sie läßt auch an archäologische Berichte über frühe Synagogen denken, die keine Nische oder Apsis für die Heilige Lade besaßen, und an die tragbare Heilige Lade in frühen Synagogen. Gorges Synagoge war mit klar abgegrenzten Schiffen, einem Hof und Gartenanlagen versehen sowie mit Falttüren ausgestattet, die bei Prozessionen, bei Hochzeiten, beim Laubhüttenfest und bei den Neumondzeremonien sinnvoll waren. In seinem Entwurf waren Gefühl und Tradition mit ihrer Übersetzung in einfache, moderne Formen in Einklang gebracht. Die klare Geometrie, die glatten Wände und die Entsprechung aller Details, die kunstvoll ausgearbeiteten Eisenteile sowie die hier und da auftretenden handwerklichen Elemente (wie das Mauerwerk der Fassade) offenbaren Gorges Verbindung zu dem Kreis von Josef Hoffmann in Wien und der modernen Architektur, aber auch, daß er die jüdische Religion nicht als mystisch, sondern als rational betrachtete.

Max Eisler bedauerte, daß Gorges Entwurf nicht verwirklicht wurde, weder im Jahre 1912 noch nach einem zweiten Wettbewerb unter jüdischen Architekten im Frühjahr 1924. (Ohne Zweifel hatten der Krieg und seine Folgen die Wiederaufnahme von Plänen für einen Synagogenbau zu einem früheren Zeitpunkt verhindert.) Gorge reichte eine veränderte Fassung seines früheren Entwurfs ein, gewann aber nur den zweiten Preis. Der dritte Preis ging an Fritz Landauer aus München für einen Entwurf, der an die Augsburger Synagoge erinnerte, welche über ein Jahrzehnt früher erbaut worden war. Auf zweien seiner erhalten gebliebenen Entwürfe sieht man einen kreuzförmigen Zentralgrundriß, der eine mit einem niedrigen byzantinischen Kuppelgewölbe, der andere mit einer sehr steilen Kuppel, die wie ein Zelt aussieht und außen unter einem glatten Gewölbe mit einer Laterne versteckt liegt. (Gorge hatte sich schon kritisch über Kreuzgrundrisse und Kuppeln geäußert, weil er meinte, in solchen Synagogen würde die Gemeinde der Gläubigen von den Ausführenden des Gottesdienstes getrennt, was gegen die jüdische Tradition verstieße.)

Landauers eingereichter Entwurf zeigte ein geneigtes Dach über einem rechteckigen Raum mit dicken Mauern, die von einem dreifachen Fenster mit dreieckigem Abschluß durchbrochen wurden (Abb. 67). Von diesem Raum sprangen die Nische für die Heilige Lade und anliegende Räume, die Vorhalle und weitere Gemeindesäle vor. Das Hauptgebäude sah mit seinen schweren Mauern, seinem geneigten Dach, seinen Strebepfeilern oder Pilasterstükken und seinem Konsolgesims wie die modernisierte Fassung einer befestigten Synagoge aus, aber die dreifachen hohen Fenster gaben der Festung eine kirchliche Note. Es ist nicht verwunderlich, daß Landauer den Wettbewerb nicht gewann; er scheint sich nicht sicher gewesen zu sein, was er eigentlich ausdrücken wollte.

Der berühmteste Teilnehmer war Richard Neutra, der aus seiner neuen Heimat, den Vereinigten Staaten, einen Entwurf im Internationalen Stil einreichte, welcher mit der Bezeichnung »Die Neue Welt Tempel« (Abb. 68) versehen war. Diese Synagoge war ein langes, niedriges Gebäude, das auf einer Seite des Grundstücks stand. Das Gemeindehaus stand mit seinen glatten, betont rechteckigen Formen rechtwinklig dazu auf der anderen Seite, und das übrige Grundstück wurde von einem ummauerten Garten eingenommen. Lange, weiße Räume in einer vollkommen ungewohnten Bauweise erschienen Max Eisler als »amerikanisch« und unpassend; wahrscheinlich ließ schon der Titel ihn an Amerika denken, obwohl in unseren Augen dieser Entwurf an das deutsche Werk von Erich Mendelsohn erinnert und vollkommen passend erscheint.

Die Jury, darunter Josef Hoffmann und drei jüdische Wiener Architekten, erteilte den ersten Preis und den Auftrag jenem Teilnehmer, der den oberflächlichsten, gefälligen Entwurf einreichte und am wenigsten über die Architektur eines solchen Gebäudes nachgedacht hatte (Abb. 69). Es war Arthur Grünberger, ein Wiener Architekt, der nach Kalifornien übersiedelt war. Er entwarf einen zweistöckigen, länglichen Kastenbau mit einem weiteren, vorspringenden Kasten, in dem der Haupteingang und die Vorhalle untergebracht waren. Zu beiden Seiten führten Treppen unter Vorbauten zum oberen Stock hinauf. Die Synagoge war insofern ein moderner Bau, als sie eine einfache Form und ebene, glattverputzte Flächen hatte. Die Umrahmung des Haupteingangs bestand lediglich aus einer vorspringenden Leiste und hatte nichts, was an Jachin und Boas erinnerte. Die Klarheit der Grundformen kontrastierte aber mit dem oberen Teil der Synagoge. Die Mauerabschlüsse und die überdachten Treppenaufgänge waren mit einem Muster geschmückt, in dem sich Kurven und spitze Zacken in Wellenform abwechselten. Dieser Rhythmus wurde außen am obersten Geschoß abgewandelt, wo Grünberger eine Art Konsolgesims oder eine Pseudo-Attika anbrachte, die aus weiten Rundungen und schmalen, nach unten enger wer-

Abb. 67. Wien-Hietzing, Außenentwurf von Fritz Landauer, 1924.

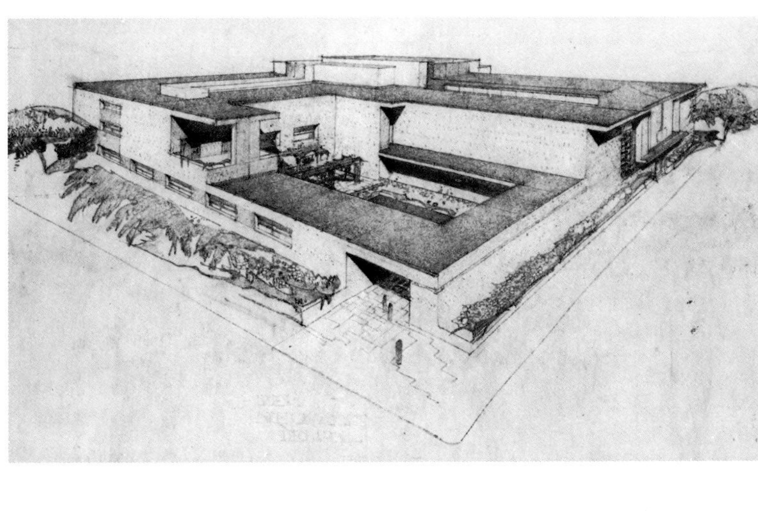

Abb. 68. Wien-Hietzing, Außenentwurf von Richard Neutra.

Abb. 69. Wien-Hietzing, Fassade im Jahre 1930.

denden Einschnitten im Wechsel bestand. Fenster mit drei Kleeblättern und drei Spitzen waren unter die weiten Kurven gesetzt. Diese rhythmisch unterschiedlichen Kurven und Spitzen wirkten wie arabische Schrift, wodurch der einfache »moderne« Bau eine exotische Note bekam und diese Synagoge mit früheren historistischen Bauten in Wien verband, wobei besonders die maurischen Beispiele in der Tempelgasse, der Leopoldgasse und der Schopenhauerstraße zu nennen sind. Einige Synagogen in Osteuropa hatten jedoch ebenfalls eine Attika mit blinden Arkaden, zum Beispiel die Alte Synagoge in Krakau-Kasimierz und die Bauten in Lutsk, Zolkiew und Ljuboml (siehe Abb. 11). Die Bezugnahme auf alte osteuropäische Synagogen verlieh außerdem dem Ganzen eine sentimentale Note. (Schließlich lebten die Juden zwischen den beiden Weltkriegen in den angenehmen inneren Vorstädten Wiens und nicht in den befestigten Grenzgebieten der polnischen Städte des 17. Jahrhunderts.) Durch die Verbindung von frischen, weißen Wänden und einem ornamentalen Abschluß wirkte der Bau banal und oberflächlich. Er hätte sogar ein noch trivialeres Aussehen bekommen, wenn die gekünstelten Fenster, die auf den Plänen für den Wettbewerb vorgesehen waren, ausgeführt worden wären. Der Grundriß war noch unbedarfter als die Form des Gebäudes. Eine Vorhalle, die von einer Wochentagssynagoge und Büroräumen eingefaßt war, mit der Frauenempore darüber, führte zu einem quadratischen Betsaal mit glatten Wänden, einer Balkendecke, einem in die Mitte gesetzten Almemor und einer erhöhten Heiligen Lade.

Landauers Synagoge existierte aber nur wenige Jahre, denn sie wurde von den Nationalsozialisten zerstört. Trotzdem besitzen wir dank der vielen Pläne, die für die Hietzing-Synagoge geschaffen wurden, bessere Kenntnisse über die Synagogenplanung vor und nach dem Ersten Weltkrieg. Dazu kommt, daß einige von Gorges Ideen in der Preßburger Synagoge für die orthodoxen Juden, die Artur Szalatnai baute, weiterlebten (siehe Abb. 30). An dieser Synagoge ist erkennbar, daß der Architekt, vielleicht unter Gorges Anregung, versucht hatte, einfache Architekturformen mit traditionellen Elementen zu verbinden.

Bibliographie

W. Boesiger (Hrsg.), *Richard Neutra, Buildings and Projects*, Zürich 1951, S. 193.

M. Eisler, »Beispiel für Laien und Vorsteher von Gemeinden. Zum Synagogenbau«, in: *Menorah*, VIII (1930), S. 85.

M. Eisler, »Die Wettbewerbe um eine Wiener Synagoge«, in: *Österreichs Bau- und Werkkunst*, II (1925/26), S. 1–7.

H. Gorge, »Ein Synagogenentwurf«, in: *Der Architekt*, XXII (1918/19), S. 133–140.

H. Hammer-Schenk, *Synagogen*, S. 508–510.

Jewish Chronicle, 29. Juli 1877, S. 13.

J. Lever (Hrsg.), *Catalogue of the Drawings in the Royal Institute of British Architects, Drawings Collection*, London 1973, Bd. L–N (über Landauer). Die Zeichnung Ran 15/E/15 ist vielleicht ursprünglich für Augsburg bestimmt gewesen.

»Tempel in Wien. Wettbewerb«, in: *Zentralblatt der Bauverwaltung*, XLIV (1924), S. 166, 415.

Anmerkung: Auf der Beschriftung durch die Photoabteilung der Österreichischen Nationalbibliothek wird der Bau J. Adolf Jelletz zugeschrieben; vielleicht war er Grünbergers Bauleiter in Wien.

Osteuropa und die UdSSR

Krakau

Die Synagogen von Kazimierz, dem 8. Bezirk von Krakau, der ehemals ein eigenständiger Ort gewesen war, sind noch heute Ziel jüdischer Besucher. Pilger reisen zu der Synagoge, die nach Moses Isserles (auch unter dem Namen Remo bekannt), dem berühmten Rechtsgelehrten des 16. Jahrhunderts, benannt ist, und zur Alten Synagoge, die zu einem jüdischen Museum umgewandelt wurde. Diese Synagogen verkörpern die Geschichte eines Zentrums traditioneller jüdischer Kultur und kabbalistischer Lehre, jüdischer Gesetzgebung und jüdischer Selbstregierung in den Jahren, als Krakau der Sitz des Distrikts Kleinpolen innerhalb des Jüdischen Rates der Vier Länder war.

Andere Synagogen sind im jüdischen Viertel zu finden, aber die meisten dienen jetzt profanen Zwecken. Eine ist heute ein Bildhaueratelier, eine andere ein Wohnhaus, eine dritte zu baufällig, als daß man sie bewohnen könnte. Diese und andere zeugen von dem jüdischen Schicksal unter den Nationalsozialisten und der polnischen Nachkriegsregierung.

Die erste bekannte jüdische Siedlung in der Gegend von Krakau stammt von 1304, im Jahre 1356 wird zum ersten Mal eine Synagoge erwähnt. Die polnischen Könige fanden die Juden recht nützlich, um den Handel anzuregen, und böhmische Juden kamen nach einem Pogrom in Prag im Jahre 1389 nach Krakau. Ihr Recht auf Synagogen wurde in Form eines Privilegs festgelegt. Zuerst wohnten die Juden in Krakau selber, aber nach der fürchterlichen Feuersbrunst von 1494, die zu Veränderungen der Besitzverhältnisse führte, wurden sie aus Krakau in eine bestehende jüdische Ansiedlung in Kazimierz umgesiedelt.

Die Alte Synagoge

Die aus der Stadt gewiesenen Juden haben wohl bald danach einen Platz zum Beten eingerichtet, es sei denn, sie drängten sich in die bestehenden Synagogen. Die Legende besagt, daß die Entstehung der Alten Synagoge auf das 14. Jahrhundert zurückgeht, aber damals gab es in Kazimierz nicht genug Juden, um den Bau der nach dem neuesten Stand der Forschung größten mittelalterlichen, zweischiffigen Synagoge zu rechtfertigen (17,70×12,40 Meter). Im Jahre 1469, als die Juden gezwungen wurden, sich an einem anderen Ort niederzulassen, waren zwei Synagogen in Krakau geschlossen worden. Da die Juden jedoch ein Vierteljahrhundert lang weiterhin in Krakau wohnen blieben, hat es wohl nach 1469 andere Synagogen gegeben, so daß eine große Synagoge in Kazimierz eigentlich nicht notwendig gewesen ist.

Der Bau in Kazimierz stammt in seiner heutigen Form aus viel späterer Zeit als die Altneuschul in Prag, und die böhmischen Juden haben auch nicht unbedingt die Baupläne mitgebracht, obwohl beide Synagogen zwei Schiffe mit je drei Jochen haben. Zweischiffige Bauten existierten in Polen seit dem 13. Jahrhundert (Klosterkapitelhaus in Koprzywnica), und Beispiele aus dem 14. Jahrhundert sind unter anderem die Kapelle des Nonnenklosters in Krakau sowie Kirchen in Stopnica und Wislica. Die Säulen an der Synagoge in Kazimierz haben einen Durchmesser von 60 cm, während die der Altneuschul in Prag einen Durchmesser von 85 cm haben, und die Mauern sind dünner als die der Altneuschul, was auf bessere statische Kenntnisse schließen läßt. Der Bau in Kazimierz ist absolut höher (10,15 Meter im Vergleich zu 9,70 Meter in Prag), wirkt aber breiter, und das ist für Renaissancebauten charakteristisch. Das Verhältnis von Höhe zu Breite beträgt in Kazimierz

10,15 zu 17,00 Meter und in Prag 9,70 zu 14,30 Meter.

Die Alte Synagoge in Kazimierz stammt wahrscheinlich aus der Zeit nach 1494, als die Juden auf dieses Wohngebiet beschränkt waren. Vermutlich ist sie auch nicht sofort gebaut worden, denn die Juden benötigten zuerst Häuser und hielten ihre Lage wohl für zu unsicher, um gleich den Bau eines großen Steingebäudes zu riskieren. Die Alte Synagoge könnte vor 1519 errichtet worden sein, denn in einem Dokument wird ein Streit zwischen den aus Polen stammenden und den böhmischen Juden um den Besitz einer »alten« Synagoge erwähnt, aber es läßt sich nicht mit Sicherheit sagen, ob es sich dabei um das heute unter diesem Namen bekannte Gebäude handelt. Ein großer Teil des heutigen Baus stammt von etwa 1570 und später, aufgrund von Reparaturen, die nach der Feuersbrunst im Jahre 1557 vorgenommen wurden. Ein paar Details aus früherer Zeit sind noch vorhanden, wie die vierteiligen Kreuzrippengewölbe und Reste von Wandsäulen, die an drei Innenwänden durch Konsolen ersetzt wurden.

Der Architekt der Arbeiten, die um 1570 unternommen wurden, war angeblich Matteo Gucci, ein Italiener, der auch an anderen Orten als in der Gegend von Krakau gearbeitet hat. Das Gebäude hatte vor 1570 vielleicht ein Giebeldach, vorspringende gemauerte Strebepfeiler, Spitzbogenfenster, andere Kapitelle und unterschiedliche Details im Innern. Der heutige Bau besitzt eine horizontale Dachsilhouette, welche durch die mit blinden Arkaden versehene Attika gebildet wird, die typisch für Renaissancebauten in Polen ist (Abb. 70). Die Kapitelle sind ringförmig, und die Fenster haben abgerundete Abschlüsse, die Heilige Lade und der Almemor Renaissanceformen.

Wie in anderen ein- oder zweischiffigen Synagogen behauptet sich der Almemor in Kazimierz durch seinen zierlichen, polygonalen und überdachten schmiedeeisernen Käfig, der um die erhöhte Plattform herumläuft (Abb. 71). Auf Zeichnungen, die im frühen 19. Jahrhundert angefertigt wurden, ist der Almemor leicht von der Mitte versetzt zu sehen, aber sogar Remo hat nicht gesagt, daß die Mitte mathematisch genau ausgerechnet werden müßte. Die Stufen zur Heiligen Lade führen, wie in der Prager Altneuschul, zwischen zwei niedrigen Mauervorsprüngen herauf.

Abb. 70. Krakau, Alte Synagoge, nach 1494 erbaut, Außenansicht von ca. 1570, Photo von 1981.

Auf einem Gemälde von 1865 sind bewegliche Sitze und Lesepulte statt fester Bänke zu sehen. Die Synagoge hatte viele Kronleuchter aus Bronze; im Zweiten Weltkrieg fand der deutsche Generalgouverneur sie so schön, daß er sie für sein eigenes Haus mitnahm. Im frühen

Abb. 71. Krakau, Alte Synagoge, Innenansicht zur Heiligen Lade 1981.

Abb. 72. Krakau, Alte Synagoge, Frauenbereich nach 1600 entstanden, Innenansicht 1981.

20. Jahrhundert befanden sich gemalte Inschriften und Arkaden in Relief an der Nordwand und gemalte Inschriften an den Wänden des südlichen Anbaus. Die meisten Elemente dieser Ausstattung konnte man in Hunderten von anderen Synagogen vom 16. bis zum 19. Jahrhundert finden.

Ein weiteres Charakteristikum der Alten Synagoge, das man auch in anderen Gebäuden findet, ist die Vertiefung des Fußbodens im Hauptraum unter das Straßenniveau, entweder aus Gründen der Symbolik oder weil man innen eine größere Höhe erreichen wollte. Außerdem wurden zwischen dem 17. und dem Ende des 19. Jahrhunderts eine Frauenempore und Erweiterungen angebracht (Abb. 72), und die Synagoge ist von Anbauten mit Giebeldächern und Gewölben umgeben, die aus dem 17. bis zum 19. Jahrhundert stammen.

Die Alte Synagoge wurde im Jahre 1773 restauriert und 1889 wiederaufgebaut. Die Regierung finanzierte 1913 und erneut im Jahre 1936 unter Professor Hendla Instandhaltungsarbeiten. Zwischen 1940 und 1945 verlor die Synagoge ihr Dach, das Gewölbe, Einrichtungsgegenstände, Fenster und Büchersammlungen, und ihr Hof wurde von den Nationalsozialisten für Hinrichtungen benutzt. Restaurierungsarbeiten begannen nach dem Krieg auf Anregung eines polnischen Parlamentsmitglieds, Dr. Boleslaw Drobner, und wurden im Jahre 1959 vollendet. Danach wurde das Gebäude Museum für jüdische Geschichte und Kultur, das dem Museum für Stadtgeschichte unterstand. Es wurde offiziell vom Parlament zum Denkmal erklärt und ist so eine von drei polnischen Synagogen, die diesen Status haben.

Im Mai 1982 verwüsteten Diebe trotz der offensichtlich strengen Überwachung, die Polens Ausnahmezustand mit sich brachte, das Gebäude und stahlen sakrale Kunstgegenstände.

Die Remo-Synagoge

Während die eindrucksvollere Alte Synagoge an den Mauern des nunmehr zerstörten Ghettos an einem Ende der platzartigen Verlängerung der Szeroka, der Hauptdurchgangsstraße des jüdischen Viertels, steht, ist die Remo-Synagoge, die mehr Verehrung genießt, in einem von der Straße abgelegenen Hof am Ende des bedeutendsten jüdischen Friedhofes versteckt (Abb. 73). Es war eine private Synagoge, die im Jahre 1553 aufgrund einer königlichen Sondergenehmigung von Israel Isserles, dem Vater von Moses Isserles (Remo, 1520–1572) erbaut wurde. Der Sohn war der Leiter der örtlichen Jeschiwa (Talmudhochschule), Mitglied des Gerichtshofes der Gemeinde und – was am wichtigsten war – Autor von Kommentaren zu juristischen Abhandlungen von Jakob ben Ascher und Joseph Karo. Die Synagoge von 1553, die wahrscheinlich aus Holz erstellt war, brannte ab, wurde aber im Jahre 1556/57 aus Stein wiederaufgebaut. Sie blieb vollständig erhalten, bis die Nationalsozialisten sie 1940 abbrannten. Nach dem Krieg wurde sie erneut errichtet und wird immer noch zum Gebet und Studium benutzt, aber es gibt niemanden, der sich um die Kisten voll zerfallender Bücher und Thorarollen kümmern könnte.

Man nimmt an, daß dies die erste polnische steinerne Synagoge im Renaissancestil ist. Sie ist ein einfacher, rechtwinkeliger Bau mit einer Vorhalle auf der Nordseite und einem Hof. Sich nach oben verjüngende Strebepfeiler außen am Hauptbetsaal verraten, daß sich innen Gewölbe befinden. Der Raum ist aber so klein, daß er innen keine Stützpfeiler benötigt. Die Fenster sind wie üblich hoch in die Mauer eingelassen, sicherlich aus den üblichen Gründen: um die Mauern zu festigen, um zu verhindern, daß die

Fenster eingeschlagen wurden oder zerstörerische Elemente leichten Zutritt hatten, und um die Ablenkung der Betenden zu vermeiden. Die großen Lünetten an der Ost- und der Westwand wurden wahrscheinlich später hinzugefügt. Der Almemor, ein schmiedeeiserner Käfig, wurde im Zweiten Weltkrieg gerettet. Die Heilige Lade gleicht der in der Alten Synagoge. Sie wird von Paaren dicker und kurzer, annähernd korinthischer Pilaster eingerahmt, ist von in Stein gemeißelten Blumenornamenten umgeben und von kunstvoll gearbeiteten Türen mit Schnitzereien in Relief abgeschlossen. Die Stufen zur Heiligen Lade haben auf beiden Seiten ein eisernes Geländer, das allem Anschein nach aus dem 19. Jahrhundert stammt.

Das Gebäude ist zwar in seiner Architektur nicht besonders interessant, aber wichtig wegen seiner Verbindung mit dem gelehrten Remo. In der Mitte der siebziger Jahre hielten etwa fünfzehn Personen regelmäßig ihren Gottesdienst dort ab, aber Pilger kamen aus einem weiten Umkreis, und etwa zweihundert Personen zwängen sich an den hohen Feiertagen in diese Synagoge.

Die kleineren Synagogen

In dem abgegrenzten jüdischen Viertel von Kazimierz befanden sich andere Synagogen, von denen einige heute noch erhalten sind, aber nicht mehr zu Kultzwecken verwendet werden. Die Hohe (Wysoka) Synagoge in der Josefa-Straße Nr. 38, die entweder von 1595 oder 1633 stammt, ist ein Steinbau mit schrägen Stützpfeilern außen und Gewölben im Innern, welche aus Wandpilastern hochsteigen. Sie besaß eine bescheidene Heilige Lade mit kunstvoll ausgearbeiteten Seitenstücken in einem Stil, der in Polen im 18. Jahrhundert häufig zu finden war, und Abbildungen von Bibelstellen, darunter Noah und die Arche, Moses, der die Gesetzestafeln empfängt, sowie die Harfen aus der babylonischen Gefangenschaft, die von Bäumen hängen.

Die Popper-Synagoge wurde im Jahre 1620 von Wolf Bocian (alias Popper), dem reichsten Juden seiner Zeit, an die Ghettomauer gebaut. Innen hatte sie dicke, mit Stützpfeilern versehene Wände mit einfachem Putz; zwischen den beiden Weltkriegen wurde sie mit Wandmalereien von Leon Schenker ausgestattet.

Abb. 73. Krakau, Remo-Synagoge, 1556–1557, Außenansicht 1981.

Die Kuppoh-Synagoge wurde um 1600 (oder etwa 1647) mit Geldern der Gemeinde gebaut. Sie ist ein langer und niedriger Bau und hat eine Frauenempore; die Eingänge für Männer und Frauen befinden sich jeweils am entgegengesetzten Ende der langen Südmauer.

Unter anderen ehrwürdigen Synagogen wären noch eine kleine Synagoge auf einem niedrigen Hügel, Reb Arons *Kloyz* in der Josefa-Straße, Rabbi Nathan Schapiros *Schtibl* und die Isaak-Synagoge in der Izaaka-Straße zu erwähnen.

Die Synagoga Postepowa

Der eklektizistische Tempel oder die »Synagoga Postepowa« aus dem 19. Jahrhundert ist ein modernerer Bau in der Miodowa-Straße Nr. 24. Ihre etwas mißglückte Fassade ist aber beeindruckend wegen ihrer Größe und ihrer reichlichen, wenn auch unabgestimmten Ornamente mit Friesen aus romanischen und gotischen Bogen und gotischen Vierpässen, die alle einen Rhythmus bilden, der sich von dem der unterschiedlich gestalteten Fensteröffnungen unterscheidet. Sie ist ein Beispiel für den Geschmack der assimilierten Juden Krakaus, die darauf bedacht waren, mitteleuropäischen Stilvorstellungen ebenso Rechnung zu tragen wie einer Selbstdarstellung, die nicht gerade christlich, aber auch nicht exotisch-islamisch ausgerichtet war. Der dunkle Hauptbetsaal wird an hohen Feiertagen heute noch benutzt. Diese Synagoge ist eine fünfschiffige Basilika mit Emporen und einer Apsis. Für die Ausschmückung sind romanische und maurische Elemente verwendet worden, und sie ist in vorwiegend roten, blauen und braunen Farben ausgemalt. Die Ornamente sind von keiner besonderen Qualität, aber der unbekannte Architekt brachte reichlich dekorative Details an. Diese Ausstattung und die bunten Glasfenster heben den Gegensatz zwischen Synagogen des 19. Jahrhunderts dieser Art und den traditionsgemäß einfacheren in den benachbarten Straßen hervor.

Als die Behörden den Juden in der Mitte der sechziger Jahre des 19. Jahrhunderts das Recht absprechen wollten, diese Synagoge aufrechtzuerhalten, kamen fünfzehn Männer überein, dort Gottesdienst abzuhalten, und bildeten so die vom Gesetz festgelegte Anzahl von Gläubigen, um das Gebäude als Synagoge erhalten zu können.

Die Isaak-Synagoge

Von den alten Synagogen ist die Isaak-Synagoge das Gebäude mit der bedeutendsten Architektur, (Abb. 74, 75). Sie war eine private Stiftung von Isaak Jakobowitz (1673 verstorben), dem Bankier König Wladislaws IV., unter dessen Schirmherrschaft die Synagoge zwischen 1638 und 1644 geplant wurde. Der Entwurf wird Francesco Olivieri zugeschrieben, einem Italiener, der für hochgestellte Polen arbeitete. Die Isaak-Synagoge wurde, wie alle anderen in Krakau noch vorhandenen, aus Stein gebaut. Der Hauptraum hatte ein Tonnengewölbe, maß 16,90 × 12,00 Meter und war mit einem Giebeldach gedeckt. Die Treppe, die außen zu der Frauenempore auf den ersten Stock führte, war durch eine überdachte Vorhalle geschützt und offensichtlich später angebaut worden. Die schöne Renaissance-Trennwand vor der Heiligen Lade ist schlecht in die Seitenwände und Gewölbe eingepaßt, muß also aus späterer Zeit als der Bau selber stammen. Der Almemor ist von einem herrlichen schmiedeei-

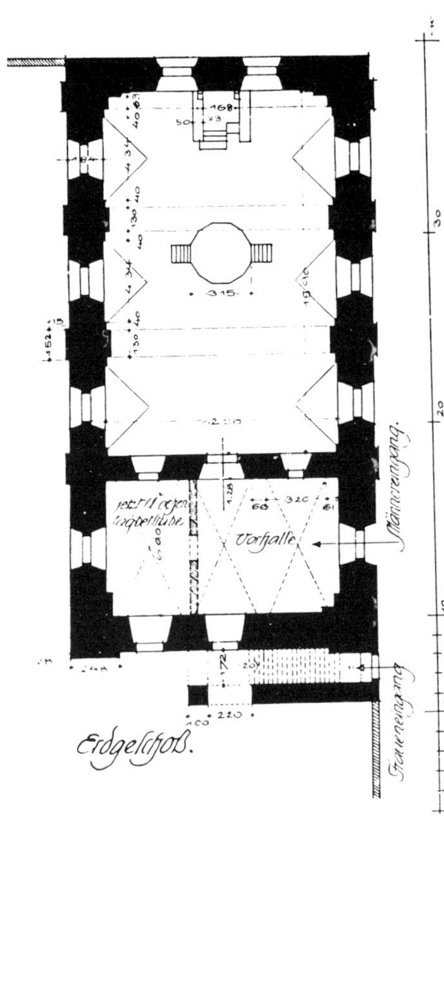

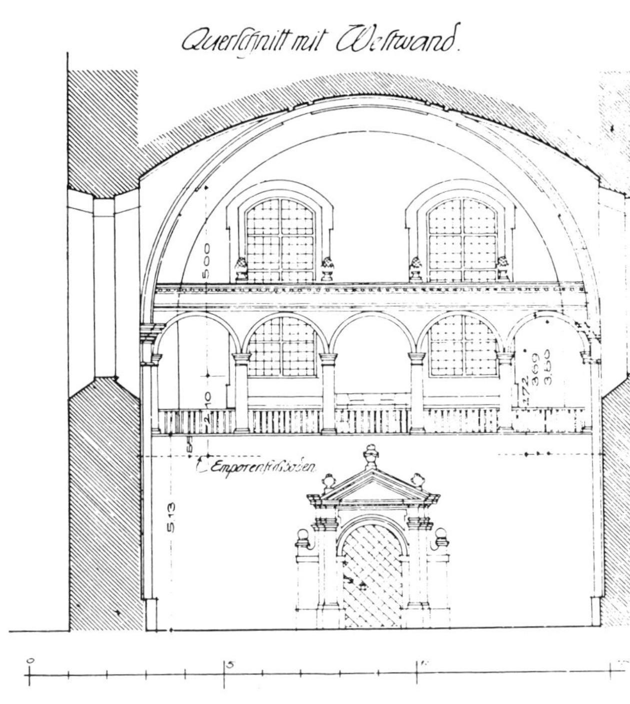

Abb. 74. Krakau, Isaak-Synagoge, 1638–1644, Grundriß.

Abb. 75. Krakau, Isaak-Synagoge, Querschnitt mit Empore über dem Eingang.

sernen Baldachin überdacht, während die Heilige Lade schwere und klassizistische Details aufweist. Von der Heiligen Lade sind heute nur noch die Marmoreinrahmung und die Gesetzestafeln erhalten. Vor der Heiligen Lade befand sich ein Eisengitter mit einem Triumphbogen in der Mitte; dies mag eine Zutat der Instandsetzungsarbeiten von 1857 gewesen sein. Zu uns unbekannter Zeit hat es Wandmalereien mit Landschaften von Hebron, Jerusalem und Machpelah, der Höhle mit den Patriarchengräbern, gegeben. Zu den Detailelementen, die zu verschiedenen Zeiten ausgeführt wurden, gehörten ein Ewiges Licht an der Ostwand, Segmentfenster in den Gewölbelünetten und eine beeindruckende Tür mit durch Bossenwerk verzierten Türpfosten und einem Giebelfeld. Der Bau war bis zur Nazizeit gut erhalten und wurde 1935/36 restauriert, litt aber sehr unter der deutschen Besatzung. Heute beherbergt er ein Bildhaueratelier, und nur die Überreste der Anlage für die Heilige Lade und Fragmente hebräischer Inschriften verraten seine ursprüngliche Verwendung.

In Krakau findet man – sogar in Gebäuden, welche inzwischen anderen Zwecken dienen – eine reiche Sammlung von Synagogen, die drei verschiedenen Typen angehören. Die Alte Synagoge hat ihren mittelalterlichen Grundriß mit zwei Schiffen behalten. Die Remo-, die Hohe-, die Kuppoh- und die Isaak-Synagoge sind typische, einräumige, gewölbte Bauten vom späten 16. Jahrhundert bis zum frühen 19. Jahrhundert. Sie sind in ihrer Form einfach, hell und mit natürlichem Licht besser versorgt, als frühere Bauten es waren, sie sind hauptsächlich, aber nicht ausschließlich mit hebräischen Inschriften geschmückt, von Bronzekronleuchtern erleuchtet, haben einen in der Mitte liegenden, polygonal gestalteten, schönen Almemor unter einem schmiedeeisernen Baldachin und besitzen eine Nische für die Heilige Lade in der Ostwand. Auch wenn die Ausstattung, wie man sie auf alten Photographien sehen kann, nicht ausschließlich aus der Renaissance stammte, stellte sie doch jene Art von Einrichtungsgegenständen dar, die in diesen Gebäuden benötigt wurde. Der Tempel schließlich stand für den historistischen, eklektizistischen Stil, den Wunsch, die öffentliche Stellung des modernisierten Judentums im Fassadenentwurf zum Ausdruck zu bringen, wie dies im späten 19. Jahrhundert in ganz Europa geschah.

Bibliographie

AZJ, VII (11. Febr. 1843), S. 84.

M. Balaban, *Historia żydów w Krakowie na Kazimierzu 1304–1868*, Bd. 1, Krakau, 1931.

M. Balaban, *Przewodnik po żydowskich zabytkach Krakowa*, Krakau 1935.

M. Balaban, »Von Ghetto zu Ghetto«, *Menorah* V, Nr. 5/6 (1927), S. 347–352.

M. Balaban, *Zabytki historyczne żydów w Polsce*, Warschau 1929.

M. Borwizc, *1000 ans de vie juive en Pologne*, Paris 1955.

S. Czerpak, *The Old Synagogue of Cracow*, Krakau o. J.

B. deBreffny, *The Synagogue*, New York 1978, S. 110–117.

L. Dobroszycki und B. Kirshenblatt-Gimblett, *Image Before my Eyes*, New York 1977.

Grotte, *Deutsche*.

Grotte, »Die Beeinflussung jüdischer östlicher Sakralbaukunst durch Prager Vorbilder«, in: *Jahrbuch der Gesellschaft für die Geschichte der Juden in der ČSR*, VI (1934), S. 457–469.

H. Kamm, »Martial Law turns Cracow into Hotbed of Apathy«, in: *New York Times*, 2. Juni 1982, S. 2.

A. Kubiak, »Żydowska architektura zabytkowa w Polsce«, in: *Żydowski Instytut Historyczny Biuletyn*. Teil I und II, 1953, S. 122–171; III, 1953, S. 73–96 (Rozdz. II, 1953, S. 137–142).

Y. L. Hacohen Maimon (Fishman) (Hrsg.), *Arimwa-imahot be'Jisrael*, Bd. 2, Jerusalem o. J., S. 352–354.

New York Times, 28. Nov. 1976, X, S. 1 ff.

E. Vinecour, *Polish Jews. The Final Chapter*, New York 1977.

F. H. Wettstein, *Quellenschriften zur Geschichte der Juden in Polen*, Krakau 1892 (in hebräischer Sprache).

R. Wischnitzer, *Architecture*, S. 54–56, 107–108, 111–112.

R. Wischnitzer, »Mutual Influences between Eastern and Western Synagogue Architecture from the 12th to the 18th Century«, in: *YIVO Annual*, nachgedruckt in J. Gutmann (Hrsg.), *The Synagogue*, New York 1975, S. 265–308.

Die Vier-Pfeiler-Tabernakel-Synagogen

Vor der Vernichtung der Juden besaß Osteuropa viele Synagogen, aus Holz oder Stein, die vom 16. Jahrhundert bis zum Ende des frühen 19. Jahrhunderts stammten. Die ihres Umfangs und ihrer Größe wegen beeindruckenden Steinsynagogen waren zum Teil ehrwürdig, mystisch oder innen sogar faszinierend. Einige wenige überstanden den deutschen Einfall und die Verwüstungen und Plünderungen durch örtliche Antisemiten, weil sie zu solide waren oder für andere Zwecke benutzt werden konnten. Heute sind in den meisten noch bestehenden Steinbauten kulturelle Einrichtungen untergebracht; einige wenige sind Denkmäler, andere werden zu allen nur denkbaren profanen Zwekken verwendet.

Viele Synagogen, die aus Stein erbaut waren, hatten einen rechteckigen Grundriß mit Frauenemporen, die sich über einer im Westen liegenden Vorhalle befanden oder an der Nord- oder Südseite des Gebäudes angebaut waren. Sie hatten Kloster- oder Tonnengewölbe, die über den Fenstern eingelassen waren. Zu den Beispielen gehört die Synagoge mit Klostergewölbe in Chrontschowitz in der Tschechoslowakei und die Isaak-Synagoge in Krakau-Kazimierz, die ein Tonnengewölbe hat.

Andere osteuropäische Steinsynagogen besaßen einen quadratischen Grundriß, manchmal auch Anbauten. Ihre dicken Mauern wurden in einigen Fällen von massiven äußeren Strebepfeilern gestützt, wie in Zolkiew und Szydlów. Manche besaßen einen Turm, möglicherweise für den Fall kriegerischer Auseinandersetzungen, wie in Lutsk, Lesko und Pinsk. War die Synagoge Teil der Stadtbefestigung so, hatte sie ein mit Zinnen versehenes Dach, wie in Lutsk, Leschnew, Ljuboml oder Husjatin. Wenn sie einen dekorativ ausgestatteten Dachstuhl hatte, war er von Festungen oder polnischen Renaissance-Rathäusern, wie in Belz, Przemysl, Brody oder Lukow, übernommen. Der Vergleich mit Profanbauten ist angebracht, weil die Synagogen die Zentren jüdischer Selbstverwaltung bildeten.

Diese quadratischen Bauten waren innen auf unterschiedliche Weise angelegt. Einmal gab es einen großen, offenen Raum, in dem man von jedem Punkt aus alles sehen und hören konnte, wie in Zamosc, Szydlów und Szczebrzeszyn, besonders wenn der Almemor lediglich in einem käfigartigen, schmiedeeisernen Aufbau stand wie in Zamosc oder ein kleiner Steinkiosk war wie in Szydlów.

Eine andere Art der Innenanlage hatte vier Säulen oder Pfeiler, welche die Decke stützten und ein zentrales Gewölbefeld bildeten, das im allgemeinen kleiner war als die anderen Dekkenfelder, wie in der Großen Synagoge in Wilna, in Druja, Ostróg, Kremenetz, Nikolsburg (Wintersynagoge) und Podivin. Die vier Säulen konnten aber auch, und das war ein besonderes Charakteristikum, miteinander verbunden sein und einen Tabernakel über dem Almemor bilden, wie in Leschnew, Lutsk, Lukow, Nikolsburg (Alte Synagoge), Nowogrodek, Przeworsk, Reichshof (beide Synagogen), Reimannskau, Slonim und Zmigrod. Drei Beispiele, die Synagogen von Lublin, Pinsk und Lańcut, mögen hier genügen, um diesen Typ zu veranschaulichen (siehe auch Lemberg und Wilna).

Lublin

Lublin ist bedeutend wegen seiner zahlreichen jüdischen Bevölkerung, ferner weil es in der Spätrenaissance Zentrum der polnischen Juden war, wegen der Gelehrsamkeit seiner berühmten Rabbiner und schließlich, weil eine seiner Synagogen die erste war, in der vier Pfeiler um den Almemor in der Mitte standen. Die Stadt ist aufgrund der Lage ihrer jüdischen Siedlung, der Anzahl und des Bautyps ihrer Synagogen und des tragischen Schicksals, das ihre Juden und deren Wohnviertel nach 1939 erlitten, repräsentativ für andere Städte Polens.

Im Jahre 1336 wird zum ersten Mal eine jüdische Siedlung in der Nähe von Lublin erwähnt. Es war die Zeit, als die jüdische Einwanderung nach Polen erheblich zunahm. Da die christlichen Einwohner der Stadt das auch andernorts zu findende Privileg beibehielten, den Juden das Leben innerhalb der Stadtmauern zu verbieten, wurden sie in ein nahe gelegenes Dorf, nach

Piaski Zydowski, verwiesen. Wie an anderen Orten lebten die Juden auch dort unter dem unmittelbaren Schutz von Adligen, die sie auf ihrem eigenen Land ansiedelten, so daß sie Geschäfte machen konnten, welche zumindest teilweise von den kommerziellen Unternehmungen der Stadt getrennt blieben. Im späten 15. Jahrhundert lebten einige am Fuß des Burghügels außerhalb von Lublin. Als die Juden Mitte des 16. Jahrhunderts nach und nach Einlaß in die Stadt fanden, mieteten sie Räumlichkeiten in Häusern, die dem Klerus oder den Adligen gehörten, denn diese unterstanden nicht direkt der Gerichtsbarkeit des Bürgermeisters. Synagogen wurden jedoch nicht innerhalb der Stadt gebaut, sondern außerhalb, in der Gegend von Podzamcze (»unter der Burg«), dem Hauptsiedlungsgebiet der Juden. Dieser Bezirk vergrößerte sich vom Ende des 14. Jahrhunderts bis zum späten 16. Jahrhundert, als Lublin das geschäftliche Zentrum zwischen der Vistula und dem Dnjepr wurde. Die erste offizielle Synagoge wurde auf einem Stück Land erbaut, das 1557 von einem jüdischen Arzt gekauft worden war. Im Jahre 1567 wurde der Bau einer Synagoge und einer Jeschiwa auf diesem Grundstück als Privileg gestattet. Einige Jahre später wurde eine zweite, kleinere Synagoge an die erste angebaut und unter das gleiche Dach gesetzt. Im Jahre 1636 oder 1638 wurde eine dritte Synagoge eingeweiht, die nach Hersz Doktorowitz benannt und auf dem obersten Stockwerk eines Gebäudes errichtet war, das sich einige Schritte vom Judentor der Stadt befand, bis zu dem sich die jüdische Siedlung ausgebreitet hatte. Wir wissen nicht, wie diese Synagogen ausgesehen haben, denn sie wurden 1656 von den Russen, welche die Stadt eroberten und das jüdische Viertel in Brand setzten, zerstört.

Es ist möglich, daß die Hauptsynagoge in diesem Gebiet die erste von vielen osteuropäischen Synagogen gewesen ist, welche mit vier Pfeilern um den in der Mitte liegenden Almemor ausgestattet war. Die Synagoge, die nach 1656 an dieser Stelle errichtet wurde, hatte eine derartige Anlage (Abb. 76), sie lag an einer kleineren, länglichen Synagoge, wie die beiden früheren, und beide Bauten trugen den gleichen Namen wie die ursprünglichen Synagogen. (Die größere wurde Maharschal-Synagoge genannt.) Es kann sein, daß die Russen die Synagogen innen zerstörten, aber das eigentliche Bauwerk stehenblieb. Da die Stadt der Sitz von Rabbinern war, die Rechtsprechung über die Juden eines großen Gebiets ausübten, und außerdem der Sitz des Jüdischen Rates der Vier Länder, der vom späten 16. Jahrhundert bis zur Mitte des 18. Jahrhunderts jüdische Angelegenheiten regelte, ist vielleicht der Lubliner Bautyp in anderen Städten übernommen worden. Die gleiche Bauweise ist in Przemysl (1592–1595) zu finden, aber es ist wahrscheinlich, daß eine bedeutende architektonische Neuerung eher bei einer Synagoge in Lublin realisiert worden ist.

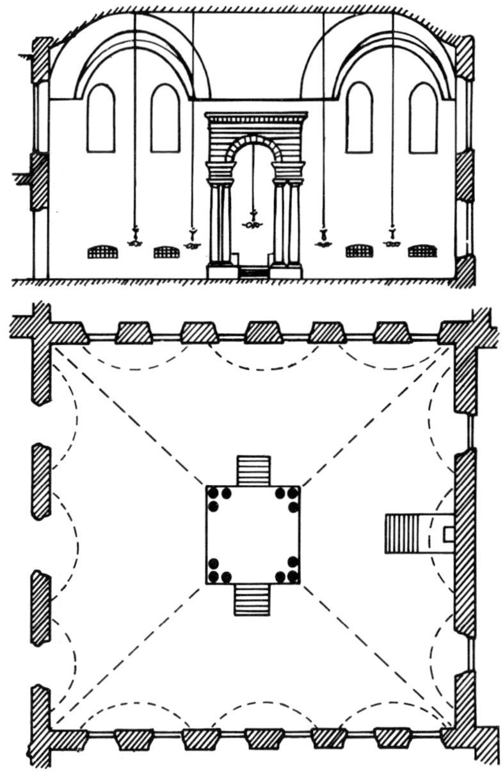

Abb. 76. Lublin, Maharschal-Synagoge, 1567, 1656 wiederaufgebaut, Grundriß, Schnitt nach 1856.

Die Synagoge in Lublin hat angeblich in der nach 1656 wiederaufgebauten Form dreitausend Gläubige fassen können. Sie war ein fast quadratischer Bau und hatte dicke Wände, die von Bogenfenstern durchbrochen waren. Wenn sie anderen polnischen Synagogen aus der Zeit äußerlich ähnlich gewesen ist, dann waren ihre Mauern verputzt und weiß gestrichen. Der Bau war innen interessanter als außen. Er besaß neun kreuzgewölbte Felder, von denen das zentrale Feld kleiner war als die anderen. Die Gewölberippen im Mittelfeld ruhten auf einem quadratischen Tabernakel, der von vier Eckpfeilern getragen wurde, die je aus drei korinthischen Säulen bestanden. Die Säulen erhoben sich von einer Plattform, auf der der Almemor zwischen den gebündelten Pfeilern unter dem Mittelpunkt des Tabernakels stand. Der Vorleser stieg über Stufen, die auf der Nord- und Südseite der Plattform angebracht waren, zum Almemor hinauf.

Die Besonderheit dieser Anlage ist, daß die in der Raummitte befindlichen Stützpfeiler nahe beieinanderstehen, wodurch ein kleines und daher konzentriertes Mittelfeld entsteht. Dieser Grundriß ist in einem weit ausgedehnten Gebiet zu finden, zum Beispiel in Lutsk, Pinsk, Slonim und Nowogrodek, nördlich und südlich von Lublin, in Wolhynien und in Litauen, auch in der Neustadt-Synagoge von Reichshof und in Opatow in Galizien. Er unterscheidet sich von einem verwandten Typ der Vier-Pfeiler-Anlage über zentralem Grundriß, den wir aus der Großen Synagoge in Wilna, aus der Vorstadt-Synagoge in Lemberg, aus Druja und Ostróg kennen und bei dem die Felder fast gleich sind (siehe Abb. 85, 93).

Möglicherweise sind die vier Drillingssäulen, die den Lesepulttabernakel in Lublin stützen, Erfindungen des 19. Jahrhunderts. Die Synagoge wurde im Jahre 1856 bei einer verheerenden Feuersbrunst beschädigt, in der die benachbarte Synagoge, das Lehrhaus aus dem 18. Jahrhundert, das Ritualbad und andere Gemeindeeinrichtungen ebenfalls abbrannten. Alle diese Gebäude wurden einige Jahre später wiederaufgebaut, und es mag sein, daß dabei neue Details hinzugefügt worden sind. Der Historiker Majer Balaban meinte, die Fenster seien zu groß für das 17. Jahrhundert, und das Äußere des Neubaus erinnere ihn eher an eine Konzerthalle als an eine ehrwürdige Synagoge.

Der Grundriß ist jedoch typisch für das 17. und nicht für das 19. Jahrhundert. Die Stühle, die zum Almemor und nicht nach Osten gerichtet sind, zeugen auch davon, daß man alte Bräuche einhielt. Die Frauenemporen im Norden und Westen sehen eher nach Produkten einer Ad-hoc-Planung des 17. Jahrhunderts aus als nach einer besseren Gesamtplanung der Sitzgelegenheiten für Frauen, wie sie in großen Synagogen um 1856 und später üblich war. Außerdem spricht die Vereinigung einer großen, einer kleineren und zweier Zunft- oder Bruderschafts-Synagogen unter einem Dach dafür, daß alte, aus der Notwendigkeit entstandene Traditionen beibehalten wurden.

Die anliegende Maharam-Synagoge entspricht ebenfalls einem Typ, der sowohl bei hölzernen als auch bei steinernen Synagogen des 17. Jahrhunderts zu finden ist. Sie war ein einschiffiges Gebäude, in welchem zwei Drittel des Raumes den Männern und ein Drittel den Frauen vorbehalten waren. Die beiden Bereiche wurden durch eine niedrige Wand voneinander getrennt, über der Bogen angebracht waren, welche die flache Decke trugen. Der Almemor stand in der Mitte und war von einem bronzenen Gitter zwischen geschnitzten Pfosten umgeben. Die Synagoge wurde 1856 durch Feuer zerstört, also stammten das Almemorgitter, die funkelnden Metallampen, die Menorah und andere Gegenstände sicher aus dem 19. Jahrhundert, es sei denn, ältere Einrichtungsgegenstände wurden gerettet oder gestiftet.

Die Zunft-Synagogen, die sich in diesem Bau befanden, waren kleinere Räume ohne jede Prätention. Es gab viele solcher bescheidenen Einrichtungen in der Stadt. Die Fuhrleute besaßen eine Synagoge in der Nähe der Hauptsynagoge, die Saul-Wahl-Schul, benannt nach einem Mann, der in die jüdische Legende eingegangen ist, weil er angeblich für eine Nacht König von Polen gewesen war. Der Almemor in dieser Synagoge war eine polygonale Anlage mit einem Baldachin, der von einfachen zylindrischen Stützen getragen wurde. Die Schneider, Kaufmannsgehilfen und Kupferschmiede hatten jeweils ihre eigene Synagoge. Eine weitere kleine Synagoge hieß Parnasschul, weil sie von einem ehrwürdigen Synagogenältesten (einem Parnas) gegründet worden war. Das Gebiet von Podzamcze wurde als ein Platz beschrieben, in dem es von Synagogen und Lehrhäusern wimmelte; auch die Judenviertel der Altstadt innerhalb der Stadtmauern aus dem 19. Jahrhundert hatte zahlreiche andere Bethäuser und Schulen. Daß es so viele Juden in Lublin gab, hieß nicht unbedingt, daß die gesamte christliche Bevölkerung sie freudig akzeptierte. Noch im Jahre 1913 wurde eine Synagoge unter dem Vorwand geschlossen, sie läge zu nahe an einer Kirche.

Eine Ironie des Schicksals führte die Juden zurück nach Piaski Zydowski. Rund 45 000 Juden wurden dort und in Lublin im Jahre 1941 von den Deutschen zusammengetrieben und später in Zwangsarbeits- und Vernichtungslager verschleppt. Das Podzamcze-Viertel wurde dem Erdboden gleichgemacht; es ist heute ein ebener, gepflasterter, leerer Platz. Obwohl sich mehrere tausend Juden, darunter viele aus der Sowjetunion, nach dem Krieg in Lublin ansiedelten, verließen doch die meisten zwischen 1946 und 1950 dieses Gebiet, und fast alle, die geblieben waren, gingen während der antisemitischen Welle von 1968 fort.

Abb. 77. Pinsk, 1640, Außenansicht, West- und Nordseite.

Pinsk

Im Jahre 1640 wurde eine weitere beeindrukkende Vier-Pfeiler-Steinsynagoge in Pinsk errichtet, einer Stadt, die heute zur Weißrussischen Republik der Sowjetunion gehört. Dieser Bau war etwa 30 Meter breit und 27 Meter lang, inklusive Anbauten auf der Nord-, West- und Südseite (Abb. 77). Der Betsaal für die Männer maß innen 16×18 Meter und war etwa 9 Meter hoch. Außen war die Synagoge verputzt; die Anbauten, vielleicht auch das Hauptgebäude, waren aus Ziegeln erbaut. Die dicken Mauern hatten Bogenfenster. Das Dachgesims war möglicherweise früher durch eine Brüstung aus dreieckigen Giebeln zur Geltung gebracht worden, aber in den dreißiger Jahren unseres Jahrhunderts war sie entfernt worden, und übrig blieb ein plump wirkendes Band von Rechtekken. Zu den Anbauten gehörten eine Vorhalle auf der Westseite, Frauenbereiche, die über Kellern auf der Nord- und Südseite errichtet worden waren, sowie ein zylindrischer Turm an der Nordwestecke, der allem Anschein nach aus früherer Zeit stammte als die Vorhalle im Westen, die um die unteren Teile des Turms gebaut war (Abb. 78). Zunfträume waren ebenfalls in Anbauten untergebracht – im besonderen für Metzger und andere Berufe (vielleicht Goldschmiede), die für die jüdische Religion wichtig waren –, auch ein Ankleideraum, der vom Rabbiner zu anderen Zwecken verwendet werden konnte.

Innen besaß die Synagoge ein Tonnengewölbe mit Durchdringungen und Kreuzgewölben an den Ecken (Abb. 79). Vier oktogonale, gebündelte Pfeiler trugen eine Kuppel mit einer Laterne und rahmten den Almemor ein. Die Heilige Lade stand vor einer kleinen, rechteckigen Nische, die so tief wie die Ostwand dick war; diese bauliche Lösung war üblicher als die außen vorspringende Apsis an westeuropäischen Bauten. Zu den Einrichtungsgegenständen gehörte eine große Chanukkalampe, die etwa 2 Meter breit und 1,60 Meter hoch war und auf einem Steinsockel von etwa 1,30 Meter Höhe stand; solche Gegenstände wurden im 17. Jahrhundert eingeführt. Im Jahre 1923 wurde die Synagoge durch Feuer beschädigt, aber schon 1932 war sie von einem Architekten mit Namen Saposznik wiederhergestellt worden. Der Almemor wurde zu einer einfachen Plattform mit einem niedrigen Metallgeländer und das Fenster über der Heiligen Lade in eine

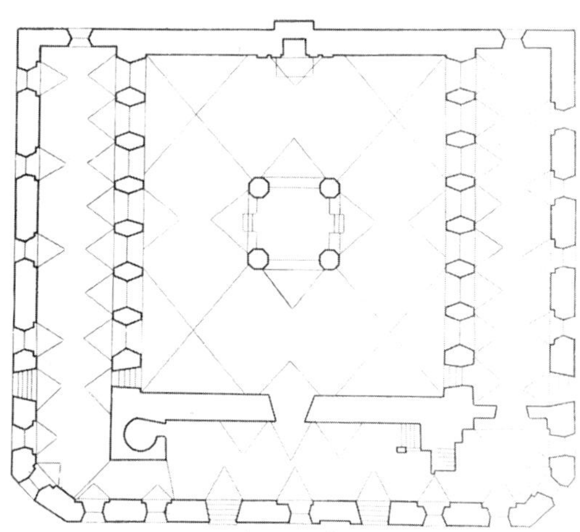

Abb. 78. Pinsk, Grundriß.

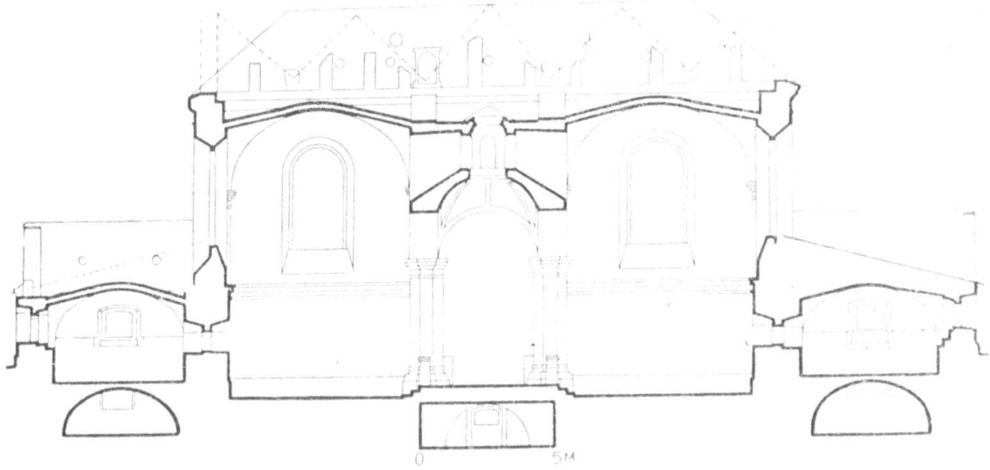

Abb. 79. Pinsk, Schnitt.

runde Öffnung verwandelt. Die Heilige Lade mit ihren beiden übereinanderliegenden Reihen von klassizistischen Säulen und Simsen mit Ranken- und Blattdekorationen, die vier Pfeiler und alle anderen sichtbaren Oberflächen waren mit Ornamenten bemalt, bei denen maurisches Flechtwerk und Renaissancemotive aus verschiedenen Perioden vermischt waren. Alle hatten sie kräftige Farben mit starken Helldunkelkontrasten.

Um die Synagoge herum – und von ihr beherrscht – war eine Nachbarschaft aus bescheidenen Häusern und Lehrbauten. Ähnliche Stadtanlagen konnte man auch an anderen Orten, wie in Kielmy und Ponjewecz, finden. Diese Synagogen und andere Bauten fielen antisemitischen Ausschreitungen und dem Krieg zum Opfer und sind alle zerstört worden.

Abb. 80. Lańcut, 17. Jahrhundert (?) mit Neudekoration aus dem 18. Jahrhundert, Außenansicht, Westseite 1981.

Lańcut

Die Maharschal-Synagoge in Lublin und die Synagoge in Pinsk existieren nicht mehr; es gibt auch keine gut erhaltenen Photographien von ihnen, aber man kann sich vielleicht annähernd eine Vorstellung von diesem Gebäude machen, wenn man eine Synagoge des gleichen Bautyps aus dem 17. oder 18. Jahrhundert betrachtet, die in Lańcut im Südosten Polens noch steht.

Dieser Steinbau, der etwa 18×15 Meter mißt, steht gerade außerhalb der Grenzen der Ländereien des Grafen Potocki, unter dessen Schirmherrschaft die Juden in der Stadt lebten (Abb. 80). Der Bau hat einen einfachen Grundriß mit einer Vorhalle, einem Raum an der Eingangsseite und einem Hauptraum dahinter. Die Frauen saßen auf einer Empore über der Vorhalle, die durch eine Außentreppe erreicht wurde. Die Wände sind innen und außen verputzt.

Geht man mehrere Stufen von der Vorhalle innen hinunter, blickt man in den ungewöhnlich hellen Betsaal (Abb. 81); die Juden fühlten sich vielleicht unter dem Schutz des Grafen sicher genug, um größere Fenster als üblich anzubringen. In der Mitte stehen vier dicke Pfeiler. Das Gewölbesystem ist komplexer, als es in Lublin gewesen war. Die Gewölbe der Synagoge von Łańcut sind nicht einheitlich. Sie ist um den Tabernakel herum in acht Felder geteilt. Vier Felder, die in den vier Himmelsrichtungen liegen, haben Tonnengewölbe, deren Laibung auf dem Tabernakel ruht. Die Eckausschnitte haben Kreuzgewölbe. Bogenbänder trennen die Tonnen- von den Kreuzgewölben. Die Synagoge ist mit Stuckarbeiten und Malereien an den Gewölben wie auch an den Säulenschäften und Kapitellen ausgeschmückt. Gesimse, flache Nischen mit Bogen in den Wänden und ein Ziergiebel neben der Nische für die Heilige Lade sind wahrscheinlich aus Gips, stammen aber möglicherweise aus einer anderen Zeit als die Tabernakeldekoration. Die Synagoge hatte nach ihrer Restaurierung im Jahre 1896 und ihrer neuen Innenausstattung im Jahre 1909/10 einen Zementfußboden und Malereien erhalten, auf denen die Tierkreiszeichen und Musikinstrumente dargestellt waren, die in den Psalmen erwähnt werden. Diese Gemälde wurden von jüdischen Künstlern aus Łańcut und dem nahe gelegenen Reichshof ausgeführt. Das einzige Zeugnis, das wir von der Innenansicht der Synagoge im 18. Jahrhundert besitzen, ist ein Aquarell, auf dem der Raum verzerrt wiedergegeben ist und das nach 1786 von dem polnischen Landschaftsmaler Zygmunt Vogel (alias Ptaschek, 1764–1826) gemalt wurde.

Die Synagoge vermittelt auch heute noch einen ziemlich genauen Eindruck von der räumlichen Anlage einer Tabernakelsynagoge. Die Synagogengemeinde hatte genug Bewegungsraum und Platz für die Stühle nördlich und südlich des Almemors. Dieser wurde dadurch, daß er in der Mitte des Raumes in einer komprimierten Anlage stand, besonders betont, denn er war ein Ehrenbaldachin und ein Bauelement zugleich; ohne den Tabernakel und seine Stützen hätte der Raum nicht so lang und nicht so breit sein können. Der Tabernakel war auf diese Weise mit dem gesamten Bau wie auch mit seinem Kern verbunden. Da der Almemor auf einer erhöhten Plattform stand, wurde jedem seine erhabene Stellung sowohl in wirklicher wie in metaphorischer Hinsicht klar.

Der Synagoge in Łańcut war ein glücklicheres Schicksal beschieden als den Synagogen von

Abb. 81. Łańcut, Innenansicht zur Heiligen Lade 1981.

Lublin, auch wenn die Juden von Łańcut genauso gnadenlos ausgerottet worden sind. Die Synagoge wurde im Zweiten Weltkrieg durch Brand beschädigt, aber bald danach repariert, entweder noch vor der Vernichtung der Juden oder von den Deutschen, die sie als Kornspeicher benutzten. Im Jahre 1956 wollte der Stadtrat das Gebäude abreißen lassen, denn Łańcut hatte keine jüdische Gemeinde mehr, und der Bau befand sich in sehr schlechtem Zustand. Der Arzt Dr. Stanislaw Balicki überredete den Stadtrat, das Gebäude als Museum für jüdische Altertümer zu erhalten und eine Ausstellung zum sechshundertsten Jahrestag der Stadt darin zu veranstalten. Sein Einsatz für die Erhaltung des Baus ist der Erinnerung an ermordete jüdische Freunde zu verdanken sowie seiner Kenntnis der Lokalgeschichte, in der die Juden eine wichtige Rolle gespielt hatten, denn im Jahre 1880 waren 45 Prozent der Łańcuter Bevölkerung Juden. Außerdem war er davon überzeugt, daß das an den Juden begangene Verbrechen für die Nachwelt belegt und offenkundig gemacht werden müßte. Zusammen mit Jan Mical, dem Leiter der Kulturabteilung des Reichshof-Bezirks (Rzeszow), zu dem Łańcut gehört, versuchte er, 200 000 Zloty für die Restaurierung des Gebäudes zu erlangen. Die Regierung gewährte schließlich einen Zuschuß von 124 000 Zloty, um den Bau zu sichern und die Ornamente zu ersetzen. 1981 war der größte Teil der Restaurierungsarbeiten vollendet, und in dem Raum mit sehr schönen Pastellfarben und Dekorationen sollte bald darauf eine Ausstellung jüdischer Objekte eröffnet werden. Die Vorhalle soll jüdische Grabsteine enthalten, die aus den von den Deutschen angelegten Straßen herausgebrochen wurden, die jüdische Grabsteine als Pflastersteine benutzt hatten. Wenn das Gebäude in gutem Zustand erhalten werden kann, wird es weiterhin Zeuge einer soziopolitischen und einer Architekturgeschichte sein, die an anderen Orten so gut wie vergessen ist.

Bibliographie

R. Abramovitch, *The Vanished World*, New York 1947.

M. Balaban, *Bibliografia historii żydów w Polsce . . .*, 1900–1939, Warschau 1939.

M. Balaban, *Bóżnice obronne na wschodnich kresach Rzeczpospolitej. Studia historyczne*, Warschau 1927 (nicht eingesehen, aber der Inhalt ist dem von »Wehrhafte . . .«, siehe unten, ähnlich).

M. Balaban, *Die Judenstadt von Lublin*, Berlin 1919.

M. Balaban, *O warowninych bóżnicach w Polsce*, Warschau 1929 (nicht eingesehen).

M. Balaban, *Skizzen und Studien zur Geschichte der Juden in Polen*, Berlin 1911.

M. Balaban, »Von Ghetto zu Ghetto«, *Menorah*, V, Nr. 6/7 (1927), S. 347–362.

M. Balaban, »Wehrhafte Synagogen in den östlichen Randgebieten der polnischen Republik«, in: *Menorah*, V, Nr. 6/7 (1927), S. 369–376.

M. Balaban, *Zabytki historyczne Żydów w Polsce*, Warschau 1929.

M. Borwicz, *1000 Ans de vie juive en Pologne*, Paris 1956 (wegen der Abbildungen).

Das Buch fun Lublin, Paris 1952 (nicht eingesehen).

D. Davodowicz, *Beth ha-knesset bé be-Polen we-Hurbanim*, Jerusalem 1960.

B. deBreffny, *The Synagogue*, New York 1978, S. 105–128.

L. Dobroszycki und B. Kirshenblatt-Gimblett, *Image Before my Eyes*, New York 1977.

Entsiklopedia schel Galujot, Lublin, Hrsg. M. Blumenthal und M. Korzen, Jerusalem 1957.

Z. Gostynski, *Les pierres racontent*, Paris 1973 (wegen der Abbildungen).

Grotte, *Deutsche*.

Grotte, »Neuere Forschungen über kirchliche Verteidigungsbauten«, in: *Die Denkmalpflege*, XXIII, Nr. 7/8 (8. Juni 1921), S. 56–59.

M. Grünwald, »Was geschieht für die jüdischen Kunstdenkmäler in Polen?«, in: *Menorah*, VIII, Nr. 5/6 (1930), S. 261–263.

A. Heppner und I. Herzberg, *Aus Vergangenheit und Gegenwart der Juden und der jüdischen Gemeinden in den Posener Landen*, Posen 1904–1908.

B. Hoffman (Hrsg.), *Tojsnt Jor Pinsk; geschichte fun der schtot, der jidischer jischew*, New York 1941 (jiddisch und englisch).

P. Juckoff-Skopau, *Architektonischer Atlas von Polen (Kongreß-Polen)*, Berlin 1921 (Beiträge zur polnischen Landeskunde, Reihe B, Band 8).

A. Kubiak, Żydowska architektura zabytkowa w Polsce III«, in: *Biuletyn Żydowski Instytut Historyczny*, 1953, Nr. 6–7, S. 122–171, Nr. 8, S. 73–96.

G. K. Lukomski, *Jewish Art in European Synagogues*, London 1947, und Artikel, die dem Buch in *Journal of the Royal Institute of British Architects*, 1935, *Burlington Magazine*, 1935, *Revue de l'art ancien et moderne*, 1937, usw. entnommen wurden. (Anmerkung der Autorin: Die Texte sind voll Irrtümer; diese Veröffentlichungen sollten hauptsächlich wegen der Abbildungen benutzt werden, obwohl auch manche von ihnen falsch bezeichnet sind.)

Piechotka, S. 9–34.

B. Postal und S. Abramson, *The Traveler's Guide to Jewish Landmarks in Europe*, New York 1971.

H. Schultze, »Zwei jüdische Kultbauten in Polen«, in: *Zentralblatt der Bauverwaltung*, XL (Nov. 1920), S. 557–560, und Brief von A. Grotte, S. 615.

A. Shulman, *The Old Country*, New York 1974 (wegen der Abbildungen).

A. Szyszko-Bohusz, »Materialny do architektury bóżnici w Polsce«, in: *Prace komisji Historii Sztuki*, IV, Nr. 1 (1927), S. 1–25.

N. Tamir (Hrsg.), *Pinsk. Sefer edut we-Zikkaron le-Kehilot Pinsk-Karlin*, Tel Aviv 1966–1973 (hebräisch und jiddisch, nicht eingesehen).

W. Tatarkiewicz, »Typ lubelski i typ kaliski w architektur ze koscielnej XVII wieku«, in: *Prace komisji Historiji Sztuki*, VII, Nr. 1 (1927), S. 23–60.

E. Vinecour und C. Fishman, *Polish Jews. The Final Chapter*, New York 1977.

M. Walzer und N. Kudish, *Łańcut. Hajeha we-Hurbana schel kehila Jehudit*, Tel Aviv 1963 (hebräisch, jiddisch und englisch).

R. Wischnitzer, *Architecture*, S. 107–124.

R. Wischnitzer, »Mutual Influences between Eastern and Western Synagogue Architecture from the 12th to the 18th Century«, in: *YIVO Annual of*

Jewish Social Science II–III (1947/48), S. 25–68, nachgedruckt in J. Gutmann (Hrsg.), *The Synagogue*, New York 1975.

R. Wischnitzer, »Starynnaja sinagoga w Lutzke«, in: *Nowy Woschod*, Januar 1913, S. 47–54.

R. Wischnitzer, »Synagogen im ehemaligen Königreich Polen«, in: S. J. Agnon und A. Eliasberg (Hrsg.), *Das Buch von den polnischen Juden*, Berlin 1916, S. 89–105.

S. Wojcischowski, »Gmina żydowska w Lublinie w XVI w.«, in: *Biuletyn Żydowski Instytut Historyczny* 2 (4), Warschau 1952, S. 204–230.

Zabytki sztuki w Polsce, Inwentarz Topograficzny, Bd. 1, Teil 1, Warschau 1939.

S. Zajczyk, »Architektura barokowych bóżnic murowanych w Polsce«, in: *Biuletyn Naukowy. Zaklad Architektury Polskiej i Historii Sztuki Politechniki Warszawskiej*, Juni 1933, S. 186–195.

Lemberg

In Lemberg, einem der größten jüdischen Zentren Osteuropas, hatten seit dem 14. Jahrhundert Juden unter dem Schutz der polnischen Krone gelebt. Im Jahre 1387 wird in einem Dokument eine Judenstraße innerhalb der Stadtmauern erwähnt, und 1352 existierte eine jüdische Ansiedlung in der Krakau genannten Vorstadt. In dieser gab es bis 1457 auch eine Siedlung von Karäern. Die Stadt- und die Vorstadtgemeinden hatten getrennte Synagogen, Kult- und Wohltätigkeitseinrichtungen.

Die Lemberger Juden litten im späten Mittelalter und der frühen Renaissance persönlich und in ihren Geschäften unter ständigen Schikanen, aber bis zur Mitte des 16. Jahrhunderts sahen die Könige, welche die jüdische Kompetenz in Handel und Geschäften zu schätzen wußten, absichtlich darüber hinweg, wenn Synagogen neu erbaut oder erweitert wurden. Mitte des 16. Jahrhunderts gab die polnische Krone jedoch dem Ersuchen der römisch-katholischen Kirchenbehörde nach, welche die Zahl der Synagogen gemäß den Regeln des kanonischen Rechts einzuschränken wünschte. Den Juden war trotzdem nach kanonischem wie nach staatlichem Recht erlaubt, beschädigte Synagogen zu reparieren, daher bauten sie die Alte (oder Große) Synagoge innerhalb der Stadtmauern um 1580 wieder auf, nachdem sie 1571 abgebrannt war.

Die Taz-Synagoge

Besonders wichtigen Juden wurde manchmal die Erlaubnis gegeben, private (eher als Gemeinde-) Synagogen zu bauen. Aufgrund ihrer Privilegien waren sie von den Gesetzen von 1571 nicht betroffen, nach denen Juden, die, für welchen Zweck auch immer, Land erwarben, im Falle einer notwendigen Stadtverteidigung gezwungen werden konnten, dieses abzugeben. Das Privileg begünstigte zum Beispiel Isaak Nachmanowitz, einen Finanzier des Königs, der ihm im Jahre 1581 gestattete, von der Stadt ein Grundstück zu erwerben, das von den Stadtbeamten nicht beschlagnahmt werden konnte. Isaak gelang es jedoch nicht, die Zustimmung des Erzbischofs für den Bau der Privatsynagoge zu erhalten, den er aber trotzdem im Jahre 1582 vollendete (Abb. 82, 83). Das reizte die Jesuiten um so mehr, und sie enteigneten den »illegalen« Bau eine Generation später.

Isaak hatte angeblich einen Schweizer Architekten, Paolo Romano aus Chiamut in Graubünden, beauftragt, welcher damals Profan- und Kultbauten in Lemberg errichtete und für einen Juden gearbeitet haben mag, der enge Verbindungen zur Krone besaß. Isaak war außerdem Präsident des Rates für die Vier Länder. Die Synagoge war allgemein unter seinem Namen bekannt, wurde aber später Taz-Synagoge genannt, nach der Abhandlung *Turei Sahav* des Talmudgelehrten David ben Samuel Halevi aus dem 17. Jahrhundert. Manchmal wird sie auch die Goldene Rosen-Synagoge genannt nach einer von Isaaks Töchtern, Rose, die, einer Legende zufolge, den Bau vor der Enteignung bewahrt haben soll.

Dieses Bauwerk aus Stein erwies sich in mancher Hinsicht als typisch, in anderer Hinsicht jedoch als einmalig. Wie viele Synagogen hatte es zunächst nur einen einzigen, teilweise versenkten Raum für die Männer und keinen Frauenbereich. Es hatte dicke Mauern, und die Fenster waren hoch oben eingesetzt. Der Stil seiner Dekorationen entsprach dem anderer Profan- und Kultbauten seiner Zeit. Ungewöhnlich war es insofern, als Anbau und Hauptbau hintereinander lagen, vielleicht deshalb, weil das Grundstück es verlangte. Seine ungewöhnliche, fast quadratische Form mag gewählt worden sein,

Abb. 82. Lemberg, Taz-Synagoge, 1582, Grundriß.

Abb. 83. Lemberg, Taz-Synagoge, Querschnitt mit Ostteil.

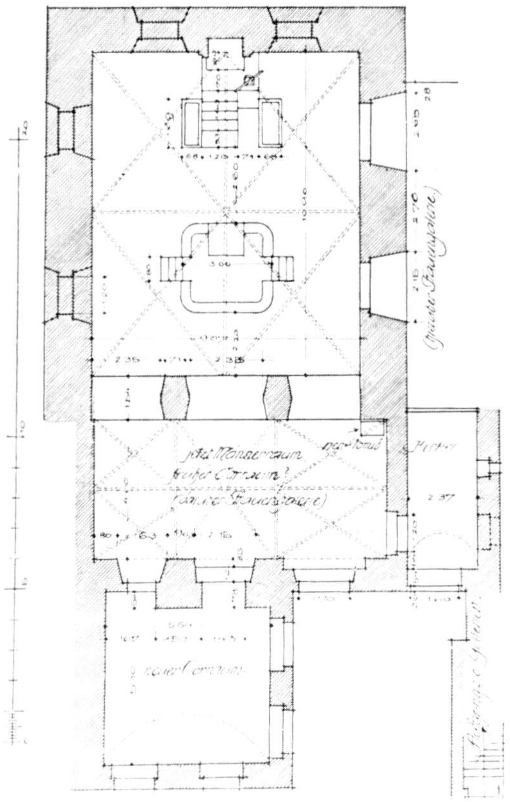

weil der Architekt den Vorstellungen der Renaissance folgte, nach denen Kultbauten einen zentralen Grundriß haben sollten, aber dieser ist kein vollkommenes Quadrat. Auch ist nicht anzunehmen, daß ein christlicher Architekt einen Bau für die Juden entworfen hätte, der den für den Kirchenbau angeblich idealen Formen entsprach. Die Juden wünschten wahrscheinlich eine bauliche Gestaltung, welche die enge Gemeinschaft der Gemeinde förderte, und keinen hierarchisch wirkenden, langgezogenen Grundriß. Das Ergebnis hing teilweise davon ab, ob der Architekt fähig war, einen weiten Raum mit einem Gewölbe zu überspannen.

Der Hauptraum maß 10,90×9,70 Meter und war von vier Kreuzgewölben überdeckt. In den achtziger Jahren des 16. Jahrhunderts waren Kreuzrippengewölbe eine konservative Bauweise und wurden vielleicht verwendet, weil die Maurer am Ort nicht genügend Kenntnisse besaßen, um eine modernere Bautechnik ausführen zu können, weil der Architekt nicht unbedingt wollte, daß der jüdische Bau den damals neuen christlichen Gebäuden glich, oder weil die Auftraggeber selber eine konservative Bauweise bevorzugten. Der Almemor stand in Isaaks Synagoge nicht unter dem Scheitel des Gewölbes, sondern war leicht nach Westen versetzt und von einem kunstvollen schmiedeeisernen Gitter umgeben, das mit aufgerichteten Löwen geschmückt war. Die Heilige Lade glich einem Renaissancealtar mit Ziergiebel oder Ädikula. Die Säulen und der enge Bogen um die Türen zur Heiligen Lade waren ursprünglich oder bei späteren Restaurierungen mit Ornamenten ausgestattet worden, die vielleicht in den Stuck geschnitten waren. Renaissancemotive erschienen auch an den Kragsteinen unter den Gewölben und an der Holztäfelung (wahrscheinlich eine spätere Beigabe), die am unteren Teil der Wände angebracht worden war.

Nur der Hauptbetsaal verblieb in seinem ursprünglichen Zustand. 1587 kauften Isaak und seine Frau ein weiteres Stück Land, auf dem ihr Sohn Mordechai einen Anbau errichtete, um einen frei zugänglichen Eingang zu schaffen, denn die ehemalige Eingangstür war von einem Privathaus verstellt. Unter Mordechai und auch später wurde der ursprüngliche Eingang in ei-

Abb. 84. Lemberg, Taz-Synagoge, Anbau zum Männerbetsaal.

nen Raum von 5,10 × 4,60 Meter umgewandelt, der zusätzliche Sitzplätze für die Männer und eine Frauenempore darüber enthielt (Abb. 84). Dieser neue Raum scheint die architektonische Anlage des ursprünglichen Eingangs verändert zu haben. Eine weitere Frauenempore wurde an der Südseite des Hauptbetsaals neben einem Raum errichtet, der als Gefängnis diente. Ein neuer, tunnelartiger Korridor mit Stufen führte zu den Frauenemporen.

Das Gebäude wurde mehrmals renoviert: im Jahre 1611 nach einer vorübergehenden Enteignung durch die Jesuiten, erneut nach einem Pogrom und der damit zusammenhängenden Verwüstung im Jahre 1664, vermutlich im 18. und 19. Jahrhundert und in unserem Jahrhundert nach der Plünderung durch die Russen und einem Pogrom kurz nach dem Waffenstillstand im November 1918. Zu verschiedenen Zeiten wurden Kronleuchter, Wandleuchter mit gehämmerten Metallreflektoren (einer mit einer menschlichen Figur in Relief) und gemalte Votivtafeln im Hauptraum angebracht, und in der Vorhalle wurde in einer hölzernen Nische ein Ewiges Licht aufgestellt. Die Heilige Lade wurde kurz vor 1933 restauriert und neu vergoldet.

Um diese Synagoge entstand im Lauf der Jahre ein ganzes Synagogenzentrum. In einer einzigen Straße befanden sich die Isaak-Nachmanowitz-Synagoge, die Große Synagoge, die etwa von 1580 stammte (1797 abgerissen, 1801 wiederaufgebaut) und einen zentralen Vier-Pfeiler-Grundriß hatte, die Synagoge der Schneider, das Lehrhaus, die Gemeindeschule und das Bad für rituelle Waschungen. Das überfüllte Ghetto blieb aufgrund eines offiziellen Erlasses bis 1867 erhalten, als die galizischen Juden endlich Grundbesitz haben und leben durften, wo sie wollten; ein Teil dieses Komplexes wurde im Jahre 1907 abgerissen.

Die Vorstadt-Synagoge

Ein Feuer zerstörte die alte Synagoge von 1623 in der Vorstadt Krakau, die außerhalb der Stadtmauern lag. Im Jahre 1624 trafen die Juden eine

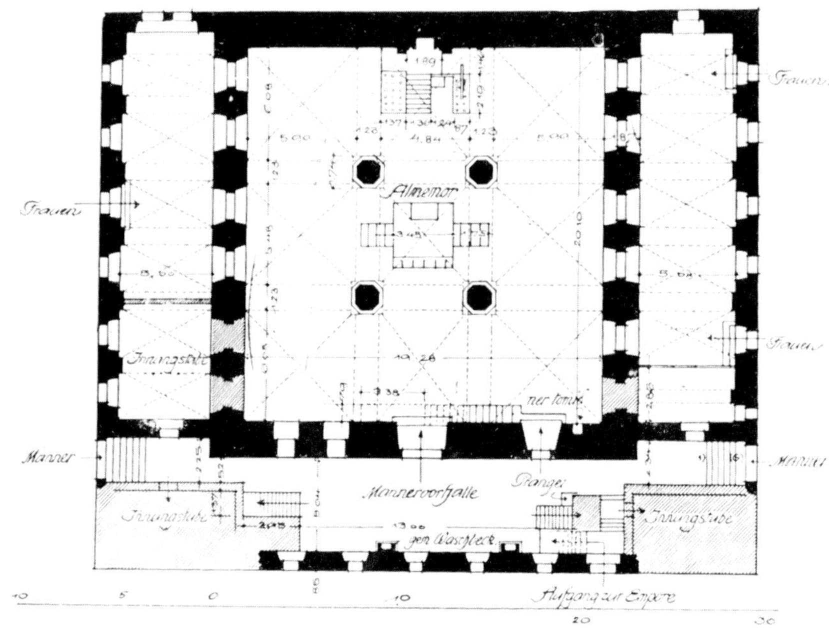

Abb. 85. Lemberg, Vorstadt-Synagoge, 1632–1633, Grundriß.

Vereinbarung mit dem Stadtrat, in der die Bauweise und der Platz der Ersatzsynagoge festgelegt wurden, die 1632/33 errichtet wurde. Diese Steinsynagoge besaß eine Vorhalle im Westen, die ein oder zwei Stufen über dem Hauptraum mit den Maßen ca. 19,30 × 20,10 × 19,20 Meter lag. Dieser hatte einen Grundriß mit neun Gewölbefeldern, von vier oktogonalen Pfeilern getragen, die mehr als einen Meter dick waren und das Mittelfeld begrenzten (Abb. 85). Die

Abb. 86. Lemberg, Vorstadt-Synagoge, Innenansicht zur westlichen Chorempore.

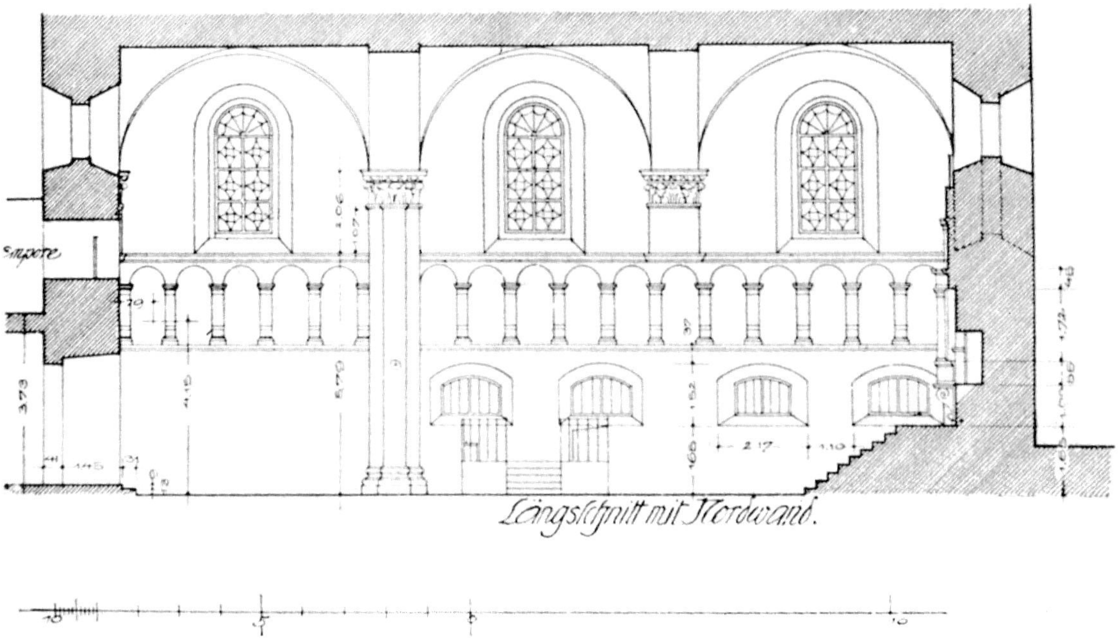

Abb. 87. Lemberg, Vorstadt-Synagoge, Längsschnitt mit Nordwand.

Pfeiler standen weiter auseinander als die in Lublin, Lańcut und Pinsk. Anbauten für die Frauen wurden später im Norden und Süden hinzugefügt. Die Vorhalle im Westen enthielt eine Treppe, einen Pranger und Zunfträume.

Innen an der West-(Eingangs-)Wand des Hauptraumes erhob sich eine Empore für einen Knabenchor in Höhe von 4,15 Meter, zu der fünfzehn Stufen hinaufführten (Abb. 86). Dies war eine der ungewöhnlichen Einrichtungen des Gebäudes, eine andere war der Pranger an der Ostwand der Vorhalle. Typisch für Ostgalizien waren das Ewige Licht in einer geschlossenen Nische an der Westwand des Hauptraumes und die Reihe ornamentaler Bogen unter den Fenstern (Abb. 87).

Die größte Wirkung ging jedoch von dem beeindruckenden zentralen Bereich des Raumes aus. Im Mittelfeld ließen die vier oktogonalen Pfeiler zwar das Licht durch, rahmten aber dennoch den Almemor ein. Da dieser nicht von einem Tabernakel umschlossen war, konnte er eine der Tradition entsprechende Plattform haben, die von einem schmiedeeisernen Almemorgitter umgeben war. Die Pfeiler trugen die Kreuzgewölbe, die durch flache Bogen unterteilt waren.

Der rechteckige Bau hatte dicke Mauern und außen glatte, weißgetünchte Wände, so daß er solide und kräftig wirkte. Vielleicht war das Gebäude zu irgendeinem Zeitpunkt befestigt gewesen.

Die Synagogengemeinde veränderte im Lauf der Zeit das Innere und die Einrichtung. Die Fenster sind vermutlich in einer friedlichen Zeit vergrößert worden, als Befestigungsanlagen und enge Fenster als nicht notwendig erschienen. Das Ewige Licht ist wohl ursprünglich im 17. Jahrhundert eingesetzt worden, wurde aber teilweise zerstört, vielleicht im Jahre 1664. 1844 versuchte ein Reformrabbiner, Abraham Kohn, Neuerungen in einer Gemeinde durchzusetzen, deren Mitglieder sich damals an die deutsche Kultur anpaßten. Tatsächlich wurde eigens eine Reformsynagoge gebaut und im Jahre 1846 eingeweiht. Kohns Einfluß dauerte aber nur vier Jahre, denn er wurde im Jahre 1848 von einem Traditionalisten ermordet. Entweder unter Kohn oder später wurden neue Holzbänke angeschafft, die dem Innenraum ein formelleres Aussehen gaben und ihn ruhiger machten, da das Geräusch von hin- und hergeschobenen Stühlen und Lesepulten wegfiel.

Die jüdische Bevölkerung in Lemberg wuchs unter der österreichischen Herrschaft (1772–1914), als es Hauptstadt des österreichischen Teils von Galizien war. Die Synagoge mußte aber nicht erweitert oder ersetzt werden, da die Große Synagoge innerhalb der Stadtmauern schon im Jahre 1801 vergrößert worden war. Außerdem waren einige der Neuankömmlinge in der Stadt chassidische Juden, die ihr eigenes *Schtibl* im Jahre 1820 einrichteten und 1838 sechs weitere Beträume hatten. Im Jahre 1869 gab es vierzehn Synagogen und achtzig Beträume in der Stadt.

Als Lemberg nach dem Ersten Weltkrieg wieder an Polen fiel, brach ein mörderischer Aufstand gegen die Juden aus. Im November 1918 wurde die Große Synagoge in Brand gesetzt und die Vorstadtsynagoge geplündert. Letztere war der einzige jüdische Bau, der im gesamten Viertel stehenblieb. Die Gemeinde aber überstand die Unbilden und vermehrte sich, bis sie – im Jahre 1939 – 109 500 Seelen zählte. Zwischen März 1942 und Januar 1943 wurden dort annähernd 97 000 Juden umgebracht oder in Arbeits- und Konzentrationslager verschleppt. Von den Deportierten sollen nur 150 überlebt haben.

Die Synagogen verschwanden mit der Bevölkerung, und im Jahre 1959 schloß die Regierung der Ukraine, der die Stadt Lemberg nach 1945 unterstand, eine Synagoge, die von Heimkehrern und Flüchtlingen nach dem Zweiten Weltkrieg eingerichtet worden war. Die Miliz trieb sogar das private Minjan (Quorum) im Jahre 1969 auseinander, und so blieb wenig von der einst so lebendigen jüdischen Bevölkerung in Lemberg übrig. Auf dem Grundstück der Taz-Synagoge befindet sich jetzt ein Spielplatz.

Bibliographie

AJYb, 1919/20 (1919), S. 252–253.
M. Balaban, *Historia lwowskiej synagogi postepowej* (nicht eingesehen).
M. Balaban, *Skizzen und Studien zur Geschichte der Juden in Polen*, Berlin 1911.
M. Balaban, »Von Ghetto zu Ghetto«, in: *Menorah*, V, Nr. 6/7 (1927), S. 347–352.
M. Balaban, »Wehrhafte Synagogen in den östlichen Randgebieten der polnischen Republik«, in: *Menorah*, V, Nr. 6/7 (1927), S. 369–376, bes. S. 372–373.
M. Balaban, *Żydzí Lwowscy na prelomie XVI i XVII wieku*, Lemberg 1906 (Monografie z Historyi żydów w Polsce, 3).
»Ben Ami«, *Between Hammer and Sickle*, Philadelphia 1967, S. 60–67.
M. Borwicz, *1000 ans de vie juive en Pologne*, Paris 1956, S. 183, 201.
S. Buber, *Ansche Schem*, Krakau 1895, Nachdruck Jerusalem 1967/68, S. 9–22 (hebräisch).
J. Caro, *Geschichte der Juden in Lemberg von den ältesten Zeiten bis zur Theilung Polens im Jahre 1792*, Krakau 1894.
B. deBreffny, *The Synagogue*, New York 1978, S. 114–118.
S. Dubnow, *History of the Jews in Russia and Poland*, Bd. 1, Philadelphia 1916.
Encyclopedia Judaica, 1971, jeweilige Orte.
Entsiklopedia schel Galujot, L'wow, Hrsg. N. M. Gelber, Teil 1, Jerusalem 1956.
Grotte, *Deutsche*.
Jewish Encyclopedia, unter dem jeweiligen Ort.
Jüdisches Lexikon, unter dem jeweiligen Ort.
M. Lowenthal, *A World Passed by*, New York 1933, S. 364–367 (darin einige falsche Informationen und Legendenstoff).
Y. L. Hacohen Maimon (Fishman) (Hrsg.), *Arim waimahat bé 'Jisrael*, Bd. 1, Jerusalem o. D., bes. Bibliographie auf S. 342–344.
R. Wischnitzer, *Architecture*, S. 109, 117, 120, 141.

Petersburg (Leningrad) und Moskau

Die Geschichte der Großen Synagogen von Petersburg und Moskau verdeutlicht die Stellung der reichsten und privilegiertesten Juden im zaristischen Rußland.

Petersburg (Leningrad)

Die Petersburger Juden waren im Jahre 1846 noch nicht organisiert, weil sie in der Hauptstadt starken Wohnbeschränkungen unterlagen. Drei im Jahre 1859 erwähnte Synagogen befanden sich wahrscheinlich in Kasernen. L. M. Rothschild erwähnte, daß sich im Jahre 1856 eine Synagoge in allen vier Kasernen befände. Als im Jahre 1868 bestimmte jüdische Klassen das Recht erhielten, in der Stadt zu leben, wurde endlich eine offizielle Synagoge eingerichtet. Fünf weitere Betplätze haben zu jener Zeit bestanden. Etwa eintausend Juden wurde dieses Recht gewährt, weil sie für große Geschäfte, für Bankangelegenheiten und beim Eisenbahnbau wichtig waren; sie hielten ihren Gottesdienst in einem Gebäude an der Kleinen Löwenbrücke ab, das im Jahre 1865 eröffnet worden war. Ärmere Juden wie pensionierte Soldaten, kleine Geschäftsleute und solche, die illegal in der Stadt wohnten, trafen sich privat zum Gebet. Nach und nach wurde den gesetzlich zugelassenen Einwohnern das Privileg gewährt, einen Gemeinderabbiner und eine Gemeindeverwaltung zu haben und Neujahrsgottesdienste abzuhalten.

Im Jahre 1869, als Zar Alexander II. den Juden noch wohlgesonnen war (teilweise, weil er sie kulturell zu assimilieren trachtete), gab er ihnen die Erlaubnis, eine Synagoge zu bauen, in der alle legalen jüdischen Einwohner, sowohl zeitweilige wie ständige, die damals etwa fünftausend zählten, Platz finden sollten. Dies mag die Synagoge sein, die etwa aus den siebziger Jahren stammt und jetzt noch am Grundstücksende der heutigen Hauptsynagoge steht. Hinter einem Eisengitter aus dem späten 19. Jahrhundert erhebt sich eine dreiteilige Fassade aus Ziegelsteinen, die drei Stockwerke hoch und hauptsächlich mit Spitzbogen über den Fenstern und der Tür des Erdgeschosses geschmückt ist sowie ein schweres Karnies trägt, das dem der Stockholmer Synagoge gleicht (siehe Abb. 237). Die Mitte des Gebäudes über dem Hauptschiff fällt in einer Rundung zu den Seitenschiffen ab. Die Fenster in den oberen Stockwerken lassen erkennen, daß die Synagoge innen ein mit Emporen versehener Kastenbau ist; Eisenpfeiler tragen die Emporen.

Nach Aussagen von Wladimir Stassow, einem berühmten Kunstkritiker, der den Juden wohlgesonnen war, besaß die Gemeinde weder das Grundstück noch genug Geld, um eine monumentale Synagoge bauen zu können. Hätten die reichen Juden es jedoch gewollt, wären sicher ihre Mittel allein ausreichend gewesen, um eine Synagoge zu bauen. Die Tatsache, daß die Gemeinde sich ein paar Jahre später ein größeres neues Gebäude leistete, beweist dies. Ein Grundstück konnte immer gefunden werden, wenn es die Regierung wirklich ernsthaft versuchte. Die Wahrheit ist vielleicht, daß sie nicht sehr kooperativ war und daß die Juden sich untereinander nicht einig waren. Stassow konnte sicherlich in einer jüdischen Zeitschrift, die der staatlichen Zensur unterlag, nicht über solche Dinge schreiben.

1873 war es soweit; Regierung und Juden hatten sich auf ein Grundstück in der Lermontow-Straße für den Bau einer Synagoge geeinigt, aber fünf weitere Jahre vergingen, bevor die Gemeinde die Erlaubnis erhielt, das Grundstück zu erwerben. Das geschah aufgrund der Bemühungen des Barons Horaz Günzburg und anderer reicher Juden, die Geld zum Bau der Synagoge gaben. Eine Bedingung war an den Landkauf geknüpft: daß das Grundstück mindestens siebenhundert Schritt von der nächsten Kirche entfernt lag. Eine viel folgenschwerere war, daß alle anderen Synagogen geschlossen werden sollten, aber die Kapazität des neuen Gebäudes, die je nach Bericht bei 1200 oder 2000 Personen lag, konnte keineswegs für alle Juden der Stadt ausreichen. Wiederum war es dem Baron Günzburg zu verdanken, daß kleine Synagogen in den Stadtteilen weiterhin bestehenblieben, wenn auch nicht offiziell, so doch mit dem stillschweigenden Einverständnis der Obrigkeit, die sich nicht an die Bestimmungen hielt, nach denen die Juden an möglichst wenigen Orten konzentriert sein sollten, um sie besser überwachen zu können. Die Regierung hatte auch ein finanzielles Interesse daran, die Synagogen zu beschränken, denn religiöse Gebäude waren von der Steuer befreit. Strenge Beamte versuchten zu verhindern, daß Häuser oder gar Gasthöfe zum Gebet benutzt wurden.

Die neue Petersburger Synagoge sollte ein ehrwürdiges Bauwerk werden, aber wie üblich fiel die Entscheidung schwer, wie jüdische Architektur eigentlich auszusehen hatte. Nur wenige Vorbilder waren in Rußland vorhanden. Die Synagoge von Odessa war eine seltsame Mischung aus neoromanischen und anderen Stilformen; die Synagoge in der Tlomazka-Straße in Warschau war ein Neorenaissance-Bau; und nur wenige der übrigen großen Synagogen für den wohlhabenden Mittelstand waren in Osteuropa 1878 schon errichtet worden.

Stassow beeinflußte anscheinend die Juden am Ort durch seinen Artikel, der wahrscheinlich in den siebziger Jahren geschrieben und diskutiert worden war, aber erst 1889 veröffentlicht wurde. Da sein Ziel war, daß Kunst Ausdruck nationaler Identität sein sollte, und er meinte, die Juden bildeten eine Nation, die sich von der der russischen Christen unterschied, versuchte er, sich eine Vorstellung von »jüdischer« Kunst zu machen. Er kam zu dem Schluß, man könne byzantinische Ornamente in Synagogen benutzen, weil die frühen Christen im östlichen Mittelmeerraum viel von der alten jüdischen Architektur gelernt hätten. Maurische Architektur könne jedoch geeigneter sein, da die Araber den Juden näherständen. Er glaubte, daß der arabisch-jüdische Kulturaustausch die maurischen Bauten aus der Gesamtheit der islamischen Kunst herausgehoben habe, und verwies auf die zwei mittelalterlichen Synagogen in Toledo als Zeugen einer solchen Verbindung (siehe Abb. 181, 184). Er kam zu diesem Schluß wohl deshalb, weil ihm zwar Abbildungen der schönen spanischen Bauten zur Verfügung standen, aber keinerlei Ansichten alter jüdischer Architektur.

Trotz Stassows begrenzten Möglichkeiten waren seine Vorstellungen historisch von Bedeutung, denn er verband die Verwendung von maurischer Architektur in modernen Synagogen mit den *jüdischen* Bauten des mittelalterlichen Spanien. Seine Bemerkungen über die Gebäude einer einst privilegierten jüdischen Elite, deren Kompetenz in Finanz und Handel in einem christlichen Land wichtig gewesen war, wurden sicher mit großem Interesse von russischen Juden gelesen, die sich in der gleichen Lage befanden.

Stassow war zu realistisch, um einen Bau zu empfehlen, der die Kopie einer mittelalterlichen spanischen Synagoge gewesen wäre. Statt dessen suchte er seine Vorbilder unter den Synagogen des 19. Jahrhunderts, die in westlichen Städten im maurischen Stil gebaut worden waren, wie in Leipzig (1855) und Berlin (1866). Die deutschen Vorbilder waren besonders in den Jahren des Dreikaiserbündnisses (1872 bzw. 1881–1886 zwischen Rußland, Österreich-Ungarn und Deutschland) und des »Rückversicherungsvertrags« (1887–1890 zwischen Rußland und Deutschland) passend. Die Synagoge in der Oranienburger Straße in Berlin beeindruckte Stassow mehr als alle anderen, er hielt ihren Innenraum für einen der schönsten Entwürfe des Jahrhunderts (siehe Abb. 122, 124). Das Äußere begeisterte ihn nicht so sehr, weil er meinte, es gliche zu sehr einem Wohnhaus mit einer Kuppel obendrauf. Er widmete dieser Synagoge drei Seiten und leitete die Aufmerksamkeit seiner Leser auf die Schönheiten eines Kuppelbaus mit maurischen und anderen islamischen Ornamenten.

Stassows Ruf und die Sicherheit, die man sich versprechen konnte, wenn man der Empfehlung eines bekannten Christen folgte, waren für die Gemeinde überzeugende Argumente. So akzeptierte sie einen orientalisch ausgerichteten Entwurf, der zwischen 1879 und 1883 von Iwan I. Schaposchnikow von der Kunstakademie und seinem Assistenten Lew I. Bachman, dem ersten Juden, dem Zugang zu dieser Schule gewährt worden war, ausgeführt wurde (Abb. 88, 89). Der Entwurf entsprach den Vorstellungen des wohlhabenden gehobenen Mittelstands, der sich, wie Angehörige des gleichen Standes in Berlin und Wien, trotz unterschwelliger rechtlicher Beschränkungen zunehmend sicherer fühlte und dieses Vertrauen ausdrücken wollte, indem er einen besonderen Stil beim Synagogenbau anwendete. Die neue Synagoge besaß auch Elemente, die an farbenfrohe spätbyzantinische Architektur erinnerten, und diese Stilform konnten die Juden mit der damaligen russisch-nationalen, romantischen Strömung in der Architektur verbinden und damit unterstellen, daß auch die Juden Teil der Nation im weitesten Sinne waren. Es ist jedoch kaum anzunehmen, daß die brüderlichen Gefühle zwischen Christen und Juden mit einem merkwürdigen deutsch-islamisch beeinflußten Bau verstärkt werden konnten, wie gut die Absichten von Stassow und den Architekten auch gewesen sein mögen.

Die Petersburger Synagoge hat einen überkuppelten Mittelbau und zwei niedrigere, vorspringende Flügel. Der mittlere Teil der Fassade gleicht einer islamischen Toreinfahrt mit einer mit Pfeilern versehenen Öffnung in der Mitte und Türmchen, die von den beiden Enden des Karnies aufsteigen. Der Kreuz-im-Quadrat-Grundriß des Innenraums ist aus byzantinischer und islamischer Architektur bekannt; Rachel Wischnitzer gab die Schulmoschee als einen solchen Bautyp an. Die mit Rundstäben verzierte Kuppel sitzt auf einem Tambour mit abgeschrägten Ecken; sie war von einer Moschee in Kairo aus der Mameluckenperiode inspiriert. Keines dieser Bauelemente war an den spanischen mittelalterlichen Synagogen zu finden, aber da jüdische und islamische Architektur angeblich eng verwandt waren, meinten die Architekten, sie könnten ohne weiteres Merkmale aller islamischen Bauten kopieren.

Das Äußere der Synagoge besteht aus cremefarbenen, mit Stuckarbeiten verzierten Mauern über einem Natursteinfundament. Die Mauern sind abgeschrägt, haben gemeißelte Kapitelle und Simse, die nur zur Dekoration dienen oder wie Bauelemente wirken sollen. Fenster- und Türöffnungen sind unterschiedlich, mit Pfeilern versehen, lanzettförmig, bogen-, kreisförmig oder rechteckig. Der Innenraum, eine Emporenbasilika, hat Parkettfußboden in der Vorhalle, eine Apsis mit dem Thoraschrein, der unter einer Kuppel steht, und eine Kassettendecke mit verschlungenen Mustern im Hauptschiff. Der Innenraum wäre kunstvoller ausgearbeitet worden, aber die Obrigkeit verlangte, daß der Entwurf verändert werde. Es gelang der Synagogengemeinde, einen fast quadratischen Hochzeitsraum einzurichten, der reich mit islamischen Kapitellen in Blau und Gold geschmückt ist und einen Mosaikfußboden mit Pflanzenornamenten hat.

Auch wenn die wohlhabenden Juden, welche die Synagoge gestiftet hatten, für den russischen Handel wichtig waren, wurde der Bau von feindlich gesinnten Beamten aufgehalten. Er wurde in den achtziger Jahren begonnen und erst im Jahre 1893 eingeweiht. Zu jener Zeit gab es offiziell 15 000 Juden in der Stadt, eine Zahl, welche die Kapazität der Synagoge weit überstieg.

1905 hob die Regierung unter dem Druck der vor kurzem gegründeten Oppositionsparteien Wohnbeschränkungen auf. In jenem Jahr gab es in dem Moskauer und dem Simion-Bezirk der Stadt Synagogen, in vier anderen Stadtteilen Bethäuser. Im Jahre 1909 wurde den Chassiden gestattet, eine eigene Synagoge zu bauen, und die erste Reformsynagogengemeinde (mit Sonntagsgottesdiensten!) wurde gegründet.

Zwei Jahre später weihte die Gemeinde die am Jüdischen Friedhof errichtete Synagoge ein; sie wird heute lediglich als imposante Begräbniskapelle benutzt und ersetzte die frühere, kleinere Aussegnungshalle im französisch-gotischen Stil des 14. Jahrhunderts. Der jüdische Architekt I. G. Gevirts führte den Entwurf für das neue Gebäude aus; er hatte schon zwei Bethäuser, die Verwaltungsgebäude des Friedhofs und Familiengrabmäler gebaut. Im Grundriß ist die Synagoge eine längere Version der Synagoge von 1893. Ihr Aufriß ist einfacher, geometrischer und moderner. Eine glatte, grüne, leicht zugespitzte Flachkuppel sitzt auf einem quadratischen, mit blinden Bogen und Fensterschlitzen versehenen, gelbbraunen Tambour über einer massiven Fassade. Graue Steinblöcke rahmen einen von leichteren Steinen umgebenen flachen Spitzbogen ein. An den Seitenmau-

Abb. 88. Petersburg, 1880–1893, Außenansicht 1969.

Abb. 89. Petersburg, 1880–1893, Innenansicht mit Bereich der Heiligen Lade.

ern der zurückgesetzten Flügel verlaufen Blendarkaden. Niedrige Mauern schließen einen mit Arkaden versehenen Vorhof ein, in dem hebräische Inschriften über Spitzbogen angebracht sind, die auf schlanken, kurzen Säulen mit islamischen Kapitellen ruhen. Der vordere Toreingang hat massive, geradlinige und abgestufte Türpfosten, wodurch der Eindruck gewichtiger geometrischer Formen noch verstärkt wird. Ein schwacher Anklang an ehrwürdige Grabstätten im Heiligen Land oder sogar an assyrische Ruinen ist vorhanden. Vergleichbar vereinfachte nahöstliche Formen wurden in jener Zeit und kurz danach bei Synagogenentwürfen an anderen Orten verwendet, etwa in Sarajevo und in Augsburg, und in den von Siegfried und David Jonas sowie von Béla Lajta für Budapest entworfenen Projekten.

Moskau

Bevor der relativ humane Alexander II. im Jahre 1855 Zar aller Reußen wurde, durfte kein jüdischer russischer Untertan einen festen Wohnsitz in Moskau haben. Sie konnten die Stadt nur für zwei Wochen am Stück besuchen und mußten in einer Herberge wohnen, die einen christlichen Besitzer hatte, der ihnen einen Betraum, einen koscheren Metzger und einen Kantor zur Verfügung stellte. Innerhalb weniger Jahre nach der Thronbesteigung hob der Zar einige dieser Aufenthaltsbeschränkungen auf, und im Jahre 1861 wurde eine Synagoge gegründet. Samuel Poliakow, ein Eisenbahn-Großindustrieller, spendete 100 000 Rubel für eine Synagoge, die sich 1868 im Bau befand. Sie wurde von Zeitgenossen als ein herrliches Bauwerk beschrieben, und Regierungsbeamte nahmen an der Einweihungszeremonie am 1. Juli 1870 teil. Der Zar änderte jedoch seine Einstellung zu den Juden, die zunehmend feindseliger wurde; entsetzliche Pogrome fanden kurz nach seiner Ermordung im Jahre 1881 im ganzen Land statt.

Abb. 90. Moskau, Archipowa-Straße, 1891, Außenansicht.

Die 1870 fertiggestellte Synagoge reichte nicht für Moskaus jüdische Bevölkerung aus, und die Elite sicherte sich bald darauf eine Genehmigung, die heutige Große oder Zentral-Synagoge in der Archipowa-Straße errichten zu können, die 1891 eröffnet wurde. Der Bau, der kleiner als die Hauptsynagoge in Petersburg ist, wurde unter solch widrigen Umständen errichtet und umgebaut, daß er eher als ein Denkmal für Politik und Überlebenskunst als für die Kunst anzusehen ist.

Die klassizistische Fassade hat eine viersäulige Tempelfront mit dreieckigem Giebelfeld, die leicht von den verputzten und künstlerisch gestaltetes Mauerwerk imitierenden Wänden der Flügel vorsprang (Abb. 90). Der Bau trug ursprünglich eine Kuppel, die von einem sechszackigen Stern gekrönt war, aber kaum war sie fertig, wurde die Gemeinde gezwungen, sie wieder abzureißen. Zu auffällige Demonstrationen der Zugehörigkeit zum Judentum und der gesellschaftlich gehobenen Stellung mißfielen den Behörden, die in ihrer List so weit gingen, daß sie die Juden erst für den Bau der Kuppel zahlen ließen und dann noch einmal für ihre Zerstörung. Die Synagoge wurde geschlossen und der Rabbiner verbannt, weil er gewagt hatte, um ihre Wiedereröffnung zu bitten. Dann wurden die Juden gezwungen, den Bau in eine jüdische Handelsschule zu verwandeln, aber die Behörden schlossen auch diese und verlangten, daß eine Religionsschule daraus gemacht wurde. Vielleicht hoffte die Regierung, daß all diese Kosten die Finanzen der Synagogengemeinde übersteigen würden, aber die Rechnungen für Bau und Abriß wurden aus den Einnahmen eines Legats bezahlt.

Die Fassade in ihrer heutigen Form erinnert an alte russische öffentliche Gebäude in Moskau und Petersburg und vielleicht an die Synagoge in der Tlomazka-Straße in Warschau. Neoklassizistische Architektur war in Moskau um 1880 selten und mag als neutral, aber nicht kulturell separatistisch betrachtet worden sein. Glastüren führen von der Vorhalle in den Betsaal, der ein mit Emporen ausgestatteter quaderförmiger Raum mit einer erhobenen Apsis für den Thoraschrein ist (Abb. 91). Die Emporen an drei Seiten des Raumes ruhen auf quadratischen Pfeilern, deren Kanten geschnitten sind. Da die jüdischen Großindustriellen, die für den Bau zahlten, eher modern eingestellt waren und sich für Hebräisch als schöngeistiges Ausdrucksmittel und weniger als Sprache religiöser Tradition interessierten, ist es gut möglich, daß sie die heute vorhandenen hölzernen Geländer an den Frauenemporen anbringen ließen anstelle der hohen Gitter, die man sonst in orthodoxen Synagogen fand. Die Männer haben feststehende Bänke, die nach Osten gerichtet sind. Die Heilige Lade ist von Säulen eingerahmt und hat einen Giebelüberbau. Die Wandmalereien mit stilisierten Pflanzen und Symbolen um den Thoraschrein in der Apsis geben dem sonst sehr einfachen Innenraum eine leicht exotische Note.

Die jüdische Bevölkerung Moskaus war im Jahre 1895 auf etwa 10 000 angewachsen. Die Juden durften in fünf Räumen beten, die in Kasernen und Privathäusern untergebracht waren und aus denen sie auch nicht entfernt werden durften, was den christlichen Eigentümern dieser Gebäude die Möglichkeit gab, die Mieten unmäßig zu erhöhen. Die Große Synagoge wurde im Jahre 1906 nach den politischen Veränderungen, welche die Revolution von 1905 mit sich brachte, wiedereröffnet. Chassiden erhielten 1908 die Erlaubnis, eine eigene Synagoge zu eröffnen, und die Reformgemeinde wurde 1909 gegründet. Unter den Sowjets wurden Synagogen in Moskau und an anderen Orten geschlossen, auch wenn die Große Synagoge restauriert worden ist und geöffnet bleibt. Diese Synagoge ist an den großen jüdischen Feiertagen ein Treffpunkt für diejenigen, die ihre Identität als Juden behaupten wollen.

Zwei andere Synagogen bestehen heute in Form von Holzbauten im Marjino-Roschcha- und im Cherkitzowo-Distrikt. Eine weitere Synagoge befindet sich in Malachowka, einem nahe gelegenen Ort. Der Bau in Marjino Roschcha ist ein kastenförmiger Giebelbau aus Holz, der hellblau angestrichen ist. Er ist geschlossen und halb hinter einer Barriere versteckt und sieht mit seinen Fensterläden und den dekorativen Holzapplikationen wie ein normales, wenn auch großes einheimisches Gebäude aus. Die Regierung schloß 1974 eine im Jahre 1932 eröffnete Synagoge in Tomilino, einer im Südosten Moskaus gelegenen Vorstadt. Sie ist ein weiteres Beispiel für die wohlbekannte Technik der Sowjets, Synagogen zu schließen, wo immer die ansässigen Juden sich fürchten zu protestieren oder nicht die Möglichkeit haben, mit Erfolg gegen die Schließung anzugehen.

Abb. 91. Moskau, Archipowa-Straße, Innenansicht zur Heiligen Lade.

Bibliographie

AJYb, Jährliche Berichte über die Lage der Juden in diesen Städten.

AZJ, XLII (29. Okt. 1878), S. 696–697; LVII (28. Juli 1893), Beilage, S. 3 (6. Okt. 1893), Beilage, S. 3.

Jewish Chronicle, 14. Nov. 1856, S. 798; 18. März 1859, S. 7; 7. Aug. 1868, S. 6; 20. Mai 1870, S. 2; 16. Sept. 1879, S. 5; 28. März 1873, S. 771; 22. März 1878, S. 11; 25. Okt. 1878, S. 10.

Jüdisches Lexikon und *Universal Jewish Encyclopedia* enthalten Photographien der Friedhofssynagoge, s. a. Petersburg oder Leningrad.

B. W. Kean, *All the Empty Palaces*, New York 1983, S. 7.
L. Kochan, *The Jews in Soviet Russia since 1917*, London/New York, 2. Aufl. 1972, bes. J. Rothenberg, »The Jewish Religion in the Soviet Union«, S. 40–68.
I. Levitats, *The Jewish Community in Russia, 1844–1917*, Jerusalem (1981).
B. Pinkus und A. A. Greenbaum (Hrsg.), *Russian Publications on Jews and Judaism in the Soviet Union, 1917–1967. Bibliography*, Jerusalem 1970.
L. R. Rosenberg, *Jews in the Soviet Union. An Annotated Bibliography, 1967–1971*, New York 1971.
Sankt Petersburger Kaiserliche Akademie für Schöne Künste, *Jahrbuch der Gesellschaft für Architekten-Künstler*, Nr. 6 (1911) (in russischer Sprache).
W. W. Stassow, »Po powodu postroiki sinagoga«, in: *Jewreiskaja Biblioteka*, II (1889), S. 463–473.
R. Wischnitzer, *Architecture*, S. 208–209.
Jewreiskaja Entsiklopedia, s. u. Moskau und St. Petersburg.

Ich danke Ethel Hirsch, Linda Gerstein, Leon Gordon, Dina Abramowicz, Pamela Sharpless, Valentina Berezhina und Aline Isdebsky-Pritchard für Photographien, Hinweise und Übersetzungen.

Wilna

Die Große oder Stadt-Synagoge von Wilna hätte zu Recht den Titel »Kleines Heiligtum« in Anspruch nehmen können, denn die Juden selbst nannten Wilna das »Jerusalem von Litauen«. Die Stadt war ihrer gelehrten Rabbiner wegen berühmt, darunter besonders Elija ben Salomon Zalman (1720–1797), den man den Wilnaer Gaon (Eminenz) nannte. Auch konnte man bemerken, daß die Juden von Wilna in den zwanziger Jahren des 19. Jahrhunderts Interesse an Allgemeinwissen bekundeten, denn die berühmte Straschun-Bibliothek stand am Eingang zu dem Hauptsynagogenkomplex. In dem von mehreren Synagogen umgebenen Hof verkauften Buchhändler ihre Bände. Historiker, Dichter und Journalisten schrieben in Hebräisch, und es entstand eine Blüte jiddischer Literatur. Das YIVO (Yiddish Scientific Institute) wurde in Wilna gegründet; seine geretteten Archive und Photographien sind jetzt in New York untergebracht.

Hohe Gelehrsamkeit steigerte die Frömmigkeit. Vor dem Zweiten Weltkrieg hatte es in der Stadt angeblich 122 Synagogen gegeben, und 40 weitere kleine Beträume oder Lehrhäuser standen zur Verfügung. Sogar im Jahre 1860, als sich die Bevölkerung der Stadt verringert hatte, soll es hundert Plätze gegeben haben, an denen gebetet werden konnte. Die meisten waren klein, unscheinbar von außen und einfach eingerichtet. In den Räumlichkeiten, die von dem Verband der Maler benutzt wurden, waren einige Bilder aus dem frühen 20. Jahrhundert aufgehängt, aber die Kaminfeger, Schneider, Metzger, andere Berufsgruppen und Chassiden hatten nur ganz schlichte Beträume.

Einige Kultbauten waren eindrucksvoller, wie etwa das *Kloyz*, das manchmal auch Synagoge genannt wurde (es wurde im Jahre 1758 als Haus des Gaon gebaut, um etwa 1800 in eine Synagoge umgewandelt und umgebaut, im Jahre 1868 wiederaufgebaut). Dieser zweistökkige Giebelbau hatte eine nüchterne, freie, klassizistische Fassadengestaltung mit niedrigen Bogen im Erdgeschoß und fünf höheren, breiteren Bogen im ersten Stockwerk, das auch das Hauptgeschoß war. Die »Alte Synagoge« oder *Kloyz*, die fälschlich der Legende nach auf 1440 datiert worden ist, wurde wahrscheinlich in ihrer endgültigen Form im 18. oder frühen 19. Jahrhundert errichtet. Der Grundriß war zweischiffig wie die mittelalterliche Synagoge in Worms und die Altneuschul in Prag. Diese Synagoge war aber an erster Stelle ein Lehrhaus, und ihre beiden dicken toskanischen Säulen sind vermutlich angebracht worden, um den Versammlungsraum zu erweitern, und nicht, um eine ältere Bauform zu imitieren. Die Heilige Lade befand sich in der Mitte an einer langen Wand, so daß der Vorleser sie vom Almemor aus sehen konnte, ohne daß die Säulen ihm den Blick verstellten. Der große Reformtempel von 1904, der eine im Jahre 1848 gegründete Synagogengemeinde beherbergte, hatte einen Mittelteil mit breiten Bogen und romanischen Portalen zwischen gebänderten Seitenflügeln aus Ziegeln. Innen in dem gewölbten Saal mit Emporen, der in freiem neoromanischem Stil dekoriert war, stand der Almemor in der Nähe der ausgefallenen »maurischen« Heiligen Lade. Es gab sogar zwei Synagogen der Karäer: die alte aus dem Jahre 1894, die ein einfaches, weißgetünchtes Gebäude mit geometrischen Eisengittern in Bogenfenstern war, und eine neue Synagoge von 1911 in der nahe gelegenen Stadt Zwierinjetz mit groben, maurisch inspirierten Ornamenten.

Die wichtigste von allen war die Große Synagoge, ein ansehnliches Beispiel eines Vier-Pfeiler-Grundrisses (Abb. 92). Einige Autoren datieren sie auf 1573. Sie war gegen 1633 erheblich erweitert oder vielleicht sogar neu gebaut worden, als die Juden das Privileg erhielten, einen ständigen Wohnsitz in der Stadt zu haben, und damit das Recht, eine Synagoge zu bauen. Sie war vielleicht bei einem antisemitischen Ausbruch im Jahre 1635 beschädigt worden, und die jüdische Schneiderzunft stattete sie mit soliden Torgittern aus, die den Eingang zu dem Gebäudekomplex, in dem die Synagoge stand, sicherten. Die Synagoge, die im 20. Jahrhundert bekannt war, wurde in Wirklichkeit nach 1661 gebaut, als die Juden nach einem Exil von mehreren Jahren in die Stadt zurückkehrten; dieses Datum entspricht auch eher dem anderer Vier-Pfeiler-Synagogen. Die Große Synagoge ist vermutlich im 17. Jahrhundert neu ausgestattet oder teilweise umgebaut worden. Keinerlei Dokumente, aus denen das Datum oder der Architekt hervorgehen, sind erhalten geblieben.

Die Synagoge lag einige Stufen unter dem Straßenniveau, und zwar in einem bemerkenswerten Hof, der sowohl die Alte Synagoge wie das *Kloyz* des Gaons und andere Kult- und Gemeindebauten barg. Der Hof war ein kleiner, offener Platz, auf den man durch Eisengitter von beiden Seiten eintrat und der zwischen Straßen versteckt lag, die fast ausschließlich von Juden bewohnt waren. Um den Hof herum standen vierzehn Synagogen und Lehrhäuser – in den achtziger Jahren des 19. Jahrhunderts mögen es sogar dreißig gewesen sein –, das Ritualbad, der Brunnen für das gesamte Viertel (Brunnen waren die einzigen Plätze, wo die Juden sich mit Wasser versorgen durften), das koschere Schlachthaus, Gemeindebüros und die Straschun-Bibliothek. Die meisten kleineren Synagogen waren längliche, einfache Räume, die Große Synagoge war dagegen relativ groß – etwa fünf Stockwerke hoch –, und ihr Hauptraum maß innen 22,50 × 21 Meter. Sie war von den umstehenden Gebäuden fast vollkommen verdeckt, aber der Giebel ragte über die niedrigeren Bauten hervor. Gegen 1800 wurde am Giebel eine mehrstöckige hölzerne Galerie im russischen Stil angebracht, die vielleicht als Gang zu dem neuen Frauenanbau diente. Später, im 19. Jahrhundert, wurde an derselben Seite ein weiterer Anbau in einem groben, provinziellen Renaissancestil hinzugefügt.

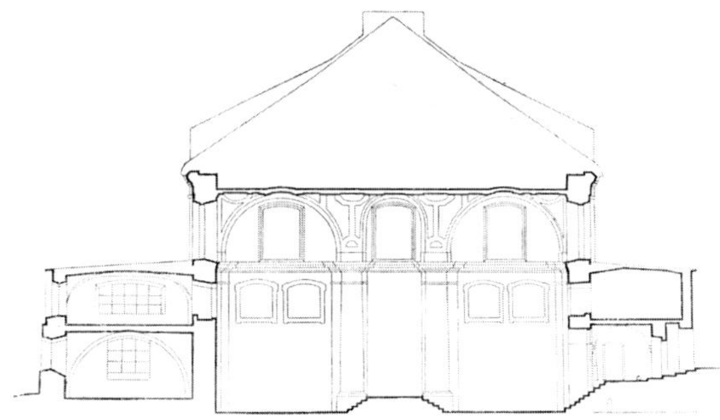

Abb. 92. Wilna, Große Synagoge, ca. 1633–1648 oder nach 1666 (?), Schnitt.

In der Vorhalle befand sich bis in das frühe 20. Jahrhundert hinein ein Pranger – eine übliche Einrichtung in osteuropäischen Synagogen, die der Rechtsprechung durch den Rabbiner diente.

Der Betsaal war mit Kreuzgewölben ausgestattet, und die Fenster waren hoch oben in die Mauer eingelassen (Abb. 93). Vier massive toskanische Säulen umgaben den Almemor. Dessen kunstvoller Überbau, der auf zwölf Säulen ruhte, soll ein Geschenk des gelehrten Rabbiners Juda ben Eliezer (alias Jesod, 1762 gestorben) gewesen sein. Die dekorativen Täfelungen an den unteren Teilen der Mauern und Gewölbe scheinen im 19. Jahrhundert angebracht worden zu sein. Auch wenn diese Verschönerungen einfach und klassizistisch waren und mit den Pfeilern harmonierten, so paßten sie doch nicht zu den viel prächtigeren Anlagen des Almemors und der Heiligen Lade mit ihren Gesimsen, in Stein gemeißelten Reliefs, gesprengten Giebeln und anderen Formelementen des späten Rokokostils. Auch war ihr Maßstab im Verhältnis zu dem des Gebäudes zu klein. Um 1800, als die dekorativen Täfelungen noch nicht angebracht und die Wandflächen des Raumes weniger überladen waren, muß die Diskrepanz der Stilformen nicht so auffällig gewesen sein, weil die Rokokoeinrichtung die steifen und robusten Formen des Baus auflockerte.

Die eindringliche und lebendige Atmosphäre dieser Synagoge wird auf einem Gemälde (um

Abb. 93. Wilna, Große Synagoge, Innenansicht, Gemälde von Franzischek Smuglewitz, um 1800.

1800) von Franzischek Smuglewitz (1745–1807) wiedergegeben, auf dem das Gebäude die Betenden zu überwältigen scheint. Der Künstler benutzt einen Kunstgriff Piranesis: Er reduziert die Dimensionen der Personen und ihrer Lesepulte, während er die Architektur im richtigen Maßstab beibehält. Er verdichtet das Licht um den Almemor und um die Heilige Lade, übertreibt die Anzahl der Stufen, die zum Almemor führen, wodurch dieser eindrucksvoller aussieht, und benutzt tiefe Schatten, um die geheimnisträchtige Wirkung zu verstärken. Diese Atmosphäre hat wenig mit der Gelehrsamkeit, der anti-chassidischen und anti-mystischen Einstellung der Juden von Wilna zu tun. Der christliche Maler dachte vielleicht, daß der jüdische Gottesdienst so etwas wie die Mysterien in der *Zauberflöte* wäre.

Die Große Synagoge überstand den Zweiten Weltkrieg als ausgebrannte Ruine, wie andere jüdische Bauwerke, die nicht vollkommen zerstört wurden. Als die Sowjetunion sich Litauen einverleibte, wurde der gesamte Synagogenhof dem Erdboden gleichgemacht und eine Wohnanlage darauf gebaut. Der *Kloyz* des Gaons wurde während des berüchtigten Doktorprozesses im Jahre 1952 in Brand gesetzt. Die Sowjets wandelten den jüdischen Friedhof in einen Sportplatz um und versuchten, soweit wie möglich alle Spuren der 56 000 oder mehr Juden auszulöschen, die zwischen den beiden Weltkriegen in Wilna gelebt und über 40 Prozent der Stadtbevölkerung ausgemacht hatten. In Führern und Büchern über die Stadt und ihre Kunstschätze wird kein einziger jüdischer Bau erwähnt. Die Choral-(Reform-)Synagoge, eine Emporenbasilika in einer Mischung aus romanischem und maurischem Stil, ist das einzige noch existierende jüdische Gebäude, wird aber nicht als Synagoge benutzt. Die wenigen Juden, die noch in Wilna leben, besitzen ein einziges, erbärmliches Gebäude zum Beten – wahrhaftig ein »kleines Heiligtum«.

Bibliographie

AZJ, XXXVI (10. Sept. 1872 und 24. Sept. 1872), S. 794.

M. Balaban, *Die Judenstadt von Lublin*, Berlin 1919, S. 107, Fn. 6 zu Kap. 12.

M. Balaban, »Von Ghetto zu Ghetto«, *Menorah*, V, Nr. 5/6 (1927), S. 351.

I. Cohen, *Vilna*, Philadelphia 1943.

M. Grossmann, *Yidishe Vilna*, 1925 (nicht eingesehen).

I. Levitats, *The Jewish Community in Russia, 1844–1917*, Jerusalem (1981).
M. Lowenthal, *A World Passed by*, New York 1933, S. 374.
H. Lunsky, *Me ha' geto ha'Vilnai* (Wilna), 1921, bes. S. 48–70 (nicht eingesehen).
Y. L. Hacohen Maimon (Fishman) (Hrsg.), *Arim wa-imahat be'Jisrael*, Bd. 1, Jerusalem o. D., S. 141–175.
Piechotka, S. 31.
L. Ran, *Jerusalem of Lithuania*, New York 1974.
J. Rülf, *Drei Tage in Jüdisch-Rußland. Ein Cultur- und Sittenbild*, Frankfurt a. M. 1882, bes. S. 108–109.
P. Weber, *Wilna. Eine vergessene Kunststätte*, Wilna 1917.
R. Wischnitzer, *Architecture*, S. 119, 123–124.
R. Wischnitzer, »Mutual Influence between Eastern and Western European Synagogue Architecture in the Eighteenth Century«, in: *YIVO Annual of Jewish Social Science*, II–III, 1947–1948, S. 41.
Jewreiskaja Entsiklopedia, s. u. Wilna (Vilna).

Wolpa

Die Synagoge von Wolpa in Weißrußland war die schönste aller in Osteuropa bekannten hölzernen Synagogen. Sie hatte eine spektakuläre, vielschichtige Dachlinie und Eckpavillons, die bezeichnend für Bauten aus dem nördlichen Polen sind (Abb. 94). Sie wurde in einer Stadt errichtet, die in der jüdischen Geschichte keinen besonders bedeutenden Platz einnimmt, aber Wolpa war insofern für viele osteuropäische Orte repräsentativ, als die Juden ausdrücklich von der adligen Familie, der die Stadt gehörte, eingeladen worden waren. Die Fürstenfamilie Sapieha wollte im eigenen Interesse, daß die Juden Handel trieben, auch in einem Gebiet, in dem die meisten Christen den Juden feindlich gegenüberstanden. Alois Breier, der erste, der sich ernsthaft mit dieser Synagoge beschäftigt hat, meinte, sie sei Mitte des 17. Jahrhunderts erbaut worden, aber Kazimierz und Maria Piechotka waren der Auffassung, daß sie aus dem frühen 18. Jahrhundert stamme. Das Gebiet um die Stadt Grodno, in dem auch Wolpa lag, erfuhr im späten 18. Jahrhundert einen wirtschaftlichen Aufschwung. Es ist sicher dem steigenden Wohlstand zu verdanken, daß die Juden es sich leisten konnten, das Dach der Synagoge im Jahre 1781 zu restaurieren (oder zu erneuern) und die Steuern zu bezahlen, die wahrscheinlich als Gegenleistung für das Privileg gefordert wurden. Sapieha hat vielleicht sogar seinen Zimmermeister für die »Juden des Fürsten« an dem Dach arbeiten lassen; Hofzimmerleute entwarfen andere außerordentliche Bauten, römisch-katholische oder orthodoxe Kirchen und Pavillon-Landhäuser, um die zwei Typen zu nennen, die den hölzernen Synagogen am nächsten kamen.

Die Synagoge lag in Wolpa an der nordsüdlichen Durchgangsstraße und war durch einen Lattenzaun vom Verkehr geschützt. Das jüdische Viertel scheint nicht sehr bevölkert gewesen zu sein, denn ein Bauernhof lag im Osten neben der Synagoge. Das Gebäude wirkte in dieser prosaischen Umgebung beeindruckend, mit seinen drei geschwungenen Dachebenen über dem Betsaal der Männer, die sich seitlich in den glockenförmigen, zweischichtigen Dächern der beiden Eckpavillons und vorn in dem abfallenden Dach der Anbauten für die Frauen und der Vorhalle fortsetzten. Die Proportionen waren wohlausgewogen und der Umriß außerordentlich, sogar im Vergleich zu anderen Holzsynagogen, wie die im nahe gelegenen Grodno und Zabludow.

Die Wirkung der gesamten äußeren Anlage wurde durch kleine Details noch verstärkt. Am Giebel waren zwei winzige Wandsäulchen angebracht, die den Mittelpunkt und den Höhepunkt der Fassade bildeten und vielleicht auf Jachin und Boas anspielen sollten. Die zweistöckigen Eckpavillons waren von erlesener Bauart und einladend mit ihren von anmutigen Arkaden und Geländern umgebenen Balkonen. Die vertikalen Versteifungen der horizontal verschalten Wände verliehen diesen einen Rhythmus und bezeichneten die Stelle an der Ostwand, an der sich die Heilige Lade befand.

Innen wurde die Zentralwirkung des Raumes durch seine fast quadratische Form und durch das hinreißende Holzgewölbe, das sich in drei Schichten aufwärts bog, verstärkt (Abb. 95, 96). Der Architekt hatte den unteren Teil jeder Schicht in einer Balustrade verankert. Von dort sprang das Gewölbe nach oben. Da eine Schicht auf die andere folgte, verringerte er die Höhe der Balustraden und die Breite der durchbrochenen geschnitzten Holzdekorationen. Durch

Abb. 94. Wolpa, frühes 18. Jahrhundert, Außenansicht, Westseite.

diese Anpassung entstand die Illusion eines viel höheren Gewölbes, als es in Wirklichkeit war. Ein Gelehrter schätzte die Höhe auf 30 Meter, tatsächlich betrug sie aber nur 14 Meter. Die Wirkung von Höhe und Zentralorientierung wurde außerdem durch vier hölzerne Pfeiler verstärkt. Sie trugen die oktogonale Kuppel, welche die vierte und abschließende Schicht des Gewölbes bildete. In der Mitte der Kuppel waren die gewölbten Bretter durch einen Hängezapfen verbunden, der nach unten zeigte.

Die zum Bau der Synagoge benutzten technischen Mittel wurden durch die dekorative Gestaltung unterstrichen. Der Übergang von den quadratischen Wänden zu den oktogonalen Gewölben wurde durch Pendentifs gebildet, die auch verhinderten, daß die Wände sich unter dem Gewicht des Daches verzogen. Sie stützten außerdem einen Teil des zweigeschossigen Gerüsts, das den Dachstuhl trug. Die Balustrade und die durchbrochenen Bretter waren an der Stelle angebracht, an der die horizontalen Balken des Dachstuhls das Dach mit den Seitenbrettern verbanden und so die Schichten der Decke bildeten. Jede Schicht war in einen Dachbinder eingelassen, so daß die Konstruktion selbst innen zur Wirkung beitrug. Die vier Pfeiler in der Mitte betonten den Almemor und endeten hoch oben in einem Baldachin, den sie trugen. Die Pfeiler, obwohl inspiriert von steinernen Vorbildern, waren ebenso gelungen wie der gesamte Bau, der in Holz neu interpretiert worden war.

Der Almemor, der sich im 20. Jahrhundert in der Synagoge befand, hatte eine vieleckige Einfassung (Abb. 97). Getäfelte Stützpfeiler umschlossen die vier in der Mitte angeordneten Stützen der Kuppel und betonten die vier Ekken; dazwischen befanden sich dreifache Bogen, die auf schlankeren Stützen ruhten. Diese Arkade ruhte auf einer Brüstung, die gerade bis zur Sitzbank, die um den Almemor lief, getäfelt und über der Täfelung mit Gittern ausgestattet war. Der Almemor hatte oben ein Gesims und keinen Baldachin wie die meisten aschkenasischen Almemoranlagen aus der Zeit vor der Reformbewegung. Entweder waren der Baldachin oder die durchbrochenen Verzierungen entfernt worden, weil sie sich in zu schlechtem Zustand befunden hatten, oder aber der Gestalter des Almemors fand einen Baldachin zu altmodisch oder meinte, er könne den Blick auf die Kuppel behindern. Zumindest ein Teil des Almemors dürfte aus späterer Zeit stammen als die Anlage mit Baldachin in Gwosdetz, Przed-

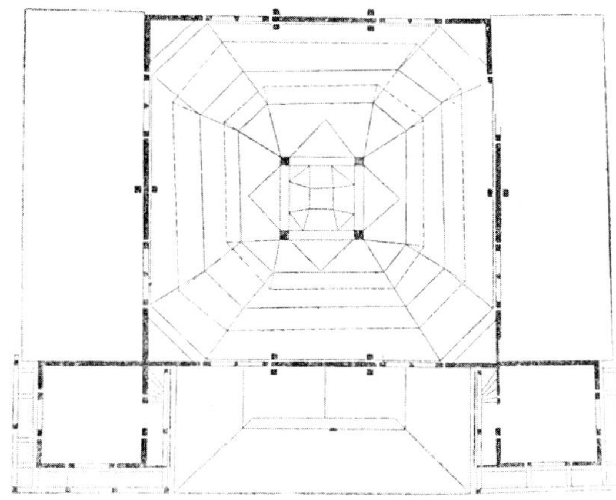

Abb. 95. Wolpa, Grundriß auf Ebene des ersten Gesimses.

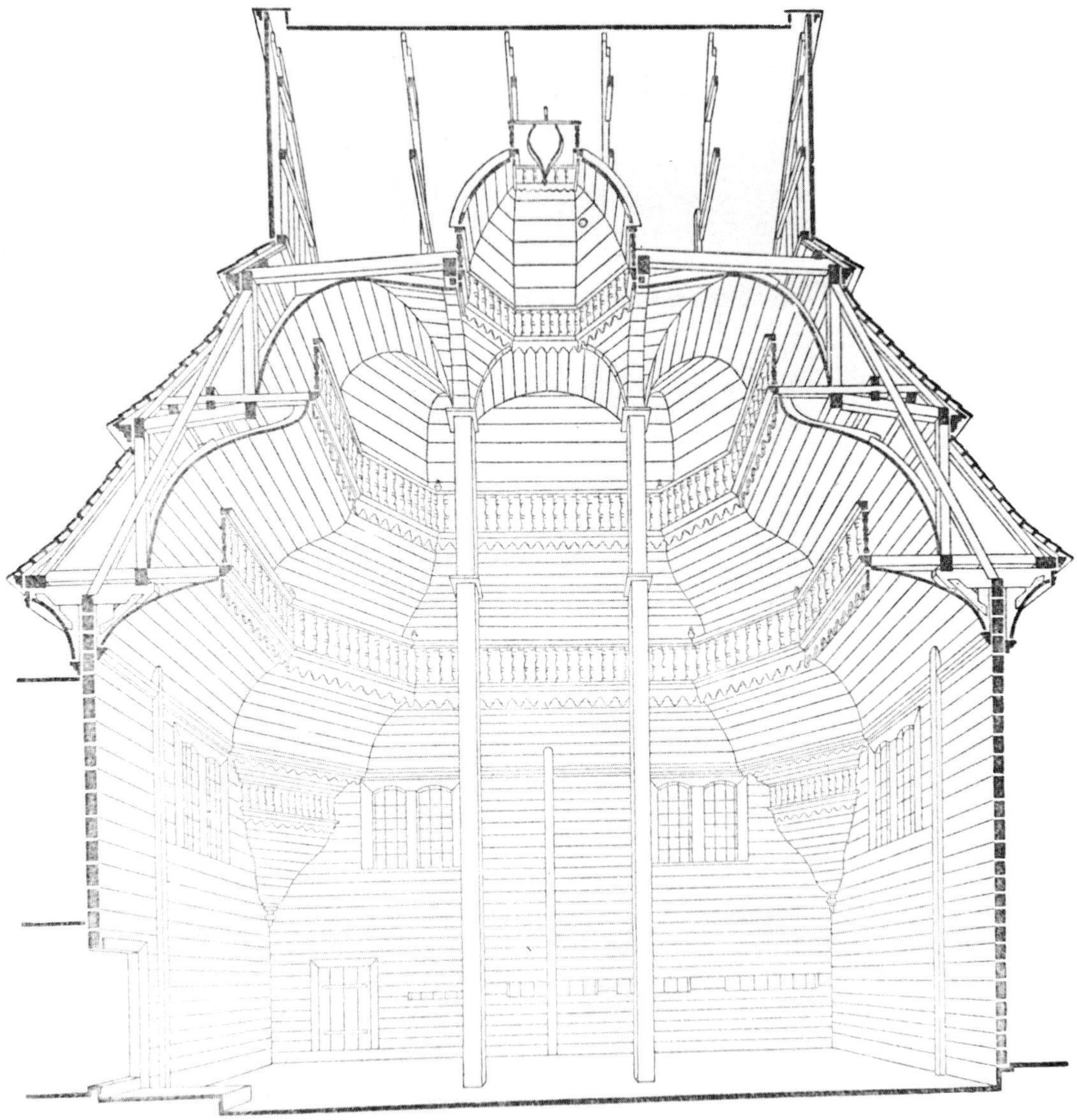

Abb. 96. Wolpa, Aufriß.

Warschau

Jahrhundertelang waren die Juden aus der Warschauer Gegend gezwungen, in der Vorstadt Praga zu leben; andere, vorübergehende Ansiedlungen waren von kurzer Dauer. Erst nach und nach durfte eine Anzahl ausgewählter Juden, die durch ihren Beruf oder im Handel nützlich waren, in Warschau selbst wohnen. Gegen Ende des 18. Jahrhunderts wurden es mehr; vor allem in das von Napoleon geschaffene Herzogtum Warschau wurden deutsche Juden eingelassen, und es wurde ihnen gestattet, im Jahre 1802 eine Synagoge in der Danilowitz-Straße zu eröffnen, in der deutsche Predigten in traditionsgemäßen Gottesdiensten abgehalten wurden. (Ihre Synagoge aus späterer Zeit, mit einer Kuppel gleich hinter der Fassade, war frei nach dem Vorbild der Synagoge in der Oranienburger Straße in Berlin gestaltet.) Einige Rechte, welche den Juden im Herzogtum gewährt worden waren, wurden nach 1808 zurückgenommen, und erst im Jahre 1862 erlangten sie grundlegende Wohn-, Eigentums- und Handelsrechte. Von jenem Zeitpunkt an wurde Warschau zum Hauptansiedlungspunkt der Juden in Polen mit 90 000 jüdischen Einwohnern Mitte der siebziger Jahre des 19. Jahrhunderts – einer Zahl, die sich nach 1881 durch Einwanderer aus östlicheren Gebieten, die vor Pogromen flohen, noch erhöhte. Zwischen 1882 und der Nazizeit machten die Juden zumindest ein Drittel der Warschauer Bevölkerung aus.

Im Jahre 1851 gab es in Warschau fünf Synagogenbezirke. Die Hauptsynagoge stand in der Wierzbowa-Straße; sie wurde von russischen Soldaten, die den polnischen Aufstand von 1863 unterdrückten, beschädigt.

Die Synagoge in der Tlomazka-Straße

Von 1871 bis 1926 übernahm eine Gruppe von energischen, kulturell assimilierten Männern die Leitung der Gemeinde. Sie integrierten die Praga-Gemeinde in die von Warschau, wovon die Vorstadtjuden, deren Synagoge, Friedhof und Ritualbad sich in erbärmlichem Zustand befanden, profitierten. Sie gründeten auch ein Baukomitee, das Vorschläge für eine große Synagoge im Zentrum von Warschau erarbeiten sollte. Die Juden haben sich wohl wegen der im 1862 erhaltenen Rechte sicher genug gefühlt, ein solches Unterfangen zu beginnen; auch gefiel der Regierung, welche die Assimilierung der Juden förderte, die modern-orthodoxe Einstellung der Gemeindevorsteher.

Wegen Meinungsverschiedenheiten zwischen den Gemeindevorstehern und den ersten Bauunternehmern wurde Leandro Marconi (1834–1919) mit dem Bau beauftragt. Er war der Sohn eines bekannten italienischen Architekten, der zu einem früheren Zeitpunkt im 19. Jahrhundert nach Polen ausgewandert war. Die im Jahre 1874 hergestellten Entwürfe wurden 1875 bis 1877 mit einer Summe von 300 000 Rubeln ausgeführt. Aufgebracht wurde sie von den wenigen assimilierten Juden, die sich einen Beitrag leisten konnten, und von zumindest einem wohlgesinnten Christen, der fünfzig Rubel für die Synagoge und weitere fünfzig für die Armen gab. Der Generalgouverneur von Polen war im Jahre 1878 bei der Einweihung zugegen und öffnete das Hauptportal zu Beginn der Zeremonien – ein Zeichen für die offizielle Billigung des außergewöhnlich assimilierten und reichen jüdischen Vorstands.

Die Synagoge stand etwas zurückgesetzt von der Tlomazka-Straße (Abb. 98). Ihre Lage bot denen, die sich dem großen, etwa elfhundert Personen fassenden Gebäude näherten, einen eindrucksvollen Anblick. Die Fassade bestand aus einem Mitteltrakt mit niedrigen, zurückversetzten Wänden, die diesen Teil mit leicht vorspringenden Pavillons zu beiden Seiten verbanden. Hinter den Verbindungswänden befanden sich Höfe, die an den Seitenmauern des Gebäudes entlangführten und für Zeremonien unter freiem Himmel benutzt wurden. Durch die Höfe gelangte man zu den Gemeindebüros, die beim hinteren Teil der Synagoge lagen. In den Pavillons waren eine Wohnung für den Synagogendiener, Toiletten und andere Einrichtungen untergebracht. Der Mitteltrakt hatte einen Vorbau mit korinthischen Säulen und einem dreieckigen Giebelfeld darüber und wurde von Seitenteilen mit in Felder aufgeteilten Mauern eingefaßt. Hinter der Fassade befand sich die Vorhalle mit einer niedrigen Kup-

pel (Abb. 99). Dahinter lag ein Raum, der als Wochentagssynagoge verwendet wurde und von einem quadratischen Tambour mit einer Rippenkuppel gekrönt war. Dann kam das siebenjochige Mittelschiff mit Emporen. Die Entscheidung, die Heilige Lade an die Südwand statt an die Ostwand zu legen, wurde von Talmudgelehrten beeinflußt, die zu bedenken gaben, daß Warschau nördlich und nicht westlich von Jerusalem läge.

Abb. 98. Warschau, Tlomazka-Straße, 1874–1877, Außenansicht.

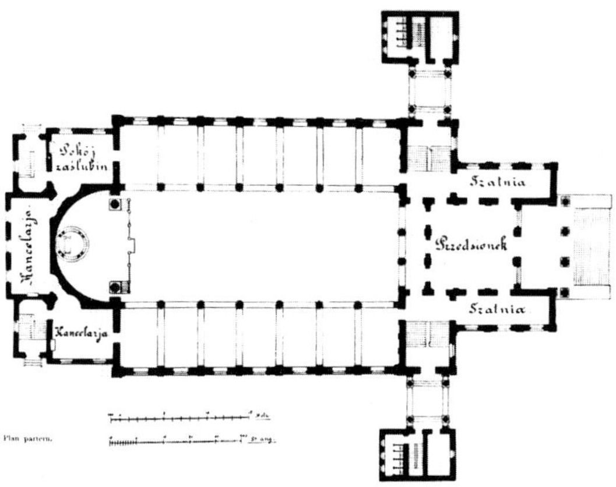

Abb. 99. Warschau, Tlomazka-Straße, Grundriß.

Abb. 100. Warschau, Tlomazka-Straße, Innenansicht zur Heiligen Lade.

Dieser Entwurf hatte nichts mit den 450 bescheidenen chassidischen und traditionellen Beträumen gemein, von denen das jüdische Viertel im Jahre 1926 übersät war. Dieser klassizistische Bau mit dem Säulenvorbau am Mittelteil, der Kuppel, den zurückversetzten Flügeln und vorspringenden seitlichen Pavillons beruhte auf Vorbildern wie der Karlskirche in Wien (1716–1737) und dem Justizpalast in Brüssel (1866–1883), welcher zu den auffälligsten Bauten aus Marconis Zeit gehörte. Der Säulenvorbau und die Kuppel an der Fassade gehen auf das Pantheon in Rom zurück. Marconi hatte es aber nicht nötig, irgendeins dieser Vorbilder direkt zu kopieren, denn die allgemeinen Kompositionsprinzipien dieser Gebäude waren wohlbekannt und weit verbreitet. Diese Vertrautheit paßte den Juden, die sich kulturell der christlichen Bevölkerung angleichen wollten, ganz besonders in diesem Falle, da der klassizistische Stil den Bauten der zaristischen Regierung in Moskau entsprach.

Der Grundriß hatte ein wichtiges Merkmal mit einer bemerkenswerten Synagoge, der in der Oranienburger Straße in Berlin (siehe Abb. 122, 123), gemeinsam. In beiden Fällen wurde ein Nebenraum, die Wochentagssynagoge, von der Kuppel überdeckt, so daß sie von der Straße aus leicht zu sehen war und derart auf die Bedeutung des Gebäudes hinweisen konnte. Die Stifter dieser beiden Synagogen wünschten, ihre Bauten von den bescheidenen, traditionellen jüdischen Kultbauten wie auch von den christlichen Kirchen zu unterscheiden. Ihre Vorstellung von einer Kuppel kam derjenigen der Pariser Oper näher als irgendeiner östlichen baulichen Anlage. Sie sah ausgesprochen weltlich aus, was im allgemeinen bedeutete, daß die Juden keine Kirchenbauten nachahmen oder exotisch wirken wollten, sondern eine Synagoge bevorzugten, die zu den öffentlichen Gebäuden der Stadt paßte.

Innen erstreckte sich das Mittelschiff mit der Apsis über mehr als 38 Meter (Abb. 100). Der Betsaal war etwa 28 Meter breit. Viele Elemente dieser Emporenbasilika waren klassizistisch: die kassettierte Halbkuppel in der Apsis, die nicht verjüngten korinthischen Säulen an den Seitenschiffen und Emporen, die beiden riesigen dunkel geäderten Marmorsäulen (Jachin und Boas) am Eingang zur Apsis. Die Gesamtwirkung des

Innenraumes mit seiner Mischung von mittelalterlichen und griechisch-römischen Stilelementen war jedoch eklektizistisch.

Die Liturgie blieb orthodox, aber die Innenausstattung näherte sich Bräuchen der Reformjuden. Die elfhundert Sitze der Männer standen der Heiligen Lade gegenüber, die den Almemor beherrschte. In der Apsis war unter anderem eine Chorempore für den (im allgemeinen) ausschließlich männlichen Chor. Die niedrigen Emporengeländer bewirkten, daß die Frauen sehen und gesehen werden konnten. Es gab eine Orgel, auch wenn sie am Sabbat nicht gespielt wurde. Ehemalige Einwohner von Warschau erinnern sich daran, daß der Rabbiner der Synagoge, Samuel Poznanski, in den zwanziger Jahren das Gebetbuch in die polnische Sprache übersetzt hat, so daß die assimilierten Herren – die zum Gottesdienst Zylinderhüte trugen – es auch lesen konnten.

Die Nozyk-Synagoge

In der Nozyk-Synagoge trugen mehr Männer gewöhnliche Hüte, denn weder das Synagogengebäude noch seine Gemeinde wollten in der Öffentlichkeit auffallen. Diese Synagoge – heute die einzige Warschaus – wurde von Zelman und Ryfka Nozyk, einem kinderlosen Ehepaar, finanziert, die sie dann der jüdischen Gemeinde vermachten. Sie ließen die Synagoge in den Jahren 1898–1902 nach dem Entwurf eines Architekten bauen, dessen Namen wir nicht kennen, aber 1893 war eine Synagoge – vielleicht diese? – von einem Juden aus Moskau, möglicherweise Lev Bachman, geplant worden.

Die Synagoge steht auf einem Grundstück, das etwas von der Straße zurückliegt, und zeigt eine unauffällige Fassade mit einer Mischung von mittelalterlichen und klassizistischen Elementen (Abb. 101). Die Nozyk-Synagoge ist kleiner als die Synagoge in der Tlomazka-Straße; sie hat eine Länge von über 19 Metern, eine Breite von über 15 Metern und ist an der Krone der rippenlosen Kreuzgewölbe des Hauptschiffes fast 12 Meter hoch. Ihre Fassade mißt bis zur Spitze des Giebels etwa 15 Meter. Sie ist, wie die Synagoge in der Tlomazka-Straße, eine Emporenbasilika mit einer Apsidenausbuchtung für die Heilige Lade, die in diesem Fall mit einer geraden Mauer endet. Die Nozyks wollten, wie sicher auch alle anderen Juden Warschaus, nicht die Synagoge in der Tlomazka-Straße nachahmen. Die meisten von ihnen waren fromm und arm und hatten noch weniger mit den Industriellen der Synagoge in der Tlomazka-Straße gemein als die reichen Nozyks.

Der Stil dieser Synagoge ist überwiegend neoromanisch, sie hat Emporenstützen, die abwechselnd aus quadratischen Pfeilern und Säulen bestehen. Die Segmentbogen, Brüstungsornamente und weitere Details im Innern kann man auch in anderen Bauten aus dem 19. Jahrhundert finden. Ein oktogonales Klostergewölbe bildet den Baldachin, unter dem sich der Almemor befindet (Abb. 102).

Die Nationalsozialisten sorgten dafür, daß die Synagoge in der Tlomazka-Straße, dieses sichtbare Symbol für die Assimilation der Juden, nicht überdauerte. Nach der Vernichtung des Warschauer Ghettos sprengten sie Mitte Mai 1943 diese und alle anderen Synagogen, mit Ausnahme der Nozyk-Synagoge. Zu den zerstörten Synagogen gehörten auch die des Zionisten Ohel Mosche und die der Moria-Gemeinde, die 1885 beziehungsweise 1908 gegründet worden waren. Die Nozyk-Synagoge wurde in einen Stall umfunktioniert, blieb aber zumindest erhalten. Im Jahre 1949 wurde sie provisorisch als Synagoge wieder eingeweiht.

Abb. 101. Warschau, Nozyk-Synagoge, 1898–1902, Außenansicht, Nordseite 1981.

Abb. 102. Warschau, Nozyk-Synagoge, Innenansicht zur Heiligen Lade 1981.

Heute ist sie ein offiziell anerkanntes historisches Denkmal, das zwischen 1975 und 1983 von den Architektinnen Hanna Sczepanowska und Eva Dziedzic restauriert wurde. Büros und Gästezimmer wurden an der Seite angebaut, wo sich die Heilige Lade befunden hatte.

Die Warschauer Synagogengemeinde zählt heute nur noch zweihundert Mitglieder, da die meisten Juden der Stadt während des Zweiten Weltkriegs umkamen. Überlebende und Immigranten der Nachkriegszeit aus dem Osten verließen Polen nach den Pogromen von 1946/47 und den zwei antisemitischen Verfolgungen in den späten fünfziger und den sechziger Jahren. Die übrigen, meist alten Juden verrichten ihren Gottesdienst ohne einen Rabbiner in einer winzigen Wohnung in einem Haus neben der Synagoge.

Bibliographie

Arim wa-imahat be'Jisrael, Bd. 3, *Warschau,* von D. Flinker, Jerusalem 1948.

»Briefe aus Rußland«, *AZJ,* LVII (29. Sept. 1893), S. 461.

Encyclopedia Judaica, s. u. Warschau.

Entsiklopedia schel Galujot. Warschau, Hrsg. J. Grunebaum, Jerusalem 1953–1973.

I. L. Grosglik, »Nowa synagoga w Warszawie«, in: *Izraelita,* XIII, Nr. 38 (1878), S. 301–304.

C. S. Heller, »Poles of Jewish Background – The Case of Assimilation without Integration in Interwar Poland«, in: *Studies in Polish Jewry,* Hrsg. J. A. Fishman, New York 1974, S. 242, 276.

Israelietische Nieuwsbode, 25. Okt. 1878, S. 1; 1. Nov. 1878, S. 2.

T. S. Jaroszewski und A. Rottermund, »Leandro Marconi«, in: *Polski Slownik Biograficzny,* XIX, Warschau 1974.

Jewish Chronicle, 4. und 22. Okt. 1863; 11. Juli 1873; 24. Aug. 1877; 1., 8., 15. Nov. 1878.

Jewish Encyclopedia, s. u. Warschau.

J. Schatzky, *De geschikte fun Jidn in Warsche,* Bd. 3, New York 1953, S. 150–171.

J. Schatzky, »Institutional Aspects of Jewish Life in Warsaw in the Second Half of the 19th Century«, in: *YIVO Annual of Jewish Social Science,* X (1955), S. 9–44.

Universal Jewish Encyclopedia, s. u. Warschau.

Jewreiskaja Entsiklopedia, s. u. Warschau.

Ich danke Leon Jolson für Photographien, Samuel Mozes für Hinweise und Einführungen, Aharon Kashtan und Michael Schudrich für Informationen, den Vertretern der jüdischen Gemeinde, dem Jüdischen Historischen Institut, dem Nationalen Institut für Kunst und dem Denkmalamt in Warschau für ihre unverzügliche geleistete, sachkundige Hilfe.

Frankreich und Belgien

Mittelalterliche Synagogen in Frankreich

Überreste mittelalterlicher Synagogen sind über einen großen Teil Frankreichs verstreut, von Rouffach im Elsaß bis Carpentras im Südosten. Die hier angeführten Beispiele zeigen, wie viele der bekannten Synagogen in Frankreich und Nordwesteuropa vor der Renaissance ausgesehen haben.

Rouen

Die jüdische Gemeinde von Rouen, die sich auf die Rue aux Juifs (Judenstraße) konzentrierte, erlebte während des 12. Jahrhunderts eine Blütezeit. Auf einem Plan des jüdischen Viertels aus dem 18. Jahrhundert ist eine fast quadratische Steinsynagoge mit dicken Mauern, engen Fenstern und einer Ausbuchtung auf der Ostseite zu sehen, die sicher für die Heilige Lade bestimmt war (Abb. 103). Dieser Bau besaß einen Turm, der die anderen Häuser in der Judenstraße überragte, auch wenn er wahrscheinlich nicht mit der Höhe der Türme irgeneiner Kirche am Platze konkurrieren könnte. Die Synagoge erscheint auf dem Stadtplan auf der Südseite der Judenstraße.

Der Grundriß und die Beschreibungen der Synagoge sind von Norman Golb untersucht worden, der zu dem Ergebnis kam, daß der Hauptbetsaal der Männer etwa 8×5,30 Meter maß, etwa 6,50 Meter hoch war und eine Mauerstärke von 2 Metern hatte. Der Bau bestand aus behauenen Steinen, aber etwa zwei der ungefähr drei Meter Mauerwerk, das sich unterhalb vom Geländeniveau befand, bestand aus unregelmäßigen Steinen. Kleine Fenster waren an der Süd- und Westseite angebracht. Vielleicht hat es noch eine Öffnung an der Ostseite, in Richtung Jerusalem, gegeben, es sei denn, die Juden von Rouen meinten, Jerusalem läge südlicher. Über dem Hauptraum befand sich ein weiterer Raum mit einer gewölbten Decke, die mit Fresken ausgemalt war; Überreste der Bemalung waren im Jahre 1820 über einer später eingezogenen Geschoßdecke noch sichtbar.

Bei Ausgrabungen im Vorhof des Justizpalasts von Rouen wurden im Jahre 1976 Mauern aus gut behauenen Steinen entdeckt, die zu einem rechteckigen Bau gehören, der aus der Zeit zwischen etwa 1097 und 1116 stammt. Dieser Bau maß außen 14,14×9,46 Meter, aber die 1,60 Meter dicken Mauern reduzieren die Ausmaße des Innenraumes auf etwa 11×6,30 Meter. Die Mauern sind an manchen Stellen bis zu

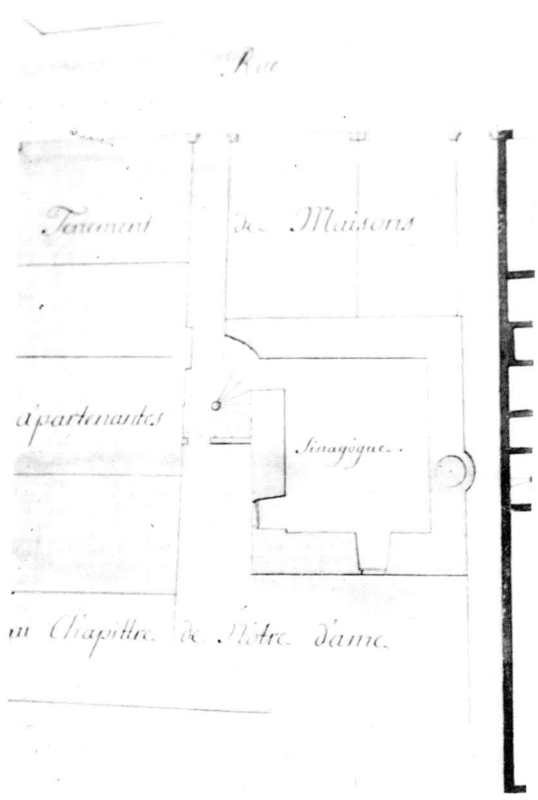

Abb. 103. Rouen, mittelalterliche Synagoge, Grundriß, Zeichnung aus dem 18. Jahrhundert.

einer Höhe von 4 Metern erhalten geblieben, heute aber befinden sie sich unter Straßenniveau. Etwa zwei Meter des Baus lagen unter der mittelalterlichen Straßenebene. Der Bau hatte ursprünglich mindestens zwei Stockwerke und das Erdgeschoß nur an der Nordseite Fenster. An einer Seite des Gebäudes führte ein enger Treppenturm hoch.

Hebräische Schriftzeichen und Informationen über das jüdische Viertel aus alten Beschreibungen der Stadt bestätigen, daß dieses beeindruckende Bauwerk für die Juden errichtet worden ist. Bernard Blumenkranz meint, es sei eine Synagoge gewesen, aber Norman Golb hält es für ein Lehrhaus, das der großen Anzahl von jüdischen Gelehrten diente, die später, im 12. Jahrhundert, in Rouen gelebt haben. Einer alten Stadtbeschreibung ist zu entnehmen, daß das Lehrhaus im jüdischen Viertel auf der Nordseite der Judenstraße lag, wie dieser Bau. Da wir keine anderen Grundrisse oder Überreste so früher normannischer Synagogen besitzen, auch keine von so gewaltigen Lehrhäusern, kann die Debatte um die Identifizierung dieses jüdischen Bauwerks so lange fortgesetzt werden, bis die Gelehrten Einstimmigkeit erzielen.

Draguignan

Diese wahrscheinlich aus dem 13. Jahrhundert stammende Synagoge wurde in eine Ecke eines quadratischen Stadtmauer-Turmes gebaut – eine Lage, die aus anderen Städten bekannt ist. Die Überreste bestehen aus dem Erdgeschoß, dem ersten Stock der 23 Meter langen Fassade und einem überwölbten Innenraum. Die Fassade besteht aus sehr gut behauenen Steinen und hat vier symmetrisch angeordnete Bogenöffnungen, von denen die beiden mittleren weiter sind. Im ersten Stock befinden sich vier gekoppelte Fenster, die jedoch zugemauert worden sind. Der fast quadratische Raum besitzt innen eine seltsame Gewölbeanlage: Die vier Bogen treffen sich in der Mitte; ihre Schübe sind durch andere Bogen zur Mauer abgeleitet. Lagen der Almemor und die Heilige Lade an entgegengesetzten Enden des Raumes, so hat der Architekt vielleicht die Mitte freigelassen, so daß die Sicht auf diese beiden Anlagen nicht behindert wurde. Da die Synagoge eine längere Nord-Süd-Achse besitzt, hätte ein in der Mitte angebrachter Stützpfeiler die optische Wirkung der Ost-West-Achse verringert, die vom liturgischen Standpunkt her wichtiger ist. Der Bau ist jahrhundertelang nicht als Synagoge benutzt worden, vielleicht seit 1481, als die Juden allem Anschein nach aus der Stadt vertrieben wurden.

Mende

Die hier vorhandenen Überreste sind nicht die der wichtigsten mittelalterlichen Synagoge, lassen aber erkennen, daß diese mehr als ein Stockwerk hatte. Ein gewundener Eingangsbogen führte von der Straße in einen Hof, einige Spitz- und Rundbogen stützen Emporen darüber. Ein rechteckiges Kellergeschoß war entweder die Synagoge für Frauen oder das Bad für rituelle Waschungen – vielleicht das erstere, wenn Entlüftungslöcher in dem Tonnengewölbe den Männer- und den Frauenbereich verbanden. Der Bau stammt aus der Zeit vor 1306, denn in jenem Jahr wurde er konfisziert.

Trets

Von dieser Synagoge aus dem 12. Jahrhundert ist nur die Fassade erhalten, die zweigeschossig ist, 12 Meter breit und 8 Meter hoch. Zwei Bogenportale im Erdgeschoß, 3,30 und 2,50 weit, haben große Schlußsteine. Im oberen Stockwerk befinden sich zwei romanische Doppelbogenfenster, an denen die Bogen durch eine kleine Säule getrennt sind. Unter diesen Fenstern laufen Bandsimse.

Bibliographie

Rouen

B. Blumenkranz, »Un ensemble synagogal à Rouen: 1096–1116«, in: *Académie des Inscriptions et Belles-Lettres. Comptes rendus des séances de l'année 1976,* Paris, 1976, Sitzung vom 3. Dez. 1976, S. 663–687.

B. Blumenkranz, »La Synagoge à Rouen (env. 1100)«, in: *Archives juives*, XIII (1977), S. 37–44.

B. Blumenkranz (Hrsg.), *Art et archéologie des juifs en France médiévale*, Toulouse 1980 (Collection Franco-Judaica 9), enthält auf S. 231–303:

M. Bayle, »Les momuments juifs de Rouen et l'architecture romane«; B. Blumenkranz, »La synagoge de Rouen«; G. Duval, »Découverte, conservation, et présentation de l'édifice juif d'époque romane de Rouen«; D. Halbout-Bertin, »Rapport sommaire de la fouille«.

D. Cassuto, »Costruzioni rituali ebraiche nell'alto medioevo«, in: *Gli ebrei nell'alto medioevo, 30 marzo- 5 aprile, 1978, I* (Settimane di studio del Centro italiano di studi sull'alto medioevo, 26), Spoleto 1980, S. 1017–1064.

G. Duval, »Découverte d'un monument hébraïque roman«, in: *Les monuments historiques de France*, 1977, Nr. 4, S. 13–16.

R. Eder, »In France, Ancient Site Yields to a Parking Lot«, in: *New York Times*, 1. Aug. 1982 (über das nahe gelegene Haus eines reichen Juden).

N. Golb, »Exceptionelle découverte à Rouen: les vestiges d'une école hebraïque du XIIe s.«, in: *Archéologia*, Nr. 129 (April 1979), S. 8–33.

N. Golb, »The Forgotten Jewish History of Mediaeval Rouen«, in: *Archeology*, XXX (1977), S. 254–263, 314–325.

N. Golb, »Localisation de l'ancienne académie juive et de la synagogue monumentale«, in: *Les monuments historiques de France*, 1977, Nr. 4, S. 17–19.

N. Golb, »Nature et destination du monument juif découvert à Rouen«, in: *Proceedings of the American Academy of Jewish Research*, XLVIII (1981), S. 101–76, darin weitere bibl. Angaben.

Draguignan

B. Blumenkranz, »Le sauvetage de la synagogue de Draguignan«, in: *L'Arche*, Nr. 76 (Mai 1963), S. 48–51.

Bulletin de la Société d'Etudes Scientifiques et Archéologiques de Draguignan, XLIII (1940/41), Versammlung vom 6. Mai 1941.

Equipe de recherche »208«, »Inventaire archéologique«, in: *Art et archéologie des juifs en France médiévale*, Hrsg. B. Blumenkranz, Toulouse 1980, S. 332–335 (Collection Franco-Judaica 9).

Akte im Kultusministerium, Caisse Nationale des Monuments historiques, Paris.

Mende

A. Lunel, »La synagogue de Mende«, in: *L'Arche*, Nr. 87 (April 1964), S. 38–39.

M. Pinzuti, »Les juifs de Gevaudan«, in: *L'Arche*, Nr. 112 (Juni 1966), S. 27.

J. Sabbath, «Plaidoyer pour la synagogue de Mende«, in: *L'Arche*, Nr. 112 (Juni 1966), S. 24–27.

Trets

Akte im Kultusministerium, Caisse Nationale des Monuments Historiques, Paris.

A. Lunel, »L'ancienne synagogue de Trets«, in: *L'Arche*, Nr. 120 (Febr. 1967), S. 42–43.

Carpentras und Cavaillon

Besucher der Synagogen von Carpentras und Cavaillon in Südfrankreich sind ausnahmslos überrascht, Betsäle zu sehen, die in hübschen Räumen in einem Bürgerhaus untergebracht sind. Diese beiden Synagogen, die in den Jahren 1741 bis 1744 beziehungsweise 1772 bis 1774 umgebaut worden sind, haben Holztäfelungen mit klassizistischen und Rokoko-Motiven, die man in Pariser Salons eine Generation zuvor hätte finden können, bevor sie in diesen Provinzstädtchen übernommen wurden. Diese Räume haben eine vollkommen unterschiedliche Wirkung als die mystische Kraft, die von den Vier-Pfeiler- und hölzernen Synagogen in Osteuropa ausging. Beim Vergleich kommt man zu dem Schluß, daß es keine einheitliche Atmosphäre in der Architektur jüdischer Kultbauten gibt.

Diese französischen Synagogen sind auch deshalb ungewöhnlich, weil sie als einzige von einer Gruppe von Gebäuden erhalten geblieben sind, die im Comtat Venaissin und im Bereich von Avignon standen. Da diese Gebiete vom 13. Jahrhundert bis zur Französischen Revolution dem Papst gehörten, waren die Juden dort nicht von der Ausweisung aus Frankreich betroffen, die im Jahre 1394 vom französischen König verordnet wurde. Jüdische Gemeinden, die sich zu verschiedenen Zeiten gebildet hatten – im 13. Jahrhundert bestand eine in Carpentras, im 15. Jahrhundert in Cavaillon –, waren über das Comtat Venaissin verstreut, bis sie durch einen päpstlichen Erlaß von 1624 auf die erwähnten Städte, auf Isle-sur-Sorgue innerhalb und auf Avignon außerhalb des Comtats beschränkt wurden. Diese Vorschrift führte zur Zerstörung bestehender Synagogen an anderen Orten, so wie es den Synagogen von Noves und Bedarrides bei einer früheren Vertreibung im Jahre 1322 ergangen war, und wahrscheinlich zu einer jüdischen Übersiedlung in die vier genehmigten Städte. Diese isolierten Gemeinden, die allgemein als die *Arba'ah Kehillot* (Vier Gemeinden) bekannt sind, entwickelten eine unterschiedliche Liturgie und Kultur mit einem besonderen Gebetbuch, unterschiedlichen Dialekten, Feiertagsspeisen und speziellen Synagogengrundrissen.

Die Gebäude trugen außen keine besonderen Merkmale, lagen in engen jüdischen Vierteln, die französisch *Carrières* genannt wurden und in denen die Juden im 15. Jahrhundert eingeschlossen waren. In der *Carrière* von Carpentras, die vielleicht die schlimmste war, wohnten zwischen 1746 und 1758 160 Familien auf einer Grundfläche von 72×55 Meter, und ein Viertel der Bevölkerung lebte von der Wohlfahrt. Eine der Folgen dieser Übervölkerung war – wie in Frankfurt und Venedig –, daß die Häuser des Ghettos sieben oder acht Stockwerke in die Höhe wuchsen, so daß die *Carrière* von Carpentras, wenn man sie aus der Ferne betrachtete, ironischerweise den beeindruckendsten Teil der Stadt darstellte.

Carpentras

Eine Synagoge wurde in der Nähe der Stadtmauer von Carpentras, wahrscheinlich im 13. Jahrhundert, errichtet. Im Jahre 1322, als die Juden aus verschiedenen Städten des Comtat vertrieben wurden, wandelte man diese Synagoge in eine der Jungfrau Maria geweihte Kirche um. Als die Juden 1343/44 zurückkehrten, ließen sie sich in der Stadtmitte nieder. Die Synagoge aus dem Jahre 1344 in einem Haus, das ein Notar der Stadt gemietet hatte, wurde unter der Bedingung genehmigt, daß sie nicht höher oder größer sei als die Synagoge von vor 1322, die knapp 14 Meter lang und 8 Meter breit und hoch gewesen war. Die Synagoge von 1344 maß etwas weniger als 10×8×8 Meter. Als der Mietvertrag im Jahre 1367 auslief, wurde eine neue Synagoge gestattet, vorausgesetzt sie sei nicht größer als die vorhergehende. Für dieses Privileg hatte die jüdische Gemeinde dem Bischof von Carpentras sechs Pfund Spezereien zu entrichten, außerdem mußte sie jedesmal, wenn ein Sitzplatz in der Synagoge den Besitzer wechselte, Geld zahlen. Die Synagoge von 1367 enthielt einen Männerbereich, der ursprünglich wohl nicht größer als die derzeitige Almemorempore war, und einen Frauenbereich in einem Raum darunter. Eine Matzenbäckerei und ein Bad für rituelle Waschungen waren in zwei Kellergeschossen untergebracht. Diese Räumlichkeiten waren alle übereinandergesetzt und nicht um einen Hof verteilt, denn in der *Carrière* war nicht genug Platz, um sich ausbreiten zu können. Bis zum 18. Jahrhundert waren die Frauenbereiche in Carpentras und Avignon – und sicherlich auch andernorts – mit den Männerbereichen nur durch eine viereckige Öffnung im Boden nahe der Heiligen Lade verbunden, so daß die Frauen die Thora sehen konnten, wenn die Rollen herausgenommen oder zurückgelegt wurden. Thomas Platter, ein Schweizer Besucher, beschrieb im Jahre 1599 einen getrennten Frauengottesdienst, der von einem blinden Rabbiner in dem dunklen Frauenbereich im Keller in der Synagoge in Avignon halb in hebräischer und halb in der Landessprache abgehalten wurde. Haim Joseph David Azulai, ein Besucher im 18. Jahrhundert, berichtete, daß im Comtat Venaissin die Gebete der Frauen in der Landessprache gesagt würden. Da im Jahre 1808 von den 58 erwachsenen Mitgliedern der Gemeinde in Cavaillon 22 Frauen waren, die alle nicht lesen und schreiben konnten, sollte man annehmen, daß man von den Frauen in den *Arba'ah Kehillot* nicht erwartete, daß sie an einem Synagogengottesdienst mit Gebeten in Hebräisch teilnahmen.

Im Jahre 1677 befand sich die Synagoge in einem ruinösen Zustand und wurde erneuert; 1730 wurden erneut Reparaturen vorgenommen, und zwar an einem höher liegenden Bereich oder einer Tribüne, die als die ehemalige Männersynagoge bezeichnet wurde. Es scheint, daß die Synagoge zu jener Zeit auf eine Höhe von 16,30 Meter angewachsen war, so daß der Bereich, in dem ehemals alle Männer der Gemeinde untergebracht gewesen waren, zu einem abgetrennten Anhang des größeren Hauptraumes wurde. Den Dokumenten ist zu entnehmen, daß die Synagoge damals einige Wandtäfelungen hatte sowie eine kleine Öffnung an der Ostseite, die wohl eher einem Entlüftungsloch als einem richtigen Fenster glich, und daß die Tribüne Licht durch eine oktogonale Kuppel oder Laterne erhielt, denn sie war immer noch von dem neuen, größeren Männerraum getrennt und konnte also von dem Licht im Hauptbetsaal nicht profitieren.

Im Jahre 1741, als die Gemeinde auf 752 Personen angewachsen war, befand sich die alte Synagoge in einem erbärmlichen Zustand. Die Gemeinde erhielt die Erlaubnis, das Gebäude umzubauen (Abb. 104, 105). Antoine d'Allemand, ein Bauingenieur am Ort, wurde zum Architekten bestimmt. Er hatte gerade ein Aquädukt und das Rathaus entworfen und stand unter dem Verdacht, Freimaurer zu sein, was bedeuten mag, daß er leichter akzeptierte, für Nicht-Katholiken zu arbeiten, als der Durchschnittsbürger. Die Juden erhielten die

Abb. 104. Carpentras, 1741 umgebaut, Innenansicht zur Heiligen Lade.

Abb. 105. Carpentras, Innenansicht zum Almemor.

Genehmigung, die Synagoge bis zum Kirchengelände auf der Ostseite auszubauen und zwei angemessene Fenster auf dieser Seite anzubringen. Das Gebäude wurde auf der Nord- und Südseite ebenfalls ausgebaut. Das Ergebnis des Umbaus war ein überwölbter Raum, der 15,70×8,70 maß und über der ehemaligen Frauensynagoge lag, die nun aufgegeben wurde. Die Männer saßen auf Bänken an den Wänden, die getäfelt und mit vergitterten, von kannelierten toskanischen Pilastern getrennten Bogen versehen waren und in einem dorischen Fries und einer abschließenden Balustrade endeten. Die bemalte, hölzerne Heilige Lade, die, auf eine niedrige Plattform erhoben, im Osten steht, ist von Feldern mit Stuckarbeiten eingerahmt und durch ein eisernes Geländer abgetrennt. Ihr Stil ist prächtiger als die nüchterne Wandtäfelung des übrigen Raumes und stammt vielleicht aus einer anderen Zeit.

Auf der Westseite befindet sich eine Tribüne oder ein Balkon, der 9,50×6,30 mißt und von kannelierten, toskanischen Säulen getragen wird. Er reicht bis in eine Ausbuchtung, die vielleicht der Bereich der ursprünglichen Männersynagoge gewesen und nun Teil des erweiterten Hauptraumes ist. Auf diesem Balkon befindet sich der Almemortisch mit vier dünnen Säulen, die von seinen Ecken hochführen und Voluten halten, welche in der Mitte zusammentreffen. Dieser kleine Tabernakel erinnert entfernt und in viel bescheidenerer Form an den Entwurf von Berninis Baldachin über dem Hochaltar in Sankt Peter im Vatikan, einem Baldachin, dessen Säulen, der Legende nach, wie die des Tempels von Jerusalem aussehen sollen. Es ist nicht bekannt, ob Antoine d'Allemand eine solche Anlage in Hinblick auf den Papst, dem Carpentras unterstand, in Auftrag gab, oder ob es sich ganz einfach um die Form eines Tabernakels handelte, die damals in Mode war. Der erhobene Almemor ist aus italienischen Synagogen bekannt, wie in Ancona, Pesaro und Venedig, und die Juden der *Arba'ah Kehillot* waren enger mit den Juden Italiens verbunden als mit denen anderer Orte. Auf dem Balkon befinden sich auch Sitze für den Synagogenvorstand und drei siebenarmige Leuchter, zwei aus der napoleonischen Zeit und einer aus der Restauration.

Die Frauen saßen in vergitterten Abteilungen, die ein wenig höher als das Bodenniveau des Männerbereichs lagen. Auf der Südseite der Synagoge erhebt sich eine Empore mit Balustraden über dem vergitterten Frauenbereich. Da diese Empore nicht geschlossen ist, stammt sie möglicherweise, falls sie für Frauen gedacht war, aus einer späteren Zeit als der vergitterte Bereich darunter. Im Jahre 1858 wurde ein Teil eines verfallenen Hauses auf der Nordseite der Synagoge dazugekauft, um auf dieser Seite ebenfalls eine Tribüne anlegen zu können.

Auf der Höhe des Almemors und der seitlichen Empore ist die Synagoge breiter und länger als auf dem Niveau des Männerbereichs; sie mißt dort 18,90×9,70 Meter.

Eine besondere Anlage in den Synagogen von Carpentras und Cavaillon ist eine Nische, die auf etwa ein Meter Höhe in der Wand in der Nähe der Heiligen Lade eingelassen ist und einen etwa 50 Zentimeter großen Sessel enthält, der Elias-Stuhl genannt wird. Dieser wurde während der Beschneidung nahe an die Heilige Lade gestellt, denn der Prophet Elias, Beschützer der Kinder, sollte an der Zeremonie teilnehmen. In anderen Synagogen werden zu diesem Zweck gewöhnlich größere Bänke oder Sessel in einem Raum aufbewahrt. Die Sessel in den Synagogen des Comtat Venaissin aber sind ständig im Betsaal und zu klein, als daß man darauf sitzen könnte, also müssen sie einen symbolischen oder zeremoniellen Zweck erfüllt haben. Es ist nicht sicher, welche Bedeutung sie gehabt haben, vielleicht besteht eine Verbindung zu dem leeren Thron, der auf die Ankunft des Herrn wartet und den man in verschiedenen Formen und Zusammenhängen auf Darstellungen früher jüdischer und christlicher Kunst findet. Die Kathedra des Bischofs von Sankt Peter im Vatikan ist an der Hauptwand erhöht. Ist es möglich, daß die comtadinischen Synagogen Anspielungen auf den Sitz der Autorität des Papstes enthalten, dem die *Arba'ah Kehillot* unterstanden? Eine Dachterrasse auf der Nordostseite wurde für die Neumondzeremonien und für den Hüttenbau beim Laubhüttenfest benutzt. Auf diese Weise sparte man Platz und war ungestört.

Die Arbeiten an der Synagoge in der Mitte des 18. Jahrhunderts, die hauptsächlich zwischen 1741 und 1744 geplant und ausgeführt wurden, konnten nicht zügig beendet werden.

Ein nicht enden wollender Prozeß war im Gange, und die Obrigkeit überprüfte Beschwerden, weil die Synagoge höher als einige Kirchen war. Der Kirchenvorstand wünschte, die Höhe des Baus zu reduzieren, mit dem Argument, die Juden seien selber daran schuld, in der Gesellschaft so tief gefallen zu sein, und sollten infolgedessen gezwungen werden, so tief zu blicken, wie sie stünden. Die Ostfenster der Synagoge wurden zugemauert, später aber wieder geöffnet, der Hauptbetsaal wurde verkleinert, und die Obrigkeit ordnete an, daß die Tribüne im Westen (Almemor) von dem Rest des Raumes abgetrennt werden sollte. Die Streitigkeiten endeten erst mit der Revolution oder kurz davor, sofern die Jahreszahl 1784 auf den Gesetzestafeln neben der Heiligen Lade das Datum der Übereinkunft zwischen Juden und Christen bezeichnen soll.

Während der Revolution war die Synagoge geschlossen und wurde, wie auch andere Gotteshäuser in jener Zeit, ihrer Gegenstände aus Edelmetall, ihrer Holzschnitzereien, Leuchter und wertvollen Stoffe beraubt. Das Gebäude diente als ein Klubhaus der Jakobiner, und die Wertgegenstände wurden in ein Lagerhaus der Regierung gebracht, wo sie verkauft oder eingeschmolzen werden sollten. Die Juden nahmen jedoch im Jahre 1800 wieder Besitz von ihrer Synagoge; drei der heute noch vorhandenen Beleuchtungskörper stammen aus dem 17. Jahrhundert und gehören vielleicht zu den ursprünglichen Einrichtungsgegenständen, die zurückerstattet wurden.

In der Zeit nach Napoleon vollzogen sich wenige grundlegende Änderungen, trotz mehrerer Renovierungen und Umbauten. Im Jahre 1885 wurde ein neuer Eingang angebracht, der auf die Rue de la Juiverie ging und den von der Place de la Juiverie ergänzte. Der Abriß des alten Ghettos, zwischen 1865 und 1891 und später, schuf den heute bestehenden Platz mit dem Rathaus auf einer Seite. Im Jahre 1900 wurde die Synagoge auf Anregung des Rabbiners von Avignon und eines jüdischen Bürgers restauriert. 1923 wurden die Holztäfelungen dunkelbraun gestrichen, mit Ausnahme derer um die Heilige Lade, die mit Marmorimitationen bemalt wurden. Im folgenden Jahr wurde der Bau von der Regierung unter Denkmalschutz gestellt, was zu weiteren Restaurierungsarbeiten 1929/30 führte. 1936 wurden das Dach, das schon 1923 in schlechtem Zustand gewesen war, und die Wasserrohre repariert. Zwischen 1950 und 1953 wurden das Mauerwerk und der Innenraum erneuert. Ein Teil der Zuschüsse kam von Louis Schweitzer aus New York, der eine Fabrik in dieser Gegend besaß. Die französische Regierung leistete ebenfalls Beiträge zu den Arbeiten. Im Jahre 1970, als die Gemeinde nur noch aus einigen älteren Leuten bestand, wurden 150 Juden aus Nordafrika in der Stadt angesiedelt, die nunmehr eine neue Synagogengemeinde gebildet haben.

Cavaillon

Die Synagoge von Cavaillon ist ein kleinerer Bau mit einer Steinfassade. Die erste Synagoge, die auf dem gleichen Grundstück nahe der Stadtmauer im Jahre 1499 errichtet wurde, bildet den Kern dieser Synagoge, die zwischen 1772 und 1774 unter der Leitung von Antoine Armelin und seinem Sohn Pierre, beide Maurermeister aus Cavaillon, erbaut wurde (Abb. 106).

Das Gebäude überbrückt eine Straße am Eingang der *Carrière*, so daß der Innenraum nur über eine Außentreppe zu erreichen ist, die im

Abb. 106. Cavaillon, 1772–1774, Außenansicht.

Jahre 1901 zur Verbesserung des Straßenverkehrs an die heutige Stelle gesetzt wurde. Die Treppe führt zu einem Balkon mit einem in Stein gemeißelten Portal, durch das man den Männerbereich erreicht. Im 15. Jahrhundert saßen die Frauen im Erdgeschoß, aber heute befinden sie sich in einem Türmchen (mit einem Türsturz, der von 1754 stammt), das an der Nordseite des Synagogenbaus vorspringt. Der Innenraum, etwa 9 Meter lang, 7,20 Meter breit und 8,30 Meter hoch, ist mit Holztäfelungen ausgestattet, die an ihrem oberen Rand mit Rokokodekorationen verziert sind. Diese freundlich und häuslich wirkenden Holzarbeiten geben der Synagoge, mehr als jedes andere Merkmal, ein erstaunlich weltliches Aussehen. Wir finden hier Muschel-, Fruchtkorb-, Blätter- und Festonverzierungen, die von Jean-Joseph Charmot, einem Schnitzer aus Isle-sur-Sorgue, ausgeführt worden sind.

Die Heilige Lade erstreckt sich teilweise in eine Ausbuchtung, die aufgrund eines Landankaufes von 1773 angebracht werden konnte. Dieser Landerwerb läßt darauf schließen, daß die Heilige Lade vorher eine Truhe im Raum gewesen sein mag, wie es vor dem 18. Jahrhundert üblich war. Der Almemor steht hier, wie in Carpentras, auf einem Balkon, der von kannelierten korinthischen Säulen getragen wird, und ist von einem fein gearbeiteten schmiedeeisernen Gitter umgeben (Abb. 107). In der Mitte des Balkons befindet sich der Almemortisch, der eine geschwungene, ovale Form hat und vier Säulchen trägt, von denen geschnitzte, hellblau bemalte Vorhänge herabhängen. Um die Säulchen winden sich Rosengirlanden.

Abb. 107. Cavaillon, Innenansicht vom Balkon mit dem Almemor zur Heiligen Lade.

Die Arbeiten, die hier von guten Handwerkern am Ort ausgeführt sind, wurden anscheinend hoch genug geschätzt, um die Stadtverwaltung 1853 zu überzeugen, fünfhundert Franken für dringende Reparaturarbeiten beizusteuern. Im Jahre 1864 wurde ein Haus abgerissen, das die Eingangsseite der Synagoge verstellte, und die Mauer, die den Balkon mit dem Eingang trägt, wurde erneuert. 1876 kaufte die Stadt einen Teil des auf der Nordseite an die Synagoge grenzenden Hauses und riß dieses ab, so daß das Türmchen sichtbar wurde. Im Jahre 1901 wurde die Eingangstreppe versetzt. Von 1922 an wurden alle Holztäfelungen und -schnitzereien seegrün bemalt und mit Vergoldung versehen. 1924 wurde die hübsche Synagoge schließlich unter Denkmalschutz gestellt. Dies führte zu Dachreparaturen im Jahre 1928 und 1930 zu einer allgemeinen Restaurierung. 1950 entdeckte André Dumoulin, der später ein Buch über diesen Bau veröffentlichte, Überreste einer älteren Synagoge, darunter zwei Tabernakeltüren aus dem 16. Jahrhundert, auf denen die Früchte und Blumen des Laubhüttenfestes zu sehen sind. Da aber die Synagogengemeinde praktisch ausgestorben war, konnte niemand von diesen Ausstattungsgegenständen Gebrauch machen. Ein Hersteller von Waagen richtete im Jahre 1952 illegal seine Werkstatt im Erdgeschoß der Synagoge ein, wurde aber ausgewiesen, da das Gebäude offiziell unter Denkmalschutz stand. 1961 und 1963 wurde die Nordfassade gereinigt, die beschädigten Teile des Eingangsbalkons wurden ersetzt.

Beide Synagogen hatten eine Matzenbäckerei und ein Bad für rituelle Waschungen in der nächsten Nachbarschaft. In Carpentras erreicht man die dämmrige Bäckerei im Keller über einen Hof auf der Südseite der Synagoge. In dem Raum befindet sich ein Arbeitstisch, der im Jahre 1652 von einer frommen Frau gespendet worden ist. Im unteren Kellergeschoß liegt in einem kalten und düsteren Raum, der in den Felsen gehauen ist, das Bad für rituelle Waschungen. 1886 wurde ein bequemeres Bad an einem anderen Ort eingerichtet. In Cavaillon befindet sich das Bad in einem kleinen Hof hinter der jüdischen Hauptstraße; zwölf Stufen führen hinunter in einen gewölbten Keller, der 4 Meter lang, 2 Meter breit und 5 Meter tief ist. In der Bäckerei unter der Synagoge ist jetzt ein Museum für die jüdische Geschichte des Comtat Venaissin eingerichtet.

Bibliographie

F. Ambrière (Hrsg.), *Guide religieux de la France*, Paris 1967, S. 595–596, 632.

Archives Nationales, Akte 11 120.

L. Bardinet, »Antiquité et organisation des juiveries du Comtat Venaissin«, in: *Revue des études juives*, IV (1880), S. 262–292.

L. Bardinet, »Documents relatifs à l'histoire des juifs dans le Comtat Venaissin«, in: *Revue des études juives*, VII (1883), S. 139–146.

J. Bauer, »Les troupes du Maréchal de Belle-Isle et les juifs du Comtat Venaissin, 1746–58«, in: *Revue des études juives*, XXVII (1893), S. 263–268.

B. Blumenkranz, »Notes archéologiques sur Cavaillon«, in: *Mémoires de l'académie de Vaucluse*, XXXIII (1933), S. 48–51.

B. Blumenkranz, *Histoire des juifs en France*, Toulouse 1972, S. 203–205.

B. Blumenkranz und Monique Lévy, *Bibliographie des juifs en France*, Toulouse 1974 (Collection Franco-Judaica).

T. Brun, *Les juifs du Pape à Carpentras*, Carpentras 1975.

Akten der Caisse Nationale des Monuments Historiques.

H. Chobaut, »Les juifs d'Avignon et du Comtat et la Révolution Française. Fin des Quatre Carrières (1787–1800),« in: *Revue des études juives*, o. A., I (= CI) (Jan.–Juni 1937), S. 5–52; o. A., II (= CII) (Juli–Dez. 1937), S. 3–39.

J. de Dianous, »Les communautés juives du Comtat Venaissin et de l'état d'Avignon d'après leurs statuts (1490–1790)«, zusammengefaßt in: *Positions des thèses de l'Ecole Nationale de Chartres*, 1938, S. 31–36; 1939, S. 53–59.

A. Dumoulin, *Un joyau de l'art judaïque français. La synagogue de Cavaillon*, Paris 1970.

Equipe de recherche »208«, »Inventaire archéologique«, in: *Art et archéologie des juifs en France médiévale*, Hrsg. B. Blumenkranz, Toulouse 1980 (Collection Franco-Judaica 9), S. 321–323.

H. Gross, *Gallia Judaica*, Paris 1897, Nachdruckausgabe, Amsterdam 1969, Carpentras, S. 605–613; Cavaillon, S. 538–540.

P. Lavedan, »Les synagogues de Carpentras et de Cavaillon«, in: *Congrès archéologique de France*, CXXI (1946), S. 307–311.

I. Loeb, »Les juifs de Carpentras sous le gouvernement pontifical«, in: *Revue des études juives*, XII (1886), S. 34–64, 161–235.

M. Lowenthal, *A World Passed By*, New York 1933, S. 111.

A. Lunel, »Les synagogues comtadins«, in: *L'Oeil* Nr. 4 (15. Apr. 1955), S. 14–17.

R. de Maulde, *Les juifs dans les états français du Saint Siège au Moyen Age*, Paris 1886.

A. Mossé, *Histoire des juifs d'Avignon et du Comtat Venaissin*, Paris 1934.

Thomas Platter d. J., *Beschreibung der Reisen durch Frankreich, Spanien, England und die Niederlande, 1595–1600*, Basel und Stuttgart (1968), S. 128.

C. Roth, »Jüdische Bräuche im Comtat Venaissin«, in: *Menorah*, V, Nr. 4 (1927), S. 256–260.

C. Roth, »The Liturgies of Avignon and the Comtat Venaissin«, in: *Journal of Jewish Bibliography*, I, (1938–39), S. 99–105. Zusätze von A. Marx beziehen sich auf liturgische Studien.

Z. Szajkowski, »Die Geschichte fun Karpentraser Beis Keneses in 18ten Jahrhundert«, in: *YIVO-Bleter*, XXIII (1944), S. 149–152.

Z. Szajkowski, »Synagogues during the French Revolution, 1789–1800«, in: *Jewish Social Studies*, XX (1958), S. 215–231, bes. S. 220–224.

Wischnitzer, *Architecture*, S. 69–75.

Paris

Vom 6. Jahrhundert an ist die Anwesenheit von Juden in Paris periodisch belegt. Im Mittelalter gab es Synagogen in den jüdischen Vierteln auf der rechten und linken Seite der Seine sowie auf der Ile de la Cité, auf der später der berühmte Blumenmarkt eingerichtet wurde. Wir wissen, daß sich dort eine Synagoge aus dem 12. Jahrhundert befunden hat, die 8 Meter breit und 31 Meter lang gewesen ist. Sie wurde 1182 von Philipp II. August enteignet und dem Bischof von Paris überlassen, der sie in die Maria-Magdalena-Kirche umwandelte. Die Juden wurden zwischen diesem Datum und ihrer endgültigen Vertreibung im Jahre 1394 regelmäßig aus Paris ausgewiesen und wieder zugelassen. Während der Jahre, die sie in der Stadt seßhaft waren, errichteten sie neue Synagogen in der Rue de la Tacherie und der Rue du Franc-Mourier. Nach 1394 gab es in Paris fast vierhundert Jahre lang keine öffentlich anerkannten Synagogen und im 15. und 16. Jahrhundert auch keine Juden, die als solche bekannt gewesen wären. Nach etwa 1720 ließen sich Juden aus Avignon und sephardische Juden aus Bordeaux in einem Viertel um die Rue St-André-des-Arts nieder, während aschkenasische Juden aus Metz sich in einer ärmeren Gegend auf dem rechten Ufer in der Nähe der Hallen ansiedelten und ihren Gottesdienst in Gasthäusern abhielten, wo sie illegale Beträume einrichteten. Erst 1788 gab es eine öffentlich anerkannte Synagoge aschkenasischer Juden in der Rue Brisemiche.

Zwei Jahre später erhielten die sephardischen und die Avignoneser Juden volle Bürgerrechte, ein Jahr früher, als diese den aschkenasischen Juden im Jahre 1791 zugestanden wurden. Die Juden konnten nunmehr unbehindert Synagogen errichten, und wir wissen von vier, die 1792 erbaut wurden: in der Rue Brisemiche, der Rue des Petits-Champs, der Rue St-Martin und der Rue du Renard. Während der Schreckensherrschaft mußten die Juden geheim in einem Keller beten, später aber konnten sie die vorher bestehenden Synagogen wiedereröffnen oder neue einrichten.

Unter Napoleon wurden im Jahre 1808 die Juden Frankreichs und in allen Territorien, die unter französischer Herrschaft standen, in regionale Konsistorien aufgeteilt, die Steuereinkommen für den Synagogenbau erhielten. Die Regierung versuchte, die Anzahl der Synagogen zu beschränken. Da die großen Synagogen auch große Gemeinden brauchten, um ihre finanzielle Stabilität zu sichern, unterstützten die Leiter der Konsistorien die Bestrebungen der Regierung, die Anzahl von Beträumen möglichst niedrig zu halten.

Rue Notre-Dame de Nazareth

Im Jahre 1815 unterstanden dem Pariser Konsistorium etwa 200 sephardische, 100 Avignoneser und 2400 aschkenasische Juden, die fünf Synagogen und mehrere kleinere Beträume hatten. Als sich der Besitzer des Hauses, in dem die Synagoge in der Rue St-Avoye untergebracht war, weigerte, den Mietvertrag zu verlängern, planten die Juden im Jahre 1817 eine neue Synagoge und kauften 1818 das Grundstück. 1819 begann der Bau einer großen, öffentlichen aschkenasischen Synagoge für 1000 Gläubige in der Rue Notre-Dame de Nazareth (Abb. 108, 109). Die Architekten waren J. P. Sandrié, ein Christ belgischer Herkunft, und Jacob Silveyra (1785–?), dessen portugiesischer Name und dessen Geburtsort, Bordeaux, darauf schließen lassen, daß er ein sephardischer Jude oder der Nachkömmling eines solchen war, besonders da er einer der Architekten einer sephardischen Synagoge war, die aus privaten Mitteln in der Rue Lamartine (1851) errichtet wurde.

Die Konsistorial-Synagoge war eine schöne Emporenbasilika, die im Jahre 1822 eingeweiht wurde. Ihre Maße betrugen etwa 33 Meter in der Länge und 16 Meter in der Breite (105 × 50 Pariser Fuß), inklusive der Außenmauern. Toskanische Säulen trugen die Emporen und standen neben ionischen Pilastern zwischen den Abschirmungen vor den Frauenemporen. Ein Triumphbogen faßte die einfache Nische für die Heilige Lade ein, die von großen Gesetzestafeln gekrönt war. Das Licht fiel durch Fenster, die in jedes zweite Joch des Tonnengewölbes eingelassen waren. Die schlichte Strenge des Raumes wurde nur durch einige wenige Details aufgelockert. Zwischen den Säulen hingen Lampen in Form einer Lyra, Farnwedel schmückten die Zwickel des Bogens der Nische für die Heilige Lade, und dünne Eisengeländer mit sich wiederholenden, gotischen Spitzbogen umgaben sie und den Almemor. Letzterer stand fast in der Mitte des Raumes. An einer Säule in der Nähe des Almemors war eine zylinderförmige Kanzel für Predigten angebracht, die in den etwas modernisierten Gottesdienst eingeführt wurden. Die Anlage kam jener der aschkenasischen Großen Synagoge in London aus dem Jahre 1790/91 nahe (siehe Abb. 245). Im frühen 19. Jahrhundert, als den Juden gerade die Bürgerrechte zugestanden worden waren, wurden Synagogen für sephardische Juden in Bordeaux und Bayonne, für aschkenasische Juden in München und die Great St. Helen's Synagogue in London gebaut, die mit dieser Pariser Synagoge vergleichbar sind.

Der Bau von Synagogen konnte mit dem Anwachsen der jüdischen Bevölkerung von Paris nicht Schritt halten. In einem Brief an den Präfekten wies der jüdische Vorstand außerdem im Jahre 1850 darauf hin, daß die Synagoge von 1822 in einem sehr schlechten Zustand sei und unmöglich die 15 000 Juden der Stadt aufnehmen könne. Pläne für eine neue Synagoge wa-

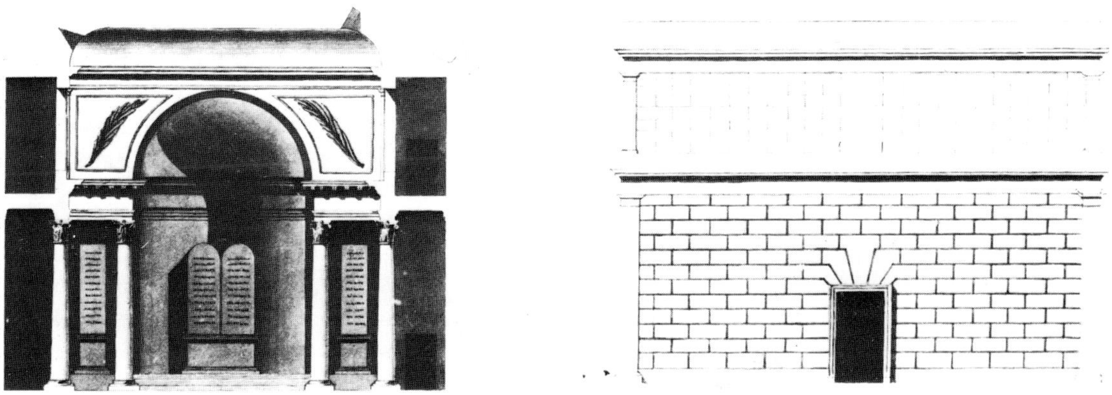

Abb. 108. Paris, Rue Notre-Dame de Nazareth, 1819, Fassade und Querschnitt, von J. P. Sandrié und Jacob Silveyra gezeichnet.

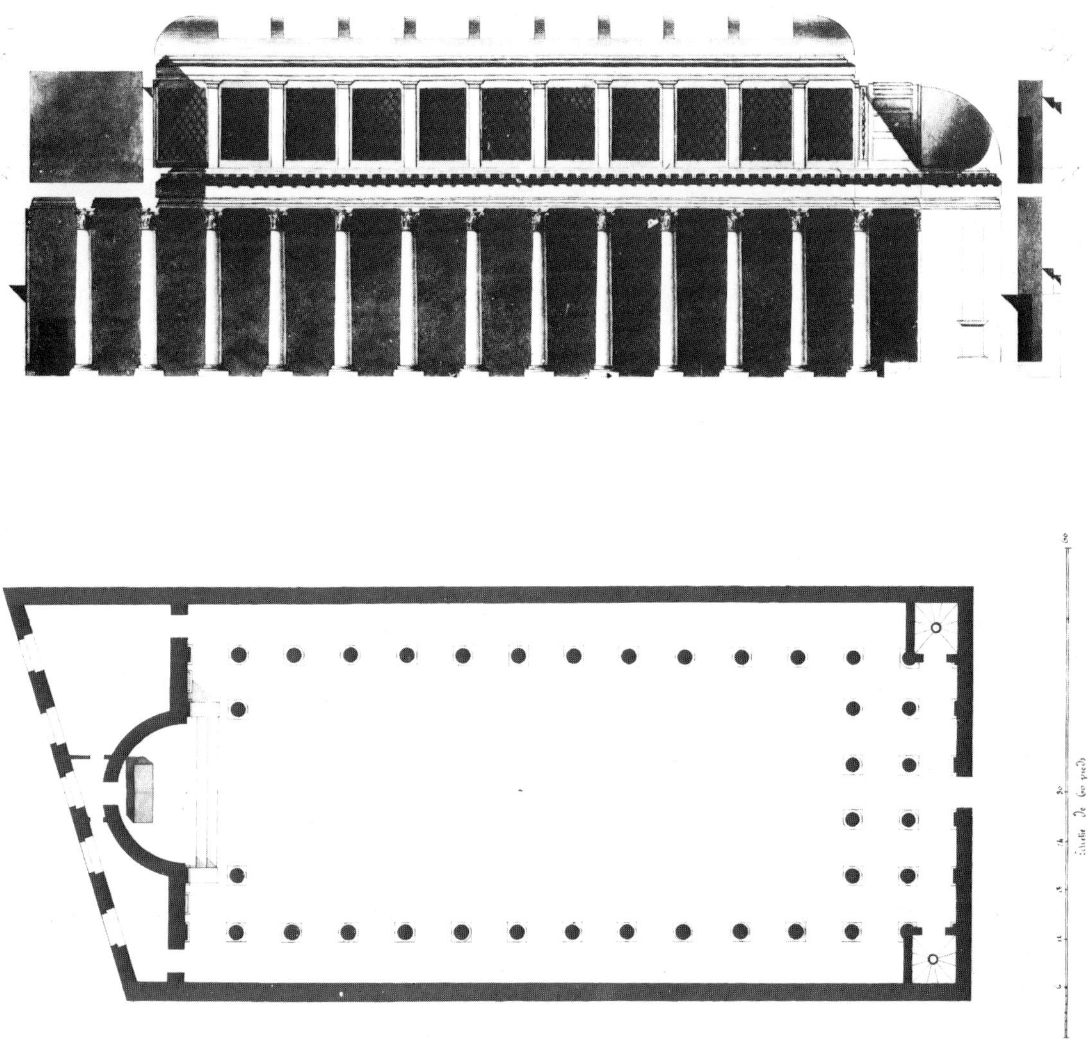

Abb. 109. Paris, Rue Notre-Dame de Nazareth, Längsschnitt und Grundriß, von J. P. Sandrié und Jacob Silveyra gezeichnet.

ren in der Tat 1849 angeregt worden, und Gottfried Semper reichte einem Mitglied der Familie Rothschild einen Entwurf ein in der vergeblichen Hoffnung, auf diese Weise den Auftrag für eine große, neue Synagoge zu bekommen. Während der folgenden Jahre konnten nur die sephardische Synagoge von 1851 in der Rue Lamartine und eine Privatsynagoge in der Rue de la Victoire Nr. 44 mehr als winzige Gruppen von Gläubigen aufnehmen.

Eine Vergrößerung des Gebäudes von 1822 wurde von dem Architekten J. A. Thierry (1794–1863) vorgenommen, der das Jüdische Hospital 1852 fertigstellte, demselben Jahr, in dem die umgebaute Synagoge wiedereröffnet wurde. Er schuf eine Mischung aus romanischen, byzantinischen und maurischen Stilformen mit einigen ägyptisch inspirierten Teilen, welche die Fassade krönten – ein Beweis dafür, daß die französischen Juden, wie die anderer Länder zur gleichen Zeit, durchaus ihre besondere Identität herauszustellen gewillt waren. Der Baron de Rothschild hatte Thierry im Jahre 1850 nach Italien auf die Suche nach einem passenden Modell für den Umbau der Synagoge geschickt, aber der Architekt kam offensichtlich ohne besonders gute Ideen zurück, denn sein billig ausgeführter eklektizistischer Entwurf wurde von der nächsten Generation als vulgär betrachtet und mit einem »Café-concert Alcázar« verglichen. Zumindest eine seiner Sparmaßnahmen war praktisch: die Verwendung einer Eisenkonstruktion, auch wenn sie, wie das zu jener Zeit üblich war, mit Mauerwerk verkleidet wurde. Die Synagoge war mit ihren 1200 Sitzplätzen alsbald zu klein, denn im Jahre 1858 gab es in Paris fast 25 000 Juden.

Abb. 110. Paris, Rue de la Victoire, 1861–1874.

Rue de la Victoire

Im Jahre 1859 schrieb der Vorstand des Konsistoriums erneut an den Präfekten von Paris, beklagte den Platzmangel in den Synagogen und bat um Subventionen, um ein neues Gebäude finanzieren zu können. Tatsächlich wurden zwei neue Synagogen gebaut; eine als Ersatz für die private Synagoge in der Rue de la Victoire Nr. 44, die Sitz des Oberrabbiners und des Pariser Konsistoriums wurde. Die andere, in der Rue de Tournelles, für das ältere jüdische Viertel im 4. Arrondissement, entwarf ein Christ und offizieller Architekt des Distrikts, M. E. Varcollier. Die Entscheidung, zwei große Bauten zu errichten, wurde allgemein begrüßt, aber zumindest ein Gemeindevorstandsmitglied sagte, es wäre besser gewesen, zehn kleine Synagogen zu bauen, wie die gerade im Rothschild-Waisenhaus eingerichtete, und nicht alle waren überzeugt, daß es genügend Gläubige gab, um die große Synagoge in der Rue de la Victoire zu rechtfertigen. Das Konsistorium war der Meinung gewesen, daß zwei große Bauten weniger kosten würden als viele kleine, und auf jeden Fall legten die Vorstandsmitglieder Wert darauf, ihre Präsenz öffentlich zu zeigen.

Die Synagoge in der Rue de la Victoire sollte einen gemischten aschkenasischen und sephardischen Ritus haben, um beide Gruppen zu vereinen, aber Diskussionen über dieses Thema wurden im Jahre 1874 aufgegeben, und die Synagoge blieb aschkenasisch. Daniel Osiris Iffla, ein bedeutender Sephardim, trug damals einen großen Teil der Kosten für eine sephardische Synagoge mit 900 Sitzplätzen in der Rue Buffault, die von Stanislas Ferrand entworfen und im Jahre 1877 eröffnet wurde.

Die Synagoge in der Rue de la Victoire liegt an einer relativ engen Straße (Abb. 110). Vorstandsmitglieder hatten die Hoffnung gehegt, die Fassade an der etwas auffälligeren Rue St-Georges errichten zu können, von der man jetzt die Gemeindebüros erreicht, aber der Beichtvater der Kaiserin, der angeblich ein konvertierter Jude war, wünschte nicht, daß das Gebäude an einer verkehrsreichen Durchgangsstraße liege. Also mußte sich die Synagogengemeinde mit der daraus resultierenden falschen Ausrichtung der Heiligen Lade abfinden. Die Synagoge und die Gemeindebauten waren jedoch weitläufig, sie nahmen etwa 85 Prozent eines 2400 Quadratmeter großen Grundstücks ein. Im Jahre der Einweihung, 1874, machte ein jüdischer Schriftsteller geltend, daß das 17 Meter breite Hauptschiff nur etwas kleiner als das der Kirche La Madeleine in Paris sei. Die Höhe des Hauptschiffs beträgt vom Boden bis zum Gewölbe 28,10 Meter, mehr als die des Hauptschiffs der Kathedrale von Noyon. Die Synagoge mißt in ihrer Länge vom Eingang bis zum Sanktuarium 44 Meter.

Das Grundstück, die Synagoge und die Gemeindebauten in der Rue de la Victoire kosteten 3 260 000 Francs oder 1557 Francs pro Quadratmeter überbaute Fläche. Die Kosten für eine etwas früher errichtete römisch-katholische Kirche, St-Augustin (1860–1871) von Victor Baltard, betrugen vergleichsweise 5 700 000 Francs, das heißt 2000 Francs pro Quadratmeter. Die große Synagoge in der Rue de Tournelles (1861–1876) kostete nur 840 000 Francs oder ungefähr 840 Francs pro Quadratmeter.

Die Fassade der Synagoge ist etwa drei Meter von der Straßenfront zurückversetzt. Enge Seitenteile rahmen einen breiten Mittelteil mit einem zurückspringenden offenen Portalvorbau ein. Darüber befinden sich zwei Fensterreihen und ein großer überwölbter Giebel. Gewölbte Giebel als Krönung findet man schon mehrere Jahrzehnte früher (zum Beispiel an der Kapelle St-Ferdinand, 1843, von Fontaine und Lefranc) und war vielleicht von byzantinischen Kirchen, wie der aus dem 12. Jahrhundert stammenden Kalenderhane Camii in Konstantinopel, inspiriert. Er ist ebenfalls an einigen italienischen Renaissancekirchen zu finden, auch wenn diese weniger mit der Synagoge gemein haben als die byzantinischen Beispiele. Die Fassade der Synagoge war Vorbild für spätere Synagogenbauten, wie die in der Rue de Tournelles und in der Rue de Buffault in Paris und andere in Florenz und Nancy.

Hinter dem Portal befindet sich eine Vorhalle, von der Treppen zu den Emporen und den Versammlungsräumen der Gemeinde führen. Der Betsaal ist eine Emporenbasilika mit weit

Abb. 111. Paris, Rue de la Victoire, Innenansicht zur Heiligen Lade 1980.

auseinanderliegenden Stützen, die Rundbogen tragen (Abb. 111). Auf den Emporenstützen sind relativ kurze romanische Pfeiler angebracht, die höhere und schlankere Halbsäulen in demselben Stil tragen – ein Aufbau, der unter anderem mit dem der Londoner New Synagogue (1838, von John Davies) und der Synagoge in der Heidereutergasse in Berlin nach ihrem Umbau von 1856 zu vergleichen ist. Die Verbindung von weiten Bogen und zwei Reihen von Stützen läßt diese Pariser Synagoge offen und zugleich solide wirken. Kuppeln über den Feldern der Empore, die von dem tonnengewölbten Mittelschiff aus durch die Rundbogen sichtbar sind, erzeugen ein starkes, lebendiges Spiel der Kurven – eine Wirkung, welche die banale Gestaltung der Details kompensiert.

Die gewölbte Nische für die Heilige Lade gleicht einem erhöhten Chor. In die hier angebrachten zwölf Fenster von Husson, Lefèvre und Oudinet sind die Namen der zwölf Stämme Israels eingeschrieben, fünf runde Fenster enthalten die Namen der Bücher des Pentateuchs. Die dieser Nische vorbehaltene, höchst kunstvolle Dekoration besteht aus Marmorsäulen, die den Eingang einrahmen, einem Eisengitter bei den Stufen, die zur Heiligen Lade hinaufführen, Emailornamenten an der Wand und farbigem Glas, einem Geschenk der Familie Rothschild, in den beiden Fenstern.

Am Eingang zur Nische befanden sich eine kleine Orgel und Sitze für den Chor, unmittelbar darunter Sitze für die Vorstandsmitglieder der Synagoge und des Konsistoriums. Der Almemor steht jetzt auch dort am Ende des Hauptschiffs, wo sich die Heilige Lade befindet, aber in älteren Plänen und Beschreibungen ist er näher am Mittelpunkt des Hauptschiffs. Die Gestaltung der Heiligen Lade und das Versetzen des Almemors sind Beispiele für europäische Synagogen, die – wenn auch nur ein wenig – von der Reformbewegung beeinflußt wurden, eindeutiger jedoch durch die geschäftsmäßigen, weltlichen Vorstellungen von Ordnung und Rationalisierung.

Ein weiteres Merkmal der Konsistorial-Synagogen in Frankreich war die Trennung der Geschlechter, jedoch nicht durch hohe Gitter. Ursprünglich befanden sich die Frauen auf Seitenemporen und auf einer weiteren Empore über dem Eingang. Heute sitzen sie unten in den Seitenschiffen, außer an hohen Feiertagen, wenn so viele Männer den Gottesdienst besuchen, daß sie auch die Seitenschiffe füllen. Eine zweite Empore vor der Orgel nahm verarmte Männer auf, die unten keinen Platz hatten. Auch die Orgel ist für Reformsynagogen bezeichnend.

Architekt der Synagoge und des Gemeindehauses war Alfred Philibert Aldrophe (1834–1895), ein Jude, der vornehmlich für die Regierung bei Weltausstellungen arbeitete (1855, 1862) und Ritter der Ehrenlegion war. Das Konsistorium beauftragte ihn 1861, vorläufige Pläne für die Synagoge anzufertigen, und später entwarf er die Gemeindebauten (1867). Er stellte Ansichten der Synagoge in der Rue de la Victoire auf der Wiener Ausstellung von 1873 aus. Für jüdische Auftraggeber plante er das Rothschild-Waisenhaus, das Wohnhaus von Gustave de Rothschild und die Synagoge von Versailles (1886), die ebenfalls von der Familie Rothschild finanziert wurde. Aldrophe soll die Hand auch beim Entwurf der Konsistorial-Synagoge in der Rue de Tournelles im Spiel gehabt haben.

Aldrophe hatte einen ausgeprägten Sinn für praktische Bedürfnisse. Ein zeitgenössischer Kritiker lobte ihn, weil er einen offenen Portalvorbau von der Straße zurückgesetzt hatte, so daß die Leute bei schlechtem Wetter an einem überdachten Platz aus den Kutschen aussteigen konnten, was weiblichen Hochzeitsgästen besonders gelegen käme, die sich doch um ihre Erscheinung sorgten! Er plante praktische Treppen zu den Emporen und Büroräumen über dem Portalvorbau, eine Garderobe und einen Empfangsraum für Hochzeiten, der in eine Wochentagssynagoge verwandelt werden konnte. Sein Hof ist mit einem Metall- und Glasdach überdeckt, so daß er als Tabernakel beim Laubhüttenfest dienen kann. Die Synagoge hat Sitzplätze und Stehraum für 5000 Personen; vierzehn Eingänge erleichtern den Zugang und das Verlassen während des Gottesdienstes an hohen Feiertagen, der den ganzen Tag andauerte.

Aldrophe entschied sich für den neoromanischen und nicht für den maurischen Stil, denn ersterer erlaubte große, freie Flächen und wenig Verzierung. Eine gute Ausschmückung im maurischen Stil bedeutete, jede Fläche mit Ornamenten zu versehen sowie Kapitelle und Verzierungen in ungewöhnlichen Formen. Die Pariser Juden wollten es vielleicht auch vermeiden, exotisch zu wirken, und sahen die Gefahr, ein weiteres »Café-concert Alcázar« zu bauen. Außerdem war der neoromanische Stil in den sechziger Jahren bei bedeutenden Pariser Kirchen wie St-Ambroise und St-Augustin verwendet worden, zu einer Zeit, als diese Synagoge zum ersten Mal geplant wurde. Eine neoromanische Synagoge entspräche also einem modischen französischen Stil, ohne gotisch-französisch zu sein. Zwei andere Architekten entschieden sich für einen kräftigen neoromanischen Stil mit entsprechend proportioniertem Innenraum in den sechziger Jahren des 19. Jahrhunderts: Abraham Hirsch in Lyon und Edwin Oels Oppler bei seinen kirchenähnlichen Synagogen in Hannover und Breslau. Die Architekten haben möglicherweise von den Entwürfen des anderen gewußt, waren vielleicht sogar miteinander bekannt, denn Oppler hat in Paris studiert.

Aldrophe leitete die Ausführung über eine sich hinziehende Bauzeit. Die Arbeiten wurden mehrmals unterbrochen, vor allem durch den Krieg zwischen Frankreich und Preußen und die Pariser Kommune. Bei der Synagogeneinweihung im September 1874 verkündete Oberrabbiner Zadoc Kahn, das Gebäude sei »ein Beweis« dafür, »daß ... Frankreich ... das Recht hat, seine Trauerkleider abzulegen und von neuem Feste des Geistes, der Kunst und der Religion zu feiern«. Der Bau, so sagte er, bekräftige die Idee, daß alle Religionen in Einklang miteinander existieren könnten. Obwohl dieser Einklang nicht immer offensichtlich war, besonders als der Bau im Oktober 1941 von Bomben zerstört wurde, zeugt die – restaurierte und von neuem geweihte – Synagoge von der soliden Stärke des Pariser aschkenasisch-jüdischen »Establishment«. Heute, da das Konsistorium nicht mehr an den Staat gebunden ist, über ein Drittel der jüdischen Bevölkerung in Paris sephardische Juden aus Nordafrika sind und weniger als 40 Prozent der französischen Juden regelmäßig den Gottesdienst in der Synagoge besuchen, ist die Bedeutung dieser Synagoge als Zentrum des jüdischen Lebens zurückgegangen. Sie hat dennoch ihre Stellung als große zeremonielle Synagoge und als repräsentativstes Bauwerk der Juden in der französischen Hauptstadt bewahrt, denn ihr Hauptgebäude dient den aschkenasischen, die Wochentagssynagoge und andere Räume in den Konsistoriumsbauten den tunesischen und ägyptischen Synagogengemeinden.

Bibliographie

P. C. Albert, *The Modernization of French Jewry*, Hanover/N. H. 1977, bes. S. 220–221.

Archives israélites, XXV (1874), S. 552.

Archives Nationales, F 9, 11119.

Association Consistoriale Israélite de Paris, A A 6, Régistre des procès-verbaux 1874–1881; Akte mit den Synagogenbildern.

J. Baissac, »Historique des synagogues israélites de Paris«, in: *La voix de la vérité*, 20. Aug. 1851.

Benoît Lévy, »Causerie parisienne. L'orphélinat-Les nouveaux temples-La fondation Bischoffsheim«, in: *Archives israélites*, XXV (1874), S. 395–400.

D. Bensimon, »Socio-Demographic Aspects of French Jewry«, in: *European Judaism*, XII, Nr. 1 (1978), S. 12–16.

E. Brault, *Les architectes par leurs œuvres*, Paris 1893, Bd. 3, S. 20.

Encyclopedia Judaica, s. u. Paris.

P. Girard, *Jes juifs de France de 1789 à 1860*, Paris 1976.

A. Halphen, *Recueil des lois, décrets, ordonnances ... concernant les israélites depuis ... 1789*, Paris 1851.

E. Hayman, *Paris judaica*, Paris 1979.

Inventaire général des œuvres d'art appartenant à la ville de Paris, Paris 1886.

Jewish Chronicle, 15. Febr. 1850, S. 151.

Jewish Encyclopedia, s. u. Paris.

»Le temple israélite du rite portugais«, in: *Moniteur des architectes*, o. A., XII (1878), Spalten 25–27 und Tafel 10; über die Synagoge von 1852, *ibidem*, XIX (1853), S. 220–227.

R. Marcel, *A Guide to Jewish Monuments*, Paris [1931].

F. Narjoux, *Paris. Monuments élevées par la ville 1850–1880. Edifices religieux*, Paris 1883.

D. Philipson, *The Reform Movement in Judaism*, überarb. Aufl., New York 1931, S. 427.

L. Poliakov, »A Conflict between the German Army and Secret Police over the Bombing of Paris Synagogues«, in: *Jewish Social Studies*, XVI (1954), S. 253 ff.

H. Rosenau, »Gottfried Semper and German Synagogue Architecture«, in: *Publications of the Leo Baeck Institute Year Book*, XXII (1977), S. 237–244.

Z. Szajkowski, *Franco-Judaica. An Analytical Bibliography*, New York 1962.

Roger Kohn, Archivar, den Herren Linke und Bronner vom Konsistoralbüro sowie Jonathan Helfand bin ich für Informationen über die Pariser Juden dankbar.

Rue Pavée

Die Synagoge in der Rue Pavée ist die einzige in reinem Jugendstil (Abb. 112). Man sollte meinen, daß ein solcher Entwurf für liberale, assimilierte Juden ausgeführt worden wäre, welche die neueste Mode in der Architektur und in der Gottesverehrung bevorzugten, aber dieses Gebäude wurde in den Jahren 1911–1913 für jiddischsprechende Immigranten aus Rußland und Rumänien gebaut, die noch nicht lange in Paris waren.

Die Rue Pavée liegt in einem jüdischen Arbeiterviertel, das heute teilweise von wirtschaftlich Bessergestellten bewohnt wird, in dem aber immer noch Mietshäuser, koschere Metzgerläden und kleine Beträume zu finden sind. Die Synagoge sollte ein vereinigtes Gotteshaus sein und eine Anzahl von kleinen Synagogen für den polnischen aschkenasischen Ritus ersetzen. Es handelte sich nicht um den modernisierten orthodoxen aschkenasischen Ritus, der in den Synagogen des *Consistoire Israélite*, der offiziellen religiösen Vertretung der Juden vor der Trennung von Kirche und Staat im Jahre 1905, befolgt wurde. Vor diesem Datum waren Dissidenten, die den offiziellen Ritus nicht befolgen wollten, in kleine private Beträume verwiesen worden, die auch mit privaten Mitteln eingerichtet wurden, weil die Kirchensteuern nur für die mit dem Staat verbundenen Konsistorial-Synagogen verwendet werden konnten. Der Bau der Synagoge in der Rue Pavée wäre vor 1905 nicht möglich gewesen, denn erst nach diesem Datum konnten alle Spenden für religiöse Zwecke so verwendet werden, wie die Geldgeber es wünschten.

Abb. 112. Paris, Rue Pavée, 1911–1913, Fassade 1985.

Der Bau in der Rue Pavée war die erste streng orthodoxe Synagoge, die in Paris nach 1905 errichtet wurde, und die erste große Synagoge für die zahlreichen Einwanderer aus Osteuropa. Daß ihnen die nicht voll besetzte Konsistorial-Synagoge in der nahe gelegenen Rue de Tournelles nicht angeboten wurde und daß sie auch nicht darum ersuchten, lag an den Spannungen, die zwischen den Anhängern der nunmehr privaten Konsistoriumsorganisation und der Immigrantengruppe bestanden. Das Konsistorium hatte kurz zuvor, in seinem neuen Status als nicht vom Staat abhängige Organisation, dafür gestimmt, nur solche Juden als Mitglieder zuzulassen, die schon seit zehn Jahren in Frankreich lebten. Juden, die im Ausland geboren waren, sollten ein Viertel der Mitgliederzahl nicht überschreiten. Diese Vorschriften wurden von in Frankreich geborenen Juden erlassen, die meist aus dem Elsaß stammten und kein östliches Jiddisch sprachen. Das Archiv des Konsistoriums und Artikel aus der jüdischen Presse jener Zeit enthalten reichliches Beweismaterial für die Antipathie, die einige dieser kulturell assimilierten Bürger gegenüber den Immigranten hegten. Die Armut der Neuankömmlinge, ihre unelegante Erscheinung und die Tatsache, daß sie Jiddisch sprachen, empfand man als eine Bedrohung für die ungefestigte gesellschaftliche Stellung und die Wohlfahrtskassen der einheimischen Juden.

Die Konsistorial-Synagogen von Paris, Lyon und Marseille waren im wesentlichen neoromanisch gebaut, da der neugotische, der klassizistische und der maurische Stil von den meisten französischen Konsistorien (und möglicherweise auch den Regierungsbeamten) abgelehnt wurden. Die vereinigten Synagogengemeinden in der Rue Pavée konnten nicht auf die nicht anerkannten Stilformen zurückgreifen und wollten sicherlich nicht den neoromanischen Stil verwenden, weil das ihnen feindlich gesinnte Konsistorium diesen bevorzugte. Also hatten sie nur die Wahl, etwas vollkommen Neues zu benutzen. Sie gaben einen bemerkenswerten Bau in Auftrag, der bei weitem schöner war als die übliche Nachbarschaftssynagoge, die entweder aus einer umgewandelten Wohnung (Rue Saulnier), einem umfunktionierten Lagerhaus (Rue Ambroise Thomas) oder einem Hinterhofgebäude (Rue Cadet) bestand. Der Vorstand in der Rue Pavée war offensichtlich bereit, in seiner neuen französischen Heimat neue Kunstformen zu übernehmen, solange sie nicht wesentliche Aspekte der Religion beeinträchtigten. Die gut eingeführte Zeitung *Archives israélites* meinte, das luftige und weiträumige neue Gebäude würde die Jugend anziehen, die an den alten, engen Synagogen keinen großen Gefallen fand. Ein moderner französischer Stil war vielleicht auch gewählt worden, um das Interesse der jungen Juden zu bewahren, die im weltlichen Paris vom Glauben abzuweichen drohten.

Es ist nicht klar, warum die Synagogengemeinde Hector Guimard zu ihrem Architekten wählte, auch wenn er im Paris jener Zeit einen Namen hatte. Seine Frau, Adeline Oppenheim, war jüdischer Abstammung. Dies hat die Entscheidung vielleicht insofern beeinflußt, als es bedeutete, daß Guimard nicht antisemitisch eingestellt war. Wir wissen nicht, wie eng sie mit der jüdischen Gemeinde verbunden war. Die Heirat der Guimards wurde in einer Kirche vollzogen, aber sie emigrierten, als die Deutschen Frankreich besetzten. Wahrscheinlich wählte ein gewisser Herr I. Landau den Architekten, da er die größte Spende für den Bau leistete und den Fassadenentwurf abzeichnete. Möglicherweise wollten die russischen Juden den bekanntesten Architekten jener Zeit, Emmanuel Pontrémoli, nicht beauftragen, weil er kurz zuvor eine Konsistorial-Synagoge in Boulogne-sur-Seine im traditionellen Stil gebaut hatte.

Der Architekt stand vor der schwierigen Aufgabe, eine Synagoge für etwa 1000 Personen auf einem schmalen, schrägen Grundstück in einer engen Straße zu planen. Sein Entwurf mußte mindestens zweimal revidiert werden, wie wir einer Fassadenzeichnung entnehmen können. Guimard opferte ein wenig von dem Grundstück, um den Bau von den Nachbarhäusern zurücksetzen zu können, welche die Synagoge in ihre hohe, gebogene Form geradezu hereinzupressen scheinen. Die Krümmung gibt dem Gebäude ein besonderes Aussehen und führt eine Bewegung ein, die für die Architektur Guimards charakteristisch ist. Die viereinhalbgeschossige Fassade scheint eher zu einem Appartementhaus als zu einem traditionellen religiösen Bau (der Wohnungen für die Synagogenangestellten enthält) zu gehören. Die Mitte eines jeden Stockwerks ist durch Fenster betont, die zahlreicher und enger aneinandergesetzt sind als in den zurückversetzten Seitenteilen. Die Eingangstür ist bescheiden. Es gibt kein Rosettenfenster. Die Fassade schließt nur mit einer Rundung und nicht mit einem ausgearbeiteten Karnies ab. Das interessanteste Merkmal auf der Straßenseite ist die Gestaltung der Fenster, die in einem welligen Rhythmus angeordnet sind und jede Störung der bescheidenen Würde dieser Fassade vermeiden. Scharfe Eisengitter an den Fenstern kontrastieren wunderbar mit dem hellen Stahlbeton, aus dem das Gebäude errichtet ist.

Der Grundriß enthält einen rechteckigen Betsaal mit Emporen und eine Vorhalle (Abb. 113). Von dieser erreicht man den Betsaal, die Emporen, eine Talmud-Thora-Schule, Büroräume, Gemeinderäume und die Treppen zu den Wohnungen. An der Wand, an der sich die Heilige Lade befindet, zieht ein riesiges Fenster den Blick auf sich und gibt dem Saal natürliches Licht, denn die Seitenwände haben keine Fenster, weil sie an Nachbarhäuser stoßen. Guimard brachte auch Dachfenster an sowie metallene Leuchter am Almemor und elektrische Lampen mit Glasschirmen, die wie Flammen geformt sind. Die Leuchten ragen von schlanken Stützpfeilern vor, welche die beiden übereinanderliegenden Emporen tragen, die der gesamten Synagogengemeinde Raum bieten. Der Stahlbeton ist an den Pfeilern teilweise durch Musterungen verdeckt, die wie Ränder von Steinblöcken aussehen. Das Vortäuschen des üblicherweise als edel betrachteten Baustoffs Naturstein durch Verwendung des praktischen und platzsparenden Materials Beton stellte einen vernünftigen Kompromiß des Architekten

Abb. 113. Paris, Rue Pavée, Innenansicht zur Heiligen Lade 1980.

dar. Er brauchte ja kein Gebäude nach dem Kodex der Moderne zu planen, in der das Wesen eines Baustoffs klar zum Ausdruck gebracht werden soll. Dekorative Schmiede- oder Gußeisenelemente, Guimards Spezialität, erscheinen an den Emporengeländern, dem Almemor, den Fenstern und anderen Stellen in allen möglichen Formen und Mustern. Die Rückenlehnen der Sitze in Wellenform sind ein charakteristisches Detail. Auch wenn eine Synagoge die Idee nahelegt, daß diese Form an die Wellen des Roten Meeres erinnern sollte, hat Guimard vielleicht einfach nur die monotonen Sitzreihen beleben wollen und tat dies wie üblich mit geschwungenen Linien.

Dieser Bau gehört nicht zu Guimards Meisterwerken, auch wenn manche Fehler unvermeidlich waren. Die Proportion des Innenraumes ist beengt und die Betonung auf die Längsrichtung gelegt, aber dies brachte die Funktion des Gebäudes mit sich. Obwohl die Synagoge auf einem schmalen Grundstück liegt, sollte sie doch 1000 Personen fassen, und die Frauen mußten von den Männern getrennt sein. Guimard sah sich daher gezwungen, einen Bau mit einem schmalen Mittelschiff zu planen, das von Seitenschiffen unter mehreren Emporenreihen eingefaßt war. Auch wenn der Architekt hier einen Stil wählte, dem seine frühere brillante Geste und die sonst übliche Spannung abgingen, so ist doch vielleicht die hier gewählte Form für ein Gotteshaus viel passender als für ein Privathaus oder für eine Metrostation. Zu jener Zeit tendierten die französischen Avantgarde-Architekten zu nüchterneren Formen, die manchmal historistisch gefärbt waren, was der Jugendstil vermied. Einige Kritiker haben sogar in der reichlich verglasten Fassade und den schlanken Proportionen des Innenraumes Anklänge an die Neugotik entdeckt.

Im Jahre 1941, einen Tag vor dem Feiertag des Jom Kippur, wurde die Synagoge während einer antisemitischen Demonstration, die von einem eifrigen Faschisten angeführt wurde, durch eine Bombe nahezu zerstört. Bei dieser Gelegenheit wurden sechs weitere Pariser Synagogen beschädigt, darunter die großen Konsistorial-Synagogen in der Rue Notre-Dame de Nazareth, in der Rue de la Victoire und in der Rue de Tournelles sowie die Liberale Synagoge in der Rue Copernic. Die Schäden wurden nach dem Kriege repariert, als die verbliebenen Juden wieder öffentliche Gottesdienste abhalten durften und neue Immigranten aus Osteuropa kamen.

Die Synagoge ist jetzt, neben ihrer Bestimmung als Bethaus der Gläubigen, eine Attraktion für architektonisch interessierte Stadtbesucher. Als man die reiche städtebauliche Substanz des Marais-Viertels wiederentdeckte, wurden die Fassade und das Dach der Synagoge offiziell unter Denkmalschutz gestellt.

Bibliographie

Archives de la Seine, Série v. o., s. u. 10, rue Pavée. Dieser Hinweis wurde von Francine Haber gegeben.

Archiv des Consistoire Israélite, Paris.

R. Culpepper, *Guimard. 1867–1942*, Paris 1971.

F. I. Graham, *Hector Guimard*, New York 1970 (mit 36seitiger Bibliographie).

C. Krinsky, »Hector Guimard's Art Nouveau Synagogue in Paris«, in: *Journal of Jewish Art*, VI (1979), S. 105–111.

Brüssel und Antwerpen

Die jüdischen Gemeinden in den belgischen Großstädten begannen sich im frühen 19. Jahrhundert günstig zu entwickeln. Die erste öffentliche Synagoge aus dieser Zeit in Antwerpen war ein Bau am Paardenmarkt, wo heute ein Appartementhaus steht. Die zweite war die Kirche St. Salvator aus dem 15. Jahrhundert in der Grote Pieter Potstraat, ein Gebäude, das vorher säkularisiert und im Jahre 1846 an die jüdische Gemeinde vermietet worden war, die finanzielle Unterstützung von der Stadtverwaltung erhielt.

Brüssel, Rue de Bavière

In Brüssel lebten vom 13. Jahrhundert an Juden bei der Stadtmauer in einem Viertel unter der Burg der Herzöge von Brabant. Ihre Synagoge, die sich an der Ecke der Rue des Sols und der Rue des Douze Apôtres befand, wurde im Jahre 1436 in eine christliche Kapelle umgewandelt, was damals häufig geschah. Danach ließen sich die Juden wieder vom 17. Jahrhundert an in Brüssel nieder, und ein Haus aus dem Mittelalter in der Rue Ravenstein diente ihnen als Synagoge. Ihr erstes nicht gemietetes Gotteshaus des 19. Jahrhunderts in Brüssel war ein in der Rue de Bavière 1702 errichteter Bau, der als Metzgerei, als Theater und als Konzertsaal benutzt worden war, bevor der Architekt François Coppens ihn zu einer Synagoge umbaute. Es war ein dreistöckiges, längliches Gebäude mit einer gegiebelten Fassade und einer riesigen, toskanischen Säulenordnung, die den zweiten mit dem dritten Stock verband. Der lange Betsaal hatte an der Eingangsseite eine Empore. Das Gebäude enthielt mehrere Nebenräume, einen Speicher und ein Kellergeschoß, in dem die Gemeindebüros und die Wohnung des Hausmeisters untergebracht waren. Die vorwiegend aschkenasische Gemeinde, die einem offiziellen Konsistorium unterstand, erwarb das Gebäude im Jahre 1834, kurz nachdem der jüdischen Religion der gleiche Status zuerkannt worden war wie anderen Glaubensbekenntnissen. Dies bedeutete, daß auch Juden staatliche Unterstützung beanspruchen konnten, um ein Gotteshaus zu unterhalten. Der Rabbiner sagte bei der Einweihungszeremonie, das Gebäude sei größer und schöner als alle, welche die Gemeinde bis dahin hatte benutzen können.

Im Jahre 1850 befand sich die Synagoge in einem so schlechten Zustand, daß sie nicht mehr instand gesetzt werden konnte. Außerdem war sie zu klein, um die wachsende jüdische Bevölkerung an den hohen Feiertagen aufnehmen zu können. Der Gemeindevorstand dachte an eine neue und größere Synagoge, aber in den frühen sechziger Jahren des 19. Jahrhunderts verboten das Justizministerium und andere Ämter dem Konsistorium, Land zu kaufen oder zu pachten. Sie konnten den Juden die bestehende Synagoge nicht wegnehmen, da diese mit staatlichen Geldern eingerichtet worden war, aber sie konnten verhindern, daß sie an anderer Stelle ein größeres Gebäude errichteten, bevor die Rechte des Konsistoriums durch ein Gesetz von 1871 über die Gleichberechtigung aller Religionen festgelegt wurden. Die Juden waren vielleicht gerade aufgrund dieser Schwierigkeiten entschlossen, eine neue Synagoge zu bauen, um Präsenz zu dokumentieren.

In der Zwischenzeit hatten christliche Besucher darauf hingewiesen, daß in dem Gebäude in der Rue de Bavière am Sabbat nicht einmal fünfzig Juden anwesend waren und es Juden in der Stadt gab, die am Ruhetag des Herrn in ihren Läden und nicht in der Synagoge zu finden waren. Wenn dies der Fall war, so hoffte der Gemeindevorstand vielleicht, die verlorenen Schafe der Gemeinde durch den Bau einer attraktiven Synagoge zur Religion zurückzuführen.

Brüssel, Rue de la Régence

Im Jahre 1868 überzeugte das Konsistorium Mitglieder der jüdischen Gemeinde, für 150 000 Franken zum Ankauf eines Grundstücks in der Rue des Marais zu zeichnen, und bat um eine Baugenehmigung, das heißt eigentlich um die endgültige Bestätigung seiner rechtlichen Stellung. Das Grundstück war jedoch einerseits zu klein und andererseits zu weit vom Stadtzentrum entfernt, um die Bedürfnisse der Gemeinde

Abb. 114. (gegenüberliegende Seite) Brüssel, Rue de la Régence, 1872–1878, Fassade.

voll befriedigen zu können. Anscheinend wurde es gekauft, um den Zeichnern der Anleihe zu beweisen, daß mit ihrem Geld etwas getan wurde, und um der Regierung zu zeigen, daß der Plan, eine neue Synagoge zu errichten, durchaus ernst gemeint war. Das Konsistorium schrieb im Jahre 1868 für den Bau einen Wettbewerb aus, der an erster Stelle von Architekten und Ingenieuren und nicht von jüdischen Laien beurteilt werden sollte. Im Erdgeschoß waren 450 Sitzplätze für Männer und auf Emporen 250 Sitzplätze für Frauen vorgesehen, außerdem Plätze für dreißig Chormitglieder auf einer besonderen Empore. In der Wettbewerbsausschreibung wurden außerdem ein Versammlungsraum für 200 Personen, ein Hochzeitsraum, ein Ankleidezimmer für den Rabbiner und eine Wohnung für den Hausmeister verlangt – alles Merkmale der sorgfältig geplanten modernen Synagogen, die nach 1840 in großen jüdischen Ansiedlungen errichtet wurden. Die Kosten sollten 225 000 Francs nicht übersteigen.

Obgleich keiner der fünfzehn eingereichten Entwürfe das Programm erfüllte, wurden drei ausgezeichnet. Die Kommission beauftragte den Urheber eines dieser drei Projekte, Désiré DeKayser (gest. 1897), einen christlichen Architekten, dessen Werke, darunter verschiedene Bauten im Zentrum von Brüssel, ein Hotel in einem bekannten Badeort am Ärmelkanal und der Bestattungswagen für König Leopold I., Aufmerksamkeit erregten.

Der Architekt konnte jedoch seinen Bau nicht auf dem Grundstück errichten, für das er den Entwurf angefertigt hatte. Aufgrund der Mängel des Bauplatzes in der Rue des Marais und der Zusage staatlicher Unterstützung, nachdem die rechtliche Stellung des Konsistoriums festgelegt worden war, wurde ein Grundstück in der Rue de la Régence erworben. In dieser Straße stehen die römisch-katholische Kirche Notre-Dame des Sablons, der Justizpalast und das Museum für bildende Künste. Der Vorstand des Konsistoriums, der sein Gebäude unerschrokken in solch erlauchte Gesellschaft setzte, erklärte, es sei »dringend«, die belgische Hauptstadt mit einer Synagoge auszustatten, die sich harmonisch in das Bild der gerade sanierten Stadt fügte.

DeKayser paßte sich dieser neuen Situation an, und im November 1872 hatte er den Bau geplant, wie wir ihn heute sehen können (Abb. 114). Aber auch dann ging die Sache nicht reibungslos vonstatten. Im Jahre 1874 kritisierte die königliche Kommission für Baudenkmäler die Pläne, denn sie war der Meinung, der neoromanische Stil sei zu christlich, um von Juden verwendet zu werden. Es beeindruckte die Beamten keineswegs, daß die Juden den neugotischen Stil wegen der allgemein anerkannten christlichen Bedeutung der Gotik bewußt vermieden hatten. Der vorgelegte Entwurf, so meinten sie, zeige nicht den östlichen Ursprung oder das Alter der jüdischen Religion (Merkmale, die manche Leute sicher als fremd und überholt ausgelegt haben). Ein zeitgenössischer Journalist schrieb im *L'Echo du parlement*, die Romanik erinnere an die Greuel, welche die Juden während der Kreuzzüge erlitten hätten; er bevorzugte einen Stil, der den Nahen Osten in der Antike heraufbeschwor. Die Beamten kamen überein, die besten Quellen seien die orientalische oder die alte hebräische Architektur. Irgend jemand muß sie davon überzeugt haben, daß DeKayser das Richtige entworfen hatte, denn in Zeitungen wurde darauf hingewiesen, er habe seine romanischen Details den Bauten Mittelsyriens aus dem 1. bis 7. Jahrhundert n. Chr. entnommen, die den Bauwerken des Heiligen Landes auffallend ähnlich sähen.

Die Juden verstanden sicherlich sowohl die Botschaft der Beamten, nämlich daß sie ihre Bauten unterschiedlich von anderen belgischen Bauwerken gestalten sollten, als auch, daß ihre Bemühungen um Assimilation von einigen einflußreichen Vertretern der Mehrheit nicht begrüßt wurden. Es ist leicht zu erkennen, warum der Rabbiner sich in seiner Einweihungspredigt darüber ausließ, daß der Monotheismus die Einheit aller Menschen fördere und nicht ihre Unterteilung in einander bekämpfende Gruppen. Er drückte auch seine Freude darüber aus, daß einige Christen das Projekt des Synagogenbaus unterstützt hatten.

Nicht alle Belgier betrachteten die Juden und ihre Synagoge mit Wohlwollen. Der römisch-katholische Klerus blieb den Einweihungszeremonien fern, die Vertreter der protestantischen Kirche und der Regierung nahmen jedoch daran teil. Da kein Brüsseler Organist bei der Einweihung spielen wollte, mußte die Gemeinde einen Organisten aus Paris herbeischaffen.

RUE
DU MANEGE

Die Steinfassade der Synagoge ist mit jener der Synagoge von Frankfurt am Main aus dem Jahre 1860 verwandt – obwohl DeKayser die Details änderte –, auch mit der Pariser Synagoge von 1861–1874 (siehe Abb. 110). Wäre die Kuppel, die ursprünglich im Entwurf vorgesehen war, gebaut worden, hätte sie auch der noch jüngeren Synagoge von Nürnberg geähnelt. Die Brüsseler Synagoge hat einen dreigeschossigen, übergiebelten Mittelteil, eingefaßt von zwei vierstöckigen, leicht zurückversetzten Türmen, welche die mit Glasdächern versehenen niedrigen Passagen verdecken, die an der Nord- und der Südseite des Gebäudes entlanglaufen. Die Fassadendekoration besteht unter anderem aus einem Rosettenfenster und einer Ädikula, in der an der Spitze des mit Zwergarkaden ausgestatteten mittleren Giebels Gesetzestafeln angebracht sind. Treppen führen von der Vorhalle zu den Frauenemporen, außerdem zum Hochzeitsraum und der Wochentagssynagoge, die sich im Gemeindeanbau befinden.

Im Hauptbetsaal führen im 25 Meter hohen Mittelschiff Felder mit weiten Bogen zur erhöhten Apsis. Das cremefarbene Mittelschiff kontrastiert stark mit der prachtvollen Apsis, die mit reichen Ornamenten in leuchtenden Farben versehen ist, darunter Gemälde in der Halbkuppel, auf denen die Gesetzestafeln Mosis, der Leuchter und andere sakrale Gegenstände zu sehen sind. Die fünfundzwanzig Fenster sind mit Glasmalereien von einem Künstler aus Brügge, Henri Dobbelaere, ausgestattet, die den Berg Sinai, die Bundeslade, religiöse Vorschriften und jüdische Gelehrte wiedergeben. Diese Bebilderungen sind nicht richtig ausgeführt worden, denn der christliche Künstler war des Hebräischen nicht mächtig und verwechselte die zu den Bildern gehörenden Texte. Der heutige Rabbiner hat diesen Mangel jedoch behoben. Die Gemeinde im 19. Jahrhundert wollte wohl Extreme, das heißt die zu genaue Befolgung der Vorschriften oder die Reformbewegung, vermeiden. Der Almemor steht unmittelbar bei der Plattform, auf der sich die Heilige Lade befindet, und nicht in der Mitte des Raumes. Die Emporen für die Frauen an drei Seiten des Raumes hatten keine hohen Gitter, und es gab eine Galerie für Chor und Orgel über der westlichen Frauenempore. All diese Einrichtungen zeigen, wieweit die Reformbewegung eine Gemeinde beeinflußt hatte, die eigentlich sehr traditionsbewußt war. Die kunstvoll ausgearbeitete hölzerne Heilige Lade, die ursprünglich dreiteilig und oben flach war, erinnerte an die Fassade der Synagoge in der Tempelgasse in Wien aus dem Jahre 1858 (siehe Abb. 64); später wurde ein kuppelförmiger Oberbau hinzugefügt. Die Brüsseler Synagoge glich in der Ausrichtung ihrer Gemeinde und ihrem Stil der kurz zuvor erbauten in der Rue de la Victoire in Paris.

Ein prominenter jüdischer Bergingenieur, Georges Montefiore-Lévi, leitete den Bau der Synagoge von 1875 bis 1878. Das Konsistorium gab ungefähr 900 000 Francs für die Synagoge, die anschließende Gemeindeverwaltung, die Einrichtung und die Dekoration aus. Das Ergebnis war »einer der bestausgeführten Bauten im modernen Brüssel«, wie ein Redakteur des *Builder* schrieb.

Antwerpen, Bouwmeesterstraat

Der christliche Architekt Ernest Stordiau entwarf im Jahre 1888 oder 1889 eine Synagoge für Antwerpen an der Ecke der Rue des Architectes (Bouwmeesterstraat) und der Rue des Peintres, die mit einer staatlichen Subvention von 50 000 Francs teilweise finanziert werden sollte. Als Stordiau nach Luxemburg ging, beauftragte die Synagogengemeinde Joseph Hertogs, einen anderen Entwurf auszuarbeiten, dessen Baukosten 1891 auf 220 000 Francs geschätzt wurden. Dieses Gebäude wurde im Jahre 1893 eröffnet (Abb. 115). Während die ehemalige Synagoge ein langer und enger Bau mit einer Empore über dem Eingang gewesen war – die von einem englischen Rabbiner, der zu Besuch in Antwerpen war, als »vollkommen unprätentiös« beschrieben wurde –, sah die neue entschieden exotischer aus. Sie war – frei nach dem Vorbild früherer Synagogen – mit Kuppeln, Türmchen und maurischen Stilformen, ähnlich wie die in Nürnberg (1874), entworfen worden. Der Antwerpener Bau hat eine dreiteilige Fassade mit zwei Türmen, deren Mittelteil ein Rosettenfenster unter einem Hufeisenbogen und ein Portal aufweist, das wie ein islamisches Tor wirkt, außerdem orientalische Kuppeln über dem westlichen Teil und auf den Türmen. Hinter der Fassade befindet sich ein mit Emporen ausgestattetes Mittelschiff, das Licht durch Fenster mit maurischem Maßwerk erhält. Der Bau ist künstlerisch nur von begrenzter Bedeutung, aber beeindruckend und recht verschieden von der Brüsseler Synagoge. Die Antwerpener Juden haben sich vielleicht an Vorschriften der Regierung halten müssen, oder sie wollten ihren Unterschied zu den Brüsseler Juden betonen, die in ihrem gesellschaftlichen und religiösen Verhalten weniger traditionsbewußt waren.

Antwerpen, Hovenierstraat

Joseph DeLange, ein jüdischer Architekt, errichtete für die sephardische Gemeinde, die zu der gleichen offiziellen und staatlich unterstützten Gemeinde von Antwerpen gehörte, in der Hovenierstraat eine eklektizistische Synagoge im romanisch-byzantinischen Stil, die im Jahre 1913 eingeweiht wurde. Ihr Stil war weniger kunstvoll, »würdiger und ihre Dekoration schlichter« und weniger exotisch als die Synagoge von 1893, denn DeLange war sichtlich der Überzeugung, daß die »unruhigen und phantastischen Stilformen, die bis vor kurzem fast überall an für den jüdischen Gottesdienst bestimmten Bauten benutzt wurden«, nachteilig waren. Da die Synagogengemeinde ihre Herkunft auf das Osmanische Reich und nicht auf das mittelalterliche Spanien zurückführte, sollten die orientalischen Stilelemente des Gebäudes an den Vorderen Orient erinnern; aus den gleichen Gründen hatte die türkische Synagogengemeinde in Wien (1887) ihren Stil gewählt.

Antwerpen, Oostenstraat

Anhänger des russisch-polnischen Ritus, die sich in einer getrennten Gemeinde namens Machsike Hadass organisiert hatten, beauftragten im Jahre 1910 Jules Hofman, einen anderen jüdischen Architekten, mit einem Synagogenentwurf. Der Bau wurde jedoch durch den Ersten Weltkrieg unterbrochen, und das

Abb. 115. Antwerpen, Bouwmeesterstraat, 1891–1893, Fassade 1982.

in den Jahren 1911 bis 1913 konzipierte Gebäude wurde erst 1918 regelmäßig benutzt. Die Synagogengemeinde hatte auch ultraorthodoxe Mitglieder, und sie stand gewissen chassidischen Gruppen nahe. Daher war sie einem traditionsbewußten, östlichen Selbstbild noch stärker verpflichtet als die orthodoxe Gemeinde der Synagoge von 1893. Der Architekt konnte trotzdem die Machsike-Hadass-Synagoge nicht im gleichen Stil entwerfen, wie er für die staatlich unterstützten Gemeindesynagogen verwendet worden war. Die Ähnlichkeit der Bauten hätte eine Harmonie zwischen den beiden Synagogengruppen angedeutet, die nicht bestand. Die Machsike-Hadass-Gemeinde in einem neoromanischen Bau wie dem der verwestlichten Brüsseler Synagogengemeinde unterzubringen, wäre noch unpassender gewesen. Die

Lösung wurde, wie bei der Synagoge in der Rue de Pavée in Paris, in neuen Formen gefunden – glatte Außenmauern wie bei einem Geschäftsbau, mit größeren Fenstern in den unteren Stockwerken (Abb. 116). Der Ausdruck der Fassade besteht hauptsächlich im Rhythmus der Fenster, die klein und gereiht sind über kühn geschwungenen Aushöhlungen mit geradlinigen Fensterpfosten in den unteren Geschossen, was charakteristisch für den Jugendstil ist. Nur die kleinen Türmchen mit Kuppeln an den beiden Enden des Karnies und kleine Details desselben spielen auf vergangene Stile an. Der Gesamteindruck ist der eines anspruchslosen, konservativ modernen Baus. Vielleicht wollte man durch sein bescheidenes Äußeres ein reiches Gemeindeleben im Innern verhüllen. Besucher des Lehrhauses in dieser Synagoge sagten, die Atmosphäre sei ruhevoll und aristokratisch gewesen, ganz anders als die in anderen ultraorthodoxen und chassidischen Lehrhäusern und Synagogen. Die Form des Gebäudes sollte vielleicht ein stiller Tadel der auffälligeren Synagoge von 1893 sein.

Abb. 116. Antwerpen, Oostenstraat, 1911–1913, Fassade 1982.

Antwerpen, Van Den Nestlei

Die jüdische Bevölkerung von Antwerpen stieg rasch von 8000 im Jahre 1900 auf etwa 35 000 im Jahre 1927 an. Die Stadt war ein Haupteinschiffungshafen für Emigranten nach Amerika. Aber viele Juden, die ursprünglich auswandern wollten, fanden Arbeit in der Antwerpener Diamantenindustrie, die aufblühte, als die Rohdiamanten in Südafrika geschürft wurden. Die offizielle Gemeinde, der, wie den Kirchen, staatliche Subventionen gewährt wurden, hatte im Jahre 1928 1200 Mitglieder und benötigte weitere aschkenasische Synagogen. Ein Backsteinbau, für 1000 Gläubige gedacht, wurde im Jahre 1929 in Van Den Nestlei nach einem 1923 für jüdische Architekten ausgeschriebenen Wettbewerb errichtet. An den eingereichten Entwürfen ließ sich die höflich-konservative Haltung der Antwerpener Juden erkennen. Joseph DeLange und Germain Debré reichten Entwürfe ein, die sich beide an der Essener Synagoge orientierten, welche nur ein Jahrzehnt zuvor vollendet worden war. Sie teilten sich den zweiten Preis, denn ein erster Preis wurde nicht verliehen. Die Entwürfe für die Antwerpener Synagoge hatten, wie die Essener Synagoge, einen Zentralgrundriß, vor den eine Vorhalle zwischen niedrige Türme gesetzt war, die über eine Treppe betreten wurde, welche zwischen diesen eingezwängt war. DeLange erhielt den Auftrag und vollendete den Bau im Jahre 1929. Die unterschiedlichen Fensterformen und das bunte und auffallende Ziegelmauerwerk setzten den Bau in Verbindung zu anderen Gebäuden in den Niederlanden aus dem frühen 19. Jahrhundert (siehe Abb. 229, 230). Die Synagoge wurde vor kurzem, sehr zu ihrem Nachteil, umgebaut.

Unter den Wettbewerbsteilnehmern war

auch Josef Frank, der ein einfaches, kompaktes und glattes Gebäude entwarf, das sich an historischen Vorbildern orientierte und sich von der aufkommenden internationalen Moderne unterschied. Rückspringende, geradlinige Formen, die einer nahöstlichen Zikkurat glichen, bildeten den Abschluß des Hauptraumes, und zwei ungeschickt wirkende, abgerundete Auswüchse erhoben sich, gleich den Gesetzestafeln, vom Karnies über jedem der beiden Eingänge. Ein Architekt, dessen Name als Grünberg angegeben wurde (wahrscheinlich Arthur Grünberger, der den Wettbewerb für die Synagoge in Wien-Hietzing im Jahre 1924 gewann), entwarf eine kompliziertere Zikkurat. Sieben rückspringende Bauteile bildeten das Hauptgebäude, und sechszackige, sternförmige Fenster waren darin eingefügt. Vor der Zikkurat befand sich eine zweistöckige Vorhalle, die von Türmchen gekrönt war. Ein großer Teil der Mauerflächen der Vorhalle bestand aus maurischem Gitterwerk. Dieser Entwurf erreichte es, zugleich grandios und nichtssagend zu wirken. Eine andere Variante war ein ernsterer und monumentaler Entwurf von einem Architekten namens Löffler, vielleicht jenem Löffler ungarischer Abstammung, der in den dreißiger Jahren in Paris ein Lagerhaus in die »Raschi«-Synagoge umwandelte. Er schlug einen zylinderförmigen Bau mit Kuppel vor, der hinter zylinderförmigen Türmchen, die den Eingang bildeten, auf das Grundstück gesetzt war. Diese Türmchen schlossen auch die mehrgeschossigen weltlichen Bauten ab, die der Architekt an den Straßen plante, welche an das Grundstück der Synagoge grenzten. Wie bei dem Wettbewerb für die Synagoge in Wien-Hietzing zeigten die Projekte die große Vielfalt der unterschiedlichen Auffassungen der Synagogenplanung in den frühen zwanziger Jahren. Alle enthielten in irgendeiner Form Anspielungen auf das Judentum oder den Osten, aber im Entwurf wurde die Kompliziertheit früherer Grundrisse und Dekorationen aufgegeben.

Die Synagoge repräsentierte in ihrer ausgeführten Form eine Gemeinde von Juden, die sich immer stärker assimilierten, sich aber gleichzeitig ihres Erbes durchaus bewußt blieben, während sie ein Leben als praktisch denkende Geschäftsleute führten. Sie wären genausowenig geneigt gewesen, jene kollektiven Ideale einiger Vertreter der modernen Avantgarde zu akzeptieren, wie einen so auffälligen Entwurf wie den von Grünberger in Auftrag zu geben.

Antwerpens wichtige Synagogen überlebten den Krieg und werden heute genutzt. Die belgischen Juden verrichten ihren Gottesdienst weiterhin in stilistisch so unterschiedlichen Bauten, wie es die winzigen chassidischen Beträume und die Liberale Synagoge in der Brüsseler Vorstadt Forest sind. Die Verschiedenheit der Stile gibt die Vielfalt des jüdischen Lebens in einem kleinen und kulturell mannigfaltigen Land wieder.

Bibliographie

Brüssel

J. Apers, A. Hoppenbrouwers und J. Vandenbreeden, *Bouwen door de eeuwen heen: Urgentie-Inventaris van het bouwkundig erfgoed van de Brusselse agglomeratie,* Gent 1979, S. 150.

Archives israélites, XXXIX (1878), S. 594–595.

AZJ, XXXII (1869), »Die jüdische Baukunst«, Pamphlet, Beilage zur Nr. 37, 14. Sept. 1869, S. 753–754, nachgedruckt von *L'Echo du parlement,* 27. Juni 1869.

Builder, XXXVIII (22. Mai 1880), S. 637, 641.

Bulletin des Commissions Royales d'Art et d'Archéologie, XIII (1874), S. 208, XVI (1877), S. 238.

C. Daly, »Concours pour Bruxelles«, in: *Revue générale de l'architecture,* XXVI (1868), Spalte 22; XXVII (1869), Spalte 253.

Encyclopedia Judaica, 1971, s. u. Brüssel.

Jewish Chronicle, 7. Jan. 1859, S. 2; 14. Jan. 1859, S. 7.

Jewish Encyclopedia, s. u. Brüssel.

La Grande Synagogue de Bruxelles. Contributions à l'histoire juive de Bruxelles, 1878–1978, Brüssel 1978, bes. T. Gergely, »Naissance d'une synagogue«, S. 77–94, und M. Kahlenberg, »Textes et ornements symboliques de notre synagogue«, S. 95–100.

Mariano, »Une cité juive en démolition«, in: *La Ligue des architectes et des artisans du bâtiment,* IV (1910), S. 129–130.

Société centrale d'architecture de Belgique, *Exposition nationale d'architecture, 1883, Catalogue,* Brüssel 1883 (Wettbewerbsentwürfe von D. De Kayser und von L.-J.-L. Delhaye).

Antwerpen

Bulletin des Commissions Royales d'Art et d'Archéologie, XXIV (1885), S. 310; XXVII (1888), S. 14.

L. de Barsée, »De Bouwkunst in de XIXde eeuw«, in:

Bouwstoffen vor de Geschiedenis van Antwerpen in de XIXde eeuw, Antwerpen 1964, S. 238–266, bes. S. 261 (über Hertogs) und S. 264 (über Stordiau).
J. DeLange, in: *Jubelalbum van de Kring voor Bouwkunde 1900–1910*, Antwerpen o. J., S. 73–76.
De Vrijdagavond, 9. Okt. 1931, S. 19; 30. Okt. 1931, S. 75.
Encyclopedia Judaica, 1971, s. u. Antwerpen.
J. Franks Zeichnung, *Menorah*, VI, Nr. 11/12 (1929), S. 557.
J. Gutwirth, »Antwerp Jewry Today«, in: *Jewish Journal of Sociology*, X, Nr. 1 (1968), S. 121–137, bes. S. 128–129. (Eine frühere Version ist »Le judaïsme anversois aujourd'hui«, in: *Revue des études juives*, CXXV, Nr. 4 [Okt.–Dez. 1966].)
Jewish Chronicle, 29. Aug. 1890, S. 7–8.
Jewish Encyclopedia, s. u. Antwerpen.
J. d. L[ange], »Eene nieuwe Synagogue«, in: *De Bouwgids. Maandschrift voor Huis & Haard*, V, Nr. 8 (Aug. 1913), S. 139–142 (über die sephardische Synagoge in der Hovenierstraat).
K. Liberman, »La découverte d'une synagogue secrète à Anvers à la fin du dix-septième siècle«, in: *Revue des études juives*, C (1935), S. 36–48.
A. Marinower (Hrsg.), *Eeuwfest van de israelitische gemeente Antwerpen 1876–1976*, o. O. u. J.
F. S. »François Coppens«, in: *Journal des Beaux-Arts*, XV, Nr. 7 (1873), S. 57–58.
E. Schmidt, *Geschiedenis van de Jooden in Antwerpen*, Antwerpen 1963.
S. van Aerschot u. a., *Bouwen door de eeuwen in Vlaanderen: Stad Antwerpen*, Gent 1979, Bd. 3, S. 565–566.
B. Vanhove, »De Art Nouveau Architectuur in het Antwerpse: een doorsnede«, Diss., Rijksuniversiteit, Gent 1978, S. 26, 33.

Alfred E. Willis hat bereitwillig bibliographisches und Archivmaterial beigesteuert, darunter: Archives générales du Royaume, Brüssel, Inventaire 178, Beaux-Arts, Nr. 73 (Antwerpen), Nr. 417 (Brüssel); Inventaire 227, Rijkscommissie voor Monumenten en Landschappen, 3216/2 Nr. 23 (Antwerpen).

Deutschland und die Schweiz*

Berlin, Heidereutergasse, und Ansbach

Die Synagoge in der Heidereutergasse in Berlin (1712–1714) und die Synagoge in Ansbach in Franken (1744–1746) stehen als Beispiele für Gotteshäuser, die im 18. Jahrhundert von privilegierten Juden errichtet wurden. Sie sind typisch wegen ihrer einschiffigen und gewölbten Form und weil sie nur eine Empore an der, der Heiligen Lade entgegengesetzten Seite haben. Sie gehen auf die einschiffigen mittelalterlichen Bauten zurück, wie die in Posen, die Pinkas-Synagoge in Prag und die in Rouffach, Miltenberg und Ödenburg (siehe Abb. 24). Die letzteren sind jedoch kompletter ausgestattet mit einer Vorhalle, einer Empore und einem Gewölbe, welche die Mitte des Raumes betonen, sowie langen Fenstern, die reichlich Licht einlassen. Die Synagogen in Berlin und Ansbach sind vielleicht die schönsten Beispiele dieses Typs, wohl weil ihre Architekten sich bewußt waren, daß sie für eine vom Herrscher am Orte protegierte Gruppe tätig waren. Der Architekt der Ansbacher Synagoge, Leopold Retti, arbeitete für den Markgrafen, der von der Synagogengemeinde für das ihr gewährte Privileg, eine für alle Mitglieder der Gemeinde ausreichende Synagoge besitzen zu dürfen, reichlich bezahlt wurde.

Beide Bauten wurden auch deswegen errichtet, weil man Fehden zwischen den Besitzern früherer privater Synagogen beheben wollte – Fehden, welche die Beziehung zwischen den Herrschern und »ihren« Juden belasteten. In jedem Fall führte die Entscheidung, eine neue Synagoge zu bauen, zu Ressentiments bei denjenigen, deren Vorrechte eingeschränkt wurden, oder bei denen, die für die Privilegien von anderen bezahlen mußten. Solche Vorfälle sind in der Geschichte des europäischen Synagogenbaus häufig. Diese Synagogen waren, wie viele andere, Produkte der persönlichen und religiösen Differenzen und Kompromisse, die in kleinen Gemeinden vorkommen, deren Mitglieder einander zu gut kennen.

Berlin, Heidereutergasse

Die Berliner Synagoge wurde ungefähr vierzig Jahre nach der Ansiedlung von Juden in der Stadt (1671) gebaut. Michael Kemmeter aus Regensburg, ein christlicher Architekt, errichtete sie im Stadtzentrum, nicht weit von der Marienkirche, auf Grund und Boden, der den Bischöfen von Havelberg gehört hatte. Die Synagoge nahm einen Teil eines großen Hofes ein, der durch das Haus eines Regierungsbeamten von der Straße verdeckt wurde (Abb. 117).

Abb. 117. Berlin, Heidereutergasse, 1712–1714, Außenansicht ca. 1795, Radierung von F. A. Calau.

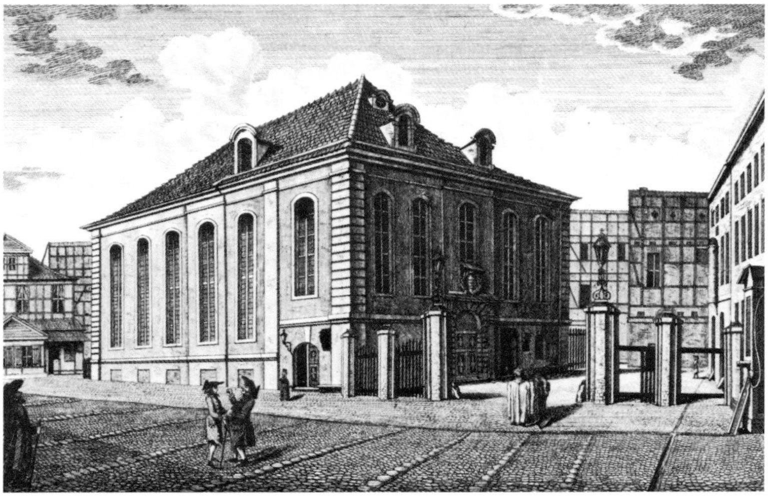

* In diesen Teil, unter *Hamburg, Poolstraße* (Reformtempel), ist das verwandte Gebäude in der Upper Berkeley Street in London, und unter *Moderne geometrische Synagogen* die Synagoge in Sillein aufgenommen.

Sie war ein großes Bauwerk, anscheinend etwa 10 Meter hoch, aus Stein gemauert und verputzt und von einem steilen Dach mit Gaupen gedeckt. Fünf hohe, oben abgerundete Fenster nahmen die Ostwand ein, sechs weitere in der Nord- und Südwand belichteten den Innenraum. Ein rustiziertes Hauptportal und eine Tür an dessen rechter Seite führten ins Erdgeschoß, in dem sich der Männerbereich befand, die Frauen aber gingen durch eine bescheidene Tür im westlichen Teil der Nordseite und stiegen innen die Treppen zur Empore hinauf.

Der Hauptraum war langgezogen und hoch, auch wenn der Graveur einer Innenansicht seine Höhe und Ausdehnung übertrieb (Abb. 118). Etwa die Hälfte jeder Wand scheint von hohen Fenstern eingenommen gewesen zu sein. An der Decke erhoben sich gewölbte Felder zu einem leicht vertieften, länglichen, oktogonalen Mittelfeld, das die Mitte des Raumes betonte, wo der große Almemor stand. Auf jeder der Bänke, die der Hauptachse des Raumes entlang aufgestellt waren, fanden nur drei oder vier Männer Platz, denn der fast quadratische Almemor nahm zuviel Platz ein. Ihm fehlte zwar ein Baldachin, aber an seiner Westseite waren Sitze angebracht eine Einrichtung, die wir von der Altneuschul in Prag, von Metz (vor 1845) und Wolpa (siehe Abb. 49, 97) kennen. Die Heilige Lade war groß und mit zwei Säulenreihen und geschwungenen Karniesen reich verziert; dichtes Blattwerk, das an beiden Seiten vorsprang, erinnerte an frühere deutsche Altaraufbauten und (spätere?) Heilige Laden in polnischen Synagogen, wie in Gumbinnen und Wolpa oder an anderen Orten wie Petschek in Böhmen oder Conegliano in Venetien. Der Gesamteindruck, den die Synagoge innen vermittelte, hatte jedoch wenig mit den reichlich dekorierten, die Sinne ansprechenden polnischen Synagogen zu tun. Der Bau in Berlin hatte das helle, klare und einfache Aussehen einer protestantischen Kirche.

Abb. 118. Berlin, Heidereutergasse, Innenansicht ca. 1720, Stich nach einer Zeichnung von A. M. Werner.

Die gefällige Synagoge war zu klein, um die stetig anwachsende Zahl der Juden, die sich in Berlin niederließen, fassen zu können. Dieses Problem wurde ein wenig durch die Übertritte zum Christentum gemildert, die im späten 18. und frühen 19. Jahrhundert eine stattliche Zahl erreichten. Um 1820, und erneut nach etwa 1830, verließen manche Juden die Gemeindesynagoge, um zu Reform-Bethäusern überzutreten, denen im Jahre 1846 der erste große Reformtempel folgte. Die alte Gemeindesynagoge blieb jedoch völlig überfüllt. Pläne für einen Neubau wurden in den Jahren 1841 und 1846/47 angefertigt, aber ohne Erfolg. Die Juden Berlins hofften, eine neue Synagoge in der Nähe der Garnisonkirche, nicht weit von der Heidereutergasse, bauen zu können. Der König gab sein Einverständnis für die Verwendung dieses Grundstücks, zog dann aber seine Erlaubnis zurück, angeblich weil die Gläubigen der einen Religion die der anderen stören würden. Statt dessen bot er ein Grundstück an, das weit außerhalb des Stadtzentrums, im Südosten, entfernt vom eigentlichen jüdischen Wohnviertel lag und deshalb ungeeignet war. Politische Unruhen und finanzielle Schwierigkeiten verhinderten dann einige Jahre lang, irgendein Projekt für einen Synagogenbau in Betracht zu ziehen. Als die Pläne im Jahre 1853 wiederaufgenommen wurden, hatten die Juden noch immer kein geeignetes Grundstück und entschlossen sich daher, das alte Gebäude umzubauen. Sie beauftragten einen protestantischen Architekten, Eduard Knoblauch, der den Umbau zwischen 1853 und 1856 ausführte und später die Synagoge in der Oranienburger Straße und das jüdische Krankenhaus entwarf. Er fügte der alten Synagoge Vorräume, Emporen und Bankreihen hinzu und veränderte ihre Dekoration in eine Mischung von eklektizistisch-klassizistisch-neoromanischen Stilformen, die um 1855 gerade in Mode war. Dieser Umbau wurde im Jahre 1881 erneut verändert, indem eine gewölbte Apsis hinter der Heiligen Lade entstand und die Emporen auf die Seitenwände ausgedehnt wurden. Die Fenster wurden ebenfalls umgewandelt, da die neuen Emporen vorgebaut wurden und in die vorherigen Fensteröffnungen einschnitten. Im Jahre 1891 wurde die Synagoge neu gestrichen, was den Umbau vollendete, so daß das Gebäude nicht mehr als der Bau von 1712 bis 1714 zu erkennen war.

Die Synagoge in der Heidereutergasse war die einzige, in der nach dem Kriegsausbruch von 1939 noch Gottesdienst erlaubt war, und sie wurde tatsächlich bis zum Jahre 1943 benutzt. Die Synagoge wurde dann bei Luftangriffen bombardiert, blieb aber in stark beschädigtem Zustand stehen – wie auch ein kleiner Teil der Gemeinde den Nationalsozialismus überlebte. Die Stadtverwaltung von Ost-Berlin hat angeblich das Gebäude wiederaufbauen wollen, aber es sieht nicht so aus, als wäre in Zukunft, neben der restaurierten Synagoge in der Rykestraße, außerhalb des Stadtzentrums eine weitere Synagoge vonnöten.

Ansbach

Die Ansbacher Synagoge hat ein glücklicheres Schicksal gehabt, denn sie wurde vor den Nationalsozialisten gerettet, weil der Bürgermeister in der »Kristallnacht« in dem Gebäude Feuer legte, um die Zerstörer zu täuschen, die es mit Sicherheit vernichten wollten. Obwohl die in der Stadt verbliebenen Juden nicht einmal zahlreich genug sind, um ein *Minjan* bilden zu können, wurde der Bau dennoch nach dem Zweiten Weltkrieg restauriert und bleibt zumindest als Denkmal für die verschwundene jüdische Bevölkerung bestehen.

Diese kleine Synagoge ist etwa 16 Meter lang und 12,50 Meter breit (Abb. 119, 120, 121). Sie hat einen Hauptraum für die Männer, eine Vorhalle an der Westseite mit einer Empore darüber und ein Treppenhaus, das nach Süden in den Synagogenhof vorkragt. Die Außenmauern sind hell verputzt und durch die Pilaster zwischen großen, rund abschließenden Fenstern – vier auf jeder Seite des Männerbereichs und eins auf jeder Seite der Vorhalle – gegliedert. Ein Mansarddach deckt den überwölbten Raum. Der Haupteingang befindet sich im westlichen Teil der Nordseite, aber weder am Portal noch irgendwoanders sind außen auffällige Ornamente zu finden. Leopold Retti hatte wahrscheinlich den Auftrag, einen Entwurf zu liefern, der stattlich genug war, um Geldgeber zu finden, aber nicht so auffallend, um den Juden der Stadt zuviel Prestige zu verschaffen.

Die aus der gleichen Zeit stammende Innenausstattung ist kunstvoller, als sich vom Äußeren der Synagoge her erwarten läßt. Der oktogonale Almemor steht, um eine Stufe erhöht, in der Mitte des Raumes und hat ein Geländer aus

Abb. 119. Ansbach, 1744–1746, Außenansicht.

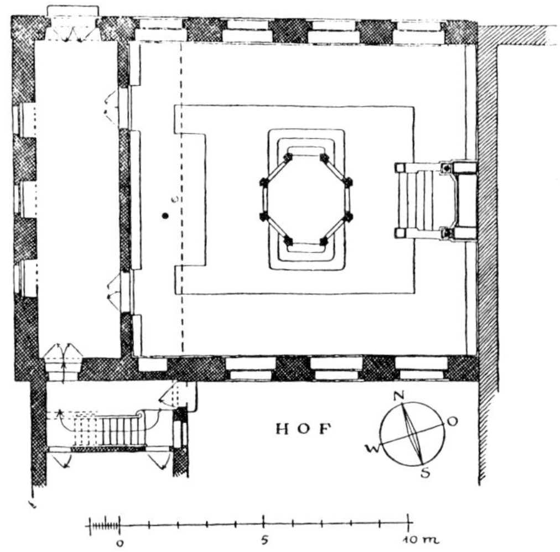

Abb. 120. Ansbach, Grundriß.

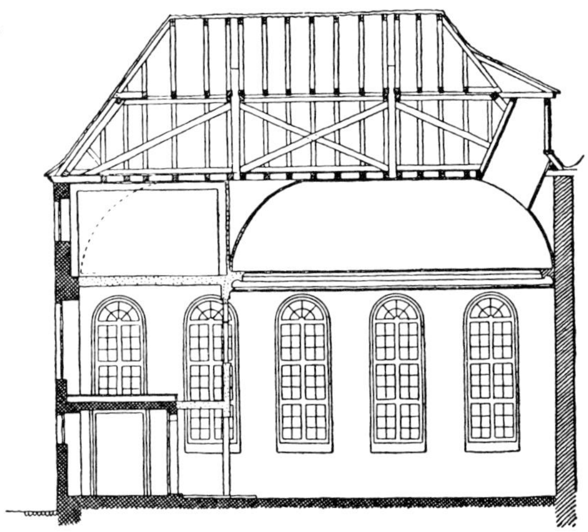

Abb. 121. Ansbach, Längsschnitt.

kompakten Pfeilern im Wechsel mit durchbrochen, schmiedeeisernen Gittern. Auf jedem Pfeiler steht eine Schlangensäule, die mit Marmorimitation dekoriert ist und ein vergoldetes Kapitell trägt. Über dem oktogonalen Karnies sind an den Ecken weiß und golden bemalte Urnen angebracht. Die Heilige Lade ist um einige Stufen erhöht und mit Schlangensäulen verziert, die ihre Tür an beiden Seiten einrahmen. Auch hier sind Marmorimitationen verwendet worden. Schlangensäulen, im späten 17. und im 18. Jahrhundert sehr verbreitet (nachdem Bernini sie am Altarbaldachin im Petersdom verwendete), hatten in Synagogen eine besondere Bedeutung, denn man glaubte seit dem Mittelalter, daß kleinere Säulen derselben Form, so wie die in der Vierung des Petersdoms, von Salomos Tempel stammten. Im Tympanon der Heiligen Lade befinden sich außerdem Gesetzestafeln, die von Löwen eingefaßt werden, und der Raum ist mit Leuchten ausgestattet, von denen einige echte Armleuchter aus dem 18. Jahrhundert sind.

Abb. 122. (gegenüberliegende Seite) Berlin, Oranienburger Straße, 1859–1866, Fassade.

Diese Synagoge ist aufgrund ihrer Klarheit und Helligkeit sowie ihrer glatten, weißen Wände, die durch die reiche Ausstattung belebt werden, ein besonders gefälliger Bau. Die im allgemeinen nüchterne Anlage des Gebäudes, im Gegensatz zu seiner Innenausstattung, beeinflußte bis weit in das 19. Jahrhundert den Synagogenbau, bis etwa ein Jahrhundert nach Vollendung der Ansbacher Synagoge historistische Stilformen vorherrschend wurden.

Bibliographie

Berlin

AJR Information, Juli 1978, S. 10.

Archives israélites, XXXV (1874), S. 360 (über den Umbau von 1818).

AJZ, 1846, 1847, 1853, 1855.

Bendt & Bothe, bes. Bd. 1, S. 22, 24, 27, 72–75; Bd. 2, S. 77–78.

R. Borrmann, *Bau- und Kunstdenkmäler von Berlin*, Berlin 1893.

L. Geiger, *Geschichte der Juden in Berlin*, Berlin 1871, bes. Bd. 1, S. 22 ff.; Bd. 2, S. 46 ff.

H. Hammer-Schenk, *Synagogen*, S. 31 und Fn. 4.

Jewish Chronicle über 1846, 1847, 1853, 1855.

R. Krautheimer, *Mitt. Syn.*

Ansbach

Encyclopedia Judaica, 1971, s. u. Ansbach.

G. P. Fehring, *Bayrische Kunstdenkmale II: Stadt und Kreis Ansbach*, München 1958, S. 24–25.

S. Haenle, *Geschichte der Juden im ehemaligen Fürstenthum Ansbach*, Ansbach, 1867, S. 141–146.

»In der Synagoge gehen wieder die Lichter an«, in: *Fränkische Landeszeitung*, 10. Febr. 1962.

F. Scholl, *Leopold Retti, markgräflich Ansbachscher Baudirektor*, Ansbach 1930, bes. S. 81–82.

Berlin, Oranienburger Straße

Von der einst wohl bedeutendsten Synagoge Europas – im Jahre ihrer Vollendung, 1866, sogar der größten der Welt (Abb. 122) – ist nur eine zerstörte, leere Hülle geblieben. Als einer der ersten großen Bauten in Deutschland, bei dem die Möglichkeiten der Eisenkonstruktion

genutzt wurden und der mit fortschrittlichen Gaslichtanlagen beleuchtet wurde, erhielt er das Lob, die Kunst mit der Technik vereint zu haben.

Die Tatsache, daß die Juden eine Synagoge bauen konnten, die von so eindrucksvollem Äußeren wie eine Kirche war, im Zentrum der Stadt an einer Straße gelegen und nicht in einem Gäßchen, bedeutete einen entscheidenden Sieg. Noch im Jahre 1847 wurde der Gedanke, daß eine Synagoge eine Fassade zur Straße haben könnte, als bemerkenswert betrachtet. Um 1855 hatten die Christen diese Vorstellung akzeptiert. Bei der Einweihungszeremonie hörten die Grafen Bismarck und Wrangel eine Predigt, in der die Zufriedenheit der Juden mit ihrer Situation um 1866 ihren Ausdruck fand.

Die Größe des Gebäudes bezeugte, wie viele Juden aus deutschen und slawischen Dörfern in die preußische Hauptstadt eingewandert waren. Das eindrucksvolle Äußere dieses Baus spiegelte den Wohlstand der reichen Juden, die Anteile gekauft hatten, um die Baukosten zu finanzieren, welche sich auf etwa eine Million Taler beliefen. Dies war eine der ersten Synagogen, die eine auffällige Kuppel besaß. Die Tatsache, daß diese zwiebelförmig und vergoldet war, zeigt, daß der Vorstand der Berliner Juden mit seinem Bau eine starke Wirkung im Stadtbild Berlins zu erzielen beabsichtigte, als wollte er ihre gerade erworbenen Bürgerrechte öffentlich verkünden. Ironischerweise vermittelten die leuchtende Kuppel und die rotgestreifte Fassade aus Backstein und braunem Stein, die mit den hell verputzten Bauten Berlins kontrastierte, manchen Beobachtern den Eindruck, daß die Juden exotisch seien und niemals als wirklich deutsch betrachtet werden könnten. Für Juden aus anderen Orten jedoch stand die Synagoge in der Oranienburger Straße als Symbol für ihren verbesserten rechtlichen Status. Aus diesem Grunde beeinflußte diese Synagoge, abgesehen von ihrer ästhetischen Wirkung, andere Synagogenbauten für kulturell assimilierte Gemeinden, darunter die von Preßburg, Czernowitz und Petersburg (siehe Abb. 25, 88).

Als sich diese Synagoge in der Planung befand, wurde schon nach weiteren Synagogen verlangt, da die jüdische Bevölkerung Berlins sich von 1839 bis 1859 um 10 000 vermehrt hatte. Den 16 000 Juden standen nur die Synagoge in der Heidereutergasse und acht kleine Bethäuser zur Verfügung. Für die hohen Feiertage im Herbst wurden Versammlungssäle gemietet, um diejenigen unterzubringen, die keinen Sitz in der Synagoge bekommen oder sich einen solchen nicht leisten konnten. Der Bau eines Reformtempels im Jahre 1853/54 und die Vergrößerung der Synagoge in der Heidereutergasse 1856 verbesserten die Lage kaum.

Nachdem die Gemeinde gewagt hatte, einen von den Regierungsbeamten angebotenen, ungeeigneten Bauplatz zurückzuweisen, entschied sie sich für ein Grundstück in einem Häuserblock im Stadtzentrum, der unter anderen Gebäuden von einem jüdischen und einem römisch-katholischen Krankenhaus eingenommen wurde. Das Grundstück hatte eine seltsame Form, eine enge Straßenfront und eine Achsdrehung in der Tiefe. Der Gemeindevorstand schrieb einen Wettbewerb aus – einer der ersten in Deutschland überhaupt –, um eine größtmögliche Auswahl an Lösungen für das durch dieses Grundstück gestellte Problem zu erhalten. Die Jury des Berliner Architektenverbands fand, daß keiner der eingereichten Entwürfe den Forderungen vollkommen entsprach. Der Auftrag ging schließlich an einen der Teilnehmer, Eduard Knoblauch (1801–1865), der bei der Wahl des Grundstücks und bei der Vorbereitung des Wettbewerbsprogramms als Berater fungiert hatte. Dieser protestantische Architekt, Schüler von Schinkel und Vorsitzender des Berliner Architektenverbands, hat Privathäuser, die Russische Botschaft, das jüdische Krankenhaus und die Erweiterung der Synagoge in der Heidereutergasse gebaut. Die Synagoge in der Oranienburger Straße war sein erfolgreichstes Werk.

Der erste Spatenstich erfolgte im Mai 1859, während Knoblauch noch dabei war, die Pläne zu verändern, um den Wünschen des Gemeindevorstands nachzukommen, der seine Büroräume an anderer Stelle haben wollte. Der Architekt entsprach diesem Verlangen rasch, und die Bauarbeiten wurden in einem befriedigenden Tempo fortgesetzt, so daß der Rohbau und einige Innenarbeiten im Jahre 1862 vollendet werden konnten. Knoblauch erkrankte jedoch in diesem Jahr. Er vertraute die Arbeit seinem Freund August Stüler an, der einen großen Teil der Innendekoration ausführte, aber beide Architekten starben im Jahre 1865. Baustoffverknappung, vor allem von Eisen, während Preußens Krieg mit Dänemark und Österreich verzögerte die Einweihung der Synagoge bis zum Jahre 1866. Knoblauchs Assistent Hähnel überwachte die Vollendung und entwarf einige der Ausschmückungen; er hatte bei der Vorbereitung der Pläne geholfen und war mit dem Bau von Anfang an vertraut. Ein anderer Architekt, W. Schwedler, überwachte die Errichtung der Innengewölbe und ihrer Eisenstützen.

Die Synagoge hatte mehrere Abschnitte, die der langen, gebogenen Achse in die Tiefe des Grundstücks folgten (Abb. 123). Die Fassade zur Oranienburger Straße bestand aus einem zurückgesetzten Mittelteil mit einem dreifachen Eingangsbogen, der auf polierten Granitsäulen ruhte und von zwei quadratischen, bis zur Straßenflucht vorstehenden Türmen eingefaßt wurde. Eine kleine Kuppel krönte jeden der beiden Türme, die damit eine Höhe von 34 Meter erreichten (100 Berliner Fuß). Über dem Eingangsbogen und der dahinterliegenden Vorhalle befand sich der Saal des Vorstands. Die riesige Kuppel, deren Spitze etwa 50 Meter (160 Berliner Fuß) hoch war, überdeckte die Vorhalle. Sie befand sich nicht über dem Betsaal, weil dieser so weit hinten auf dem Grundstück lag, daß eine Kuppel darüber von der Straße aus nicht sichtbar gewesen wäre.

Die Herren mit den Zylinderhüten gaben ihre Regenschirme bei einem Diener in der Vorhalle ab. Ein schmaler Wasserstrahl floß aus einem Brunnen für diejenigen, die den Brauch des Händewaschens vor dem Gottesdienst befolgten. Von der Vorhalle führten seitlich Türen zu den Wohnungen der Synagogenangestellten und zu Versammlungsräumen. Der wichtigste Punkt war, daß die Vorhalle die Biegung in der Achse des Grundstücks verdeckte, so daß der Besucher etwa dreißig Grad zur Linken der Hauptachse vom übrigen Bau eintrat. Dies wurde durch einen eher anmutigen und nicht ungeschickt wirkenden Übergang erreicht, denn die Vorhalle hatte zwölf Seiten, und diese auf den Mittelpunkt bezogene Form lenkte die Aufmerksamkeit von der plötzlichen Richtungsänderung ab. An der neuen Achse lagen ein Vorraum, die Wochentagssynagoge und dahinter der Hauptbetsaal.

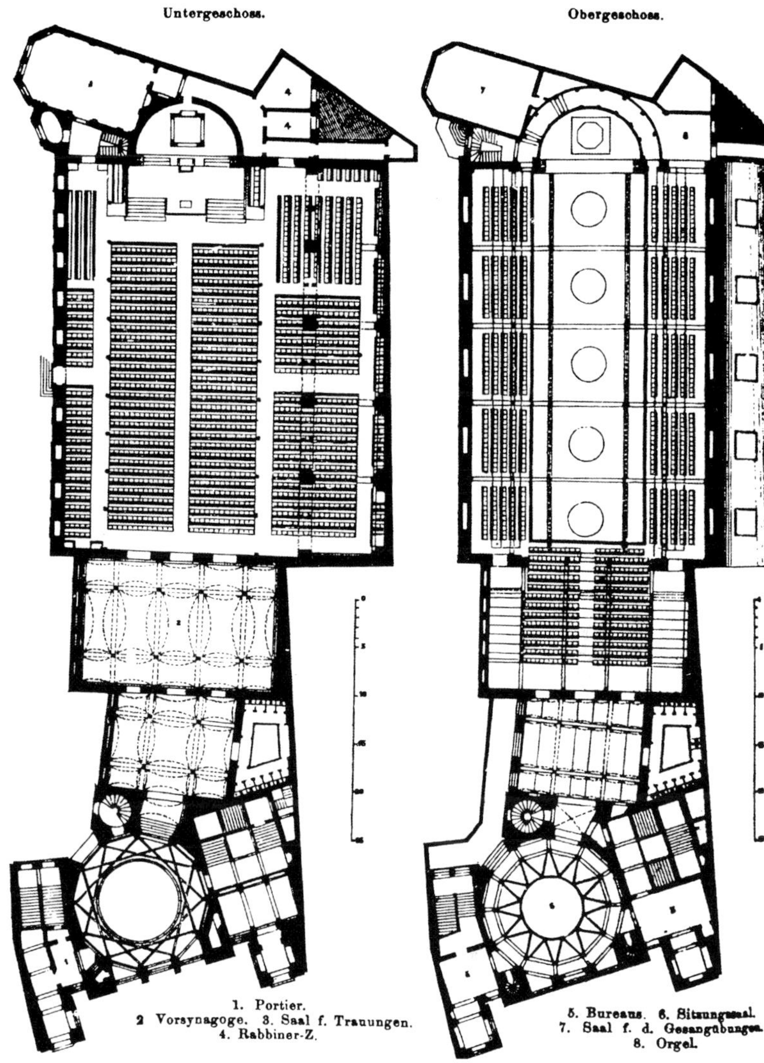

Abb. 123. Berlin, Oranienburger Straße, Grundriß.

Der Betsaal, eine Emporenbasilika, war etwa 57 Meter lang, 40 Meter breit und 23 Meter hoch (188×126×87 Berliner Fuß). In der Apsis, welche die ganze Breite des Hauptschiffs einnahm, befanden sich die Heilige Lade sowie Platz für den Chor und die Orgel (Abb. 124). Der Raum faßte über 3000 Personen, davon etwa 1200 Frauen auf den Emporen. Da das Grundstück an der Südseite breiter wurde, konnte der Männersitzbereich entsprechend der Ausdehnung eines weiteren Seitenschiffs an diesem Punkt vergrößert werden. Auf alten Drucken und Photographien kommt dies nicht zum Ausdruck, weil die Aufrisse des Hauptschiffs gleich gestaltet wurden, um den Eindruck von Symmetrie zu vermitteln.

Innerhalb der Backsteinaußenmauern be-

Abb. 124. Berlin, Oranienburger Straße, Innenansicht zur Heiligen Lade 1866.

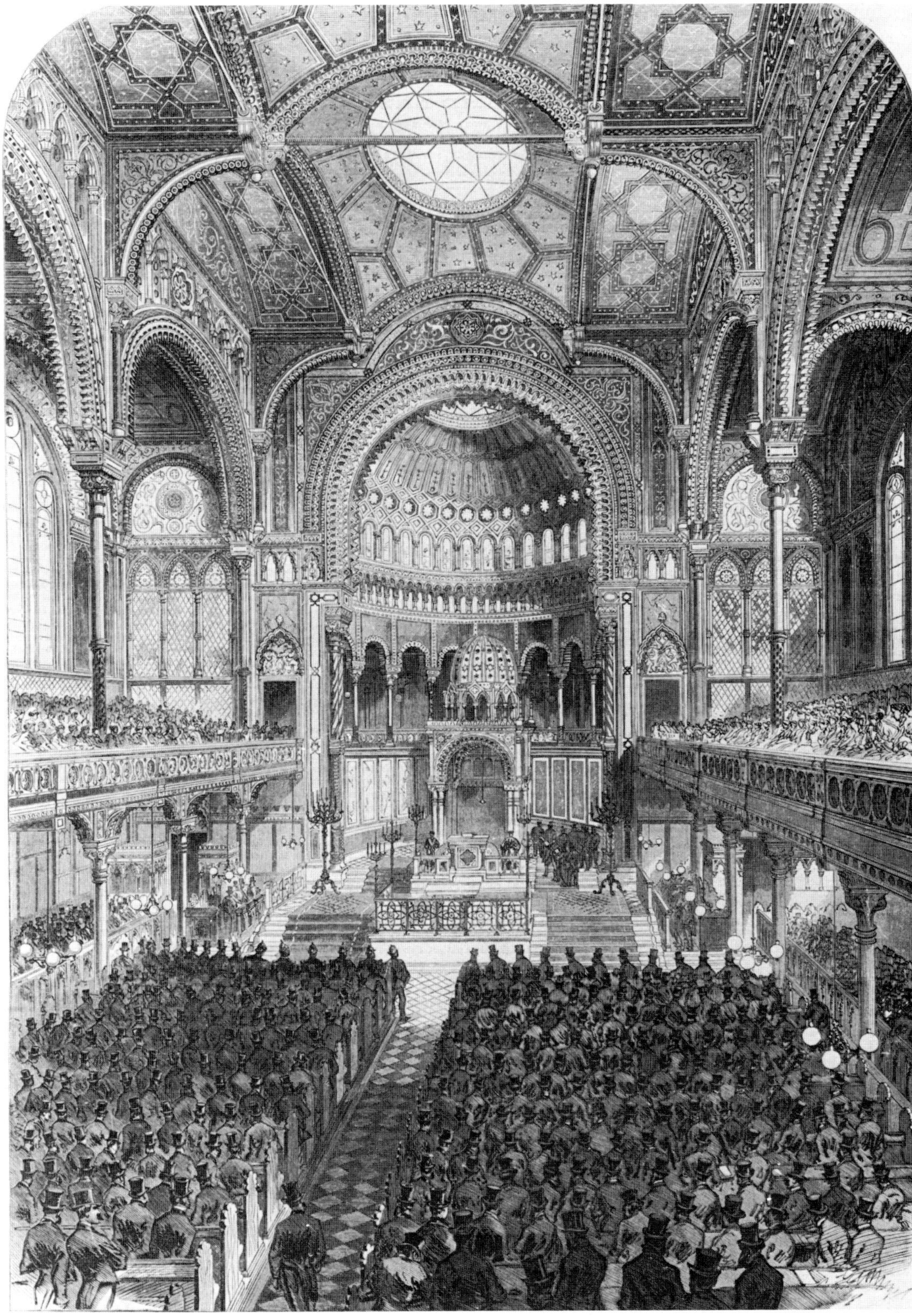

standen fast alle Bauelemente des Betsaals aus Eisen, Glas und Backstein; einige waren verputzt. Die Emporen und die Decke waren aus Eisen, einem gutgeeigneten Baustoff für einen Raum, in dem gute Sicht und Akustik wichtig waren. Die Druckfestigkeit des Eisens erlaubte die Konstruktion von breiten Emporen auf dünnen Stützen und dünnschaligen Halbkuppeln unter den Sitzen. Bei anderen bedeutenden Synagogenbauten war schon Eisen verwendet worden, um die Sichtbehinderung zu reduzieren und Mauerwerk und damit Kosten zu sparen (Sempers Synagoge in Dresden und Försters in Budapest, Dohány-Straße, und in Wien, Tempelgasse; siehe Abb. 130, 39, 65). Die Eisenkonstruktion in Berlin war jedoch kühner, und die weiten Bogen über dem Mittelschiff schufen den ungewöhnlichen und großartigen Eindruck enormer Weite. Die Vielfalt der Bogenformen – Segment- oder Halbsegmentbogen über dem Hauptschiff, Flachbogen unter dem Emporen, breite Stelzbogen, welche die Emporen und die Apsis einrahmten, und Spitzbogen an manchen Fenstern – vermittelte einen Eindruck großen Formenreichtums und unbekümmerter Stilverbindungen. Die Synagoge wurde von Geldgebern und Architekten, die in der Alhambra ein gelungenes Vorbild für schlanke Säulen und reiche »orientalische« Ausschmückung sahen, als maurisch beschrieben. Da die Alhambra keine geeignete Kuppel besaß, entnahm der Architekt die Form der »indischen« Kuppel dem »Royal Pavilion« in Brighton! Der Autor eines Beitrags in der orthodoxen Zeitschrift *Der Israelit* stellte bitter die Frage, warum es keine jüdische statt einer maurischen Synagoge gebe, mit traditionell jüdischem Ritus und Gebetbuch.

Alle waren sich jedoch einig, daß die technischen Mittel, die verwendet wurden, um exotische Effekte zu erzielen, außergewöhnlich waren. Die Beleuchtungs- und Entlüftungssysteme waren nach angeblich vorher in Pariser Theatern verwendeten Methoden eingebaut worden. Man brachte außen klares Fensterglas und innen kräftig gefärbtes Glas an. Entlüftungsschächte zwischen den beiden Scheiben leiteten Hitze und Ausdünstungen der Gaslampen, die ebenfalls in der Zwischenschicht angebracht waren, nach außen. Setzte man das Gaslicht hinter einen Schirm aus farbigem Glas, so entstand ein schimmerndes, hochintensives und reich koloriertes Licht, das den Innenraum zur Geltung brachte; dadurch hatte es nicht den üblichen grellen Schein und verursachte auch keine übermäßige Hitze. Große Dachfenster im Hauptschiff und in der Apsis ließen Tageslicht ein. Nachts wurden Gaslampen in Höhe der Dachfenster angezündet, so daß der Raum auch von oben erleuchtet war. Windböen konnten die Gaslampen nicht auslöschen, denn schützende Reflektoren glitten über die Lampen und die Dachfenster, wenn das Gas angezündet wurde.

Die Modernität der technischen Ausstattung und das prachtvolle Ergebnis entsprachen dem Reformritus und dem Selbstbild des Vorstands der Synagogengemeinde. Der Almemor stand westlich neben der Heiligen Lade; die meisten Bänke der Männer waren in Richtung Osten aufgestellt, die Frauenemporen hatten keine Gitter, und es gab eine Orgel, hinter einer Trennwand in der Apsis versteckt. Die Mitglieder der wohlhabenden und assimilierten Gemeinde trugen zur Einweihungszeremonie formelle Abendkleidung. Ein orthodoxer Besucher kommentierte, daß »dieser neue jüdische Tempel den Tempel Salomonis in Größe und Pracht unzweifelbar aussticht ... Die Juden können in der Zurschaustellung des Reichtums, der im Bau dieses Gebäudes zum Ausdruck kommt, zeigen, welche Macht sie besitzen, und der Stolz, den es bezeugt, ist sogar größer als die internen haßerfüllten Auseinandersetzungen zwischen den beiden jüdischen Sekten (Reform und orthodox), die mit ihrem vereinten Geld diese Synagoge bauten.« Ein Korrespondent schrieb im gegen die Reform gerichteten *Jewish Messenger* in New York, daß »die Welt diesen Tempel sieht ..., der sich über die anspruchsvollsten Kirchen erhebt, und kommt unfreiwillig zu dem Schluß – es muß doch etwas an der jüdischen Religion sein ... Sie interpretiert das neue Gefühl Israels, das sein Supremat und seine Anerkennung der Vielfalt wieder geltend macht. Andernfalls wäre die Synagoge ein Mißerfolg – denn es wäre schwierig, eine sich auf die Gläubigen auswirkende fromme Haltung als das Ergebnis von Kontemplation und Zusammenschluß zu erkennen.«

Die große Synagoge wirkte damals außerordentlich vielschichtig. Sie offenbarte in ihren technischen Anlagen etwas von der Phantasie, den unternehmerischen Fähigkeiten und wissenschaftlichen Neigungen, die viele Mitglieder der Berliner jüdischen Gemeinde von der Aufklärung bis 1933 auszeichneten. Sie zeigte, wie wichtig Reform, Modernität und kulturelle Assimilation von den Berliner Juden genommen wurden, die viele junge Leute verloren hatten, welche den gesellschaftlichen und politischen Vorteilen eines Übertritts zum Christentum nachgegeben hatten. Sie war Ausdruck des Optimismus und des Vertrauens, die für die Berliner Juden noch sechzig Jahre nach der Einweihung charakteristisch waren. Aber sie deutete auch jene Vorliebe der Neureichen für protzige Zurschaustellung an, die Verachtung bei den Frommen und Haß bei denen erregte, welche nach einem Vorwand für ihren Antisemitismus suchten.

Nationalsozialistische Fanatiker, welche die Juden Berlins für eine ihnen unterlegene orientalische Rasse hielten, setzten die »maurische« Synagoge in der Oranienburger Straße in der »Kristallnacht« 1938 in Brand. Was von ihr übrigblieb, wurde fast vollständig während der Bombenangriffe der Alliierten zerstört. Die Synagoge, die für die Errungenschaften moderner Technologie und Zivilisation Zeugnis abgelegt hatte, ist als Skelett stehengeblieben.

Bibliographie

Bendt & Bothe, bes. Bd. 1, S. 27–36, 87–98; Bd. 2, S. 78–80, mit seltenen Drucken und Photographien auf S. 7, 14, 28, 30–36.

Der Israelit, XI, Nr. 40/41 (5. Okt. 1870), S. 751.

H. Hammer-Schenk, *Synagogen*, bes. S. 284–296.

H. Hammer-Schenk, »Untersuchungen«, S. 399–413, 424, 427.

G. Knoblauch, »Die neue Synagoge in Berlin«, *Zeitschrift für Bauwesen*, XV (1865), Spalte 273; XVI (1866), Spalte 3 ff., 32 ff., 481–486; XVIII (1868), Spalte 3 ff. und Tafeln.

M. Kreutzberger und I. Foerg (Hrsg.), *Leo Baeck Institute New York. Bibliothek und Archiv. Katalog*, Bd. 1, Tübingen, 1970, s. u. Berlin.

H. Künzl, »Zur Aufnahme islamischer Architekturstile im Synagogenbau des 19. Jahrhunderts«, in: *Zeitschrift der Deutschen Morgenländischen Gesellschaft*, Supplement III, 2. *Deutscher Orientalistentag 1975, Vorträge*, Wiesbaden 1977, S. 1626–1631.

P. Wallé, *Die neue Synagoge zu Berlin*, Auszug aus *Der Bär*, Bd. 12, 1884.

H. Zopf und G. Heinrich, *Berlin-Bibliographie bis 1960 in der Senatsbibliothek Berlin*, Berlin 1965, S. 358–360 (Veröffentlichungen der Historischen Kommission zu Berlin beim Friedrich-Meinecke-Institut der Freien Universität, 15: Bibliographie, Bd. I).

Buchau am Federsee

Die Geschichte der Synagoge in Buchau in Württemberg steht für viele andere europäische Beispiele. Die letzte dortige Synagoge wurde im Jahre 1835 eröffnet und war ein hübscher Bau mit einem ungewöhnlichen Glockenturm, aber in anderer Hinsicht glich sie durchaus anderen Synagogen. Das Gebäude stand abseits von der Hauptansiedlung der Christen. Es ersetzte Beträume, welche vorher in Häusern eingerichtet gewesen waren, die offensichtlich auch als Wohnhäuser dienten. Ein solch eigenständiger und attraktiver Bau konnte erst errichtet werden, nachdem die Juden als Bürger anerkannt wurden oder zusätzlich Rechte erhielten. Sein Stil entsprach dem vieler Bauten dieser Zeit und dieses Ortes. Christen entwarfen und bauten die Synagoge. An den Bau anschließend befanden sich die Gemeindebüros, eine Schule und die Wohnung des Rabbiners. Die Synagoge wurde 1938 zerstört, und die Mitglieder der Gemeinde emigrierten oder fielen den Nationalsozialisten zum Opfer.

Dokumente über die Buchauer Juden gehen bis zum späten 14. Jahrhundert zurück, aber es läßt sich nicht genau sagen, seit wann sie einen festen Wohnsitz in der Stadt hatten und ob sie zahlreich genug waren, um ein Quorum zu bilden, was für die Einrichtung einer Synagoge unbedingt notwendig war. Von 1577 an besitzen wir eine bessere Dokumentation über die Buchauer Juden. Sie wurden protegiert von weltlichen und auch von religiösen Machthabern oder wurden abwechselnd vertrieben und wieder zugelassen – ein Schicksal, das sie mit vielen jüdischen Gruppen in ganz Europa teilten. Um 1700 stabilisierte sich ihre Stellung. Sie konnten in einem Betraum im obersten Stockwerk eines dreistöckigen Hauses im jüdischen Viertel Gottesdienst abhalten. Im Jahre

1938 waren an der Ostwand des Raumes zwischen zwei Fenstern, durch die nur wenig Licht einfiel, noch Spuren der Heiligen Lade sichtbar. Der Raum hatte eine Kassettendecke, sonst aber keine bemerkenswerten baulichen Merkmale. Etwas später wurde in einem anderen Haus ein Betraum eingerichtet, aber wiederholte Umbauten führten dazu, daß sich in den späten dreißiger Jahren die Anlage der Synagoge nicht mehr nachvollziehen ließ. Im letzten Drittel des 18. Jahrhunderts wurde ein stattlicherer Raum zum Gebet eingerichtet. Dieser nahm, genauso wie die erste bekannte Synagoge von Buchau, das oberste Stockwerk eines Hauses im jüdischen Viertel ein; der Rabbiner und andere Juden haben wahrscheinlich die übrigen Etagen und die Dachräume des dreigeschossigen Hauses bewohnt. Der längliche Betraum hatte in einer Ecke eine Tür, einen Bodenbelag aus breiten Brettern, verputzte Wände und eine hübsche Decke, deren quadratische und leicht zurückversetzte Kassetten mit Blumen bemalt waren, sowie ähnliche Dekorationen auf der Innenseite der Tür. Einige der eingehängten Deckentafeln ließen sich öffnen, so daß der Raum beim Laubhüttenfest wie eine Hütte im Freien wirkte. Die übliche Hütte draußen auf dem Boden hätte die Mitglieder der Gemeinde der Kälte und dem Herbstnebel in Buchau ausgesetzt.

Die Gemeinde wuchs Mitte des 18. Jahrhunderts und erhielt die Erlaubnis, ein separates Gebäude in der Judenstraße als Synagoge einzurichten. Es war ein kleiner, für die Stadt typischer Bau ohne besondere Merkmale, der keinen »jüdischen« Charakter aufwies, mit Ausnahme der vergitterten Empore für Frauen. Die Synagoge konnte beheizt werden, was bedeutet, daß sie auch als Lehrhaus benutzt wurde. Durch einen Versammlungsraum, der neben dem Betsaal lag, ließ sich die Kapazität der Synagoge vergrößern, aber um 1824 hatte die Synagogengemeinde unter ernsthafter Überfüllung des Raumes zu leiden. Zu ihrem Glück erhielten die Buchauer Juden 1828 volle Bürgerrechte und konnten endlich, von den drückenden Gesetzen befreit, denen sie bis dahin unterstanden hatten, nach ihrem freien Ermessen bauen.

Im Jahre 1833 entschloß sich der Gemeindevorstand, den alten Bau und den dazugehörigen Hof, auf dem Hochzeiten gefeiert wurden, durch eine neue Anlage zu ersetzen. Man kaufte einen Bauplatz, auf dem die Fassade der Synagoge an einer ziemlich breiten Straße lag und nicht hinter einem Gemeindebau versteckt war. Sie erwarben das Grundstück von einem örtlichen Adligen, weil sie es anscheinend leichter fanden, mit denjenigen zu verhandeln, von denen sie für finanzielle Gegenleistungen beschützt wurden, als mit gewöhnlichen Bürgern der Stadt. Die Juden erhielten zusätzliches Land für den Gemeindebau und für das Haus des Rabbiners. Zwei Jahre später erstellte der Bauinspektor des Landesherrn, ein gewisser Baur, einen Bauplan, der auf dem der Münchener neoklassizistischen Synagoge von 1824 bis 1826 beruhte. Die Baukommission genehmigte den Plan unter Berücksichtigung lokaler Bedingungen, die gewisse Veränderungen nötig machten. Die Mitglieder der Synagogengemeinde brachten den größten Teil der Baukosten von 15 800 Gulden durch den Ankauf von Sitzplätzen und besondere Spenden auf. Etwa 5 Prozent der Kosten steuerten König Wilhelm I. von Württemberg und Fürst Maximilian von Thurn und Taxis bei. Schenkungen für religiöse Bauten gehörten zu den üblichen Verpflichtungen der Herrschenden, und viele Adlige waren sich durchaus bewußt, wie wichtig es war, sich den Juden gegenüber anständig zu verhalten, denn diese hatten Handel und Wohlstand in ihren Ländern gefördert. Da die Buchauer jüdische Gemeinde zusammen mit dem eingemeindeten Ort Kappel damals etwa 875 Juden umfaßte – die größte jüdische Gemeinde in Württemberg –, fanden die Herrschenden es vielleicht besonders angebracht, die Buchauer Synagoge zu subventionieren.

Pilasterstreifen und verbindende, horizontale Zierprofile unterteilten die geradlinige, von einem dreieckigen Giebel gekrönte Fassade in drei vertikale Felder, von denen jedes eine Tür besaß, die dem Hauptschiff und den Seitenschiffen in Innern entsprachen (Abb. 125). Über jeder Tür befanden sich ein Kaffgesims und darüber ein rund abschließendes Fenster. Diese Anlage und die doppelte Reihe von Fenstern an den beiden Seiten des Gebäudes ließen erkennen, daß der Bau innen zweistöckig war. Auf Höhe des Obergeschosses, zwischen den Türen und Fenstern, befand sich die Empore. Ein halbkreisförmiges Fenster belichtete den Dachraum. Die Gestaltung war klar, die Mauern waren glatt verputzt. Ähnliche Fassaden sind aus weit entfernten Orten bekannt, wie Szegedin (siehe Abb. 54) in Ungarn und Wlodawa in Polen. Die Montefiore Synagogue in Ramsgate zeigt eine der Buchauer Synagoge vergleichbare Gestaltung: vorherrschend klassizistischen Stil mit einigen ägyptischen Details um die Heilige Lade, die auf den (angeblich in ägyptischem Stil erbauten) Tempel Salomonis anspielen (siehe Abb. 252, 253).

Abb. 125. Buchau am Federsee, 1833–1835, Fassade.

Abb. 126. Buchau am Federsee, Innenansicht zur Heiligen Lade.

Der Innenraum war kastenförmig, mit Emporen und einer flachen Decke unter einem ausladenden Giebeldach (Abb. 126). Die Münchener Synagoge besaß ein kassettiertes Tonnengewölbe, aber Buchaus Juden entschieden sich für eine einfachere und preiswertere Decke. Toskanische Säulen aus Eichenholz, mit Marmorimitationen aus Stuck verziert, trugen die Empore. Die breiten Fensteröffnungen waren von schlichten Zierprofilen eingerahmt. Der Raum wirkte jedoch nicht streng, denn er war geräumig und hell. Eine imposante Rundung, die eine apsisartige Nische für die Heilige Lade bildete, machte ihn lebendig. Säulenpaare faßten die weite Öffnung für die Türen der Heiligen Lade ein – ein dreiteiliger Entwurf, in dem sich das breitere Mittelschiff und die engeren Seitenschiffe wiederholten. Die Farbgebung des Raumes, vorherrschend in Weiß mit einem Hauch von Blau und Gold, verstärkte den Eindruck vornehmer Schlichtheit. Diese Synagoge war für die Juden in ländlichen Kleinstädten charakteristisch, die, wie ihre Glaubensbrüder in London, Paris, Bordeaux, München, Kopenhagen und Breslau, kulturell assimiliert waren und alle zu jener Zeit in ähnlichen Bauten ihre Gottesdienste abhielten (siehe Abb. 108, 109, 175, 176, 177, 235, 236).

Dieser Synagogentyp wirkte würdig und zurückhaltend. Das wäre durchaus kein auffallendes Merkmal, wenn es sich um christliche, vor allem protestantische Kirchen handelte. Aber die Juden waren häufig als seltsame Fremde betrachtet worden. Nun jedoch, da sie Bürgerrechte erlangt hatten, wurden sie leichter von der Gesellschaft akzeptiert. Sie brauchten nicht länger in Buchaus jüdischem Viertel zu leben. Die Synagoge befand sich an einer öffentlichen Straße und hatte eine Fassade, die der einer bescheidenen Kirche glich. Der Vorstand der jüdischen Gemeinde und die weltliche Obrigkeit waren sich sogar einig, daß die Synagoge einen niedrigen Glockenturm mit einer Turmuhr haben sollte, so daß der Bau im Vergleich zu den schönen Kirchen der Stadt nicht zu ärmlich wirkte. Die Synagoge war hier, wie andernorts in den Jahren zwischen 1815 und 1840, Zeugin für die grundlegende Veränderung der rechtlichen Stellung der Juden. Die jüdische Gemeinde von Pflaumloch bat im Jahre 1841 um die Pläne und um Informationen über die

Kosten der Synagoge, die sie nachzuahmen hoffte.

Die Juden von Lengnau wandten sich ebenfalls an die Buchauer Gemeinde, als sie ihre Synagoge aus dem 18. Jahrhundert erneuern wollten, aber ihre Synagoge wurde keine Kopie der Buchauer.

Bibliographie

Gesellschaft zur Erforschung jüdischer Kunstdenkmäler, Notizblatt 33 (1933), wegen der Photographien.

F. Hundsnurcher und G. Taddey, *Die jüdische Gemeinde in Baden, Denkmale, Geschichte, Schicksale,* Stuttgart 1968 (Veröffentlichungen der Staatlichen Archivverwaltung Baden-Württemberg, 19).

J. Mohn, *Der Leidensweg unter dem Hakenkreuz,* Bad Buchau 1970.

R. Rieger (Hrsg.), *Jüdische Gotteshäuser und Friedhöfe in Württemberg,* Stuttgart 1932 (Soncino-Gesellschaft der Freunde des jüdischen Buches, 12).

Die wichtigsten Informationsquellen befinden sich in der Moritz Vierfelder Collection im Archiv des Leo-Baeck-Instituts, New York. Diese Sammlung enthält reichlich Photomaterial.

Köln

Mittelalterliche Synagoge

Überreste mittelalterlicher Synagogen sind am zahlreichsten in deutschsprachigen Gebieten gefunden worden, vielleicht weil die Archäologen dort aktiver gewesen sind als anderswo. Die Kölner Synagoge wurde Ende der fünfziger Jahre im Herzen der Stadt, in der Nähe des Doms, ausgegraben, wo die späteren Bauten durch die Bombenangriffe im Zweiten Weltkrieg zerstört worden waren, was ironischerweise die Grabungen erleichterte (Abb. 127). Aus den Überresten ließen sich innerhalb der Mauern von etwa 9,20×14,50 Meter vier Entwicklungsstufen erkennen. Die erste dauerte von etwa 1000 bis 1096, als Kreuzritter das Gebäude beschädigten. Das zweite Stadium, das von 1096 bis 1280 reichte, endete mit einem Umbau. Das dritte ging bis 1349, als sich ein Pogrom ereignete und die Juden aus der Stadt vertrieben wurden. Das vierte Stadium dauerte

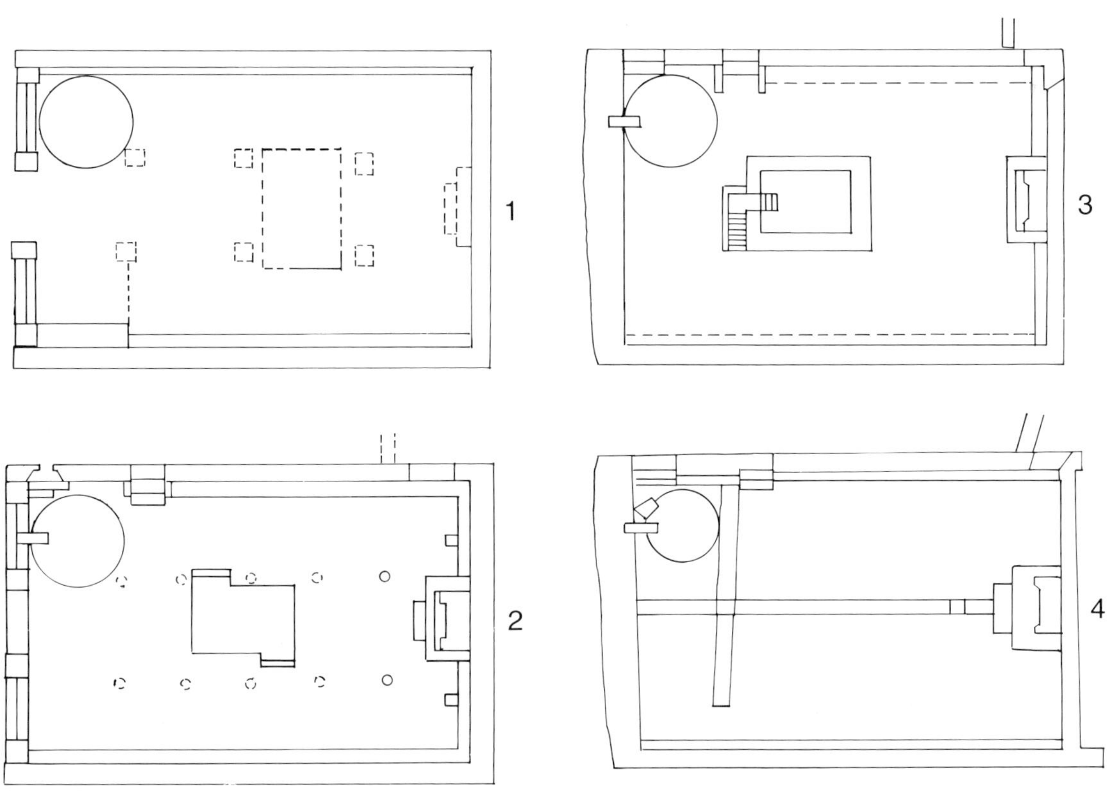

Abb. 127. Köln, mittelalterliche Synagoge, (1) ca. 1000–1096, (2) 1096– ca. 1280, (3) ca. 1280–1349, (4) 1372–1426.

von 1372, als die Juden wieder zugelassen wurden, bis 1426, als die Synagoge in eine Kapelle für den Stadtrat umgewandelt wurde.

Die erste Synagoge hatte vermutlich ein Hauptschiff und Seitenschiffe, einen Eingang auf der Westseite, eine freistehende Heilige Lade auf der Ostseite und einen in der Mitte angeordneten Almemor, Bänke entlang den Wänden, einen leicht unter Straßenniveau abgesenkten Ziegelfußboden und einen runden Brunnen in der Nordostecke des Gebäudes. Nach 1096 hatte die Synagoge eventuell wieder ein Hauptschiff und Seitenschiffe, die damals wohl durch fünf Paare von zylindrischen Holzpfeilern getrennt waren. Die beiden Säulen, die der Heiligen Lade am nächsten standen, sind ausgegraben worden, was den Archäologen Otto Doppelfeld zu der Annahme führte, daß es weitere Säulen gegeben haben müsse. Otto Böcher, die in bezug auf die Wormser Synagoge führende Autorität, meinte, daß die beiden Säulen Teil einer nicht identifizierten Anlage für die Heilige Lade gewesen sein könnten. Der Vorsprung von etwa 1,50 Meter von der Ostwand in den Raum, der um drei Stufen über dem neuen Fußboden lag, könne für die Heilige Lade bestimmt gewesen sein. Die höhere Wertschätzung der Heiligen Lade und die größere neue Almemoranlage haben vielleicht zur Anordnung eines neuen Eingangs an der westlichen Ecke der Nordwand geführt, denn wenn man von dort in den Betsaal eintrat, so konnte der Almemor die Sicht auf die Heilige Lade nicht behindern. Weitere Veränderungen, die zu jener Zeit vorgenommen wurden, bestanden in Öffnungen in der Westwand, einem Anbau (für Frauen?) im Nordosten und erhöhten, breiteren Bänken. In einer Aufzeichnung werden bunte Glasfenster erwähnt, auf denen ein Löwe und eine Schlange abgebildet waren; diese Dekorationen wurden aber später wieder entfernt. Der Umbau dieser Synagoge wird auf etwa 1280 angesetzt, weil Fragmente von fein gemeißelten dekorativen Skulpturen in einer Ablageecke für nicht mehr benutzte sakrale Gegenstände neben dem Almemor gefunden worden sind. Diese Blätter und Vögel, die anscheinend zum Almemor gehörten, sind vielleicht von den Steinmetzen der Kapitelle des Kölner Doms von etwa 1270 gefertigt worden. Der jüdischen Gemeinde muß es zu jener Zeit sehr gutgegangen sein, denn wir wissen, daß sie einen neuen Frauenbereich und ein Tanzhaus baute sowie den Synagogenhof vergrößerte. Nach der Vertreibung und erneuten Zulassung der Juden im 14. Jahrhundert wurde die Synagoge radikaleren Umbauten unterzogen. Eine neue Steinmauer in unbekannter Höhe trennte den Hauptraum in zwei lange, schmale Teile. Die Außenmauern hätten keine gemauerten Gewölbe tragen können, also muß die Decke aus Holz gewesen sein. Der Grundriß nach 1372 ist nicht richtig zu erkennen, und wir wissen von keiner anderen zweischiffigen Synagoge mit einer Trennwand anstelle von trennenden Pfeilern.

Die Synagoge auf der Werkbund-Ausstellung

In Köln hat es, zumindest mit Unterbrechungen, seit der späten römischen Kaiserzeit Synagogen gegeben. Diejenige in der Roonstraße (1899) in spätromanischem Stil überstand sogar den Zweiten Weltkrieg. Die jüngste Synagoge der Stadt aber, die Modellsynagoge, die für die Werkbund-Ausstellung von 1914 (Abb. 128) errichtet worden war, hatte auch das kürzeste Leben.

Auf Messen und Ausstellungen findet man häufig kleine Andachtsräume, die entweder von religiösen Gruppen, Verkäufern religiöser Gegenstände oder Ländern mit einer Staatsreligion eingerichtet und finanziert werden. Auf der Kölner Ausstellung des Deutschen Werkbunds im Jahre 1914 befanden sich in der Abteilung für Architektur und Landschaftsarchitektur eine protestantische und eine katholische Kapelle sowie ein jüdisches Gotteshaus, die als Beispiele für gute Gestaltung und die Zusammenarbeit von Kunst und Handwerk, deren Förderung das ursprüngliche Ziel des Werkbunds war, erbaut worden waren. Friedrich Adler (1868–1942), ein jüdischer Handwerker und Architekt, der in München und Hamburg tätig war und zwischen 1900 und 1910 die Laupheimer Synagoge umgestaltet hatte, entwarf die Kölner Synagoge und ihre Vorhalle. Peter Jessen, der den offiziellen Ausstellungskatalog erstellte, bewunderte die Synagoge weit mehr als die Kirchen und bezeichnete sie als ein für den Werkbund vorbildliches Gebäude.

Die Wände der Vorhalle waren mit bunten Kacheln verkleidet, von denen einige einfach, andere mit Rosetten im Relief verziert waren. Ein Seiteneingang zur Vorhalle und Doppeltüren zum Saal der Synagoge waren von Keramikkacheln mit Weinranken und Blumenreliefs umgeben. Über den Türen erstreckte sich ein breiter Zierfries, der ebenfalls aus Keramikkacheln mit Reliefs bestand. Hexagonale Formen in den mittleren Feldern sollten wahrscheinlich Anspielungen auf den Davidstern sein, aber die Ausschmückung enthielt keine weiteren erkennbaren symbolischen Andeutungen.

Schwere Vorhänge trennten die Vorhalle vom Betsaal. Der Hauptraum war im Vergleich zu seiner Länge relativ hoch, und schlanke Pfeilerbündel stützten die gewölbte Decke. Diese Stützen standen nahe an den Außenwänden, ließen aber Platz für Seitenschiffe um den Mittelraum mit Emporen darüber. Die Emporen, die in den Raum hineinragten, ähnelten Logen in einem Theater. Der Almemor und die Heilige Lade waren in einer Anlage zusammengefaßt – ein Modell für Reformjuden, jene assimilierte Bevölkerung, die aller Wahrscheinlichkeit nach diese Ausstellung besuchte. Das Almemorgitter beschrieb einen weiten Bogen, der die breite Halbkuppel ergänzte, in die Adler die Heilige Lade gesetzt hatte. Der östliche Teil der Wände war mit Täfelungen bedeckt, auf denen Blatt- und Gitterornamente zu sehen waren, die entfernt an die Ausschmückungen aus dem 14. Jahrhundert in den Synagogen von Toledo und Córdoba erinnerten. Aber die Formen und die Proportionen des Gebäudes, die bunten Glasfenster, auf denen jüdische Symbole zu sehen waren, und die Orgel hinter verzierten Täfelungen hatten nichts mit maurischen Vorbildern gemein. Ein schwerer Kronleuchter hing von der Mitte der Decke herab und beleuchtete das Ergebnis soviel handwerklichen Könnens der Erbauer und die jüdischen Ritualgeräte, die in Glasvitrinen ausgestellt waren. Der gemäßigt fortschrittliche Entwurf mit seinen hohen und vereinfachten Bündelpfeilern, die Verwendung von Baustoffen, die in Gußformen und von Maschinen hergestellt werden konnten, die halbabstrakten Ornamente und das Wechselspiel der Räume er-

Abb. 128. Köln, Synagoge auf der Werkbund-Ausstellung, 1914, Innenansicht zur Heiligen Lade.

weckten das Interesse Peter Jessens und vieler Ausstellungsbesucher.

Für diejenigen, welche die Ausstellung von 1914 als Versuchsstätte für Glas, Beton und bereinigte Bauformen betrachteten, war Jessens Urteil über Adlers Synagoge vielleicht überraschend. Die Vorhalle und der Betsaal zeigten unbestimmt historistische Formen. Der Hauptraum wirkt auf Photographien zwar geräumig, scheint aber von leicht bedrückender Atmosphäre gewesen zu sein. Dieser Entwurf war nicht mit Bruno Tauts Glashaus oder Walter Gropius' Modellfabrik verwandt, auch wenn sie für dieselbe Ausstellung entworfen worden waren. Aber insgesamt gab es auf dieser Ausstellung mehr an traditionelle Formen angelehnte Bauten als avantgardistische Architektur, so daß die Synagoge durchaus in das Allgemeinbild paßte.

Dieser Entwurf wurde für keinen späteren Synagogenbau verwendet, und Adler hat danach, wie es scheint, keine Aufträge für Synagogenbauten bekommen. Es ist bedauerlich, daß die Mühe des Architekten und der Handwerker auf ein so kurzlebiges Werk verwendet wurden, aber die vorgesehene Vergänglichkeit dieser Synagoge war leichter zu akzeptieren als die willkürliche Zerstörung von Kölns etablierten Synagogen durch die Nationalsozialisten.

Dreiundzwanzig Jahre später, nach Hitlers Machtübernahme, stellte ein anderer deutsch-jüdischer Architekt, Rudolf Joseph, bei einer Ausstellung eine Synagoge vor, aber diese war mehr als ein Beispiel moderner Architektur. Joseph, der in Paris im Exil lebte, erhoffte sich auf der Internationalen Ausstellung von 1937 in der französischen Hauptstadt einen jüdischen Pavillon als Informationszentrum über Judentum und Juden, um den Nationalsozialisten und der antisemitischen Propaganda entgegenwirken zu können. Das Gebäude hatte ein Tragsystem aus festen Baustoffen, das aber mit leichten Verkleidungen und Zwischenwänden gefüllt werden sollte. Die Konstruktion hätte nach Beendigung der Ausstellung an einen beliebigen Platz versetzt werden und mit stärkeren Wänden wiederaufgebaut werden können. Auf diese Weise würden die Baukosten zwischen den Geldgebern für den Ausstellungsbau und einer Synagogengemeinde aufgeteilt, die finanzielle Belastung hätte sich für beide verringert, und zwei Zwecke wären zugleich erfüllt worden. Die verschiedenen Entwürfe, die Joseph vorschlug, waren alle einfach und geometrisch mit einem symmetrischen Grundriß und in Übereinstimmung mit der halbherzigen Moderne dieser Pariser Ausstellungsarchitektur. Seine Vorschläge wurden jedoch nicht angenommen, auch nicht für die New Yorker Weltausstellung von 1939/40 übernommen, als Joseph, der inzwischen in die Vereinigten Staaten emigriert war, sie von neuem vorlegte. Die Verhältnisse waren völlig anders als jene, die Adler antraf, als er seine Synagoge so optimistisch ein Vierteljahrhundert früher in Köln vorgestellt hatte.

Bibliographie

Deutscher Werkbund, *Jahrbuch 1915: Deutsche Form im Kriegsjahr. Die Ausstellung Köln, 1914*, S. 64–65.

O. Doppelfeld, »*Residenzen Gottes*«. *Die ältesten Synagogen von Köln*, Köln 1959 (Schriftenreihe der Kölnischen Gesellschaft für christlich-jüdische Zusammenarbeit, Heft 4).

K. Prellwitz, »Eine Synagoge von Friedrich Adler«, Hamburg, in: *Innendekoration*, XXVIII (1917), S. 348–357.

Rudolf Joseph Collection, Leo Baeck Institute, New York, Archiv.

Schwäbische Zeitung, 28. April 1978, »Laupheimer Nachrichten«.

Auf der Kunstgewerbeausstellung in Dresden im Jahre 1906 und auf der Ausstellung für religiöse Kunst in Stuttgart 1930 gab es Synagogen.

Dresden

In einer Stadt, die lange für ihre antisemitischen Tendenzen bekannt gewesen ist, würde man nicht erwarten, eine neuartige, von einem bedeutenden Architekten entworfene Synagoge an einem auffälligen Standort zu finden. Dies aber wurde den Dresdener Juden in den Jahren 1838 bis 1840 von Gottfried Semper zuteil, einem der bedeutendsten deutschen Architekten des 19. Jahrhunderts. Als die Nationalsozialisten die Synagoge im Jahre 1938 niederbrannten, beraubten sie ihre jüdischen wie auch ihre christlichen Landsleute eines originellen und bedeutenden Werkes.

Im Jahre 1430 wurden die Juden aus Dresden vertrieben. Einige wenige kehrten im Verlauf der nächsten Jahrhunderte zurück, aber 1838 lebten nicht einmal tausend Juden in ganz Sachsen. 631 von ihnen waren in Dresden versammelt und hielten ihren Gottesdienst in mehreren privaten Beträumen ab.

Ein gemäßigt reformierter Rabbiner, Zacharias Frankel, kam Ende 1835 aus Böhmen nach Dresden. Da er glaubte, der Zersplitterung der Juden dadurch abhelfen zu können, daß er sie alle in einer Synagogengemeinde vereinte, ging er selber das Problem an, eine Synagoge einzurichten. Er hoffte, darin »Fortschritt, Frömmigkeit und Anstand« fördern zu können, indem er den Synagogengottesdienst vereinheitlichte und Gebete und Predigten in deutscher Sprache einführte. Durch diese Maßnahmen sollten das Verständnis und die Frömmigkeit verstärkt und die Versuchung, während des Gottesdienstes zu schwatzen, zu rauchen und aus und ein zu gehen, reduziert werden. Das Ergebnis solcher Veränderungen war eine zunehmende kulturelle Assimilation, ein Ziel, das den öffentlichen Beamten so am Herzen lag, daß sie weitgehend aus diesem Grunde den Juden erlaubten, sich in einer Gemeinde zusammenzuschließen und im Jahre 1837 eine Synagoge zu bauen.

Die Gemeinde wandte sich an den protestantischen Architekten Gottfried Semper. Zu jener Zeit gab es fast keinen jüdischen Architekten in Europa, und einen Christen zu beauftragen, der Professor für Architektur an der Kunstakademie Dresden war, bedeutete für die Juden, eine Brücke zu der sie umgebenden Gesellschaft zu schlagen. (Architekten wenden sich im allgemeinen nicht gegen diejenigen, die ihnen einen Auftrag erteilen.) Außerdem war Semper für seine liberale politische Einstellung bekannt.

Aus frühen Zeichnungen für die Synagoge läßt sich ersehen, daß Semper an einen Grundriß dachte, der dem gebauten weitgehend entspricht, aber der Aufriß war verschieden. Er entwarf zunächst einen länglichen Bau mit einer Apsis und einer ein- oder zweitürmigen Fassade. Auf der östlichen Seite befand sich ein kleiner und relativ enger beheizbarer Bereich, der als Winter- oder Wochentagssynagoge benutzt werden konnte. Dahinter lag ein großer, quadratischer Raum, der Hauptbetsaal mit einer Apsis für die Heilige Lade. Die Mitte des Hauptsaals war von einem Klostergewölbe überzogen, aber Semper konnte sich nicht entscheiden, ob er das zeltartige Dach darüber bis zur Höhe des oder der Türme hochziehen oder niedriger halten und derart die Fassade sowohl die Front- wie auch die Seitenansichten des Gebäudes beherrschen lassen sollte. In jedem Falle hätte der Bau wie eine kompakte Kirche ausgesehen, bei der verschiedene rundbogige Formen der Vergangenheit miteinander kombiniert wurden. Das Gebäude wäre nicht besonders aufgefallen, denn deutsche Architekten entwarfen zu jener Zeit Kultbauten, vor allem protestantische Kirchen, in einem sehr ähnlichen Stil. Dies hätte angedeutet, daß die Juden vollkommener in die Gesellschaft integriert waren, als es tatsächlich der Fall war.

Der Entwurf wurde jedoch nicht realisiert, entweder weil die Synagogengemeinde oder die Regierung zögerte, eine Synagoge zu errichten, die christlichen Bautypen so nahekam, oder weil die Juden sich einen Steinbau mit hohen Türmen und einem hohen Gewölbe nicht leisten konnten. Die ausgeführte Fassade hatte einen flach gedeckten mittleren Teil und niedrige Türme. Die Seitenteile waren ebenfalls geometrisch und einfach mit den Türmen, der Wintersynagoge, dem großen, quadratischen Betsaal und einer Kuppel, die sich durch vertikale Zierprofile, Bossenwerk und Wechsel der Flächen auszeichnete (Abb. 129). Semper beschränkte die äußeren Ornamente auf Bogenfriese an Mauern und Türmen, eine Zwergarkade am oberen Rand des Kuppeltambours und je einem sechszackigen Stern auf den niedrigen Türmen. Die frühchristlichen, byzantinischen und romanischen Bauelemente sollten ästhetisch wirken, aber die Gestaltung des Baus sollte gleichzeitig funktionell sein. Semper vertrat Rundbogenstilformen in Bauten mit Emporen, weil letztere unvermeidlich in die langen spitzen Fenster, die neugotische Gebäude kennzeichneten, einschnitten. Die geometrische Klarheit dieses Gebäudes beweist die hohen Fähigkeiten des Architekten. Die Juden ihrerseits mögen befürchtet haben, daß ein prächtiges Äußeres unerwünschtes Aufsehen erregen würde. Da ihre Geldmittel beschränkt waren, dürften sie über ein schlichtes und preiswertes Äußeres erfreut gewesen sein. Ein einfacher Bau zeigte, daß sie höflich-zurückhaltend und nicht aggressiv waren, und der klare Ausdruck des Gebäudes sollte zu verstehen geben, daß sich im Innern keine geheimen und subversiven Riten abspielten. Die massive Form, die an so ehrwürdige Vorbilder wie San Lorenzo in Mailand oder San Vitale in Ravenna erinnerte und so dekoriert war, daß sie die deutsche Herkunft und die von der Regierung zugestandene rechtliche Stellung der Juden nicht verleugnete, paßte zu einem alten Volk, das zwar in Deutschland lebte, aber ein exotisches Erbe besaß.

Schon von außen konnte der Besucher erkennen, daß der Bau einen Zentralgrundriß hatte. Semper zog diesen für protestantische Kirchen vor, in denen Lesungen und Predigten wichtig waren, ebenso wie in Synagogen. Die Innenausstattung war jedoch überraschend, denn darin betonte Semper den orientalischen Hintergrund der Juden. Byzantinische Formen, wie das überkuppelte Quadrat und das Seitenschiff mit Empore, waren hier zu finden (letzteres ist auch in der romanischen Architektur vorhanden), und er verwendete ornamentale Motive maurischen Ursprungs, wobei er sich besonders von der Alhambra in Granada inspirieren ließ. Die Kapitelle zum Beispiel kommen denen des Löwenhofs sehr nahe, und die Kuppel könnte dem Zimmer der beiden Schwestern entlehnt sein. Semper gab sich große Mühe mit den De-

Abb. 129. Dresden, 1838–1840, Außenansicht, Nordseite.

tails, er entwarf sogar Ausstattungsgegenstände wie den Kandelaber und das Ewige Licht. Seine eigenen Lehren kamen hier zur Anwendung, in denen er für das eingehende Studium von geeigneten älteren Kunstformen und die Koordination von architektonischen und dekorativen Elementen plädierte. Seine Wand- und Gewölbedekorationen bestanden aus kleinen Pflanzenmotiven und geometrischen Mustern in gedämpften Farben. Das Klostergewölbe in der Mitte war blau bemalt und mit einem Strahlenmuster versehen, das an Himmelsbeschreibungen erinnerte (Abb. 130).

Der prächtig ausgeschmückte Innenraum wirkte nicht, als wäre er mit so sparsamen Mitteln gebaut worden, wie es tatsächlich der Fall war. Auf den ersten Entwürfen für diese Synagoge waren Steinbogen als Stützen der Emporen vorgesehen gewesen, im Endentwurf jedoch bestanden sie aus Holz. Zumindest einige wurden ersetzt oder später mit Stein verstärkt. Das Klostergewölbe der Kuppel hatte ursprünglich gemauert werden sollen, aber auf dem zweiten Entwurf ist ein hölzernes Gewölbe von etwa 25 Meter Durchmesser zu sehen. Es wurde eher auf den erwünschten Effekt als auf die Solidität des Bauwerks geachtet. Der Zentralgrundriß und die schlanken Stützpfeiler ermöglichten allen Betern eine gute Sicht und Akustik. Der Almemor stand näher bei der Heiligen Lade, als dies üblich war, und die Gitter an den Emporen wurden nie angebracht, beides Indizien für einen gewissen Reformeinfluß, aber es gab bis 1870 keine Orgel, weil zwei reiche Geldgeber die Bedingung gestellt hatten, daß es weder Orgel noch Chor geben dürfe.

Die Dresdener Synagoge war in ihrer praktischen Anlage ein Erfolg. Semper setzte die Eingangstüren an die Südseite, weil dort genug Raum vorhanden war, und man trat von dort in die Wintersynagoge und den Hauptbetsaal ein. Er stattete den Raum mit dreihundert Sitzplätzen für Männer im Erdgeschoß und zweihundert für Frauen auf den beiden übereinanderliegenden Emporen aus. Tausend Gläubige fanden Zutritt, wenn die Hälfte von ihnen stand, und bei der Einweihungszeremonie im Jahre 1840 wurde diese Zahl erreicht. Die Wintersynagoge, ein Ruheraum, ein Bereich, in dem koschere Speisen zubereitet werden konnten, und die Wohnung des Synagogendieners waren alle in dem Gebäude untergebracht. Trotzdem äußerten sich manche jüdische Zeitschriften kritisch über die Baukosten, die sich auf 30 204 Taler beliefen, und bezweifelten die Notwendigkeit eines so aufwendigen Gebäudes, wenn man den Gottesdienst an bescheideneren Orten abhalten konnte.

Sowohl innen wie außen wirkte der Bau vieldeutig im Hinblick darauf, wie die Juden selbst ihr Verhältnis zur sie umgebenden Gesellschaft betrachteten. Das Äußere der Synagoge hat sicher diejenigen Juden und Christen befriedigt, die wünschten, daß die Juden als Deutsche erscheinen, modernes Deutsch sprechen und ihre abgesonderte und ärmliche Lebensweise verändern sollten. Das Gebäude war nicht in einem Hinterhof an einem ungesunden Ort der Stadt versteckt, sondern vom nahe gelegenen Gondelhafen und der später erbauten Brühlschen Terrasse her sichtbar, was bedeutete, daß die Existenz der Juden akzeptiert wurde. Jede Religion, die korrekt befolgt wurde, betrachtete die konservative Regierung als Unterstützung der bestehenden Ordnung. Es ist durchaus verständlich, daß sich die Dresdener Juden unsicher genug fühlten, um einen Entwurf gutzuheißen, der andeutete, daß sie in der Öffentlichkeit fast deutsch und privat etwas anderes waren. Da ein eklatanter Unterschied zwischen dem Äußeren und dem Innern der Synagoge bestand, dürfte die Synagogengemeinde wohl die Vorstellung jener Zeit übernommen haben, daß Architektur Ausdruck der Nationalität und der Rasse sein sollte. So wie in England zu jener Zeit die Parlamentsgebäude in einem Stil wiederaufgebaut wurden, der als britisch betrachtet wurde, begannen die Juden nach Formen zu suchen, mit deren Hilfe sie ihren Charakter und ihre Stellung in der Gesellschaft kenntlich machen konnten. Sie waren zumindest nicht gezwungen, sich vollkommen zu assimilieren, und auch nicht, völlig fremd zu wirken. Sie waren nur teilweise in die allgemeine Gesellschaft inte-

Abb. 130. Dresden, Innenansicht zur Heiligen Lade.

griert, und Sempers Synagoge läßt ihre Situation erkennen.

Dieser Synagogenentwurf hatte Einfluß auf andere, auch wenn er nur zu wenigen genauen Imitationen führte. Er wurde zusammen mit dem der Kasseler Synagoge in Fachzeitschriften und in Sonderdrucken veröffentlicht. Das Ergebnis war, daß der neoromanische Stil für Synagogen interessant wurde. Der Innenraum des Dresdener Gebäudes bot gewiß ein Modell für die Verwendung islamischer Ornamentik in Synagogen. Entwürfe, die eine solche Stilmischung aufwiesen, erschienen von neuem besonders in den ersten Jahren, nachdem den Juden im vereinten Deutschland (1871) die vollen Bürgerrechte zugestanden wurden, und auch später, als sie diese Rechte trotz des wachsenden Antisemitismus als selbstverständlich betonten (siehe Abb. 41, 42, 212, 213). Solche Synagogenentwürfe ließen die Hoffnungen derer erkennen, die nach einem Ausgleich zwischen ihrer Zugehörigkeit zum Judentum und zur europäischen Gesellschaft suchten.

Bibliographie

AJZ, II, 22. Juni 1838 (Brief aus Dresden von B. B.), 23. Aug. 1838; III, 8. Jan. 1839; 13. Febr. 1839.

R. Bruck, »Gottfried Semper«, in: *Der Baumeister*, I, Nr. 8 (1903), S. 85–86.

Deutsche Bauzeitung, XIV (1880), S. 3, Nachruf für G. Semper.

A. Diamant, *Chronik der Juden in Dresden*, Darmstadt 1973.

»Die Synagoge zu Dresden«, in: *Allgemeine Bauzeitung*, XII (1847), S. 127, Tafeln 105–107.

M. Fröhlich, *Gottfried Semper. Zeichnerischer Nachlaß im Besitz der E. T. H. Zürich*, Basel und Stuttgart 1974, S. 74–75, Kat. Nr. 99-1-1 bis 4.

C. Gurlitt, *Beschreibende Darstellung der älteren Bau- und Kunstdenkmäler des Königreichs Sachsen*, Heft 21–23, Dresden 1903, S. 296.

H. Hammer-Schenk, *Synagogen*, S. 308–347.

H. Hammer-Schenk, »Untersuchungen«, S. 179–213.

A. Lévy, »Notes sur l'histoire des juifs de Saxe«, in: *Revue des études juives*, XXV (1892), S. 217–234).

F. Löffler, *Das alte Dresden, Geschichte und Bauten*, 5. Aufl., Frankfurt 1966, S. 136, 377.

H. Rosenau, »Gottfried Semper and German Synagogue Architecture«, in: *Publications of the Leo Baeck Institute. Yearbook*, XXII (1977), S. 237–244.

H. Semper, *Gottfried Semper. Ein Bild seines Lebens und Wirkens*, Berlin 1880, S. 14.

Endingen und Lengnau

Die Synagogen von Endingen und Lengnau gehören zu den wenigen noch existierenden Kleinstadtsynagogen und sind Ausnahmen, denn sie entgingen der willkürlichen Verwüstung und der Zerstörung des Krieges. Sie gehören zu der kleinen Anzahl von Schweizer Kultbauten verschiedener Glaubensrichtungen, die sich praktisch noch im Zustand des 19. Jahrhunderts befinden. Sie zeugen von der Existenz einer jüdischen Gemeinde in einer Ecke eines Landes, in das nur wenig Juden nach ihrer Vertreibung aus den größeren Städten im 15. Jahrhundert eingelassen wurden. Die Synagogen des 19. Jahrhunderts erinnern auch an ihre Vorgänger aus dem 18. Jahrhundert, die einzigen beiden Synagogen innerhalb der heutigen Schweizer Grenzen, die aus der Zeit von Mitte des 18. bis zum frühen 19. Jahrhundert stammen. Auf Bilddokumenten sind drei Stadien ihres Entwurfs zu sehen.

Diese Synagogen verdanken ihre Existenz der Tatsache, daß sie in einem Gebiet erbaut wurden, das nicht immer zur Schweiz gehört hat, sondern Teil der Markgrafschaft Baden gewesen ist, wo wenige Juden im 15. Jahrhundert und dann wieder in der ersten Hälfte des 17. Jahrhunderts belegt sind. In Lengnau wurden Juden zum ersten Mal im Jahre 1622 erwähnt, in Endingen 1678. Die meisten dieser Juden kamen aus dem Rheinland, wie sich aus ihren Namen schließen läßt, manche waren aber auch polnischer Herkunft. Im Jahre 1766 waren die 108 jüdischen Familien in Baden auf die Orte Endingen und Lengnau beschränkt, die an der Hauptstraße zwischen den Marktstädten Baden und Zurzach liegen; denn an dieser Stelle, so hoffte man, würden sie für den Handel nützlich sein.

18. Jahrhundert

Die Juden von Endingen und Lengnau hatten schon Synagogen und einen mit den Christen gemeinsam unterhaltenen Friedhof, so daß die Neuankömmlinge in Gemeindeeinrichtungen aufgenommen werden konnten. Vor 1750, als die Synagoge in Lengnau eingeweiht wurde, und vor 1764 in Endingen hatten die Juden ihren Gottesdienst in gemieteten Häusern abgehalten, von denen zumindest das Endinger sich im Jahre 1754 in schlechtem Zustand befand. Johann Caspar Ulrich, ein Antiquar und Geistlicher aus Zürich, meinte, das Haus sei eher als jüdischer Stall denn als eine Synagoge zu bezeichnen. Diese Beschreibung paßt zu dem winzigen Kastenbau, der auf einer alten Photographie zu sehen ist; er hatte ein Giebeldach und eine hölzerne Außentreppe. Er war insofern typisch für viele Synagogen auf dem Lande, als er keinerlei besonderen äußeren Merkmale besaß. Die Innenansicht kennen wir von einer Zeichnung, die Ulrich während seiner Reisen auf der Suche nach Information über Juden und Judentum anfertigte (Abb. 131). Der Betraum hatte ein Tonnengewölbe, eine Balustrade und Gitter, die den Frauenbereich auf der Süd- und Westseite abtrennten. Die Männer standen, in ihre Betschals eingehüllt, im Hauptbereich vor beweglichen Lesepulten, die unregelmäßig entlang der Nord-, Süd und Ostseite verteilt waren. Ein Tisch, der sicherlich während des gemeinsamen Thorastudiums benutzt wurde, stand vor der Balustrade des Frauenbereichs an der Südseite. Die anderen Ausstattungsgegenstände waren kunstvoller. Die Heilige Lade an der Ostwand enthielt mehrere Thorarollen. Die Synagogengemeinde schloß sie hinter hölzernen Türen ein, die mit Zierbeschlägen versehen und von Schlangensäulen eingerahmt waren, welche an jene des Petersdoms in Rom erinnerten, die angeblich vom Tempel in Jerusalem stammen. Über den Säulen befanden sich aufgerichtete Löwen zu seiten einer Kartusche. (Ähnliche Anlagen für die Heilige Lade sind aus anderen Synagogen des 18. Jahrhunderts bekannt, und ein bayrisches Beispiel wird im Jüdischen Museum der Stadt New York aufbewahrt.) Der Almemor bestand aus einem sechseckigen Käfig, der allem Anschein nach aus Holz und mit gedrechselten Geländersäulen, geschnitzten Blattformen an der Kranzleiste, Blattknäufen auf den Ecken und spitzen, hochragenden Verzierungen an der Ost- und Westseite geschmückt war. Wandleuchter ragten zumindest an einer Seite des Almemors in den Raum. Weiteres Licht kam von Kerzenleuchtern, die an Ketten vom hölzernen Tonnengewölbe herunterhingen; die kunstvolleren hingen näher bei der Heiligen Lade. Der Raum hatte außerdem rund abschließende Fenster mit

Abb. 131. Endingen, Innenansicht um 1754, von Johann Caspar Ulrich gezeichnet.

Abb. 132. Lengnau, Innenansicht um 1754, von Johann Caspar Ulrich gezeichnet.

Butzenscheiben und ein Fenster mit zwei abgerundeten Nasen in der Mitte der Ostwand. Die Fenster in der Ostwand waren asymmetrisch verteilt, wobei das südliche größeren Abstand zur Heiligen Lade und zur Südwand hatte, weil erstere näher an die Nordwand gerückt war. Diese Verteilung wurde anscheinend deshalb gewählt, weil der Frauenbereich an der Südwand lag und seine eigenen Fenster und Leuchter hatte; das südliche Fenster in der Ostwand belichtete den Männerbereich.

Abb. 133. Lengnau, Außenansicht um 1754, von Johann Caspar Ulrich gezeichnet.

Abgesehen von der Fensterverteilung, glich die Synagoge von Lengnau weitgehend der von Endingen und war mit anderen Dorfsynagogen aus dem 18. Jahrhundert, wie denen in Bechhofen, in Ellrich am Südharz, in Horb und in Rechnitz, vergleichbar, auch wenn die Details und Dekorationen unterschiedlich waren (Abb. 132; siehe Abb. 13). Die Lengnauer Synagoge hatte einen oktogonalen, hölzernen Almemor mit Sitzen, die um den unteren Teil liefen. Ein Lesepult stand daneben. Die Heilige Lade hatte Schlangensäulen und aufgerichtete Löwen, aber die Säulen waren in ihren Proportionen untersetzter, und über den Löwen und der Kartusche befand sich ein geschnitztes hölzernes oder aus Gips gefertigtes Vorhangmotiv. Eisenspitzen für Kerzen waren auf einer Brüstung zu beiden Seiten der Stufen angebracht, die zur Heiligen Lade führten. Die Männer benutzten bewegliche Leseständer, die von mehrarmigen Kerzenleuchtern erhellt wurden. Eine Frauenempore dehnte sich auf der West- und Südseite aus mit einem eigenen Fenster im Südteil der Ostwand.

Die Lengnauer Synagoge erscheint auf Ulrichs Zeichnung als einfacher, rechteckiger Bau mit einem leicht konkaven Walmdach

(Abb. 133). Er maß etwa 18×15 Meter, die Mauern waren etwa 8,40 Meter hoch und bestanden aus Fachwerk, das mit Mauerwerk ausgefüllt und verputzt war. Auf Ulrichs Zeichnung ist die Oberfläche der Mauern vollkommen glatt dargestellt, aber der Künstler J. I. Holzhalb zeigte in einem von ihm im Jahre 1768 veröffentlichten Buch über jüdische Geschichte und Judentum Keilsteine an den Ecken. Es kann sein, daß das Gebäude zwischen 1750 und 1768 renoviert worden ist, denn Holzhalb behauptete, er habe die Zeichnung am Orte selber hergestellt. Die Synagoge hatte einen Portalvorbau, durch den man zu den Türen des Männer- und des Frauenbereichs gelangte, und drei rund abschließende Fenster auf der Eingangsseite im Süden.

Die Endinger Synagoge, wie sie im Jahre 1764 wiederaufgebaut wurde, war ein kunstvoller Bau. Ihre Außenmauern waren durch glatte, vorspringende Einfassungen in Felder unterteilt, die anscheinend aus Gips bestanden, mit dem der gesamte rechteckige Bau unter seinem doppelt geneigten Dach verputzt war. Ein Portalvorbau mit Türen zum Männerbereich und anscheinend auch zu einer Empore erstreckte sich über die gesamte Westseite. Im oberen Stockwerk waren runde Fenster eingelassen, die eine Empore belichtet haben könnten. Der attraktive Bau beeinflußte den Entwurf der Synagoge von Randegg aus dem Jahre 1800, einem Ort in der Nähe von Konstanz im Grenzgebiet zwischen Deutschland und der Schweiz, und die von Hohenems, mit dem Endingen durch eine vielbenutzte Handelsstraße verbunden war.

19. Jahrhundert

Eine der Folgen der Französischen Revolution war, daß der südliche Teil Badens an die Schweiz fiel und dem Kanton Aargau zugeschlagen wurde. Die Juden von Endingen und Lengnau erhielten erst im Jahre 1876 volle Bürgerrechte. Trotzdem nahm die jüdische Bevölkerung in beiden Städten zu. Im Jahre 1834 benötigten die Endinger Juden eine neue Synagoge, denn die alte war in einem erbärmlichen Zustand und wahrscheinlich zu klein für die jüdische Bevölkerung, die 1850 mit 1515 Personen in beiden Städtchen zusammen ihren zahlenmäßigen Höhepunkt erreichte. Niemand konnte die Auswanderung in die Großstädte vorhersehen, die sich im letzten Drittel des 19. Jahrhunderts vollzog und Bauprojekte für Synagogen in kleinen Städten überflüssig machte. Da auch die Juden von Lengnau und Endingen dies nicht ahnen konnten, errichteten sie in den Jahren 1846 bis 1849 beziehungsweise 1850 bis 1852 neue Synagogen. Die Lengnauer Synagoge wurde von Ferdinand Stadler (1813–1870) entworfen, der in Darmstadt und Karlsruhe studiert hatte. Einer seiner Lehrer war Friedrich Eisenlohr gewesen, der im Jahre 1855 an der Mannheimer Synagoge gearbeitet hatte. Stadler baute besonders viele Kirchen und Regierungsgebäude. Die Endinger Synagoge wurde von Caspar Joseph Jeuch (1811–1895) entworfen, der in München studiert hatte und vorherrschend Profanbauten, einige Kirchen sowie Stadtsanierungs- und Verbesserungsprojekte in Baden ausführte.

Der Bau der Lengnauer Synagoge kostete 44 000 Franken, 50 Prozent mehr als im Kostenvoranschlag angegeben. Um das Defizit zu verringern, gewährte die Kantonsregierung eher unwillig einen Zuschuß von etwa 2,5 Prozent der Kosten. Das Ergebnis war eine Synagoge, die etwa 29,50×17 Meter (91×55 Fuß nach lokaler Maßeinheit) mißt und, von der Straße zurückversetzt, auf einer niedrigen Plattform steht. Ihre dreiteilige Fassade entspricht dem Haupt- und den Seitenschiffen im Innern (Abb. 134). Das hohe Mittelfeld endet in einem Giebel, der von Gesetzestafeln gekrönt und etwa 21 Meter hoch ist. Dieser Entwurf mit seinem (heute nicht mehr vorhandenen) Bogenfriesornament und den über zwei Stockwerke laufenden großen, rund abschließenden Fenstern mit Rundfenstern darüber wurde von der Kasseler Synagoge von 1839 (siehe Abb. 164) beeinflußt. Diese zeigte auffallende Ähnlichkeiten mit Kirchenentwürfen und romanische Stilformen, und Stadler ist aufgrund seiner Ausbildung sicher dafür empfänglich gewesen.

Die Form ist allem Anschein nach mit der der Kasseler Synagoge verwandt, auch wenn diese eine Bogendecke besaß, während die Decke des Mittelschiffs der Lengnauer Synagoge drei Seiten eines Polygons bildet (Abb. 135). Das Schweizer Gebäude ist eine Emporenbasilika

Abb. 134. Lengnau, 1846–1849, Fassade.

mit einem langen Erdgeschoß und einer Emporenetage mit Arkaden. Einfache Gitter führen an drei Seiten unter den Bogen der Empore von einem schlanken Stützpfeiler zum anderen. Der Stil ist insgesamt feinlinig – ein Merkmal vieler Bauten aus den vierziger Jahren des 19. Jahrhunderts –, und die Details sind neoromanisch und neoklassizistisch, das heißt im Rundbogenstil. Der polygonale Almemor steht nahe bei der

Abb. 135. Lengnau, Innenansicht zur Heiligen Lade.

Heiligen Lade – eine Lage, die hier wohl eher gewählt wurde, weil man mehr Sitzplätze unterbringen wollte, und nicht, um die Wünsche von Reformern zu befriedigen. Alles in allem ist die Synagoge von Lengnau in ihrem Rhythmus gemessener und stattlicher als die von Endingen, deren Formen jedoch zierlicher und lebendiger sind.

Auch die Endinger Synagoge von 1850 bis 1852 hat eine dreiteilige Fassade, bei der eine Kombination von Basilika- und Tempelfront ohne klassizistische Details verwendet wurde (Abb. 136). Statt eines Ziergiebels setzte Jeuch einen Treppengiebel als Krönung auf die Fassade. Dieser erinnert an die Treppengiebel gotischer und späterer Profanbauten, lehnt sich aber auch an Jeuchs Entwürfe für die Kirchenfassaden in Basel und Leuggern an. Hier sind die Proportionen jedoch eher gedrückt als in die Länge gezogen. Vielleicht versuchte Jeuch, die Synagoge anderen Kultbauten anzugleichen und sie dennoch zu unterscheiden. Da sein Entwurf für die Stadtkiche St. Elisabeth in Basel mit ihrem hohen Turm viel kunstvoller ist als seine Dorfkirche von Leuggern, war er wohl der Meinung, daß bestimmte Entwurfstypen zu besonderen Arten von Bauten paßten. Er entschied sich für einen einfachen, nicht-gotischen Typ für die Juden einer kleinen Stadt.

Die Synagoge mißt außen 25,50×19,50 Meter, ist also größer als die von Lengnau. Wie letztere besitzt sie einen geradlinigen Grundriß mit einer vorspringenden, apsisartigen Nische für die Heilige Lade (Abb. 137). Sie ist eine Emporenbasilika mit breiten Bogen auf der Ebene der Frauenempore an drei Seiten des Raumes. Die Stützen sind so dünn, daß sie sicherlich aus Eisen bestehen. Die Decke des Hauptschiffs ist mit Segmentbogen versehen. Die Dekorationen aus dem 19. Jahrhundert zeigen maurische Merkmale, aber einige Fensterrahmen, Kandelaber, eine Öllampe, Opferstöcke, Stoffe und einige Sitze stammen aus der ehemaligen Synagoge der Stadt. Die Synagogengemeinde hatte eigentlich nur die Absicht gehabt, das alte Gebäude umzubauen, aber sie waren von Beratern gewarnt worden, weil das Fundament für einen größeren Bau zu schwach sei. Beamte der Kantonsregierung, welche die Bitte der Endinger Juden um einen Zuschuß wohlwollend aufnahmen, steuerten 2500 Franken zu den Gesamtkosten von 46 000 Franken bei, die für einen Neubau nötig waren. Später lobten sie den Bau wie auch die ehrenwerten Absichten der Juden, die ja doch nicht hatten voraussehen können, daß sie eine völlig neue Synagoge auf dem alten Grundstück bauen mußten, und die große finanzielle Opfer gebracht hatten, um diese und eine benachbarte Schule (die 26 000 Franken kostete) zu errichten.

Noch im 19. Jahrhundert wurde in die Endinger Synagoge eine gebogene und teilweise verglaste Trennwand zwischen der Vorhalle und dem Hauptraum eingebaut, und beide Synagogen wurden teilweise mit elektrischem Licht ausgestattet. Die Fassade der Lengnauer Synagoge ist heute in einheitlichen Tönen gestrichen, anstelle der kontrastierenden Farben ihrer Wände und Profilleisten. Sie hat auch einige ihrer Dekorationen verloren. Trotzdem haben die Synagogen weitgehend ihr ursprüngliches Aussehen bewahrt und sind nun offiziell als Bauwerke von regionaler Bedeutung anerkannt. Endingen wurde 1933 und 1952 von einem Architekten namens Schneider aus Ennetbaden restauriert, und 1976 wurden beide Bauten von Ernst Guggenheim aus Zürich geprüft und begutachtet; er konstatierte schwere Konstruktionsschäden. Die Schweizer Zentral- und Kantonalregierung haben sich einverstanden erklärt, ungefähr ein Drittel der veranschlagten Restaurierungskosten zu übernehmen, die sich insgesamt auf 5 200 000 Franken belaufen, zusätzliche Geldmittel werden von Spendern zur Verfügung gestellt. Die Juden am Ort um Spenden zu bitten, kann kaum helfen: Während 1850 die ungefähr tausend Juden von Endingen ein Drittel ihrer Schweizer Glaubensgenossen ausmachten, gibt es heute nicht einmal mehr zehn jüdische Familien in beiden Städten zusammen.

Abb. 136. Endingen, 1850–1852, Fassade.

Bibliographie

Endingen und Lengnau

E. Guggenheim, *Restauration der Synagogen Endingen und Lengnau*, Zürich 1976.

F. Guggenheim-Gruenberg, *Die Juden in der Schweiz*, Zürich 1961 (*Beiträge zur Geschichte und Volkskunde der Juden in der Schweiz*, Heft 7).

S. Guggenheim-Weil, »Restauration der Synagogen Endingen und Lengnau«, in: *Neue Zürcher Zeitung*, 22./23. Juli 1978, Nr. 168, S. 29.

E. Haller, *Die rechtliche Stellung der Juden im Kanton Aargau*, Aarau 1901.

H. Hammer-Schenk, *Synagogen*, S. 548, Fn. 20.

J. C. Ulrich, *Sammlung jüdischer Geschichten*, Basel 1768, S. 166, 271, 296–297.

A. Wedler-Steinberg, *Geschichte der Juden in der Schweiz vom 16. Jahrhundert bis nach der Emanzipation*, 2 Bde., Zürich 1966–1970, bes. Bd. 2.

Abb. 137. Endingen, Innenansicht zur Heiligen Lade.

F. Wyler, *Die staatsrechtliche Stellung der israelitischen Religionsgenossenschaft in der Schweiz*, Glarus 1929.

Bechhofen, Ellrich, Horb, Rechnitz u. a.

D. Dawidowicz, *Wandmalereien in alten Synagogen*, Hameln und Hannover 1969.

K. Lohrmann (Hrsg.), *1000 Jahre Österreichisches Judentum. Ausstellungskatalog (Österreichisches Jüdisches Museum*, Eisenstadt 1982, Studia Judaica Austriaca, 9).

R. Wischnitzer, *Architecture* (weitere Hinweise).

Nikolaus Vielmetti und der verstorbene H. W. Janson lieferten freundlicherweise die Angaben zu den Werken von Lohrmann, Guggenheim und Guggenheim-Weil.

Essen

Steeler Straße

Als die Essener Synagoge im Jahre 1914 vollendet wurde, spendeten Architekten und Kritiker höchstes Lob: Sie fanden, der Bau sei geschickt in die städtische Bebauung und das schwierige Grundstück eingepaßt; das Äußere entspreche seiner spirituellen Bestimmung; das Wesen seiner Architektur bestehe in seiner raumbildenden Masse und nicht in kleinformatigen Details. Sie priesen den Architekten auch für die geeignete Detailgestaltung, ohne daß er lediglich historische Stilformen nachgeahmt habe. Sie meinten, Deutschland habe – endlich – eine Synagoge, die nicht wie die Verpflanzung eines mittelalterlichen Gebäudes aus dem Orient aussehe. Der örtliche Rabbiner, Dr. S. Samuel, der eigentlich der Meinung war, der maurische Orientalismus mittelalterlicher spanischer Synagogen passe durchaus in die moderne Zeit, glaubte dennoch, daß die Synagoge seine Überzeugung rechtfertige, ein christlicher Architekt, der seinen Auftrag richtig versteht, könnte jüdischen Bedürfnissen gerecht werden. Nach einer 1914 vom Deutschen Werkbund organisierten Besichtigungsfahrt durch Essen fanden die Besucher, daß die Synagoge der Höhepunkt gewesen sei. Kritiker meinten, es sei die erste wirklich moderne Synagoge, überhaupt das erste moderne Gebäude!

Die jüdische Bevölkerung Essens, die nie mehr als ein Prozent der Bevölkerung ausmachte, wuchs nach der Industrialisierung des Ruhrgebietes im 19. Jahrhundert. Die erweiterte Gemeinde brauchte eine größere Synagoge als die bestehende, die nur 19 Meter lang und 13 Meter breit war. Ein prominenter jüdischer Bankier, Isaak Hirschland, hatte gute Beziehungen zum Bürgermeister und erlangte dessen Erlaubnis, das Grundstück einer Villa an einer auffälligen Ecke zu erwerben.

Die jüdische Gemeinde schrieb im Jahre 1908 einen Wettbewerb aus und erhielt zweiundsiebzig Eingaben. Der erste Preis ging an einen Essener Architekten, Edmund Körner (1875–1927); Otto Kühlmann aus Berlin erhielt den zweiten Preis für seinen Entwurf, der im Grund- und Aufriß dem des ersten Preises ähnelte.

Körner lieferte einen guten Entwurf für ein Grundstück, das die Form eines unregelmäßigen Dreiecks mit der Spitze nach Westen hatte, aber nach Osten und Norden abfiel (Abb. 138).

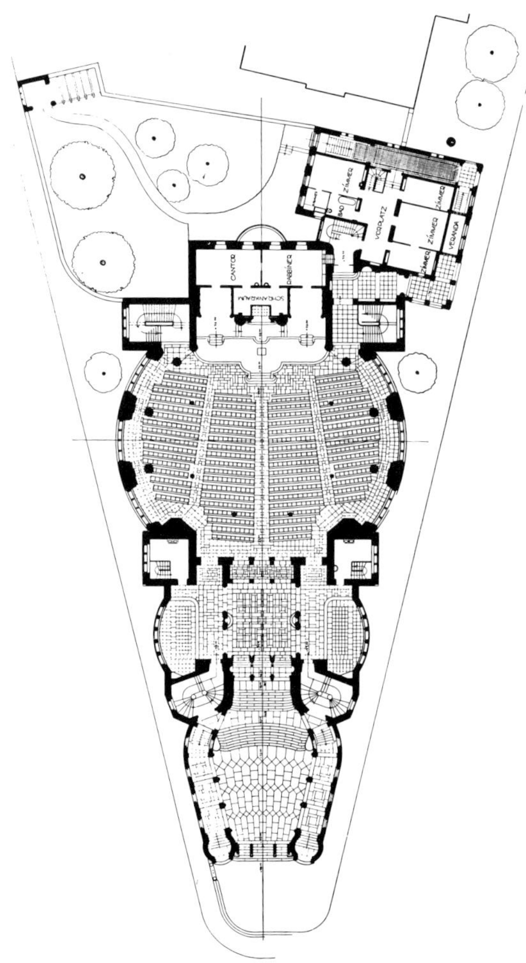

Abb. 138. Essen, Steeler Straße, 1908–1914, Grundriß.

Die westliche Begrenzung des Bauplatzes, wo sich das Portal der Synagoge befand, war zum Stadtzentrum orientiert, und zwar an einer Ecke, von der die Steeler Straße, eine breite Straße mit Straßenbahn, durch das Steeler Tor zu dem Vorort Steele ging (Abb. 139). Davor lag ein Hof, der das sich erweiternde Stück des Dreiecks einnahm. Am breiten, äußersten Ende des Vorhofs führten Stufen zu einer Vorhalle mit Korridoren an beiden Seiten, durch die man zur Treppe zu den Türmchen gelangte. Dahinter lag ein großzügiger Vorraum, der sich außen durch einen breiten Giebel abzeichnete. Die Mauer des Vorraums, der auf die Steeler Straße ging, entsprach der Fluchtlinie dieser dichtbebauten Straße. Die wellenförmig verlaufenden, geraden und gekrümmten Mauern der Synagoge, an welche die niedrigen, aber geraden des Gemeindehauses anschlossen, gaben der Straße außerdem eine abwechslungsreiche Note. Körner setzte den Garten an die Nordostseite, wobei er den unregelmäßigen Rest des Grundstücks gut ausnutzte. (Die Synagoge und der Vorhof nahmen etwa 2400 m^2 der Gesamtfläche von 3000 m^2 ein.)

Der Architekt schuf einen Wechsel von leicht gebogenen Mauern (Vorhoftürmchen, Fassade und Portal) mit kräftigen Vertikalen und starken diagonalen Dachlinien. Dann setzte er gegen die konkaven Krümmungen die konvexe Linie der Hauptkuppel, die den runden Hauptraum krönte. Er schwächte die massige Wirkung durch Türmchen und sorgfältig gestaltete Ornamente aus Stein und Metall ab. Der Rabbiner Samuel, der geschrieben hatte, ein Architekt solle bei Synagogenprojekten darauf achten, das Straßenbild nicht mit einem sonderbaren Bau zu ruinieren, war sicher mit diesem Entwurf einverstanden. Er war vielleicht erfreut darüber, daß hier ein eindrucksvolles Gebäude in kompakten Massen vom Eingang zur achteckigen Kuppel auf einem quadratischen Tambour auf eine Weise anstieg, die stattlich und gar nicht seltsam wirkte.

Körner glich die Neigung des Grundstücks aus, indem er den Betsaal achtundzwanzig Stu-

Abb. 139. Essen, Steeler Straße, Außenansicht vor 1938.

fen über die schmale Westseite erhob. Die Stufen verliefen vom Vorhofeingang über das Hauptportal und innen zwischen den Räumen, so daß die Steigung allmählich erfolgte und das Gefühl verstärkte, zur Heiligen Lade emporzusteigen. Aufgrund der Erhöhung des Hauptgeschosses wurde Raum im Untergeschoß unter den Zimmern des Rabbiners und des Kantors auf der östlichen Seite der Heiligen Lade gewonnen, in dem die Wochentagssynagoge, Versammlungsräume und eine Bibliothek untergebracht werden konnten.

Das Problem des Lärms von der Steeler Straße wurde teilweise durch die dicken Mauern gelöst, deren massive Wirkung durch die roh behauenen Steine noch betont wurde. Für die Mauern, Bogen, die meisten Fußböden und die dekorativen Elemente wie die an der Heiligen Lade wurde vorherrschend Kalkstein benutzt. Die größten Bogen wurden innen mit Backsteinen gestützt; Stahlbeton wurde für das Fundament, die Balkonstützen und zum großen Teil für Decken und Kuppeln verwendet.

Die Eigenschaften dieser Baustoffe wurden für die ästhetische Gestaltung genutzt. Der Eingang aus roh behauenem Stein kontrastiert mit den glatten Kurven und Flächen der Bogen des Vorhofs. Die grobe und massive Wirkung der Fassade wird durch die Kurven der glatten Eingangsstufen und die würdevollen eisernen Tore gemildert. Der Vorraum hat gerade Linien und glatte Flächen; die strenge Geometrie und die kassettierte Decke haben leicht neoklassizistische Züge und bilden einen Kontrast zum Betsaal. Dem Gefühl von kompakter Einschließung, das die gekurvten Formen des Betsaals vermitteln, wirken die Geräumigkeit und das Spiel des Lichts auf den Flächen ineinander übergehender Farben und glitzernder Goldmosaiken entgegen (Abb. 140). Der Effekt von Raum und Farbe ist im Osten, um die Heilige Lade und den Almemor, die dem Brauch der Reformer gemäß nahe beieinanderstehen, am größten. Die Wirkung dürfte durch die Resonanz der größten Orgel der Stadt auf einer innen um die Öffnung der Kuppel führenden Empore noch verstärkt worden sein.

Abb. 140. Essen, Steeler Straße, Innenansicht vor 1938.

Körners schöner Bau spiegelte andere Entwürfe der gleichen Zeit wider. Von seinem Lehrer, Johannes Otzen, hatte der junge Körner gelernt, daß der Zentralgrundriß für protestantische Kultbauten geeignet ist, und er war der Meinung, daß dieser Grundriß auch bei Reformtempeln angewandt werden konnte. Cremers und Wolffensteins Synagoge in Posen, die im Jahre 1908, dem Jahr des Wettbewerbs für die Essener Synagoge, eröffnet wurde, kann er die den Vorhof einrahmenden Türmchen, den Fassadengiebel und die Idee für die Kuppel entlehnt haben. Von Robert Curjel, Karl Moser und dem Schweden Ferdinand Boberg hätte er über kompakte Massen und roh behauene Steinmauern, die von geradlinigen Steinprofilen und Platten entlastet werden, lernen können. Von der Synagoge der Israelitischen Religionsgesellschaft, die zu jener Zeit gerade in Frankfurt am Main erbaut wurde, hätte Körner übernehmen können, daß die Juden einen freien und modernen Stil bevorzugten, der Verbindung zu profaner und christlicher Architektur hatte (siehe Abb. 144).

Die Essener Synagoge hat, wie andere Bauten in Frankfurt am Main und Bamberg aus der gleichen Zeit, sich gegenseitig durchdringende anstelle klar gegliederter Formen, wie Cremer und Wolffenstein sie schufen. Und sie besitzt eine von mehreren Synagogenrotunden des frühen 19. Jahrhunderts (weitere waren in Augsburg, Mainz und Offenbach zu finden; siehe Abb. 16). Körner teilte die Meinung seiner Kollegen der Darmstädter Künstlerkolonie (der er im Jahre 1911 beitrat), daß ein Architekt sich mit jedem Element seines Baus beschäftigen solle, auch wenn ihm nicht klar war, wann er mit Ornamenten aufzuhören hatte. Der breite Schwung seiner Balkone wurde durch ihre Ausschmückung beeinträchtigt, und jede Türfüllung und jede Scheibe aus buntem Glas war mit einem banalen Symbol versehen. Die Ornamente selber waren zumindest phantasievoll, frei nach klassischen und mesopotamischen Vorbildern gestaltet und sollten das antike und orientalische Erbe der Juden andeuten.

Der Rabbiner S. Samuel hatte im Jahre 1908 geschrieben, daß ein östlicher Stil das Goldene Zeitalter der Juden im mittelalterlichen Spanien heraufbeschwöre, wo Synagogen in maurischen Stilformen gebaut worden waren (siehe Abb. 181, 184). Diese Verbindung zu den spanischen Juden war von einem christlichen Kunstkritiker, W. Stassow, zu einem früheren Zeitpunkt bei der Petersburger Synagoge erörtert worden, aber es ist nicht bewiesen, daß sie tatsächlich Synagogenentwürfe beeinflußt hat. Rabbi Samuel war jedoch nicht mit allen Details einverstanden, die in Synagogen mit maurischen Stilformen üblich waren. Eine ältere Essener Synagoge (in der Gerswidastraße), die vom Bauinspektor Spannagel im Jahre 1869/70 entworfen worden war, hatte Zwiebelkuppeln. Rabbi Samuel meinte jedoch, Zwiebelkuppeln erinnerten an griechisch-orthodoxe Kirchen. Er mochte auch keine Kreuzgrundrisse, denn er verband sie mit christlichen Bauten. Dennoch war er bereit, Körners Andeutung – aber keine Nachahmung – einer byzantinischen Kuppel und die entfernt orientalischen Medaillons, die subtil ineinander übergehenden Farben und den goldenen Schimmer zu akzeptieren. Dies alles hatte jedoch nichts mit jüdischen Bauten des mittelalterlichen Spanien gemein. Der Vorhof und einige Dekorationen erinnerten dennoch an etwas Östliches: an den Tempel von Jerusalem.

Das Essener Gebäude, in das soviel Phantasie, solche Sorgfalt und Kunstfertigkeit investiert wurden, wäre beinahe in der »Kristallnacht« den Nationalsozialisten zum Opfer gefallen. Aber Körners Bau erwies sich als so solide, daß es zu teuer gewesen wäre, ihn zu zerstören. Das Innere wurde jedoch verwüstet, und die Nachkriegsgemeinde war mit ihren zweihundert Mitgliedern zu klein, um das für viertausend Personen angelegte Gebäude wiederherstellen zu lassen oder seine zwölfhundert Sitzplätze nutzen zu können. Die Stadt Essen kaufte das Gebäude und erlaubte den Juden, Teile davon nach New York zu befördern, wo in der Habonim-Synagoge ein Denkmal aus diesen Stücken errichtet wurde. Das Gebäude wurde zu einem Museum für Kunstgewerbe, und nur die Hülle blieb erhalten, nicht aber der Vorhof, der einer Straßenerweiterung zum Opfer fiel. Auf den Stufen zum Museum steht unter verwickeltem Stacheldraht ein Sarkophag mit einer Inschrift, die besagt, daß 2500 jüdische Bewohner Essens zwischen 1933 und 1945 ihr Leben ließen. Manche Juden waren nicht erfreut über die neue Bestimmung des Gebäudes, auch nicht über die Inschrift, in der nicht erwähnt wird, wie sie umkamen. Als im Jahre 1979 im Museum ein Feuer ausbrach und die Ausstellungsgegenstände entfernt wurden, reichten einige Mitglieder der jüdischen Gemeinde eine Petition ein, aus dem Gebäude eine Gedenkstätte und kein Museum mehr zu machen. Ihrer Bitte wurde entsprochen.

Ruhrallee

Im Jahre 1959 weihte die Gemeinde eine neue Synagoge und ein Gemeindezentrum ein, deren Form vollkommen verschieden von der alten ist. Auch dieser Bau wurde von sympathisierenden christlichen Architekten entworfen, Dieter Knoblauch und Heinz Heise, die einen interkonfessionellen Wettbewerb gewannen und auch das Jüdische Gemeindezentrum in der Fasanenstraße in Berlin bauten (1957–1959), das eine zerstörte Synagoge ersetzte. Das Grundstück, auf das die neue Essener Synagoge gesetzt wurde, war das des Jüdischen Jugendzentrums aus der Vorkriegszeit, welches 1931 von Erich Mendelsohn erbaut worden war.

Obwohl die Architekten Literatur über alte Bauten im Heiligen Land und über die Synagoge in der Steeler Straße studiert hatten, schufen sie doch etwas völlig Verschiedenes: ein halbkugelförmiges Sanktuarium, welches das Wesen der ältesten monotheistischen Religion ausdrücken sollte (Abb. 141, 142). Auf einer Seite befindet sich ein geradliniger Eingang, auf der anderen ein leicht geschwungenes Ge-

Abb. 141. Essen, Ruhrallee, 1959, Außenansicht.

meindezentrum, das einen formalen Übergang zwischen der erstaunlichen Halbkugel und der in der Nachbarschaft existierenden Bebauung bildet.

Die Halbkugel und andere einfache Formelemente entsprechen dem damaligen Trend der Architektur zu geometrischen Formen. Aber die Halbkugel hatte eine besondere Bedeutung in Essen und auf diesem Grundstück, denn Mendelsohn war für die Park-Synagoge in Cleveland (1946–1952), die eine Halbkugelkuppel hat, sehr gelobt worden. Knoblauchs und Heises Halbkugel ist in ihrer Form reiner, denn sie geht bis zum Boden, während die von Mendelsohn sich über den Mauern erhebt.

Es wirkt wie Ironie, daß Mendelsohn in Essen, von Mendelsohn in Cleveland gefolgt, im Geiste also wieder nach Essen zurückgekehrt ist. (Zufälligerweise stammte ein großer Teil des Geldes, mit dem das Jugendzentrum gebaut worden war, aus Amerika.) Körners Synagoge in Essen dagegen wurde vielleicht von der Tifereth-Israel-Synagoge in Cleveland (1924, von Charles R. Grieco), einer der ersten massiven, mit Stein verkleideten und mit einer niedrigen Kuppel versehenen Synagogen in Amerika, beeinflußt.

Im Innenraum der neuen Essener Synagoge sind Dreiecks- und Kreisformen nebeneinandergesetzt. Die Heilige Lade ist ein Rechteck, das von einem Dreieck eingerahmt ist, welches vielleicht an das Zelt in der Wüste erinnern soll. Fensterreihen, runde Öffnungen in einem rechteckigen Rahmen, biegen sich bis zur Spitze der Betonkuppel. Die Mitte der Kuppel wird von einem runden Fenster eingenommen, welches das Motiv eines sechszackigen Sterns trägt und aus einem Kreis, einem Sechseck und Dreiecken zusammengesetzt ist.

Betrachtet man die Unterschiede zwischen der Vorkriegs- und der Nachkriegssynagoge, so entdeckt man eine weitere Ironie des Schicksals. Der massive Bau in der Steeler Straße, der zu solide gebaut war, als daß man ihn in die Luft sprengen konnte, war Zeuge des festen Vertrauens der Gemeinde, die ihrerseits tatsächlich versprengt wurde. Die dünneren, feinen Formen des Nachkriegsbaus, dessen Betonhalbkugel auf dem Boden sitzt, als handele es sich um ein aufblasbares Gebilde, und die sogar durch die Kupferverkleidung, in der sich das Licht spiegelt, noch vergänglicher wirkt, deuten an, wie prekär die Existenz der Juden ist. Andererseits vertritt die Stadt ihnen gegenüber eine wohlwollende Politik, und sie mögen die neue Synagoge lange Zeit benutzen. Dieser Bau mit seiner umschließenden Form drückt universelle Werte aus, die von Architekten und Personen aller Glaubensrichtungen akzeptiert werden können.

Bibliographie

Berliner Architekturwelt, XXI (1919), S. 349 (über O. Kühlmanns Entwurf).
G. Biermann, Kritik von R. Klaphecks Buch, in: *Der Cicerone*, VI (1914), S. 667.
O. Brattskoven, »Edmund Körner«, in: U. Thieme und F. Becker (Hrsg.), *Allgemeines Lexikon der bildenden Künstler*.
E. Cohn, »Die neue Synagoge in Essen«, in: *AZJ*, 22. Nov. 1913, S. 558–560.
H. Hammer-Schenk, *Synagogen*, S. 480–487. Fn. 1044 weist auf andere veröffentlichte Entwürfe hin.
R. Klapheck, *Die neue Synagoge in Essen a. d. Ruhr, erbaut von Professor Edmund Körner*, Berlin (1913) (*Architektur des XX. Jahrhunderts*, 13. Sonderheft).
R. Klopfer, »Rudolf Blitzan«, in: *Moderne Bauformen*, VIII (1909), S. 226–228 mit Blitzans Entwurf, der auch vorher veröffentlicht wurde. Siehe Hammer-Schenk, *Synagogen*, Fn. 1044.
D. Knoblauch und H. Heise, »Ein Gotteshaus ist fertig« in: H. Elkan (Hrsg.), *Festschrift zur Weihe der neuen Essener Synagoge*, Essen, 1959, S. 20–22.
W. Kornick, »Die neue Synagoge in Essen-Ruhr«, in: *Neudeutsche Bauzeitung*, XI (1915), S. 33–34.
H. Künzl, »Zur Dekoration der Essener Synagoge von 1911–1913«, in: *Das Münster am Hellweg*, XXIX, Nr. 2 (Febr. 1976), S. 17–30.
A. Müller-Frauenfeld, »Vom Synagogenbau«, in: *Deutsche Bauhütte*, XIV (1910), S. 216–217 (inklusive A. Schiffers Entwurf).
»Neue Synagoge mit Gemeindezentrum in Essen«, in: *Der Baumeister*, LVIII (1961), S. 100–105.
S. Samuel, »Von der Ausstellung jüdischer Bauten und Kultusgegenstände zu Düsseldorf«, in: *AZJ*, 31. Juli 1908, S. 369–370.
H. Schröter, *Geschichte und Schicksal der Essener Juden*, Essen 1980.
R. Wischnitzer, *Architecture*, S. 256–259.

Abb. 142. Essen, Ruhrallee, Innenansicht zur Heiligen Lade.

Frankfurt am Main, Israelitische Religionsgesellschaft

Die wachsende Reformbewegung beunruhigte die orthodoxen Juden ernstlich. Nachdrückliche Erklärungen leidenschaftlich engagierter Rabbiner zu den traditionellen Bräuchen trafen bei einer treuen Anhängerschaft auf offene Ohren. Die orthodoxen Mitglieder offizieller Gemeinden, die der Reformbewegung beigetreten waren, entwickelten, von ihrem tiefen Glauben angespornt, eigene Organisationen und Versammlungen zum Gebet, auch wenn dies bedeutete, daß sie außer den Abgaben an die Gemeinde noch Beiträge für ihre privaten Beträume, Bäder für rituelle Waschungen und Schulen leisten mußten.

Eine solche orthodoxe Vereinigung war die Israelitische Religionsgemeinschaft in Frankfurt, die im Jahre 1848 gegründet wurde. Auch wenn sich diese dynamische Gruppe von der bestehenden Gemeinde erst im Jahre 1876 abtrennen konnte, traten ihr immer mehr Sympathisanten bei, und sie hatte später einen großen Einfluß auf das Anwachsen der weltweiten or-

Abb. 144. Frankfurt am Main, Israelitische Religionsgesellschaft, Außenansicht.

len getragen. Die Emporen endeten, wo sich ein abgeflachter, runder Bogen über das Mittelschiff erstreckte und auf die breite Nische für die Heilige Lade öffnete. Die Heilige Lade war von rotbraunem Marmor eingerahmt und besaß Bronzetüren zwischen Ziersäulen. Über dieser Anlage erhob sich ein kleinerer, abgeflachter Bogen mit einem horizontalen Karnies darüber, das den Oberbau der Anlage für die Heilige Lade trug. Zu beiden Seiten dieser Komposition befand sich eine Säule, die an Jachin und Boas erinnern sollte. Für das Schawuos-Fest wurde ein Kreuzgewölbe errichtet, das von Pfosten an den vier Ecken des Almemors getragen wurde, und Blätterwerk um die Gewölberippen gewunden. Die gewölbte Decke war mit großen und kleinen kreisrunden Ornamenten ausgestattet, die zwar in Reihen angeordnet waren, aber wohl Sterne und Planeten andeuten sollten. Mit praktischem Geschick nutzten die Architekten einige dieser »Planeten«, um Entlüftungsöffnungen in der Decke zu verstecken.

Wirkung der Massen, Strukturkontraste und unterschwellige exotische Andeutungen waren in mehreren anderen Synagogenentwürfen der Zeit vor dem Ersten Weltkrieg zu finden, darunter in einem von Fritz Landauer aus der Zeit, bevor er nach England ging, und in Edmund Körners Essener Bau (Abb. 67, 140). Die Atmosphäre in diesen Synagogen war ungewöhnlich und einhüllend und doch Teil der zeitgenössischen Architekturszene. Moderne Formen beherrschten das Äußere dieser Bauten, exotische Andeutungen das Innere. Im Frankfurter Wettbewerbsprogramm wurde sogar besonders darauf hingewiesen, daß der Bau außen keine orientalischen Formen aufweisen dürfe. Hier, wie bei der außen klassizistischen, innen ägyptischen Reform-Synagoge im Frankfurter Westend (1907–1910), konnten die nationalistischen kleinen Geschäftsleute, die zur Israelitischen Religionsgesellschaft gehörten, beweisen, daß sie »treudeutsch und jüdisch allezeit« waren.

Abb. 145. Frankfurt am Main, Israelitische Religionsgesellschaft, Innenansicht zur Heiligen Lade.

Bibliographie
P. Arnsberg, *Neunhundert Jahre »Muttergemeinde Israel«, Frankfurt am Main 1074–1974*, Frankfurt am Main 1974.
P. Arnsberg, *Die Geschichte der Frankfurter Juden seit der Französischen Revolution*, Bd. 2, Darmstadt 1983, S. 21–43.
Sammlung Arnsberg, Stadt- und Landesbibliothek Frankfurt.
Berliner Architekturwelt, IX (1907), S. 167–168, 299.
Der Baumeister, VI, Nr. 2 (1907), S. 13 ff. (mit vielen Illustrationen).
Deutsche Bauzeitung, XI (1906), S. 538.
A. Freimann und F. Kracauer, *Frankfurt*, Philadelphia 1929.
H. Hammer-Schenk, *Synagogen*, S. 117–118, 462–465 (über die alte und die neue Synagoge der Religionsgesellschaft).
H. Hammer-Schenk, »Untersuchungen«, S. 157–161 (über die alte Synagoge der Religionsgesellschaft).
H. O. Schembs u. a. (Hrsg.), *Bibliographie zur Geschichte der Frankfurter Juden, 1781–1945*, Frankfurt am Main 1978, S. 261–269.
Thieme-Becker, *Künstler-Lexikon*, s. u. Jürgensen.
Zentralblatt der Bauverwaltung, XXIV (1904), S. 319, 420.

Fürth

Die älteste Synagoge in Fürth bei Nürnberg ist ein Beispiel für unterschiedliche Tendenzen im Synagogenbau. Sie wurde 1615/16 errichtet und im Jahre 1617 eingeweiht, ungefähr ein Jahrzehnt, nachdem sich genug Juden in Fürth niedergelassen hatten, um ein Quorum von zehn Männern bilden zu können (Abb. 146). Sie müssen ihren weiteren Zuwachs und ihre eigene Sicherheit optimistisch betrachtet haben, denn sie gaben sehr viel Geld für einen Steinbau aus. Ihr Optimismus war gerechtfertigt, denn die Stadtverwaltung unterstand drei verschiedenen Oberherren, deren Rivalität einen jeden von ihnen daran hinderte, totale Kontrolle über die Juden auszuüben. Die Juden, die eigentlich nominell einem Fürsten unterstanden, waren dadurch in der Lage, ein Grundstück und eine Baugenehmigung von der Kirchenverwaltung zu bekommen. Da sich das kanonische Recht gegen den Bau von neuen Synagogen

Abb. 146. Fürth, Synagoge von 1615–1616 (rechts) und 1697 (links), Außenansicht.

aussprach, können wir zu dem Schluß kommen, daß die Kirche am Ort die gleiche Unabhängigkeit für sich in Anspruch nahm wie die weltlichen Behörden, wenn es einen guten Grund gab – der meist finanzieller Natur war –, Juden entgegenzukommen. Wie in vielen anderen Orten befand sich die Synagoge am Stadtrand, und zwar an der damaligen südlichen Stadtgrenze. Ausnahmsweise erhob sie sich auf einem Hügel, eine Lage, die nach jüdischem Gesetz vorzuziehen war, aber selten erreicht werden konnte. Das Gebäude lag in einem Hof, in dem sich um 1700 eine zweite, halb aus Fachwerk gebaute Synagoge, die im Jahre 1697 errichtet worden und als die Kahlschul bekannt war, ein rituelles Schlachthaus und jüdische Häuser auf zwei Seiten befanden. Mit anderen Worten, sie war Teil einer Enklave oder eines Schulhofs, wie man sie in vielen Städten zu jener Zeit finden konnte. Die Synagoge war wie üblich nach Osten ausgerichtet.

Vier Jahre nach der Einweihung der ersten Synagoge beschlagnahmte Graf Tilly, Befehlshaber der Katholischen Liga im Dreißigjährigen Krieg, das Gebäude als Gefängnis, was bedeutet, daß die Synagoge starke Mauern, nur wenige Türen, durch die man entfliehen konnte, und entweder sehr kleine oder sehr hochliegende Fenster hatte. Die Tatsache, daß kroatische Truppen das Gebäude im Jahre 1634 als Pferdestall benutzten, läßt vermuten, daß der Hauptraum ungefähr auf Straßenniveau lag und innen wohl nur einige wenige Stufen hatte. Es ist nicht gewiß, ob die Synagoge damals eine nach

Abb. 147. Fürth, Innenansicht der Synagoge von 1615–1616 im Jahre 1705.

außen vorspringende Nische für die Heilige Lade, einen Vorbau mit der Vorhalle oder einen Frauenbereich in einem Seitenflügel besaß, auf jeden Fall sind solche Anlagen nicht auf den Stichen aus dem 17. Jahrhundert zu sehen. Auf einem Grundriß aus dem 19. Jahrhundert ist jedoch zu sehen, daß alle Mauern und Stützpfeiler dieselbe Dicke hatten, was bedeutet, daß sie zur gleichen Zeit erbaut worden sind. Wir wissen, daß im Jahre 1692 einige Arbeiten an der Synagoge vorgenommen worden sind, aber nicht welche. Da die Formen der Heiligen Lade und des Almemors an die von Renaissancebauten in Nürnberg, zum Beispiel das Pellerhaus aus dem frühen 17. Jahrhundert, erinnern, stammten sie vielleicht ebenfalls aus der Zeit um 1617 oder von irgendeinem nicht belegten Umbau aus der Mitte des Jahrhunderts nach dem Ende des Dreißigjährigen Kriegs und nicht aus dem Jahre 1692.

Auf jeden Fall sind auf Stichen von 1705 die Nische für die Heilige Lade, eine Vorhalle für Männer auf der Nordseite und ein Anbau für Frauen auf der Südseite zu sehen (Abb. 147). Die Synagoge hatte damals eine T-Form mit Eingang im Westen, von dem sich die Traversen und der Baukörper nach Osten ausdehnten. Der Hauptraum war fast quadratisch und maß 14,96×14,60 Meter. Er war in einen Männerbereich von 9 Meter Breite und den zweistöckigen Frauenbereich in einem parallel laufenden Flügel unterteilt. Eine Wand, die von vergitterten Segmentbogen durchbrochen war, trennte den Männer- und Frauenbereich. Außenliegende Stützpfeiler trugen Kreuzgewölbe in beiden Abteilungen. Die Gewölbe ruhten innen auf Konsolen, die ein gut Teil über dem Kerzenbord an der Nordwand endeten. Kreuzgewölbe waren zu jener Zeit veraltet und wurden nur ausnahmsweise von Bauherren benutzt, die bewußt traditionelle Stilformen verwenden wollten. Die Kreuzgewölbe in der Fürther Synagoge und in der Synagoge von 1711 in Frankfurt am Main scheinen darauf hinzuweisen, daß die Juden dort konservativ an traditionellen Bauformen festhielten, vielleicht um ihre Väter zu ehren oder um ihre Bauten von den meisten christlichen Gebäuden zu unterscheiden. Die zweite Hypothese ist allerdings unwahrscheinlicher, denn Segmentbogenfenster, Renaissanceausstattung und Details der Eingangsportale glichen denen, die man an den meisten christlichen Bauten jener Zeit findet.

Auf den Stichen sind weitere Gegenstände der Innenausstattung zu sehen: große Metallkronleuchter; Barrieren, die von Norden nach Süden verliefen und eine Reihe von Männern abtrennten, die hinter ihren individuellen Betpulten standen; weitere Betpulte und lange Bänke an der Nord- und der Südwand; Stufen, die vom Frauenbereich hinunter zu dem der Männer führten und bei Hochzeiten benutzt wurden; ein langer Tisch im Westen, wahrscheinlich für Gruppenstudium; der nüchterne klassizistische Türrahmen zum Männerbereich, der vielleicht im Jahre 1692 hinzugefügt wurde.

Da die Synagogengemeinde für ihre traditionell orthodoxe Einstellung bekannt war, ist es nicht sehr wahrscheinlich, daß das Gebäude während des 18. Jahrhunderts große Veränderungen erfahren hat. In den späten zwanziger Jahren des 19. Jahrhunderts wehte jedoch ein Wind der Reform durch die Fürther Gemeinde, der von der Obrigkeit angefacht wurde, welche die orthodoxen Praktiken für die Integration der Juden in die allgemeine Bevölkerung, den Handel und den reibungslosen Ablauf der städtischen Bürokratie als hinderlich betrachtete. Die Reformer errangen die Vorherrschaft und beriefen einen Rabbiner, der ihnen genehm war. Unmittelbar nach seinem Amtsantritt im März 1831 veranlaßte Rabbiner Loewi einen Umbau der Synagoge in der Absicht, den Gottesdienst und die Haltung seiner Gemeinde zu modernisieren und zu germanisieren. Architekt dieses

Umbaus war ein Christ, Albert von Reindel, der damals Direktor der Nürnberger Kunstgalerie und Kunstschule war; der Rabbiner zielte sicherlich sowohl auf das Prestige wie auf das Talent dieses Mannes. Nach Beendigung der Arbeiten konnten die Fürther Bürger ein Gebäude mit reichlich gotischen Ornamenten bewundern, ein Zeichen für die Assimilation der Juden (Abb. 148). Ein Almemor ohne Rahmenwerk war neben die Heilige Lade in gotischem Stil gesetzt, als Beweis für Assimilation und Modernität, aber auch, um mehr Raum für Sitzplätze zu schaffen; wohlgeordnete Bankreihen aus Gründen der Schicklichkeit; Emporen und Fenster auf den Emporen, um die Frauen auf moderne Art zu integrieren; außerdem größere Sauberkeit, als sie in der alten, überfüllten Synagoge zu halten war.

Hier und in der Prager Altschul läßt sich beobachten, daß es in den dreißiger Jahren des 19. Jahrhunderts für Juden in manchen Städten möglich, ja sogar wünschenswert war, den gotischen Stil als Beweis für ihre Bereitwilligkeit zu verwenden, sich der Kultur der Mehrheit anzunähern. Der gotische Stil war von außen jedoch kaum wahrnehmbar, also bestand keine Gefahr, diejenigen zu schockieren, die den Juden übelnehmen könnten, daß sie einen Stil benutzten, der mit dem Christentum verbunden war.

Von dieser Synagoge blieben keine brauchbaren Bilder oder Beschreibungen erhalten nach einem weiteren Umbau aus dem Jahre 1863, bei dem das Gebäude nach Westen verlängert und ein Seitenschiff mit einer Empore, ein neues Gewölbe, neue Steinmauern und neugotische Dekorationen außen auf der Nordseite hinzugefügt wurden. Das Schlachthaus wurde zu diesem Zeitpunkt abgerissen, die Kahlschul 1928 entfernt, gerade ein Jahrzehnt vor der »Kristallnacht«, in der die Nationalsozialisten alle anderen Gebäude im alten Schulhof zerstörten und nur die Synagoge des jüdischen Waisenhauses als einzige der acht Fürther Synagogen aus der Vorkriegszeit übrigließen.

Bibliographie

Aus alter und neuer Zeit. Illustrierte Beilage zum Israelitischen Familienblatt, Hamburg, Nr. 82, 8. Sept. 1927, *Beilage* zu Nr. 36, S. 652.
H. Hammer-Schenk, *Synagogen,* S. 243–246.
H. Hammer-Schenk, »Untersuchungen«, S. 234–238.
R. Krautheimer, *Mitt. Syn.,* S. 243–248.
H. Mahr, »Die Fürther Hauptsynagoge«, in: *Fürther Heimatblätter,* XVI, Nr. 6 (1966), S. 121–137. Ich bin Professor Krautheimer für diesen Hinweis dankbar.
J. Toury, »Types of Jewish Municipal Rights in German Townships. The Problem of Local Emancipation«, in: *Publications of the Leo Baeck Institute Yearbook,* XXII (1977), S. 57–58.
R. Wischnitzer, *Architecture,* S. 81, 94.

Ich danke dem Stadtbibliothekar E. Ammon in Fürth für seine Unterstützung.

Abb. 148. Fürth, Innenansicht der Synagoge von 1615–1616 im Jahre 1832, Radierung von G. C. Wilder.

Hamburg, Poolstraße, und London, Upper Berkeley Street

Die Hauptreformtempel von Hamburg und London sind repräsentative Beispiele für die Architektur von Kultbauten zweier bedeutender Reformsynagogengemeinden.

Jeder dieser Gemeinden steht es frei, beliebig viele Reformpraktiken zu übernehmen. Obwohl es keinen feststehenden Bautyp für diese Art von Synagogen gibt, wurde der Kuppelbau mit quadratischem Grundriß als ungeeignet für einen Tempel betrachtet, in dem der Almemor im Osten stand. Der Kuppelbau über zentralem Grundriß erfordert, daß ein wichtiger Bestandteil der Synagoge, das heißt der Almemor, unter der Kuppel steht. (In Reformtempeln, in denen der Almemor nach Osten verlagert ist, ersetzt eine zentrale Kuppel als architektonisch repräsentatives und auffälliges Element einen Kirchturm.) Viele Reformtempel sind daher Emporenbasiliken mit einer apsisartigen Einbuchtung im Osten. Synagogen, die ursprünglich für eine orthodoxe Gemeinde gebaut worden waren, wurden für eine Reformgemeinde umgewandelt, indem die hohen Gitter, hinter denen die Frauen versteckt wurden, entfernt, der Almemor nach Osten versetzt und alle Sitzbänke mit dem Blick dorthin gedreht wurden.

Im Jahre 1817 gründeten in Hamburg fünfundsechzig Juden eine Reformvereinigung. Diese sollte den modernen deutschsprachigen Juden helfen, ihren Glauben beizubehalten, indem der Gottesdienst durch den vermehrten Gebrauch der deutschen Sprache verständlicher und durch den Einsatz einer Orgel und eines geübten Chors geordneter gestaltet wurde. Die Reformgemeinde hatte einen größeren proportionalen Anteil an reichen und gebildeten Juden als die orthodoxe Gemeinde, aber die Reformer setzten sich niemals ab. Tatsächlich nahmen sie im Verlauf der Jahre von neuem traditionelle Elemente in ihre Gebetbücher auf. Nichtsdestoweniger wünschten sie, ein getrenntes Gotteshaus einzurichten; der erste Reformtempel wurde im Jahre 1818 in der Brünnenstraße errichtet.

Hamburg, erster Reformtempel

Der Tempel in der Brünnenstraße, der von Heinrich Gottfried Krug entworfen wurde, war ein Kastenbau mit Emporen und flacher Decke, dessen Betsaal 142 Männer und dessen vorspringende Emporen ohne Gitter 107 Frauen faßten. Zwei übereinanderliegende Reihen von rechteckigen Fenstern in der Südwand gaben dem Raum Licht. Auf einer Empore auf der Westseite waren die Orgel und der Chor untergebracht. Die Heilige Lade wurde eingerahmt von einer klassischen, aus eingerückten ionischen Säulen bestehenden Ädikula, die ein horizontales Karnies trug, das einen Bogen einschloß, welcher vom oberen Ende der Wandzierprofile auf der Höhe der Empore entsprang. Die meisten Sitzplätze waren nach Osten gerichtet, aber die der Gemeindeältesten standen parallel zu den Seitenwänden mit Blick auf einen drapierten, kanzelartigen Almemor, der in einer Einfassung mit Balustrade stand und in den Sitzbereich hineinragte. Er war hier also nicht mit der Heiligen Lade zu einer Anlage im Osten vereint, wie dies in dem früheren, radikaler reformistischen Tempel von etwa 1815 im Compostellhof in Frankfurt am Main der Fall gewesen war.

Hamburg, Poolstraße

Die Reformvereinigung wuchs, und im Jahre 1840, als sie etwa achthundert Mitglieder zählte, erlangte sie von der Stadtverwaltung die Erlaubnis, ein neues Gebäude zu errichten. Die Synagogengemeinde gab einen verputzten Tempel aus Backstein in Auftrag, der 350 Männer und 290 Frauen faßte. Dieser wurde in den Jahren 1842 bis 1844 nach dem Entwurf von Johann Heinrich Klees-Wülbern, dem christlichen Architekten der Bestattungshalle des jüdischen Friedhofs (1838) und des Jüdischen Krankenhauses (1841–1843) erbaut.

Die Hamburger Juden waren um den Eindruck besorgt, den sie auf die orthodoxe Gemeinde wie auch auf die Christen machten. Reformjuden erkannten ihre Unterschiede zu den Christen an, wollten aber als Deutsche und nicht als Außenseiter betrachtet werden. Sie betonten klugerweise ihren aufrichtigen Patriotismus zu einer Zeit, da die Abweichung von religiösen Traditionen, gleichgültig von welchen, gern mit der Verfolgung radikaler politischer Ideen gleichgesetzt wurde. Bei der Grundsteinlegung im Oktober 1842, an einem patriotischen Jahrestag, sang die Synagogengemeinde eine Hymne, in der sie ihre engen Bande zu Deutschland und ihre Überzeugung betonte, daß der Tempel »ein echt deutsches Gotteshaus« sei, welches das Judentum des Ostens mit dem des deutschen Westens verbinden könne.

Das neue Gebäude lag an einem unauffälligen Platz, wie es zu jener Zeit üblich war – im hinteren Teil eines Grundstücks, hinter einem vierstöckigen Haus versteckt –, und konnte nur über einen Durchgang erreicht werden. Ein Weg führte zur einzigen Tür, die von Männern und Frauen benutzt wurde; in älteren Synago-

Abb. 149. Hamburg, Poolstraße, 1842–1844, Fassade.

gen hatten Frauen einen getrennten Seiteneingang benutzt. Die Fassade war hoch, rechteckig, hatte einen Giebel und war von zwei dünnen Türmchen eingerahmt, die gotisch aussahen (Abb. 149). Vertikale Zierprofile liefen die Wand hoch und verbanden sich in einem Halbkreisbogen, der das beherrschende Motiv der Fassade bildete. Der Bogen umrahmte oben ein Rosettenfenster mit Maßwerk in Form eines sechszackigen Sterns. Der Halbkreisbogen des Portals öffnete sich unter einem Ziergiebel, der von vertikalen Profilen gesäumt war. Die Anlage des Portals war eine kleinere Ausgabe der gesamten Fassadenanlage, aber seine Details entsprachen eher einem Renaissance- als einem gotischen Konzept.

Dieser Entwurf war in der Synagogenarchitektur neu, vielleicht sollte er die neuen Aspekte der Reformbewegung ausdrücken, aber die Fassade kam den Entwürfen der neugotischen Kapellen nahe, die in den beiden vorhergehenden Jahrzehnten in Deutschland und auch in Eng-

Abb. 150. Hamburg, Poolstraße, Innenansicht zur Heiligen Lade.

land gebaut worden waren. Die vertrauten Elemente betonten das Deutschtum, während die ungewohnte Kombination von Zutaten und Details, wie der Davidstern aus Maßwerk und die Gesetzestafeln über der Giebelspitze, verkündeten, daß dies ein Bau für Juden war: »West und Osten schön verbinden«, wie es in der Hymne hieß.

Innen war der Tempel eine Emporenbasilika mit einer gewölbten, aber abgeflachten Decke im Mittelschiff (Abb. 150). Der Raum war etwa 23,70 Meter lang, 22 Meter breit und 17,30 Meter hoch. Im Osten öffnete sich eine Apsis, in der sich die Heilige Lade befand, darüber ein halbkreisförmiges Fenster. Die Apsis wurde von konzentrischen Bogen eingerahmt, die auf romanischen Stützpfeilern ruhten, und von einem Karnies gekrönt, das mit orientalischen, zinnenartigen Ornamenten verziert war. Die abgeschwächte exotische Note dieser Gestaltung war Bestandteil eines durch und durch eklektizistischen Entwurfs; zu ihm gehörten die neoromanischen Emporenstützen, eine Decke mit dünnrippigen, vierteiligen Gewölben und die Paneelierungsdekorationen an der unteren Emporenbrüstung sowie vor der Heiligen Lade und dem Almemor (die zu einer Anlage vereint waren).

Allen diesen Formen waren eine dünnwandige Leichtigkeit, Geradlinigkeit, flache Reliefs und feine Ornamentik gemeinsam, welche allgemein die Architektur jener Jahre charakterisierten. Auch christliche Kultbauen hatten oft die Form einer Emporenbasilika und die meisten Sitze nach Osten ausgerichtet. Die eklektizistischen und exotischen Stilelemente ließen jedoch erkennen, daß der Bau einer besonderen Gruppe angehörte. Falls die Juden diese Stilmischung gewünscht haben, so bemerkten sie wohl nicht, daß der Tempel weniger deutsch und infolgedessen fremdartiger wirkte, als sie glaubten. Als der jüdische Architekt A. Rosengarten nach Hamburg übersiedelte und dort in den fünfziger Jahren des 19. Jahrhunderts drei orthodoxe Synagogen baute, entwarf er neoromanische Bauten. Durch diese erreichte er, daß die orthodoxen Juden wie vollständiger assimilierte Deutsche wirkten als die Reformjuden! Es ist eine Ironie des Schicksals, daß einige Mauern des Tempels in der Poolstraße die Nazizeit überlebten, während die neoromanischen Synagogen alle zerstört wurden.

Die Form des Tempels in der Poolstraße war nicht eindrucksvoll genug, um großen Einfluß auf andere Bauten auszuüben, aber der Fassadenbogen hat vielleicht die Gestaltung der Synagogen in Stuttgart (1861, von G. A. Breymann und A. Wolff) und Nürnberg (1870–1874, von Wolff) inspiriert. Im allgemeinen aber folgten norddeutsche Synagogen dem ungewöhnlichen Stil des Tempels in der Poolstraße nicht. Spätere große Synagogen wurden im neoromanischen Stil (Hamburg, Bornplatz; Königsberg), im deutschen Renaissance-Stil (Danzig) und in norddeutscher Backsteingotik (Lüneburg) entworfen. Die Juden in Norddeutschland, die ihre Wurzeln hier nicht bis ins Mittelalter zurückverfolgen konnten, nahmen die Architektur zu Hilfe, um sich sichtbarer mit ihren deutschen Mitbürgern zu verbinden.

London, Upper Berkeley Street

Der Tempel in der Poolstraße mag aber eines der Modelle gewesen sein, die für den Londoner

Reformtempel in der Upper Berkeley Street aus den Jahren 1866 bis 1870 Pate gestanden haben. Dieses Gebäude folgte den neoklassizistischen Bauten, in denen die Reformgemeinde nach ihrer Gründung im Jahre 1840 untergebracht gewesen war, zunächst in einer umgewandelten protestantischen Kapelle in der Bruton Street (1841 neu geplant, am 27. Januar 1842 eingeweiht), dann 1849 in der Margaret Street in einem Bau, dessen Grundstück keine Erweiterung zuließ, als sich die Synagogengemeinde vergrößerte. Der Londoner Tempel von 1866 bis 1870, entworfen von Davis & Emanuel, hat eine Fassade mit einem spitzen Giebel und einem hohen Halbkreisbogen am Eingang, der von zwei schmalen Mauerstreifen gesäumt wird wie der Tempel in der Poolstraße (Abb. 151). Diesem Bau fehlen die kleinen Türmchen, aber die Architekten fügten ein Karnies aus Zwergarkaden, großzügige Ornamentik und ein dreibogiges Portal hinzu – Zeichen der kunstvolleren architektonischen Ausarbeitung, die in den sechziger Jahren des 19. Jahrhunderts üblich war.

Auch der Grundriß des Londoner Tempels unterscheidet sich von dem des dreischiffigen Tempels in der Poolstraße. Er ist mit dem des früheren Londoner Reformbaus in der Margaret Street verwandt, der von David Macotta stammte, einem sephardischen Juden, welcher der Reformgruppe beigetreten war. Mocatta entwarf einen quadratischen Betraum mit 350 Sitzplätzen und Emporen, die auf drei Seiten des Raumes von ionischen Stützpfeilern getragen wuden, sowie Bogen, die vom Emporengeschoß zur Decke aufstiegen, wo durch eine Laterne in der Mitte Licht einfiel. Der Londoner Tempel von 1866 gleicht sogar mehr Rosengartens orthodoxer Synagoge in Kohlhöfen aus den Jahren 1857 bis 1859, denn er hat Emporen auf drei Seiten, eine Kuppel in der Mitte und vier kleinere Kuppeln in den Ecken (Abb. 152). Der Grundriß ist vielleicht auch mit den überkuppelten, quadratischen Grundrissen der Dresdener Synagoge von Gottfried Semper und des Reformtempels in der Johannisstraße in Berlin von Gustav Stier (1853/54) verwandt, aber diese beiden hatten keine Eckkuppeln. Davis & Emanuel hätten sich über all diese Gebäude, die für kulturell assimilierte Juden errichtet worden waren, in der *Illustrierten Zeitung* (Kohl-

Abb. 151. London, Upper Berkeley Street, 1866–1870, Fassade 1982.

Abb. 152. London, Upper Berkeley Street, Innenansicht zur Heiligen Lade 1982.

höfen), in Sonderdrucken (Berlin) und in der *Allgemeinen Bauzeitung* (Dresden) sowie in anderen Veröffentlichungen informieren können. Die englischen Architekten sind bestimmt zumindest daran interessiert gewesen, wie die Reformtempel in Hamburg und Berlin, den einflußreichsten Zentren der Reform, aussahen. Sempers Grundriß war in England aufgrund von dessen dortigem Aufenthalt sehr bekannt. Rosengartens Werk war ganz bestimmt von Interesse, weil er Jude und eine Autorität auf dem Gebiet der Architektur war, denn er hatte im Jahr 1857 ein sehr verbreitetes Textbuch, *Die architektonischen Stylarten*, veröffentlicht.

Eine Kombination aus Reform- und orthodoxem, deutschem Entwurf paßte zu der Position, welche die Londoner Reformsynagoge innerhalb der jüdischen Gemeinde einnahm. Die aschkenasischen Juden Englands waren damals überwiegend deutscher und nicht osteuropäischer Herkunft. Die englische Reformsynagogengemeinde war jedoch weniger liberal als die deutschen Reformjuden und hatte nicht die Absicht, sich von der orthodoxen Gemeinde abzuspalten. Auch waren Reform- und orthodoxe Juden in England sozial gleichgestellt. Das Problem, daß sich reiche und gebildete Juden von der Orthodoxie ihrer weniger begünstigten Glaubensbrüder trennen wollten, um ihre eigene politische Emanzipation oder gesellschaftliche Anerkennung zu fördern, existierte hier nicht. Folglich hatten die Reformjuden Englands es nicht nötig, Gebäude in Auftrag zu geben, die mehr oder weniger »englisch« aussahen als die der orthodoxen Juden. Es war also für Architekten nur vernünftig, einen Entwurf einzureichen, in dem sich Reform und Orthodoxie vereinten – Poolstraße und Kohlhöfen sozusagen –, und für die Jury angebracht, sich für einen solchen zu entscheiden. Da die Hamburger Reformjuden selber wieder zu bestimmten traditionellen jüdischen Bräuchen zurückkehrten, eignete sich der Hamburger Tempel besonders als Vorbild, nicht aber die Berliner und Dresdener Synagogen.

Der Entwurf für die Londoner Synagoge wurde in einem beschränkten Wettbewerb ermittelt. Weitere Teilnehmer waren die bekannten christlichen Architekten C. R. Cockerell und Wyatt Papworth sowie der jüdische Architekt Hyman Henry Collins. Berater des Baukomitees waren der bedeutende christliche Architekt P. C. Hardwick und David Mocatta.

Der Betsaal mißt 23 Meter im Quadrat, hat fünfhundert Sitzplätze im Erdgeschoß und mehrere hundert Plätze für Frauen auf den Emporen. Die Eckpfeiler sind gebündelt und massiv; dünnere Stützen tragen die Emporen. Die Stützen sind aus poliertem roten Devonshire-Marmor mit grauer Äderung und tragen weiße Kapitelle, Teil einer nüchternen, aber kontrastreichen Farbzusammenstellung. Die Heilige Lade, die Kanzel und der Almemor sind nunmehr im Osten zusammengelegt; die Orgelpfeifen bilden den Hintergrund für die überkuppelte Heilige Lade, und Trennwände mit Bogen verdecken den Chor zu beiden Seiten der Heiligen Lade. Ursprünglich stand der Almemor in der Mitte des Raumes unter der Kuppel. Die Anlage der Heiligen Lade und der Trennwände, die wie ein römischer Fronton wirkt, aber nicht klassizistisch ist, stellte für jene Zeit eine Neuheit dar. Eine solche Anlage ist auch in Collins' übertrieben prachtvoller Clatham Memorial Synagogue in der Nähe von Rochester (1866–1869) zu sehen, später in den Synagogen von Straßburg, Szegedin und anderen. Der Londoner Entwurf hat byzantinische, gestelzte Bogen und italienische, romanische Intarsienornamente gleich denen an der danebenstehenden polygonalen Kanzel.

Die geometrischen und Blumenmotive in kräftigen Farben auf den Glasfenstern wurden von A. F. Usher geschaffen. Ursprünglich bestanden die gemalten Wandornamente nur aus geometrischen Mustern, aber bei der Neudekoration in den zwanziger Jahren wurden Arabesken in Rost- und Ockertönen angebracht.

Bibliographie

Hamburg

K. Goldenberg, »Der Kultus- und Profanbau der Juden. Erläutert an Hand von Hamburg-Altona-Wandsbek«, Diss., Dresden, Technische Hochschule (ca. 1922), S. 4, 55–57 (Kopie in der Staats- und Universitätsbibliothek Hamburg).

M. Haarbleicher, *Zwei Epochen aus der Geschichte der Deutsch-Israelitischen Gemeinde in Hamburg*, Hamburg 1867, bes. S. 178.

»Hamburg, Sefardische und aschkenasische Tradition«, in: *Allgemeine unabhängige jüdische Wochenzeitung*, XV, 2. Sept. 1960, S. 3.

H. Hammer-Schenk, *Hamburgs Synagogen des 19. und frühen 20. Jahrhunderts*, Hamburg 1978.

Über die Poolstraße siehe S. 14–21, im wesentlichen übereinstimmend mit den betreffenden Seiten in *Synagogen.*
H. Hammer-Schenk, *Synagogen,* S. 144–164, mit weiteren bibliographischen Angaben über die Poolstraße und Kohlhöfen.
H. Krohn, *Die Juden in Hamburg, 1800–1850,* Freiburg 1967 (Hamburger Studien zur neueren Geschichte, 9).
H. Krohn, *Die Juden in Hamburg, 1849–1919,* Hamburg 1974 (Hamburger Beiträge zur Geschichte der deutschen Juden, 4), mit einer ausgezeichneten Bibliographie.
J. Lehmann, *Gemeinde Synagoge Kohlhöfen, 1859–1934,* Hamburg 1934.
D. Leimdörfer, »Zum hundertjährigen Bestehen des Tempels«, in: *Festschrift zum 100-jährigen Bestehen des israelitischen Tempels in Hamburg, 1818–1918,* Hrsg. D. Leimdörfer, Hamburg 1918.
Y. L. Hacohen Maimon (Fishman), *Arim wa-imahat be'Jisrael,* Bd. 2, Jerusalem o. J.
G. Salomon, *Kurzgefaßte Geschichte des neuen israelitischen Tempels in Hamburg,* Hamburg 1844.
R. Wischnitzer, *Architecture,* S. 240–242.

London
Builder, XXV (1867), S. 515, 577, 613; XXVIII (1870), S. 789.
A. S. Diamond, *The Building of a Synagogue. A Brief History,* London 1970.
A. Galliner, »Our Synagogue. Reflections on the Interior of the West London Synagogue«, in: *The Synagogue Review,* XXVI, Nr. 10 (Juni 1952), S. 289–293.
»Inauguration of the West London Synagogue of British Jews«, in: *Builder,* VII (1849), S. 307 (die Synagoge in der Margaret Street).
»120th Anniversary of the West London Synagogue«, in: *Jewish Chronicle,* 7. Juni 1963, S. 23–26. Sonderdruck aus den achtziger Jahren des 19. Jahrhunderts, der in der West London Synagogue aufbewahrt wird.
Royal Institute of British Architects, Sammlung der Zeichnungen, s. u. David Mocatta, Box U 17/2 (1–16) mit dem Etikett »St. Helen's Synagogue«, enthält aber in Wirklichkeit Zeichnungen für die Synagoge in der Margaret Street. Siehe J. Lever (Hrsg.), *Catalogue of the Drawings of the Royal Institute of British Architects,* London 1973, Bd. L–N, S. 78–79.
S. Sharot, »Reform and Liberal Judaism in London, 1840–1940«, in: *Jewish Social Studies,* XLI (1979), S. 211–228.

Berlin, Johannisstraße
AZJ, 10. Okt. 1913, S. 487–488.
Bendt & Bothe, Bd. 1, S. 25–26, 67, 82–86.
Deutsche Bauzeitung, XIV (1880), S. 519–521 (über den Nachruf für Stier sowie Grundriß, Schnitt und Fassade des Tempels).
H. Hammer-Schenk, *Synagogen,* S. 163–164.

Moderne geometrische Synagogen

Die Synagogen in der Oberstraße in Hamburg, in Plauen und in Sillein sind Beispiele einer Architekturrichtung in den Jahren um 1930, in der geometrische Formen und große, glatte Mauerflächen an allen Arten von Bauten bevorzugt wurden. Die Ähnlichkeit dieser Synagogen läßt erkennen, daß Juden in vielen Teilen Europas die moderne architektonische Gestaltung übernahmen. Reform- und liberale Juden, die sich assimilieren wollten, betrachteten sich selber als intellektuell-fortschrittlich und wollten diese Einstellung in einem neuen Architekturstil ausdrücken. Orthodoxe Synagogengemeinden bauten in ähnlichen Formen, entweder weil sie keinen Widerspruch zwischen traditionellen Glaubensformen und der Übernahme eines vorherrschenden Stils sahen oder weil ihnen die neuen Formen universelle Werte auszudrücken schienen, ohne vom Gebet abzulenken.

Hamburg, Oberstraße

Die liberale Reformsynagogengemeinde in Hamburg war, auch wenn sie eine Minorität darstellte, stark genug geblieben, um einen Nachfolger für den Tempel in der Poolstraße im Stadtzentrum zu benötigen, aus dem die Juden damals auszogen. Die Lage des alten Tempels wurde als einer der Gründe betrachtet, warum die Gottesdienste so wenig besucht wurden. Paradoxerweise erklärte der Reformrabbiner im Jahre 1908, die Synagoge in der Poolstraße sei zu klein, er meinte sicher: nur an den hohen Feiertagen. Weil er weitere Vorwände suchte, um einen neuen Tempel bauen zu können, sagte er, die Notausgänge seien unzureichend. Der Gemeindevorstand, der seine Mitglieder zu einem regelmäßigeren Gottesdienst zu bewegen suchte, beschloß, einen Tempel zu bauen, der näher an dem Viertel lag, in dem die Juden nunmehr wohnten, und sammelte Geld für dieses Projekt, bevor der Erste Weltkrieg ausbrach. Die Inflation der Nachkriegszeit ließ die Baugelder zusammenschmelzen. Eine Baukommission, die 1927 eingerichtet wurde, bekam jedoch genug Mittel zusammen, um von der Stadt ein Grundstück in Harvestehude zu kaufen, und schrieb 1929 einen Entwurfswettbewerb aus. Die Teilnehmer, die uns bekannt sind, waren alle Juden – vielleicht waren nur jüdische Architekten zugelassen –, aber beim späteren Bau und der Dekoration wurden sowohl Juden als auch Christen beauftragt, wie jüdische Kommentatoren mit Befriedigung bemerkten.

Die drei preisgekrönten und drei weitere Entwürfe liegen uns vor. Sie vermitteln einen Eindruck von der Vielfalt der Synagogenentwürfe in den späten zwanziger Jahren, besonders im Vergleich zu anderen, zeitgenössischen Synagogen, zum Beispiel zu denen in Plauen in Sachsen und in Sillein in der Tschechoslowakei. Der Gewinner des ersten Preises, Felix Ascher, und der des dritten Preises, Robert Friedmann, taten sich schließlich zusammen und errichteten ein geradliniges, von der Straße zurückgesetztes Hauptgebäude, das von vorspringenden, niedrigen Seitengebäuden (in denen die Wochentagssynagoge, die Gemeinderäume und das Büro untergebracht waren) eingefaßt ist (Abb. 153, 154).

Dieser Entwurf kommt zwei nicht preisgekrönten Entwürfen nahe, die von Wilhelm Haller und Fritz Landauer eingereicht wurden, sowie einem Entwurf von Leo Nachtlicht für eine nicht gebaute Synagoge in der Klopstockstraße in Berlin. Eines von Landauers beiden eingereichten Projekten, das den Namen »Abraham« trägt, hat ebenfalls geradlinige Blöcke, deren mittlerer zurückversetzt ist, glatte Mauern, lange Fensterbänder und ein rundes Fenster mit einem jüdischen Motiv in Maßwerk. Aschers mit dem ersten Preis ausgezeichneter Entwurf war ebenfalls ein geradliniger Bau mit einer vorspringenden Vorhalle, die über die ganze Fassade geht, und an beiden Enden eingeschnittenen Außentreppen, die zu Türen auf dem Dach der Vorhalle führen, welche auf das Emporenstockwerk gehen. Die Tür- und Fensteröffnungen waren alle rechteckige Querbänder, mit Ausnahme eines Fensters in der Mitte, das die Form eines sechszackigen Sterns hatte.

Landauers Innenräume bei beiden Entwürfen, dem »Abraham«- und dem »Thora«-Pro-

Abb. 153. Hamburg, Oberstraße, 1920–1931, Fassade 1985.

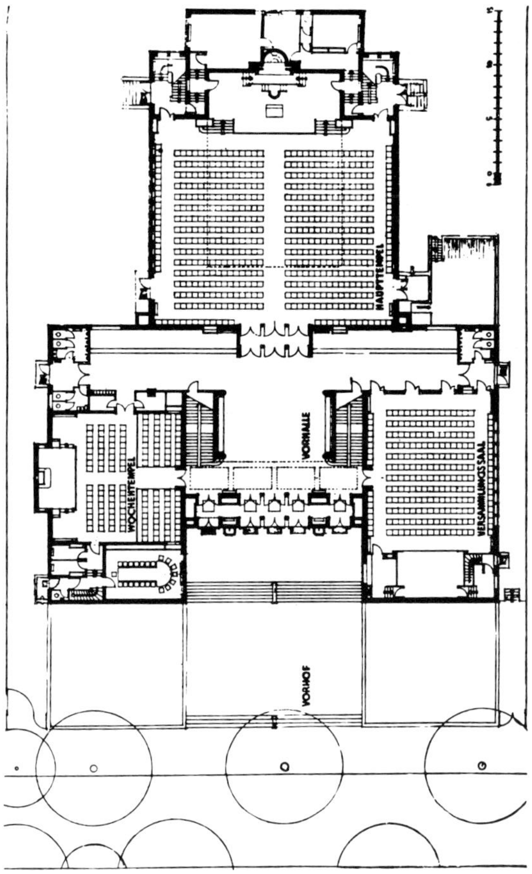

Abb. 154. Hamburg, Oberstraße, Grundriß.

Abb. 155. Hamburg, Oberstraße, Entwurf »Abraham« von Fritz Landauer, 1929.

jekt, hatten gerade Linien und glatte Flächen, wobei ersterer breit angelegt war und letzterer höher und schlanker (Abb. 155). Die Innenräume wurden durch das Licht belebt, welches durch schmale Fensterstreifen in der Nord- und Südmauer fiel. Friedmanns und Hallers Entwürfe zeigten einen gerundeten Innenraum, vielleicht um die Brüderlichkeit der Gemeinde oder den allumfassenden Gott im Himmelsgewölbe anzudeuten. Auf Friedmanns Zeichnung sind ein zylinderförmiger Raum mit einer Empore, die fast ganz herumführt, und eine vom oben einfallenden Licht erfüllte Kuppel zu sehen. Haller setzte seine Wölbung über einen länglichen Raum und dekorierte die unteren Teile der Wände mit einem Netz aus sich kreuzenden Rippen, wodurch die Wirkung leichter, aber nicht so einheitlich war. Die blockartigen geometrischen Formen lassen sich mit denen von Gusti Hechts und Hermann Neumanns preisgekröntem Wettbewerbsentwurf für die Synagoge in der Berliner Klopstockstraße (1929), mit N. Liaskowskis Wettbewerbsprojekt für die Züricher Synagoge (ca. 1929) und mit der noch früheren orthodoxen Synagoge in Preßburg von Arthur Szalatnai (1923) (siehe Abb. 28) vergleichen. Die schweren, gebogenen Innenräume erinnern an Vorkriegssynagogen, wie die in Augsburg, Görlitz, Mainz und Offenbach (siehe Abb. 16), sowie an die zeitgenössischen Synagogen in der Prinzregentenstraße in Berlin und in Sillein.

Die Wettbewerbsentwürfe für Hamburg entbehrten jeder Anspielung auf ältere Stilformen, dieser Aspekt verband sie mit den Tendenzen der progressiven Nachkriegsarchitektur. Aber nur ein Entwurf, Landauers »Thora«-Projekt, war im Internationalen Stil der führenden Vertreter der Moderne, wie Le Corbusier und Mies van der Rohe, gehalten. Die Fassade des »Thora«-Entwurfs bestand aus einem einfachen Rechteck, bei dem das Erdgeschoß durch fast quadratische Fenster, der obere Stock durch einen langen Fensterstreifen und ein rundes Fenster mit einem Davidsternmotiv bezeichnet waren. Zwei übereinanderliegende Reihen kleiner, länglicher Fenster, die einen Stakkato-Rhythmus bildeten und nahe an den fast quadratischen Fenstern des Erdgeschosses lagen, ließen die Büros und Gemeinderäume erkennen. Die freie Anordnung der Fenster, die durch das Beton- und Stahlskelett möglich gemacht wurde, bietet ein gutes Beispiel für die flexible Fenstergestaltung, welche die führenden Architekten des Internationalen Stils in den zwanziger Jahren bevorzugten. In ihren Bauten, wie auch beim »Thora«-Projekt, wirkten die Mauern dünn anstatt massiv, woran sich die Möglichkeiten der modernen Konstruktionen zeigten.

Abb. 156. Plauen, Reformsynagoge, 1828–1830, Außenansicht.

Abb. 157. Plauen, Reformsynagoge, Innenansicht zur Heiligen Lade.

Plauen

Landauer hatte schon eine ähnliche Form und die gleichen technischen Mittel beim Gemeindezentrum und dem Synagogengebäude für die Reform- (Haupt-)Synagogengemeinde von Plauen (1928–1930) verwendet. Diese war eine der reinsten International-Style-Synagogen, die jemals gebaut wurden, im Äußeren eine Anlehnung an Le Corbusiers Citrohan-Haus, das in der Weißenhofsiedlung in Stuttgart im Jahre 1927 ausgeführt wurde (Abb. 156). Landauer entwarf genau wie für Hamburg eine einfache, längliche Kiste, in der die Gemeinderäume und die Synagoge vereint waren, mit Stahlskelett und dünnen Mauern, deren wesentliches Gestaltungselement in den Fenstern bestand. Der Haupteingang der Synagoge in Plauen war lediglich ein Durchbruch in der Mauer im Erdgeschoß, und man ging durch freistehende, prismatisch geformte Stützpfeiler und nicht durch Imitationen von Jachin und Boas.

Unter dem Einfluß des neuen sozialen Klimas und der architektonischen Tendenzen der späten zwanziger Jahre entfernte sich Landauer von den massiven, düsteren und dickwandigen Formen, die er in Augsburg verwendet und für die Synagoge in Wien-Hietzing (Abb. 67) vorgeschlagen hatte. Er meinte, die Nachkriegszeit erfordere einen neuen Baustil, und die neue Architektursprache könne dazu beitragen, den Inhalt – in diesem Falle die religiöse Bestimmung – eines Gebäudes auszudrücken. Er wollte die technische Entwicklung dazu benutzen, Formen zu schaffen, die für das Leben in Deutschland nach dem Ersten Weltkrieg repräsentativ waren. Alle Teile des Gebäudes waren klar ablesbar, und er erreichte ausdrucksvolle Effekte hauptsächlich durch die Manipulation von Bauelementen und nicht durch die Zugabe von orientalischen Details. Er betonte die vertikale Wirkung des ungefähr 10 Meter breiten Innenraumes, indem er die Emporen tiefer und die Lichtgaden hoch ansetzte, um den Abstand zwischen ihnen groß zu halten und dadurch den Raum höher erscheinen zu lassen, als er in Wirklichkeit war (Abb. 157). Er paßte die Lichteffekte dieser Wirkung an, indem er die Sitzreihen hell beleuchtete und oben unter der dunklen Holzdecke ein dämmriges Zwielicht schuf. Er richtete die Aufmerksamkeit der Gemeinde nach Osten, indem er die Anlage von Heiliger Lade und Almemor höher setzte, die Wände der Ausbuchtung für die Heilige Lade (von Professor Lois Gruber aus München) mit Symbolen bemalen und einritzen und den Fußboden leicht ansteigen ließ, so daß die Gläubigen an der westlichen Seite des Raumes die Heilige Lade und den Almemor gut sehen konnten.

Die Synagogen im neuen Internationalen Stil zu gestalten ermöglichte es Landauer und seinen Auftraggebern, sich mit der modernen Kultur der Weimarer Republik zu assoziieren, in der die Juden sich gut zu etablieren hofften, auch wenn in Plauen während und nach dem Ersten Weltkrieg antisemitische Tumulte ausgebrochen waren. Der Davidstern außen und die schönen Ornamente an der Ausbuchtung für die Heilige Lade innen ließen die Identität der jüdischen Gruppe innerhalb eines universalen Kontexts erkennen. Die Synagoge in Plauen zeigte deutlicher, wem sie diente, als es der Wettbewerbsentwurf für die Synagoge in der Berliner Klopstockstraße tat, der im Jahre 1929 von P. L. Wiener und seinem Partner Jaretzki eingereicht worden war und der Le Corbusiers Villa in Garches aus dem Jahre 1926/27 glich. Er trug kein einziges Merkmal, aus dem hervorging, daß es sich um eine Synagoge handelte. Hier war die Idee allgemeingültiger Bauformen bis zum Extrem geführt.

Antisemiten konnten diesen neuen Architekturstil als Manifestation von unerwünschtem Internationalismus auffassen und als einen Loyalitätsbeweis zu Fremden außerhalb des Vaterlands (das heißt zum »internationalen Judentum« und radikalen Vorstellungen). Ihre fanatisch nationalistische Reaktion auf diese neuen Formen fand deutlichsten Ausdruck in einer Photomontage der Weißenhofsiedlung in Stuttgart, auf der die weißen Flachbauten von Gestalten aus dem Vorderen Orient und Kamelen umgeben waren, wodurch den Gebäuden, die aussahen wie die Synagoge von Plauen, ein semitischer, nicht-deutscher Charakter verliehen wurde.

Einige Jahre später mußte Landauer selbst Zuflucht in England suchen.

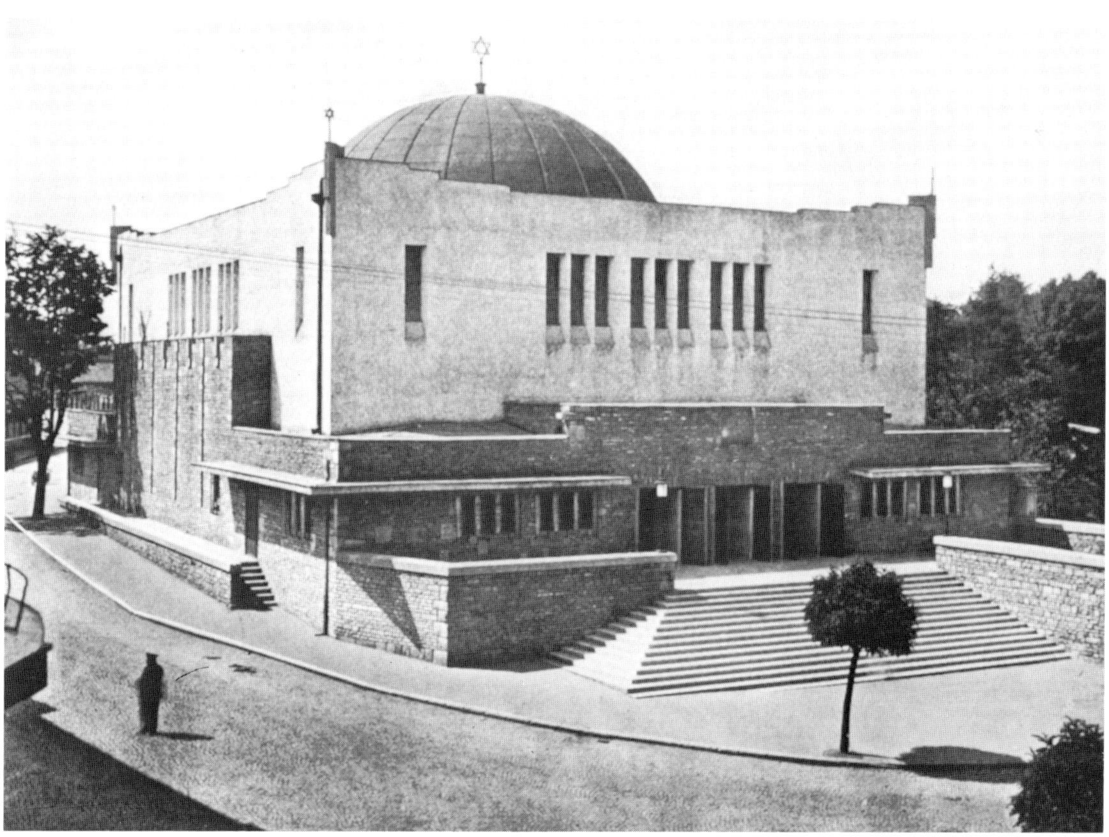

Abb. 158. Sillein, Neologsynagoge, 1928–1930, Außenansicht vor 1939.

Sillein

Die Juden von Sillein in der Slowakei, die der gemäßigten Reformbewegung der ungarischen Neologrichtung angehörten, gaben 1928 ebenfalls eine Synagoge in Auftrag. Sie wurde im Jahre 1931 nach dem Entwurf von Peter Behrens aus Berlin und unter der Bauleitung eines jüdischen Architekten, Zigo Wertheimer, ausgeführt. Die Synagoge ist mit dem Entwurf von Haller und Friedmann für die Hamburger Synagoge insofern verwandt, als sie eine Kuppel hat. Wie beim Entwurf von Ascher besteht die Fassade aus zwei horizontalen Blöcken (Abb. 158). Der Entwurf für Sillein ist jedoch leichter und im Innern offener als die beiden Kuppelbauten für Hamburg; auch wirkt sie traditioneller. Sie zeigt außen verschiedenere Baustoffe und mehr historische Details. Trotz der Tatsache, daß Behrens zuvor Le Corbusier, Mies van der Rohe und Gropius beeinflußt hatte, hat seine Synagoge wenig mit dem Internationalen Stil gemeinsam außer der Betonung einfacher, geometrischer Formen und der Verwendung von Stahlbeton.

Die Synagoge von Sillein steht auf einem langen, abfallenden Grundstück, dessen Hauptachse von Norden nach Süden verläuft. Behrens benutzte die Enden des Grundstücks, um im Süden eine Eingangsplattform, die über breite Treppenstufen erreicht wird, und im Norden einen gepflasterten Hof anzulegen (Abb. 159). Er füllte die gesamte Ost-West-Achse mit dem Synagogenbau. Das Gebäude ist ein Rechteck, in dem auf der Nord- und der Südseite Vorhallen, in den Ecken die Räume für den Rabbiner, den Kantor und andere Zwecke sowie im Norden ein enger Flügel für die einfache, geradlinige Wochentagssynagoge untergebracht sind. Der rechteckige Betsaal vermittelt den Eindruck, als enthielte er ein Quadrat, weil eine Kuppel von 16 Meter Durchmesser in ein Quadrat eingeschrieben ist, das durch vier Pfeiler im nördlichen Zweidrittelteil des Innenraums gebildet wird (Abb. 160). Schlanke Betonstützen tragen die Emporen mit niedrigen Brüstungen sowie die Kuppel, die auf einem Sims über den Pfeilern aufliegt. Die Kuppel erhebt sich bis 17,60 Meter über den Boden. Der Almemor steht östlich von der Mitte. Die Einrahmung der Heiligen Lade ist seitlich abgestuft, entweder weil sich diese Abstufungen an den Ecken des Gebäudes außen wiederholen oder um der Heiligen Lade ein modernes geometrisches Element zu vermitteln. Zu ihrer Betonung wurden edle Materialien verwendet, während die Synagoge im allgemeinen aus einfachen und preiswerten Baustoffen hergestellt ist. Die Dekoration der Wände besteht lediglich aus gemalten terrakottafarbenen Streifen auf weißem Untergrund, und die Innenseite der Kuppel ist mit sich überschneidenden Goldlinien verziert, die einen großen und einen kleinen sechszackigen Stern bilden. Dreiteilige Fenster auf jeder Seite des Raumes belichten die Emporen, einfache Fenster in den Ecken des Gebäudes erhellen die Nebenräume und Korridore. Die Orgel- und Choremporen erheben sich über der Heiligen Lade. 450 Männer im Erdgeschoß und 300 Frauen auf den Emporen trafen sich in einer Synagoge, deren Konstruktion und einfache Formen genauso klar und eindeutig waren wie die Gebete und Predigten in der Landessprache.

Das Äußere der Synagoge ist komplexer gestaltet, aber die verschiedenen Baustoffe machen die Bauteile deutlich ablesbar. Das mit Stein verkleidete Erdgeschoß hat einen Eingang in der Mitte und Seitenflügel an der Ost- und Westseite. Die Ostwand ist unter dem Fensterniveau ebenfalls mit Stein verblendet, entsprechend der Anlage der Heiligen Lade im Innern. Die oberen, verputzten Bereiche der Mauern enden in Brüstungen, die an den Ecken stufenförmig ansteigen; ursprünglich erhob sich auf jeder Ecke eine dünne Stange mit einem sechszackigen Stern. Die exotische Wirkung dieser Gesimslinie wird durch die kupfergedeckte Kuppel und die Stangen mit dem sechszackigen Stern verstärkt. Vielleicht sollten die fast qua-

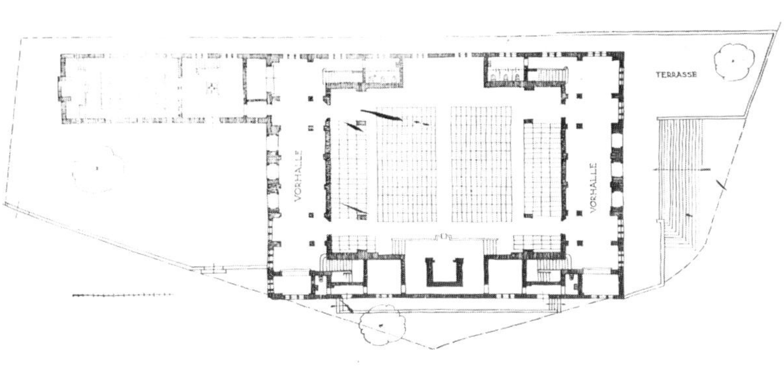

Abb. 159. Sillein, Neologsynagoge, Grundriß.

dratischen und überkuppelten Formen und die Steinverblendung an die Architektur von Jerusalem erinnern. Man könnte dem Entwurf der Synagoge von Sillein vorwerfen, er sei im Vergleich zu seinen elementaren Formen im Detail zu kleinformatig und für die Synagogengemeinde einer kleinen Stadt zu monumental.

Der Entwurf von Behrens wurde in einem Wettbewerb mit begrenzter Teilnehmerzahl ausgewählt, zu dem auch Josef Hoffmann eingeladen worden war. Acht von Hoffmanns sechzehn Zeichnungen für die Synagoge wurden von Max Eisler, dem jüdischen Kunstkritiker und Verfechter der gemäßigten Moderne, veröffentlicht. Hoffmann schlug zunächst einen rechteckigen Bau mit einer Kuppel in Halbkugelform vor, weil die Synagogengemeinde in ihrer Wettbewerbsausschreibung eine Kuppel verlangt hatte. Danach dachte er an ein rechteckiges Gebäude mit gemusterten Flächen und einen hohen Tambour mit spitzbogigen Fenstern, über dem sich eine verlängerte Kuppel erhob. Dann folgte eine Reihe Zeichnungen mit rechteckigen Grundrissen, gegiebelten oder mit Zinnen versehenen Wänden und einem zeltartigen, spitzen Dach, das sich über der Mitte des Betsaals erhob (Abb. 161). Schließlich entwarf er ein breites Gebäude mit einer Tempelfassade und einen Bau mit mehreren Flügeln, beide von breiten, zeltartigen Dächern gedeckt. Einige von Hoffmanns Entwürfen sind sicher von dem Zelt in der Wüste inspiriert worden. Seine Zeichnungen lehnten sich möglicherweise an die Entwürfe für die Synagoge in Wien-Hietzing an, besonders an die von Hugo Gorge, der zu einem früheren Zeitpunkt Eislers Lob für eine ähnliche Idee und Form geerntet hatte. Daß Hoffmann sich von diesen früheren Wettbewerbsentwürfen inspirieren ließ, geht auch aus dem aus Kurven und Dreiecken bestehenden Gesims hervor, das er an einem seiner zeltartigen Bauten anbrachte – ein Detail, das eindeutig an die Synagoge von Wien-Hietzing erinnert.

Der dritte Wettbewerbsteilnehmer war der ungarische Architekt Lipot Baumhorn, der die sehr gut ausgearbeitete eklektizistische Synagoge in Szegedin und – allein oder gemeinsam mit seinem Schwiegersohn György Somogyi – etwa zwanzig weitere Synagogen geplant hatte. Baumhorns Stil war seit der Jahrhundertwende viel zurückhaltender geworden, er verwendete

Abb. 160. Sillein, Neologsynagoge, Innenansicht vor 1939.

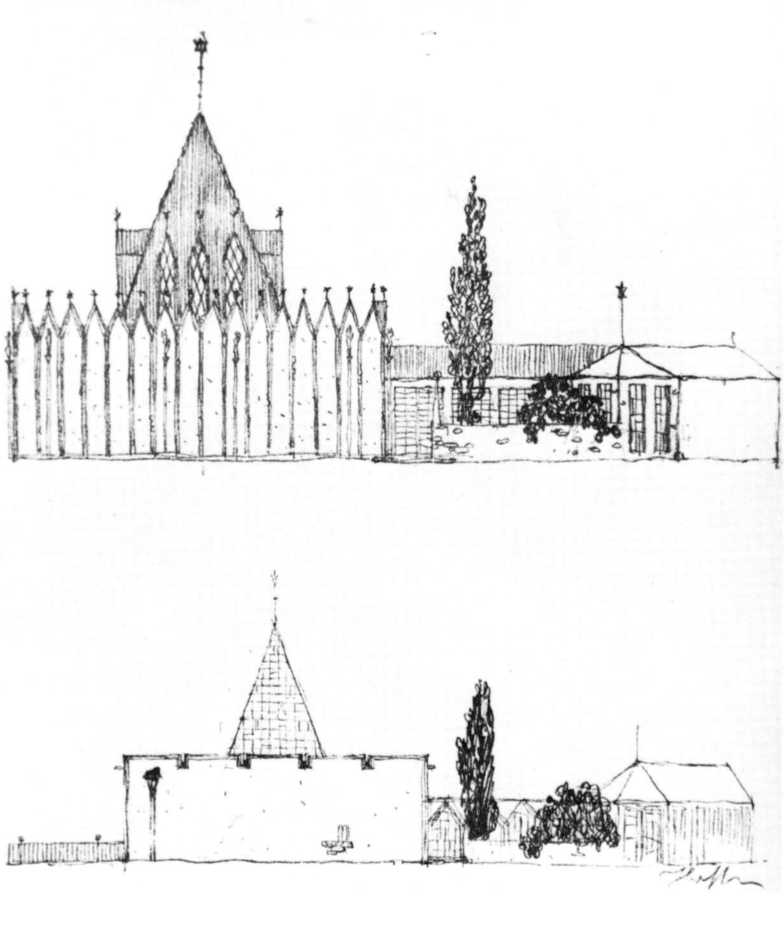

Abb. 161. Sillein, Entwürfe von Josef Hoffmann, 1928.

aber immer exotische oder historisierende Formen; wir wissen allerdings nicht, ob dies auch auf seinen Entwurf für Sillein zutraf, da dieser nicht veröffentlicht wurde.

Den uns bekannten Entwürfen ist zu entnehmen, daß die Juden sich in der neugegründeten Tschechoslowakischen Republik sicher genug fühlten, um ihren besonderen Hintergrund zum Ausdruck zu bringen. Die orthodoxe Gemeinde in Kaschau errichtete ungefähr zur gleichen Zeit ebenfalls eine überkuppelte und etwas östlich wirkende Synagoge. Sogar in Ungarn, wo es von Zeit zu Zeit zu antisemitischen Ausschreitungen kam, bauten die Budapester Juden ein Kriegerdenkmal, die »Helden-Kapelle«, hinter der Synagoge in der Dohány-Straße. Die Kapelle ist ein kubischer Bau, mit einer glatten Halbkugelkuppel gedeckt und durch nahöstliche Details hervorgehoben. Diese modernen, aber exotischen Entwürfe zeigen, daß die Juden sich das Image von etwas Besonderem zulegen wollten und man auch von ihnen erwartete, daß sie dieses ausdrückten. Wahrscheinlich wäre es Behrens oder den anderen Architekten niemals in den Sinn gekommen, eine Kirche in orientalischer Form zu entwerfen, obwohl auch Jesus aus dem Heiligen Land stammte und dort gelebt hatte.

Diese Entwürfe, bei denen geradlinige und gebogene Bauteile miteinander verbunden wurden, haben in ihren Grundformen einiges mit konservativeren Entwürfen aus den gleichen Jahren gemeinsam. Londons liberale Synagoge (St. John's Wood Road, von Ernest M. Joseph, einem Mitglied der Synagogengemeinde, 1925 eingeweiht) ist ein entfernter Abkömmling des Pantheons, bei dem geradlinige und überkuppelte Bereiche kombiniert wurden. Das Londoner Gebäude ist ein Ziegelbau mit einem oktogonalen, überkuppelten Betsaal und einem Vorbau aus Portland-Stein mit sechs ionischen Säulen. Die liberalen Juden paßten sich der westlichen Kultur an, indem sie auf wohlbekannte, universell benutzte Formen zurückgriffen. Glatt verputzte Wände und ein Minimum an Zierprofilen entsprechen eher einem Geschmack am Allgemeinen als am Besonderen, Sektiererhaften. Die Heilige Lade erinnerte an die der Amsterdamer sephardischen Synagoge, aber die Heilige Lade dort war in klassischen und nicht in exotischen Formen gestaltet.

Die Neologsynagoge von Kaschau (1927) war ein weiterer Abkömmling des Pantheons und ihre Form wahrscheinlich aus ähnlichen Gründen gewählt worden. Die liberale Synagoge in der Berliner Prinzregentenstraße (von Alexander Behr, 1930) hatte einen Portalvorbau mit einem Giebeldach darüber und eine überkuppelte Rotunde dahinter, ebenfalls eine Anspielung auf das Pantheon. Das Assimilationsbestreben in dieser Gemeinde war so stark, daß verheiratete Männer und Frauen zusammensaßen und der Betsaal zu profanen Zwecken verwendet werden konnte, indem ein eiserner Vorhang vor der Heiligen Lade herabgelassen wurde.

Alles in allem zeigte die Synagogenarchitektur in den dreißiger Jahren in vielen Teilen Europas elementare Bauformen, glatte Wände und eine moderne Bauweise. Auch Synagogen, die bald danach in London (Hendon United), in Paris (Rue J.-Lacroix) und in Brünn gebaut wurden, waren weiterhin in zeitgenössischen, modernen Formen und Baustoffen errichtet. Bei den meisten Entwürfen wurde die Solidität eines kubischen Gebäudes betont, ebenso wie bei vielen gemäßigt modernen, von überflüssigen Details befreiten klassizistischen Bauten der gleichen Zeit. In dieser Solidität kam der Wunsch der Juden zum Ausdruck, die Berechtigung ihrer Existenz in den politisch neu definierten Teilen Europas nach dem Ersten Weltkrieg zu bestätigen. Weder diese Hoffnungen noch eine der mitteleuropäischen Synagogen überlebten. Die Plauener Synagoge steht nicht mehr. Die beschädigte Synagoge in Sillein wurde restauriert und in die Aula magna der dortigen Universität umgewandelt. Da die Nationalsozialisten feststellten, daß die Sprengung der Hamburger Synagoge zu kostspielig war, blieb sie erhalten und wurde im Jahre 1950 zu einem Rundfunkgebäude umgebaut.

Bibliographie

Hamburg

Der neue Tempel. Zu seiner Einweihung am 30. August 1931. Gedenkblatt des Hamburger Familienblattes.

M. Eisler, »Neue Synagogen«, in: *Menorah*, VIII, Nr. 11/12 (Nov.–Dez. 1930), S. 541–549.

H. Eulenberg (Hrsg.), *Robert Friedmann*, Berlin und Leipzig 1930.

Gemeindeblatt der Deutsch-Israelitischen Gemeinde

zu Hamburg, Nr. 7, 10. Juli 1929; Nr. 8, 12. August 1929; Nr. 11, 10. Nov. 1930.
H. Hammer-Schenk, *Synagogen*, S. 534–540, Fußnoten und Bibliographie, S. 651–652.
H. Hipp, *Harvestehude, Rotherbaum*, Hamburg 1976, S. 82–83 (Arbeitshefte zur Denkmalpflege in Hamburg, 3).
J. Lever (Hrsg.), *Catalogue of the Drawings Collection of the Royal Institute of British Architects*, London 1973, Bd. L-N. Zeichnungen von Landauer, Ran 15/F 8–20 (zwei Synagogenentwürfe).
»Liberal Jewish Synagogue at Hamburg«, in: *Architects' Journal*, LXXXIX (20. April 1939), S. 660–663.
A. und V. Marg, *Hamburg-Bauten seit 1900*, Hamburg [o. J.], Abb. 65 und Text.
M. Reimann, *Neue Werke. Wilhelm Haller*, Berlin 1930, S. 12.
J. Stein, *Jüdische Baudenkmäler in Hamburg* (Hamburger Beiträge zur Geschichte der deutschen Juden, 11), Hamburg 1984.

Sillein
P. J. Cremers, *Peter Behrens*, Essen 1928, S. 103–105.
»Die neue Synagoge in Žilina«, in: *Forum*, I (1931), S. 280–282.
M. Eisler, »Die Synagoge in Sillein«, In: *Menorah*, IX, Nr. 11/12 (Nov.–Dez. 1931), S. 525–531.
M. Eisler, »Entwürfe für eine Synagoge«, in: *Menorah*, VII, Nr. 2 (Febr. 1929), S. 86–95.
Peter Behrens (1868–1940). Gedenkschrift mit Katalog aus Anlaß der Ausstellung, Pfalzgalerie Kaiserslautern, Akademie der Künste, Berlin 1966/67, S. 104–105, vorbereitende Zeichnungen von Behrens.

Plauen
A. Diamant, *Chronik der Juden in Dresden*, Darmstadt 1973, S. 150–151.
W. Goldberg, *Blätter der Erinnerung an die Weihe der Synagoge Plauen i. V.*, [Plauen] 1930.
H. Hammer-Schenk, *Synagogen*, S. 532–534, 651, Fn. 1137–1139 und 1108 über Plauen und über den Entwurf für Berlin, Klopstockstraße (Abb. 468).
»Israelitisches Gemeindehaus mit Synagoge in Plauen i. V.«, in: *Baugilde*, 1932, Nr. 7, S. 359-360.
F. Landauer, »Jüdische Kultbauten von heute«, in: *C.-V. Zeitung*, X, Nr. 27 (3. Juli 1931), S. 341–342.
J. Lever, *op. cit.*

Brünn
»Neue Arbeiten von Arch. Ing. Otto Eisler, Brünn«, in: *Forum*, VI (1936), S. 126–127. Vladimír Šlapeta lieferte freundlicherweise diesen Hinweis.

London, Liberale Synagoge
Le Rayon (Paris), 15. Jan. 1923, S. 10–12; 15. April 1932, S. 11–12.
»The Liberal Jewish Synagogue, St. John's Wood Road, London«, in: *Architectural Review*, LVIII (Nov. 1925), S. 198–201.

Ich danke Herrn John Levinson für ein hilfreiches Interview.

Paris-Belleville, Rue Julien-Lacroix
M. Zahar, »Une synagogue à Belleville«, in: *L'Amour de l'art*, II (1931), S. 254–255.

Die Caisse Nationale des Monuments Historiques besitzt Dokumente, aus denen hervorgeht, daß Germain Debré, der Architekt dieser Synagoge, auch eine Synagoge in La Varenne-St. Hilaire entwarf. Ich danke Frau Thérèse Berger für ihre freundliche Hilfe.

Zürich
M. Eisler, »Neue Synagogen«, in: *Menorah*, VIII, Nr. 11/12 (Nov.–Dez. 1930), S. 549.

Über diese ganze Periode siehe auch R. Wischnitzer, *Architecture*, S. 231–247, und H. Hammer-Schenk, *Synagogen*, S. 503–541.

Hannover

Die frühe Geschichte der Juden in Hannover ist für viele andere Städte typisch. Juden sind zum ersten Mal in dieser Stadt im frühen 14. Jahrhundert historisch belegt; sie litten unter Austreibung und Wiederaufnahme nach Zahlung von unmäßigen Summen. Sie unterstanden Gesetzen, die ihnen verboten, im Wohnbereich der Bürger, der Altstadt, zu leben, durften sich aber später in der Neustadt, die dem Fürstenhaus unterstand, ansiedeln. Sie erlebten, daß man in ihrer Synagoge eine Predigt hielt, um sie zum Christentum zu bekehren (1588). Ihnen wurde (bis 1847) untersagt, Grundbesitz zu haben, und sie unterlagen noch anderen diskriminierenden Vorschriften. Das Bestehen von Synagogen wird in Dokumenten von 1499, 1535, 1584, 1588, 1590, 1609, 1613, 1688, 1703 und 1741 erwähnt; alle scheinen Räume in Wohnhäusern oder kleinere Bauten in Hinterhöfen gewesen zu sein. Eine neue Synagoge aus Backstein wurde im Jahre 1826/27 erbaut, stand aber immer noch in einem Hof hinter dem Gemeindehaus, das an der Straße lag. Wie zu jener Zeit üblich, wurde dieser Bau in klassizistischem Stil als Emporenbasilika entworfen. Das Gebäude hatte ein hölzernes Tonnengewölbe, eine nicht sehr tiefe, geradlinige Nische für die Heilige Lade im Osten, dorische Säulen als Stützen der Emporen und Emporengeländer mit verglasten, bogenförmigen Öffnungen, die von ionischen, kannelierten Pilastern unterteilt wurden. Eine einfache Einfassung aus Metall und Holz rahmte den Almemor ein. Abgesehen von den verglasten Emporen, unterschied sich diese Synagoge nicht besonders von anderen aus den zwanziger und dreißiger Jahren des 19. Jahrhunderts.

Nach 1847 und vor allem in den fünfziger Jahren des 19. Jahrhunderts strömten Juden aus den kleinen Städten der Provinz in die Großstädte, so auch nach Hannover. In dieser Zeit wurde die alte Synagoge zu klein. 1861 entschloß sich der Gemeindevorstand, eine neue zu bauen, und ein Jahr darauf wurde der Auftrag an den jüdischen Architekten Edwin Oels Oppler vergeben. Oppler, der in Paris bei Viollet-le-Duc studiert hatte, hatte sich auch, einem damaligen Trend in jener Stadt folgend, mit der Backsteinarchitektur und der Gotik in Hannover vertraut gemacht. Die Synagogen von Kassel, Köln, Dresden, Hamburg und Berlin (Abb. 164, 129, 149, 122) kannte er schon. Um sich intensiver auf seinen Auftrag vorzubereiten, reiste er mit einem Bankier, der Mitglied des Baukomitees gewesen sein muß, nach Frankfurt, Mainz, Mannheim, Stuttgart, München, Wien und Budapest (Abb. 64, 38).

Der Architekt kritisierte an vielen dieser Bauten, von denen einige während der vorhergehenden zehn Jahre vollendet worden waren, ihre maurischen Formen. Oppler selbst war soweit kulturell assimiliert, daß er sogar Aufträge von der Aristokratie am Ort erhielt, und er versäumte es, den Bauunternehmer der Synagoge darauf hinzuweisen, daß am Sabbat nicht gearbeitet wurde. Oppler war offensichtlich nicht bereit, Empfehlungen christlicher Architekten, wie Semper, Zwirner und Förster, anzunehmen, daß Juden den maurischen Stil für ihre Bauten benutzen sollten. Er schrieb im Jahre 1863, daß der maurische Stil »nicht das geringste mit dem Judentum zu tun hat«, und 1865: »Der deutsche Jude wünscht vor allem, deutsch zu sein, er kämpft und leidet für die Gleichstellung mit seinen christlichen Brüdern; kann und soll er sich denn selber durch sein Gotteshaus isolieren, ohne daß dies auch nur im geringsten durch den Ritus begründet wäre?« Oppler zog es statt dessen vor, dem älteren deutsch-jüdischen Synagogenarchitekten Rosengarten zu folgen, der den neoromanischen Stil für die jüdische Geschichte und die Erwartungen der Juden am angemessensten hielt. Oppler glaubte, daß die ältesten bestehenden Synagogen in Prag und Worms ursprünglich im romanischen Stil errichtet gewesen waren (Abb. 48, 49, 170, 171). Der deutsche Jude, der in einem deutschen Stil zu bauen wünschte, könne daher den neoromanischen verwenden, da dieser ebenso zur jüdischen wie zur christlichen Vergangenheit gehöre.

Oppler zitierte die Bauten in Dresden (mehr oder weniger neoromanisch, aber nur von außen), in Kassel (Rosengartens neoromanischster Entwurf) und Pest (die Synagoge in der Dohány-Straße, die nicht neoromanisch ist, aber Rundbogen und zwei Türme hat, wie viele Kirchen) als gute Beispiele für neoromanische Synagogen. Seine Auftraggeber hatten ihn um ein besonders schönes Gebäude gebeten, und die Synagoge in Budapest war wegen ihrer Größe, die Dresdener Synagoge wegen ihrer beispielhaften Lage und aufgrund ihrer Außengestaltung, die auf Integration abzielte, vorbildlich. Der Architekt beklagte, daß viele Synagogen halb versteckt lagen, und war erfreut darüber, daß ihm die Möglichkeit gegeben wurde, eine zu planen, die von allen Seiten den Blicken offen ausgesetzt war.

Wir müssen annehmen, daß Oppler eine genaue Vorstellung davon hatte, welche neoromanischen Formen er wollte, denn seine Synagogen in Hannover und Breslau (siehe Abb. 177, 178), seine Entwürfe für Nürnberg, München und Karlsbad und seine späteren Synagogenbauten in Schweidnitz, Hameln und Bleicherode zeigen keine der Inkonsequenzen, die zu erwarten gewesen wären, wenn Oppler Elemente der Budapester, der Dresdener und der Kasseler Synagoge vermischt hätte. Im Gegenteil, an der Hannoverschen Synagoge zeigt sich eine sorgfältige Mischung der berühmtesten rheinischen Kirchen mit der berühmtesten neoromanischen Pariser Kirche, St.-Augustin, die im Jahre 1860 begonnen wurde (Abb. 162). Eine Kopie der bescheidenen mittelalterlichen, zweischiffigen Synagogen von Worms und Prag hatten er und seine Auftraggeber nicht im Sinn.

Von St.-Augustin übernahm Oppler die grundlegenden Elemente für seine Fassade: Stufen, die zu einem dreibogigen Eingang hinaufführten, über dem sich eine niedrige Arkade mit einer Rosette darüber befand, alles unter einem Flachbogen und von einem Dreiecksgiebel gekrönt. Derselben Quelle hat er vielleicht die gekrümmte, gerippte Kuppel entnommen. Die großen, glatten Flächen und die polygonalen Türmchen können von einer der rheinischen Kirchen stammen. (In Hannover waren in den Türmchen die Toiletten und die Abzugskamine der Heizung untergebracht.) Der polygonale Tambour und die Giebel an der Basis der Kuppel waren wahrscheinlich vom Aachener Münster Karls des Großen inspiriert. Die Verwendung von Backstein und die eindringlichen Vertikalen der Querschiffassaden sind vielleicht örtlichen Vorbildern entnommen und lassen sich durch das Interesse an traditionellen regionalen Baustoffen und Stilformen erklären.

Der Grundriß der Hannoverschen Synagoge ist aber nicht von der Kirche St.-Augustin und den mittelalterlichen Synagogen abgeleitet. Er ist ein überkuppeltes griechisches Kreuz, das durch Hinzufügung einer halbrunden Apsis, von Seitenbereichen im westlichen Arm des Kreuzes und von einer Vorhalle (die auch als Wochentagssynagoge benutzt wurde) abgewandelt worden ist. Überkuppelte Zentralgrundrisse wurden schon bei Synagogen verwendet, die Oppler bewunderte: in Dresden und bei zwei Entwürfen von Rosengarten für Hamburg, aber diese waren quadratisch statt kreuzförmig und besaßen unterschiedliche Kuppeln. Die Kuppel in Dresden hatte einen polygonalen Tambour und war von einem spitzen Dach gedeckt, und die Kuppel in Hamburg-Kohlhöfen war zu klein, um mit der in Hannover verglichen werden zu können. Das griechische Kreuz mit Apsis und die Kuppel in Hannover scheinen daher auf Prototypen von Kirchen, wie den Grundrissen von St. Peter in Rom aus dem frühen 16. Jahrhundert und des Doms von Pavia, zu beruhen.

Auch wenn diese Verbindungen bewußt hergestellt wurden – es ist kaum vorstellbar, daß ein Architekt sie übersehen konnte –, heißt dies nicht unbedingt, daß der Architekt Synagogen mit Kirchen gleichsetzen wollte oder umgekehrt.

Abb. 162. Hannover, 1862–1870, Außenansicht.

Oppler hatte verschiedene Gründe, solch einen Entwurf zu erarbeiten. Andere Architekten hatte er kritisiert, weil es ihnen nicht gelungen war, die Form einer Synagoge ihrem Zweck anzupassen, das Innere mit dem Äußeren in Einklang zu bringen und von innen heraus nach außen zu bauen. Indem er einen zentralen Grundriß für diesen Bau wählte und den Almemor unter die Kuppel setzte, betonte er den zentralisierenden Charakter des gemeinschaftlichen Gebets in der jüdischen Religion. Die Emporen und die auffallende Heilige Lade auf einer großen und prächtig ausgeschmückten Plattform gaben dem Innenraum außerdem eine starke Ostbetonung (Abb. 163). Er verband das Innere mit dem Äußeren, indem er die Kuppel sowohl innen wie außen ausdrückte. Glei-

Abb. 163. Hannover, Innenansicht zur Heiligen Lade.

chermaßen wiesen die starken horizontalen Unterteilungen an den Außenmauern auf das Vorhandensein von zwei Stockwerken im Innern hin. Indem Oppler einen Grundriß mit nach allen vier Seiten vorspringenden Armen benutzte, war er in der Lage, die zentrale Orientierung beizubehalten, die den orthodoxen Bräuchen entgegenkam und den Vorübergehenden außen gleichzeitig vier interessante Seiten zeigte. Dies war ein wichtiger Punkt, denn es handelte sich um die erste große, freistehende Synagoge Deutschlands.

Das imposante Äußere des Gebäudes hatte zur Folge, daß Oppler später weitere Aufträge für neoromanische Synagogen, für die Bestattungshalle des jüdischen Friedhofs (1866) und für die jüdische Schule (1875) in Hannover bekam. Seine Werke dienten als Modelle für spätere Architekten, die zeigen wollten, daß ihre Auftraggeber loyale Patrioten waren, deren Religion eben zufällig die jüdische war. Aber auch Loyalität half den Hannoverschen Juden nach 1933 nicht, denn ihre Synagoge wurde verwüstet und dann zerstört.

Erst in den Jahren 1960 bis 1963 konnte die kleine jüdische Nachkriegsgemeinde von Hannover eine neue Synagoge bauen. Sie wurde von Hermann Guttmann aus Frankfurt mit einem parabelfömigen Grundriß entworfen und ist Teil eines Gemeindezentrums.

Bibliographie

P. Eilitz, *Leben und Werk des königlichen hannoverschen Baurats Edwin Oppler*, Hannover 1971 (Hannoversche Geschichtsblätter n. F., XXV, Nr. 3–4), bes. S. 135–136, 164–167, mit Archivhinweisen.

H. Hammer-Schenk, »Opplers«, S. 101–113, mit weiteren bibl. Angaben und Dokumenten.

H. Hammer-Schenk, *Synagogen*, S. 203–213.

H. Hammer-Schenk, »Untersuchungen«, S. 261–272.

Jewish Chronicle, 23. Juni 1865.

L. Lazarus, »Die Synagoge zu Hannover«, in: *Mitteilungen der Kulturvereine in Hannover*, XXXIII, Nov. 1958, S. 1–4.

Leben und Schicksal. Zur Einweihung der Synagoge in Hannover, Hannover 1963.

Kassel

Die Synagoge von Kassel ist für die vorliegende Abhandlung von Bedeutung, weil sie zu den ersten gehörte, die im Rundbogenstil erbaut wurden, einer Mischung aus klassizistischen und romanischen Formen, die im 19. und frühen 20. Jahrhundert zum bevorzugten Stil in der Synagogenarchitektur wurde. Aus Dokumenten und Zeichnungen – von denen einige heute nicht mehr greifbar sind – gehen die Auffassungen der diesen Stil vertretenden Architekten, ihrer Auftraggeber und der Regierungsbeamten hervor.

Juden waren im 16. und 17. Jahrhundert im Kasseler Gebiet auf einen Vorort beschränkt worden. Nur einige wenige lebten im darauffolgenden Jahrhundert in der Innenstadt, meist Hofkommissionäre, die sich private Synagogen leisten konnten. Mit dem Anwachsen der jüdischen Bevölkerung wurde eine öffentliche Synagoge benötigt, und 1754 wurde eine gebaut, die wie ein Wohnhaus aussah und hinter einem anderen Haus versteckt lag.

Im Jahre 1771 bat der Landgraf die Juden um ihren Auszug und bot ihnen – ein außergewöhnlicher Fall – an, sich ein neues Grundstück auszusuchen. 1775 hatten sie Bauland erworben und Heinrich Christoph Jussow, den Sohn des Architekten der bestehenden Synagoge, beauftragt, der wahrscheinlich im Jahre 1781 einen Neubau plante. Dieser hatte einen Portalvorbau mit einem dreieckigen Giebel vor einer Rotunde, die von einem hohen Tambour und einer Kuppel gekrönt war. Der Entwurf wäre zu auffällig gewesen, als daß er allen Christen gepaßt hätte, und seine Nord-Süd-Ausrichtung hätte wiederum den Juden nicht gepaßt. Er wurde daher nicht gebaut, und die Juden blieben in ihrem alten Bau.

Mit der Einverleibung Kassels in das von Napoleon gegründete Königreich Westfalen im Jahre 1807 wurden den Juden gleiche Rechte zugestanden, die sie nach der Restauration fast vollständig beibehielten. Als Napoleon zur Überwachung der Religion die Konsistorien einführte, gestattete das Gesetz, in mehreren Städten Synagogen zu errichten. Einige reiche Kasseler Juden machten sich Sorgen über die Kosten der neuen Synagoge, andere zögerten, die bestehende Platzordnung zu ändern. Wieder andere befürchteten, daß ein neues Gebäude den Weg zur Reform ebnen könne: Kassels Konsistorialsynagoge war im Jahre 1809 mit Predigten und einigen Gebeten in deutscher Sprache und Konfirmationszeremonien eingeweiht worden, und im Jahre 1810 war in Seesen ein Reformtempel eröffnet worden. Obgleich die jüdische Bevölkerung 1822 weit über die Kapazität der alten, baufälligen Synagoge hinausgewachsen war, fiel ein anderes Bauprojekt durch, weil zu wenig Leute Geld dafür geben wollten.

Im Jahre 1827 schloß die Regierung schließlich die alte Synagoge, weil sie einzustürzen drohte, aber sogar da noch wehrten sich die reichen Gemeindeglieder gegen Projekte eines Neubaus. Im darauffolgenden Jahr entschloß sich der Gemeindevorstand schließlich, einen neuen Bau zu errichten mit dem Risiko, daß sich die Wohlhabenden absetzten, die am Ende aber doch in der Gemeinde verblieben.

Der Landgraf schlug ein Grundstück vor, auf dem die Synagoge das letzte, fehlende Element eines städtischen Panoramas gebildet hätte. Eine Synagoge an einen so auffälligen – einen so gleichberechtigten – Platz zu setzen, wurde nicht nur um der Gemeinde willen beabsichtigt: Die Synagoge hätte auch einen schönen Akzent in der Residenzstadt gesetzt, wie früher schon in Karlsruhe. Die Juden erhoben Einspruch – was sicher mit einigen Schwierigkeiten verbunden war – und erklärten, das Grundstück liege zu weit von den Wohnungen der Gläubigen entfernt, die am Sabbat bis zur Synagoge gehen mußten. Tatsächlich war es aber kaum weit von dem entfernt, das sie später akzeptierten. Ein aufmerksamer Erforscher der Quellen, Harold Hammer-Schenk, meint, die Juden hätten das Grundstück abgelehnt, weil sie sich für einen so auffälligen Standort nicht sicher genug fühlten. Auch mochte ihnen ein Bau in einem seltsamen Stil widerstrebt haben, den der Hofarchitekt sicherlich für einen solchen Bauplatz vorgesehen hatte, um seinem Herrn eine ergötzliche Merkwürdigkeit zu liefern.

Als die Regierung ein zufriedenstellendes Grundstück anbot, bat der jüdische Gemeindevorstand den Oberlandbaumeister August Schuchardt, der schon bei vorhergehenden Projekten den Auftrag erhalten hatte, um seine Dienste. Schuchardt wurde sicher als besonders geeignet betrachtet, weil er Bauleiter für den jüdischen Architekten A. Rosengarten gewesen war, der für die öffentliche Hand gearbeitet hatte. Vielleicht machten sich die Juden wirklich Hoffnungen, letzteren durch Schuchardt heranzuziehen, was dann auch schließlich geschah.

Zwischen Ende 1830 und 1832 bereitete Schuchardt mehrere Entwürfe vor, von denen einer eine Emporenbasilika darstellte. Dieser seit dem 17. Jahrhundert gebräuchliche Bautyp war hier von Andeutungen auf den mit Emporen ausgestatteten Kastenbau der Münchener Synagoge begleitet, die im Jahre 1826 von J. B. Métivier errichtet und aus einer detaillierten Veröffentlichung bekannt war. Der Entwurf für Kassel hatte dorische Säulen und ein Tonnengewölbe; seine Ausführung wurde als preiswert bezeichnet. Der Almemor hätte sich hier in der Mitte befunden.

Der Entwurf mußte dem Kasseler Bauamt unterbreitet werden, dessen Leiter Conrad Bromeis (bis 1831 auch Hofarchitekt) seine eigenen Vorschläge vorbereitete. Bromeis war Student von Jussow gewesen, der den Entwurf von 1781 schuf, aber zwischen den beiden Arbeiten besteht keine sichtbare Verbindung.

Die Regierungsbeamten, denen religiöse Bauten unterstanden, zogen einen ägyptischen Entwurf vor. Daher reichte Bromeis ein Projekt ein, das an bestimmte Rekonstruktionen des Tempels erinnerte, aber er tat dies gegen sein besseres Wissen. Er sah keinerlei Entsprechung zwischen dem ägyptischen und dem deutschen Klima, keine Verbindungen zwischen ägyptischer Architektur und dem echten Tempel Salomonis. Er wies auch darauf hin, daß ägyptische Kunst rückständig sei, im Vergleich zu dem Fortschritt, den die Griechen hin zur idealen Schönheit gemacht hatten. Zwar gab er zu, daß ägyptische Bauten dauerhaft wirkten, aber dies sei ihr einziges annehmbares Merkmal. Schuchardt dagegen wies auf die stilistischen Ungereimtheiten von Bromeis' Entwurf hin, den daraus resultierenden Mangel an Stärke und Charakter, und daß es unpassend sei, einen Stil zu benutzen, der mit Sklaverei verbunden würde. Wenn die Juden mit den Arabern eine Geschichte der Wanderungen gemein hätten, dann sollte ihre Architektur nicht dauerhaft und ägyptisch aussehen. Was den Bezug zum Tempel anbetraf, so erinnerte Schuchardt seine Leser daran, daß er aus Holz und nicht aus Stein erbaut gewesen war. Ein weiterer Aspekt wurde von Oberbauingenieur Kühnert angesprochen, der meinte, daß Juden in einer so aufgeklärten Zeit, da sie weniger unterdrückt seien, nicht einen Stil verwenden sollten, der an die dunklen Momente ihrer Geschichte erinnere. Da Juden und Christen an den gleichen Gott glaubten, sollten sich überdies ihre architektonischen Ausdrucksformen nicht so kraß voneinander unterscheiden. Alle Kritiker zogen einen klassizistischen Stil vor, der Fortschritt und Schönheit repräsentiere, und nicht, was sie als Ausdruck dunkler Gefühle und unkontrollierter Phantasien betrachteten. Außerdem konnte die elegante Handhabung des konventionellen, klassizistischen Stils nur ihren eigenen Ruf als Männer von Geschmack unterstreichen.

Die Entwürfe von diesen und anderen Architekten wurden, zur offensichtlichen Erleichterung der Gemeinde, beiseite gelegt. Die neuen Entwürfe vom Mai 1833 erfüllten ihre Forderungen, denn die Bauten waren den liturgischen Erfordernissen und dem Budget entsprechend orientiert und paßten zum Charakter und der Geschichte der jüdischen Religion nach dem Verständnis der Gemeinde, die keinen orientalischen oder ägyptischen Entwurf wollte. Auch das Christentum stammte aus dem Osten, und die Juden waren der Meinung, daß nicht nur jüdische, sondern auch christliche Bauten orientalische und exotische Stilformen aufweisen könnten. Sie wollten keinen mit dem Polytheismus verbundenen Stil, auch keinen, der von einer Kultur verwendet worden war, die nicht einmal ein Alphabet besaß. Die Juden wiesen außerdem mit Nachdruck darauf hin, daß ihre Geschichte im wesentlichen westlich und nicht östlich sei.

Der Landgraf, dessen Residenz einen ägypti-

Abb. 164. Kassel, 1836–1839, Außenansicht, Stahlstich nach einer Zeichnung von I. Rohbock.

schen Salon hatte, beharrte aber auf der Idee, seine Stadt mit einem ungewöhnlichen Bauwerk auszustatten. Er bat im Jahre 1834 seinen damaligen Hofarchitekten Julius Eugen Ruhl, einen neuen Entwurf anzufertigen. Dieses Projekt zeigte einen runden Eingangsbereich mit einer helmartigen Kuppel darüber, der von Türmen eingefaßt war, dahinter einen zweijochigen Betsaal mit einer Apsis für die Heilige Lade, das Ganze mit Motiven dekoriert, die der islamischen Architektur entnommen waren. Die Juden wagten es noch einmal, sich gegen einen solchen Entwurf zu wehren, mit dem Argument, daß dieser Stil nicht wie der von Patrioten wirke. Glücklicherweise gefiel der Entwurf Bromeis ebenfalls nicht.

Die Gemeinde wünschte eigentlich einen Entwurf von (Schuchardt und) Rosengarten und lehnte alle Alternativen ab, bis sie die Erlaubnis erhielt, das zu bauen, was sie wollte (Abb. 164, 165). Die Synagoge, die zwischen 1836 und 1839 errichtet wurde, war eine vierjochige Emporenbasilika mit Tonnengewölben, in welcher der Almemor in der Mitte stand, Eingang und Vorhalle im Westen lagen und von zwei Treppentürmen eingerahmt wurden und die Heilige Lade sich in einer halbrunden Apsis befand, zu deren Seiten die Räume für den Rabbiner und den Kantor angeordnet waren. Die Architekten bezeichneten die Form des Gebäudes als *Rundbogenstil*.

Von außen wirkte die Synagoge eher neoromanisch mit ihren beiden flach gedeckten Treppentürmen, die einen übergiebelten Mittelteil einrahmten, mit drei Reihen von Rundbogenfenstern (die dritte Reihe bestand aus runden Fenstern), mit Rundbogenfries unter dem Karnies und den Farbkontrasten aus roten Steineinrahmungen um die Öffnungen und gelbgrauen Pfeilern auf den gelbweißen Mauern. Der Innenraum war wie eine frühchristliche Emporenbasilika angelegt und wirkte klassizistisch, aber die oktogonalen Stützpfeiler und viele andere Details waren keinem historischen Vorbild entlehnt.

Dieser Stil entsprach der Vorstellung der Juden von Modernität und gemäßigter Assimilation. Ägyptisch-exotische Anspielungen, heidnische Klassik und die Romanik und Gotik der Kirchen wurden hier vermieden. Rosengarten meinte, der Stil wirke feierlich und erhebend.

Abb. 165. Kassel, Innenansicht zur Heiligen Lade nach der neuen Innenausstattung von ca. 1928.

Die Synagoge sah nicht völlig fremdartig aus, auch wenn sie keinem anderen Gebäude in Kassel glich – was den Landgrafen sicher befriedigte. Eine dreiteilige Fassade mit einem leicht vorspringenden Eingangsteil und rundbogige oder runde Fenster konnte man auch an einigen älteren Synagogen finden, zum Beispiel in Sulzbach. Die Formen mußten nur der Zeit angeglichen werden.

Rosengartens Artikel über die Synagoge in der *Allgemeinen Bauzeitung* von 1840 ist der erste Bericht, den je ein Jude über eine Synagoge geschrieben hat. Seine mit Illustrationen versehene Analyse dessen, was eine Synagoge sein soll und welche Probleme sich bei ihrem Bau stellen, fand weite Verbreitung. Das Kasseler Gebäude wurde zum Vorbild für andere Synagogenentwürfe, zum Beispiel in Mannheim, Marburg, Linz, Eperjes und Iglau. Ihre Innenanlage hat vielleicht auf den Reformtempel in der Hamburger Poolstraße Einfluß genommen (siehe Abb. 150).

Rosengarten entwarf danach in den fünfziger Jahren des 19. Jahrhunderts noch drei weitere

Synagogen für Hamburg, die heute alle zerstört sind. Ihr vielfarbiger Rundbogenstil aber ist noch heute an der Kuppelkapelle und den anliegenden Gebäuden des Schröderstifts zu sehen.

Die Kasseler Synagoge wurde ein Jahrzehnt, bevor sie der Zerstörungswut der Nationalsozialisten zum Opfer fiel, neu dekoriert, wobei die gemalten Ornamente vereinfacht wurden.

Bibliographie

Encyclopedia Judaica, 1971, s. u. Jacobson.

R. Hallo, *Geschichte der jüdischen Gemeinde Kassel. I. Kasseler Synagogengeschichte*, Kassel 1931.

H. Hammer-Schenk, *Synagogen*, S. 87–113. Fn. 224 enthält die Kritiken von 1833 aus dem Stadtarchiv Marburg.

H. Hammer-Schenk, »Untersuchungen«, S. 114–154.

A. Rosengarten, »Die Synagoge in Cassel«, in: *Allgemeine Bauzeitung*, V (1840), S. 205 ff.

Seesen

Die Seesener Synagoge war die erste, deren Inneneinrichtung nach den Vorstellungen der Reformbewegung angelegt wurde.

Als Napoleon das Königreich Westfalen gründete, führte der französische Verwalter im Jahre 1808 ein Konsistorium ein, um die Aktivitäten der jüdischen Religionsgemeinschaft überwachen zu können und die Integration der Juden in die Gesellschaft zu fördern. Die Behörden wollten lediglich die kulturelle Assimilation unterstützen, nicht aber auf die Religion als solche Einfluß nehmen. Der Präsident des Konsistoriums wurde unter den assimilierten und wohlhabenden Juden der Gegend ausgewählt: Israel Jacobson (1768–1828), ein Finanzier, der Napoleon für den Befreier der Juden hielt und ihm im Jahre 1806 einen Brief sowie eine Abhandlung über dieses Thema geschrieben hatte. Jacobson meinte, sein Volk solle seine Lage in der Diaspora verbessern und nicht ein abgesondertes und unterdrücktes Dasein führen in der Erwartung, eines Tages ins Heilige Land zurückkehren zu können. Um seine Ideen zu verbreiten, hatte er schon im Jahre 1801 in Seesen in Niedersachsen eine Schule für jüdische Kinder gegründet. Die Schule vermittelte hauptsächlich allgemeine und berufliche Kenntnisse, sie war keine Talmudschule. Insofern glich sie den schon zuvor von Juden in Berlin, Breslau und Dessau eingerichteten Schulen. Im Jahre 1804 waren sogar christliche Eltern daran interessiert, ihre Kinder in Jacobsons Schule zu schikken, und er nahm auch Schüler aus der örtlichen, vorwiegend protestantischen Bevölkerung auf – ein Schritt, der ihn seinem Ziel, der jüdisch-christlichen Verbrüderung, näherbrachte. Da der Religionsunterricht im 19. Jahrhundert wesentlicher Bestandteil der Erziehung war und die Reformideen leichter in einem Gottesdienst für Kinder eingeführt werden konnten als in einer Gemeindesynagoge, gab Jacobson Auftrag, in der Schule eine Synagoge einzurichten. Er wußte, daß ein teilweise in deutscher Sprache abgehaltener Gottesdienst schon in der jüdischen Schule eingeführt worden war, die zum Konsistorium in Kassel gehörte. Jacobsons Bau wurde im Jahre 1805 begonnen, aber der Name des Architekten und die Unterlagen für diesen Bau waren zu Beginn des 20. Jahrhunderts verlorengegangen.

Die Synagoge wurde, wie viele andere Kleinstadtsynagogen, in einem ortsüblichen Stil entworfen (Abb. 166, 167). Das rechteckige, halb aus Fachwerk errichtete Gebäude hatte im Osten eine winzige Ausbuchtung für die Heilige Lade sowie eine Vorhalle und Stufen zur Empore im Westen. Das Kuppeldach hatte runde Gaupen, die an spätbarocke Bauten erinnern. Die Synagoge ist mit der Andreaskirche in Seesen verglichen worden, die aus den Jahren 1695 bis 1702 stammt. Das richtige Entstehungsdatum der Synagoge läßt sich aber an den neoklassizistischen Säulen am nördlichen Eingang, dem mit Balustraden umgebenen Belvedere auf dem Dach sowie innen am Balkon der Heiligen Lade und dem Almemor ablesen. Der Empirestil erscheint auch an den weißgestrichenen Emporen, die auf weißen Säulen mit goldenen Kapitellen ruhen, und an der blauen Decke, die alles überspannt. Es erschien angebracht, einen französischen Stil bei einem Gebäude zu verwenden, das vom Präsidium des von den Franzosen eingesetzten Konsistoriums errichtet wurde, auch wenn an anderen Seesener Bauten aus dem frühen 19. Jahrhundert ebenfalls französische neoklassizistische Formen zu finden waren.

Der einfache, klare Stil mit geraden Linien entsprach Jacobsons Absichten. Er wollte in dieser und anderen Synagogen, die im Königreich Westfalen eingerichtet wurden, das Verständnis für die jüdische Religion fördern, indem er Predigten in deutscher Sprache, einen Chor und eine Orgel einführte, so daß der Gesang einheitlicher wurde und besser verstanden werden konnte. Die Mitglieder der Synagogengemeinde sollten nicht mehr in ihrem eigenen Tempo beten und eine fromme Kakophonie verursachen, die so gar nichts mit dem protestantischen Gottesdienst zu tun hatte. Es bestand auch keine Veranlassung mehr, zu reden oder nicht aufzupassen, denn die Sprache, in welcher der Gottesdienst zum größten Teil abgehalten wurde, sollte die Landessprache sein und nicht mehr Hebräisch, das assimilierte Juden kaum mehr verstanden. Jacobson hielt sich vielleicht für einen jüdischen Luther, der den Gläubigen eine reformierte Religion in ihrer eigenen Sprache bringen wollte. Die Einweihungszeremonie für die Synagoge wurde sogar als »Fest der jüdischen Reformation« bezeichnet. Jacobson war auch in anderer Hinsicht vom Protestantismus beeinflußt. Seine Forderung nach einem einheitlichem Gebet, das von einem Leiter angeführt und von einer ordentlichen Gemeinde in einem gut ausgestatteten Gebäude nachgesprochen wurde, zeigt, daß er den protestantischen Gottesdienst genau beobachtet hatte. Er setzte den Almemor in die Nähe der Heiligen Lade und unterwarf ihn dieser, obgleich sich über dem Almemor ein Tabernakel mit einem Baldachin befand, der von acht neoklassizistischen Säulen getragen wurde. Die Bedeutung des Almemors wurde auch durch die Kanzel, die unmittelbar dahinter stand, abgeschwächt. Die Kanzel wurde für Predigten benutzt, die von Laien oder Vorstandsmitgliedern in deutscher Sprache gehalten wurden. Die Kanzel und die Anlage der Heiligen Lade waren wahrscheinlich von Kanzel und Altar in christlichen Kirchen beeinflußt. Die Orgel, eine außergewöhnliche Einrichtung in einer Synagoge, war ebenfalls aus christlichen Kirchen übernommen worden. (Ein Orgelbauer am Orte brauchte dreieinhalb Jahre, um diese Orgel zu bauen, und die Einweihung der Synagoge ist möglicherweise durch diesen Umstand verzögert worden.) Kaum war der erste Orgelton in der Synagoge erklungen,

Abb. 166. Seesen, Synagoge der Jacobson-Schule, 1805–1810, Außenansicht.

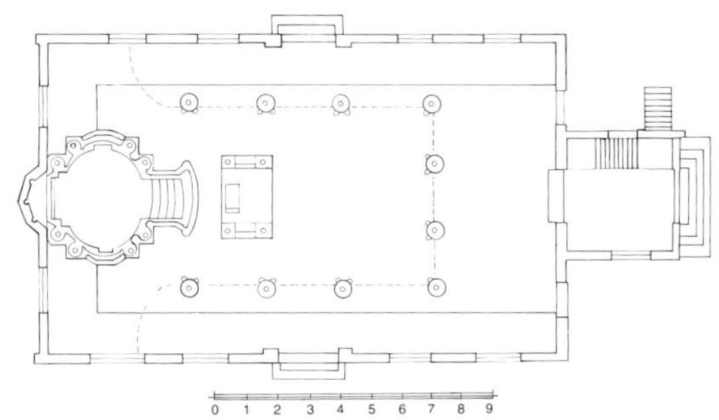

Abb. 167. Seesen, Synagoge der Jacobson-Schule, Grundriß.

begann eine äußerst intensive, gelehrte Debatte darüber, ob eine Orgel in einer Synagoge angebracht sei oder nicht – eine Auseinandersetzung, die sich in vielen Städten in ganz Europa abspielte. Eine weitere Neuerung, die von Kirchen stammte, war die Einführung von Glokken, einmalig für eine Synagoge zu jener Zeit. Und sie blieben einmalig. In Seesen sind sie vielleicht deshalb in der Synagoge angebracht worden, weil die Uhr in der Dachgaupe schwere Gewichte benötigte. Aber wenn Jacobson keine Glocken gewollt hätte, würde er gewiß eine andere Lösung gefunden haben.

Sicherlich betrachtete Jacobson seine Synagoge nicht als Kirche, sondern als den einzigen Tempel, den die Seesener Juden zu ihren Lebzeiten zu Gesicht bekommen würden. Er nannte sein Gebäude einen Tempel in der Diaspora, aber diese Bezeichnung hat für ihn sicher eine andere Bedeutung gehabt, als man sie in Córdoba oder anderen Städten, in denen die Juden nach Jerusalem zurückzukehren hofften, den »kleinen Heiligtümern« zuschrieb. Um die historische, das heißt die lokale Herkunft der

Seesener Synagoge zu betonen, nannte Jacobson sie sogar den »Jacobstempel« zu Ehren seines Vaters, der in Halberstadt gelebt hatte und nicht im Nahen Osten. Da das Wort *Tempel* auch für die Kirchen der Hugenotten benutzt wurde und Jacobson sich als Reformer betrachtete, hat er vielleicht diese Bezeichnung für sein Gotteshaus, an dessen Eingang zwei Säulen – als Nachkommen von Jachin und Boas an Salomos Tempel – standen, besonders passend gefunden.

Im Juli 1810 wurde die Seesener Synagoge feierlich eingeweiht; Jacobson hielt eine Ansprache und gab ein Bankett auf eigene Kosten für mehrere hundert Personen. Christen und Juden, Laien und Würdenträger beider Religionen waren anwesend. Orgelmusik ertönte, Studenten sangen.

Zwei Monate später erließ das Konsistorium von Westfalen Vorschriften über den Ablauf des Synagogengottesdienstes, in denen Jacobsons Vorstellungen befolgt wurden. Der Kantor sprach alleine Teile der Liturgie, die zuvor von der ganzen Gemeinde aufgesagt worden waren. Weltliche Ankündigungen waren in der Synagoge nicht mehr erlaubt: Sie wurde ein Haus zum Gebet und war nicht mehr ein Haus der Versammlung. Bestimmte detaillierte Textauslegungen wurden nicht mehr verlesen, weil sie als kleinlich und pedantisch betrachtet wurden, und die Dauer des Gottesdienstes wurde der des christlichen Gottesdienstes angeglichen, das heißt verkürzt.

Aber Jacobson und das Konsistorium konnten ihr Werk in Seesen nicht lange fortsetzen. Im Jahre 1813 endete das Königreich Westfalen. Damit wurden das Konsistorium und Jacobsons privilegierte Stellung aufgehoben. Er ging nach Berlin, wo er in seinem Haus einen Tempel einrichtete; 1817 hatte dieser sechsundsechzig Mitglieder. Die Gemeinde, die sich vergrößerte, betete später im Haus des Bankiers Jacob Beer, und zu einem späteren Zeitpunkt zählte die Gemeinde 435 Mitglieder, die fast alle aus wohlhabenden und assimilierten Familien stammten. Reformtempel wurden in Berlin und an anderen Orten manchmal von den Behörden geschlossen, und zwar auf Veranlassung von orthodoxen Gemeindevorstehern, die befürchteten, Mitglieder ihrer eigenen Synagogen zu verlieren. Später aber erhielten die Reformer das Recht auf ihre eigenen Synagogen zugesprochen. Bedeutende Reformsynagogengemeinden gab es in Hamburg und Kassel (wo Reformgottesdienste schon im Jahre 1809 abgehalten wurden, aber noch nicht in dafür errichteten Gebäuden wie Jacobsons Tempel), in Frankfurt am Main und in London (Abb. 149–152).

Jacobsons Schule in Seesen bestand weiter, aber zu Beginn des 20. Jahrhunderts war sie nur noch ein Museum. Die Nationalsozialisten legten es in Schutt und Asche. Die Erinnerung an diese Schule lebte jedoch unter Reformjuden sowie unter den christlichen Schülern und den Lehrern, die nach Jacobson folgten, weiter.

Bibliographie

Z. Asaria, *Die Juden in Niedersachsen*, Leer 1979, S. 444–453 und Bibliographie S. 650.

G. Ballin, »Die Jacobson-Schule in Seesen. Ein Beitrag zu ihrer Geschichte«, in: *Tausend Jahre Seesen. Beiträge zur Geschichte der Stadt Seesen am Harz, 974–1974*, Seesen 1974, S. 349 ff.

G. Ballin, *Geschichte der Juden in Seesen*, Seesen 1979, bes. S. 35–39.

Encyclopedia Judaica, 1971, s. u. Jacobson.

»Feyerliche Einweihung des Jacobson Tempels in Seesen«, in: *Sulamith*, III, Bd. L, Nr. 5 (1810), S. 298 ff., bes. S. 309, 314.

N. Friedland, *Zur Geschichte des Tempels der Jacobson-Schule*, Seesen 1910.

H. Hammer-Schenk, *Synagogen*, S. 149–152.

H. Hammer-Schenk, »Untersuchungen«, S. 14–15.

J. Marcus, *Israel Jacobson, The Founder of the Reform Movement in Judaism*, Cincinnati 1972.

M. A. Meyer, *The Origins of the Modern Jew: Jewish Identity and European Culture in Germany, 1749–1824*, Detroit 1967, S. 132–136.

D. Philipson, *The Reform Movement in Judaism*, überarb. Ausgabe, Cincinnati 1930 (Neuauflage mit Vorwort von S. B. Freehof, New York 1967), bes. S. 12–15.

K. Steinacker, *Die Bau- und Kunstdenkmäler des Herzogtums Braunschweig*. V. Band: *Die Kunstdenkmäler des Kreises Gandersheim*, Wolfenbüttel 1910, S. 337 ff.

Worms

Die Synagoge, die wir heute besichtigen können, ist eine getreue Nachbildung derjenigen, die zwischen 1938 und 1945 abgebrannt und durch Bomben zerstört wurde (Abb. 168). Die-

Abb. 168. Worms, 1174–1175 und später, Fassade vor 1938.

ser Bau ist die älteste mittelalterliche Synagoge gewesen, von der Überreste erhalten blieben; nur die alten Synagogen von Ostia und Stobi sind sicherlich älter. Der Bau in Worms zeichnete sich in vieler Hinsicht aus: durch sein Alter, seine Lage am Rhein, wo Juden außerdem in Mainz, Köln und Speyer fest etabliert waren, und durch die ausgezeichnete handwerkliche Qualität der Steinmetzarbeiten.

Juden sind in Worms zum ersten Mal um das Jahr 1000 historisch belegt, und die erste Synagoge, von der wir wissen, wurde 1034 vollendet. Sie war ein Geschenk von Jacob ben David und seiner Frau Rachel, einem der vielen frommen, kinderlosen Ehepaare, die Synagogen stifteten. Diese Synagoge befand sich im hinteren Teil eines Grundstücks in der Judenstraße und stand westlich von der späteren, die bis zum Jahre 1938 existierte. Die Ostwand der früheren Synagoge wurde durch die längere Westwand des nachfolgenden Gebäudes ersetzt. An ihrer Nordseite befand sich vielleicht ein kleiner Hof. Wie einige Synagogen an anderen Orten, darunter auch die älteste Kölner (Abb. 127), betrug das Verhältnis von Breite zu Länge beim Wormser Bau 2 zu 3, und er maß etwa 13,80 mal 9,60 Meter. Es war ein rechteckiges Gebäude ohne Gewölbe und hat wahrscheinlich keine vorspringende Nische für die Heilige Lade gehabt.

Man nimmt an, daß die erste Wormser Synagoge in den Jahren 1096 und 1146 schwer beschädigt worden ist, als aufgrund der Kreuzzüge ein leidenschaftlicher Haß gegen die Juden angefacht wurde. 1174/75 ist sie vollständig wiederaufgebaut worden. Dieses Datum stammt von einer Inschrift, die verlorengegangen, aber im Jahre 1559 kopiert worden ist, und von einem Chronogramm auf dem Abakus einer der Säulen im Innern. Dieses Gebäude kam den Proportionen des vorhergehenden nahe, denn es maß außen 18×12,40 Meter, hatte aber keinen rechteckigen Grundriß, weil die Ostwand verschoben wurde, wahrscheinlich um diese Hauptwand richtig auszurichten, nachdem während der Tagundnachtgleiche im Frühling die Ostrichtung sorgfältig berechnet worden war. In der Neuzeit befand sich die Synagoge unter Bodenniveau, denn die Straßenebene war über die Jahrhunderte höher geworden; ur-

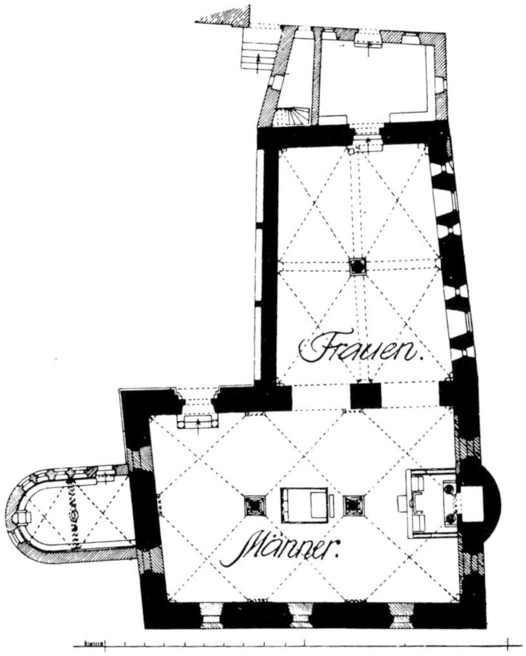

Abb. 169. Worms, Grundriß nach 1841.

Abb. 170. Worms, Innenansicht des Männerbetsaals zwischen 1847 und 1938.

Abb. 171. Worms, Innenansicht des Frauenbereiches, 1212–1213, zwischen 1847 und 1938.

sprünglich war der Boden des Männerbetsaals nicht abgesenkt gewesen.

Der Sandsteinbau war verputzt und vielleicht auch bemalt. Er hatte zwei Schiffe, von denen jedes drei Kreuzgewölbe besaß, die von zwei monolithischen Säulen auf der Mittelachse getragen wurden. (Abb. 169). Dieser Bau hatte den ältesten bekannten zweischiffigen Grundriß, älter als jener der Synagoge von Regensburg, der Altneuschul in Prag und der Alten Synagoge in Krakau-Kazimierz (Abb. 4, 50, 71). Der Haupteingang lag auf der Nordseite, und seine gemeißelten Blattornamente und geometrischen Dekorationen erinnerten an Portale des Wormser Doms, waren also das Werk eines christlichen Steinmetzen. Eine weitere, kleine Tür befand sich auf der Südseite. Die Westwand, die ursprünglich eine Wand des früheren Synagogenhofs gewesen ist, hatte ein Ochsenauge von 24 Zentimeter Durchmesser, das wahrscheinlich dazu diente, festzustellen, ob die Sonne untergegangen war und der Sabbat begonnen hatte, bevor Uhren üblich wurden. Im Osten sprang eine Nische für die Thorarollen aus der Wand vor, eine Anlage, die aus den mittelalterlichen Synagogen in Speyer und Frankfurt am Main bekannt ist. Die Fenster haben vielleicht wie die beiden Rundbogenfenster ausgesehen, die in der Synagoge in Speyer erhalten geblieben sind. Die Gewölbe sind wahrscheinlich vierteilige Kreuzgewölbe mit flachen Bogenbändern dazwischen gewesen. Die Säulen in der Mitte hatten zwei verschieden gestaltete Kapitelle, die frühe Beispiele eines in dieser Gegend verwendeten elsässischen Typs sind und deren Stil den Steinmetzarbeiten am Wormser und Fritzlarer Dom sehr nahekommt (Abb. 170). Einzelheiten des Ornaments an den Kapitellen gleichen so sehr Granatäpfeln und Ketten, daß man annehmen kann, die beiden Säulen sollten an Jachin und Boas erinnern. Öllampen waren an den Kapitellen befestigt, und Kerzen, die auf einem Sims rund um den Raum standen, gaben zusätzliches Licht. Wir wissen nicht, wie die Heilige Lade und der Almemor zu jener Zeit ausgesehen haben.

Von der Synagoge von 1174/75 blieb, auch vor 1938, wenig mehr als der Grundriß, die Steinsäulen und die Portale erhalten, denn sie wurde mehrmals umgebaut und fast vollständig zerstört. Der erste Umbau bestand im Anbau eines Frauenbereichs im Jahre 1212/13 (Abb. 171), ein Geschenk von Meir ben Joel und seiner Frau Judith. Dieser Anbau war ein trapezförmiger Raum, von vier Kreuzgewölben überdeckt, die auf einer in der Mitte stehenden Säule ruhten. (Das Kapitell dieser Säule ist erhalten geblieben; nachdem es aus der Synagoge entfernt worden war, wurde es als Unterbau des Waschbeckens auf dem jüdischen Friedhof benutzt.) Die Säule störte in der Mitte des Raumes nicht, weil der Frauenbereich keinen Almemor hatte. Er hatte auch keine Heilige Lade, denn für die Frauen wurde kein vollständiger Gottesdienst abgehalten. Wir wissen, daß im 13. Jahrhundert Frauen ihre Geschlechtsgenossinnen beim Gebet anleiteten. Ihr Bereich war durch fünf kleine Fenster und eine Tür in der Trennwand mit dem Männerbereich verbunden. Er erhielt Tageslicht durch Rundbogenfenster und Ochsenaugen in der Ostwand. Der Eingang lag an der Nordseite, ein schön verziertes Portal, dem in den Jahren zwischen 1620 und 1630 eine Vorhalle vorgebaut wurde.

Während der Pest (1348–1350) machten die Wormser Christen die Juden für die Plage verantwortlich, wiesen die »Schuldigen« aus der Stadt und beschädigten die Synagoge so schwer, daß an manchen Stellen nur etwa 3 Meter der Mauern des Männerbereichs stehenblieben. Im Jahre 1355 kehrten die Juden nach Worms zurück und begannen, die Synagoge wiederaufzubauen. Sie behielten den alten Grundriß bei, brachten aber an der West-, Süd- und Ostseite Spitzbogenfenster sowie Ochsenaugen an. Die Gewölbe wurden wiederhergestellt und neue polygonale Wasserspeier angebracht. Der Hof wurde so verlegt, daß er von der Nordwand der Männersynagoge und der Westwand des Frauenbereichs eingefaßt wurde. Die Wand des Frauenbereichs und die gegenüberliegende wurden mit Bogennischen ausgestattet, in denen Sitzgelegenheiten untergebracht wurden. Dieser gut angelegte Hof war bis ins 19. Jahrhundert hinein das Zentrum des Gemeindelebens.

Die Heilige Lade in der Synagoge blieb wahrscheinlich in ihrer alten Form erhalten, wurde aber mit neuen Details ausgestattet. Sie hat vielleicht eine Spitzbogenform bekommen, in die zwei entsprechend geformte Türen eingesetzt wurden. Die Türen erhielten außerdem

Abb. 172. Worms, Innenansicht des Männerbetsaals um 1830, Blick auf die Heilige Lade mit Almemor von 1623–1624.

neue Gitter, die für spätere Heilige Laden verwendet wurden und noch vorhanden sind. Wenn der neuere Almemor dem mittelalterlichen ähnlich war, dann können wir annehmen, daß der Almemor aus dem 14. Jahrhundert ein quadratischer Käfig aus Stein mit Maßwerk in mehreren horizontalen Reihen gewesen ist (Abb. 172).

Bei einem erneuten Pogrom im Jahre 1615 wurde die Synagoge schwer beschädigt, und die Gewölbe wurden zerstört; die Nordwand des Männerbereichs wurde bis auf eine Höhe von 2,70 Meter abgetragen. Nach 1620 ersetzte man die Gewölbe des Frauenbereichs und die Säule in der Mitte; die neue toskanische Säule blieb bis 1942 stehen. Im Männerbereich wurden Kreuzgewölbe eingebaut, die ebenfalls bis 1942 erhalten blieben, und drei kleine runde Fenster in der Nordwand eingefügt. Beim Wiederaufbau wurde mehr Backstein verwendet als zuvor, auch um die neuen Fensteröffnungen herum. Die Nische für die Heilige Lade wurde wiederhergestellt; von den rechteckigen Nischen, die zu jener Zeit in die Wände eingelassen wurden, enthielt eine westlich von der kleinen Tür nach Süden das Ewige Licht. Bevor Gasbeleuchtung und elektrisches Licht im 19. Jahrhundert eingeführt wurden, bewahrte man das Ewige Licht in einer gemauerten Nische in der Nähe der Tür auf, so daß es nicht durch einen Luftzug ausgelöscht werden oder Feuer verursachen konnte. (Auch an anderen Orten ging man so vor.)

Heilige Lade und Almemor haben den Pogrom überstanden, doch sicherlich nicht ohne Schäden, denn neue wurden von Handwerkern hergestellt. Nach Otto Böchers Rekonstruktion aufgrund von vorhandenen Fragmenten bestand die Heilige Lade aus einer Ädikula, die um drei Stufen erhöht war. Sie hatte eine Bogenöffnung unter einem Karnies, das mit gemeißelten Blattreliefs verziert war. Darüber befanden sich eine Attika mit drei Kronen in Relief und ein dreieckiger Ziergiebel mit einer aus Stein gemeißelten Krone. Zu beiden Seiten der Öffnung enthielten die gebogenen Zwickel Drachen in Relief. Dies alles sind Themen, die aus der jüdischen Kunst bekannt sind. Links und rechts erhoben sich mit Weinranken verzierte Pilaster, untersetzte Pilaster und Schnörkel über dem Karnies sowie kleine Obelisken zu beiden Seiten des Ziergiebels. Die Proportionen der Heiligen Lade wirkten unbeholfen, und es ist verständlich, daß diese Anlage beim nächsten Umbau (1704/05) durch einen schlichteren, klassizistisch orientierten Aufbau ersetzt wurde. Dieser hatte kannelierte Säulen und einen gesprengten Giebel, aber die Obelisken und Kronenreliefs der Heiligen Lade von 1620 wurden beibehalten. Der Almemor von 1621 blieb ein quadratischer Steinkäfig mit zwei Bändern von dreifachen gotischen Bogen über zwei übereinanderliegenden Balustraden – eine Mischung von traditionellem und zeitgemäßem Entwurf (wurden vielleicht Teile des alten Almemors verwendet?), die auch von anderen Religionen übernommen wurde. Das beste Beispiel hierfür sind die Jesuiten, die in der Barockzeit eine Anzahl gotischer Kirchen in deutschsprachigen Ländern in Auftrag gaben. Der Almemor, der seitlich etwa 3 Meter maß, nahm fast den ganzen Raum zwischen den beiden Säulen ein und war erheblich größer als ein hochgewachsener Mann. Die Heilige Lade von 1704/05 überstand die Jahrhunderte bis zur Nazizeit, aber der Almemor wurde im Jahre 1842 zerstört.

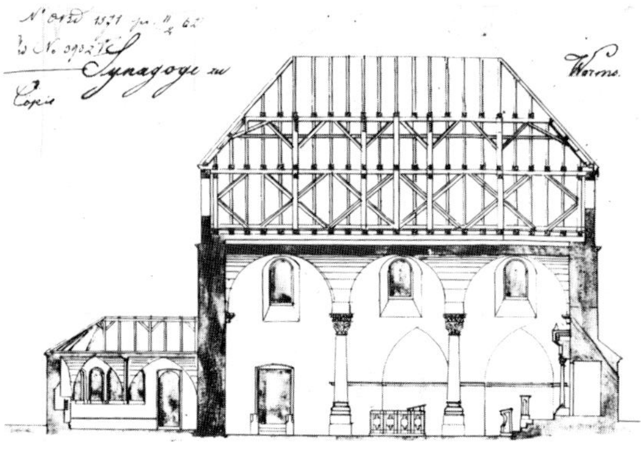

Abb. 173. Worms, Längsschnitt nach 1847.

Die wesentliche Veränderung, die in den zwanziger Jahren des 17. Jahrhunderts vorgenommen wurde, war der Bau eines kleinen, überwölbten Raumes mit einer Apsis auf der Westseite des Männerbetsaals im Jahre 1623/24 (Abb. 173). Dieser Raum ist unter dem Namen »Raschi-Kapelle« bekannt, hatte aber nichts mit dem Gelehrten gleichen Namens zu tun, der im Mittelalter eine Zeitlang in Worms studierte; es war auch keine Kapelle, sondern ein Lehrhaus. Dieser Anbau war, wie der Almemor und ein großer Teil der Arbeiten, die an der Synagoge zu jener Zeit vorgenommen wurden, das Geschenk eines reichen Mannes, David Oppenheimer.

Französische Soldaten zerstörten Worms im Jahre 1689 fast vollkommen und benutzten die Männersynagoge, die kein Dach mehr hatte, als Stall. Nur die Gewölbe des Frauenbereichs blieben stehen, und alles außer dem Almemor und den Säulen mußte repariert werden, als die Juden ihre Synagoge im Jahre 1699 wieder übernahmen. Diese Vorfälle erklären, warum eine neue Heilige Lade und andere Elemente im Jahre 1704/05 eingebaut wurden, zum Beispiel ein Gesims für Kerzen, Gewölbekragsteine, Querbogen im Frauenbereich und ein Dach über dem Männer- und Frauenbereich, die vorher getrennte Dächer gehabt hatten. Im 17. und 18. Jahrhundert kamen gestiftete, kunstvolle Kandelaber hinzu. Einige davon hatten unpassende Ornamente wie Zeusfiguren oder den kaiserlichen Adler, vielleicht waren sie eine Art Lagerartikel jener Zeit.

Im Jahre 1816 wurden einige Renovierungsarbeiten vorgenommen, aber wirklich entscheidende Veränderungen erfolgten erst 1841/42. Damals öffnete der Stadtbaumeister Obenheimer zwei weite Spitzbogen, um den Frauenbereich mit dem der Männer zu verbinden (auch wenn die Frauen bis 1847 hinter hölzernen Gittern blieben), und durch mehrere Veränderungen wurde die Betonung der Heiligen Lade zuungunsten des Almemors verstärkt. Der große Almemor wurde durch eine kümmerliche Anlage ersetzt, die aus einem Podium bestand, das von einem niedrigen Metallgeländer umgeben war. Der Synagogenvorstand erklärte, er wünsche den alten Almemor zu entfernen, damit mehr Sitzplätze geschaffen werden könnten und eine symmetrische Sitzordnung zustande käme. Der Vorleser mußte vom Almemor gut zu hören sein, und die Synagogendiener sollten die Gemeinde sehen können, um leichter Ordnung halten zu können. Neue Sitzbänke wurden in Reihen aufgestellt und nach Osten orientiert. Das Ewige Licht wurde aus seiner Nische entfernt und vor die Heilige Lade gehängt; eine weitere Attraktion wurde damit nach Osten verlegt. Aus all diesen Veränderungen sind der Einfluß der Assimilation an die christliche Kultur und, parallel dazu, die Beeinflussung durch die jüdische Reformbewegung zu ersehen. Die Synagoge mag deutscher oder kirchenartiger gewirkt haben, aber ein Besucher, der offensichtlich Vorurteile hegte, sagte im Jahre 1866, daß der Bau ein »östliches Aussehen« habe, und zwar wegen des starken Kontrasts zwischen den bildhauerisch bearbeiteten Kapitellen und den glatten Stützpfeilern, ein Kontrast, der weder etwas mit östlich noch westlich zu tun hatte.

Die Reparaturen, die an der Synagoge vor 1938 vorgenommen wurden, zielten alle auf die Erhaltung ihrer Form aus dem 19. Jahrhundert. Die Raschi-Kapelle mußte 1854/55 fast vollständig neu aufgebaut und ihr gesamtes Mauerwerk neu hochgezogen werden, angeblich weil man den alten Zustand wiederherstellen wollte. Nachdem die Synagogengemeinde ihr Vorhaben von 1862, die Synagoge abzureißen und durch einen Neubau zu ersetzen, aufgegeben hatte, entschloß sie sich im Jahre 1866, den Bau neu auszustatten und den alten weißen Verputz zu entfernen. 1876 und 1877 wurde ein Teil der westlichen Mauer des Hofes mit ihren Sitznischen abgerissen. Eine Empore wurde eingebaut, die später als Orgelempore diente. Ein Gemeindehaus wurde gekauft und renoviert.

Zu jener Zeit führte die nunmehr vorherrschende Reformbewegung die orthodoxen osteuropäischen Juden von Worms dazu, in eine kleine, neue Synagoge eine Straße weiter umzuziehen, während die deutschen orthodoxen Juden sich in der »Mannheimer Schul« versammelten, die im Jahre 1840 in einem Privathaus von einem Gelehrten namens Moses Mannheimer eingerichtet worden war, der die Reformbewegung ablehnte.

Bei einer Restaurierung im Jahre 1926 wurden dicke Schichten weißen Anstrichs von beiden Säulenkapitellen im Männerbereich entfernt und diese in den ursprünglichen Farben bemalt. Die romanischen Ochsenaugen wurden mit Backsteinen eingerahmt, das Heizungs- und Entlüftungssystem sowie die elektrische Anlage verändert. Diese Arbeiten erfolgten zu einer Zeit, als sich die Juden im Rheinland und den angrenzenden Gebieten als vollwertige Bürger der deutschen Nation und dort vollkommen zu Hause fühlten. Zwölf Jahre später wurde die Synagoge in der »Kristallnacht« vom 9. auf den 10. November 1938 niedergebrannt, und 1942 wurde in die Luft gesprengt, was von ihr noch übriggeblieben war. Amerikanische Bomben vollendeten die Zerstörung im Jahre 1945.

Nach dem Krieg sammelten Mitglieder des Stadtmuseums die Überreste und bauten die Synagoge unter Verwendung von so vielen Fragmenten wie möglich wieder auf. Einige der ehemaligen jüdischen Gemeindebauten wurden ebenfalls wiederhergestellt, darunter das Gemeindehaus und das Ritualbad. Man hat sogar mit der Idee gespielt, die gesamte Judenstraße mit all ihren Gebäuden wiederaufzubauen. Da es nur noch wenige Juden in Worms und Umgebung gibt, sind sich nicht einmal die Juden einig, ob das sinnvoll wäre. Es besteht aber kein Zweifel, daß die Gelehrten und Archäologen sowie die Bauausführenden in Worms ausgezeichnete und von humanen Erwägungen motivierte Arbeit geleistet haben.

Bibliographie

O. Böcher, »*Die alte Synagoge zu Worms*«, Diss., Johann-Gutenberg-Universität zu Mainz, Worms 1960, veröffentlicht in: *Der Wormsgau. Zeitschrift der Kulturinstitute der Stadt Worms und des Altertumsvereins Worms*, Beiheft 18.
Böchers Text ist auf Seite 11–154 in E. Roth (Hrsg.), *Die alte Synagoge zu Worms*, Frankfurt am Main 1961, abgedruckt.

Zu der umfassenden Bibliographie in Böchers Veröffentlichung wäre hinzuzufügen: »Ancient Synagogues in Central Europe«, in: *Builder*, XXV, Nr. 1248 (5. Jan. 1867), S. 9.

Aronius, *Regesten*, S. 65.

H. R. Huttenbach, *The Destruction of the Jewish Community of Worms, 1933–1945. A Study of the Holocaust Experience in Germany*, New York 1981.

Isidor Kiefer Collection, Leo Baeck Institute, New York, Kasten 1, Mappe »Synagogue Worms«, bes. »Vortrag betr. Synagoge: 1841. Ein Wendepunkt in der Baugeschichte unserer alten Synagoge«, bes. S. 15–19; »Verbesserung der inneren Einrichtung ..., 15. März 1841«; »Almemor-Abbruch 1841 II«. Mappe »Geschichte der Juden in Worms«, bes. Kiefer, »Die Juden in Worms. Ihre Bauten und Geschichte«.

M. Lowenthal, *A World Passed By*, New York 1933, S. 275–285.

J. Maier, *Das Judentum von der biblischen Zeit bis zur Moderne*, München 1973, S. 480–481.

Rashi Association, *Reports*, 1977.

G. Stein, »Die Juden und ihre Kultbauten am Oberrhein bis 1349«, in: *Zeitschrift für die Geschichte des Oberrheins*, CXVII (1969), S. 333–355.

R. Wischnitzer, *Architecture*, S. 45–49.

Zu den vielen Erklärungen von Juden über ihre Zugehörigkeit zu Deutschland zwischen den beiden Weltkriegen siehe A. Kober und E. Moses, *Aus der Geschichte der Juden im Rheinland: Jüdische Kunst und Kunstdenkmäler (Rheinischer Verein für Denkmalpflege und Heimatschutz*, Zeitschrift, XXIV [1931], Heft 1, Düsseldorf 1931, S. 89.

Breslau

Die jüdische Gemeinde Breslaus zählte im Jahre 1920, in ihrer besten Zeit, 23 200 Personen und stand damit an dritter Stelle der großen jüdischen Zentren Deutschlands. Es gab zwei große Gemeindesynagogen und acht private Synagogen, außerdem Synagogen im Theologischen Seminar der Reformbewegung, im Israelitischen Krankenhaus und im jüdischen Altersheim. Private Beträume bestanden für Gruppen, die besondere liturgische Richtungen bevorzugten, aus derselben Stadt stammten oder zur gleichen Bruderschaftsloge gehörten. Die Bauten waren in allen möglichen Stilformen errichtet, darunter die Landschule im regionalen Stil, die stattliche klassizistische Storch-Synagoge, die neoromanische Neue Synagoge und der Betsaal im Krankenhaus in einem vereinfachten byzantinisch-romanischen Stil. Zu den Architekten dieser Bauten gehörten zwei sehr angesehene Männer, Karl Friedrich Langhans (Storch-Synagoge) und Edwin Oels Oppler, der jüdische Architekt aus Hannover (Neue Synagoge).

Die Existenz von Juden in und um Breslau ist vom 12. Jahrhundert an belegt. In einem Dokument von 1270 ist eine Synagoge erwähnt, und es gab zumindest zwei im Jahre 1349, als die Synagogen konfisziert und die Juden aus der Stadt vertrieben wurden, weil man ihnen die Schuld an der Pest zuwies. Wie so oft nach einer Austreibung wurden die Juden bald wieder in der Stadt zugelassen, sicherlich weil der Handel während ihrer Abwesenheit gelitten hatte. Sie bauten eine weitere Synagoge in einem nicht sehr gefragten Stadtviertel nahe der Stadtmauer, wie dies häufig der Fall war. Sie wurden mehrmals vertrieben und wieder aufgenommen bis zu ihrer endgültigen Vertreibung im Jahre 1453, als ihnen vorgeworfen wurde, sie hätten aus einer Kirche die Hostie gestohlen. Derartige Anklagen wurden oft als Vorwand benutzt, um die Juden zu verbannen und ihr Eigentum zu konfiszieren.

Ein Jahrhundert nach dieser Vertreibung gab es praktisch keine Juden mehr in der Stadt, doch gründeten sie im niederschlesischen Brieg eine dauerhafte Gemeinde. Offiziell ließen sie sich in Breslau erst nach den dreißiger Jahren des 17. Jahrhunderts nieder, als die Regierung den Handel mit Polen fördern wollte, indem sie einigen Juden erlaubte, nach Beendigung der Handelsmesse in Breslau zu verbleiben. Hinzu kam eine kleine Anzahl besonders privilegierter Juden. Ihre Synagogen mußten klein bleiben. Im Jahr 1695 gab es sieben Synagogen und 1701 zehn. Eine davon war die private Synagoge eines privilegierten Juden aus Hamburg, aber andere trugen Namen wie die Glogauer, Kalischer, Krotoschiner, Lemberger und Lissaer Synagoge und dienten Gemeinden, die aus diesen Städten stammten. Weitere Synagogen wurden von Leuten eingerichtet, die aus anderen Orten in Schlesien sowie aus Böhmen und Mähren stammten.

Die Landschule, die im Jahre 1741 erwähnt wurde und sich vielleicht aus einer älteren Synagoge von 1695 entwickelt hatte, war vor dem 19. Jahrhundert die Hauptsynagoge. 150 Männer und, was ungewöhnlich war, die gleiche Anzahl von Frauen konnten in ihr Platz finden; die Synagogengemeinde kam aus Schlesien, Böhmen und Mähren. Die Landschule, die irgendwann vor 1926 zerstört wurde, befand sich im Pokoyhof, der wie üblich von der Straße nicht einzusehen war. Dieser Hof diente als wichtigstes jüdisches Warendepot. Die Regierung ließ nicht zu, daß das Gebäude wie ein Kultbau aussah. Es hatte zwei Hauptgeschosse unter einem abgewalmten Mansarddach. Die Synagoge befand sich im oberen Stockwerk, das man über Treppen (für Männer und Frauen) erreichte, die auf eine offene Empore außerhalb des Betsaals führten. Die beiden eng nebeneinander gesetzten Treppen waren der einzige Hinweis darauf, daß es sich nicht um ein normales Gebäude handelte.

Friedrich der Große setzte humanere Vorschriften für Juden durch, und von den vierziger Jahren des 18. Jahrhunderts bis zur Hitlerzeit brauchten sie keine willkürlichen Vertreibungen mehr zu befürchten. Auch wenn die Anzahl der Juden, die sich offiziell in der Stadt niederlassen durfte, beschränkt war, gab es viele Ausnahmen von der Regel.

Im Jahre 1776 lebten in Breslau fast zweitausend Juden. Einige der früheren Synagogengemeinden vereinten sich, andere wurden neu gegründet, besonders von Einwanderern aus Litauen und Wolhynien (vergleiche die Sklower Schul).

Die Storch-Synagoge

Unter der wachsenden jüdischen Bevölkerung befanden sich viele, die von der Aufklärung beeinflußt waren, vor allem unter den wohlhabenden Bürgern der Stadt. Im Jahre 1780 gründeten einige von ihnen die Gesellschaft der Brüder, die sich ethischen und philanthropischen Zwecken widmete. Sie übernahm einen Bau, der zuvor andere Synagogen beherbergt hatte und der von Johann Gottlieb Eik umgebaut wurde. Die Synagoge wurde im Oktober 1796 eingeweiht. Der Besitzer des Gebäudes, ein Christ, erhöhte unaufhörlich die Miete, die Zahl der Juden aber stieg gleichzeitig dauernd an, so daß die Gesellschaft der Brüder sich entschloß, eine neue Synagoge zu bauen. Im Jahre 1819 erhielt sie die Baugenehmigung. Die Regierung hoffte, die verschiedenen kleinen Synagogen schließen zu können, wenn sie die Baugenehmigung für eine große erteilte, und so die Aktivitäten der Juden besser überwachen zu können. Obgleich der Vorstand der Glogauer Synagoge protestierte, weil der Mietvertrag für ihre kürzlich errichtete Synagoge noch zehn Jahre lief, und andere Juden befürchteten, daß die Regierung ein Reformritual fordern würde, gelang es den Verfechtern der neuen Synagoge, ein Gelände zu erwerben, auf dem sich ein Gebäude mit dem Namen »Zum weißen Storch« befand, und dieser übertrug sich auf die später errichtete Synagoge. Aufreibende Streitereien um die Verkaufsbedingungen des Bauplatzes verzögerten den Bau bis 1827, als ein jüdischer Händler, dem ein Teil des Grundstücks gehört hatte, die Storch-Synagoge auf seine eigenen Kosten errichtete und 1829 an die Gemeinde weitervermietete. Der Entwurf war um 1820 von Karl F. Langhans, Sohn des Architekten des Brandenburger Tors in Berlin und später selber als Theaterarchitekt berühmt, angefertigt worden. Ein jüdischer Maler, Raphael Moses Abraham Biow (1773–1836), schmückte das Innere der Synagoge aus, aber seine Arbeiten sind bei einem Umbau entfernt worden.

Der beeindruckende, dreistöckige, klassizistische Bau aus verputzten Ziegelsteinen hatte auf der Ost- und der Westseite eine fünfteilige Fassade (Abb. 174, 175). Eine riesige Säulenordnung kannelierter, korinthischer Pilaster unterteilte die drei Mittelfelder, die durch einen dreieckigen Ziergiebel verbunden wurden. Lange Rundbogenfenster füllten die vierteiligen Seitenmauern. Die Eingangstür lag im mittleren westlichen Feld, das östliche Mittelfeld hatte eine Nische für die Heilige Lade unter einem runden Fenster. Auf beiden Seiten der Ostfassade befanden sich Seitenfelder, die wahrscheinlich für Treppen und Ankleidezimmer vorgesehen waren und von der Nord- und Südseite von drei übereinanderliegenden Reihen von Rundbogenfenstern belichtet wurden. Die Gestaltung einer Fassade mit Pilastern war schon von der Synagoge in der Bäckerstraße in Hamburg bekannt, aber die Breslauer Synagoge

Abb. 174. Breslau, Storch-Synagoge, ca. 1820, 1827–1829, Außenansicht der Westseite um 1981.

zeigte unterschiedliche Details. Sie hatte auch eine kleine Laterne über der Mitte des Innenraums, die zwar von außen sichtbar war, aber nicht wie eine Kuppel aussah. Tatsächlich wies diese Synagoge kein Merkmal auf, das sie von außen traditionell christlich oder überhaupt wie ein Kultbau wirken ließ.

Innen hatte die Storch-Synagoge zwei übereinanderliegende Emporen an drei Seiten und eine weitere auf der Ostseite, die wahrscheinlich für die Orgel verwendet wurde (Abb. 176). So wie das Gebäude heute ist, scheint es aufgrund eines Umbaus aus der Mitte des 19. Jahrhunderts entstanden zu sein. Niedrige, breite Bogen wurden eingebaut, welche die Emporen stützen sollten; vielleicht drohten die ursprünglichen zylindrischen Pfeiler einzustürzen. Von der oberen Emporenbrüstung führen quadratische Pfeiler mit gestutzten pyramidalen Kapitellen, die Kleeblattornamente tragen, zur Decke hoch. Diese sind vielleicht ebenfalls beim späteren Umbau eingefügt worden. Auf den einfachen Emporenbrüstungen befinden sich unregelmäßig angebrachte, vertikale Bänder mit Pflanzen- und Flechtornamenten. Die Synagoge war ursprünglich in Weiß und Gold bemalt. Die Heilige Lade, die nun keinen Rahmen mehr hat und deren Nische zerstört ist, sah ehemals wie ein hölzerner Altaraufbau aus, mit Säulen zu beiden Seiten der Öffnung, die in Lotusknospen-Kapitellen endeten. Die Synagogengemeinde akzeptierte einige ägyptische Details im Innenraum; es handelte sich dabei um private Anspielungen auf alte und besondere Traditionen. Ähnliche Details wurden von den Architekten der Synagoge in München und im Compostellhof in Frankfurt am Main eingeführt, ebenfalls mit Zustimmung oder zumindest Duldung der Gemeinde. Das Äußere der Synagoge ließ jedoch erkennen, daß die orthodoxe Gemeinde auch deutschsprachige Mitglieder hatte, die sich kulturell der sie umgebenden christlichen Bevölkerung anpassen konnten.

Der Reformtempel

Der Wunsch nach kultureller Assimilation führte einige Breslauer Juden dazu, der Reformbewegung beizutreten, und ein Reformrabbiner, Abraham Geiger, amtierte dort zwischen 1838 und 1863, aber unter schwierigen Verhältnissen und Auseinandersetzungen mit dem Vorstand der orthodoxen Gemeinde. Im Jahre 1854 wurde ein Theologisches Seminar der Reformbewegung eröffnet. Die Reformgemeinde gab den Bau ihrer eigenen Synagoge Edwin Oels Oppler in Auftrag, der seit 1862 eine neue, große Synagoge für Hannover plante (Abb. 162, 163). Er schuf je eine monumentale Synagoge für Hannover und Breslau, die rheinischen romanischen Kirchen glichen, aber einen fast zentralen Grundriß und keinen in Form eines lateinischen Kreuzes hatten. Die Synagoge in Breslau wurde zwischen 1866 und 1872 errichtet; diese lange Bauzeit läßt sich sicher durch die damaligen preußischen Kriege erklären (Abb. 177, 178). Oppler versuchte, Synagogen zu planen, welche die Juden als Deutsche erscheinen ließen. Er verwendete den neoromanischen Stil, um daran zu erinnern, daß sich Juden im Mittelalter der Romanik bedient hatten und Europäer, nicht aber exotische Fremde waren. Opplers beeindruckender, überkuppelter Backsteinbau hatte dennoch wenig mit anderen Bauten Breslaus gemein und sah auf jeden Fall ungewöhnlich aus. Diese Synagoge wurde im November 1938 schwer beschädigt und danach abgerissen. Später wurde das Grundstück als Polizeiparkplatz benutzt.

Abb. 175. Breslau, Storch-Synagoge, Außenansicht der Ostseite um 1981.

Abb. 176. Breslau, Storch-Synagoge, Innenansicht zur Heiligen Lade um 1981.

Der Betraum im Israelitischen Krankenhaus

Zu den weiteren sakralen Einrichtungen in Breslau gehörte der Betraum des Israelitischen Krankenhauses, der im Mitteltrakt lag und über die Haupttreppe leicht zu erreichen war (Abb. 179). Das Krankenhaus mit dem Betraum wurde im Jahre 1899 von der Firma Herold in Berlin entworfen, die den ersten Preis in einem Wettbewerb erhielt. Es wurde im Jahre 1903 unter der Leitung der Breslauer Architekten R. und P. Ehrlich und Otto Finster vollendet. Der Betraum war ein gutes Beispiel seiner Art in einer bedeutenden Gemeindeeinrichtung, eine Anlage, die oft gebaut, aber meist nicht erwähnt wurde, weil ihr die ständige Gemeinde einer förmlich konstituierten Synagoge fehlte.

Der Raum war ein einfaches Rechteck, breiter als lang. Die Wände und die Decke waren glatt; die Wand mit der Heiligen Lade hatte drei Fenster, und die Heilige Lade war von dünnen Säulenpaaren eingerahmt; der Almemor be-

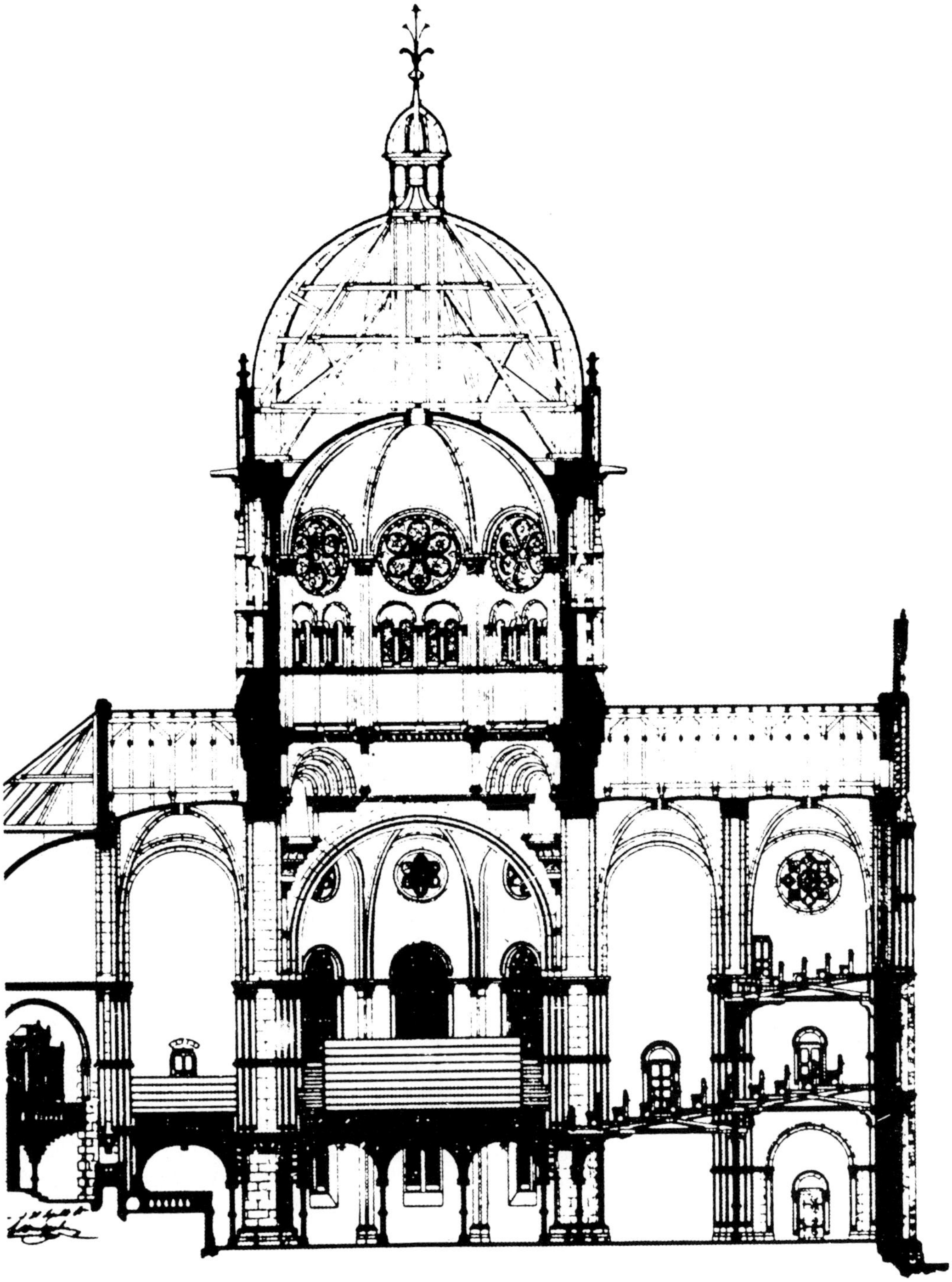

Abb. 178. Breslau, Reformtempel, Längsschnitt.

stand aus einem einfachen Tisch. Frauen saßen auf einer Ebene mit den Männern. Die Dekoration des Raumes war in einem modernisierten mittelalterlichen Stil gehalten. Der Frauenbereich, der nördlich von dem der Männer lag, war durch eine Brüstung abgetrennt, welche eine dreibogige Arkade trug, die wiederum auf kurzen neoromanischen Säulen mit Würfelkapitellen ruhte. Die Malereien auf dem unteren Teil der Wände zeigten unter anderem Blatt- und runde Blumenornamente. Die Öffnungen auf der Seite des Männerbereichs bestanden aus doppelten Rundbogenfenstern unter einem großen, kreisrunden Fenster; die Doppelfenster

Abb. 177. (gegenüberliegende Seite) Breslau, Reformtempel, 1866–1872, Außenansicht.

Abb. 179. Breslau, Betraum im Israelitischen Krankenhaus, 1899, Innenansicht zur Heiligen Lade.

hatten kunstgewerbliche Blumenornamente, die vielleicht die Rosen von Scharon darstellten. Diese Details beschworen eine entfernte Vergangenheit irgendwo zwischen Rhein und Jordan herauf, waren aber in einer Art geglättet und stilisiert, die modernen künstlerischen Bewegungen entsprach. Die einzigen Ausstattungsgegenstände, die nicht zum Rest der Einrichtung paßten, waren sechs reich verzierte Metalleuchter und die Strahlen im runden Fenster über der unauffälligen Heiligen Lade. Im ganzen entsprach der Betraum weitgehend dem der Synagogen von Triest (1912) und Essen (1913) und durchaus dem Stil der Zeit (siehe Abb. 140, 208).

Die Storch-Synagoge überstand als einzige die »Kristallnacht«, weil die Brandstifter vor dem Risiko gewarnt wurden, benachbarte Bauten von Christen in Brand zu setzen. Als die Stadt im Jahre 1945 unter polnische Verwaltung kam, sammelten sich vertriebene Juden um die Synagoge und bildeten eine der größten polnischen Nachkriegsgemeinden. Nach den kriegerischen Auseinandersetzungen zwischen Israelis und Arabern im Jahre 1967 wurde das Gebäude beschädigt. Nach 1968, als antisemitische Ausschreitungen, die möglicherweise von der Regierung initiiert wurden, die jüdische Bevölkerung Breslaus bedrohten, verließen die allermeisten Juden Breslau. Die Storch-Synagoge steht zwar noch, ist auch offiziell unter Denkmalschutz gestellt, aber das Gebäude bietet mit seinen zerbrochenen Fenstern und den antisemitischen Graffiti auf den Wänden einen traurigen Anblick. Die jüdische Gemeinde ist zu klein, als daß sie die Regierung veranlassen könnte, den Bau zu restaurieren und instand zu halten. Die verbliebenen Juden beten in einem kleinen Raum im alten Bau des Rabbinerseminars in der Nähe der Storch-Synagoge. Beide, die jüdische Gemeinde und die Storch-Synagoge, sind überaltert.

Bibliographie

L. Burgermeister und G. Grundmann, *Die Kunstdenkmäler der Provinz Niederschlesien: Die Kunstdenkmäler der Stadt Breslau, III. Die kirchlichen Denkmäler der Altstadt (Fortsetzung) und des erweiterten Stadtgebietes. Die Friedhöfe*, Breslau 1934, S. 157–158.

P. Eilitz, *Leben und Werk des königlichen hannoverschen Baurats Edwin Oppler*, Hannover 1971, S. 167–169. (Hannoversche Geschichtsblätter, XXV, 3–4.)

Encyclopedia Judaica, 1971, s. u. Breslau.

A. Grotte, »Jüdische Sakralkunst in Schlesien«, in: *Jüdische Kultur in Schlesien*, Sondernr. von *Menorah*, IV, Nr. 5 (Mai 1926), S. 273–278, bes. S. 274.

H. Hammer-Schenk, »Opplers«, S. 101–113.

H. Hammer-Schenk, *Synagogen*, S. 56–57, 213–217.

H. Hammer-Schenk, »Untersuchungen«, S. 284–288.

A. Heppner, »Zur Jahrhundertfeier der Storchsynagoge am 23. April 1929«, in: *Breslauer jüdisches Gemeindeblatt*, VI (April 1929), S. 1–2.

A. Heppner und B. Brilling, »Breslauer Synagogen«, in: *ibidem*, VIII (Dez. 1931), IX (Mai 1932), X (Juli 1932).

E. Hintze, (Hrsg.), *Katalog der vom »Verein jüdisches Museum Breslau« ... veranstalteten Ausstellung: Das Judentum in der Geschichte Schlesiens*, Breslau 1929, S. 22, Nr. 64–66, S. 23–24, Nr. 72, S. 32, Nr. 117–119.

Jewish Encyclopedia, s. u. Breslau.

H. Kamm, »Polish city, once German, retains only trace of vibrant Jewish life«, in: *New York Times*, 4. Dez. 1973.

L. Klasen, *Grundrißvorbilder. XI. Gebäude für kirchlichen Zweck*, Leipzig 1889, S. 1469 und Abb. 1941.

»Respekt vor der Vergangenheit«, in: *Allgemeine unabhängige jüdische Wochenzeitung*, XXXII, 9. Sept. 1977.

E. Sandberg, G. Reinbach und P. Ehrlich, *Das israeli-*

tische Krankenhaus zu Breslau, Denkschrift, Breslau 1904.
M. Silberstein, *Zeitbilder aus der Geschichte der Juden in Breslau*, Denkschrift , Breslau 1904.
Universal Jewish Encyclopedia, s. u. Breslau.

Vor 1945 existierten die folgenden Bilder (Verbleib unbekannt): Landschule, im Staatlichen Vermessungsamt; Sklowerschule, in der Sammlung des Photographen Klette; Storch-Synagoge, Lithographie, im Schlesischen Museum für Kunstgewerbe und Altertümer; Zeichnung der Synagoge, die im Jahre 1746 bestanden hat, in der Stadtbibliothek.

Ich bin Olgierd Czerner für die Photographien zu großem Dank verpflichtet.

Iberische Halbinsel

Toledo

Die beiden noch vorhandenen mittelalterlichen Synagogen von Toledo gehören zu den denkwürdigsten Europas; sie begeistern den Reisenden und faszinieren Historiker und Architekten. In Grundriß und Ausschmückung unterscheiden sie sich von allen anderen, lassen aber erkennen, wie eng jüdische, christliche und islamische Kunst und Kultur der Stadt verbunden waren. Ihre Form und Dekoration sind bezeichnend für eine Zeit, als Juden und Christen in dieser Stadt eine Sprache sprachen, die teilweise Arabisch war, und als jüdische Quellen in arabischer Sprache, aber mit hebräischen Buchstaben geschrieben wurden.

Santa María la Blanca

Diese fünfschiffige Synagoge ist ein Baudenkmal von einmaliger Form und nur unvollständig bekannter Geschichte. Ihr Grundriß ist ein unregelmäßiges Viereck, dessen Längsseiten 26 beziehungsweise 28 Meter lang und dessen Breitseiten 19 beziehungsweise 23 Meter breit sind (Abb. 180). Die Ostseite hat drei Apsiden aus der Renaissance, die nicht Teil des Gebäudes waren, als es den Juden gehörte; es gibt keine Quellen, denen sich entnehmen ließe, wie die Ostseite ursprünglich aussah.

Außen ist der einfache Ziegelbau ebensowenig anziehend wie die meisten islamischen Kultbauten in Spanien, die aus derselben Zeit stammen. Natursteinschichten wechseln mit Backsteinschichten; Teile der Backsteinmauern sind verputzt. Die Technik des Mauerns, die man an diesem Bau findet, war in Toledo allgemein üblich. Die meisten Fenster und eine der beiden, heute vorhandenen Türöffnungen stammen vielleicht aus späterer Zeit; die hölzernen Türen selbst sind im Jahre 1923 angefertigt worden.

Der Innenraum ist sehr viel beeindruckender. Vierundzwanzig oktogonale Pfeiler aus Ziegelsteinen trennen heute die fünf ungleichen, aber parallel verlaufenden Schiffe; achteinhalb Halbpfeiler liegen an den Mauern an (Abb. 181). Die Pfeiler stützen achtundzwanzig Hufeisenbogen, die vom Fußboden bis zur Decke des Mittelschiffs 12,50 Meter, in den inneren Seitenschiffen etwa 10 Meter und in den äußeren Seitenschiffen 7 Meter hoch steigen. Die inneren Pfeiler haben unten einen Ring aus Kacheln, keinen Sockel und keine behauene Basis. Die schönen Kapitelle aus Hartgips sind mit Kiefernzapfen und Blattformen geschmückt, die mit dekorativen Flechtbändern abwechseln.

Die Wände der Synagoge sind innen einfach und glatt, aber die Trennwände der drei inneren Schiffe sind mit außergewöhnlichen Ornamen-

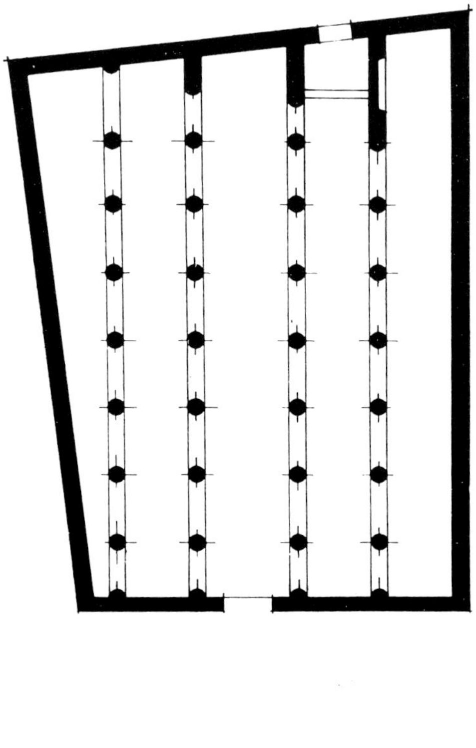

Abb. 180. Toledo, Santa María la Blanca, 13. Jahrhundert (?), Grundriß.

Abb. 181. Toledo, Santa María la Blanca, Innenansicht vor 1842, Lithographie.

Abb. 182. Toledo, Santa María la Blanca, Innenansicht, Detail der Ornamentik.

ten versehen (Abb. 182), die aus Gipsdekorationen in den Zwickeln und darüberliegenden horizontalen Friesen bestehen. In allen Zwickeln sind Kreise aus exquisiten Weinranken angebracht, die runde Medaillons einrahmen, welche wiederum mit verschiedenen sorgfältig ausgeführten Stuckornamenten ausgefüllt sind. Darüber, zwischen den Zwickeln und einem Fries aus zugespitzten Dreipaßbogen, befinden sich drei Ornamentbänder. Die engen Friese im unteren und oberen Teil der Zwischenzone tragen einander überschneidende Dreieckfelder mit Muscheln in der Mitte, die sich direkt über jedem Zwickelmedaillon befinden. Zwischen diesen Ausschmückungen erstrecken sich glatte Flächen, die ehemals Inschriften enthalten haben mögen. Über diesem Teil der Wand läuft ein Fries aus stark eckigen vertikalen und diagonalen Mustern in fast quadratischen Feldern. In den inneren Seitenschiffen befindet sich ein enger Fries mit freien, verputzten Flächen, die über den Medaillons in den Zwickeln von quadratischen Platten mit Muschelreliefs unterbrochen werden.

Die hölzerne *Artesonado*-Decke hat doppelte Querbalken, so daß sie in Felder aufgeteilt wird, die jeweils zwei Felder der Arkade darunter überspannen. Das Profil in den Mittelfeldern der Decke führt an den Seiten zu einer flachen Decke hinauf, die sich über drei Seitenschiffe erstreckt. Die ansteigenden Seiten treffen in einem Scheitelpunkt zusammen; über dem engsten und unregelmäßigsten Seitenschiff neigt sich die Decke nur nach einer Seite. Die gesamte Decke und vielleicht auch das abfallende Dach sind eventuell in späterer Zeit gestaltet worden und keine Restaurierung des Originalzustands. Otto Czekelius, ein Architekt, der den Bau vor etwa fünfzig Jahren untersuchte, meinte, er habe ursprünglich Mansarddächer über Lichtgaden gehabt, welche die drei inneren Schiffe belichteten, und offene Dachstühle, nicht aber die Decke, die jetzt die oberen Teile der Wände abschließt. Rachel Wischnitzer war jedoch der Ansicht, daß die spanischen Behörden die Anzahl der Fenster hier genauso begrenzt hätten, wie sie es an anderen Bauten getan haben, und sie glaubte, daß nur Bauten mit Seitenschiffen von gleicher Höhe abgewalmte Mansarddächer über den Schiffen gehabt haben.

Vielleicht hat es eine Frauenempore gegeben; nach Czekelius hätte sie sich am westlichen Ende des Baus befunden. Er glaubte, Öffnungen in der Westwand hätten den Männer- und den Frauenbereich verbunden, und Konsolen, von denen Überreste in der Westwand zu sehen sind, die Empore getragen. Er war außerdem der Meinung, daß die Westwand, die wir heute sehen, lediglich jene Bauteile, die nach dem Abriß der Empore erhalten blieben, abschloß.

Die Synagoge hat sicherlich eine Nische oder eine Truhe für die Heilige Lade gehabt. Die Form des Almemors und die Art der Sitzverteilung sind ebenfalls nicht bekannt, ebensowenig, wie der Fußboden ursprünglich ausgesehen hat, der jetzt in zwei verschiedenen Mustern gefliest ist, was wahrscheinlich während einer Restaurierung geschah.

Der Grundriß des Gebäudes gibt Rätsel auf. Es existiert keine andere fünfschiffige Synagoge in Europa, Nordafrika hat jedoch Beispiele von Synagogen mit mehreren, von Säulen getrennten Seitenschiffen. Zwei solche stehen in Tunis. Sie sind nicht so alt wie der Bau in Toledo und unterscheiden sich von dessen axialer Anlage insofern, als die Säulenreihen hier die Hauptachse überqueren, die nicht unbedingt die Längsachse zu sein braucht.

Man hat versucht, den Grundriß von Toledo mit der *Diplostoon*-Anlage der antiken Synagoge in Alexandria in Verbindung zu bringen, aber die Wissenschaftler sind sich nicht darüber einig, ob bei einem *Diplostoon*-Grundriß ein Seitenschiff im anderen liegt oder sich eine Empore über einem Seitenschiff befindet. Auf jeden Fall ist keine Verbindung zwischen dem mittelalterlichen Toledo und dem antiken Alexandria bekannt, wo die Synagoge schon in frühchristlicher Zeit zerstört worden ist, lange bevor die in Toledo erbaut wurde.

Ein fünfschiffiger Grundriß ermöglicht es, ein breiteres und damit beeindruckenderes Gebäude auf ein Grundstück mit beschränkter Ausdehnung zu setzen; die Stützpfeiler innen behindern aber die Sicht und beeinträchtigen die Akustik. Außerdem wird die Synagoge in Einzelbereiche unterteilt und verliert dadurch etwas von der wünschenswerten Gemeinschaftlichkeit, die mit der Einrichtung eines *Minjan* schon beabsichtigt ist.

Wir können absolut nicht erklären, warum ein fünfschiffiger Grundriß gewählt wurde. So wie die islamischen Hufeisenbogen und die Ausschmückung mit Inschriften und Ornamenten von maurischen Handwerkern ausgeführt worden sein mögen, kann auch der Grundriß islamischen Einflüssen unterlegen sein, denn Moscheen haben oft viele Seitenschiffe. Vielleicht wurde die Synagoge auf dem Fundament einer früheren Moschee errichtet oder war überhaupt eine Moschee, die in eine Synagoge umgewandelt wurde. Eine weitere Erklärung wäre, daß der Stifter eine so große und breite Synagoge wie möglich mit reicher Ausschmückung des Innern haben wollte. Stilformen, bei denen sich islamische und christliche Kunstformen vermischten, waren zu dieser Zeit und auch später in Spanien weit verbreitet.

Es ist nicht genau zu ermitteln, wann das Gebäude errichtet wurde und wer der Stifter war. Wir wissen auch nicht, ob die Handwerker Moslems, Juden oder Christen waren. In der gleichen Gegend gibt es keine Beispiele aus gleicher Zeit, die uns weiterhelfen könnten. Das Entstehungsdatum, etwa 1205, das von vielen modernen Wissenschaftlern akzeptiert ist, wird aufgrund eines – besonderen Umständen zu verdankenden – Nachweises angenommen. In einer nach einem Judenmassaker geschriebenen Elegie wurden die Synagogen von Toledo erwähnt und die »neue« Synagoge zu den herrlichsten von ihnen gezählt. Die Synagoge Santa María la Blanca ist so eindeutig bemerkenswert, daß es vertretbar wäre, diese mit der »neuen« Synagoge zu identifizieren. Da »neu« nicht unbedingt »vor kurzem gebaut«, sondern lediglich neuer als ältere Synagogen, die in demselben Text erwähnt wurden, meinen konnte, suchten die Historiker zunächst in den Quellen nach einem passenden Stifter aus dem 13. und 14. Jahrhundert. Als sie feststellten, daß die andere Synagoge in Toledo in den Quellen bis zur Mitte des 14. Jahrhunderts nachzuweisen ist und daß die Ausstattung der »Blanca«-Synagoge sich von ihr unterscheidet und zugleich aus einer früheren Zeit stammt, suchten sie nach einem Stifter aus dem 13. Jahrhundert. Sie fanden einen in der Person von Joseph ben Meir ben Schoschan (= Jussef Abenxuxen), der im Jahre 1205 starb und auf dessen Grabinschrift, die in einem Manuskript des 15. Jahrhunderts erwähnt wird, stand, daß er eine Synagoge gebaut habe. Ein Besucher aus der Provence machte 1204 Angaben über ihn, sagte aber nichts über eine Synagoge. Joseph hatte sicher das Geld und die Stellung, um eine stattliche Synagoge errichten zu können, denn er war der Sohn eines Finanzministers (Almoxarife) von Alfonso VIII. von Kastilien, der von 1158 bis 1214 herrschte. Wenn Joseph der Stifter dieses Gebäudes war, hat er vielleicht ein älteres Gebäude restauriert, das, eventuell während eines Aufstands gegen die Juden im Jahre 1180, durch Brand oder Zerstörung beschädigt worden war. Dies könnte eine Erklärung für den seltsam unregelmäßigen Grundriß sein.

Die Synagoge gleicht in ihrem Stil eher marokkanischen Bauten aus dem 12. Jahrhundert, zum Beispiel der Tinmal- (1153) und der Kutubia-Moschee (etwa 1150) in Marrakesch, als irgendwelchen anderen Bauten an anderen Orten. Sie könnte einige Jahre später, zu Lebzeiten Josephs, in Anlehnung an diese Vorgänger in der spanischen »Provinz« errichtet worden sein. Eine hölzerne Tafel, die man in Toledo gefunden hat und folgende Inschrift trägt: »Ihre Ruinen wurden im Jahre 4940 (= A. D. 1180) aufgebaut«, könnte sich auf diese Synagoge und auf einen Wiederaufbau in ebenjenem Jahr beziehen.

Einige Forscher datierten die Ausschmükkung eher auf die zweite Hälfte des 13. Jahrhunderts. Ihrer Meinung nach könnten die Stützpfeiler und wahrscheinlich auch die Kapitelle aus einer früheren Zeit als die Stuckdekorationen an den Wänden zwischen den Seitenschiffen stammen. L. Torres Balbas wies auf stilistische Ähnlichkeiten der Stuckarbeiten in dieser Synagoge mit denen im Kloster Las Huelgas in Burgos von etwa 1275 hin. Aber die Ähnlichkeiten mit Moscheen aus dem 12. Jahrhundert sind weit auffallender: zum Beispiel die relativ kleinen Ornamente im Vergleich zum Ausmaß des Baus, die Verbindung von leichten, durchbrochenen Pflanzenornamenten mit einem glatten Hintergrund und dichteren geometrischen Formen sowie Inschriften, die in besonderen Feldern angebracht und nicht in die Ornamente integriert sind.

Die Synagoge hat drastische Veränderungen erfahren. 1405 oder 1411 wurde sie den jüdischen Eigentümern genommen und zwar nach einer Reihe von antisemitischen Kundgebungen in Toledo und an anderen Orten in Spanien. St. Vincent Ferrer hat vielleicht nicht, wie behauptet worden ist, die Synagoge beschlagnahmen lassen, war aber sicher ein Feind der Juden. Der Bau wurde in eine Kirche umgewandelt, die der Jungfrau Maria vom Schnee gewidmet wurde, und ist immer noch als »Santa María la Blanca« bekannt. Von 1554 bis etwa 1600 diente sie als Kloster für reuige Prostituierte. Während der Verwendung als Kirche wurden die drei Apsiden eingebaut, die heute noch vorhanden sind, auch die Stufen, die zur mittleren Apsis ansteigen. Dieser Umbau brachte den Abriß des ursprünglichen Ostteils mit sich. Etwa um 1600 hat es wohl nicht mehr genug reuige Frauen gegeben, aber das Kloster konnte keine regulären Novizinnen aufnehmen, weil die Gründungsurkunde einschränkende Bedingungen enthielt. Das Kloster wurde geschlossen, und der Bau wurde als bescheidenes Bethaus genutzt. Im Jahr 1790/91 scheint es ein provisorischer Zufluchtsort für Obdachlose gewesen zu sein. Nach 1791 diente es noch einige Jahre als Unterkunft. Ein verständnisvoller Besucher, Don Vincente Dominguez de Prado, *Intendente* der königlichen Armee und General der Provinz

Toledo, beschloß, das Gebäude wieder einem ehrbaren Zweck zu übereignen, wenn auch nicht in den Dienst der Religion zu stellen. Er ließ den Bau im Jahre 1798 in einen brauchbaren Zustand versetzen, und so wurde er zu einem Lagerhaus für Waren des königlichen Besitzes.

Die ehemalige Synagoge erweckte 1842 allgemeine Aufmerksamkeit, als der erste Band von *España artística y monumental* mit schönen Abbildungen des Gebäudes erschien. Sechs Jahre später wurde der zerfallende Bau zum Denkmal erklärt und im Jahre 1856 eine umfassendere Restaurierung vom Architekten Francisco Enríquez Ferrer vorgenommen. Dabei wurden fast alle Kapitelle unter der Leitung des Bildhauers Ceferino Díaz völlig neu gemeißelt und die Stuckornamente restauriert. Nur ein paar hölzerne Konsolen an der Decke scheinen den Werkzeugen der Restauratoren entgangen zu sein; durch die Überarbeitung ist es erschwert worden, die mittelalterlichen Arbeiten und auch genaue Daten zu ermitteln.

Der Ursprung und die Form dieses Baus bleiben im ungewissen, aber seine restaurierten Überreste fesseln uns noch heute. Die ungewöhnliche Gestaltung beschwört eine ferne Vergangenheit und exotische Vorstellungen herauf. Die vielen Seitenschiffe vermitteln den Eindruck endloser Tiefe und lassen an die vielen Gläubigen denken, die einst den Raum füllten. Die weiß bemalten Pfeiler treten im Halbdunkel scharf hervor und führen das Auge in einem schweren, aber sprunghaften Rhythmus nach Osten. Der Bau erweckt nicht unbedingt religiöse Gefühle, denn es gibt heute keine Synagogengemeinde und auch keine Einrichtung mehr, die für den Gottesdienst notwendig wäre. Die grobe, mechanische Arbeit der Restauratoren und die schwere Hand des Anstreichers sind allzu sichtbar, auch wenn es ihnen nicht gelungen ist, die ursprüngliche Schönheit der Ornamentik zu verbergen. Durch das Gefühl des Geheimnisvollen und des Abstands von seinen Schöpfern, das dieser Bau vermittelt, dringen wir tiefer in das Verständnis der Umgebung ein, die für den jüdischen Gottesdienst in der Vergangenheit als wünschenswert erachtet wurde.

Nuestra Señora del Tránsito

Diese Synagoge, die von Samuel Halevi Abulafia um 1360 erbaut wurde, hat im Gegensatz zu der älteren von Toledo eine einfachere Form und eine unkompliziertere Geschichte. Auch diese Synagoge hat außen unverzierte Backstein- und Steinmauern, in die kleine Fenster im oberen Teil der Mauern und hier eine Tür auf der Südseite eingelassen sind. Der Glokkenturm ist eine spätere, christliche Zutat (Abb. 183, 184). Innen ist die Synagoge eine einschiffige Halle, etwa 23 Meter lang, 9,50 Meter hoch und 12 Meter breit. Im Osten befinden sich im unteren, dicken Teil der Mauer drei Nischen, in welche die Thorarollen gelegt wurden und die ursprünglich sicherlich mit Holztüren verschlossen wurden. Darüber öffnen sich hoch oben zwei Fenster in Richtung Jerusalem. Eine Frauenempore auf der Nordseite bildet den ersten Stock eines Anbaus. Der untere Teil desselben besteht teilweise aus Resten eines Gebäudes aus dem 11. oder 12. Jahrhundert. An der Südseite befindet sich ein weiterer Anbau. Ein Raum auf der Westseite, in dem das Archiv untergebracht wurde, ist zerstört worden. Weitere spätere Anbauten bestehen aus einem einfachen Durchgang zum Anbau im Norden und einer Einbuchtung für ein Renaissancegrabmal an der Südmauer und einer Renaissancetür, die zum östlichen Ende des Anbaus im Norden führt.

Zur Ausschmückung des Betsaals gehört unter anderem eine Inschrift, in der Abulafia, der Finanzminister König Peters I., des Grausamen, von Kastilien (1350–1369) war, die Gründung des Gebäudes zugeschrieben wird. Abulafia errichtete es anscheinend als private und nicht als allgemeine jüdische Gemeindesynagoge, denn

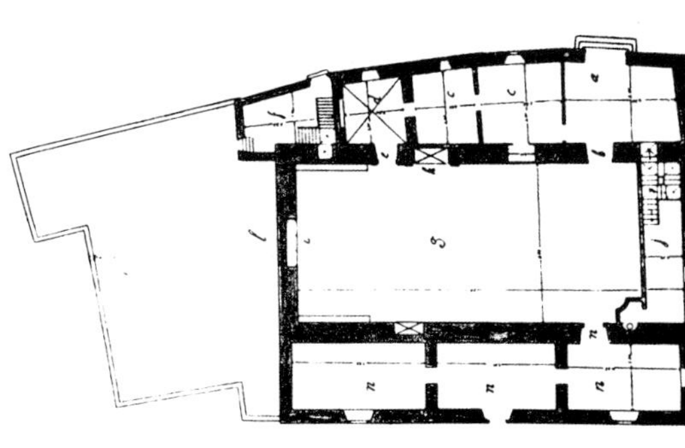

Abb. 183. Toledo, Nuestra Señora del Tránsito, ca. 1350–1360, Grundriß.

Abb. 184. Toledo, Nuestra Señora del Tránsito, Innenansicht zur Heiligen Lade, Zustand ca. 1880 bis ca. 1960.

es hat einen Eingang gegeben, der direkt von seinem (jetzt zerstörten) Haus in die Synagoge führte. Auch dem stolzen Ton, in dem die Inschrift gehalten ist, ist zu entnehmen, daß er der Eigentümer war. Hier kam Hochmut vor dem Fall, denn Abulafia wurde auf Befehl seines königlichen Herrn im Jahre 1360 oder 1361, kurz nachdem seine große, weite Synagoge vollendet worden war, hingerichtet.

Die Stuckornamente sind von außerordentlicher Qualität und in Feldern angeordnet, welche die Form des Raumes unterstreichen, wie es bei Mudejarverzierungen üblich war. Auf der Ostwand befinden sich drei rechteckige Felder unter einer horizontalen Attika mit Bogenreihen und einem Doppelfenster in der Mitte (Abb. 184). Das Mittelfeld ist etwas höher als die beiden anderen und mit Reliefornamenten in diamantförmigen kleinen Feldern verziert. Die Mitte wird außerdem durch den dreibogigen ehemaligen Behälter für die Heilige Lade betont. Die Ornamente der Seitenfelder sind geschwungen und bilden ein Muster, welches an Granatäpfel erinnert (Abb. 185). Unten auf jedem Feld ist eine Widmungstafel angebracht. Die Stuckornamente unter dem Fries auf den Seitenwänden sind zerstört worden. Jeder Fries und jedes Attikaband sind mit unterschiedlicher je eigener Dekoration ausgestattet: Filigranverflechtungen mit runden, erhabenen Verzierungen, Nasenbogen, hebräische Schriftzeichen, Ranken, Blätter und Wappenschilder. Die Wände des weiten Raumes werden durch diese

Abb. 185. Toledo, Nuestra Señora del Tránsito, Detail der Ornamentik an der Ostwand, Zustand von ca. 1880 bis 1960.

Ornamentik verbunden, ohne die Verzierungen der drei Felder an der Ostwand zu stören. Geometrische Felder, die eine Wand klar in Haupt- und Unterabteilungen gliedern, sind auch in einer Synagoge aus dem 14. Jahrhundert in Córdoba zu sehen. In dem kleinen Raum dort ist die Stuckornamentik jedoch flacher, geometrischer und geradliniger. Aber auch hier gibt es eingerahmte Felder, dichte, kleine und sich wiederholende Muster, feine Linien, Nasenbogen und diagonale Unterteilungen, wie in der Tránsito-Synagoge; die Ornamente stammen sicher aus demselben Jahrhundert. Die Tránsito-Synagoge wurde 1315 eingeweiht. Ursprünglich waren die Stuckornamente in beiden Bauten bemalt, aber die Farbe und die Vergoldung, mit der Buchstaben und Details einst teilweise bedeckt waren, sind fast vollkommen verwittert.

Die *Artesinado*-Decke in der Synagoge gleicht einem Deckentyp, den wir auch an anderen Orten finden, und obwohl sie stark restauriert ist, sieht man doch, wie schön sie angelegt wurde. Fünf Balkenpaare überspannen den Raum in seiner Breite und teilen die Decke in sechs Felder. Jedes Feld ist von einem hölzernen Gebälk bedeckt, dessen Einzelteile in gitterartiger Anordnung schräg nach oben auf eine flache Decke in der Mitte zulaufen. Elfenbeinintarsien bilden geometrische Muster im Holzgebälk. Inschriften auf der Decke sind hauptsächlich Kapiteln des Exodus, dem Ersten Buch der Könige, dem Ersten Buch der Chronik, den Psalmen, Jesaja und Habakuk entnommen. Niemand hat herausgefunden, welches Thema sie eigentlich behandeln sollten.

Nachdem die Juden im Jahre 1492 aus Spanien vertrieben worden waren, übereignete König Ferdinand das Gebäude dem Orden von Calatrava. Diese Mönchsritter wandelten den Bau in die Kirche San Benito um. Im späten 18. Jahrhundert war er keine Ordenskirche mehr, sondern lediglich ein Betraum, der »Nuestra Señora del Tránsito« gewidmet war, in der napoleonischen Zeit wurde er zu militärischen Zwecken verwendet. Philologen und Altertumsforscher interessierten sich für den Bau wegen seiner vielen hebräischen Stuckinschriften, abgesehen von Abulafias Zueignung. Diese Inschriften wurden im Jahre 1752 von Francisco Pérez Bayer in seinem Manuskript *De Toletano Hebraeorum Templo* kopiert, das zum erstenmal 1795 von Don Juan Josef Heydeck in seinem Buch *De illustración de la inscripción hebrea que se halla en la iglesia de Nuestra Señora del Tránsito* veröffentlicht wurde und danach von neuem von der Real Academia de la Historia im Jahre 1799. Eine Debatte erhob sich unter Gelehrten, die alle etwas an der einen oder anderen Version auszusetzen fanden. Die Inschriften und Stuckornamente erregten auf jeden Fall soviel Aufmerksamkeit, daß die Regierung beschloß, das Gebäude instand zu setzen, nachdem es im Jahre 1877 säkularisiert und zum Denkmal erklärt worden war. Der Bau konnte nicht in seinen ursprünglichen Zustand zurückversetzt werden, weil niemand damals und bis heute wußte, wie er ausgesehen hat oder wie er eingerichtet war. Statt dessen wurden bei den ersten Restaurierungen (1880–1883 unter Don Francisco Isidori y Ronda; 1905 unter Don Arturo Mélida) die Grabmäler der Ritter von Calatrava in der Mitte des Raumes und die hölzernen Chorgestühle entlang der Nord- und der Südwand erhalten. Das Renaissancegrabmal und die Renaissancetür auf der Südseite wurden gereinigt und innen eine Empore sowie ein christlicher Altar mit einem Baldachin darüber entfernt.

Der Bau blieb bis in die sechziger Jahre unseres Jahrhunderts in diesem Zustand, als die spanische Regierung ihn in ein Jüdisches Museum umwandelte. Bei erneuten Restaurierungsarbeiten wurden das Chorgestühl und die Grabmäler, mit Ausnahme eines an der Südwand und eines eingemauerten Sarkophags an der Nordwand, entfernt. Die Stuckornamente an der Ostwand erhielten eine neue Unterlage, um den weiteren, durch Feuchtigkeit und mangelnde bauliche Stabilität verursachten Verfall aufzuhalten. Die anderen Wände sind jetzt neu gestaltet und die Stuckornamente repariert. Der Fußboden ist restauriert worden, darunter auch ein Glasmosaik im östlichen Teil mit geometrischen Mustern. Sollte dieses Mosaik aus der Zeit vor 1492 stammen, so hat sich vielleicht an dieser Stelle die Heilige Lade befunden. Im nördlichen Anbau sind Inschriften mit Bezug auf die spanischen Juden, Bücher, Ritualgegenstände und andere Dinge untergebracht, die ein kleines sephardisches Museum bilden. Diese neue und passendere Bestimmung des Gebäudes wurde in Form eines Synagogengottesdienstes zelebriert, des ersten, der seit der Vertreibung der Juden im Jahre 1492 in Spanien öffentlich abgehalten wurde. Seit jener Zeit durften Gottesdienste nur in Privathäusern abgehalten werden, die Privatpersonen gehörten, nicht aber von einer jüdischen Gemeinde, die als Gemeinschaft handelte. Nicht lange nach der Wiedereinweihung der Synagoge Abulafias modifizierte die spanische Regierung einige der die jüdische Religion einschränkenden Gesetze, so daß die Juden überall offen ihren Gottesdienst abhalten konnten. Bei der Einweihungsfeier einer neuen Synagoge in Madrid waren Regierungsvertreter anwesend, und es gibt heute lebendige Synagogen in Barcelona und Ceuta. Die Synagoge Abulafias hat keine reguläre Gemeinde, aber viele Besucher, die das Gebäude und seine schöne Ausschmückung besichtigen.

Heutzutage sieht die Synagoge eben wie ein Denkmal aus. Ihre Schönheit liegt in ihrer weiträumigen Größe, ihrer Ornamentik und in ihrer historischen und gefühlsbeladenen Bedeutung, nicht aber in einer besonderen sakralen Atmosphäre. Ihre kunstvolle Ausstattung und ihre Weite erinnern Besucher des 20. Jahrhunderts an die hohe Stellung und die Kultur dieses zeitweilig vom Glück begünstigsten aller spanischen Juden, der im »Goldenen Zeitalter« der sephardischen Juden, im Mittelalter, lebte.

Bibiliographie

F. Cantera y Burgos, *Sinagogas de Toledo, Segovia, y Córdoba*, Madrid 1973.

F. Cantera y Burgos, *Sinagogas españolas*, Madrid 1955.

R. Singerman, *The Jews in Spain and Portugal. A Bibliography*, New York und London 1975, bes. Angaben 1032–1034, 1044–1103, 2654–2669 und s. u. Cantera y Burgos.

Veröffentlichungen, welche die ausführlichen Bibliographien der obengenannten Bücher ergänzen:

E. Ashtor, *The Jews of Moslem Spain*, Philadelphia 1973, bes. S. 326.

V. Laredo, *Sephardic Spain*, New York 1978.

B. Pavón Maldonado, »Una problema arqueológico en la sinagoga de El Tránsito«, in: *Sefarad*, XXVI, Nr. 1 (1976), S. 141–144.

P. Riera Vidal, *The Jews of Toledo and their Synagogues*, Toledo 1975.

Die wichtigsten frühen modernen Beschreibungen der Synagogen befinden sich in P. de la Escosura, *España artística y monumental*, Bd. 1, Paris 1842,

S. 44–45, 71–72 mit Lithographien bei S. 44 und S. 71, die spätere Ansichten beeinflußt haben. Andere wichtige, frühe Beschreibungen siehe in J. Amador de los Rios, *Toledo pintoresca*, Toledo 1845, und M. de Assas, »Antiga sinagoga hoy iglesia de Santa María la Blanca«, in: *Monumentos arquitectónicos de España*, Bd. 7, Madrid 1878.

Córdoba

Singerman, *op. cit.*, Angaben 548–567.

L. Torres Balbas, *Arte almohade. Arte nazarí, Arte Mudéjar*, Madrid 1949 (Ars Hispaniae 4).

Nordafrika

H. Basset und H. Terrasse, *Sanctuaires et forteresses almohades*, Paris 1932, bes. S. 185, 187 über Bauten, die mit Santa María la Blanca vergleichbar sind.

J. Pinkerfeld, *The Synagogues of North Africa*, Jerusalem 1974, bes. S. 5–8 (hebräisch).

Tomar

Die Synagoge von Tomar ist in ihrer geographischen Lage und in ihrer Form ein einmaliges Beispiel und das einzige für Synagogenarchitektur in Portugal aus der Zeit vor der Austreibung der Juden.

Das kleine Gebäude steht in der ehemaligen Judenstraße in einem Viertel der Stadt, das wie ein Ghetto von Gittern umschlossen war. Eine Quelle, in der es als quadratisches, überwölbtes Gebäude erwähnt wird, bestätigt, daß es sich tatsächlich um die Synagoge handelt, auch wenn sie keine eindeutigen Merkmale ihrer ehemaligen Bestimmung mehr zeigt.

Heute liegt der Eingang in der Nordfassade, in die nach der Austreibung der Juden aus Portugal im Jahre 1496/97 Fenster und Türen eingelassen wurden. Einige Mauern eines Anbaus im Osten und der ursprüngliche Eingang mit einem Eselsrückenbogen auf derselben Seite nahe dem nördlichen Ende des Baus sind von Archäologen entdeckt worden. Der Betsaal ist innen fast quadratisch und mißt 9,50×8,20 Meter, wobei die Nord-Süd-Achse die längere ist (Abb. 186). Der Fußboden liegt etwa einen halben Meter unter Straßenniveau, drei Stufen aus neuerer Zeit führen hinunter. Entweder wurde der Fußboden um der symbolischen Wirkung willen versenkt, oder das Straßenniveau ist im Verlauf der fünf Jahrhunderte höher geworden, vielleicht war auch beides der Fall. Das Kreuzgewölbe ruht auf vier dünnen, zylinderförmigen Pfeilern, die ein quadratisches Feld in der Raummitte bilden (Abb. 187). Sie stehen auf einer Basis und tragen Kapitelle in dreierlei unterschiedlicher Gestaltung. Die Gewölbe ruhen ebenfalls auf acht Konsolen, die eher wie antike Arbeiten wirken und von maurischen Steinmetzen irgendeinem Vorbild entnommen sein mögen, aber nicht wie Formen zu Beginn der Renaissance aussehen. Die Gewölbe und Pfeiler bilden einen Neun-Felder-Grundriß, es besteht jedoch keine nachweisbare Verbindung zwischen dem Neun-Felder-Schema hier und den Vier-Pfeiler- und Neun-Felder-Grundrissen in Polen (Abb. 76, 78, 85). Die Gewölbe in Tomar sind fast gleich, und es bestand hier nicht die Absicht, die vier mittleren Pfeiler um einen in der Mitte liegenden Almemor anzuordnen. Vielleicht stand der Almemor nicht einmal in der Mitte, sondern an der Wand gegenüber der (bestimmt freistehenden) Heiligen Lade, wie dies in sephardischen Synagogen üblich war. Die Gewölbe unterscheiden sich auch darin von den osteuropäischen, daß sie halbiert sind. So werden die vier mittleren Gewölbe und nicht ein einziges in der Mitte betont. Wir wissen nicht, ob diese Anlage irgendeine Verbindung mit dem sephardischen Vier-Pfeiler-Synagogentyp mit Mittelbetonung hat, dem wir später in den Balkanländern (Samokov, Abb. 53, und Sofia, Cahal de Francos), in Gibraltar und an der Synagoge von 1682 in der Kleinen Papageienstraße in Hamburg begegnen. Juden von der Iberischen Halbinsel ließen sich nach ihrer Vertreibung in den Balkanländern nieder, andere später in Hamburg und Altona. Verbindungen zwischen der Synagoge von Tomar und kleinen islamischen Kultbauten sind im einzelnen schwer nachzuweisen, aber ein gewisser Zusammenhang kann durchaus existieren.

Es ist jedoch auch möglich, daß islamische Handwerker an der Synagoge in Tomar gearbeitet haben. Die Beweise sind unzureichend, aber die Synagoge scheint zu einer Gruppe von Bauten aus dem 15. Jahrhundert zu gehören, darunter auch die Krypta der Stiftskirche von Ourem und die Stifterkapelle in Batalha, die sich in ihrem Stil von fast der ganzen übrigen portugiesischen Architektur unterscheiden.

Das Bauwerk in Ourem wurde von Fernando, dem zweiten Herzog von Bragança, gefördert, der bekanntlich ein gutes Verhältnis zu den Mauren hatte und zu dessen Lebzeiten das jüdische Viertel in Tomar bestand. In Quellen werden Handwerker mit maurischen Namen erwähnt, die am Convento do Christo in Tomar gearbeitet haben. Und ein Kapitell, das Spuren ionischer Formen trägt, aber von Mauren gefertigt wurde, steht im Museu Arqueológico von Santarém. Diese Beweise lassen die Möglichkeit zu, das Innere der Synagoge von Tomar auf etwa 1460 zu datieren, und anzunehmen, daß jemand mit maurischer Abstammung und Ausbildung am Werk beteiligt war.

Wir wissen nichts über die ursprüngliche Einrichtung und Dekoration dieser Synagoge. Was immer sie enthalten haben mag, verschwand, als der Bau zu einem Gefängnis wurde. (Ein gleiches Schicksal widerfuhr der Guimarães-Synagoge nach 1497, vielleicht auch der von Porto.) Später wurde die Synagoge in Tomar in eine Kapelle umgewandelt, die dem heiligen Bartholomäus geweiht war.

Bei Untersuchungen des Gebäudes kam ein Lagerraum zutage, der möglicherweise zur Aufbewahrung beschädigter Thorarollen und nicht mehr verwendeter Ritualgegenstände diente. Man fand auch Vasen, die vielleicht verwendet wurden, um die Akustik zu verbessern, ein Brauch in der Antike, der von Vitruv erwähnt wurde. Die Synagoge ist jedoch zu klein, als daß die menschliche Stimme im Hauptraum verstärkt werden müßte.

Auch wenn die Synagoge seit einem halben Jahrtausend keine Gemeinde mehr gehabt hat, wurde das Gebäude in unserem Jahrhundert mit Respekt behandelt. Samuel Schwarz, ein in Portugal lebender polnischer Bergingenieur, kaufte es und übergab es später der portugiesischen Regierung, um ein portugiesisch-jüdisches Museum daraus zu machen. Im Jahre 1939 wurde dieses eingeweiht, und ein Regierungsvertreter gab bei dieser Gelegenheit seinem Abscheu gegen den Rassismus Ausdruck. Im Jahre 1942, als in Mittel- und Osteuropa zahllose Synagogen in Schutt und Asche verwandelt wurden, wurde der Bau gereinigt und repariert. Heute befindet er sich in gutem Zustand und dient als geheimnisträchtiger, aber wertvoller Zeuge einer verlorenen Kultur.

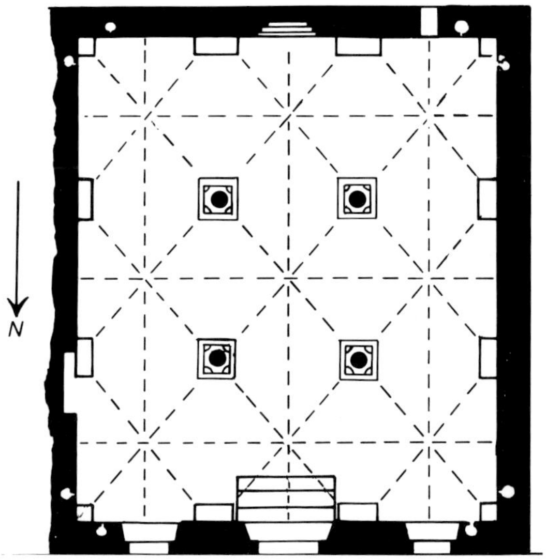

Abb. 186. Tomar, ca. 1460 (?), Grundriß.

Abb. 187. Tomar, Innenansicht.

Bibliographie

F. A. Garcez Teixeira, *A antiga sinagoga de Tomar*, Lissabon 1925.

J. M. Santos Simões, *Tomar e a sua judaria*, Tomar 1943.

S. Schwarz, *Projecto de organização de un museu luso-hebraico na antiga sinagoga de Tomar*, Lissabon 1939.

Italien

Ancona

Die Synagogen von Ancona, typische Beispiele für viele italienische Synagogen vor der rechtlichen Gleichstellung der Juden, sind seit vielen Jahrhunderten Schauplatz des jüdischen Lebens dieser Stadt. Juden ließen sich spätestens seit dem 15. Jahrhundert in Ancona nieder, in einer Quelle von 1498 wird eine Synagoge erwähnt. Nach 1532, als Ancona unter päpstliche Herrschaft geriet, hieß man Levantiner, darunter auch Juden, in der Stadt willkommen, um den Handel zu beleben. Unter Papst Paul III. (1534–1549) fanden Juden, die von den spanischen Territorien in Süditalien vertrieben wurden, Zuflucht in Ancona. Paul IV. (1555–1559) jedoch richtete ein Ghetto ein, und die Gemeinde durfte nur eine einzige Synagoge haben, obwohl die Anhänger verschiedener Riten zuvor getrennte Gotteshäuser unterhalten durften. Diese Bauten wurden nicht zerstört, so daß die Juden Steuern auf die ehemaligen Synagogen zahlen mußten, auch wenn sie sie nicht benutzen konnten. Zumindest wurde ihnen gestattet, in der Stadt zu bleiben, als Pius V. (1566–1572) den Juden untersagte, im Kirchenstaat, ausgenommen Rom, Avignon und Ancona, zu wohnen. Unter Sixtus V. (1585–1590) und seinen Nachfolgern, also

Abb. 188. Ancona, Scuola Italiana, ca. 1600 (?), Innenansicht zur Heiligen Lade.

nach 1585, erging es den Juden etwas besser. Als die Bruderschaft von San Rocco die Synagoge (im italienischen Ritus) neben ihrer Kirche für ein Krankenhaus beanspruchte, versetzte sie die Scuola Italiana auf ein Grundstück, das an der späteren Piazza 3 Aprile lag, und zahlte für den neuen Bau.

Die Scuola Italiana

Diese Synagoge glich vielen anderen in Italien, in denen der spanische, levantinische oder italienische Ritus befolgt wurde und die vom 16. bis zum frühen 20. Jahrhundert bestanden (Abb. 188, 189). Der Bau war rechteckig, maß 12,20×6,40 Meter und hatte außen kein besonderes Merkmal. Die Heilige Lade im Osten bildete das Gegenstück zum Almemor im Westen, der auf einer hohen Plattform stand. Tageslicht fiel in den gewölbten Raum durch zwei übereinanderliegende Reihen von Fenstern in der Nord- und Südwand sowie ein Dachfenster in der Mitte, später wurde er mit einem Paar elektrischer Kronleuchter ausgestattet. Ein Teil der Südwand, der den Fenstern in der Nordwand gegenüberlag, war mit Gittern ausgefüllt, hinter denen sich der Frauenbereich verbarg; der Fußboden scheint hier über den des Männerbereichs erhoben gewesen zu sein, wie das in vielen anderen italienischen Synagogen der Fall war. Lange Holzbänke erstreckten sich von Osten nach Westen, und der Durchgang in der Mitte zwischen den Bänken hielt den Raum zwischen der hohen Almemorplattform und der Heiligen Lade frei, die mit ihren gewundenen und geraden Säulen, ihrem Ziergiebel, den geschnitzten Türen und dem Rokoko-Eingangsbogen eine äußerst kunstvoll ausgearbeitete Anlage darstellte. Durch die für italienische Synagogen typische perspektivische Längsbetonung des Raumes wurde die Bedeutung des Almemors und der Heiligen Lade zusätzlich hervorgehoben.

Der Grundriß war funktional und gab allen Gläubigen eine gleichberechtigte Stellung in der Synagoge. Dadurch, daß der Almemor auf einer so hohen Plattform stand, wurde Platz für einen Eingang darunter und eine Art winzige Vorhalle oder niedriger Raum geschaffen, in dem man innehalten konnte, bevor man sich in den höher gelegenen Raum der eigentlichen Synagoge begab. Die Sitzanordnung war so gelöst, daß jeder Gläubige auch die am anderen Ende des Raumes gesprochenen Worte hören konnte. Da jedes Ende gleich wichtig war, hatte jeder einen guten Platz.

Abb. 189. Ancona, Scuola Italiana, Innenansicht zum Almemor.

Diese Synagoge wurde im Jahre 1932 im Zuge eines Stadtsanierungsprojekts geschlossen und 1933 abgerissen. Die Behörden versprachen, eine neue Synagoge nach italienischem Ritus zu bauen, und die Heilige Lade und der Rokokobogen wurden gerettet, um in dem neuen Gebäude eingebaut zu werden.

Die Scuola Levantina

Die andere einflußreiche Synagogengemeinde Anconas war die der Levantiner, deren erste Synagoge während der ersten Hälfte des 16. Jahrhunderts eingerichtet wurde (Abb. 190). Der Grundriß dieser Synagoge glich dem der Scuola Italiana, nur war sie länger und schmaler, denn sie maß 17×5,50 Meter. Wie die Scuola Italiana und die meisten italienischen Synagogen bis zum späten 19. Jahrhundert war sie im Renaissancestil entworfen, hatte rund abschließende Fenster im Wechsel mit rechteckigen Feldern (oder Pilastern), eine gewölbte

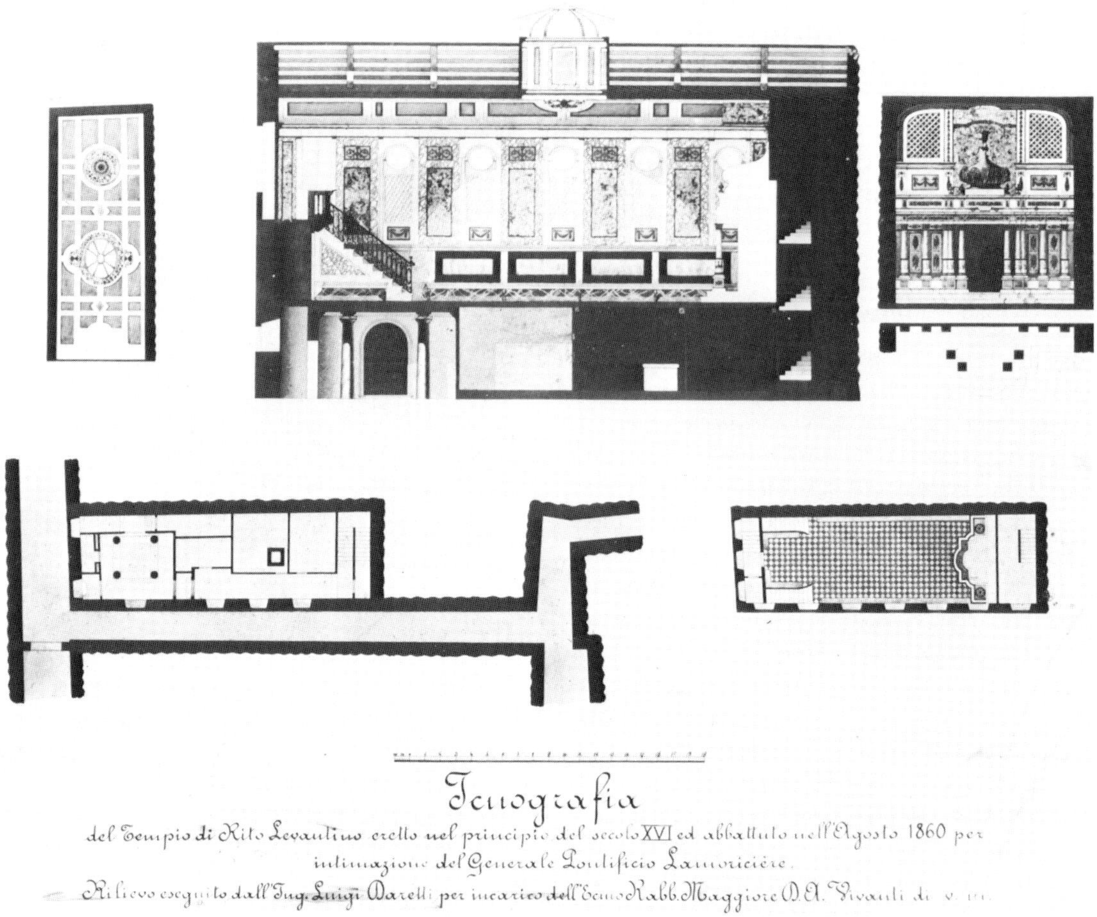

Abb. 190. Ancona, Scuola Levantina, 16. Jahrhundert und später, Deckenplan, Längsschnitt, Querschnitt, Lageplan, Betsaal (oberer Stock), Grundriß.

Decke und eine Laterne, die als Entlüftung oder Dachfenster diente. Die untere Wandverkleidung scheint erst später angebracht worden zu sein, denn die Form der Tafeln entsprach nicht dem Rhythmus der Wandgliederung darüber. Die Heilige Lade stand um drei Stufen erhöht und sprang etwa 2,50 Meter in den Raum vor. Ihre Säulen, Simse und geschwungenen Linien, die mit geraden Teilen abwechselten, ließen sie einem Kirchenaltaraufbau gleichen. Der Almemor hatte, wie in der Scuola Italiana, keinen Baldachin, war aber auffallend wegen seiner erhöhten Stellung und der Stufen, die hinaufführten und einige Meter in den Raum hineingingen. Die Frauen saßen hinter Gittern, anscheinend an jeder Seite hinter und über der Heiligen Lade und möglicherweise in einem Anbau entlang der Nordwand, der im Nebenhaus untergebracht war. Zwar wurde nicht erwartet, daß viele Frauen am Gottesdienst teilnahmen, aber die es taten, konnten die Vorgänge im Männerbereich nur schwerlich verfolgen und, wenn sie am östlichen Ende saßen, nicht sehen, wie die Thorarollen aus der Heiligen Lade herausgenommen und wieder zurückgelegt wurden.

Am Schicksal dieses Gebäudes läßt sich ablesen, wie die Juden im Jahre 1860 im Kirchenstaat behandelt wurden. Die Mauern des Ghettos waren zwar 1831 während eines Aufstands in Ancona geschleift worden, aber 1855 war das jüdische Viertel immer noch ein kleiner, übervölkerter Stadtteil mit engen Straßen. Die Einwohner hatten nicht genug Licht und Luft und ermangelten der Hygiene; außerdem wurden sie illegalen Zwangstaufen unterzogen (und der daraus folgenden Trennung von ihrer jüdischen Familie). Sie durften ihre Toten nicht am Tage beerdigen, denn sie würden angeblich andere durch ihre Riten und Gebete »beleidigen«. Es ist klar, daß sie sich unter diesen bedrückenden Verhältnissen nicht gegen den General des Kirchenstaats wehren konnten, der 1860 die Synagoge zerstörte, um das Grundstück zu militärischen Zwecken zu verwenden. Die Juden verlangten Schadenersatz, erhielten aber nichts und sahen sich gezwungen, eine neue Synagoge auf eigene Kosten zu bauen. Der Grundstein zu diesem Gebäude wurde im Jahre 1874 gelegt, es wurde 1879 eröffnet.

Einige Monate nach der Zerstörung der Synagoge war Ancona Teil des Königreichs Piemont geworden und im Jahre 1861 Teil des Königreichs Italien. Durch diesen Wechsel erhielten die Juden praktisch alle Bürgerrechte, darunter auch das Recht, Kultbauten zu errichten. Die neue Scuola Levantina war ein stattlicher Raum, mit Proportionen, die quadratischer und höher waren als die der alten Synagoge (Abb. 191). Sie besaß Rundbogen an jeder Wand mit Marmortäfelung dazwischen und rundbogige Fenster im Lichtraum des Gewölbes. Zur Einrichtung gehörte die Heilige Lade, die aus der zerstörten Synagoge stammte, lange Bänke entlang der Hauptachse sowie Kronleuchter und Wandleuchten, die wahrscheinlich ursprünglich Gaslampen waren. Der Almemor stand am westlichen Ende auf einer Plattform. Die Frauen saßen hinter Gittern an der Nord- und Südwand. Die würdige Ordnung und die Weite dieses Raums lassen vermuten, daß die Synagogengemeinde ihren rechtmäßigen Platz innerhalb des modernen und aufgeklärten staatlichen Gefüges im neuen Königreich Italien demonstrieren wollte, gleichzeitig aber als ein Zeichen der Treue gegenüber der jüdischen Tradition die überlieferte bipolare Stellung von Heiliger Lade und Almemor beibehielt.

Die Synagoge wurde im Jahre 1935 restauriert, kurz bevor die Juden Anconas es für geboten hielten, eine Umgebung zu verlassen, die sich immer antisemitischer gebärdete. Einige, die geblieben waren, wurden zu Beginn der vierziger Jahre deportiert oder ermordet. Wie viele andere Städte, in denen um die Jahrhundertwende zahlreiche Juden lebten, wurde Ancona nach dem Kriege eine Stadt mit einer kleinen, ständig abnehmenden jüdischen Bevölkerung. Viele junge italienische Juden wanderten nach Israel aus und mit ihnen auch fast alle Ritualkunstgegenstände Anconas. Eine Heilige Lade aus dem 18. Jahrhundert wurde in die Synagoge der Universität Tel Aviv übergeführt, und eine Heilige Lade aus dem 17. Jahrhundert befindet sich jetzt in der Hechal-Jakov-Synagoge in Bat Jam. Trotz dieser Verluste, die aber andererseits die Erhaltung jüdischer Kunstgegenstände gesichert haben, geht das jüdische Leben in Ancona weiter, ebenso wie in vielen anderen Orten. Die levantinische und die italienische Synagogengemeinde haben jeweils einen Betsaal in der Scuola Levantina im ehemaligen Ghettoviertel in der Via Astagno.

Abb. 191. Ancona, Scuola Levantina, 1874–1879, Innenansicht zur Heiligen Lade ca. 1970.

Bibliographie

Archives israélites, XXXV (1874), S. 95.
C. Ciavarini, *Memorie storiche degli israeliti in Ancona*, 2. Auflage, Ancona 1898.
R. Elia, »Ricordi del tempio di Ancona«, in: *Scritti sull'ebraismo in memoria du Guido Bedarida*, Florenz 1966, S. 71–75 (nicht eingesehen).
Encyclopedia Judaica, 1971.
Jewish Chronicle, 16. Febr. 1855; 1. Jan. 1869.
E. Loevinson, »Gli ebrei dello stato della Chiesa nel periodo del risorgimento politico d'Italia«, in: *Israel. La rassegna mensile*, 2. Ser., IX, Nr. 11–12 (1935), S. 542–563, bes. 542–550.
A. Milano, »Immagini del passato ebraico. Ancona«, in: *Ibidem*, XXXIII, 1967, S. 165–166.
U. Nahon, *Arks*.
J. Pinkerfeld, S. 33–35.

Casale Monferrato

Die Synagoge von Casale Monferrato ist eine der wenigen erhalten gebliebenen Synagogen im Piemont, wo ehemals viele kleine jüdische Gemeinden bestanden. Sie repräsentiert eine Gruppe von Synagogen, in denen ein lokaler, der »APAM«-Ritus von Asti-Fossano-Moncalvo, zelebriert wurde, nachdem die Juden sich im 15. Jahrhundert im Herzogtum Monferrato niedergelassen hatten. Das Äußere und ihre Lage sind typisch für Synagogen, die an einer alten Straße stehen. Sie ähnelt denen in anderen Orten Nordwestitaliens wie Carmagnola, Mondovi, Cherasco, Moncalvo und den ältesten Turiner Synagogen.

Der heutige Bau befindet sich auf dem Grundstück eines Hauses und Hofes, welche die Juden im Jahre 1595 mieteten. Er liegt im Herzen des traditionellen jüdischen Viertels und späteren Ghettos, in einer Straße, die jetzt nach einem Juden, Salomone Olper, benannt ist. Die Bauten hier hatten schlichte Fassaden, weil es so Brauch und wirtschaftlich war und weil kunstvollere Entwürfe in einer so engen Straße kaum eine Wirkung gehabt hätten. Viele Synagogen Europas befanden sich an ähnlichen Straßen, wenn sie nicht sogar in einem Hinterhof versteckt lagen (siehe Abb. 7, 46).

Bei den meisten Synagogen aus der Renaissance befand sich der Haupteingang nicht auf der Straßenseite, zum einen, weil die Juden ihre Sicherheit im Auge hatten, zum anderen, weil in vielen Orten Gesetze bestanden, die untersagten, daß jüdische Gebete an christliche Ohren drangen. In Casale Monferrato gingen die Gläubigen durch einen engen Durchgang in einen Hof und dann durch einen überdachten Vorhallenkorridor zu einer Tür auf der Westseite, die der Heiligen Lade gegenüberlag. Der Männerbereich war etwa 16,50 Meter lang und weniger als die Hälfte breit; die Tür, der Almemor und die Heilige Lade lagen auf der kurzen Achse. Im Unterschied zu anderen Synagogen aus derselben Zeit war in dieser ursprünglich keine Frauenempore vorhanden, vielmehr waren die Frauen noch in einem von den Männern getrennten Bereich untergebracht. Die Frauen befanden sich in Räumen im Süden und Westen über den Erdgeschoß-Büroräumen und dem Vorhallenkorridor; eine solche Anordnung erfolgte in den nächsten drei Jahrhunderten in vielen Synagogen, die in schon bestehenden Gebäuden eingerichtet wurden.

Auch die Verteilung der Nebenräume war die übliche. Gemeindebüros, Brunnen, Ritualbad, Schule und Lagerräume waren in einer unregelmäßigen und asymmetrischen, aber allem Anschein nach zweckdienlichen Weise um einen Hof herum verteilt. Die Wohnung des Rabbiners zum Beispiel war praktischerweise mit der Schule verbunden. Die Bereiche der Frauen konnte man direkt von einigen Häusern erreichen, die um den Hof lagen, sowie von der Vorhalle der Synagoge. Der Lagerraum für Lampen und Öl war von den anderen Räumen isoliert, um die Feuersgefahr zu verringern.

Auf einem Grundriß der Synagoge von 1599 ist zu sehen, daß die Sitzverteilung derjenigen auf einem Plan von 1663 – unmittelbar nachdem die Juden die Erlaubnis erhielten, das Grundstück zu kaufen – sehr ähnlich ist. Die Anzahl der Männer hatte sich vergrößert, vermutlich auf mehr als fünfhundert, so daß vier von Osten nach Westen gerichtete Bänke in dem freien Raum zwischen dem Almemor und den Sitzen an den kurzen Seitenwänden aufgestellt werden mußten. Die kleine Heilige Lade stand um mehrere Stufen erhöht und war mit Säulen und einem halbrunden Ziergiebel geschmückt, an beiden Seiten waren Sitze für die bedeutenden Männer der Gemeinde angebracht. Der Almemor, der allem Anschein nach polygonal war, stand auf einer erhöhten Plattform und war von einem Geländer umgeben. Schlanke Stützen an den Ecken des Almemors trugen einen Baldachin, der wahrscheinlich mit komplizierten geschwungenen Verzierungen ausgestattet war, die der Zeichner der Sitzverteilung nicht in seinem Plan eintrug. Andere Almemore vom 16. bis zum frühen 19. Jahrhundert hatten ebenfalls solch kunstvolle Baldachine; einer ist noch in der Synagoge von Carmagnola zu finden. Auf der Zeichnung für die Sitzordnung sieht man auch zwei riesige Leuchter, die rechts und links neben dem Almemor stehen; in Pinsk zum Beispiel waren ähnliche zu finden. Im Jahre 1684 stiftete ein gewisser Samuel Isaac zwei grüne Ornamente, die Stuckreliefs gewesen sein müssen (und nun braun gestrichen sind), auf denen Hebron und

Jerusalem zu sehen sind. Sie sind einander gegenüberliegend an den Seitenwänden in der Nähe der Heiligen Lade angebracht.

In der zweiten Hälfte des 18. Jahrhunderts vermehrte sich die jüdische Bevölkerung von Casale Monferrato, unter anderem durch Einwanderer aus Nachbarstädten. Die Gemeinde, die nun 130 Familien zählte, benötigte mehr Platz in der Synagoge, und ein neuer Bereich für die Armen wurde an der Südseite über dem Frauenbereich angebaut. Ein weiterer Frauenbereich wurde auf der Nordseite angelegt. Die Frauen saßen in zwei Reihen einander gegenüber, wie die Männer im Hauptraum, und nicht unbedingt hinter den Gittern zum Männerbereich. Die Gitter dienten also dazu, Luft und Sprache durchzulassen, und waren nicht nur Trennwände, um die Frauen der Sicht der Männer zu entziehen. Wir wissen nicht, ob eine solche Frauensitzordnung andernorts bestanden hat, aber in Avignon, Carpentras und Worms zum Beispiel waren die Frauen so vollkommen von den Männern getrennt, daß sie ihren eigenen Gottesdienst und Prediger hatten.

Die Synagoge in Casale Monferrato wurde im 18. und 19. Jahrhundert erneut verändert. In den sechziger Jahren des 18. Jahrhunderts wurde an der Westwand eine Kanzel angebracht und 1787 die Heilige Lade durch eine neue ersetzt, diese Einrichtungsgegenstände sind noch vorhanden (Abb. 192). Die Heilige Lade ist ein dreiteiliger Aufbau mit kannelierten, korinthischen Säulen, die einen Mittelteil einrahmen, und kunstvollen Ornamenten im Fries und Gesims. Die Holztäfelung, die ursprünglich weiß gestrichen war, wurde im Jahre 1860 dunkel bemalt als Ausdruck der Trauer über den Tod von König Carlo Alberto, der den Juden 1848 die rechtliche Gleichstellung gewährt hatte. Im Jahre 1866 wurde die Heilige Lade mit den Seitenteilen und der reichlich verzierten Attika versehen. Die Kanzel mit ihren langen Konsolen und geschweiften Kurven war nicht zu übersehen. Die Seiten des oktogonalen Almemors in der Raummitte waren länger, um die Ost-West-Achse zu betonen. Der Vorleser stand auf der Kreuzung der Ost-West- und der Nord-Süd-Achse. Ein Grundriß aus dem Jahre 1808

Abb. 192. Casale Monferrato, Innenansicht nach dem Umbau von 1853–1866.

zeigt jedoch den Almemor leicht nach Westen versetzt, mit seiner Westseite direkt unter dem östlichsten Ende der Rippen des Klostergewölbes. Das Gewölbe selbst war auf der Nord-Süd-Achse drei Felder lang, wobei die Heilige Lade und der Almemor das Mittelfeld einnahmen und die Sitze unter den Seitenfeldern und den Gewölbebogen untergebracht waren. Die Synagoge behielt diese Form bis zur Mitte des 19. Jahrhunderts, nur wurden in den Seitenfeldern mehr Bänke aufgestellt, und der Fußboden wurde im Jahre 1823 erneuert.

Zwischen 1853 und 1866, als die Juden sich ihrer gleichberechtigten Stellung sicher waren, veränderten sie das Gebäude. Sie beließen die Wände, die Heilige Lade und die Kanzel in ihrer alten Form und restaurierten die Wandinschriften, aber veränderten den Almemor, die Sitzordnung und die Decke. Mit dem neuen Gefühl, in eine moderne und vielversprechende Epoche eingetreten zu sein und die Verfolgungen von ehedem hinter sich gelassen zu haben, schufen sie eine neue Eingangshalle, die näher an der Straße lag. Sie setzten den Eingang auf die Nordseite, unter die Frauenempore, die an dieser Seite zu einem früheren Zeitpunkt angebracht worden war. Der alte Korridor im Süden wurde überflüssig und daher aufgegeben, so daß die Synagoge an der Südseite länger wurde. Nur ein enger Durchgang wurde belassen, der zur westlichen Korridor-Vorhalle und dem dahinterliegenden Hof im Westen führte. Die Gläubigen betraten die Synagoge nicht mehr vom Hof, und dieser verlor seine Funktion als Sammelplatz der Gemeinde; der eigentliche Synagogenbau wurde vorrangig. Da nunmehr die Synagoge auf der Nord-Süd-Achse verlängert war und die Anzahl der Deckenfelder um eins, also auf vier, vermehrt wurde, nahmen Heilige Lade und Almemor nicht mehr das Mittelfeld eines Dreifeldergrundrisses ein. Dieser mißlichen Situation half man ab, indem die Heilige Lade an die Südwand versetzt wurde, wodurch die lange Achse und die vier Deckenfelder eine neue Achsenausrichtung schufen. Denjenigen, die bemerkten, daß die Heilige Lade sich nunmehr im Süden und nicht mehr im Osten befände (wo ein Fresko mit einer Darstellung Jerusalems an die Wand gemalt worden war, um die Richtung zu markieren, in der die Gebete gehen sollten), konnte der Gemeindevorstand antworten, daß die Synagoge in Wirklichkeit nach Südosten ausgerichtet war, so daß die Südseite wie die Ostseite als die Richtung betrachtet werden könne, in der Jerusalem liege. Die konzentrische Sitzordnung wurde daraufhin aufgelöst, so daß die Gemeinde auf die Heilige Lade sehen konnte. Der Almemor wurde gleichzeitig nördlich neben die Heilige Lade versetzt, wodurch eine kombinierte Anlage von Heiliger Lade und Almemor entstand, wie man sie in Reformtempeln findet. Nur wurde hier wahrscheinlich eine solche Anlage aus Gründen der Bequemlichkeit gewählt, so daß die Gläubigen von ihren festen Bänken aus die zwei wichtigsten Punkte sehen konnten. Die Synagogengemeinde zog die neue Sitzordnung noch aus einem anderen Grunde vor, der Beweis eines neuen Geistes der Brüderlichkeit und moderner Einstellung war: Sie wollten den für die Armen abgetrennten Sitzbereich abschaffen und schämten sich jetzt, daß sie so etwas jemals zugelassen hatten. Die Bedürftigen durften nun von ihrem oberen Stockwerk herunterkommen und sich mit ihren Brüdern im Erdgeschoß vereinen. Die Anordnung der Bänke, zusammen mit der Kombination von Heiliger Lade und Almemor an einem Ende des Raumes, schuf unten mehr Sitzplätze. (Der alte Südteil für die armen Männer wurde in eine Wohnung umgewandelt und der Nordteil in einen Lagerraum.) Im Zuge dieser Veränderungen wurden die Wände begradigt, und die Synagoge wurde nach Westen erweitert. Diese Umbauten, die der Synagoge ein geordnetes und »kirchenartiges« Aussehen gaben, scheinen keine sehr starke Reaktion in einer italienischen Stadt hervorgerufen zu haben, in der die Juden, wie in anderen Städten, vor kurzem gleiche Bürgerrechte erhalten hatten und sich um engere Beziehungen zu ihren christlichen Nachbarn bemühten.

Langsam verminderte sich die jüdische Bevölkerung von Casale Monferrato in dem Maße, wie im späten 19. und frühen 20. Jahrhundert die Auswanderung in die großen Städte zunahm. Von etwa 700 bis 800 Personen (130 Familien) im 18. Jahrhundert fiel die Bevölkerung auf 300 im Jahre 1860 zurück. Deshalb war der Bereich, der den Frauen zugestanden wurde, nach den sechziger Jahren des 19. Jahrhunderts ausreichend: zwei Etagen mit Räumen an der nördlichen und der südlichen Seite, die mit

Hilfe von geschnitzten und vergoldeten Trennwänden abgeschirmt waren. Die in einem Gemeindebau gelegene Wintersynagoge wurde häufiger von Männern benutzt.

Die schwindende jüdische Bevölkerung hatte Schwierigkeiten, die Synagoge aufrechtzuerhalten, baute aber trotzdem im Jahre 1900 eine Heizung ein. Die Anlage war so schlecht installiert, daß die Stuckarbeiten und die Inschriften durch Ruß verdarben. Dann wurde das Dach undicht, und 1945, als es in Casale Monferrato nur noch fünfundzwanzig Juden gab, beschädigten deutsche Truppen die Synagoge. Das Gebäude wurde aber trotzdem im Jahre 1968 unter der Leitung von Piero Vignoli aus Alessandria mit Hilfe und unter der Aufsicht des Direktors des Denkmalamts in Turin in den Zustand von 1860 versetzt und restauriert. Die vergoldeten Stuckverzierungen und bemalten Teile wurden restauriert. Die Farben fangen das Licht auf, das durch die Fenster auf der Ost- und der Südseite eindringt.

Die Synagoge ist jedoch eher ein Denkmal als ein Gotteshaus, denn sie hat keine Gemeinde mehr. Auf den ehemaligen Frauenemporen ist ein Museum für jüdische Kunst untergebracht, und der Bau enthält ein Archiv und eine Bibliothek mit etwa sechshundert Bänden, die hauptsächlich aus dem 18. Jahrhundert stammen. Seit 1976 werden dort Konzerte jüdischer Musik gegeben. Die italienisch-jüdische Sammlung dieses Museums steht an zweiter Stelle nach der des Jüdischen Museums in Rom. Beide Museen gedenken des jüdischen Lebens in Nord- und Mittelitalien in einer kleinen Stadt und in der Hauptstadt.

Bibliographie

AJYb, LXXVIII (1978), S. 401.

L. Angelino, »La sinagoga di Casale, Museo dell'arte religiosa ebraica«, in: *Piemonte vivo*, 1970, Nr. 5, S. 18-25.

G. Avigdor, »La sinagoga di Casale«, in: *Studi piemontesi*, I, Nr. 1 (1972), S. 94–96.

D. Cassuto, »History of a Synagogue«, in: *Scritti in memoria di Umberto Nahon*, Jerusalem 1978, S. 176–195, mit weiteren bibliographischen Angaben (hebräisch).

Encyclopedia Judaica, 1971, s. u. Casale.

S. Foà, »Appunti d'archivio di storia ebraica monferrina«, in: *Israel. La rassegna mensile*, 2. Ser., XV, Nr. 3 (1949), S. 113–121.

S. Foà, *Gli ebrei nel Monferrato nei secoli XVI e XVII*, Bologna 1965 (Nachdruck der Ausgabe von 1914).

A. Milano, »Immagini del passato ebraico, XIV: Casale Monferrato, in: *Israel. La rassegna mensile*, 2. Ser., XXXIV, Nr. 3 (1968), S. 119.

U. Nahon, *Arks*, über Informationen über Synagogenausrüstungen in Casale und Umgebung, darunter Saluzzo, Acqui, Moncalvo usw.

L. Ottolenghi, *Breve cenni sugli israeliti casalesi e sul loro sacro Oratorio*, Casale 1866 (nicht eingesehen).

J. Pinkerfeld, S. 31–33.

C. Roth, *The History of the Jews in Italy*, Philadelphia 1946, bes. S. 343, 519.

A. Segre, *Memorie di vita ebraica: Casale Monferrato, Roma, Gerusalemme, 1918–1960*, Rom 1979.

Mein aufrichtiger Dank gilt Victoria Newhouse, Isabelle Hyman und William Krinsky dafür, daß sie mir Photographien und Artikel beschafft haben, und Moshe Barasch für Übersetzungen.

Florenz

Möglicherweise haben in Florenz einzelne Juden schon vor 1437 gelebt, aber erst in jenem Jahr gründeten sie eine Gemeinde. Sie wurden ihrer geschäftlichen Fähigkeiten wegen aufgenommen, und auch wenn sie unter gelegentlichen ernsten Verfolgungen und Vertreibungen und den üblichen Feindseligkeiten von seiten der Christen litten, erging es ihnen in Florenz doch besser als in vielen anderen Städten Europas. Sie lebten in einem Ghetto in der Nähe des Alten Markts und bauten ihre Synagogen im vorherrschenden regionalen Stil. Im Jahre 1859, als Florenz dem Königreich Sardinien eingegliedert wurde, erhielten die Juden volle und langwährende Bürgerrechte.

Als Florenz zur Hauptstadt Italiens wurde (1864–1870), war die jüdische Gemeinde darauf bedacht, ihren Patriotismus und ihren neuen, gleichberechtigten Status durch den Bau einer schönen Synagoge kundzutun. Ein reicher Mann mit Namen Daniele Levi hinterließ in seinem Testament Gelder für die Synagoge, und auch wenn Rom Florenz als Hauptstadt schon einige Zeit vor Baubeginn ersetzt hatte, wurde die Hinterlassenschaft für den beabsichtigten Zweck verwendet. Der Bau begann 1874

Abb. 193. Florenz, 1874–1882, Außenansicht.

und war im Jahre 1880 fast vollendet; die Einweihung fand 1882 statt.

Die Synagoge wurde von drei Florentiner Architekten entworfen: Mariano Falcini (1804–1885), Vincente Micheli (1830–1893) und Marco Treves (1814–1898), von denen nur der letzte Jude war. Falcini war der Leiter des Tiefbauamts der Stadt und beschäftigte sich üblicherweise mit Postämtern, Krankenhäusern und ähnlichen Bauten; Micheli entwarf öffentliche Bauten wie Krankenhäuser, Theater und Brücken. Keiner von ihnen hatte irgendeine Erfahrung mit Synagogenbau und nur wenig, wenn überhaupt, Erfahrung mit Kirchenbau. Lediglich Treves hatte eine Synagoge in klassizistischem Stil in Pisa gebaut (die 1863 eröffnet wurde). Juden wählten häufig – oder wurden zu einer solchen Wahl veranlaßt – wichtige Angestellte der städtischen Baubehörde, um ihre Synagogen zu bauen. In diesem Falle war das Team der Architekten nur insofern ungewöhnlich, als ein Jude darunter war, und dieser wiederum besonders ungewöhnlich, weil er, wie Micheli, Professor für Architektur war.

Die Synagoge nimmt eine Grundfläche von mehr als 50×25 Meter ein und steht völlig frei auf einem Grundstück, das in den siebziger Jahren des 19. Jahrhunderts zu den bevorzugten Randgebieten der Stadt gehörte (Abb. 193). Die Fassade ist nach Westen orientiert, und vor ihr befindet sich ein Vorgarten, in den die Gemeinde Palmen und andere exotische Gewächse setzte. Türmchen rahmen eine hellbraun und rosa gestreifte flache Mauer mit einem Eingangsportal und einem halbrunden Giebel als Abschluß der Fassade ein. Der Grundriß, ein griechisches Kreuz mit einer Kuppel darüber, enthält im Westen eine Vorhalle mit Treppen und Garderoben sowie im Osten Ankleide- und Verwaltungsräume zu beiden Seiten der Apsis. In dem farbenfreudigen Betsaal enden die vielzackigen Bogen in den großen Wölbungen der zentralen Kuppel (Abb. 194). Die Dekoration der Wände besteht aus kleinen Mustern islamischer Herkunft, die wie ein bunter Teppich wirken. Emporen erstrecken sich über drei Arme des griechischen Kreuzes und lassen im Osten Platz für eine Apsis, in der die Heilige Lade und der Almemor untergebracht sind, die um zwei niedrige Stufen erhöht liegen und wie die Minbar einer Moschee aussehen. Der Almemor ist mehr in die Mitte des Gebäudes gerückt, auch wenn die Gemeinde dem italienischen Ritus folgte, wonach der Almemor in früheren und kleineren Synagogen meist nach Westen versetzt ist. Der zentral gelegene Almemor in dieser Synagoge, die weder klein noch nach traditionellem Ritus angelegt ist, entstammt, wie auch andere Merkmale der Florentiner Synagoge, aschkenanischen Bräuchen. Ihre Erbauer gaben vor, sie hätten sich bei dem Entwurf von spanischen und ägyptischen Vorbildern (sie meinten islamischen) leiten lassen, die sie »veränderten und der Zeit, den Erfordernissen und dem Ort anpaßten«. Die grundlegenden Merkmale des Entwurfs aber – das griechische Kreuz mit zentraler Kuppel, Emporen in den Armen des Kreuzes, Türme, welche die Fassade einrahmen, der runde Giebel und die dem islamischen Stil entliehenen Einzelheiten – sind alle Kennzeichen aschkenasischer Synagogen in Nordeuropa. Diese bildeten die beeindruckendsten und daher nächstliegenden Vorbilder für eine Gemeinde, die ihre neue Stellung in ihrer Architektur ausdrücken wollte. Außerdem waren diese nordeuropäischen Bauten Synagogen und daher geeignetere Vorbilder als Moscheen oder Profanbauten. Der Kuppelbau über griechischem Kreuz war zum Beispiel aus Breslau und London bekannt, Bauten aus den sechziger Jahren des 19. Jahrhunderts (Abb. 151, 152, 177 und 178). Von der Kölner Synagoge (1861) kannte man die auffallende Kuppel im islamischen Stil. Die Leipziger Synagoge (1855) hatte Hufeisenbogen und andere maurische Details, wie so viele Gebäude, die in der Zeit zwischen der Dresdener (1840, Abb. 130) und der Florentiner Synagoge erbaut worden waren. Der riesige, halbrunde Giebel an der Fassade war auch an der Hauptsynagoge in der Rue de la Victoire in Paris (1874) zu finden, einer Stadt, wo Treves

Abb. 194. Florenz, Innenansicht zur Heiligen Lade.

gearbeitet hatte (Abb. 110). Kleine, minarettartige Türme waren an den Synagogen in der Tempelgasse in Wien (1858) und in der Rumbachstraße in Budapest (1872) angebracht (Abb. 42, 64). Wenn also die Florentiner Architekten Architekturzeitschriften betrachtet und jüdische Reisende befragt haben, so konnten sie leicht ihre Synagoge nach vorhandenen, passenden nordeuropäischen Bauten konzipieren. Sie vermieden spanische Grundrisse und stützten sich nur bei der Kuppel auf ägyptische Bauten. Eduardo Vitta, ein Mitglied des Synagogenbaukomitees, meinte, die Silhouette der Kuppel erinnere an die der Moscheen und Kalifengräber in Kairo. Er erklärte zwar nicht, warum ägyptische Vorbilder gewählt wurden, aber der Grund muß wohl gewesen sein, daß die spanisch-jüdischen Bauten im Mudejarstil, das heißt die Synagogen von Toledo, Córdoba und Sevilla, keine Kuppeln hatten und in der Alhambra keine geeigneten Vorbilder zu finden waren.

Warum wählten die so patriotisch gesinnten Florentiner Juden überhaupt einen maurischen Stil? Im Jahre 1870, als die neue Synagoge sich noch im Stadium der Diskussion befand, sandten die Vorstände der italienischen jüdischen Gemeinden eine Botschaft an König Viktor Emanuel II., in der sie ihre Loyalität dem neuen Königreich Italien gegenüber und ihre Absicht bekundeten, »nur in unseren Gebetstempeln daran zu denken, daß wir Israeliten sind«. Die exotischen Synagogen von Vercelli, Florenz, Rom, Turin und Genua aber lassen erkennen, daß die Juden bereits an ihr Judentum denken wollten, wenn sie sich ihren Gotteshäusern näherten, und nicht nur, wenn sie sich darin aufhielten. Da die städtischen Baubeamten solch ungewöhnliche Bauten akzeptierten und der König die Juden von Florenz lobte, weil sie ihre schöne Stadt durch ein weiteres schönes Bauwerk bereicherten, hat die Regierung die Juden offenbar als ein Volk anerkannt, das als andersartig betrachtet werden wollte. Die Tatsache, daß die Juden über Jahrhunderte davon ausgeschlossen gewesen waren, vollwertige italienische Bürger zu sein, hatte ihre Selbstbetrachtung geprägt, aber auch die Art, wie sie von ihren Mitbürgern gesehen wurden; sie wollten gleich und doch anders sein.

Die drei Architekten bewältigten die technische Seite des Bauvorhabens gut. Wartungsbereiche wurden eingebaut, die Kuppel mit dauerhaftem Kupfer gedeckt und mit Eisenketten gesichert, beim Untergeschoß wurde Geld eingespart und zum Teil in die Fassade aus hellbraunem Travertin und rotem Granit angelegt, ein Aufzug wurde eingebaut, um behinderte Frauen zur Empore zu befördern, und die Höhe der Emporenabtrennung wurde so bemessen, daß die Frauen zumindest den Eindruck hatten, am Gottesdienst teilzunehmen, die Synagoge aber nicht wie ein Theater aussehen ließen.

Das Vertrauen der Florentiner Juden wurde in den Jahren 1942 bis 1944 erschüttert: Mussolini setzte die »Rassengesetze« in viel strengerer Form durch, als es vorher eigentlich seine Absicht war. Nach dem Krieg reparierte die Gemeinde die Schäden, welche die Synagoge durch Bomben und Verwüstungen erlitten hatte. Nur die tragische Überschwemmung von 1966, die sich nicht lange nach einer Renovierung des Gebäudes ereignete, verursachte weitere Schäden. Das Wasser stand drei Meter hoch in der Synagoge, und die Einrichtung, die Thorarollen und Bücher haben schwer gelitten.

Die Gemeinde hatte sich nach dem Krieg sehr verkleinert, es gab nur noch 1250 Juden in Florenz im Vergleich zu 2730 im Jahre 1930. Obgleich die Synagogengemeinde der Nachkriegszeit durch Zuwanderungen aus anderen Gebieten an Mitgliedern gewann, übersteigen jetzt die Todesfälle die Geburten, einige junge Leute emigrierten nach Israel oder in andere Länder. Die Überbleibsel älterer Florentiner Synagogen sind ebenfalls nach Israel übergeführt worden, darunter eine Heilige Lade aus dem 19. Jahrhundert, die sich nun in der Jad-Giborim-Synagoge in Ramat Gan befindet, und Opferstöcke, die nun im Ausstellungsbereich im Korridor der Italienischen Synagoge in Jerusalem stehen. Heute halten die Florentiner Juden ihren Gottesdienst in der Großen Synagoge ab sowie in Beträumen für sephardische Gruppen in der Via della Oche.

Bibliographie

AJYb, LXVIII (1966), S. 345.
A. Bachi, S. 25–46, bes. S. 37–38.
P. A. Bigazzi, *Firenze e contorni. Manuale bibliografico*, Florenz 1893.

E. Brault, *Les architectes par leurs œuvres*, Paris 1883, Bd. 3, S. 396, 398.
Builder, XXXVIII (22. Mai 1880), S. 632–633.
U. Cassuto, *Gli ebrei a Firenze nell'età del Rinascimento* (Pubblicazioni del R. Instituto di Studi Superior i Pratici e di Perfezionamento in Firenze. Sezione di filosofia e filologia), Florenz 1918, bes. S. 216–218.
Encyclopedia Judaica, 1971, s. u. Florenz.
R. Gottheil, »Les archives juives de Florence«, in: *Revue des études juives*, LI (1906), S. 303–317; LII (1906), S. 114–128; und Korrekturen von U. Cassuto, *La rivista israelitica*, III (1906), S. 133–136, 171–176.
Jewish Chronicle, 30. Aug. 1878.
C. L. V. Meeks, *Italian Architecture, 1750–1914*, New Haven und London 1966, S. 268.
U. Nahon, *Arks*.
C. Roth, *The History of the Jews in Italy*, Philadelphia 1946, S. 492.
E. Vitta, *Relazione a corredo del rendiconto dei lavori eseguiti per la contruzione del Tempio Israelitico di Firenze*, Florenz 1883.

Livorno

Die Renaissance-Synagoge

Die jüdische Gemeinde von Livorno war zwei Jahrhunderte lang, zwischen 1600 und 1800, die glücklichste und erfolgreichste der Welt, ihre Hauptsynagoge gehörte zu den schönsten Europas. Nach der Zerstörung der Synagoge im Zweiten Weltkrieg wurde eine neue gebaut, die vollkommen verschieden von ihrer Vorgängerin war.

Juden und Maranen erreichten ihre beneidenswerte Stellung in der Stadt, weil sie in großer Anzahl zu ebendem Zeitpunkt zur Verfügung standen, als die Großherzöge der Toskana im 16. Jahrhundert den Handel in Livorno erweitern wollten und sie dazu benötigten. Die Juden waren 1492 und 1496 aus Spanien beziehungsweise Portugal vertrieben worden, und die Maranen wurden von den Inquisitoren verfolgt sowie der Ketzerei und Glaubensverfehlungen verdächtigt. In Livorno wurden jedoch während der vierziger Jahre des 16. Jahrhunderts fremden Händlern verschiedene Privilegien eingeräumt, und im Jahre 1593 verkündete Großherzog Ferdinand I. ein allgemeines Privileg, die »Costitutione Livornina«, die alle möglichen fremden Händler anzog und die Juden an erster Stelle. In diesem Text wurden Wohn- und Handelsrechte zugestanden, der Artikel 20 erlaubte den Juden den Besitz einer Synagoge und versprach ihnen und ihrem Besitz Schutz vor Gewalttaten. (Es kann sein, daß schon 1591 oder 1592 eine Synagoge im Erdgeschoß eines Gebäudes im Herzen der Stadt eingerichtet worden ist.) Im Jahre 1604 fügten die sephardischen Juden einen zweiten Bau an ihre erste Synagoge, im Jahre 1605 einen dritten an die beiden ersten. Dann wurde die Synagoge irgendwann versetzt und um ein Obergeschoß erweitert.

Ferdinand versuchte, auch französische und italienische Juden nach Livorno zu locken. Diesmal erlaubte er den neuen Siedlern nicht nur, die alte Synagoge zu benutzen, sondern auch, ihre eigenen neuen Synagogen zu errichten, auch wenn der größte Teil der Gemeindeeinnahmen immer noch an die sephardische Synagoge ging.

Als die jüdische Bevölkerung im Jahre 1640 1000 Personen überstieg, bat sie um die Erlaubnis, ihre sephardische Hauptsynagoge zu erweitern, wahrscheinlich durch Einbeziehen anliegender Häuser. Ein Besucher der Synagoge im Jahre 1657 beschrieb diese zwar nicht im Detail, berichtete aber, daß die Frauen in abgeschlossenen Bereichen rund um den Betsaal saßen.

In den neunziger Jahren des 17. Jahrhunderts zählte die Gemeinde etwa 3500 Mitglieder. Beamte, die im Jahre 1693 gewählt wurden, um die Synagoge und ihre Einrichtung zu überprüfen, kamen von neuem zu dem Schluß, daß die Synagoge unzureichend und die Heilige Lade zu klein und in sehr schlechtem Zustand war. Sie baten um die Erlaubnis, ein weiteres anliegendes Gebäude mit der Synagoge zu vereinen, und umgaben drei Seiten des großen Betsaals mit Emporen, die auf eine Arkade mit Rundbogen gesetzt wurden (Abb. 195). Die Namen derer, die zwischen 1701 und 1717 Geld für die Säulen und Bogen gaben, und die Daten ihrer Stiftungen wurden auf die Emporenbrüstungen eingeschrieben. Die Frauen der Familien, die Geld gespendet hatten, saßen eine Zeitlang direkt hinter den sie betreffenden Inschriften, aber dieser Brauch wurde später aufgegeben, weil er Res-

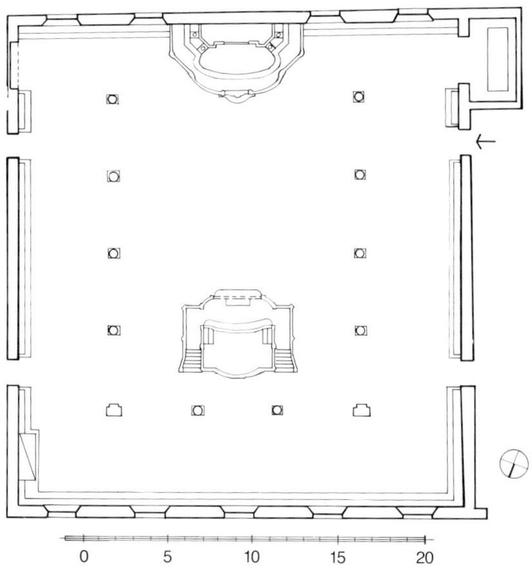

Abb. 195. Livorno, Renaissance-Synagoge, Grundriß nach 1693.

sentiments verursachte. Ein reisender Priester, der die Synagoge im Jahre 1716 besuchte, bemerkte, daß die Frauen in Schwarz, *à la française*, gekleidet waren und Perlen und Schmuck beim Gottesdienst trugen. Die Männer trugen schwarze Kleider, die nach der Mode von Florenz oder Genua geschnitten waren, sowie Perücken. Der Rabbiner trug eine lange, rote Robe, einen Betschal und einen Hut.

Um 1715 wurden Umbauten an den Gemeinderäumen, am Gerichtsraum des Rabbiners und am Bad für rituelle Waschungen vorgenommen, aber erst im Jahre 1740 erarbeitete der Bildhauer Isidoro Baratta aus Carrara Entwürfe für eine Heilige Lade aus Marmor. Er erhielt den Auftrag vor zwei Konkurrenten und die Zustimmung der Architekten und Ingenieure des Großherzogs. Die Heilige Lade bestand aus vier Säulen, die einen schweren, verschnörkelten und bekränzten Ziergiebel trugen, und wurde im Jahre 1742 aufgestellt. Im selben Jahr wurde Baratta beauftragt, Modelle für einen neuen Almemor anzufertigen. Die Baukommission entschied sich zwar 1743 für einen Almemorentwurf von David Nunes, dem Vizekanzler der jüdischen Gemeinde, aber dieser wurde gebeten, einige von Barattas Ideen zu verwenden. Der Almemor, der im Jahre 1745 eingebaut wurde, bestand aus einer polygonalen Plattform aus Marmor mit einer Balustradeneinfassung. Heilige Lade und Almemor waren schwere, mit geschwungenen Linien und reichen Farben verzierte Stücke, wie ein Großteil der profanen italienischen Einrichtungsgegenstände jener Zeit (Abb. 196). Beide stachen stark von der architektonischen Anlage des Betsaals ab, so daß die Gläubigen ihre Aufmerksamkeit mehr auf die liturgischen Vorgänge konzentrierten als auf den schönen, mit Arkaden versehenen Raum, in dem diese sich abspielten.

Mehrere Erdbeben im 18. Jahrhundert ließen die Gemeinde um ihre Synagoge bangen. Anscheinend waren die Baumassen zu schwer für die unteren Mauerteile und das Fundament. Im Jahre 1787 beauftragten die Juden den Architekten Ignazio Fazzi, den Bau zu stabilisieren und dann eine weitere Frauenempore über der schon bestehenden anzubringen. Er stützte die Decke durch ein Skelett aus riesigen Trägern und Balken (die aus den Wäldern der Camaldoleser Mönche stammten) und konnte die Arbeiten, darunter eine Vergrößerung der Almemorumschließung, im Jahre 1789 vollenden. Der Bau erreichte damals seinen Höhepunkt mit drei übereinanderliegenden stattlichen Bogenreihen, anmutigen Emporengittern, vielen großen Fenstern und beeindruckenden Ausstattungsgegenständen. Der Saal maß 25,80×28,20 Meter mit weiten Zwischenräumen zwischen einigen Stützpfeilern. Der regelmäßige Rhythmus der Bogen bildete einen ruhigen Hintergrund für die üppige Ornamentik, die goldenen Inschriften, die Holzverkleidungen am unteren Teil der Wände und die schweren Einrichtungsgegenstände. Es gab keine weitere ähnliche Synagoge, auch wenn die sephardische Synagoge von Amsterdam eine vergleichbare Wirkung geräumiger Größe und Selbstsicherheit besaß (Abb. 227, 228).

Als Livorno während der Napoleonischen Kriege blockiert wurde und später seine besonderen Privilegien als Freihafen verlor, büßten die Stadt und ihre Juden fast ihren ganzen Wohlstand ein. Im Jahre 1799 waren die Juden gezwungen, einige der kostbaren Metallampen und andere Ausstattungsgegenstände einzuschmelzen, um den Forderungen der Franzosen entsprechen zu können, und mußten später viel Geld aufbringen, um neue zu kaufen. Aus Gründen der Selbstbestätigung renovierten sie in den Jahren 1846 bis 1848 die Synagoge und brachten sie auf den neuesten Stand, unternahmen aber keine wesentlichen Umbauten. Deko-

Abb. 196. Livorno, Renaissance-Synagoge, Innenansicht nach dem Umbau von 1787–1789.

rateure ersetzten einen Teil der Ornamente aus dem 18. Jahrhundert, brachten jüdische Symbole anstelle der Blattverzierungen an und hängten riesige Kronleuchter in den Raum. Sie vergrößerten den Almemor so weit, daß ein Chor untergebracht werden konnte, und erhöhten die Heilige Lade, indem sie neue Teile zwischen den Kapitellen und dem Ziergiebel einsetzten. Im Jahre 1863 waren die Fenster mit Vorhängen ausgestattet, 1875 stiftete ein reicher Spender prächtige neue Türen für die Heilige Lade, die 2,25 Meter hoch und 1,36 Meter breit sowie mit Holz- und Perlmutterintarsien und in Silber geschnittenen Blattformen dekoriert war. Später, im Jahre 1903, installierte die Gemeinde eine Orgel, die als »ausgezeichnet« beschrieben wurde und von der Firma Tronci in Pistoia gebaut worden war; ein Teil der unteren Empore wurde für die Orgel eingerichtet.

Im Jahre 1875 wurden auch weitergehende Umbauten am Äußeren vorgenommen (Abb. 197). Im Zuge der Stadtsanierung mußten Häuser abgerissen werden, so daß ein kleiner Platz neben der Synagoge entstand. Dadurch wurde der hintere Teil des Gebäudes sichtbar, so daß die Fassade an der Piazza Nuova (jetzt Benamozegh) zur auffallendsten Seite wurde. Luigi Bosi, ein Architekt aus Livorno, verkleidete die

Abb. 197. Livorno, Renaissance-Synagoge, Fassade von 1875.

Mauer mit weißem Marmor, setzte Säulen rechts und links neben das Portal, brachte einige jüdische Symbole an und entwarf Zierrahmen für die existierenden Fenster, so daß die Fassade, die unerwartet zur »Hauptfassade« geworden war, ein stattliches Aussehen erhielt. Im Jahre 1905 wurde buntes Glas in die Fenster eingesetzt nach Entwürfen von Alberto Calza Bini, einem Kunstprofessor, der mit der Firma DeMatteis in Florenz zusammenarbeitete. Das Gemeindehaus neben der Synagoge wurde zur gleichen Zeit ebenfalls baulichen Veränderungen unterzogen. Als später, 1927, in der Via Cairoli, einer Erschließungsstraße, Gebäude aus sanitären Gründen abgerissen wurden, entstand eine dritte, aber nicht sehr bemerkenswerte Fassade, die das Stadtbild jedoch nicht beeinträchtigte.

Zwar hatten zu einem früheren Zeitpunkt der Vorstand der jüdischen Gemeinde und die Regierung die Einrichtung von konkurrierenden Synagogen zu verhindern versucht, aber Livorno besaß im 19. und 20. Jahrhundert dennoch weitere, bescheidenere Synagogen und Beträume. Eine der ältesten stand in der Nähe der Sankt-Antonius-Kirche. Sie alle fielen teilweise der Zerstörung durch die Faschisten und teilweise den Bombenangriffen der Alliierten zum Opfer.

Abb. 198. Livorno, 1958–1962, Fassade kurz vor der Vollendung.

Die Synagoge der Nachkriegszeit

Das Morden während der Kriegszeit und die Auswanderungen der Nachkriegszeit reduzierten die jüdische Gemeinde von Livorno erheblich. Die Überlebenden benötigten eine Synagoge, aber keine so große mehr wie die zerstörte. Die Gemeinde und die Regierung (die den größten Teil der Baukosten beisteuerte) beschlossen daher, ein neues und bescheideneres Gebäude zu errichten, das einen kleinen Betraum für sephardische Juden im Erdgeschoß, Räume für Gemeindeaktivitäten, eine Wohnung für den Rabbiner und andere notwendige Einrichtungen enthalten sollte.

Diese Synagoge, die im September 1962 eingeweiht wurde, ist mehr als ein rein funktionales Gebäude, auch wenn seine Planung von praktischen Erwägungen geleitet wurde. Das Gebäude erhebt sich kühn über seine bebaute Umgebung, liegt auf einem unregelmäßig geformten Grundstück, das von breiten Straßen eingerahmt wird, und ist nicht zu übersehen (Abb. 198). Ein Kritiker betonte, daß es sich nicht um ein Gemeindezentrum nach amerikanischem Vorbild handele, sondern um eine Bekräftigung jüdischer Existenz. In seiner dramatischen Form und den modernen Baustoffen würden das Überleben der Juden bis in die Gegenwart hinein verkündet und die zukunftsorientierte Vitalität der Gemeinde Livornos angedeutet. Für die Kritiker, und sicherlich auch für die Gemeinde, war diese Synagoge Ausdruck der Stärke und nicht der fatalistischen Resignation, die den jüdischen Opfern so oft unterstellt worden ist, Ausdruck der Unabhängigkeit und nicht des Verlangens, sich hinter profanen Architekturformen zu verstecken.

Der Bau ist praktisch angelegt. Er wurde aus Beton hergestellt, aus wirtschaftlichen Erwägungen, aber auch aus statischen Gründen der baulichen Anlage dieser Synagoge. Die Hauptträger bestehen aus den gebogenen, vertikalen Stützen, die außen von der Mauer vorspringen. Die Verwendung von Beton und diesem Konstruktionsprinzip ermöglichten, innen einen durchgehenden, stützenfreien Raum zu schaffen, in dem jeder überall hören und sehen kann (Abb. 199). Die Sitze sind an mehreren Seiten des verlängerten polygonalen Innenraums ver-

Abb. 199. Livorno, 1958–1962, Innenansicht zur Heiligen Lade.

teilt, so daß ein Gefühl der Einheit unter den Mitgliedern entsteht, wozu außerdem die zentrale Lage des Almemors und der Umstand beitragen, daß die Frauenempore nicht von verhüllenden Gittern umgeben ist.

Die Form hat auch symbolische Bedeutung, denn sie erinnert an den Tabernakel oder das Zelt in der Wüste, den Mittelpunkt religiöser Bezüge für die Israeliten während ihres Auszugs aus Ägypten. Obgleich eine Synagoge sich grundsätzlich von dem Zelt in der Wüste unterscheidet, mag dieses Bild eine besondere Bedeutung für die Mitglieder der Gemeinde gehabt haben, die während des Krieges verstreut und verschleppt gewesen und nun, nach ihren eigenen Wanderungen, wieder vereint waren. Die ausgebeulte Form der Synagoge ist innen sogar noch offenkundiger, denn hier vereinen sich die vertikalen Linien und die hell gestrichenen Wände mit dem lichterfüllten Raum, so daß der Eindruck entsteht, man sei von etwas Luftigem und fast Schwerelosem, einem Zelt sehr Ähnlichen, eingeschlossen.

Auch die polygonalen Fenster haben eine symbolische und erinnerungsträchtige Bedeutung, denn sie beziehen sich auf die Fenster der zerstörten Hauptsynagoge der Stadt. Blutrot gefärbtes Glas in den Fenstern soll an das Blut der jüdischen Toten erinnern. Teile des zerstörten Almemors, die in dem neuen verwendet worden sind, beschwören die tragische Vergangenheit herauf und sind zugleich Zeichen der Wiedergeburt, während eine Heilige Lade aus dem 18. Jahrhundert, die aus der sephardischen Synagoge von Pesaro stammt, von der Auflösung anderer, kleinerer jüdischer Gemeinden in Italien zeugt.

Die Synagoge von Livorno ansehnlich zu gestalten, hieß, sie um so geeigneter als Vertreter ihrer ehrwürdigen Gemeinde und der jüdischen Vorstellungen der Nachkriegszeit erscheinen zu lassen. Angelo di Castro, ein jüdischer Architekt aus Rom, der um 1958 beauftragt wurde, die Synagoge zu entwerfen, hat sich vielleicht von seinem Wunsch hinreißen lassen, einen symbolträchtigen Bau zu errichten. Dieser wirkt auf viele Betrachter seltsam, auffallend und eher der Mode als dem Geist der Zeit entsprechend. Aber als kühne, wenn auch etwas oberflächliche Aussage mag er vielleicht die wirkliche Situation der Gemeinde ausgedrückt haben, die ehrlich und aufrichtig das Verlangen hatte, sich in jener Nachkriegszeit zu einem neuen, starken Leben zu bekennen, und die es nicht führen konnte, da Livorno an Bedeutung verloren hatte und die jungen italienischen Juden dem Druck der Assimilation, der Säkularisation und zionistischen Bestrebungen nachgaben.

Bibliographie

AJYb, 1962 (1963), S. 323.

U. Fortis, *Jews and Synagogues*, Venedig 1973, S. 90–95.

Israele, XXI, Nr. 29–30 (7.–14. Mai 1936), gibt einen Bericht über die Feier des Sieges über Abessinien.

Père Labat, *Voyages en Espagne et en Italie*, Amsterdam 1731, Bd. 2, S. 88 ff., berichtet von einem Besuch im Jahre 1716.

C. Ligini, »Il tempio di Livorno nell'attività dell'architetto Angelo di Castro«, in: *L'architettura*, X, Nr. 103 (Mai 1964), S. 20–29.

E. H. Lindo, *The History of the Jews of Spain and Portugal*, London 1848, S. 334–336.

A. Milano, »La costituzione Livornina del 1593«, in: *Israel. La rassegna mensile*, XXXIV, Nr. 9/10 (1968), S. 394–410.

A. Milano, *Storia degli ebrei in Italia*, Turin 1963.

Zu David Mocattas Zeichnungen der Innenansicht und einem Aufriß mit Emporen im Royal Institute of British Architects, Drawings Collection, siehe J. Lever (Hrsg.), *Catalogue of the Drawings in the Royal Institute of British Architects Drawings Collection*, London 1973, Bd. L–N, S. 85.

U. Nahon, *Arks*.

J. Pinkerfeld, S. 36–39.

G. Piombanti, *Guida storica ed artistica della città di Livorno*, 2. Aufl., Livorno 1903.

A. Toaff, »Cenni storici sulla comunità ebraica e sulla sinagoga di Livorno«, in: *Israel. La rassegna mensile*, XXI, Nr. 9–10 (1955), S. 355–369, 411–426.

A. Toaff, »On the Jews of Livorno and their Synagogue«, in: *Eretz Israel: Archaeological, Historical and Geographical Studies*, Bd. 3, 1954, S. 249–257 (hebräisch).

G. Vivoli, *Guida di Livorno antico e moderno*, Livorno [1956], zitiert aus einem handgeschriebenen Führer von 1835.

Mailand

Die Mailänder Juden waren insofern vom Schicksal begünstigt, als christliche und jüdische Architekten ihre Hauptsynagoge mit größter Sorgfalt planten.

Bis 1892 hielten die wenigen Juden der Stadt ihren Gottesdienst in einem Raum ab, der im zweiten Stock eines Wohnhauses in der Via Stampa lag und seit 1840 als Synagoge diente. Im Jahre 1857 war ihr zentral angeordneter Almemor, der anscheinend ein traditioneller Käfig war und als eine hinderliche »hölzerne Vorrichtung, die zwischen die Gläubigen und den Prediger hingesetzt war«, beschrieben wurde, durch ein »richtiges Lesepult« ersetzt worden. Abgesehen von seinen anderen Nachteilen bot der Synagogenbau keinerlei Möglichkeiten zur Verschönerung, als die Stellung der Juden in Mailand sich verbesserte, und die Ausgänge waren so eng, daß die Gemeinde sich im Brandfall in großer Gefahr befunden hätte.

Im Jahre 1887 hinterließ ein kinderloses Mitglied der Gemeinde, Salomone Ottolenghi, dieser genug Geld, um fast die ganzen Kosten einer neuen Synagoge decken zu können. Die Synagogengemeinde bildete sofort ein Baukomitee, das unter der Leitung des Ingenieurs Guiseppe Sullum stand. Man sicherte sich ein Grundstück in der Via Guastalla in der Innenstadt, das der adligen Familie Archinto gehört hatte. Das Komitee vertraute den Entwurf Luca Beltrami (1854–1933) an, einem berühmten christlichen Mailänder Architekten, zu dessen Werken die Fassadenumgestaltung für den Dom, ein Restaurierungsprojekt für das Castello Sforzesco und eine ganze Anzahl von bedeutenden Bauten gehörten.

Beltrami ging an den Auftrag mit allseits anerkanntem Verantwortungsgefühl heran, zugleich mit großer Geschwindigkeit. Zwei Monate nachdem er im Frühjahr 1890 den Auftrag erhielt, bereitete er detaillierte Entwürfe vor, plante das gesamte Gebäude inklusive der Ausstattungsgegenstände und überwachte den Bau, der zwischen Februar und September 1892 entstand (Abb. 200). Beltrami beeindruckte seine Auftraggeber und seine Kollegen, weil er sich fast genau an das vorgegebene Budget hielt.

In den Jahren, die diesem Bau unmittelbar

Abb. 200. Mailand, 1890–1892, Fassade, Zeichnung von Luca Beltrami.

vorausgingen, waren in Alessandria, Asti, Bologna, Florenz, Modena, Parma, Reggio Emilia, Soragna, Turin und Vercelli Synagogen errichtet worden. Einige von diesen waren unauffällige Bauten in allgemein üblichen klassizistischen Stilformen, andere, wie in Florenz, Vercelli und Turin, zeigten exotische maurische und byzantinische Stilformen wie so viele Synagogen nördlich der Alpen (siehe Abb. 193, 194, 216). Beltramis Bau gehört zu der zweiten Kategorie, aber er versuchte, für die Juden Norditaliens einen besonderen Stil zu entwickeln, in dem exotische und regionale Stilelemente sich verbanden.

Die zweistöckige Fassade war etwa 30 Meter hoch. Der mit einem Giebel versehene Mittelteil wurde von den niedrigeren Seitenteilen durch zwei Pfeiler getrennt, die bis zur vollen Höhe des Gebäudes hinaufgingen. Bogenfenster öffneten sich im oberen Stock, an den Seiten paarweise, im Mittelteil dreiteilig, und in einer Nische im Giebel waren die Gesetzestafeln angebracht. Diese Anlage unterschied sich nicht wesentlich von den Mailänder Kirchen, und der Bau stand aus dem üblichen, in der Gegend benutzten Stein. Die beiden Pfeiler an der Fassade sollten jedoch an Jachin und Boas erinnern; die Ausschmückung der Türeinfassung und Bogenfüllung über den drei zentralen Fenstern aus Mosaiken in Blau und Gold spielte auf die östliche Herkunft der Juden an. Die Fenster belichteten die Emporen, die um drei Seiten des Innenraumes liefen, eine Anlage, die eher für jüdische als für moderne römisch-katholische Bauten typisch war.

Innen war dem gut beleuchteten Betsaal eine dämmrige Vorhalle vorgesetzt, die von Treppen zu den Emporen eingerahmt war. Der Betsaal hatte ein Mittelschiff und Seitenschiffe mit Emporen sowie eine leicht erhöhte Apsis, in welcher der Almemor in der Nähe der Heiligen Lade stand. Hölzerne Gewölbe stiegen zu einer beeindruckenden Höhe von 20 Meter empor, und der Bau selbst maß 25 Meter in der Länge und 22 Meter in der Breite. Der Architekt war in der Lage, Dünne und Höhe zu kombinieren, da hölzerne Gewölbe, im Vergleich zu Steingewölben, keine dicken Mauern brauchen, die ihren Schub stützen. Die Verwendung von Holz und dünnen Mauern machte das Bauen außerdem preiswerter und schneller.

Beltrami scheint sich bei seinem Entwurf an nordeuropäische Vorbilder angelehnt zu haben. Er hatte als junger Mann eine Studienreise nach Paris unternommen und war auf seinem Gebiet sehr belesen. In seinem Rundbogenstil mischten sich romanische und Renaissance-Elemente, und man hat den Eindruck, als wollte er die Theorien über deren Verwendung zum Ausdruck bringen. Er setzte dort Mauerwerk ein, wo es aus konstruktiven Gründen notwendig war, weniger um eine massige Wirkung zu erzielen oder als Ornament. Verzierungen wurden hauptsächlich an Punkten verwendet, wo zwei Bauteile aufeinandertrafen, zum Beispiel am Ansatz eines Bogens oder eines Gesimses. Ein Bogen brauchte keine vorbestimmte Form zu haben. War Platz für Pfeiler, wie zum Beispiel auf der Emporenebene, die groß genug waren, um einen Halbkreisbogen zu tragen, so verwendete Beltrami diese Form. Im Erdgeschoß, wo die Pfeiler kürzer und dicker waren, setzte er niedrigere und weitere Segmentbogen ein. Oben an der Innenwand, wo runde Lichtgaden eingesetzt waren, betonte er die Wand nur durch kurze Pilaster, die ein gerades Sims trugen. Jeder Teil war so entworfen, daß er seine Höhe und seine Position in der Wandkomposition ausdrückte. Marmorverkleidung und eine Heilige Lade in Form eines kleinen, überkuppelten Tempels, der mit blauen und goldenen Strahlen verziert war, gaben dem Ganzen eine festliche Note.

Die Anklänge an nördliche Bauten, die sich am Äußeren und Innern der Synagoge erkennen ließen, waren auch in der Atmosphäre beim Gottesdienst präsent. Ein deutscher Besucher, der das Ambiente mit dem der Synagoge in der Fasanenstraße in Berlin verglich, beschrieb die Wirkung beider als »ästhetisches Judentum«.

Im August 1943 wurde die Synagoge bei einem Luftangriff auf Mailand fast völlig zerstört. Faschisten hatten sich schon aller Metallgegenstände bemächtigt. Nur die Fassade, die Gemeindeschule und das Wohnhaus im hinteren Teil des Grundstücks blieben von den Bomben verschont. Nach dem Krieg beteten die Juden in einem bescheidenen Raum und schrieben schon im Februar 1947 einen Wettbewerb für eine neue Synagoge aus. Die Preisträger waren Eugenio Gentili und Manfredo d'Urbino, beides Juden, die jeder einen Entwurf einreichten, der gleiches Lob erntete, und den Abriß der alten Fassade sowie den Bau einer völlig neuen Synagoge vorschlugen. Gentili entwarf einen soliden, rechteckigen Bau aus massiven Steinblökken, die an die Mauern Jerusalems erinnern könnten. Das Gebäude hatte eine Kuppel im Zentrum einer abfallenden Decke, die aus sichtbar belassenen Stahlbetonbalken bestand, möglicherweise in Anlehnung an polnische Synagogen aus dem 17. und 18. Jahrhundert. Diese traditionellen Merkmale sind vielleicht eine Reaktion auf die Präsenz osteuropäischer Flüchtlinge, die im allgemeinen orthodox waren und nicht in einer Synagoge beten wollten, in der der Almemor nahe bei der Heiligen Lade stand. Zugleich wirkte das Gebäude aber modern wegen seiner schmucklosen, flächigen Einfachheit, in der Zurschaustellung seiner Konstruktion und in der Verwendung einer zur Empore führenden Außentreppe – eine Idee aus dem Vorkriegswerk Corbusiers und Mies van der Rohes. Das Ergebnis dieser verschiedenen Einflüsse wirkte nicht eklektizistisch, sondern eher einfach und solide. Manfredo d'Urbinos Entwurf wurde wegen seiner Nutzung des oberen Stockwerks für die Hauptsynagoge und des Erdgeschosses für Betsäle sephardischer und aschkenasischer Synagogengemeinden zur Realisierung bestimmt.

Aber keines der beiden Projekte wurde ausgeführt, weil das Bauministerium intervenierte und verlangte, daß die Synagoge auf demselben Grundstück wiederaufgebaut werden sollte. Also mußte die alte Fassade Teil eines neuen Entwurfs werden, der von den beiden preisgekrönten Architekten mit Hilfe von Alessandro Rimini, einem weiteren jüdischen Architekten, und von Ruggiero Rossi, einem Ingenieur, erarbeitet wurde. Komplizierte finanzielle Transaktionen und Schwierigkeiten, einen Bauunternehmer zu finden, verzögerten den Beginn der Bauarbeiten bis zum September 1951, aber 1954 war die Synagoge vollendet (Abb. 201).

Die Architekten schufen einen nüchternen Raum, der hauptsächlich in Stahlbeton gebaut wurde, aber durch Marmor an der Heiligen Lade und an der Wand der Vorhalle hinter einer Platte, die von der ehemaligen Synagoge stammt, aufgelockert wird. Der Bau ist länglich, wirkt aber mehr auf die Mitte bezogen als Beltramis Gebäude, weil die Emporen nicht durch mehrere übereinanderliegende Bogenreihen vom Mittelschiff getrennt sind. Statt dessen kann man von den Emporen mit ihren niedrigen Brüstungen den Raum auch seitlich einblicken. Alle Linien sind gerade – im Gegensatz zu den geschwungenen Linien und Bogen von Beltrami. Indem die Architekten Dachfenster über dem Almemor anbrachten und die Härte des Betons durch roten Marmor, gelbes Fensterglas und blaue Rolläden abschwächten, sowie durch die alte Fassade schufen sie einen Raum, in dem die klaren und erdverbundenen Seiten der jüdischen Religion sich mit Elementen mischen, die auf Gemüt und Geist einwirken.

Die Synagoge enthält kleine Beträume für sephardische und aschkenasische Gruppen im unteren Stockwerk sowie die üblichen Schulräume, Wohnungen für die Angestellten und Büros in einem Anbau. Obwohl diese Synagoge nach wie vor das Zentrum der jüdischen Gemeinde Mailands bildet, haben die Juden dieser Stadt doch viel verschiedenere Hintergründe, als ein einziger großer Synagogenbau es vermuten läßt. Im Jahre 1971 gab es Anhänger des deutschen und polnischen aschkenasischen Ritus, des persischen, des spanisch-portugiesischen, des italienischen, des nordafrikanischen und des chassidischen Lubawitsch-Ritus – eine Mannigfaltigkeit, die einer Metropole wie Mailand entspricht.

Bibliographie

Allgemeine unabhängige jüdische Wochenzeitung, 16. April 1971.
M. M. Armato, O. P., *Luca Beltrami, 1854–1933. L'uomo sulla scorta di documenti inediti*, Fribourg 1952, S. 49.
R. Bachi, S. 25–46.
P. Chessa, »La sinagoga nell'opera di Gentili«, in: *Metron*, X, Nr. 51 (1954), S. 13–19.
Il Vessillo israelitico, XXXIX, Nr. 1 (1891), S. 9–10; XL, Nr. 10 (1892), S. 337–338.
Jewish Chronicle, 25. Dez. 1857, S. 12.
C. L. V. Meeks, *Italian Architecture, 1750–1914*, New Haven und London 1966, S. 272.
G. Romano, »Sally Mayer«, in: *Scritti in memoria di Sally Mayer (1875–1953). Saggi sull'ebraismo italiano*, Jerusalem 1956, S. 15–16.
C. Roth, *History of the Jews in Italy*, Philadelphia 1946, S. 513.
A. Saranno, *Sette anni di vita e di opere della comunità israelitica di Milano (Aprile 1945–Maggio 1952)*, [Mailand 1952], bes. S. 24–28.
L. Tenenti, »Tempio israelitico di Milano«, in: *Edilizia moderna*, I (1892), Heft VII, S. 1–4.

Abb. 201. Mailand, Innenansicht nach dem Umbau von 1951–1954.

Ich danke Joanne Gitlin Bernstein für die Beschaffung von Photographien der Zeichnungen Beltramis für die Synagoge im Castello Sforzesco, Mailand.

Ostia Antica

Die Synagoge von Ostia, dem antiken Hafen Roms, wurde genauso zufällig entdeckt wie viele Denkmäler in und um Rom. Sie wurde während der Bauarbeiten an der Autobahn von Rom über Ostia zum Flughafen Fiumicino ausgegraben.

Der Bau lag am Ende einer Hauptstraße, außerhalb der Stadtgrenze in der Nähe des Flusses, so daß fließendes Wasser für bestimmte Zeremonien und das Bad für rituelle Waschungen vorhanden war. Bei Ausgrabungen, die 1961 und 1962 vorgenommen wurden, entdeckte man eine Synagoge in zwei Teilen, von denen einer den Betsaal, das rituelle Bad und zwei Räume unbekannter Bestimmung enthielt, der andere Teil den Ofen für die Matzenbäckerei

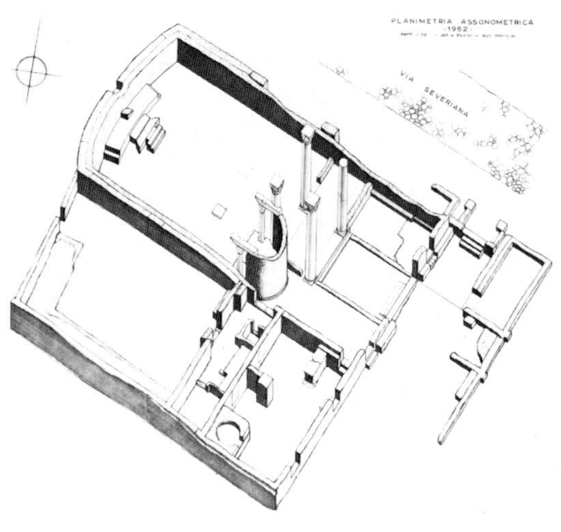

Abb. 202. Ostia Antica nach dem Umbau im 4. Jahrhundert, Axonometrie.

und zwei weitere Räume, einen mit Bänken, der vielleicht ein Versammlungsraum oder eine Schule gewesen war (Abb. 202). Im Betsaal-Bereich standen vier Säulen im Rechteck zwischen einer Trennwand und der Mauer, in der sich der Eingang befand. Die Archäologen entdeckten auch einen Brunnen in der Nähe des Eingangs und ein Architrav mit eingeritzten Abbildungen jüdischer Ritualgegenstände. Die ganze Anlage bildete ein Gemeindezentrum für eine Synagogengemeinde, die etwa fünfhundert Mitglieder gehabt haben könnte. Die Räume erstreckten sich über eine Grundfläche von 36,60× 23,50 Meter, von welcher der Betsaal 24,90× 12,50 Meter einnahm.

Die Überreste wurden als Umbau aus dem 4. Jahrhundert einer Synagoge aus dem 1. Jahrhundert interpretiert. Überreste von *opus sectile*-Mauerwerk und der Stil der vier korinthischen Säulen lassen auf Arbeiten aus dem 1. Jahrhundert schließen. Es sind keine Spuren einer Frauenempore vorhanden. Der Almemor oder die Heilige Lade waren ein tragbarer hölzerner Behälter, so besagt eine Inschrift aus dem 2. Jahrhundert. Beim späteren Umbau wurden der allgemeine Umriß, die vier Säulen, der Haupteingang, die mittlere Tür zum Betsaal und der Durchgang zum Raum mit dem Matzenofen vom Bau aus dem 1. Jahrhundert übernommen.

Das Gebäude wurde in seiner endgültigen Form aus dem 4. Jahrhundert aus *opus vittatum* hergestellt, das heißt aus rechteckigen Lagen von Ziegelsteinen oder kleinen Blöcken aus Kalktuffstein. Die Mauern stehen an drei Seiten im rechten Winkel zueinander und sind teilweise abgeschrägt; auf der vom Eingang entfernten Seite, der Nordostseite, ist die Mauer leicht gebogen. Der Betsaal liegt im östlichen Teil des Grundstücks und der Eingang im Ostsüdosten, das heißt in Richtung Jerusalem. Ein Eingangsbereich ist um zwei Stufen vertieft in das Bodenniveau eingelassen und führt zu einem Raum mit einer Brunneneinfassung neben dem Bad für rituelle Waschungen. Südlich des Baderaums liegt ein Bereich, in den die vier Säulen vorspringen, mit einer Apsis aus dem 4. Jahrhundert zwischen zwei dieser Säulen und einer Wand, die den westlichen Teil des Raumes vom Betsaal trennt. Dahinter befindet sich ein Raum mit erhöhtem Fußboden, der mit weißen Mosaiken ausgelegt ist. Einige Forscher nehmen an, daß die Frauen dort gesessen haben, aber es gibt keine Beweise für diese Theorie.

Der Betsaal, der nördlich von dem Raum mit den vier Säulen liegt, hat ein 79 cm hohes Podium in der Mitte der gekrümmten Wand. Dies war vielleicht die Stelle, an der sich die Heilige Lade befand oder wo die Vorstandsmitglieder der Gemeinde saßen. Die Apsis in der südlichen Ecke wurde sicher im 4. Jahrhundert hinzugefügt, denn die Symmetrie der Trennwände, die ursprünglich von den vier Säulen ausging, ist zerstört und außerdem der Zugang zu einer Tür behindert. Die Apsis war insofern außergewöhnlich, als sie frei im Raum stand und in die Vorhalle vorsprang. Vier Stufen führten zur Apsis; ihr Eingang war mit freistehenden, aus Marmorblöcken zusammengesetzten Säulchen geschmückt, die Architrave trugen, welche dahinter mit den Mauern der Apsis zusammenliefen. Falls die Architrave durch ein quer verlaufendes Element verbunden waren, das einen Ziergiebel hielt, so hätte diese Ädikula der Heiligen Lade in der Synagoge von Dura-Europos aus dem Jahre 245 ähnlich gesehen. Die Apsis in Ostia hatte kleine, marmorverkleidete und bunte Nischen an den niedrigen Mauern des Podiums, welche die Säulen und Basen der Säulchen umschlossen, und vergoldete Reliefs, die jüdische Ritualgegenstände darstellten, an den Kragsteinen der Architrave über den Säulchen.

Der Gläubige, der im 1. Jahrhundert auf der Südostseite eintrat, hätte sich vor einem doppelten Portikus befunden, der aus den vier Säulen und den Bogen oder Architraven zwischen diesen gebildet wurde. Die Architrave reichten bis zu Vorsprüngen an den Seitenwänden, die Antenpfeilern glichen. Der Bereich beim Eingang könnte eine Vorhalle, ein Versammlungsraum oder eine Schule gewesen sein, vielleicht aber auch eine religiöse Gerichtsstätte, während der Raum hinter dem Säulenportikus wohl der Betsaal gewesen ist. Später, im 4. Jahrhundert, wurde die Synagoge in ihrer heutigen Form umgestaltet, unter anderem wurden die Trennwände innen, die Apsis, das Podium und die meisten der Nebenräume eingebaut. Der größte Raum im Westen hatte eingebaute Bänke und könnte der Studier- oder der Gerichtsraum gewesen sein. Die Apsis – vielleicht eingebaut, weil der Heiligen Lade zu jener Zeit in anderen Synagogen eine besondere, permanente architektonische Gestaltung gegeben worden war – wurde an einer solch störenden Stelle angebracht, weil die Heilige Lade nach Südosten, in Richtung Jerusalem, stehen sollte, möglichst ohne die Wirkung des imposanten Säulenportikus zu zerstören.

Die Anlage in der Synagoge von Ostia unterscheidet sich von der anderer antiker jüdischer Gotteshäuser, aber in den ersten Jahrhunderten des Synagogenbaus gab es wenige allgemeingültige Regeln für die Planung oder die Dekoration solcher Bauten. Es ist außergewöhnlich schwierig, eine antike Synagoge als solche zu identifizieren, ob sie nun in der Diaspora oder im Heiligen Land liegt, so daß Kontroversen über die Frage, ob Bauten auf der Insel Delos, in Elche in Spanien und in Masada im Heiligen Land – um nur einige Beispiele aus verschiedenen Gebieten zu nennen – Synagogen waren oder nicht, nicht zu klären sind.

Ostias Synagoge verdient es ebenso wie alle anderen berühmten Überreste dort, erforscht zu werden. Dank der Ausgrabungen, die von Dr. Maria Floriani Squarciapino geleitet wurden, und ihrer wichtigen Abhandlungen darüber besitzen wir eine plausible Erklärung eines rätselhaften Grundrisses. Wir besitzen eindeutige Beweise, daß es dort eine blühende jüdische Gemeinde gegeben hat, die über mehrere Jahrhunderte bestand. Diese Synagoge bildet ein seltenes und daher wertvolles Beispiel einer antiken Synagoge auf europäischem Boden. Ohne andere namhafte Überreste von frühen europäischen Synagogen zu besitzen, läßt sich die Synagoge in Ostia mit späteren europäischen Bauten in Verbindung bringen, hauptsächlich wegen der Ausrichtung der Heiligen Lade, die anscheinend im 4. Jahrhundert eine solche Bedeutung gewonnen hatte, daß zu ihren Gunsten eine unvorteilhafte Anlage des Innenraums in Kauf genommen wurde, und wegen der Gemeinderäume, die eng mit dem eigentlichen Gotteshaus verbunden waren.

Bibliographie

M. Floriani Squarciapino, »Ebrei a Roma e ad Ostia«, in: *Studi romani*, XI (1963), S. 129 ff.

M. Floriani Squarciapino, »La sinagoga di Ostia«, in: *Bollettino d'arte*, Ser. 4, XLVI, Nr. 4 (1961), S. 326–337.

M. Floriani Squarciapino, »La sinagoga di Ostia: Seconda campagna de scavo«, in: *Atti del VI Congresso internazionale di Archeologia Cristiana, Ravenna 1962*, Vatikanstadt 1965, S. 299–315.

M. Floriani Squarciapino, »La sinagoga rentemente scoperta ad Ostia«, in: *Atti della Pontificia Accademia Romana di Archeologia. Rendiconti*, Ser. 3, XXXIV, Vatikanstadt 1962, S. 119–132.

M. Floriani Squarciapino, »The Most Ancient Synagogue Known from Monumental Remains«, in: *Illustrated London News*, 28. Sept. 1963, S. 468 ff.

M. Floriani Squarciapino, »The Synagogue at Ostia«, in: *Archaeology*, XVI, Nr. 3 (Sept. 1963), S. 194–203.

U. Fortis, *Jews and Synagogues*, Venedig 1973, S. 118–128.

R. Wischnitzer, *Architecture*, S. 5–7.

F. Zevi, »La sinagoga di Ostia«, in: *Israel. La rassegna mensile*, 2. Ser., XXXVIII, Nr. 3 (1972), S. 131–145. Ins Deutsche übersetzt in: *Raggi. Zeitschrift für Kunstgeschichte und Archäologie*, IV, Nr. 1 (1962), S. 1 ff., und V, Nr. 1 (1963), S. 13 ff.

Ich bin Raina Fehl für ihren Beistand bei der Beschaffung von Photographien sehr dankbar.

Rom

Sogar in einer kurzen Abhandlung über Roms Synagogen wird deutlich, wie ausdauernd die jüdische Gemeinde von der römischen Kaiserzeit bis zum heutigen Tage gewesen ist. In Ostia, dem Hafen der Hauptstadt, gab es, wie erwähnt, Juden vom 1. bis zum 4. Jahrhundert. Wir finden erneut Spuren römischer Juden nach 1000, als sie in die Nähe des Ponte Quattro Capi zogen, der auch als Ponte Fabricio und Pons Iudaeorum bekannt ist, und ein Bethaus errichteten, das nach einem gewissen Joseph benannt wurde. Dann siedelten sie in den *Rione* (Stadtviertel) Regola um, wo sie eine Synagoge in der Nähe der Kirche San Tommaso bauten. Dabei handelt es sich nicht um die damalige Hauptsynagoge, von der im *Leben von Cola di Rienzo* gesagt wird, daß sie sich in der Nähe von Colas Geburtshaus befand, heute das Ende der Via Fiumara nahe der Via San Bartolommeo de' Vaccinari. Diese ersetzte eine ältere Synagoge in Trastevere, die im Jahre 1268 abgebrannt war. Weitere Synagogen, die vor der Mitte des 16. Jahrhunderts in Rom errichtet wurden, waren:

1. eine kleine Synagoge, die im Jahre 1101 von dem Lexikographen und Talmudisten Nathan ben Jechiel (1035–1106) und seinem Bruder Abraham gegründet wurde. Ein Bau im Vicolo dell'Atleta Nr. 13–14 mit einer auf einer Säule des zweiten Geschosses angebrachten hebräischen Inschrift, die als »Nathan Chai« entziffert worden ist, wird manchmal für diese Synagoge gehalten. Dieser wurde Ferdinand Gregorovius, dem Historiker aus dem 19. Jahrhundert, als die Stelle gezeigt, an der sich die damals bekannte älteste Synagoge Roms befunden habe, aber das Gebäude, das nicht datiert ist, wurde vielleicht erst nach Nathans Tod errichtet.
2. die Bozecchi-Synagoge, die am Ende des 13. Jahrhunderts existiert hat;
3. die Rabbiner-Joab-Synagoge aus dem frühen 14. Jahrhundert;
4. die Gallichi-Synagoge, die im Jahre 1323 bestand;
5. eine Synagoge, die im Jahre 1337 existiert hat; ihr Haupteingang befand sich auf der Piazza Giudea, dem Geschäftszentrum des Ghettos;
6. die Porta-, Porta-Portese- oder Portaleone-Synagoge, mit der Quattro-Capi- oder Thores-Synagoge vereint; der Besitz beider wurde später in die Katalanische und Levantinische Synagoge in Rom überführt;
7. eine Synagoge in Trastevere nahe der (späteren) Kirche San Salvatore in Curte;
8. die Katalanisch-Aragonische Synagoge, ursprünglich vielleicht zwei getrennte Synagogengemeinden. Leo X. gab ihnen im Jahre 1519 die Erlaubnis, eine Synagoge auf Land zu errichten, das von der Familie Cenci im *Rione* Sant'Angelo erworben wurde;
9. Scuola Tempio, die Synagoge für die ältesten römischen Familien;
10. Tempio Nuovo, wahrscheinlich ursprünglich für italienische Juden eingerichtet, die nach Rom kamen, aber auch von deutschen Juden benutzt;
11. die Kastilische Synagoge, in der auch französische Juden beteten;
12. die Sizilianische Synagoge;
13. die Scuola dei Tementi di Dio.

All diese sind nicht unbedingt separate Bauten gewesen. Es gab noch andere Synagogen, die vor 1555 in Rom belegt sind. Eine kleine Synagoge befand sich im Wohnhaus der Pierleoni in der Nähe von S. Nicola in Carceri. Eine Römische und eine Katalanische Synagoge waren im *Rione* Sant'Angelo benachbart; sie befanden sich vielleicht unter den oben erwähnten Nummern 8 und 10. Leo X. erließ eine Bulle, in der die Anzahl der Synagogen auf elf beschränkt wurde.

Am 14. Juli 1555 erließ Paul VI. die berüchtigte Bulle *Cum nimis absurdum*, aufgrund derer das Ghetto zwischen dem Ponte Quattro Capi, dem Portico di Ottavio, der Piazza Giudea und dem Tiber eingerichtet wurde. Am Feiertag der Klage um die Zerstörung des Tempels von Jerusalem, dem 26. Juli 1555, wurden alle Juden gezwungen, in das Ghetto zu ziehen, in dem die jüdische Bevölkerung dreihundert Jahre hinter Mauern eingeschlossen blieb. Offiziell wurde ihr nur eine Synagoge erlaubt, deshalb mußten mehrere bestehende Synagogen innerhalb von zwei Jahren geschlossen werden. Die Porta-Synagoge scheint noch bis 1558 außerhalb des Ghettos benutzt worden zu sein, und ihre Gemeinde überlebte als separate Gruppe bis zum Jahre 1667; das Gebäude selbst stand noch bis in die dreißiger Jahre des 18. Jahrhunderts, wenn es auch nicht mehr in Gebrauch war. Im Jahre 1566, unter Pius V., wurden alle außer der Katalanischen Synagoge aufgelöst, und selbst diese war vier Monate lang geschlossen.

Abb. 203. Rom, Cinque Scole, Außenansicht im späten 19. Jahrhundert.

Die Cinque Scole

Später erklärte sich Pius V. einverstanden, ein Gebäude mit fünf getrennten Synagogen zu gestatten (Abb. 203). Das Grundstück, auf dem die Cinque Scole stand, war das der Pfarrkirche S. Maria in Candelabrio, die unter Gregor XIII. (1572–1585) abgerissen worden war. Die Vereinbarung, fünf Synagogen unterhalten zu dürfen, entsprach der legalen Restriktion auf einen einzigen Bau, befriedigte aber zugleich die Juden unterschiedlicher Herkunft, die sich nicht auf einen gemeinsamen Ritus einigen konnten. Die Kastilische, die Katalanische, die Sizilianische Synagoge, der Tempel und die Neue Synagoge waren in verschiedenen Räumen des zweiteiligen Gebäudes untergebracht, manche lagen übereinander. In einem Flügel befanden sich die Katalanische, die Sizilianische und die italienische Neue Synagoge, in dem anderen Flügel im Erdgeschoß die Kastilische, der italienische Tempel ein Stockwerk darüber (Abb. 204). Die Synagogenanlage umfaßte außerdem auf dem obersten Stock die Talmud- und Thoraschule, eine Bibliothek, den Garderobenraum und auf der Seite zum Tiber ein erbärmliches Haus, aus dem niemand die armen Bewohner ausweisen wollte.

Durch das erzwungene enge Zusammensein all dieser verschiedenen Richtungen in einem Gebäude entstanden Probleme. Die Haupttreppe behielt sich der Tempel vor, wodurch al-

Abb. 204. Rom, Cinque Scole, Tempio Italiano, spätes 16. Jahrhundert, Innenansicht zur Heiligen Lade nach der Restaurierung von 1868.

len anderen Synagogengemeinden der Zugang zu ihrer Synagoge erschwert wurde. Um diesen Streit zu schlichten, zog man Architekten zu Rate, darunter auch Giuseppe Valadier (1762–1839), dessen Büro wahrscheinlich den viersäuligen Eingang entworfen hat, der im frühen 19. Jahrhundert gebaut wurde, um von einem außenliegenden Durchgang die Neue Synagoge zu erschließen. Zu einem früheren Zeitpunkt, zwischen 1622 und 1628, entwarf Girolamo Rainaldi (1570–1655) die mit zwei Säulen und einem Ziergiebel versehene hölzerne Heilige Lade und daneben Sitze aus Marmor, auch die Balustrade für die Frauenempore in der Katalanisch-Aragonischen Synagoge. Der Innenraum des Tempels hatte eine Kassettendecke mit gemalten Ornamenten und einen Fries aus Stuckreliefs, auf dem der Tempel in Jerusalem und die Gegenstände darin dargestellt waren. In den Boden einer der Synagogen war ein Bild des Tempels von Jerusalem eingelassen, und die Fenster waren in zwölf verschiedenen Farbtönen gehalten, einer für jeden Stamm Israels.

Die fünf Synagogen hatten alle einen geradlinigen Grundriß und Fenster, die bei manchen in einem Bogen abschlossen, bei anderen gerade. Zumindest eine der Synagogen – Gregorovius sagte nicht, welche – hatte eine Decke, die sich »in Stufen zu einer seltsamen Kuppel erhob«. Alle hatten Heilige Laden mit Säulen und Ziergiebeln. Einzelheiten waren natürlich bei jeder Synagoge verschieden. Im Tempel standen vier Säulen vor den Türen der Heiligen Lade; die anderen Heiligen Laden hatten nur eine Säule an jeder Seite der Tür. Die Synagogen waren auch von unterschiedlicher Größe. Im Jahre 1868, als der Tempel restauriert wurde, ist in Regierungsunterlagen die Zahl von 5175 Juden in Rom erwähnt, von denen fast 1400 zum Tempel gehörten, etwa 1075 zur Neuen Synagoge, 1000 zur Kastilischen und 850 zu der Sizilianischen und Katalanischen Synagoge.

Der Tempio Israelitico

Nach 1879, als die Juden rechtlich mit den anderen italienischen Bürgern gleichgestellt wurden und Rom zur Hauptstadt Italiens wurde, waren die Juden von der päpstlichen Obergewalt befreit und konnten sich an anderen Orten niederlassen. Die Statuten und die Bestätigung durch den König im Jahre 1883 gewährten ihnen, eine neue Gemeinde zu bilden, eine rechtsgültige Körperschaft, die neue Gotteshäuser bauen konnte. Von 1885 an wurde das unhygienische Ghetto abgerissen und durch die neuen Tibereindämmungen sowie einen Platz ersetzt, der für den Bau einer neuen Synagoge geeignet war. Die Juden kauften im Jahre 1888 dieses Grundstück von der Stadt und schrieben im Frühjahr 1889 einen Wettbewerb aus. Im Wettbewerbsprogramm wurde die Kapazität des Gebäudes, nicht aber seine Orientierung vorgeschrieben.

Von jüdischen und christlichen Architekten wurden sechsundzwanzig Entwürfe eingereicht. Alle scheinen mit größter Selbstverständlichkeit davon ausgegangen zu sein, daß eine Synagoge nicht wie irgendein anderer Gebäudetyp auszusehen hatte, vor allem nicht wie eine Kirche. Auf mehreren der abgelehnten Entwürfe waren die Außenmauern mit Ornamenten überladen, im allgemeinen mit maurischen oder entfernt antiken, nahöstlichen oder ägyptischen Formen.

Ein jüdischer Architekt aus Bologna, Attilio Muggia, erhielt den ersten Preis. Er war Professor für Architektur an der Ingenieurschule in Rom und später Mitglied der Jury des Wettbewerbs für das Gebäude des Völkerbunds. Er reichte einen Entwurf für ein zweitürmiges, vierstöckiges Gebäude mit gebändertem Mauerwerk ein (das der Florentiner Synagoge glich). Es war von einem quadratischen Tambour mit einer hochgezogenen Kuppel gekrönt (die der Mole Antonelliana entlehnt war), denn Muggia meinte, daß diese Form mystisch wirke und dem Bau ein eigenes, besonderes Aussehen verleihe, ohne Kuppelformen an Kirchen zu imitieren (Abb. 205; siehe Abb. 193, 214). Er entnahm die Idee der beiden Türme und des zurückgesetzten Mittelteils Beschreibungen von Herodes' Tempel in Jerusalem und fügte Elemente in phönizischen, assyrischen, byzantinischen und arabischen Stilformen hinzu. Obgleich Muggia die Florentiner Synagoge kritisierte, weil sie wie eine herrliche Moschee aussehe, war sein ungefälliger Entwurf doch ganz offensichtlich eine Abart der toskanischen Synagoge. Der Unterschied, so meinte er, liege darin, daß sein Entwurf angemessen eklektizistisch war. Die Mischung von Stilformen würde Juden daran erinnern, daß sie auf immer mit den Orten und Ländern verbunden waren, in denen sie gelebt hatten – eine Vorstellung, die man eher von einem assimilierten Juden als von einem Christen hätte erwarten können –, und würde zugleich den Tempel in Jerusalem andeuten, der, wie er wissenschaftlichen Abhandlungen entnommen hatte, auch eklektizistisch gewesen war. Und schließlich meinte Muggia, seine Synagoge solle leicht und farbig sein, einen heiteren Eindruck vermitteln und die Düsternis gotischer Kunst vermeiden.

Die römischen Architekten Costa & Armanni entwarfen eine Synagoge mit der Silhouette einer fünfschiffigen Basilika, die von dem hohen Mittelschiff zu den niedrigeren äußeren Seitenschiffen abfiel. Der Bau war keine wirkliche Basilika, sondern der Grundriß ein griechisches Kreuz mit einer Vorhalle davor. Der vorspringende Mittelteil der Fassade hatte den schräg ansteigenden Umriß eines ägyptischen Pylons. Dahinter befand sich die Vorhalle mit Räumen in zwei Feldern zu beiden Seiten des mittleren Pylons. Der Baukörper der Synagoge hatte die gleiche ägyptische Karnieslinie wie der schräg ansteigende Pylon, dahinter erhob sich ein quadratischer Tambour unter einer krönenden Stufenpyramide, die dem krönenden Aufbau des Mausoleums von Halikarnassos entlehnt war. Die Ornamente waren hauptsächlich mesopotamischen, ägyptischen und islamischen Vorbildern entnommen. Die Silhouette des Gebäudes war klar, die Masse kühn. Der Kontrast zwischen den dünnen Säulen und den Nasenbogen am Pylon sowie den großen, glatten Flächen an den anderen Bauteilen war stark und ungewöhnlich. Dieser Entwurf hätte überall außergewöhnlich gewirkt, besonders in Rom, aber er war interessant und originell, während Muggias Entwurf in Rom genauso seltsam gewirkt hätte, nur daß er Elemente zeigte, die von anderen, vor kurzem errichteten Synagogen bekannt waren. Keiner der beiden Entwürfe entsprach jedoch den Wettbewerbsbestimmungen vollkommen, und keiner von beiden wurde gebaut.

Ein wichtiger Grund für den Aufschub des Projekts war, daß die Baugelder für Reparaturen abgezweigt werden mußten, denn im Jahre 1893 brach in der Cinque Scole ein Feuer aus. Der Tempel wurde zerstört, die Decke und der Fußboden der Kastilischen Synagoge beschädigt, und der Fußboden der Neuen Synagoge mußte repariert werden.

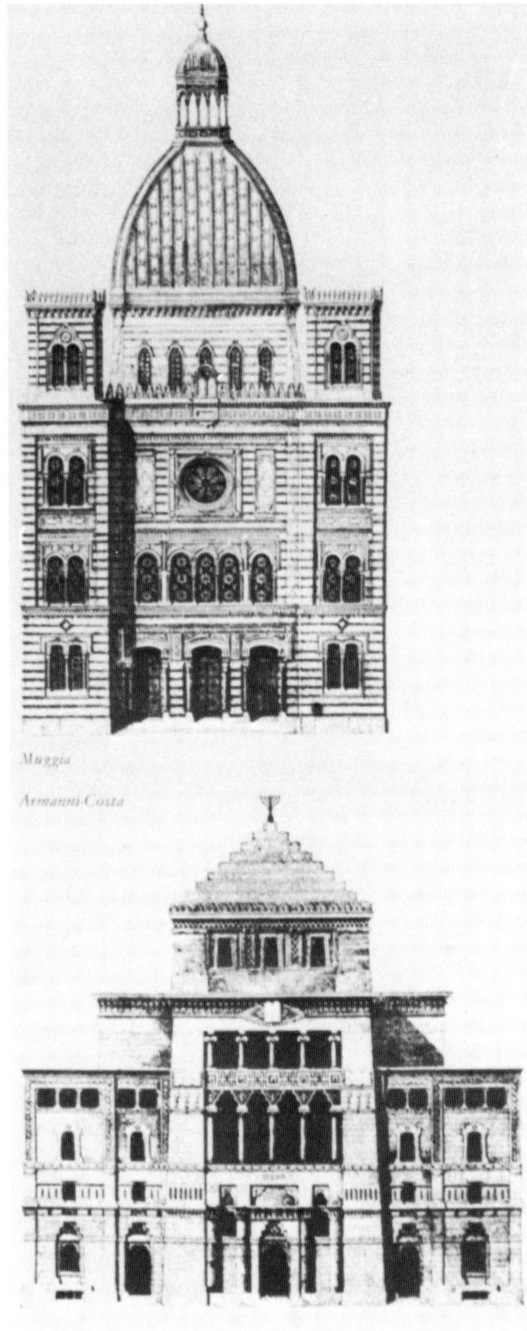

Abb. 205. Rom, Tempio Israelitico, Entwürfe von Attilio Muggia und von Costa & Armanni, 1889.

Im Jahre 1896 hoben die jüdische Gemeinde und die Stadt Rom die Vereinbarung von 1888 auf und schlossen eine neue. Sie tauschten ei-

Abb. 206. Rom, Tempio Israelitico, 1901–1904, Außenansicht.

nen Streifen Land im Ghetto gegen ein neues Baugrundstück, und die Gemeinde reduzierte die Baugelder um ein Drittel. Der Vorstand der jüdischen Gemeinde bat daraufhin die Architekten, die beim ersten Wettbewerb preisgekrönt worden waren, unter diesen neuen Bedingungen bis zum Mai 1899 erneut für einen Bau zu konkurrieren, der vom Fluß aus sichtbar sein und vom Portico di Ottavia ein harmonisches Bild bieten sollte. Nur Costa & Armanni reichten einen Entwurf ein und erhielten daher auch den Auftrag. In der Jury saßen bedeutende Juden und Camillo Boito, ein Architekt und Kunsthistoriker.

Costa & Armanni und ihr Bauleiter erstellten eine überkuppelte Synagoge über zentralem Grundriß, die eine Fläche von 1200 der 3373 m^2 des Bauplatzes einnahm, wobei der Rest des Grundstücks für eine Gartenanlage verwendet wurde (Abb. 206). Die Formen dieses Gebäudes sind kompakt und massiv, die Betonung ist auf komprimierte Quadrate und Rechtecke gelegt.

Eine zweistöckige Vorhalle mit einem offenen Portikus aus »assyrischen« Säulen führt zu einem Betsaal in Form eines griechischen Kreuzes, dessen Höhe bis zur Spitze der vierseitigen Kuppel 46 Meter beträgt (Abb. 207). Unbeholfen wirkende Säulen und Pilaster betonen die Ecken und tragen im nördlichen, südlichen und westlichen Arm des Kreuzes die Emporen. Die Heilige Lade und der Almemor stehen auf zwei nebeneinanderliegenden Plattformen, wie in Florenz. Maler mit Namen Bruschi und Brugnoli schufen auf den Wänden Dekorationen in warmen Farben, die wie Wandteppiche aussehen, und ein Sternenfirmament auf der Decke. Die bemalten Flächen der Kuppel waren besonders leuchtend und transparent, weil, nach Aussagen der Architekten, die Kuppel aus Aluminium bestand. Inschriften innen und außen sowie die Beleuchtungskörper, darunter eine Tiara aus siebenarmigen Leuchtern in der polygonalen Nische für die Heilige Lade, gaben dem Gebäude zusätzliche Pracht. Der Kontrast zwischen dem komprimierten, kompakten Grundriß und der beeindruckenden Höhe des Baus vermittelt dem Gebäude eine Statur, der die etwas konfusen Details nicht entsprechen.

Das Erscheinungsbild setzt sich aus gemischten romanischen, griechischen, assyrisch-babylonischen und ägyptischen Elementen zusammen. Die Architekten glaubten, daß alte jüdische Architektur eine Mischung von ägyptischen und assyrischen Stilformen gewesen sei und spätere jüdische Bauten, wie der Tempel des Herodes, auf griechischen Stilformen beruhten. (Dieser Stil konnte mit Rom verbunden werden, weil Griechenland der Zwischenträger gewesen war.) Sie wollten keine archäologische Rekonstruktion schaffen, weil sie wußten, daß antike Bauten den modernen Bedürfnissen nicht entsprechen konnten. Luca Beltrami hatte das gleiche in Zusammenhang mit seinem Synagogenentwurf für Mailand gesagt.

Die assyrisch-babylonischen und ägyptischen Stilelemente erscheinen nur in dekorativen Details, wie Säulenkapitellen und reichen Zierprofilen. Vielleicht nahmen die Architekten an, daß solche Dekorationen, zusammen mit den ungeschickten und unklassischen Proportionen, bei einem massiven Bau einen prägriechischen, das heißt mesopotamischen oder ägyptischen, Eindruck vermittelten. Die Architekturtheorie des 19. Jahrhunderts verband mit der griechischen Architektur die Vorstellung von rationalem Bauen, Einfachheit und angemessenen Formen; die Architekten haben vielleicht diese Merkmale mit dem Stil der Synagoge verbinden wollen. Die Betonung, die in der antiken Architektur auf Symmetrie und klare Aufteilung der einzelnen Bauelemente und in der römischen besonders auf wichtige Anlagen wie Treppen, Eingänge und Kuppel gelegt wurde, ist auch eine Erklärung dafür, warum die Architekten sich auf die klassische Tradition beriefen. Sie glaubten, ihr Bau harmoniere vollkommen mit den anderen Bauten Roms – eine Meinung, die andere vielleicht nicht teilen. Der Gesamteindruck, den die Synagoge vermittelt, ist sicherlich eher römisch als exotisch. Der phantasievolle und üppige Entwurf von Costa & Armanni aus dem Jahre 1889 wäre sicher im Stadtbild beherrschender gewesen als das kompromißreiche und langweilige Gebäude, das am Ufer des Tibers steht.

Die Synagoge ist nach wie vor ein Baudenkmal, an dem sich die Haltung der ersten emanzipierten jüdischen Generation zeigt. Sie war ihren aufgeklärten Mitbürgern dankbar,

Abb. 207. Rom, Tempio Israelitico, 1901–1904, Innenansicht zur Heiligen Lade.

wünschte an der neuen Gesellschaftsordnung teilzuhaben und erwartete, im neuen Italien zu Blüte und Wohlstand zu kommen. Die Synagogen von Rom, Florenz, Turin und Modena – um nur vier aus dem späten 19. Jahrhundert zu nennen – sind alle für ihre heutigen Synagogengemeinden zu groß und waren es vielleicht von Anfang an, aber sicherlich dem Expansionsgeist und den überströmenden Hoffnungen der Juden jener Zeit entsprechend.

Heute hat die römische Synagoge nur noch eine schwindende Gemeinde, die dem italienischen Ritus folgt, aber mit einer Anlage, in der Heilige Lade und Almemor verbunden sind, wie es dem aschkenasischen Reformritus entspricht. Ein Betraum, in dem der spanische Ritus befolgt wird, liegt neben dem Hauptbetsaal. Hier stehen Heilige Lade und Almemor an den entgegengesetzten Enden des Raumes, entsprechend der sephardischen Tradition. Die Heilige Lade stammt aus der Kastilischen Synagoge der Cinque Scole, die verlassen und abgerissen wurde, als der neue Tempel eröffnet wurde.

Andere Räume in diesem Bau enthalten ein

Museum von Originaldokumenten und Gegenständen sowie Modelle und Kopien von Dingen, welche die jüdische Geschichte von Rom erläutern. Der Hauptbetsaal beherbergt eine Art Museum, denn in den Seitenschiffen stehen die Heilige Lade von 1586 aus der Sizilianischen Synagoge in der Cinque Scole sowie Fragmente mehrerer alter Heiliger Laden. Außerdem wird darin die Geschichte der Juden von Rom mit Hilfe von Tafeln vervollständigt, auf denen der Patriotismus der Gefallenen des Ersten Weltkriegs belegt ist und die von den Tragödien berichten, welche die römischen Juden während des Zweiten Weltkriegs erlebt haben.

Bibliographie

G. Accasto, V. Fraticelli, R. Nicolini, *L'architettura di Roma Capitale, 1870–1970,* Rom 1972, S. 178–179.
E. Amadei, »Gli ebrei di Roma«, in: *Capitolium,* VIII (1932), S. 253–260.
Archives Israélites, XXXV (1874), S. 213–215.
R. Bachi, »Appunti«, S. 25–46.
A. Berliner, *Geschichte der Juden in Rom von den ältesten Zeiten bis zur Gegenwart,* Frankfurt am Main 1893.
U. Bottazzi, »Ghetto«, in: *Capitolium,* VIII (1932), S. 401–411.
V. Campajola, »Il Ghetto di Roma. Studio urbanistico e ambientale«, in: *Quaderni dell'Istituto di Storia dell'Architettura,* Nr. 67–70 (1965), S. 67–84.
S. Collon, »Remarques sur les quartiers juifs de la Rome antique«, in: *Mélanges d'archéologie et d'histoire de l'Ecole française de Rome,* LXVII (1940), S. 72–94.
Encyclopedia Judaica, 1971, s. u. Jüdisches Viertel.
E. Fano, *Brief Historical Survey of the Jewish Community of Rome,* Rom 1961.
U. Fortis, *Jews and Synagogues,* Venedig 1973, S. 98–112.
H. A. und R. Geller, *Roma Ebraica – Jewish Rome,* Rom 1970.
F. Gregorovius, *Figuren-Geschichte, Leben und Szenen aus Italien,* Leipzig 1856 (Auszug aus seinem Buch *Wanderjahre in Italien,* 1853).
Il Vessillo israelitico, XXXVIII, Nr. 5 (1890), S. 179–180; XLI, Nr. 2 (1893), S. 67–69, Nr. 4, S. 112–116.
Jewish Chronicle, 20. Okt. 1893 und 26. Aug. 1904.
D. Kaufmann, »Léon X et les juifs de Rome«, in: *Revue des études juives,* XXI (1890), S. 285–289.
S. Krauss, *Synagogale Altertümer,* Berlin und Wien 1922, S. 247–254.
G. LaPiana, »Foreign Groups in Rome in the First Centuries of the Empire«, in: *Harvard Theological Review,* XX (1927), S. 183–403.
H. J. Leon, *The Jews of Ancient Rome,* Philadelphia 1960, S. 135–166.
E. Loevinson, *Roma israelitica,* Frankfurt am Main 1927.
C. L. V. Meeks, *Italian Architecture 1750–1914,* New Haven 1966.
A. Milano, *Il Ghetto die Roma,* Rom 1964.
A. Milano, »Le sinagoghe del vecchio ghetto di Roma«, in: *Studi romani* VI (1958), S. 138–159.
A. Milano, »The Church and Roman Jewry in the 13th and 14th Centuries«, in: *Eretz Israel,* III (1954), S. 223–229.
A. Milano und R. Bachi (Hrsg.), *Università israelitica di Roma. Storia e riordinamento dell'archivio,* Rom 1929.
E. Natali, *Il ghetto di Roma,* Rom 1887.
N. Pavoncello, *Il Tempio Maggiore di Roma nel 75 anniversario della fondazione,* Rom 1979.
N. Pavoncello, *Le »Cinque Scole« a Roma,* Rom 1979 (Scritto Marta Roccas).
(?) Perugini, »L'inquisition romaine et les israélites«, in: *Revue des études juives,* III (1881), S. 94–108.
Dr. Philipp, *The Ghetto in Rome. As It Was and As It Is,* 3. Aufl., Florenz 1881.
J. Pinkerfeld, S. 16–20.
Ricordi di architettura, 2. Ser., II (1891), S. 26a.
E. Rodocanachi, *Le Saint-Siège et les juifs. Le ghetto à Rome,* Paris 1891.
P. Romanelli, »I quartieri giudaici dell'antica Roma«, in: *Bollettino dell' Associazione archaeologica romana,* II (1922), S. 132–139.
C. Roth, »Mordekhai Dato e la ›Scuola dei Quattro Capi‹«, in: *Revue des études juives,* LXXXV (1928), S. 63–65.
F. Sapori, *Architettura in Roma 1901–1950,* Rom 1953, S. 25, 34.
Statuti dell'università israelitica di Roma e delle sue opere di beneficenza, Rom 1882, S. 37–39.
H. Vogelstein und P. Rieger, *Geschichte der Juden in Rom,* Leipzig 1895/96, bes. Bd. 2, S. 309, 379.

Ich danke Raina Fehl für die Zusendung von Material und Photographien.

Triest

Die heutige Synagoge von Triest, die im Jahre 1912 eingeweiht wurde und vier Vorgängerinnen aus dem 18. Jahrhundert ersetzen sollte, war der erste imposante Synagogenbau dieser kosmopolitischen Stadt. Sie wurde ihres neuen Stils wegen gepriesen, der angeblich eine neue Ära im Synagogenentwurf einleitete.

Frühe Synagogen

Juden hatten seit 1696 die Erlaubnis, in ihrem Ghetto in der Stadt Gottesdienste abzuhalten. Die frühesten Beträume waren Zimmer in Privathäusern. Einer ist bekannt, die Scuola Gentili bei der Familie desselben Namens; die Heilige Lade aus diesem Betraum wurde vielleicht später in der Scuola Grande von 1797 verwendet. Eine offiziell gegründete Gemeinde, die sich im Jahre 1746 bildete, gab eine Synagoge in Auftrag, die im Jahre 1748 vollendet und später als Scuola Piccola bekannt war. Ein Architekt mit Namen Pfister baute diese aschkenasische Synagoge in dem oberen Stockwerk eines Gebäudes an einer Straßenecke im Ghetto. Sie wurde im Jahre 1821 durch Brand beschädigt, daher 1842 von Matteo Pertsch wiederhergestellt; 1864 vollendete Giuseppe Moscotto die Restaurierung und die Ausschmückung. Die dortige *Jeschiwa* und die Gemeindebüros waren ein Stockwerk unter dem Betsaal untergebracht. Im Jahre 1775 kaufte die Gemeinde die private aschkenasische Morpurgo-Synagoge, die 1740 eröffnet worden war.

Da die 876 Juden, die 1793 in Triest lebten, mehr Platz für ihren Gottesdienst brauchten, entwarf ein Architekt, der unter dem Namen Bolzoni oder Balzano der Ältere bekannt war, die neue aschkenasische Scuola Grande und eine kleinere Synagoge nach spanischem Ritus auf dem Grundstück der Morpurgo-Synagoge. Er errichtete 1779 beide in demselben palastartigen vierstöckigen Gebäude (Abb. 208); der aschkenasische Betsaal (Abb. 209) nahm die beiden oberen Stockwerke über dem sephardischen im Erdgeschoß ein. Die Fenster, die auf einer alten Photographie zu sehen sind, lassen einen Umbau erkennen (1862–1864). Eine weitere Synagoge war die sephardische Scuola Vivante, die von 1791 bis 1805 oder 1829 in einem Privathaus untergebracht war. Nach diesem Zeitpunkt übersiedelte die Gemeinde in eine Synagoge, die auch als solche errichtet worden war. Dieser Bau wurde 1881 von Daniele Jessurun, einem jüdischen Ingenieur, restauriert. Aber die Eröffnung von Triests neuer, großer Synagoge 1912 entzog dieser und den anderen Synagogen die Gemeinde mit Ausnahme der Scuola Piccola, die von Juden aus Griechenland

Abb. 208. Triest, 1797, Aschkenasische Synagoge Scuola Grande, Außenansicht.

Abb. 209. Triest, 1797, Aschkenasische Synagoge nach dem Umbau von 1862–1864, Innenansicht zur Heiligen Lade.

aufrechterhalten wurde. Alle alten Synagogen wurden zwischen 1927 und 1937 im Zuge eines städtischen Sanierungsprojekts abgerissen. Die Heilige Lade der Scuola Spagnola wurde im Jahre 1928 in die Synagoge von Abbazia (Opatija) übergeführt, die Heilige Lade der Scuola Grande ging 1934 an eine orthodoxe Synagoge in Fiume (Rijeka), und 1956 wurde die Heilige Lade aus der Scuola Piccola nach Tel Aviv gesandt.

Die Synagogen von Triest hatten alle eine typisch italienische Form: lang und schmal, mit der Heiligen Lade und dem Almemor an entgegengesetzten Enden des Raumes und Sitzen entlang den Wänden. Emporen für die Frauen liefen um den Raum, außer über der Heiligen Lade; dies ist eine Variante der Emporen, die um die Betsäle der Synagogen nach spanischem und deutschem Ritus in Venedig herumführen. Alle Synagogen in Triest hatten eine ähnliche Ausstattung, zu welcher Bogenfenster sowie schwarze und weiße Marmorplatten auf dem Fußboden gehörten.

Der Tempio Israelitico

Die jüdische Bevölkerung der Stadt wuchs im 19. Jahrhundert kontinuierlich, und mehr Synagogen wurden benötigt. Schon 1870/71, als es über 4400 Juden in Triest gab, plante Dr. Eugenio Geiringer eine »herrliche« neolombardische Renaissance-Synagoge, in der zweitausend Personen Platz fanden. Im Jahre 1873 waren schon 600 000 Gulden für den Bau gegengezeichnet. Da die sephardischen und die aschkenasischen Juden sich nicht über die Bedingungen für einen Zusammenschluß der Gemeinden einigen konnten, wurde dieses Projekt nie realisiert. Etwa dreißig Jahre später beschlossen zwei Gruppen, sich zusammenzutun. Die nötigen Geldmittel kamen aus der Hinterlassenschaft eines Gemeindemitglieds, und ein Grundstück an einem städtischen Platz wurde erworben. Über vierzig Architektenbüros beteiligten sich an einem Wettbewerb, der im Jahre 1903 für die Synagoge und die anliegenden Gemeindebauten ausgeschrieben wurde. Im Programm waren auch eine Wochentagssynagoge, Wohnungen für den Rabbiner und den Synagogendiener sowie Räume für Wartung und Versorgung vorgesehen. O. und E. Felgel aus Wien schlugen eine monumentale überkuppelte Synagoge in einem Stil vor, der sich am besten als assyrisches Rokoko bezeichnen läßt (Abb. 210). In ihrem Zentralgrundriß, der Kuppel und den kunstvollen, gerundeten Ornamenten war sie den prächtigen Synagogen von Szegedin, Sofia (Abb. 56–59), Maria Theresiopel (Szabadka) und Hód-Mezö-Vásárhely verwandt, also mit Bauten in anderen Provinzstädten in oder um Österreich-Ungarn, zu dem Triest damals gehörte. Die Wiener Architekten E. Hoppe und O. Schönthal entwarfen eine weniger monumentale Fassade mit einem dreifachen Rundgiebel und einer vertieften Halbkuppel über der Vorhalle, einem Mittelschiff mit Tonnengewölbe, Emporen an drei Seiten des Innenraums und einer leicht erhöhten Apsis für die Heilige Lade (Abb. 211). Die Masse dieses Baus wurde durch eine zierliche, ebene und geometrische Jugendstilornamentik verdeckt, welche die Schüler Otto Wagners in Wien bevorzugten. Die dekorativen Details waren reizvoll, auch wenn die pastellfarbenen Ornamente eher wie auf die Fassade getupft wirkten, als daß sie im Zusammenhang mit ihr stünden.

Die sieben Mitglieder der Jury, fast alles jüdische Ingenieure, entschieden, daß keiner der Teilnehmer des Wettbewerbs einen vollkommen geeigneten und praktischen Entwurf abge-

Abb. 210. Triest, Entwurf von O. und E. Felgel, 1903.

Abb. 211. Triest, Entwurf von E. Hoppe und O. Schönthal, 1903.

geben hatte. Eine Eingabe glich leider zu sehr dem Markusdom in Venedig, eine andere sah wie ein prächtiges Bahnhofsgebäude aus, sogar mit zwei Uhren an den beiden Türmen der Fassade. Ein neu gebildetes Baukomitee, das aus vier Personen bestand, bat Franz Matouschek aus Budapest, einen geeigneteren und einfacheren Entwurf als seinen und Emil Adlers »Bahnhof« zu erarbeiten, aber aus einem heute nicht mehr nachzuvollziehenden Grunde ließen diese das Synagogenprojekt im Jahre 1906 fallen.

Schließlich vergab die Gemeinde den Auftrag Mitte des Jahres 1906 an zwei christliche Architekten aus Triest, Ruggiero Berlam (1854–1920) und seinen Sohn Arduino (1880–1946), die einen kompakten und massiven Entwurf für einen Natursteinbau vorlegten (Abb. 212, 213). Eine Vorhalle war dem Betsaal vorgesetzt, der in Form eines überkuppelten griechischen Kreuzes angelegt war, Frauenemporen in drei Armen des Kreuzes hatte und eine weitere Apsis im vierten Arm, in der Heilige Lade und Almemor untergebracht waren. Bei der Formgebung wurde die Betonung auf kompakte Masse außen und robuste Erhabenheit innen gelegt.

Die Außengestaltung wurde als spätrömisch bezeichnet, und zwar an syrische Vorbilder aus dem 4. Jahrhundert angelehnt. Die Architekten wählten einen solchen Stil, weil sie dadurch so nahe wie möglich an alte jüdische Architektur heranzukommen meinten. Juden hatten im Heiligen Land und im ganzen Römischen Imperium römische Stilformen verwendet. Syrien lag so nahe am Heiligen Land, daß man dort Formelemente verwendete, die auch von Juden benutzt wurden. Eine Synagoge in diesem Stil mochte auf die weite geographische Verbreitung der Juden sowohl im alten Römischen Reich als auch in der Neuzeit (das heißt im

Abb. 212. Triest, 1908–1912, Außenansicht.

Abb. 213. Triest, 1908–1912, Innenansicht zur Heiligen Lade.

Habsburger Reich) hinweisen. Sie konnte die nahöstliche Herkunft der Juden andeuten, ohne diese zu eng mit den Christen des Byzantinischen Reichs oder mit den Moslems zu verbinden.

Der Entwurf der Berlams zeigte die einfachen Formen und Linien, die kompakten Massen und die Glätte, die man sowohl an alten Bauten in Syrien wie auch an zeitgenössischen Werken moderner Architekten in ganz Europa sehen konnte. Wir finden diese Architektur bei den Anhängern der Wagner-Schule in Wien und bei Hendrik P. Berlage in den Niederlanden. Letzterer betonte gleichermaßen den Baustoff – Backstein in Holland, im Gegensatz zu grauem Naturstein in Triest (siehe Abb. 229, 230).

Auch in Deutschland entwarfen Architekten in jener Zeit Synagogen mit Zentralgrundriß, mit massiven und einfachen Formen sowie Kuppeldächern, zum Beispiel in Mainz, Frankfurt und Görlitz, auch wenn die Stile verschieden waren.

Zwar ist die Synagoge von Triest in ihrem Äußeren zeitgemäß und klassizistisch zugleich und daher international, aber der Innenraum wirkt reicher und andersartig. Die Pfeiler unter den Emporen haben große Profile, die Kapitellen gleichen, auf denen sowohl Pflanzen wie geometrische Formen unbeholfen nebeneinandergesetzt sind, weil die Architekten versuchten, die Ornamente in der Bibelbeschreibung des Salomonischen Tempels zu imitieren. Bei manchen Mosaiken und gemalten Ornamenten sind Formen verwendet, die in der Bibel erwähnt werden. Die Heilige Lade, welche in einer Folge von immer kleiner werdenden Umschließungen steht, erinnert an die räumliche Aufteilung des Tempels. Die starke Wirkung des Innenraums geht jedoch nicht von den gefühlsbetonten Details aus, sondern von der Größe der Kuppel und der Schlichtheit der baulichen Form, die nur an wenigen Stellen von vorspringenden Verzierungen unterbrochen ist.

Da die Synagogengemeinde sich der Reformbewegung angeschlossen hatte, konnten die Emporenbrüstungen niedrig gehalten werden, und die Mitte des Raumes mußte nicht von einem großen Aufbau für den Almemor belegt werden. Die Synagoge besaß eine Orgel und einen Chor. Ein Beobachter bemerkte sarkastisch, daß man beim Einweihungsgottesdienst in Jahre 1912 zwar Chorgesang, aber keinen Gesang des Kantors vernommen habe, und daß ein solcher sicher wünschenswerter gewesen wäre als der Sektempfang, der nach dem Gottesdienst abgehalten wurde.

Die Synagoge überstand einen antisemitischen Überfall im Jahre 1940, aber die Fassade wurde beschädigt, und die Fenster wurden eingeschlagen. Sie hielt auch einem Angriff im Jahre 1942 stand. Danach wurden Gottesdienste bis 1943 in der Wochentagssynagoge im anliegenden Gemeindebau abgehalten. Im selben Jahr wurde die Hauptsynagoge in ein Kino umgewandelt, dann in ein Lagerhaus für Bücher und Gemälde, die aus jüdischen Häusern gestohlen worden waren. Im Mai 1945 aber öffnete die Synagoge ihre Türen wieder zum Gottesdienst, und der Bau wurde für die immer kleiner werdende jüdische Bevölkerung von Triest restauriert.

Bibliographie

Entwürfe wurden angegeben und veröffentlicht in: *Der Architekt*, XV (1909), S. 48, Taf. 38, 39; *Schweizerische Bauzeitung*, XLII (1903), S. 261; XLIII (1904), S. 99; XLIV (1905), S. 46–47; *Wiener Bauindustrie-Zeitung*, XXII (1904–1905), S. 71–75; XXIX (1912), S. 7, Tafeln 3, 4; *Zentralblatt der Bauverwaltung*, XXIII (1903), S. 620; XXIV (1904), S. 368.

A. Bachi, »Appunti«, S. 25–46.

A. Boralevi, »Il ›Tempio israelitico‹ di Trieste. Storia di un concorso«, in: *Comunità religiose di Trieste: Contributi di conoscenza*, Udine 1979, S. 7–28.

C. Cervani und L. Buda, *La comunità israelitica di Trieste nel secolo XVIII*, Udine 1973 (Civiltà del risorgimento, 5).

Corriere Israelitico, 30. Juni 1908, S. 54 ff.; 31. Juli 1912, S. 54; 30. Nov. 1912, S. 135–136.

R. Curiel, »A cinquant'anni dalla sua inaugurazione, 12 Tamuz 5672–27 giugno, 1912«, in: *Israel. La rassegna mensile*, 2. Ser., XXVIII (1962), S. 296–300.

R. Curiel, »Gli ebrei di Trieste nel secolo XVIII«, in: *Scritti in onore di Dante Lattes*, Sondernr. von *Israel. La rassegna mensile*, 1938, S. 239–255.

S. G. Cusin, »Antiche sinagoghe triestine«, in: *Comunità religiose di Trieste. Contributi di conoscenza*, Udine 1979.

S. Formiggini, »La comunità israelitica di Trieste«, in: *Corriere israelitico*, VII (1867), S. 142.

A. Freud, »Die jüdische Gemeinde von Triest«, in: *Ost und West*, XIV (1914), Spalten 126–132.

Jewish Chronicle, 3. Febr. 1865, Supplement, S. 1; 13. Juni 1873, S. 185.

E. Lavagnino, *L'arte moderna dai neoclassici ai contemporanei*, Turin 1956, S. 507–509 (Storia dell'arte classica e italiana, 5).

C. L. V. Meeks, *Italian Architecture 1750–1914*, New Haven und London 1966.

E. Morpurgo, »Bibliografia della storia degli ebrei nel Veneto«, in: *Rivista israelitica*, IX (1912), bes. S. 66–67.

U. Nahon, *Arks*.

P. Nissim, »Intorno alle vecchie sinagoghe di Trieste e a due cantiche di Izchaq e Samuel David Luzzatto«, in: *Israel. La rassegna mensile*, XXVI (1960), S. 329–344.

Österreichische Wochenschrift, 12. Juli 1912, S. 474.

J. Pinkerfeld, S. 50–51.

»Riapertura del Tempio numero 1 della comunitá israelitica«, in: *Corriere israelitico*, III, 1. Nov. 1864.

G. Romano, Besprechung von Cervani und Buda, siehe oben, *Israel. La rassegna mensile*, 2. Ser., XL, Nr. 10 (1973), S. 467–468.

M. Stock, *Nel segno di Geremia. Storia della comunità israelitica di Trieste dal 1200*, Udine 1979 (Collana Comunità, 2).

I. Zoller, »La scuola Vivante a Trieste«, in: *Il vessillo israelitico*, LIX, Nr. 11 (1911), S. 592–596.

Ich bin Mario Stock dankbar für das Geschenk seines Buches und für Photographien sowie Nikolaus Vielmetti für Hinweise auf Veröffentlichungen und Informationen.

Turin

Wären Ehrgeiz und Egoismus eines Architekten nicht größer gewesen als das Budget seiner Auftraggeber, so hätte Turin vielleicht die außergewöhnlichste Synagoge der Welt erhalten. Der höchste von Mauerwerk eingefaßte Säulenbau Europas, heute unter dem Namen »Mole Antonelliana« bekannt, wurde zunächst als Synagoge geplant, aber Änderungen des Entwurfs ließen die Kosten astronomisch ansteigen – so hoch, wie Dach und Turmspitze hinaufragten –, und die jüdische Gemeinde sah sich deshalb gezwungen, ihr Vorhaben fallenzulassen (Abb. 214). Sie mußte sich mit einem zweckmäßigen, jedoch nicht besonders originellen Ersatz begnügen.

Abb. 214. Turin, Mole Antonelliana, 1862–1889, Außenansicht.

Die Mole Antonelliana

Im Jahre 1848 wurde im Königreich Savoyen den Juden die bürgerliche Gleichberechtigung gewährt, und da gesetzliche und wirtschaftliche Vorteile und Möglichkeiten häufig Hand in Hand gehen, zogen viele von ihnen in die Hauptstadt Turin, um ihr Glück zu versuchen, ebenso wie die Christen, die ebenfalls im 19. Jahrhundert in die Städte abwanderten. Die Juden fühlten sich in Turin in Sicherheit und beschlossen, eine neue Synagoge als Ersatz für die existierenden überfüllten Beträume zu bauen.

Der Anlaß war im Jahre 1859 gegeben, als das Hospiz sich entschloß, den Teil seines Grundbesitzes, auf dem sich das ehemalige Ghetto und die Beträume nach spanischem und italienischem Ritus befanden, anderen Zwecken zu übereignen. Im März 1859 beschloß die jüdische Gemeinde, jedes Jahr eine bestimmte Geldsumme für einen Neubau beiseite zu legen, und ernannte ein siebenköpfiges Komitee, das die Richtlinien dafür ausarbeiten und einen Wettbewerb unter Architekten ausschreiben sollte. Ein Vorstandsmitglied der Gemeinde erklärte später, daß die Juden ihrer unendlichen Dankbarkeit für die Emanzipation ein Denkmal zu setzen und eine Synagoge wünschten, die elegant und großartig, aber in ihrer Ausstattung nicht prätentiös sein sollte. Als Turin im Jahre 1860 Hauptstadt Italiens wurde, steckten sie ihre Ziele sicher noch höher. Im Wettbewerbsprogramm von 1862 wurden unter anderem ein Raum für 1500 Männer mit Sitzplätzen für 1000, eine Empore für Frauen, eine Wohnung für den Rabbiner, eine Schule, eine Bäckerei, ein Bad für rituelle Waschungen und Räume für Büros, Archiv, Möbellager, Versammlungen, Vorlesungen sowie Hochzeits- und Begräbniszeremonien vorgeschrieben. Das Grundstück im Zentrum von Turin, das etwa 37 Meter im Quadrat maß, hatte die Gemeinde zum Teil von einer Privatperson, zum Teil von der Krone erworben, welcher der Entwurf unterbreitet werden mußte.

Den vier Architekten, die am Wettbewerb vom Februar 1862 teilnahmen, gelang es entweder nicht, alle diese Einrichtungen im verfügbaren Raum unterzubringen, oder sie entwarfen Bauten, die das vorgeschriebene Budget von 250 000 Lire überstiegen. Dann berief die jüdische Gemeinde den begabten Ingenieur Alessandro Antonelli (1798–1888) als Ratgeber. Sein Vorschlag, der Mitte August desselben Jahres vorlag, fand die Zustimmung der Gemeinde, weil alle notwendigen Räumlichkeiten in der Synagoge untergebracht waren und der Kostenvoranschlag nur 280 000 Lire auswies. Antonelli schlug auch einen Weg vor, den Innenraum mit genügend Tageslicht zu versorgen. Die Steinmauern waren im allgemeinen so dick, daß es eigentlich unmöglich war, große Fensterbereiche einzulassen. Er plante eine Art doppeltes Skelett, aber aus Mauerwerk, nicht aus Eisen, wie es in fortschrittlichen Städten Europas und Amerikas zunehmend üblich

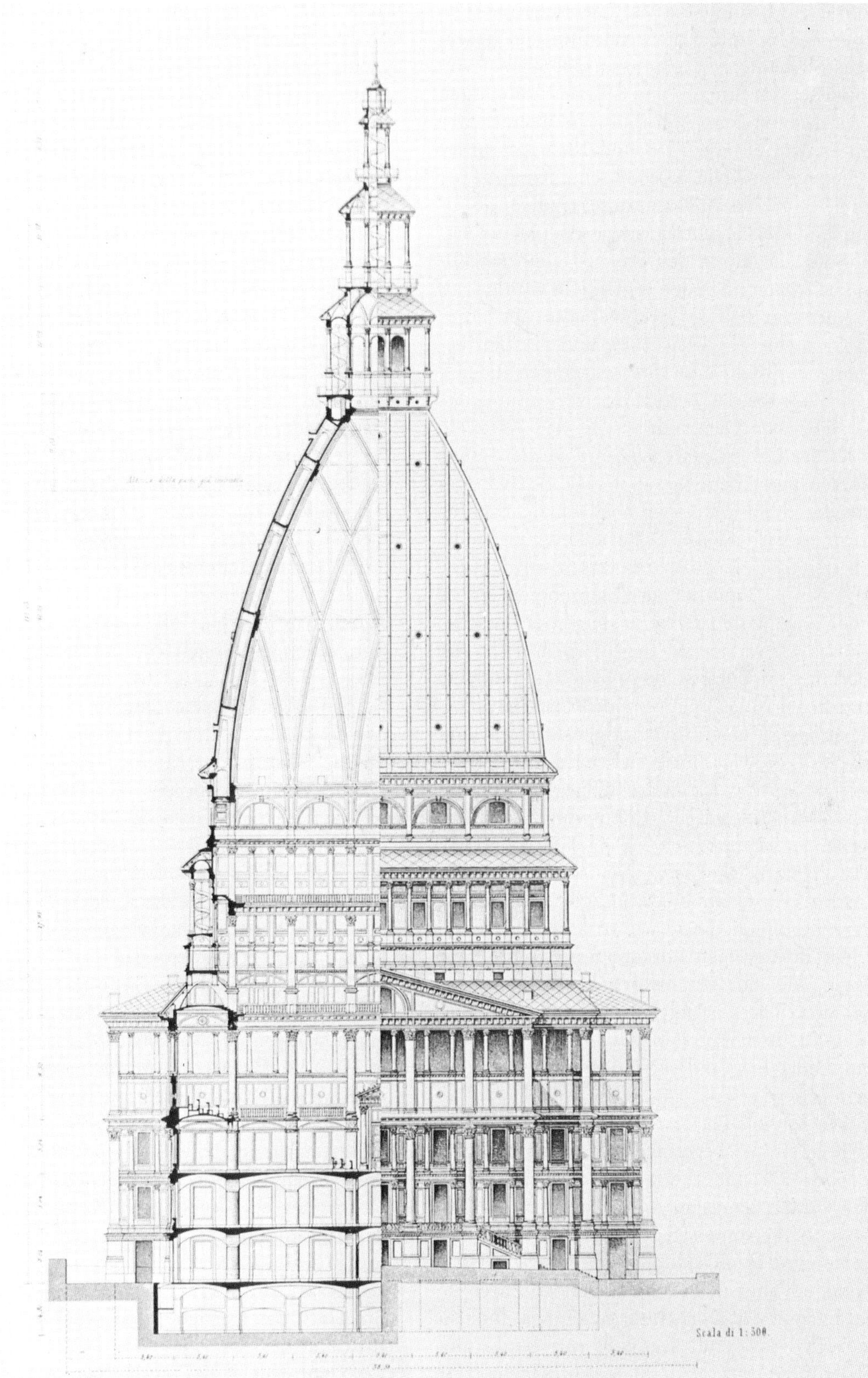

Abb. 215. Turin, Mole Antonelliana, 1862–1889, Schnitt und Aufrisse nach 1867.

wurde. (Er konnte kein Eisen benutzen, weil zu jener Zeit in Italien die Erfahrung mit diesem Baustoff fehlte.) So plante er ein System von säulenartigen Stützen und Stürzen mit einigen Entlastungsbogen (Abb. 215). In überarbeiteten Entwürfen von 1863 und 1865 gab er der Synagoge ein Kellergeschoß, eine Kuppel über dem Betsaal, deren Krümmung weniger als einen Halbkreis beschrieb, sowie zwei kleine Seitenhöfe, die durch den Ankauf von zusätzlichem Grund und Boden ermöglicht wurden.

Aber zwischen der zweiten Hälfte des Jahres 1865, als die Ausschachtung und der Bau begonnen wurden, und 1867 wurde den Juden – nach Aussage des Leiters des Verwaltungsrats der Jüdischen Gemeinde – klar, daß Antonelli »von der Leidenschaft verzehrt wurde, seinen Namen mit einem Bauwerk von einzigartiger Meisterschaft und einer noch einzigartigeren Form zu verbinden«. Er hatte befohlen, einen »dritten Stock langsam und fast heimlich hochzuziehen ..., mit der Idee, den oberen Teil zu einer ungeheuren Höhe ansteigen zu lassen«. Tatsächlich war er im Begriff, nicht etwa ein niedriges Kuppelgewölbe zu bauen, sondern ein ungeheuer hohes, vierseitiges Klostergewölbe. Es sprang zu einer dreistöckigen Miniaturkuppel hoch, die von einem siebenarmigen Leuchter gekrönt war. All dies schnellte 47 Meter höher, als im ursprünglichen Entwurf angegeben, wobei der Hauptbetsaal zu einer Höhe von 90 Metern unter dem spitz zulaufenden Gewölbe anstieg. Antonelli entschuldigte sich für die Veränderungen, die er, wie er sagte, aus technischen Erwägungen vorgenommen hatte, und bot an, die volle Verantwortung dafür zu übernehmen. Dieses Angebot war jedoch bedeutungslos, denn Antonelli war nicht reich genug, um die Mehrkosten persönlich tragen zu können.

Wie so viele Projekte war auch dieses, nachdem es einmal begonnen war, nicht mehr zu stoppen. Die Juden erklärten sich einverstanden, für die überarbeiteten Pläne zu zahlen, solange ihr Vertrauen in Antonellis guten Willen anhielt und ihre Geldmittel reichten. Die Hoffnung, ein angemessenes Bauwerk zu Ehren ihrer Emanzipation errichten zu können, hielt sie aufrecht, während Antonelli mit Bauformen experimentierte, die damals von allgemeinem technischen Interesse waren, wie die stützenfreie Überdachung großer Räume oder das Auflösen der soliden Massen oder das Bauen in große Höhen.

Im Jahre 1869 hatte jedoch die jüdische Gemeinde von etwa zweitausend Mitgliedern kein Geld mehr. Die Beiträge für den Synagogenbau hatten einige ihrer wohlhabenden Mitglieder prompt dazu veranlaßt, die Stadt zu verlassen, bevor man sie angehen konnte, noch mehr Abgaben zu leisten. Juden, die in die Stadt ziehen wollten, gaben dieses Vorhaben auf, weil sie gleich bei ihrer Ankunft um Geldspenden für die ungeheuren Kosten der Synagoge gebeten worden wären. Zu den Sorgen der Turiner Juden kam noch hinzu, daß Florenz die neue Hauptstadt Italiens wurde (1864–1871) und der Auszug der Regierung Turin für Juden unattraktiver machte, die in der Hauptstadt leben wollten. Im Februar 1870 sah sich die Gemeinde gezwungen, den Stadtrat um Mittel zu bitten, um die Stabilität des Gebäudes zu untersuchen. Nachdem die meisten Experten bestätigten, daß der Bau solide war, bestanden sowohl Laien wie Angehörige der Bauberufe darauf, daß die Synagoge wie geplant vollendet werden sollte. Obgleich die Stadt eine Subvention gewährte, die ihrem üblichen Beitrag zu römisch-katholischen Kirchen entsprach, und trotz aller Anstrengungen der Juden, die verschiedene Kultgegenstände verkauft, das Gold von Stoffvorhängen eingeschmolzen hatten und sich getreulich selber noch besteuerten, konnte die Gemeinde das Geld zur Fertigstellung des Baus nicht aufbringen. Eine Zeitlang wurde überlegt, ob man das unvollendete Gewölbe abreißen und eine niedrigere Abdeckung bauen sollte. Ein Heer von Experten bot seine eigenen Ideen an. Im Jahre 1876 waren schon 692 000 Lire ausgegeben worden, und noch immer hatte die Gemeinde keine neue Synagoge. Inmitten der Diskussionen über Abriß oder Umbau gründete die Bevölkerung von Turin den Verein »Freunde des Baudenkmals«. Der Druck, den etwa achttausend Leute zugunsten der Erhaltung und Fertigstellung dieses außerordentlichen Bauwerks auf die Stadt ausübten, führte im Jahre 1877 zu einem Beschluß des Stadtrats, das Gebäude zu übernehmen, es als Museum des Risorgimento, der Zeit von Italiens nationaler Einigungsbewegung, zu nutzen und den Juden dafür eine Summe zu erstatten, die für den Bau einer bescheidenen Synagoge auf einem anderen Grundstück ausreichend war.

Der Bau wuchs immer höher, sogar nachdem bei einem Erdbeben im Jahre 1887 der Tambour unter dem hohen Klostergewölbe ausbeulte. Obwohl die Form des Tambours nun eher rund und nicht mehr quadratisch war, blieb das Bauwerk stehen und wurde schließlich im Jahre 1889 mit der hohen Statue eines geflügelten Genius der Dynastie von Savoyen auf der Turmspitze vollendet. Die Höhe des Gebäudes bis zur Spitze dieser Statue betrug 163,55 Meter.

Kein Wunder also, daß dieses erstaunliche Bauwerk allgemein unter dem Namen *Mole Antonelliana* bekannt wurde, nach seinem Architekten, und weder als Synagoge noch als Schrein zu Ehren einer patriotischen Bewegung oder eines Königs. Es ist ein paradoxer Bau – eine Art Wolkenkratzer, der aber mit präindustriellen Mitteln erbaut wurde, eher ein Denkmal für das Ende der traditionellen Bauweise als für die Zukunft der Architektur und Technik. Es ist ein Gebäude, das entworfen wurde, um eine alte Religion und dann die alte Institution der Monarchie zu repräsentieren, aber tatsächlich drückt es moderne weltliche Interessen und berufliches Können aus. In gewissem Sinne ist es angemessen, daß der geflügelte Genius bei einem großen Sturm durch das »Eingreifen Gottes« abbrach.

Abb. 216. Turin, 1880–1884, Außenansicht.

Der Tempio Israelitico

Die Synagoge, die zwischen 1880 und 1884 gebaut wurde, um die Mole Antonelliana zu ersetzen, ist das Produkt eines Wettbewerbs, der im Sommer 1879 ausgeschrieben wurde und dessen Programm Raum für tausend Männer mit siebenhundert Sitzplätzen, eine Frauenempore für vierhundert Gläubige, eine Orgel, einen Chorbereich, eine Kanzel, einen Almemor und eine Heilige Lade forderte; auch Büro- und Nebenräume wurden gewünscht. Die Gesamtkosten durften 300 000 Lire nicht überschreiten, und weitere 3000 Lire sollten an die preisgekrönten Architekten gehen. Eingaben kamen von Enrico Petiti, einem Ingenieur aus Turin, und von G. Locarni, einem Architekten in Vercelli, der dort eine Synagoge im maurischen Stil entworfen hatte, die 1878 eröffnet wurde. Ihre Vorschläge wurden gleich gut bewertet, aber Petiti bekam den Auftrag, weil er sich genauer an das Programm gehalten hatte (Abb. 216). Der Bau – an der Ecke der Via S. Anselmo und der Via Pio Quinto – wurde ohne besondere Schwierigkeiten errichtet und kostete nur wenig mehr, als im Budget vorgesehen war, unter anderem wegen privater Stiftungen von Säulen, der Kanzel und anderer Einrichtungsgegenstände.

Es handelt sich um ein doppeltürmiges, längliches Gebäude im maurischen Stil. Die Synagogengemeinde ließ den Renaissancestil der Mole Antonelliana zugunsten einer Gestaltung fallen, die bei nordeuropäischen Interpretationen »jüdischer« Bauten verbreitet war. Diese Wahl wurde vielleicht von deutschen und österreichischen Veröffentlichungen beeinflußt, in denen die vielen neueren »orientalischen« Synagogen beschrieben waren, bewies aber auch den Einfluß der aschkenasischen Juden in Turins sehr gemischter Gemeinde aus italienischen, sephardischen und aschkenasischen Mitgliedern. In Deutschland wurden in den späten siebziger Jahren des 19. Jahrhunderts weniger maurisch wirkende Synagogen gebaut, weil die Juden dort zu einer Zeit, da der Antisemitismus zunahm, nicht wie Fremde wirken wollten. In Turin wurden die Juden aber nicht feindlich behandelt, so daß der maurische Stil ihnen wohl weniger gefährlich erschien. Der Basilikagrundriß und die Lage des Almemors im östlichen Teil des Gebäudes lassen auch den Einfluß osteuropäischer Traditionen in dieser Synagoge nach italienischem Ritus erkennen. Nach italienischer Tradition wurde der Almemor weiter von der Heiligen Lade entfernt und in manchen Fällen an die Westwand gesetzt.

Die Turiner Juden beeindruckten den Rest der Welt nicht mit diesem Gebäude, das nur 38 Meter bis zur Spitze seiner Zwiebelkuppeln mißt und dessen Länge innen im Betsaal lediglich 35 Meter beträgt. Das Äußere ist ungewöhnlich, aber nicht schön, und der Innenraum dunkel, weil die Emporen das Licht, das durch zwei übereinanderliegende Reihen von Fenstern einfällt, vom Betsaal abhalten; Gaslampen und elektrische Beleuchtungskörper wurden später angebracht. Die Kassettendecke und die Ornamentik waren einfallslos, aber sorgfältig ausgeführt. Der Entwurf italienischer Architekten und die Verwendung von italienischem Stein und Backstein befriedigten lokale wie patriotische Ansprüche. Die Wahl maurischer Stilformen ließ eine Verbindung mit den Juden jenseits der Alpen erkennen, gleichzeitig mit jenen emanzipierten Vertretern, die souverän genug waren, ihre Individualität in künstlerischen Stilformen und nicht in der Höhe eines Gebäudes oder durch technische Experimente auszudrücken.

Bibliographie

C. C(aselli), »Il tempio israelitico di Vercelli del Comm. G. Locarni«, in: *L'ingegneria civile e le arti industriali*, XIV (1899), S. 8–15.

S. Foà, »Il cinquantenario del Tempio Israelitico in Torino«, in: *Torino*, XIV, Nr. 3 (März 1934), S. 34–37.

J. Pinkerfeld, S. 50.

F. Rosso, *Catalogo critico dell'Archivio Alessandro Antonelli*, I. *I disegni per la Mole di Torino*, Turin 1975 (mit weiteren bibliographischen Angaben).

Venedig

An den abgelegenen Wassern Venedigs, fern von der Piazza San Marco, stehen die erhalten gebliebenen Synagogen der Stadt. Das Ghetto von Venedig ruft, wie die jüdischen Viertel von Prag und Krakau, das nach innen gekehrte und intensive Leben der jüdischen Gemeinde während der Renaissance in die Erinnerung zurück. Die Juden, die hier am Stadtrand lebten, nahmen dennoch am Handel teil, der den Reichtum Venedigs begründete, und ihre Synagogen zeigen noch immer die intimen, beherrschten Seiten des jüdischen Lebens und zugleich Merkmale, die auf den weltlichen Ruhm der Stadt über die Grenzen des Ghettos hinaus deuten.

Juden ließen sich in Venedig zuerst als Geldverleiher nieder, und im Jahre 1090 hatten sie schon eine *Guidecca* (Judaica, ein jüdisches 25-Pfennig-Geldstück). Irgendwann lebten sie auf der Insel, die auch heute noch den Namen Guidecca trägt. Nach 1366 wurde ihnen gestattet, innerhalb der Stadt mit Waren und Geld zu handeln, und Venedig zog viele jüdische Einwanderer von den außerhalb liegenden Dörfern an. Da die aschkenasischen und diejenigen Juden, welche den italienischen Ritus befolgten, die Bankiers waren, kamen sie zu besonderem Wohlstand. Als Venedig nach 1492 jüdische Flüchtlinge aus Spanien einließ, versuchten ihre christlichen Geschäftskonkurrenten, die jüdische Bevölkerung zu kontrollieren, und brachten die Stadtverwaltung dazu, das Wohngebiet der aschkenasischen und italienischen Juden auf einen neuen Inselbezirk in einem Sumpfgebiet in der Nähe eines Klosters, dessen Mönche hingerichtete Verbrecher begruben, zu beschränken. Dieser Bezirk wurde »Ghetto« genannt und gab allen anderen späteren Einschließungen dieser Art seinen Namen. (Der Ursprung des Wortes *Ghetto* ist immer noch umstritten.) Dieser Bezirk ist zwar vor kurzem saniert worden, war aber damals verpönt und das venezianische Gegenstück zu den von Überschwemmungen bedrohten und verseuchten Bezirken, die den Juden in Prag, Rom und Dresden überlassen wurden. Im April 1516 wurden etwa siebenhundert Juden dorthin verbannt. Aus ungeklärten Gründen wartete die Stadtverwaltung mehr als siebzig Jahre, bevor sie auch die levantinischen und spanisch-portugiesischen Juden einschloß. Im Jahre 1589 wurden diese Juden in ein neues, danebenliegendes Ghetto verwiesen, weil in dem früheren kein Platz mehr war.

Beide Ghettos waren dann so überfüllt, daß man neue Räume auf ältere Gebäude baute, bis sie die erstaunliche Höhe von sieben oder acht Stockwerken erreichten. (Die jüdischen Viertel von Carpentras, Glogau und Frankfurt am Main hatten ebensolche »Wolkenkratzer«.) Die Straßen wimmelten von Ausschreiern, Hausierern, herumrennenden Kindern, der Gesang der Gebete erklang, und das Viertel stimmte weniger elegisch, als es heute wirkt. Doch waren die Gassen und engen Kanäle auch damals dunkel, und noch immer ist etwas von seiner ehemaligen Abgeschiedenheit und Dürftigkeit zu spüren.

Die beiden Hauptplätze, einer in jedem Ghetto, waren die Orte, an denen man sich versammelte, Feste feierte und wo die ganze Nachbarschaft Wasser aus einem Brunnen holte. Von dort erkämpfte man sich den Weg aus der Gefangenschaft des Ghettos. Die Synagogen erhoben sich, wo man ein Grundstück bekommen konnte, nicht aber gemäß den theoretischen Prinzipien der Renaissance-Stadtplanung. Heute erreichen wir die Synagogen durch eine Folge von Hell und Dunkel, von engen Kanälen und Gassen zu offenen Plätzen, durch bescheidene Portale und dunkle Eingänge, die zu beengten Treppenaufgängen und schließlich in Synagogen von unerwarteter Pracht führen. In diesen Räumen häufen sich geschnitzte und marmorverkleidete Flächen, vergoldete und dunkel gebeizte Hölzer und schöne Leuchter; ihr Aussehen hat sich seit Beginn dieses Jahrhunderts wenig verändert. Ihre Wände bröckeln vielleicht unter der Verkleidung ab, aber sie sind immer noch Zeuge einer Kultur, Ausdruck einer tiefen und stolzen Ergebenheit in einen andersartigen Glauben, und mit den Früchten des Handels ausgestattet.

Die Scuola Grande Tedesca

Wir wissen nicht, wo die Juden während der ersten zwölf Jahre im Ghetto ihren Gottesdienst abhielten, aber eine Tafel an der Westwand der Scuola Grande Tedesca, der heutigen aschkenasischen Hauptsynagoge, besagt, daß der Bau im Jahre 1528/29 auf Kosten von zwei Stiftern errichtet wurde. Eine zweite aschkenasische Synagogengemeinde richtete eine kleinere Scuola Canton 1531/32 ein.

Die Synagoge von 1528/29 wurde in einem älteren, verputzten Steingebäude eingerichtet, und zwar im vierten und fünften Stock, die zu diesem Zweck auf dem bestehenden Gebäude errichtet wurden. Steile und enge Stufen führten zu diesem Betsaal und wahrscheinlich zu einem abgetrennten Raum für die Frauen. In seiner heutigen Form ist der Saal ein unregelmäßiges Viereck, das von einer ovalen Frauenempore mit Geländern und Gittern umgeben ist (Abb. 217, 218, 219). Wir wissen wenig über die ursprüngliche Ausstattung und Dekoration des Saales, aber der Architekt Jeset David Cassuto, der sich mit den venezianischen Synagogen beschäftigt hat, bemerkte, daß der anscheinend ursprüngliche Fußbodenbelag in der Mitte des Raumes ein oktogonales, dekoratives Motiv unter einer ebenfalls zentral angeordneten oktogonalen Laterne in der Decke hat. Nach aschkenasischem Brauch mußte der Almemor die

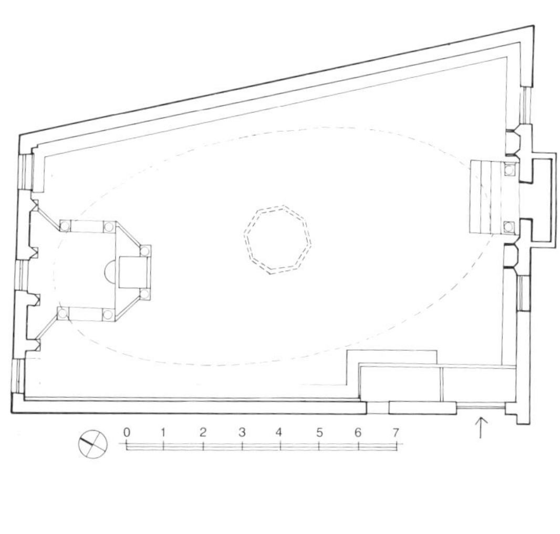

Abb. 217. Venedig, Scuola Grande Tedesca, 1528–1529, ca. 1666 (?), 1732–1733, Grundriß.

Abb. 218. Venedig, Scuola Grande Tedesca, Innenansicht zur Heiligen Lade von 1666 (?).

Abb. 219. Venedig, Scuola Grande Tedesca, Innenansicht zum Almemor.

Mitte des Raumes einnehmen, und der Almemor dieser Synagoge, der sich nunmehr an der Westwand befindet, stand wahrscheinlich ursprünglich unter der jetzt zugebauten Laterne. Die geschnitzte und vergoldete Heilige Lade steht zwischen zwei Sitzen, welche vermutlich für den Rabbiner und den Kantor gedacht waren. Die Sitze verdecken jeweils eine Nische, in der ehemals vielleicht Ritualgegenstände und Bücher aufbewahrt wurden. Die vier Stufen aus rosa Marmor, die zur Heiligen Lade führen, tragen die Jahreszahl 1666, welche im allgemeinen als das Entstehungsdatum der Heiligen Lade selbst betrachtet wird. Die beiden Nischen rechts und links der Heiligen Lade wirken wie deren leicht zusammengedrückte, verkleinerte Ausgaben, und ihre höheren und engeren Proportionen sind unansehnlicher. Sie sind von den gleichen üppigen Schnörkeln, Ziergiebeln und Urnen gekrönt wie die Heilige Lade selbst, aber nicht breit genug für einen solchen Aufbau. Derartige Anlagen scheinen aber trotzdem verbreitet gewesen zu sein, denn die Heilige Lade und die Sitze in Sermide, die aus dem Jahre 1543 stammen, haben ebenfalls dichte Schnitzereien, Säulenpaare und kunstvolle Aufbauten, und die Scuola Canton in Venedig hat eine Anlage der Heiligen Lade und der Nischen (wahrscheinlich von 1672), die derjenigen in der Scuola Tedesca gleichen.

Der Almemor, der sich jetzt am anderen Ende des Raumes befindet, besteht aus einer Basis, die fünf Seiten eines Oktogons einnimmt, sechs freistehenden Balustern, die sich in korinthische Säulen verwandeln und ein Karnies tragen, sowie vier Halbbaluster, die an der Westwand anliegen. Cassuto fand heraus, daß diese ursprünglich dazugehörten, so daß acht ganze und freistehende Stützen ein Oktogon bildeten. Sie wurden später, als man den Almemor von der Mitte des Raumes an die neue Stelle versetzte, getrennt und umgestellt. Der Almemor verbaut einige Fenster an der dahinterliegenden Wand und damit die hauptsächliche Quelle natürlichen Lichts.

Das Entstehungsdatum des Almemors in seiner ersten Form ist nicht bekannt, aber seine schlanken Baluster, sein feines Karnies und die kunstvollen Schnörkel unterscheiden sich in ihrem Stil von den robusteren und kompakteren Formen der Heiligen Lade. Die um die Plattform des Almemors laufenden Baluster unterscheiden sich auch von denen der Balustrade auf der Frauenempore darüber. Die Urnen auf den

Ecken des Almemors erinnern an die unterschiedlich geformten Urnen auf der Heiligen Lade und sehen weitgehend wie diejenigen über der Eingangstür aus, was wahrscheinlich auf kleinen Veränderungen bei der Versetzung des Almemors beruht, die bezweckten, die hölzernen Ausstattungsgegenstände stilistisch anzugleichen. Wir wissen nicht, wann der Almemor versetzt und umgebaut wurde, auch nicht, warum die aschkenasischen Juden die traditionelle Lage des Almemors in der Mitte aufgaben. Vielleicht betrachteten sie sich damals selber als venezianische und nicht mehr als aschkenasische Juden, die nur vorübergehend in dieser Stadt lebten, und übernahmen deshalb die Anlage von italienischen Synagogen, wo der Almemor gegenüber der Heiligen Lade steht.

Das bemerkenswerteste Element in diesem Raum ist der ovale Balkon, der dem in der nicht weit entfernten Scuola Spagnola gleicht. An beiden Gebäuden kann man die Entwicklung von Frauenbereichen innerhalb des Hauptbetsaals in der Spätrenaissance verfolgen. Eine solche Lösung ist wahrscheinlich zuerst für die sephardische Synagoge erfunden worden, aber ihre Verwendung in der Scuola Grande Tedesca beweist die intelligente Übernahme einer guten neuen Idee. Ein solcher Balkon schuf nicht nur Raum für die Frauen nahe der Stelle, wo sich die Liturgie abspielte, sondern ließ den Innenraum der Synagoge auch regelmäßiger wirken. Die ovale Empore verbindet alle seltsam geformten Teile des Raumes in einem dramatischen Schwung, der den Betrachtet verleitet, ihn für einheitlicher zu halten, als er in Wirklichkeit ist. Der Innenraum war jedoch offensichtlich nicht in einem Zuge angelegt worden, auch war wohl niemals genug Geld vorhanden, um ihn einmal ganz umzugestalten. Die Heilige Lade und der Almemor sind jetzt unglücklich unter dem Balkon versteckt. Die Empore, die sicherlich angefügt worden ist, nachdem die Heilige Lade im Jahre 1666 gebaut wurde, muß daher aus einer späteren Zeit stammen als die Empore in der Scuola Spagnola, wo sie angeblich im Jahre 1655 angebracht wurde. Die Baluster der Emporenbrüstung in der Scuola Tedesca sind leichter, länger und von zierlicherer Form als die in der sephardischen Synagoge. Wir können leider die ursprünglichen Gitter nicht mehr untersuchen, um Hinweise auf das Entstehungsdatum zu finden, denn sie wurden im späten 19. Jahrhundert durch eiserne ersetzt. Ist die Empore vielleicht erst im Jahre 1732/33 entstanden, das auf derselben Tafel eingetragen ist, auf der das Jahr 1528/29 steht? Das spätere Datum war das einer größeren Renovierung, aber vielleicht betraf dies nur den Umbau des Almemors und die Öffnung des derzeitigen Eingangs.

Alle anderen Teile des Raumes sind nicht so bedeutend. Die hauptsächliche Ausschmükkung der Decke besteht in einem flachen und verschalten ovalen Band, das dem Oval der Empore entspricht. Die Decke ist mit Weinranken und Marmorimitationen bemalt. Um die Wände läuft eine Täfelung aus Kirschholz, an der Sitze befestigt sind. Sie ist gut geschnitzt und zeigt Pilaster, vorspringende Profilleisten und eckige geometrische Felder; Cassuto meint, sie stamme aus der Mitte des 17. Jahrhunderts. Darüber sind die Wände mit Marmorimitationen bemalt. Selbst wenn Luxusgesetze die Synagogengemeinde nicht gezwungen hätten, die Verwendung richtigen Marmors zu vermeiden, wären die Kosten dieses wertvollen Baustoffs wohl zu hoch gewesen. Die Geschichte hatte die Juden auch gelehrt, wie unsinnig es sein konnte, wertvolle Baustoffe zu verwenden, weil man damit riskierte, daß das gesamte Gebäude konfisziert wurde. Der falsche Marmor ist in unseren Augen nicht sehr attraktiv, erhöhte aber die prächtige Wirkung dieses Raumes und zeigt, daß die Gemeinde ihre Synagoge so schön ausstatten wollte, wie es eben ging.

Außen ist der Bau kastenförmig und verputzt und gleicht vielen anderen Gebäuden im ältesten Teil des Ghettos, nur hat die Scuola Tedesca fünf Bogenfenster, an denen man den besonderen Charakter des Baus erkennen kann. Auf der Südostseite springt da, wo innen die Heilige Lade in einer Nische untergebracht ist, eine Ausbuchtung an der Mauer vor. Der Bau ist außen weder mit einem Portal noch mit irgendeinem jüdischen Symbol geschmückt. Die Synagoge liegt zwischen anderen Häusern, so daß an den Seiten nicht einmal Fenster vorhanden sind.

Zwischen 1890 und 1910 wurde die Synagoge verschönert und restauriert. Die alten Treppen zum Männer- und Frauenbereich wurden durch neue, bequeme und weniger steile ersetzt. Aber nur wenige Juden nahmen noch aktiv am Leben der aschkenasischen Synagoge in Venedig teil, vor allem nach der Mitte des 19. Jahrhunderts, als sie außerhalb des Ghettos leben durften. Die Scuola Tedesca schloß im Jahre 1917 als Synagoge ihre Tore und ist erst als Teil eines jüdischen Museums von Venedig, das sich in dem anliegenden Haus befindet, wieder geöffnet worden.

Die Scuola Spagnola

Die zweite venezianische Synagoge, die eine ovale Empore hat, ist die der spanisch-portugiesischen Juden und unter dem Namen Scuola Spagnola oder Scuola Ponentina bekannt. Dieser verputzte Steinbau steht auf einer Seite eines kleinen, offenen Platzes, dem Campiello della Scuole, der Scuola Levantina gegenüber, die für Juden aus dem östlichen Mittelmeerraum errichtet wurde. Da diese Gruppen im Jahre 1516 nicht gezwungen wurden, im Ghetto zu leben, muß die Scuola Spagnola aus der Zeit stammen, bevor die spanisch-portugiesischen Juden im Jahre 1589 ihrerseits in ein Ghetto ziehen mußten.

Das Gebäude ist vermutlich in zwei Bauabschnitten errichtet worden, denn die Fenster im Erd- und Zwischengeschoß sind nicht mit denen der beiden oberen Stockwerke koordiniert.

Auf der Nordseite der Synagoge führt eine einfache, rundbogige Tür, die von toskanischen Pilastern eingerahmt und von einem horizontalen Sims gekrönt ist, zu einer Eingangshalle und einem Lehrhaus, das ebenfalls als kleine Synagoge benutzt wurde. Die Vorhalle war der Platz, an dem sich die Synagogengemeinde traf, und wahrscheinlich diente sie auch als Schulraum für Knaben. Heute sind dort Gedenktafeln angebracht, darunter einige für venezianische Juden, die zwischen 1943 und 1944 von den Nationalsozialisten in Konzentrationslager verschleppt worden sind. Das Lehrhaus ist ungefähr 9×3 Meter groß. Die Heilige Lade und der Almemor stehen hier einander in der Mitte der langen Wände gegenüber, so daß sich die Heilige Lade im Osten befindet. Die Anlage entspricht derjenigen der Scuola Italiana in Padua. Die Gläubigen können auf diese Weise Heilige Lade und Almemor sehen, ohne sich umdrehen zu müssen, falls die Sitze so aufgestellt sind, daß sie der Mitte der kurzen Achse gegenüberstehen. Hier laufen jedoch die Sitzreihen parallel zu den langen Ost- und Westwänden wie in anderen venezianischen Synagogen, also blieb die übliche Verteilung der Sitze maßgebend. Im Erdgeschoß sind auch das relativ moderne Zentralheizungssystem untergebracht und eine Treppe zum Zwischengeschoß. An der Südseite des Erdgeschosses befindet sich ein kleiner Hof für die Hütte des Laubhüttenfests.

Im Zwischengeschoß liegen Räume, in denen die Gemeinde Ritualgegenstände und andere Dinge aufbewahren kann; der südliche Teil war ehemals von Büros eingenommen. Über dem Zwischengeschoß befindet sich der Hauptbetsaal, den man über Treppen erreicht, die rechts und links vom Almemor enden (Abb. 220). Der Raum ist fast rechteckig (21,50×12,70× 20,52×13 Meter). Eine kleine, rechteckige Nische für die Heilige Lade springt im Osten nach außen vor, eine große Einbuchtung für den Chor nach Westen, und diese wird durch ein Fenster in der Westwand belichtet. Die Frauenempore verläuft über den Fenstern; sie sieht oval aus, besteht aber in Wirklichkeit aus zwei Halbkreisen, die mit geraden Wänden verbunden sind. Wie in der Scuola Tedesca eint diese umschließende Empore den bipolar angelegten Raum und den Frauenbereich mit dem der Männer.

Die Einzelheiten verdienen Beachtung, einmal um ihrer selbst willen, zum anderen wegen ihrer Aussage über das Entstehungsdatum und den Architekten der Synagoge (Abb. 221, 222). Die Fenster und die Einrahmung der Heiligen Lade schließen rund ab, sind von dünnen Pila-

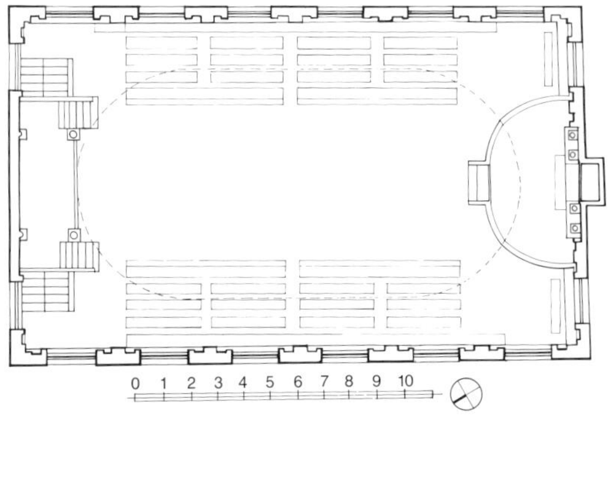

Abb. 220. Venedig, Scuola Spagnola, nach 1589, ca. 1655 (?), Grundriß von 1894.

stern mit Kapitellen flankiert, die mit nicht klassischen Konsolen verziert sind. Die Einrahmung der Heiligen Lade hat an ihren einfach geformten Kapitellen keine Konsolen und stammt vielleicht nicht aus der gleichen Zeit wie die Fenstereinrahmungen. Über den Fensterbogen und dem Bogen der Einrahmung der Heiligen Lade sowie in Berührung mit diesen befindet sich ein dünner, horizontaler Streifen, der im rechten Winkel abfällt und auf die Kapitelle der Pilaster trifft. In den so geschaffenen Bogenzwickeln sind rote und purpurfarbene, dekorative Einlagen angebracht, die wahrscheinlich aus Stuck hergestellt waren, der so angemalt wurde, daß er wie bunter Stein aussah, den Juden nicht benutzen durften. Wegen dieser unschönen, dünnen horizontalen Endungen sehen die Bogen und Einrahmungen aus, als wären sie plötzlich abgeschnitten, und die horizontalen Endungen dringen in das Gesims des Raums ein. Vielleicht handelt es sich hier um Erfindungen aus dem 19. Jahrhundert. (Die Heilige Lade in der Scuola Levantina, die allem Anschein nach aus der Renaissance stammt und mit der Heiligen Lade der Scuola Spagnola identisch ist, hat nur einen runden Bogen ohne horizontale Endung, und die Fenster in der Scuola Levantina haben oben Simse.) Zwischen den Fenstern erheben sich ionische Pilaster, die im Jahre 1894 so bemalt wurden, daß sie wie aus rötlichem Stein aussehen, ihr Umriß und ihre Proportionen entbehren der Anmut. Die ionischen Kapitelle gleichen jedoch denen, die auf einer Zeichnung des großen venezianischen Architekten Baldassare Longhena für die Bibliothek von S. Giorgio Maggiore zu sehen sind.

Die Einrahmung der Heiligen Lade besteht aus einem Paar dunkler, geäderter Säulen, die ein Gesims und einen dreieckigen Ziergiebel tragen und denen eine zweite Säule an jeder Seite hinter den mittleren Säulen beigegeben ist. Auch die äußeren Säulen tragen ein Gesims. Über dem Giebel in der Mitte halten Zwergpilaster einen Segmentgiebel und bilden ein Attikageschoß. Gesetzestafeln, die von vergoldeten Strahlen umgeben sind, stehen auf der Spitze des unteren Ziergiebels und dehnen sich so weit nach oben aus, daß sie den größten Teil des oberen Ziergiebels verdecken. Dieser Entwurf erinnert entfernt an den zweistöckigen Altaraufbau in der Vendramin-Kapelle von S. Pietro in Castello (1654–1665) von Longhena. Der Altaraufbau ist jedoch kompakter und vertikaler. Er hat keinen vollen, dreieckigen Ziergiebel unter dem Giebel, und sein Segmentgiebel ist von breiterer Proportion. Der Altaraufbau und der Rahmenaufbau der Heiligen Lade scheinen das Werk von zwei verschiedenen Künstlern zu sein. Die Heilige Lade stammt vielleicht aus einer früheren Zeit als ihre Türen, die mit der Jahreszahl 1755 versehen sind, aber die Heilige Lade ist nicht unbedingt ein Werk Longhenas.

Die Geländersäulen an der Frauenempore sind dicker als die der Scuola Tedesca und allem Anschein nach älter; in ihrer Form gleichen sie denen an Longhenas großer Treppe in S. Giorgio Maggiore (1641–1645).

Die Fächer der Decke, die Reliefeinrahmungen haben, bestehen aus einer Mischung von Halbkreisen und Rechtecken. Giuseppe Cristinelli verglich in seinem Buch über Longhena den Deckenentwurf der Scuola Spagnola mit dem in Longhenas S. Nicolò dei Greci (1658–1660), aber die Deckendekorationen in dieser Kirche haben einfachere Formen mit weniger Krümmungen und Ecken, und die Fächer sind durch größere glatte Flächen voneinander getrennt. Im Vergleich dazu wirkt die Decke der Scuola Spagnola überladen und verworren. Der flache Untergrund wurde im Jahre 1894 mit einem Muster bemalt, das von einem Stoff aus der Sammlung der Synagoge kopiert wurde.

Wir könnten der Einfachheit halber die Heilige Lade, die Empore und die Deckendekorationen einem anonymen Künstler aus dem 17. Jahrhundert zuschreiben, aber F. Zanotto erwähnte in seinem *Nuovissima guida di Venezia* (1856), daß Longhena diese Synagoge entwarf. Er belegte jedoch seine Behauptung nicht, und in früheren Führern von J. Lecomte (1844), G. A. Moschini (1847), G. Fontana (1847) oder P. Selvatico und V. Lazari (1852) erschien keine solche Zuschreibung. Sie erschien auch nicht – was bedeutsamer ist – in A. Lattes' Kapitel über die Juden von Venedig in der Veröffentlichung des Stadtrats von Venedig, *Venezia e le sue lagune*, aus dem Jahre 1847. Autoren von Büchern über Longhena (Semenzato, Cristinelli) übernahmen die Zuschreibung von Zanotto oder aus einer späteren Quelle, die auf Zanottos Buch beruhte, und wiesen dann, um diese Zu-

Abb. 221. Venedig, Scuola Spagnola, Innenansicht zur Heiligen Lade nach der Neuausstattung von 1894.

schreibung zu untermauern, auf Werke von Longhena hin, die entfernte Ähnlichkeiten zeigten. Elena Bassi bewies größere Vorsicht, als sie vorschlug, die Synagoge mit dem Namen eines von Longhenas Assistenten, Antonio Gaspari, zu verbinden, der erwiesenermaßen einige Arbeiten für Juden ausführte.

Die Synagoge Longhena oder seiner Schule zuzuschreiben, würde mit dem Datum, 1655, übereinstimmen, das Lattes für den Umbau der Scuola Spagnola angab. Es muß das Entstehungsdatum der Heiligen Lade, der Empore und der Deckendekoration sein, denn sie sind alle im Stil des 17. Jahrhunderts. Die Entstehungsdaten der Bauwerke von Longhena, die in ihren Details denen der Synagoge am ähnlichsten sehen, legen nahe, daß der Designer der Synagoge eher ein Imitator als ein (vermutlich konsequenterer) Schöpfer von Ideen war. Cecil Roth verwirrte die Datierung und Zuschreibung in seinem Buch *Venice* noch mehr, indem er das Datum 1635 angab, aber dies war wahrscheinlich nur ein Druckfehler. Die gesamte Bevölkerung von Venedig war im Jahre 1630/31 gerade durch die Pest dezimiert worden, und es ist unwahrscheinlich, daß damals Mittel zur Verfügung standen, um die Synagoge umbauen zu können. Tatsächlich entwarf Longhena in den Jahren der Seuche Santa Maria della Salute, aber als Exvoto, damit sie aufhörte. Nur kennt die jüdische Religion keine Exvotos, also kann eine Synagoge nicht aus einem solchen Grund errichtet werden. Außerdem war die Pest im Jahre 1635 vorbei. Das Datum 1655 ist wahrscheinlicher, wenn überhaupt eines der beiden richtig ist.

Im Jahre 1655 betrug Venedigs jüdische Bevölkerung angeblich 4800 Personen, doppelt soviel wie 1630. Dieser Zuwachs war einmal auf normalen Bevölkerungszuwachs, zum anderen auf die Einwanderung von Juden zurückzuführen, die vor den Kosakeneinfällen an der polnisch-russischen Grenze geflohen waren. Diese aschkenasischen Flüchtlinge sind sicher keiner sephardischen Gemeinde beigetreten, aber das allgemeine Anwachsen der jüdischen Bevölke-

Abb. 222. Venedig, Scuola Spagnola, Innenansicht zum Almemor (jetzt Orgeleinrahmung), nach 1830, wie die Neuausstattung von 1894.

rung, zusammen mit dem natürlichen Zuwachs der sephardischen Bevölkerung, hat vielleicht zum Umbau mehrerer jüdischer Einrichtungen geführt, im besonderen der levantinischen und der sephardischen Synagoge.

Der Almemor in der Scuola Spagnola besteht aus vier korinthischen Säulen, von denen zwei eigentlich an die Westwand gesetzte Halbsäulen sind. Die Säulen tragen ein Gesims, auf das über die beiden östlichen Urnen gesetzt sind und von dem Schnörkel mit Urnen darauf zu einer großen Urne in der Mitte aufsteigen. Die Idee eines verschnörkelten Baldachins ist wahrscheinlich von dem Baldachin über dem Hauptaltar von Sankt Peter in Rom übernommen worden. Dieser Altar stammt aus den dreißiger Jahren des 17. Jahrhunderts, was eine weitere Begründung dafür liefert, das Datum der Umbauarbeiten an der Synagoge in Venedig mit 1655 statt 1635 anzusetzen. Der Entwurf des Almemors wirkt deshalb nicht ganz harmonisch, weil die prächtigen Barockschnörkel nicht zu den nüchternen Säulen und der Anlage unter dem Gesims passen. Rechts und links vom Almemor führen gebogene Stufen zur Plattform des Vorlesers und zum Chorbereich dahinter. Dieser ist jetzt nicht mehr sichtbar, weil ein Gemeindemitglied mit Namen Jacopo Treves de Bonfili im Jahre 1830 eine Orgel stiftete, die in den Almemor gestellt wurde. Das Lesepult wurde daraufhin gleich unter die Heilige Lade gesetzt. Die Sitze blieben entlang der Nord- und der Südwand stehen, was beweist, daß diese Synagogengemeinde nicht völlig von der deutschen Reformbewegung beeinflußt war, als der Almemortisch unter die Heilige Lade gesetzt wurde.

Die Scuola Spagnola hat schöne Fenster- und Emporengitter sowie Metallkronleuchter. Die vielarmigen Leuchter im Hauptbetsaal tragen zur prächtigen Wirkung des Innenraums bei. Auf einem Stich, der vor 1830 angefertigt wurde, sind die Leuchter in der Mitte und an den langen Seitenwänden zu sehen. G. Reinisch Sullam gab an, daß einige der Leuchter von 1772 und mehrere Kerzenleuchter von 1845 stammten; andere Einrichtungsgegenstände sind vielleicht bei der Restaurierung von 1838, die Roth erwähnte, dazugekommen.

Der Bau ist heute sehr gefährdet. Das Gebäude ist baufällig, das Dach undicht und die Innendekoration in sehr schlechtem Zustand. Der Verputz bröckelt außen ab. Die Restaurierung des Gebäudes wäre sicher äußerst kostspielig, aber auf internationaler Ebene werden Bemühungen unternommen, diese Synagoge, wie auch die deutsche, die Canton-Synagoge, die italienische und die levantinische Synagoge zu retten. Die drei letzteren haben schöne, längliche Räume, in denen Heilige Lade und Almemor einander an den entgegengesetzten Enden des Raumes gegenüberstehen.

Alle diese Synagogen mit ihrer reichen Innenausstattung wirken auf den modernen Betrachter exotischer, als eigentlich beabsichtigt war. Die Dichte der Räume, das aus Kronleuchtern bestehende Firmament der Scuola Spagnola und die üppigen Holzschnitzereien in mehreren dieser Synagogen erscheinen Juden, welche mit bescheidenen Betsälen oder würdigen Reformtempeln aufgewachsen sind, ungewohnt. Es gibt nicht mehr viele Kirchen, die in ihrem ehemaligen überladenen Zustand erhalten geblieben sind, nachdem christliche Reformer und Restaurierer sie »verbessert« haben. Aber manche Kirchen würden, hätte man sie so belassen, wie sie einst waren, vielleicht genauso überladen, intensiv und exotisch wie diese Synagogen wirken.

Bibliographie

E. Bassi, *Architettura del sei e settecento a Venezia*, Neapel [ca. 1962], S. 118, 120.

D. Cassuto, *Ricerche sulle cinque sinagoghe (scuole) di Venezia*, Jerusalem 1978.

D. Cassuto, »The Scuola Grande Tedesca in the Venice Ghetto«, in: *Journal of Jewish Art*, III–IV (1977), S. 40–57.

Consiglio comunale di Venezia, *Venezia e le sue lagune*, Venedig 1847, Bd. 1, Teil 2, Anhang 8, S. 103–107 über A. Lattes, »Gli ebrei a Venezia«.

G. Cristinelli, *Baldassare Longhena, architetto del '600 a Venezia*, Padua 1972, S. 64–71.

U. Fortis, *Jews and Synagogues*, Venedig 1973, S. 32–75.

C. D. Lewis, Besprechung von G. Cristinelli, *op. cit.*, *Arte Veneta*, XXVII (1973), S. 328–330.

A. Milano, *Bibliotheca historica Italo-Judaica*, Florenz 1954, und *Supplement*, über Artikel über venezianische Juden und über alle Synagogen.

A. Milano, *Storia degli ebrei in Italia*, Turin 1963.

E. Morpurgo, »Bibliografia della storia degli ebrei nel Veneto«, in: *La rivista israelitica*, VII, Nr. 1 (1910), S. 188 ff.; IX, Nr. 1–2 (1912), S. 49 ff.

E. Morpurgo, »Inchiesta sui monumenti del Veneto interessanti la storia religiosa, civile, e letteraria degli ebrei«, in: *Il corriere israelitico*, L, 4 (1911), S. 41–43.

G. Navarra, »Il restauro del Tempio Spagnolo di Venezia«, in: *Il vessillo israelitico*, XLII, Nr. 4 (1894), S. 127.

A. Piattelli, »The Merger of the Sephardic and Ashkenazic Congregations of Venice«, in: *American Sephardi*, V, Nr. 1–2 (Herbst 1971), S. 29–31.

J. Pinkerfeld, S. 5–16.

G. Reinisch Sullam, *Jewish Art Treasures in Venice*, New York 1973, S. 31–32.

C. Roth, »Masterpieces of Sephardi Art. IV: The Italian Scuole«, in: *Le judaïsme séphardi*, o. Ang., Nr. 4 (Mai 1954), S. 172–176, bes. S. 175.
C. Roth, *Venice* (Jewish Communities Series), Philadelphia 1930 (auch in anderen Sprachen unter dem Titel »Die Geschichte der Juden von Venedig« veröffentlicht).
C. Semenzato, *L'architettura di Baldassare Longhena*, Padua 1954 (Università di Padova. Pubblicazioni della Facoltà di Lettere e Filosofia, 29), bes. S. 30.
R. Wischnitzer, *Architecture*, S. 59–65.
F. Zanotto, *Nuovissima guida di Venezia*, Venedig 1856, S. 333–334.

Die Niederlande

Amsterdam: Synagogen des 17. Jahrhunderts

»Amsterdam ist ein großes Hamburg, ein kleines Jerusalem«, schrieb um 1900 J. J. Schudt, ein Deutscher, der die Bedeutung Amsterdams als Handelszentrum und der jüdischen Geschäftsleute dort erwähnt. Erhalten geblieben sind zwei Synagogen aus dem 17. Jahrhundert, als Juden zu aktiven Einwohnern der Stadt wurden. Die »Grote Sjoel« oder Große Aschkenasische Synagoge von 1670/71, die sephardische Synagoge von 1671 bis 1675 und die zerstörte Vorgängerin der letzteren von 1639 zeigen, in welcher Form die Juden ihre Kultur architektonisch ausdrückten. Sie liefern auch gute Beispiele für die Entwicklung der Synagoge in Form einer Emporenbasilika.

Die sephardische Synagoge von 1639

Die sephardische Synagogengemeinde, welche die Synagoge von 1639 erbaute, bestand aus den Nachfahren iberischer Juden und Maranen. Nach dem späten 16. Jahrhundert wurde Holland von relativ toleranten Protestanten regiert, so daß Maranen, die zum Judentum zurückkehren wollten, die Niederlande als einen geeigneten Lebensbereich betrachteten. Im frühen 17. Jahrhundert richteten sephardische Juden mit portugiesischen Namen drei Synagogen in Gebäuden im jüdischen Viertel auf der Vloonburg-Insel ein und vereinten sich im Jahre 1639 zu einer Synagogengemeinde, als sie Häuser an der Houtgracht (die später überbaut und zum Waterlooplein wurde) umbauten. Die Synagoge wurde in zwei nebeneinanderliegenden Häusern errichtet, vielleicht als Vergrößerung von einer der älteren drei Synagogen, die zu einer Synagogengemeinde zusammengelegt worden waren (Abb. 223, 224).

Eine breite Treppe führte nach oben in den Betsaal, einen zweistöckigen Raum mit so großen Fenstern, daß der Innenraum wirkte, als wäre er von Glas umgeben. Dies war die erste bekannte Synagoge mit seitlichen Emporen, die im Hauptbetsaal lagen. Da in diesen umgebauten Häusern Platz für Nebenräume fehlte, in denen üblicherweise die Frauen getrennt untergebracht wurden, bot sich die Emporenbasilika an und wurde zu einer zukunftsträchtigen Lösung, die später oft verwendet werden sollte. Diese ungewöhnliche Synagoge beruhte wahrscheinlich in ihrer Form auf Emporenbauten wie der Remonstrantenkirche (1629) und der Lutheranerkirche (1632/33) in Amsterdam, auf baulichen Neuerungen, die in holländischen Hauskirchen angebracht worden waren, und vielleicht auf den entlegeneren Hugenottenkirchen in Frankreich, die ebenfalls Emporen hatten. Diese boten den Vorteil, daß viele Leute in einem kompakten Raum untergebracht werden und während langer Predigten oder Verlesungen von Gebeten sitzen konnten. Christliche Architekten, die erkannten, daß der jüdische Gottesdienst ähnliche Anforderungen stellte, und mit Emporenkirchen vertraut waren, paßten diese Form der Synagoge an. Ein Teil des Platzes auf den Emporen war für Frauen reserviert, wie auf einem Stich von I. Veenhuysen zu sehen ist, auf dem die Gitter dargestellt sind, hinter denen die Frauen saßen. Näher am Almemor, im westlichen Teil des Mittelschiffs, war kein Gitterwerk mehr angebracht, was vermuten läßt, daß dort Männer saßen. Eine Bretterbarriere trennte den Frauenbereich von dem der Männer auf den Emporen ab.

Ausgehend von den vier toskanischen Säulenpaaren und den Emporengeländern dazwi-

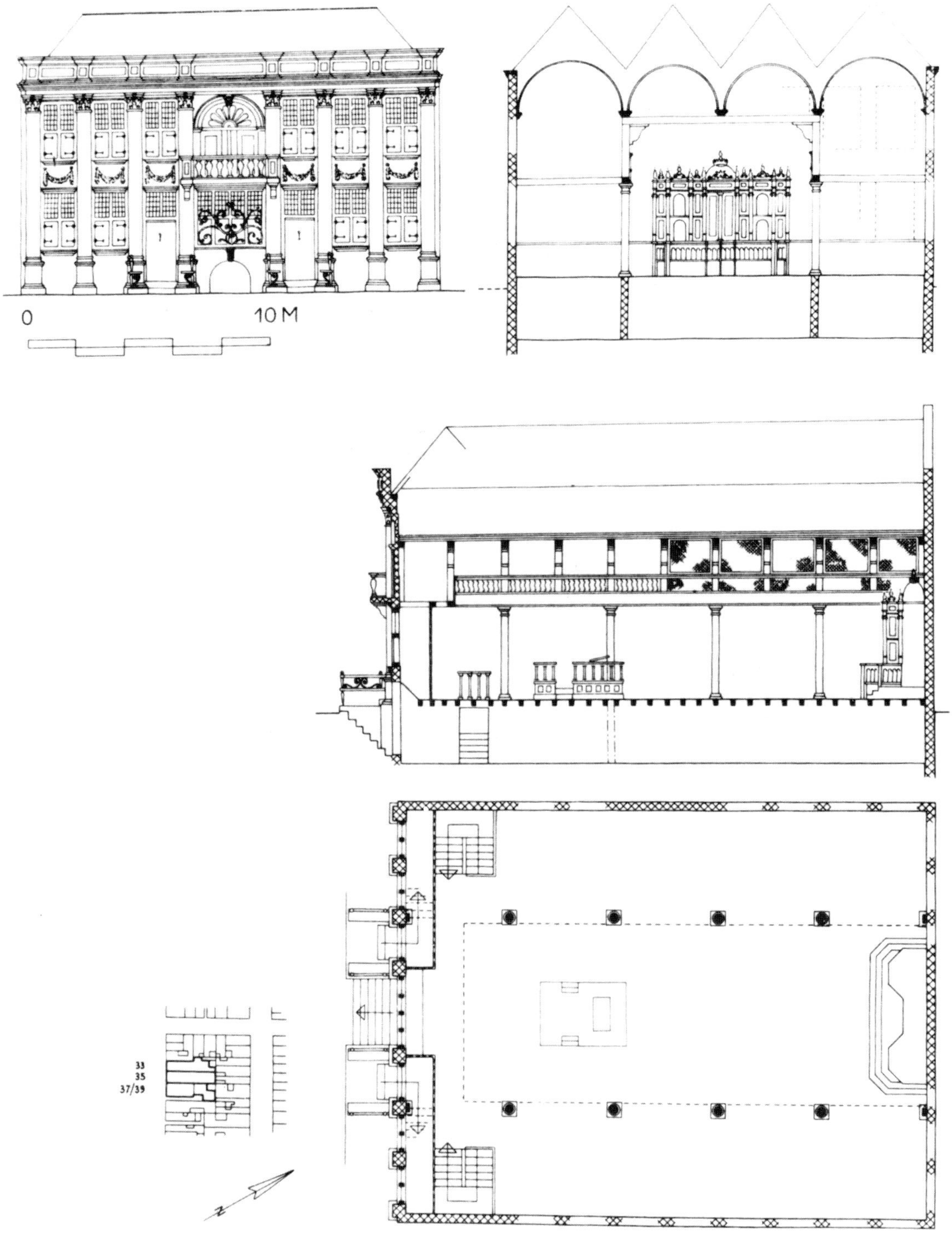

Abb. 223. Amsterdam, Sephardische Synagoge, 1639, Fassade, Schnitte, Lageplan, Grundriß des Männersitzbereichs.

schen, erstreckten sich quadratische Pfosten, die über das Mittelschiff gespannte Balken trugen; diese ruhten zusätzlich auf einfach geformten Konsolen. Auf den Balken lagen die beiden mittleren der vier parallellaufenden Tonnengewölbe von ungleicher Weite auf, wodurch die Ost-West-Achse und die Entfernung zwischen der Heiligen Lade und dem Almemor an den entgegengesetzten Enden der Hauptachse betont wurden.

Abb. 224. Amsterdam, Sephardische Synagoge, 1639, Innenansicht zur Heiligen Lade, Radierung nach einer Zeichnung von I. Veenhuysen.

Die Grote Sjoel

In der Grote Sjoel wurde zum ersten Mal die Form der Emporenbasilika eingeführt, die in späterer Synagogenarchitektur zu finden ist. Die Grote Sjoel wurde von – oder unter dem Einfluß von – Daniel Stalpaert, einem städtischen Architekten, entworfen und zwischen März 1670 und März 1671 errichtet (Abb. 225, 226). Die neue aschkenasische Synagoge, die von einem Kanal, an dem später die sephardische Synagoge von 1671 bis 1675 lag, gut zu sehen war, wurde von zwei kleinen Häusern eingerahmt, eins enthielt das Bad für rituelle Waschungen und das andere die Wohnung des Synagogendieners.

Der Bau wirkte im Vergleich zu den umgebenden niedrigen und engen Giebelhäusern des 17. Jahrhunderts stattlich und würdig. Er hat eine fast quadratische Form und mißt innen 16 ×18 Meter, ist von Backsteinmauern umgeben, die außen, dem breiteren Mittelschiff und den engeren Seitenschiffen entsprechend, durch Pilaster mit Zierkapitellen gegliedert sind. Das Gebäude liegt im Winkel zur Straße, so daß Raum für eine Vorhalle und ein Treppenhaus bleibt, deren Form mehrmals verändert wurde; das heutige Eingangsportal stammt etwa von 1823. Ein dreieckiger Ziergiebel auf dem Mittelteil der Fassade, das geneigte Dach, die vertikalen Pilaster und die hohen, rund abschließenden Fenster der zweiten der drei Fensterreihen lassen das Gebäude höher wirken.

Innen wird das Sims des Mittelschiffs von schweren toskanischen Säulen getragen; darüber liegt ein halbkreisförmiges Tonnengewölbe, und die Seitenschiffe sind von etwas niedrigeren Tonnengewölben überspannt. Diese Anlage wurde für viele spätere Synago-

Abb. 225. Amsterdam, Grote Sjoel, 1670–1671 (links), und Nieuwe Sjoel, 1750–1752 (rechts), Außenansicht, Radierung nach einer Zeichnung von J. de Beyer.

Abb. 226. Amsterdam, Grote Sjoel, Innenansicht zur Heiligen Lade vor 1940.

gen, sogar solche in einem anderen Stil und aus anderen Baustoffen, zum Vorbild genommen. Wie in der Synagoge von 1639 war auch hier ein Teil des Platzes auf den Emporen für Männer reserviert; zumindest eine der Emporen, die um drei Seiten des Raumes läuft, war, wie aus Resten des Geländers zu ersehen ist, von Männern besetzt.

Auch hier wird innen die Bedeutung der Ost-West-Achse einmal durch die langen Tonnengewölbe betont, zum anderen, weil die Synagoge auf dieser Achse länger ist. Durch die Emporen an drei Seiten des Raumes wird die Aufmerksamkeit auf die Mitte gelenkt, verstärkt durch nur zwei freistehende Säulenpaare, die ein Mittelfeld bilden. Van Agt nimmt an, daß prominente Einwanderer aus dem Osten die zentralgerichtete Idee anregten, obgleich sie anders ausgedrückt wurde. Dieser Bau unterscheidet sich dennoch deutlich von den fast quadratischen Steinsynagogen in Osteuropa aus der gleichen Zeit, in denen die Mitte und der Almemor betont wurden und der Frauenbereich vom Männerbereich, dem Hauptbetsaal, getrennt lag.

Der Stil des Gebäudes und seiner Ausstattung ist streng und charakteristisch für diese schmucklose, karge Phase der holländischen Architektur von Kultbauten. Der Rahmen der Heiligen Lade, der etwas zarter gehalten ist als der Bau selber, hat ionische Pilaster und einen gesprengten Ziergiebel mit einem Kreuzblumenornament in der Mitte sowie Blattornamente im halbkreisförmigen Tympanon über den Türen. Die ursprünglichen Sitze hatten gerade Rückenlehnen, waren von einfacher Form und wahrscheinlich unbequem.

Die Emporenbasilika war eine Form der Synagogenarchitektur, die lange und häufig verwendet wurde. Die Synagogen in der Nieuwe Straat und in der Uilenburgerstraat in Amsterdam sowie die Große Synagoge in London sind Beispiele aus dem 18. Jahrhundert, bald darauf folgten die Synagogen von Portsmouth und in der Seitenstettengasse in Wien (siehe Abb. 63, 245). In vielen dieser Synagogen enden die Stützen im Erdgeschoß mit den Emporen, und unterschiedlich geformte Stützpfeiler führen weiter nach oben, um die Decke zu tragen, so wie in der Synagoge von 1639 in Amsterdam. Beispiele solcher Art waren über ganz Europa verstreut zu finden, einige hatten besonders aufstrebende Innenräume, nachdem Architekten in der zweiten Hälfte des 19. Jahrhunderts schlanke Stützen aus Gußeisen verwenden konnten, statt der massiveren Backstein- und Natursteinpfeiler früherer Zeiten.

Die sephardische Synagoge von 1671 bis 1675

Der stattlichste Synagogenbau ganz Europas steht der Grote Sjoel gegenüber an einem Kanal, der inzwischen zugemauert wurde. Es ist die sephardische Synagoge, erbaut zwischen 1671 und 1675 nach dem Entwurf von Elias Bouman, einem christlichen Bauunternehmer, der an der Grote Sjoel mitgearbeitet hatte. Der rotbraune Backsteinbau erhebt sich auf dem östlichen Teil eines Grundstücks, auf dem zuvor das Tor des heiligen Antonius gestanden hatte (bevor die Stadtgrenzen erweitert wurden), unmittelbar vor dem Hospital für Infektionskrankheiten. Die sephardischen Juden hatten die Absicht, ein beeindruckendes Gebäude zu errichten, und benötigten daher ein großes Grundstück, das sie aber wahrscheinlich nur am Stadtrand an einer Stelle bekommen konnten, wo sich ein Seuchenhaus befand. Dieses Viertel war den Juden zu einem früheren Zeitpunkt im 17. Jahrhundert als Wohnort zugewiesen worden. Die Synagoge erhob sich, wie auch die Grote Sjoel, weit über die umliegenden Häuser, denn in ihrem eigenen Viertel wurde den Juden gestattet, nach der Vorschrift des Talmuds ihr Gotteshaus die anderen Gebäude überragen zu lassen (Abb. 227). Die Höhe der Synagoge ist um so beeindruckender, als die um den Hof versammelten Gemeindegebäude niedrig sind (siehe Abb. 225, ganz rechts).

Innen wird die Wirkung eines weiten und gewaltigen Raumes durch den großen Maßstab erzeugt, der zu jener Zeit für bedeutende Profanbauten wie auch für Kirchen charakteristisch war (Abb. 228). Im Bauauftrag waren Dimensionen von 110×175 Amsterdamer Fuß angegeben, die Synagoge mißt innen 38×26 Meter. Der ganze Raum kann beim Eintritt überschaut werden, und da er etwa tausend Sitzplätze hat, ist der Anblick ehrfurchtgebietend. Zweiundsiebzig Fenster lassen für eine Synagoge außerordentlich helles Licht herein. Ionische Säulen, die 13 Meter hoch, von fast 2 Meter breiten quadratischen Basen ausgehend, aufsteigen, trennen das Mittelschiff von den Seitenschiffen. Die glatten Säulen sind dick und massiv und tragen drei glatte, parallel verlaufende hölzerne Tonnengewölbe, die das Mittelschiff und die etwas niedrigeren Seitenschiffe überdecken. Die glatten Oberflächen der Gewölbe und ihre einfache Form verstärken den Eindruck kraftvoller Offenheit. Die Größe dieser Bauelemente wird durch den kleineren Maßstab der Säulen, welche die Frauenemporen tragen, noch gesteigert. Diese stehen in den Seitenschiffen, ohne weitere tragende Teile. Einen flüchtigen Augenblick, aber nur von großer Entfernung aus gesehen, haben sie dieselbe Größe wie die großen, das Gebäude tragenden Säulen, weil sie sich eben unmöglich in Einklang damit bringen lassen. Der riesige Almemor, der um einige Stufen erhöht steht und von einem Geländer umgeben ist, sowie die herrliche Heilige Lade, die einem Altaraufbau mit Säulen und Ziergiebel gleicht und die ganze Breite des Mittelschiffs einnimmt, entsprechen dem überdimensionalen Maßstab der übrigen Innengestaltung. Der

Abb. 227. Amsterdam, Sephardische Synagoge, 1671–1675, Außenansicht im 18. Jahrhundert, von Jan Spaan gezeichnet.

Abb. 228. Amsterdam, Sephardische Synagoge, 1671–1675, Innenansicht zur Heiligen Lade am Einweihungstag, Radierung von Romeyn de Hooghe.

Bau wirkt eher durch seine Ausmaße als durch Details in der Ausstattung oder des Entwurfs so beeindruckend.

Trotzdem läßt sich nicht übersehen, daß auch die Dekorationen im einzelnen sehr sorgfältig erdacht wurden. Die berühmtesten Außendetails sind die Stützpfeiler, die an der Basis konkav gewölbt sind und einer Rekonstruktion von Salomos Tempel entnommen wurden, welche im Jahre 1642 Rabbi Jehuda Jacob Leon angefertigt hatte. Die anderen äußeren Merkmale des Baus, vor allem der hellfarbene Steinverputz, wurden im klassizistischen Geschmack der Zeit ausgeführt und lassen ihn vielen anderen, zeitgenössischen holländischen Bauten gleichen.

Zu den Verschönerungen des Innenraums gehörten die geschnitzte Heilige Lade aus Rosenholz, in die Gesetzestafeln eingelassen sind, welche hier zum ersten Mal datierbar zusammen mit einer Heiligen Lade auftauchen. Außerdem gab es blinkende Messing- und Wandleuchter. Um 1930 berichtete ein Besucher der Synagoge, Marvin Lowenthal, daß es zu jener Zeit 613 Wachskerzen in dem Raum gab, eine für jedes traditionell anerkannte jüdische Gesetz. Er entdeckte auch eine symbolische Bedeutung in der Zahl der zweiundsiebzig Fenster: eins für jeden Namen Gottes. Diese Art Interpretation, die mit der Kabbala zusammenhängt, war in Osteuropa vom späten 16. Jahrhundert an bekannt, wir wissen aber nicht, wie weit sie in Westeuropa verbreitet war. Die Kronleuchter, die sich heute in der Synagoge befinden, sind nicht alle ursprünglich dort gewesen, vermitteln aber einen genauen Eindruck, wie sie ausgesehen hat, vor allem, da der Raum nicht mit elektrischem Licht ausgestattet worden ist. Auch das würdige Benehmen und die schöne Kleidung der reichen Händler, die Mitglieder der Synagogengemeinde waren, hat der Synagoge in der Vergangenheit einen distinguierten Charakter verliehen.

Da wenige andere Synagogengemeinden so reich waren, daß sie sich eine Synagoge solcher Größe leisten konnten, oder benötigten, und da die aschkenasischen Gruppen in Europa in der Mehrheit waren, hatte die sephardische Synagoge von 1671 bis 1675 nur eine direkte Nachfolgerin, die Mikwe-Israel-Synagoge von 1730 bis 1732 in der holländischen Kolonialstadt Willemstad in Curaçao. Es ist möglich, daß das Seitenschiff innerhalb eines Seitenschiffs der Emporen in Amsterdam die *Diplostoon*-Anlage nachahmen sollte, die Philo in der Großen Synagoge von Alexandria beschrieben hat, denn das Wort *Diplostoon* kann in dieser Weise interpretiert werden. Eine solche Bedeutungsgebung war vielleicht in anderen Synagogengemeinden verlorengegangen.

Die Synagoge mit von den Emporen getrennten Säulen kam gelegentlich in abgewandelter Form vor. In der aschkenasischen Nieuwe Synagoge von Amsterdam (1750–1752), neben der Grote Sjoel, verlaufen die Emporen direkt hinter den Säulen, die das Mittelschiff abgrenzen. In der Synagogue de la Paix in Straßburg (1952–1958), welche die Form einer Basilika und Betonstützpfeiler hat, kragen die Emporen von den Seitenwänden vor. In diesem Fall wird der Unterschied zum Amsterdamer sephardischen Vorbild durch das unterschiedliche Baumaterial bewirkt und weil der Architekt sowenig wie möglich hindernde Elemente anbringen wollte. Die Schönheit der Amsterdamer Synagoge wurde auf Gemälden, Stichen und in Beschreibungen oft gepriesen, auch wenn ihre Form wenige Nachahmer gefunden hat.

Amsterdams sephardische Synagoge ist mehrmals umgebaut und restauriert, aber ihr eigentliches Aussehen dabei nicht verändert worden. Der Treppenhaustrakt (wahrscheinlich von 1773/74) im Osten ersetzt den ursprünglichen vorspringenden Zugangsbalkon. Die niedrigen Anbauten im Westen, Norden und Süden, in denen die Gemeinderäume untergebracht sind, waren früher mit Kolonnaden zur Innenseite des Synagogenhofs versehen. Im Innenraum gab es ehemals mehr Sitzplätze, etwa 440 für Frauen und 1230 für Männer, aber einige Bänke sind um 1957 in die Winter- oder Wochentagssynagoge versetzt worden. Die Emporen ruhen auf Steinsäulen, die nach 1961 angebracht wurden und die ursprünglich hölzernen ersetzen. Der Eingang und die Vorhalle in ihrer heutigen Form wie auch die jetzigen Fenster wurden 1852/53 unter der Leitung von Isaak Warnsinck geschaffen, der auch die Steinmetzarbeiten erneuerte. Die Bänke für die Frauen kamen während der Renovierung von 1852/53 hinein, und um 1900 wurden die Brüstungen an den Frauenemporen leicht verändert. Die Synagoge wurde während des Zweiten

Weltkriegs stark zerstört, aber der Hauptbetsaal und die Gemeindebauten wurden in den Jahren 1953 bis 1959 von Jacob S. Baars und J. W. Kuiper wiederhergestellt, die kleinere Veränderungen vornahmen und einige vergessene Bänke aus der Synagoge von 1639 entdeckten. Die Regierung steuerte 60 Prozent der Kosten für weitere Reparaturen bei, die im Jahre 1966 in Angriff genommen wurden.

Die Synagoge wird wegen ihres mangelhaften Zustands und der hohen Heizungskosten selten benutzt. Die Synagogengemeinde nimmt zusehends ab; vor etwa einem Jahrzehnt zählte sie weniger als 800 Mitglieder, inklusive Ehefrauen. Wenn die Synagoge benutzt wird, so tragen Rabbiner und Kantor immer noch dunkle Gewänder und hohe Hüte, und am Abend werden zum Gottesdienst Kerzen angezündet. Sonst ist die Synagoge zur Besichtigung geöffnet.

Die aschkenasische Synagoge auf der anderen Straßenseite und die Nachbargebäude aus späterer Zeit, die Nieuwe Synagoge (1750–1752), die Obbene-Synagoge (1685) und die Dritt-Synagoge (1700) sind dabei, zu bloßen Touristenattraktionen zu werden, denn in ihnen wird überhaupt kein Gottesdienst mehr abgehalten. Diese Bauten haben während des Krieges sehr stark gelitten, und die überlebenden Mitglieder ihrer Gemeinden zogen nach 1945 in andere Viertel. Die Regierung und die jüdische Gemeinde, die unbedingt eine neue Bestimmung für diese leeren Gebäude finden wollten, billigten die Idee, das Jüdische Historische Museum darin unterzubringen. Etwa zwanzigtausend Personen besichtigen jährlich die sephardische Synagoge, und sie werden sicher auf die andere Seite der Straße gehen – die aus einem aufgefüllten Kanal besteht –, um die Überreste der aschkenasischen Synagogen in ihrer neuen, würdigen Verwendung zu besuchen.

Bibliographie

J. C. E. Belinfante und E. van Voolen, *Museum in wording. Stand van zaken rond de restauratie van het synagogencomplex aan het Jonas Daniël Meijerplein*, Amsterdam 1982.

M. Lowenthal, *A World Passed By*, New York 1933, S. 193–196.

J. J. Schudt, *Jüdische Merckwürdigkeiten*, Frankfurt am Main 1714, Bd. 1, Buch 4, S. 271, über das Zitat von etwa 1700. Teil des Kap. 18, S. 270–315, ist den Juden und Synagogen von Amsterdam gewidmet.

J. F. van Agt, *Synagogen in Amsterdam*, Den Haag 1974, mit ausführlicher Bibliographie.

Ich bin Dr. van Agt und Dr. van Voolen sehr verpflichtet für die Übersendung von Veröffentlichungen.

Amsterdam: 1928–1938

Innerhalb eines einzigen Jahrzehnts zwischen den beiden Weltkriegen stifteten Amsterdams 65 000 Juden drei Synagogengebäude, die von unterschiedlicher architektonischer Form und einer Qualität waren, wie sie an keinem anderen Ort in einem vergleichbaren Zeitabschnitt noch einmal zu finden ist. Diese Synagogen wurden in den südlichen und östlichen Stadtteilen errichtet, in denen seit etwa 1910 umfangreiche Bautätigkeit im Gange war und in die viele Juden umgezogen waren, nachdem sie das ehemalige jüdische Viertel im Zentrum Amsterdams verlassen hatten.

Eine dieser Synagogen, in der Linnaeusstraat (1927/28), war ein charakteristischer Bau der als Amsterdamer Schule bezeichneten Architektur und verlieh der Gemeinde eine besondere, ortsspezifische Identität. Die zweite, ein Bau des holländischen Kubismus auf der Jacob Obrechtplein (1927/28), stellte die Verbindung zwischen den Juden und der modernen Architektur sowie den kulturellen Strömungen in den Niederlanden her; die dritte, in der Lekstraat (1936/37), ein Beispiel für den verbreiteten Internationalen Stil, stand für die Universalität jüdischer Werte und die Bindungen zwischen Juden und anderen, fortschrittlich gesinnten Gruppen. Auch wenn die Synagogengemeinden selbst diese Ideen ursprünglich nicht vertraten, so war den Architekten doch sicherlich bewußt, welche Auswirkungen der Stil einer Synagoge hatte.

Die Synagogen unterschieden sich in ihrem Aussehen deutlich voneinander, ein Beweis dafür, daß Juden sich niemals auf eine einzige Form der für eine Synagoge geeigneten Architektur einigen konnten, nicht einmal in ein und derselben Stadt im Verlauf von nur zehn Jahren. Sorgfältig ausgewählte architektonische Formen sind ein Zeichen für die ideologischen oder soziokulturellen Unterschiede zwischen Synagogengemeinden.

Die Synagoge in der Linnaeusstraat

Jacob S. Baars (1886–1956), ein jüdischer Architekt, der auch die Talmud-Thora-Schule in Amsterdam baute, entwarf in der Linnaeusstraat in Amsterdam-Ost eine Synagoge für eine Gemeinde von etwa 300 Familienoberhäuptern, für welche die jüdische Religion kein Thema leidenschaftlichen Interesses darstellte (Abb. 229, 230). Sie gehörten dem Mittelstand und der Arbeiterklasse an und hatten den einzigen holländischen Kantor der Synagogen in dieser Stadt. Baars löste für diese Gruppe, die absolut gegenwartsbezogen war, die Probleme, welche sich aus dem begrenzten und falsch ausgerichteten Grundstück ergaben. Er schuf einen wirtschaftlichen Bau mit etwa 500 m^2 überbauter Fläche; er beschäftigte jüdische Bauunternehmer und Arbeiter und lieferte einen attraktiven, geschickten Entwurf im ortsüblichen Stil, aber nicht in dessen modischster oder auffälligster Variante.

Das Grundstück war ungefähr quadratisch, also regelmäßig, aber keine Seite war richtig nach Osten orientiert. Um die Mauer, an der sich die Heilige Lade befinden sollte, richtig auszurichten, drehte Baars den Bau um 45 Grad zur Achse des Grundstücks und schnitt die Ekken ab, wodurch ein oktogonaler Bau entstand. Auf diese Weise erhielt er Raum für eine erhöhte Eingangsplattform mit seitlichen niedrigen Pavillons, in denen überdachte Durchgänge untergebracht waren. Die Tür wurde durch einen Parabelbogen an der Basis der rechteckigen Fassade betont, die in einem steilen, dreieckigen Giebel endete. Östlich davon erhob sich eine etwas größere Mauer in derselben Form, die das westliche Ende des Betsaales bildete. Abstrakte Backsteinverzierungen schmückten die Giebel, und Gesetzestafeln krönten die höhere Mauer.

Das auffälligste Merkmal der Fassadenwand bestand in einem großen, spitzen, fünfteiligen Fenster mit einem dreieckigen Feld darüber aus geometrisch angeordneten Backsteinsprossen. Viele nordeuropäische gotische Kirchen hatten ein großes, spitzes Fenster an der Fassade. Der kirchliche Charakter der Fassade dieser Synagoge wurde durch einen schlanken, viereckigen Turm an der Nordwestecke betont, von dem unter der Spitze einige Steine auskragten, die an Wasserspeier gotischer Türme erinnerten. Das Gebäude mit einem Bad für rituelle Waschungen und Wohnungen für Synagogenangestellte an der Nordwestgrenze des Grundstücks hätte ebensogut ein Pfarrhaus wie ein jüdischer Gemeindebau sein können. Das einzige Merkmal, das diese Synagoge als jüdischen Kultbau kennzeichnete, war ein vertikaler Mauervorsprung im Süden aus Backstein, an dem hebräische Schriftzüge angebracht waren. Die Fassade hatte dennoch einiges mit anderen Synagogen gemein (siehe Abb. 138, 139, 140, 144). Die Synagoge der Israelitischen Religionsgesellschaft in Frankfurt am Main und die Synagoge in Posen besaßen Giebelfassaden, letztere hatte auch ein großes Fassadenfenster, vorspringende Seitenflügel und einen fast zentralen Grundriß. Die Essener Synagoge war ebenfalls mit dem Amsterdamer Bau vergleichbar, wenn auch in anderer Hinsicht: eine geschickte Anpassung an ein ungünstiges Grundstück, niedrige Pavillons, welche die Eingangsplattform einschlossen, eine dekorative Verwertung der Baustoffe und der Wunsch des Architekten, alles, auch die Inneneinrichtung, selbst zu planen.

Der Amsterdamer Bau wies sich, wie dies oft der Fall war, durch seine Innengestaltung, Einrichtung und Dekoration als Synagoge aus, war also ein weiteres Beispiel für ein Gebäude, das innen, im privaten Rahmen, jüdischer aussah als nach außen, zur Öffentlichkeit. Der Hauptbetsaal war oktogonal, die Betonung lag aufgrund seiner zentralorientierten Form eher auf dem Almemor als auf der Heiligen Lade. Der Almemor aus slawonischer Eiche und Koromandelholz stand erhöht und war von hohen, zylinderförmigen Leuchtern umgeben. Die Heilige Lade zog die Aufmerksamkeit auf sich, weil sie ebenfalls angehoben war, mit irgendwie störendem schwarzen und weißen Marmor verziert, von einem Parabelbogen eingerahmt und an der Ostwand von einem Fenster gekrönt, über das ein Dreieck gesetzt war, welches mit

Abb. 229. Amsterdam, Linnaeusstraat, 1927–1928, Außenansicht.

dem der Fassade identisch war. Beide Fenster hatten kubistische Motive aus farbigem Glas, die von dem jüdischen Künstler Leo Pinkhof entworfen worden waren und in den hohen, vertikalen Feldern symbolische Darstellungen der Zehn Gebote und in den dreieckigen darüber solche der hohen und minderen Feste enthielten. Andere Dekorationen sollten ebenfalls typisch jüdisch wirken. An den Frauenemporen, die um drei Seiten des Betsaals führten, waren Brüstungen angebracht, die mit verschiedenen eckigen, symmetrischen Weinrankenmustern und nicht mit Darstellungen von Personen bemalt waren. Verschlungene Pflanzenornamente rankten sich in den Medaillons in jeder Abteilung der abfallenden Decke. Metallene, netzartige Emporengitter und Metallampen, die aus sich verjüngenden, polygonalen Metallflächen zusammengesetzt waren, gaben dieser Synagoge, die hauptsächlich aus gelbem Backstein für die Wände und Pfeiler und aus Holz für die auffällige Dachform und die Einrichtungsgegenstände bestand, abstrakte Dekorationen und unterschiedliche Struktur.

Das offensichtliche Interesse des Architekten an der Struktur und der unterschiedlichen Beschaffenheit der Baustoffe verbindet sein Werk mit der Arts-and-Crafts-Bewegung um die

Abb. 231. Amsterdam, Jacob Obrechtplein, 1927–1928, Außenansicht.

Abb. 232. Amsterdam, Jacob Obrechtplein, Innenansicht zu Almemor und Eingang.

Der Innenraum der Synagoge ist etwa 21,50 Meter breit und 10 Meter hoch. Er ist hoch und rechteckig mit glatten, weißen Wänden, Marmorfußboden, festen Bänken aus Eichenholz mit keinerlei Verzierungen, einer geradlinigen Orgelempore und zwölf hohen und schlanken, rechteckigen Fenstern (welche die zwölf Stämme Israels symbolisieren sollen). Alles ist hier glatt, einfach und klar. Max Eisler, ein jüdischer Kritiker jener Zeit, bemerkte, dem Gebäude fehle jeder Mystizismus und jede Zurschaustellung, es zeichne sich durch Bescheidenheit und Ehrlichkeit aus. Das Streben nach Klarheit, Geradlinigkeit und Flächigkeit ist auch an den zeitgenössischen Synagogen in Plauen, Brünn und der Liberalen Synagoge von Hove zu finden, die alle im Internationalen Stil geplant sind, ebenso an Josef Hoffmanns nicht realisierten Entwürfen für die Synagoge von Sillein von 1928 und an mehreren anderen einfachen Bauten aus den zwanziger und dreißiger Jahren, darunter der Synagoge von Preßburg und der orthodoxen Lágymányos-Synagoge in Budapest (Abb. 28, 156–161). In Amsterdam wird die Schlichtheit des Baus jedoch durch den Ästhetizismus und den offensichtlichen Sinn für dramatische Effekte abgeschwächt. Dies ist außen an dem Wechselspiel der Rechtecke, dem Kontrast zwischen niedrigen Bauteilen und dem Turm oder zwischen den Kuben und den dünnen, weißen Simsen zu erkennen, innen an der

Höhe der schlanken Fenster, an den ungewöhnlich großen, gebündelten Kronleuchtern und am Kontrast zwischen dem niedrigen Eingangsflügel unter der niedrigen Empore und der emporschnellenden Wand. Die eingelegten Kacheln auf den untersetzten Pfeilern unter der Empore und unter dem Bogen der Heiligen Lade, die Ornamente an ihren Türen und dem Leuchter daneben, der wie mit Glühbirnen geschmückte Wolkenkratzertürme aussieht, beweisen Eltes Interesse an angewandter Dekoration. Seine Fähigkeit und sein Sinn für dramatische Effekte werden an der Komposition der Heiligen Lade am deutlichsten; er sagte über diese Anlage, er hoffe, darin die Rolle der Thora als ewiger Wegweiser zum Ausdruck zu bringen. Da die Gegebenheiten des Grundstücks verhinderten, ein Fenster in der Wand der Heiligen Lade anzubringen, ersetzte Elte dies durch ein dunkles, mit einer spiegelnden Oberfläche ausgestattetes Tympanon, das in einen Parabelbogen eingesetzt ist, in eine Form, die hoch und eindrucksvoll wirkt, ohne spitz zu sein, so daß Anspielungen auf christliche Gotik vermieden werden. Die Türen der Heiligen Lade öffnen sich hinter einem Rundbogen an der Basis des Tympanons. Die gesamte Anlage wird durch drei farbige Glasstreifen, die in die Laibung des Parabelbogens eingesetzt sind, erhellt und betont. Sie vermitteln Lebendigkeit und Abwechslung, ohne daß man an einen maurischen Tabernakel oder einen Altar erinnert wird. Eltes Parabelbogen und Glasstreifen sind wahrscheinlich vom Postamt in Utrecht (1918–1924, von J. Crouwel) inspiriert worden, das Elte sicher gesehen hat, als er dort an der Synagoge arbeitete.

Man erinnert sich noch heute an diese Synagogengemeinde wegen ihrer osteuropäischen Freundlichkeit und ihres relativen Wohlstands. Ihre Mitglieder waren eher Unternehmer als Angestellte, und viele hatten eine Einstellung zur Welt entwickelt, die sie über die Grenzen von Amsterdam hinaus mit dem ganzen Land verband, sowie moderne Ideen und Vorstellungen, die denen in den jungen Industriestädten Amerikas entsprachen. Tatsächlich hatten Mitglieder dieser Synagogengemeinde, bevor sie Eltes Entwurf annahmen, in einem älteren Bau gebetet, der schon Fensterbänder und vereinfachte Formen besaß, die der modernen holländischen Architektur entnommen waren.

Die Synagoge in der Jacob Obrechtplein fand keine Nachahmer, aber an Londoner Synagogen, darunter der United Synagogue in Hendon und der Liberal Synagogue in der Whitfield Street, wurden Prismen und weite Flächen in geometrischen Entwürfen verwendet. Der Parabelbogen ist ein Schmuckmotiv an Heiligen Laden, das nach dem Zweiten Weltkrieg in der United Synagogue von St. John's Wood in London und in der neuen Essener Synagoge (Abb. 141) wieder auftaucht. Die Amsterdamer Synagoge, in Rav-Aaron-Schuster-Synagoge umbenannt, wurde 1969 gründlich restauriert, wobei einige der Ornamente und Blattgoldverzierungen zerstört wurden, aber außen ist sie immer noch ein schöner, moderner Bau ihrer Zeit.

Die Synagoge in der Lekstraat

Die Synagoge in der Lekstraat unterscheidet sich total von den Synagogen der späten zwanziger Jahre und ist im Internationalen Stil gestaltet. Sie sieht wie ein einfacher Steinkasten aus, der nur von quadratischen Fenstern in zwei verschiedenen Größen und Anordnungen durchbrochen und von einem dünnen Dach gedeckt ist (Abb. 233, 234). Der Architekt, A. Elzas (1907–194?), stand mit der avantgardistischen Künstlervereinigung *De 8* in Verbindung. In der Zeitschrift dieser Gruppe wurden Photographien dieses Baus veröffentlicht, und Elzas hielt bei der Einweihung seiner Synagoge einen Vortrag, in dem er auf die Schlichtheit der Architektur, auf die Verwendung von natürlichen Baustoffen und die sich daraus ergebende Betonung des Wesentlichen, das heißt von Heiliger Lade und Almemor, hinwies. In einem Interview sprach er vom gültigen Bauen für Jahrhunderte, indem man die Architektur auf elementare Formen und glatte Oberflächen reduziere. Heute erkennen wir, daß dieser Bau durchaus seiner Zeit verhaftet geblieben ist; die genannten Stilmerkmale teilt er mit Synagogen in Rotterdam-Botersloot und Brünn sowie mit der Liberalen Synagoge in Hove.

Elzas gewann einen Wettbewerb, der unter neun jüdischen Architekten ausgeschrieben wurde und dessen Ergebnisse von dem Gemein-

Abb. 233. Amsterdam, Lekstraat, 1936–1937, Außenansicht 1971.

devorstand und drei Architekten beurteilt wurden. Die Wettbewerbsausschreibung hatte wenig mit für Jahrhunderte gültigem Bauen zu tun. Vorgeschrieben wurde, daß Sitzplätze für 450 Männer und 250 Frauen vorhanden und in einem anliegenden Bau Gemeinderäume und Wohnungen für die Synagogenangestellten untergebracht seien, daß der Betsaal soviel natürliches Licht empfangen solle, daß man sogar an düsteren Wintertagen kein elektrisches Licht brauche, und daß man keinen Turm wolle (eine eindeutige Kritik an den Synagogen von Baars und Elte). Elzas' Entwurf sah so karg und wirtschaftlich aus, wie es das Wettbewerbsprogramm zu verstehen gegeben hatte, aber er verkleidete seinen Stahlbetonbau der würdigeren Wirkung wegen mit Naturstein und brachte innen Farbe und Strukturkontraste an: dunkelrote Fußböden, weiße Wände, Kupferlampen und Eichensitze. Um die Heilige Lade hervorzuheben, verkleidete er einen großen Teil der Ostwand mit Pavonazzomarmor, der in eine geradlinige Nische mit abgerundeten Ecken eingesetzt war. Eine kleinere, dunkelverkleidete Anlage in gleicher Form bildete die Front der Heiligen Lade. Wie in anderen orthodoxen Amsterdamer Synagogen war der Almemor niedrig, so daß man gut über ihn hinwegsehen konnte.

Der Bau wurde kurz vor Kriegsausbruch fertiggestellt und konnte daher keine direkten Nachfolger haben, aber die Synagoge von Dublin-Terenure (1953) hat entsprechend glatte Oberflächen, kleine, quadratische Fenster in einer Reihe, die mit größeren, ebenfalls in starren Reihen angelegten Fenstern kontrastierten, und ein deckelartiges Dach.

So verschieden die Amsterdamer Synagogen aus den Jahren 1928 bis 1938 auch aussahen, sind sie doch insofern vergleichbar, als diese Bauten alle etwas anderes sein könnten als Synagogen. Die beiden ersten gleichen Amsterdamer Kirchen, die aus Backstein errichtet sind, Parabelbogen und geometrische Fenstereinrahmungen haben, welche an gotisches Mauerwerk erinnern, oder aus geometrischen Blöcken in der Art von Dudok oder Wright bestehen. Eltes Synagoge ist mit F. B. Jantzens Jerusalemkerk von 1929 in Amsterdam zu vergleichen. Die Synagoge in der Lekstraat könnte man für eine Schule oder ein Krankenhaus halten, hätte sie nicht die hebräischen Schriftzüge an der Eingangsfront. Die Juden Amsterdams meinten offensichtlich, sie würden in diesen Bauten allgemeingültige Werte zum Ausdruck bringen, die sie mit ihren Amsterdamer Mitbürgern teilten, denn sie legten weniger Wert auf spezifisch jüdische Merkmale. Diese holländischen Juden bauten, als ob sie an erster Stelle Holländer und erst an zweiter Stelle Juden wären. Sie täuschten sich, zumindest im Vergleich zu den deutschen und französischen Juden, nicht in der Beurteilung ihrer Stellung in der Gesellschaft. Amsterdamer Dockarbeiter streikten später als Demonstration gegen die Judenverfolgung der Nationalsozialisten. Sie taten dies nicht, so wurde behauptet, weil sie Juden besonders gern hatten, sondern weil Fremde Einwohner Amsterdams angriffen. Holländische Christen, die Juden während des Zweiten Weltkriegs schützten, lieferten den Beweis dafür, daß die Juden Vertrauen in ihre Mitbürger haben und auf die universellen Werte der Brüderlichkeit bauen konnten. Der regionale, nationale und universale Stil der Synagogenarchitektur nahm die ermutigenden Erfahrungen, welche die holländischen Juden im darauffolgenden Jahrzehnt gemacht haben, voraus.

Bibliographie

J. F. van Agt, *Synagogen in Amsterdam*, Den Haag 1974, zu ergänzen durch: P. Bregstein u. a., *Herinnering Joods Amsterdam*, Amsterdam 1978, und M. Gans, *De oude Amsterdamer Joodenhoek nu*, Baarn 1975.

Linnaeusstraat

M. Danvers, »De nieuwe synagoge in Amsterdam-Oost. Een onderhoud met den architect, Den Heer Jac. S. Baars«, in: *Het Vrijdagavond*, V (1928), S. 362–363.

M. Eisler, »Die neue Synagoge Amsterdam-Oost«, in: *Menorah*, VIII, Nr. 3/4 (1930), S. 165–173.

Obrechtplein

M. Eisler, »Ein moderner Tempel in Amsterdam«, in: *Menorah*, VII, Nr. 11/12 (1929), S. 559–567.

M. Eisler, »Vom Geist der Synagoge«, in: *Menorah*, VIII, Nr. 1 (1930), S. 77–86, bes. S. 80.

Moderne Bouwkunst in Nederland, XIII, *Kerken*, Rotterdam 1932, S. 19–23.

»Synagogue by Harry van [sic] Elte«, in: *Architectural Forum*, LIX (Okt. 1933), S. 297–298.

Synagoge Jacob Obrechtplein. Orde van de plechtige inwijding ... 8 mei, 1928, Amsterdam 1928.

Lekstraat

»De Synagoge aan de Lekstraat te Amsterdam«, in: *Bouwkundig Weekblad. Architectura*, LXIX (1938), S. 429–434.

A. Elzas, »Die nieuwe Synagoge aan de Lekstraat«, in: *Nieuwe Israëlietisch Weekblad*, 26. Nov. 1937.

»Juryrapport betreffende de ingekomen ontwerpen voor den bouw eener Synagoge«, in: *Bouwkundig Weekblad. Architectura*, LVI (1935), S. 297–306, mit fast allen oder allen Wettbewerbsentwürfen.

I. Salomons, »Lekstraat Synagoge. Functionalisme als ruimtekunst«, in: *Wonen TA/BK*, Juni 1978, S. 7–15 (nicht eingesehen).

J. B. van Loghem, »Een synagoge te Amsterdam«, in: *De 8 en Opbouw*, IX (1938), S. 239–248.

Abb. 234. Amsterdam, Lekstraat, Innenansicht zur Heiligen Lade.

Skandinavien

Die Synagogen in Skandinavien haben zwar einen anderen Stil und ein unterschiedliches Entstehungsdatum, liefern aber verschiedene Lösungen zum Problem der Synagogenplanung in einem Gebiet mit nur wenigen Juden und einer kurzen Geschichte jüdischer Ansiedlung. Die Osloer Synagoge sieht wie eine einfache, hübsche Landkapelle aus, während die Trondheimer ein umgebautes Eisenbahngebäude aus dem 19. Jahrhundert ist, das im Rundbogenstil erbaut wurde. Die Synagoge von Turku ist ein Backsteinbau, ebenfalls im Rundbogenstil, der keine besonderen Merkmale aufweist, abgesehen von dem zentralen Tambour und der Kuppel, die von mehreren Aussichtspunkten zu sehen sind. Die Synagoge von Helsinki hat glatte Wände, die von einer Triade zweistöckiger, rund abschließender Fenster durchbrochen werden, mit einer Reihe von runden Fenstern darüber und einer Kuppel, die höher als die in Turku aufsteigt, so daß sie besser zu sehen ist. Beide Synagogen liegen auf Eckgrundstücken und durften wie die meisten skandinavischen allgemein sichtbar sein. Die Göteborger Synagoge steht frei auf einem Grundstück am Wasser. Diese auffällige Lage, die zu so früher Zeit (1855) ungewöhnlich war, bedeutet, daß die Juden dort toleriert wurden. Das Gebäude hat eine dreiteilige Fassade in Form von vertikal gestreiften Seitenteilen, einem horizontal gestreiften Mittelteil mit drei Fenstern und kleinen Eckdachreitern mit Kuppeln, die einen sechszackigen Stern auf der Spitze tragen. Dieser originelle Entwurf entsprach dem modernen Reformgottesdienst, der in dieser Synagoge abgehalten wurde. Auch die gußeisernen Stützen, welche die beiden Emporenreihen tragen, waren modern. Die Synagoge in Norrköping, die drei Jahre später errichtet wurde, hat einen fast quadratischen Grundriß, trägt einen Tambour und eine kleine Kuppel, die vielleicht die östliche Herkunft der Juden andeuten sollte.

Die beiden herausragenden Bauwerke der skandinavischen Synagogenarchitektur sind die Synagogen von Kopenhagen und Stockholm. Erstere ist besonders schön und im klassizistischen Stil gehalten, der in den dreißiger Jahren des 19. Jahrhunderts verbreitet war, während letztere ein gutes Beispiel für die stilistischen Versuche darstellt, die, wie erwähnt, in der skandinavischen Synagogenarchitektur üblich waren.

Kopenhagen

Die Kopenhagener Synagoge wurde im Jahre 1833 eingeweiht; sie hat einen Eingang von der Straßenseite, der Krystalgade, und steht freier und sichtbarer als die meisten anderen Stadtsynagogen jener Zeit (Abb. 235). Eine Reihe scharfkantiger, geradliniger Lichtgadenfenster, die den Rhythmus von drei Fenstern im Erdgeschoß beschleunigen, lockert die flächige, rechteckige Außenform auf.

Der Betsaal ist eine Emporenbasilika, 22×24 Meter groß und 13,50 Meter hoch (Abb. 236), mit über 650 Sitzplätzen und etwa 100 Stehplätzen. Zwei Reihen von polygonalen Stützpfeilern tragen Gesimse und eine Kassettendecke. Als der aus Deutschland stammende Architekt G. F. Hetsch (1788–1864) seine Pläne im Jahre 1829 vorlegte, sagte er, er habe versucht, eine kleine östliche Note einzubringen. Dies erklärt einige ägyptische Details: trapezförmige Fenster im Erdgeschoß und in den Lichtgaden der Ost- und der Westfassade, schräge Pilasterstreifen und Türöffnungen an der Ost- und der Westseite und der Viertelstab an der Einrahmung für die Heilige Lade. Zu der Zeit, als Hetsch seine Synagoge und David Mocatta die Synagoge in Ramsgate (Abb. 253) entwarfen,

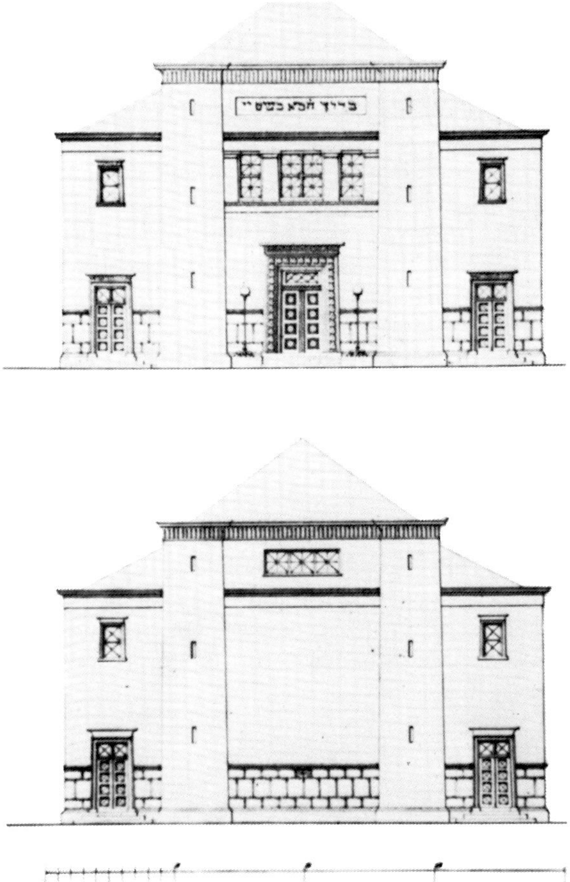

Abb. 235. Kopenhagen, 1831–1833, Außenansicht der Fassade und der Ostseite (Heilige Lade), von G. F. Hetsch gezeichnet.

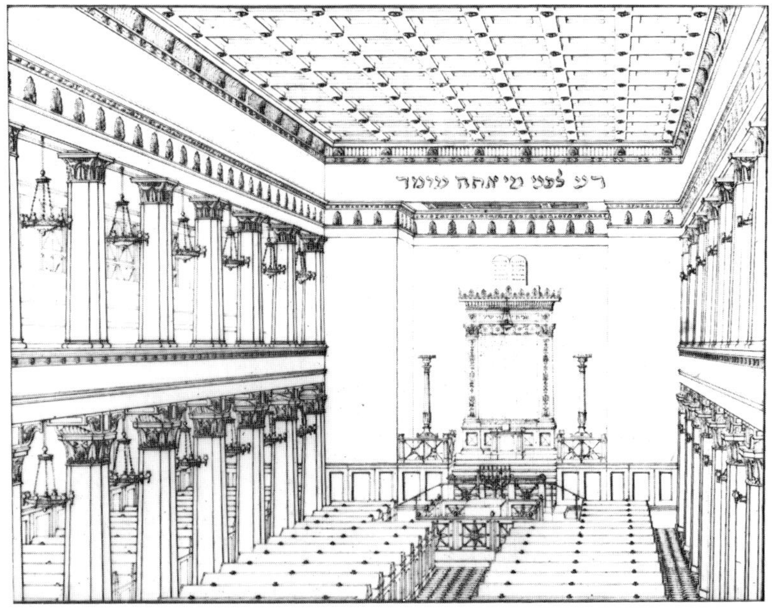

Abb. 236. Kopenhagen, Innenansicht zur Heiligen Lade, von G. F. Hetsch gezeichnet.

wollten Architekten immer noch mit Hilfe von ägyptischen Stilelementen auf die östliche Herkunft der Juden hinweisen. Der in Stuttgart geborene Hetsch hat vielleicht den ägyptischen Entwurf Friedrich Weinbrenners für eine Synagoge in Karlsruhe (1798) gekannt. Abbildungen von Synagogen in München und Frankfurt am Main zeigten die ägyptischen Details derselben. In Kopenhagen brachte M. G. B. Bindesbøll später ägyptische Details am Thorvaldsen-Museum an; er war im Januar 1829 Berater des Synagogenvorstands und hat vielleicht damals auf die Dauerhaftigkeit, die würdige Kraft und die passenden nahöstlichen Verbindungen dieses Stils hingewiesen und ihn empfohlen. Die Synagoge wirkt aber alles in allem eher klassizistisch einfach als östlich und besitzt einen vornehmen Ernst. Ungewöhnliche Elemente wie die ägyptischen Details und die Konsolenblöcke über den Kapitellen der Erdgeschoßpfeiler beeinträchtigen diesen Eindruck nicht. Der Bau läßt erkennen, daß die Juden in Dänemark in den zwanziger und dreißiger Jahren des 19. Jahrhunderts dänische Stiltendenzen zu übernehmen wünschten. Die Wahl der beratenden Architekten zeigt ihr Interesse an der Gesellschaft ihrer Zeit und an den besten Interpreten, die diese zu bieten hatte.

Stockholm

Eine Generation später errichteten die Stockholmer Juden eine freistehende Synagoge, die zwar im Zentrum der Stadt, aber an einer Nebenstraße lag (Abb. 237, 238). Diese Situation war bezeichnend für die Stellung der Juden in der schwedischen Gesellschaft, kurz vor ihrer vollen gesetzlichen Gleichberechtigung, die ihnen im Jahre 1870 zuteil wurde. Die Juden der schwedischen Hauptstadt versuchten, gleich ihren Glaubensbrüdern in Kopenhagen, einen guten Architekten zu finden. Sie fanden ihn in Fredrik Vilhelm Scholander (1816–1881), der ihnen eine Synagoge entwarf, welche den praktischen Erfordernissen und ihrem Verlangen nach Ausdruck ihrer Identität entsprach. Die rechtliche und gesellschaftliche Stellung der Juden Stockholms war derjenigen der Berliner Ju-

Abb. 237. Stockholm, 1869–1870, Außenansicht 1982.

den ein Jahrzehnt früher ähnlich, als der Bau der imposanten, aber ungewöhnlichen Synagoge in der Oranienburger Straße begonnen wurde (siehe Abb. 122, 124). Da der jüdische Vorstand von Stockholm sicher über den Bau der Berliner Synagoge, die im Jahre 1866 eröffnet wurde, informiert war, kann er sich durchaus die Vorstellungen der größeren Berliner Gemeinde zu eigen gemacht und mit entsprechenden Veränderungen übernommen haben. Das nationale Bewußtsein hatte sich damals in Deutschland und Skandinavien so stark entwickelt, daß die Juden offenbar die Unvermeidbarkeit eines besonderen, eigenen »nationalen« Ausdrucks innerhalb einer übergeordneten Staatskultur eingesehen haben. Dem Stockholmer Bau fehlt die exotische, glänzende Kuppel der Berliner Synagoge, aber er gleicht anderen Gebäuden aus derselben Zeit oder Nachbarschaft nicht mehr als die deutsche Synagoge.

Die Stockholmer Synagoge ist ein massiver, verputzter Backsteinbau. Der geradlinige Baukörper wird von vier flachgedeckten Ecktürmen eingefaßt, in denen die Treppen untergebracht sind. Der Mittelteil der Fassade springt zwischen den beiden Westtürmen leicht vor. So entsteht eine dreiteilige Fassade, die mit ihrem schweren Kranzgesims antiken nahöstlichen Bauformen und Tempelbeschreibungen nahe genug kommt, um der Synagoge eine östliche Wirkung zu verleihen. Da der Architekt dem Bau einen religiösen Aspekt geben wollte und gotische Fenster andeutete, den gotischen Stil aber ansonsten vermied, entwarf er dreieckig abschließende Fenster, nicht aber Spitzbogenfenster.

Auch innen ist die Emporenbasilika frei von jeder Stilbindung geplant. Wie bei vielen eher im Prinzip als in den Formen neugotischen Gebäuden werden hier die Bauteile unverhüllt gezeigt. Soviel träge, solide Materie wie möglich ist hier eliminiert worden. Bündelpfeiler tragen die Emporen und die Decke; sie sind eindeutig aus Eisen hergestellt, und ihre gebündelte Form sprengt die Masse und betont die Unterschiede der einzelnen Elemente, die von den Pfeilern getragen werden. Die Decke wird von großen Konsolen getragen. Scholander unterschied die Deckenfüllung von der Konstruktion. Er setzte Oberlichter in die Deckenfelder, auch wenn sie im Vergleich zu den Fenstern und Lampen nur wenig Licht geben. Dies läßt die Vermutung zu, daß er so viele Flächen wie möglich auflösen oder transparent erscheinen lassen wollte. Scholanders Bestreben, überflüssige Flächen zu eliminieren, wird auch an seinen Öffnungen, hohen Dreifachfenstern, am Durchbruch von Konsolen und Brüstungen deutlich, und er löst deren Ränder durch Nasen auf. Alle Elemente im Innern des einfachen Baukörpers sind lebendig und scharf gezeichnet. Indem der Architekt die Emporen einer konventionellen, gemauerten Basilika mit Stützpfeilern, Konsolen und Fenstern eines Typs verband, den man bei Holz- und Eisenbauten findet, und nach Belieben Details aus der assyrischen, gotischen und maurischen Architektur hinzufügte, gestaltete er den Innenraum der Stockholmer Synagoge origineller und persönlicher, als es die meisten anderen Synagogenbauten sind.

Dieser Bau ist instand gehalten und restauriert worden. Er bietet 830 Gläubigen Platz, welche die Liturgie der Reform befolgen; der Almemor steht in der Nähe der Heiligen Lade, und eine Orgel sowie ein Frauenchor liefern während der Gottesdienste Musik. Diese Gemeinde ist, ungleich anderen auf dem europäischen Festland, gewachsen, denn Schweden akzeptierte nach 1945 Zwangsumsiedler und

Abb. 238. Stockholm, Innenansicht zur Heiligen Lade 1982.

auch polnische Juden, die ihr Vaterland später während antisemitischer Ausschreitungen verließen.

Bibliographie

A. Fanoe, »Synagogen i Krystalgade: G. F. Hetsch's synagoge og samtidens europeiske synagogearkitektur,« in: *Architectura: Arkitekturhistorisk Arsskrift*, 4, 1984, S. 47–69.

C. V. Jacobowsky, *Goeteborgs Mosaiska Foersamling*, Göteborg 1955, S. 69 ff.

Jewish Chronicle, 20. Juli 1866, S. 5 (über das erste Synagogenprojekt in Oslo).

Jødisk Familieblads Festnummer i Anledning af Synagogens 100 Aars Jubilaeum, Kopenhagen 1933, S. 2–19.

Jüdische Gemeinde, Stockholm, *A Few Facts about Jewish Life in Sweden*, o. J.

J. Lever (Hrsg.), *Catalogue of the Drawings in the Royal Institute of British Architects, Drawings Collection*, London 1973, Bd. G–K, S. 106. Hetsch legte seine signierten Zeichnungen im Jahre 1838 vor.

M. H. Narrowe, »The Synagogues of Stockholm«, in: *World Over*, XXX (14. März 1969), S. 8–9.

C. R. Nyblom, *Fredrik Vilhelm Scholander*, Stockholm 1899.

Wischnitzer, *Architecture*, S. 183–185, 216–217, 227–228.

Gute Photographien der Osloer Synagogen sind im YIVO, New York, vorhanden. Ich bin Staale Sinding-Larsen für Photographien und Informationen über Trondheim sehr verbunden und danke Rabbi Morton H. Narrowe für Photographien der Stockholmer Synagoge.

Großbritannien*

Belfast

Im Jahre 1829 schrieb Daniel O'Connell, der »irische Befreier«, Irland sei »das einzige christliche Land, das ich kenne, welches von keinem einzigen Akt der Judenverfolgung beschmutzt ist«. Dieser ehrenwerte Rekord ist bis heute gehalten worden. Die Gründe dafür mögen unter anderem in der Empfindsamkeit einiger Iren gegenüber ihrer eigenen Stellung als den Engländern Untergebene zu suchen sein sowie in einem Gefühl der Verwandtschaft mit anderen, die Diskriminierung erlitten haben. Vielleicht hat die Haltung der Iren auch etwas damit zu tun, daß es dort während des Mittelalters und der Renaissance, als an anderen Orten Verfolgungen an der Tagesordnung waren, keine Juden gegeben hat. Vom 17. bis zum Ende des 19. Jahrhunderts blieb die Zahl der Juden in Irland so klein, daß sie kaum bemerkt wurden, geschweige denn Furcht oder Feindschaft erregen konnten. In den achtziger Jahren des 19. Jahrhunderts, als die jüdische Bevölkerung durch Einwanderer aus Osteuropa zunahm, waren die Rechte aller Religionen fest in Gesetzen verankert, die für Juden nicht nachteiliger als für Christen waren.

Im Jahre 1652 wird zum ersten Mal ein Jude in Belfast erwähnt, aber es liegt kein Beweis vor, daß es andere Juden oder eine Synagoge in der Stadt gegeben hat. Im Jahre 1771 wird von einem jüdischen Metzger berichtet, was einige Autoren zu der Annahme geführt hat, daß es dort eine jüdische Gemeinde gegeben habe, die einen Metzger brauchte, der die Vorschriften befolgte. Nach den Napoleonischen Kriegen gab es nicht genug Juden in Belfast, um ein *Minjan* bilden zu können. Die Synagogengemeinde wurde erst im Jahre 1861 von deutschstämmigen Händlern gebildet, die später regelmäßige Gottesdienste abhielten, und zwar in einem Haus im Holywood-Viertel.

* Der Reformtempel in der Upper Berkeley Street in London ist im Kapitel über die Synagoge in der Hamburger Poolstraße behandelt.

Die Synagoge in der Great Victoria Street

Im Jahre 1871 hatte einer dieser eingewanderten Händler, Daniel Joseph Jaffe, genug Reichtümer erworben, um eine Synagoge in der Great Victoria Street finanzieren zu können. Die Synagogengemeinde bestand damals aus 55 Mitgliedern; in dem Gebäude konnten 80 Personen untergebracht werden. Der Grundstein wurde im Jahre 1871 gelegt, und die Synagoge öffnete 1872 ihre Türen. Nathan Solomon Joseph, ein englisch-jüdischer Architekt, entwarf einen farbigen Bau aus gelbem und rotem Backstein mit maurischen Details, die der Synagoge ein östliches Aussehen verliehen, was seinen Auftraggebern gefallen haben muß. Die Einweihungsrede, in welcher der Fortschritt der Juden während der vorhergehenden Jahrzehnte in Irland behandelt wurde, beweist, wie sicher sich die Juden fühlten, ihre Besonderheit offen zu zeigen.

Die Synagoge in der Annesley Street

Im Jahre 1903 gab es in Belfast elfhundert Juden; die jüdische Bevölkerung war aufgrund von osteuropäischen Einwanderern auf allen Britischen Inseln gewachsen. Die russisch-polnischen Juden verließen ihre bescheidene Synagoge in der Regency Street, nachdem sie sich

1903 einer älteren, deutschen Synagogengemeinde angeschlossen hatten, und errichteten ein neues Gebäude. Der größte Teil der 4000 Pfund, die dieser Bau kostete, kam von Daniel Joseph Jaffes Sohn, Sir Otto Jaffe, der Bürgermeister von Belfast gewesen war. Young & Mackenzie, eine Partnerschaft christlicher Architekten, entwarf die Synagoge, aber der beratende Architekt war B. S. Jacobs aus Hull, wahrscheinlich ein Jude.

Das Grundstück lag in der Annesley Street, am Carlisle Circus, und war ungefähr 27×16 Meter groß, es konnte einen Bau von 23×11,50 Meter leicht aufnehmen. Die Synagoge bot im Erdgeschoß Platz für 355 Männer und auf der Empore für 212 Frauen. Sie bestand aus einer Vorhalle mit einer Treppe, einem Bad für rituelle Waschungen und einem Betsaal und hatte moderne Heizungs-, Beleuchtungs- und Sanitäranlagen. Der Ziegelbau war mit Giffnock-Stein der Gegend eingefaßt. Berichterstatter wiesen 1904, im Jahr ihrer Einweihung, darauf hin, daß der untere Teil der Wände der Vorhalle und des Treppenhauses mit Fliesen verkleidet war und die Holzverkleidung innen sowie die Deckenbalken aus lackierter amerikanischer Pechkiefer bestanden. Der Stil dieser Synagoge wurde als »einfache Ausgabe eines frühen Rundbogenbautyps« bezeichnet, also als eine Mischung von neoromanischen und neoklassizistischen Stilelementen. Die Seitenwände des Gebäudes hatten Rundbogenfenster mit in Blei gefaßten Scheiben in geometrischen Formen in der Mitte von genau abgegrenzten Feldern, die durch Pilaster aus Ziegelstein gebildet wurden. Der Haupteingang wurde durch steinerne Türpfosten mit Hochreliefs und ein gemeißeltes Tympanon betont. Ansonsten war die Synagoge ein unauffälliger Bau, der an die bescheidenen Kapellen erinnerte, welche in ganz Großbritannien für protestantische Religionsgemeinschaften errichtet wurden, die nicht zur anglikanischen Kirche gehörten.

Die Neue Synagoge

Nach dem Zweiten Weltkrieg entschloß sich die Gemeinde, eine neue Synagoge zu errichten, und setzte ein Baukomitee ein, zu dem auch ein Architekt aus Belfast gehörte. Eugene Rosenberg von der bekannten Londoner Architektenfirma Yorke, Rosenberg & Mardall lieferte den Entwurf; Mitarbeiter war Karl Kapolka. Im Jahre 1961 reichten sie ein Modell ein, 1963 wurde der Bau begonnen und im Oktober 1964 vollendet (Abb. 239).

Das Grundstück liegt in einem angenehmen Wohnbezirk im Norden Belfasts, wo viele Juden

Abb. 239. Belfast, Neue Synagoge, 1961–1964, Außenansicht.

leben. Synagogen wurden ein Jahrhundert früher meist im Zentrum der Stadt gebaut und waren nur selten von Bäumen und Rasenflächen umgeben. Etwa ab 1920 wurden Synagogen jedoch in Außenstadtbezirken errichtet, wo die Juden hinzogen, nachdem einerseits die Wohnbeschränkungen auf dem westeuropäischen Festland aufgehoben worden waren, andererseits das Leben in Vororten durch öffentliche oder private Transportmittel erleichtert wurde. Um das Grundstück sind Bäume gepflanzt, so daß die Wirkung dieses auffälligen Gebäudes in einem Quartier mit gemütlichen, hübschen Häusern mit Steildächern abgeschwächt wird. Die Synagoge ist nur etwa 7 Meter hoch, so daß sie das Viertel nicht beherrscht.

Die Hauptachse des Baugeländes verläuft ungefähr von Norden nach Süden, aber wegen der Ausrichtung der Synagoge von Osten nach Westen liegt sie gezwungenermaßen im rechten Winkel zur Grundstückslänge und nimmt den größten Teil seiner Breite ein. Die Synagoge selbst mußte auf den nördlichen Grundstücksabschnitt gesetzt werden, weil ein schon bestehendes Gemeindezentrum das südliche Ende teilweise einnahm. Der Betsaal mußte am östlichen Punkt liegen, so daß die Heilige Lade nach

Abb. 240. Belfast, Neue Synagoge, Innenansicht zur Heiligen Lade.

Jerusalem gerichtet werden konnte. Der westliche Teil der Synagoge, der zur Hauptzugangsstraße orientiert ist, hätte wie üblich die Eingangsfassade bilden können, aber die Architekten setzten den Hauptzugang so, daß er vom Parkplatz im Süden erschlossen ist und westlich vom Gemeindezentrum liegt. Auf diese Weise wurde die Fassade zur Straße lediglich zu einer leeren Wand, die eine Seite des fensterlosen Garderobenanbaus bildet.

Die Synagoge als Ganzes besteht aus drei deutlich voneinander abgesetzten Trakten: Betsaal, Flügel mit Versorgungsräumen und verbindender Eingangsbereich. Der Betsaal ist ein polygonaler Raum, während die anderen Teile geradlinig sind und im rechten Winkel zueinander stehen. Der Saal hat Außenmauern aus grauem Sichtbeton mit einigen wenigen vertikalen Fensterschlitzen. Der Eingang ist als Kontrast dazu verglast, während der Flügel mit den Versorgungsräumen solide Ziegelsteinmauern hat und den anderen Bauteilen klar untergeordnet ist.

Die Architekten lieferten die Voraussetzungen im funktionellen Bereich, so daß die Synagoge siebenhundert Gläubige aufnehmen kann. Da die sechs tragenden Pfeiler an die Außenwand des Betsaals verlegt wurden, ist der Innenraum stützenfrei, und jeder kann die Vorgänge beim Gottesdienst unbehindert sehen (Abb. 240). (In dieser modernen orthodoxen Synagogengemeinde werden die Frauen nicht hinter Gittern versteckt, sondern sind lediglich durch ein Messinggeländer und eine leichte Erhöhung des Fußbodens unter ihren Sitzplätzen separiert.) Der Saal hat eine ausgezeichnete Akustik, die durch die strukturierten Wände und den komfortablen Teppichboden verbessert wird. Der ganze Raum ist angenehm, still und von zurückhaltender Eleganz. Die Beschränkung der Fensterzahl bewirkt, daß sich die Aufmerksamkeit der Gemeinde auf das Rauminnere konzentriert, daß nur schwer Scheiben eingeworfen werden können und der Raum eine konstante Temperatur behält.

Die Synagoge von Belfast ist Ausdruck ihrer Zeit, weil die Bauelemente klar voneinander getrennt sind, ihre Außenmauern von edler Schlichtheit und Ebenheit sind und die Wände wie dünne Schalen und nicht wie massige Skulpturen aussehen (siehe Abb. 17, 250). Die formale und räumliche Unterscheidung eines jeden Bereichs plaziert diesen Bau in die überwiegend rationale und funktionelle Architektur jener Zeit. Außerdem nimmt er einen entscheidenden Platz im Werk von Yorke, Rosenberg & Mardall ein, zu dem auch der Flughafen Gatwick bei London gehört. Wie andere Bauten aus den sechziger Jahren hat dieses Gebäude starke Kontraste von Masse und Leerraum mit einer Betonung der ersteren sowie vertikale Fensterbänder. Einzelne Elemente sind denen anderer bekannter Bauten verwandt, die ihm unmittelbar vorausgingen. Der leicht erhöhte, verglaste Eingang, der über niedrige, breite Stufen zu erreichen ist, erinnert an die viel publizierte Crown Hall von Mies van der Rohe, eines seiner Gebäude für das Illinois Institute of Technology in Chicago, unter denen auch solche sind, die glatte Wände aus Ziegelstein haben wie der Garderobenflügel der Synagoge von Belfast.

Einige Aspekte der Gestaltung dieses Gebäudes tragen gefühlsbeladene und symbolische Bedeutung. Der Zentralgrundriß entspricht der Einheit Gottes, wie sie in den wichtigen hebräischen Gebeten beschrieben wird, und der Einheit der Gemeinde. Die Deckenbalken aus Stahlbeton, die von sechs Stützpfeilern aus dem gleichen Material ausgehen, überkreuzen sich und bilden einen sechszackigen Davidstern in der Mitte der Decke. Er ist nur im Rauminnern zu sehen und damit ein Symbol, das nur die Insassen des Gebäudes betrifft.

Die Synagoge von Belfast ist ein Beispiel für gelungene moderne Gestaltung und undramatisierte Präsenz der Juden, zeugt also vom Verständnis der Architekten und der Gemeinde, daß sie nichts zu beweisen hatten. Der Bau entbehrt jeder öffentlichen Manifestation, in der nur die Synagogengemeinde selbst Befriedigung finden könnte. Er braucht kein Zeugnis jüdischen Überlebens oder jüdischen Erfolgs zu sein. Die jüdischen Gemeinden Irlands hatten, trotz ihrer geringen Mitgliederzahl, den Bürgermeister sowohl von Belfast wie von Dublin gestellt und waren aufgrund ihres Beitrags zur Industrie und zum Handel geschätzt. Juden wurden in Irland genauso akzeptiert wie überall in Westeuropa.

Zudem war es nun in Europa üblich geworden, Synagogen in einem Stil zu erbauen, der frei von exotischen Elementen war. Daß eine Synagoge im Vergleich zu anderen Kultbauten nicht mehr wie eine seltsame Erscheinung aussieht, beruht zum Teil auf der Tatsache, daß auch beim Kirchenbau nur noch selten Kreuz- oder Basilikagrundrisse benutzt werden. Der Zentralgrundriß, der seit dem Zweiten Vatikanischen Konzil verwendet wird, und der Umstand, daß die Protestanten schon früher die Gemeinde vereinigende Räume bauten, haben den Unterschied zwischen christlichen und jüdischen Gotteshäusern auf ein Minimum reduziert. Die Synagoge in Belfast vertritt einen modernen, interkonfessionellen Stil.

Bibliographie

Architect and Building News, CCXXIX, Nr. 8 (23. Febr. 1966), S. 342–346.

Architect's Journal, CXLIII, Nr. 11 (16. März 1966), S. 709–719, 721–722.

Architectural Review, CXXXI, Nr. 1 (Jan. 1962), S. 28–29.

Architecture d'aujourd'hui, XXXVI (April–Mai 1966), S. 97.

AZJ, XXXV, 15. Aug. 1871.

R. Banham, *The Architecture of Yorke, Rosenberg, and Mardall*, London (1972), über die Bauten dieser Architekten.

L. Hyman, *The Jews of Ireland from the Earliest Times to the Year 1910*, Shannon 1972.

Jewish Chronicle, 2. Sept. 1904; Supplement zur Ausgabe vom 30. Juli 1965.

B. Shillman, *A Short History of the Jews in Ireland*, Dublin und London [1945].

Canterbury

Die ehemalige Synagoge in der King Street in Canterbury ist das schönste und reinste Beispiel für den neoägyptischen Stil in der Synagogenarchitektur (Abb. 241). Der Bau stand von der kleinen Straße zurückgesetzt hinter einem Gitter – eine unauffällige Lage, die der Stellung der Juden in Canterbury entsprach. Die Gemeinde, die niemals einen wesentlichen Anteil der Bevölkerung dieser Stadt ausmachte, zählte im Jahre 1842 nur vierzehn Mitglieder, die etwa dreißig Familien repräsentierten.

Die moderne Geschichte der Juden von Canterbury begann in der Mitte des 18. Jahrhunderts. Im Jahre 1762 oder 1763 scheinen dort

Abb. 241. Canterbury, 1846–1848, Außenansicht 1983.

ansässige Juden eine Synagoge in dem Viertel St. Dunstan errichtet zu haben, wahrscheinlich mit Mitteln, die von einem reichen jüdischen Einwohner gestiftet worden waren. Das Gebäude hatte außerhalb der Stadtmauern zu liegen, da Synagogen innerhalb der Stadt nicht erlaubt waren – eine Vorschrift, die damals üblich war.

Im Jahre 1846 übernahm die South Eastern Railway Company das Grundstück der Synagoge, um den Westbahnhof der Stadt besser erschließen zu können. Als Entschädigung erhielten die Juden nicht mehr als ein Viertel der Summe, die für den Bau einer neuen Synagoge nötig war, denn das Grundstück war wie üblich nur gepachtet gewesen. Sie mußten eine Geldsammlung für ein neues Gebäude starten, das in einem dichtbevölkerten, alten Stadtviertel im Zentrum errichtet werden sollte. Sie folgten dem Brauch, den andere Synagogengemeinden eingeführt hatten, und sandten Bittbriefe an alle jüdischen Gemeinden des Britischen Weltreichs. Beiträge von so entfernten Orten wie Dublin und Montego Bay auf Jamaika gingen daraufhin ein. Drei eifrige Gemeindeglieder, die miteinander verwandt waren, stifteten jeder über zehn Pfund. Christen in Canterbury gaben einhundert Pfund, was von den Juden als Zeichen »liberaler Einstellung und religiöser Toleranz« gewertet wurde, die durch ihre eigene Rechtschaffenheit bewirkt worden waren. Die Baukosten beliefen sich auf etwa 1250 Pfund. Ein Teil der fehlenden Beträge wurde von Sir Moses Montefiore, dem großen Philantropen, gestiftet, der ganz in der Nähe in Ramsgate lebte. Ihm wurde die Ehre zuteil, im September 1847 den Grundstein zu legen und ein Jahr später die Synagogentür zum ersten Mal zu öffnen. Die Synagogengemeinde bewahrte die Heilige Lade, den Almemor, die Leuchter und die Wandtäfelungen aus der alten Synagoge auf, um sie in der neuen zu verwenden, zur Ersparnis, aber zugleich als einen Akt der Anhänglichkeit. Die Heilige Lade stammte außerdem angeblich aus dem 18. Jahrhundert aus der Londoner Hambro-Synagoge, was sie besonders kostbar erscheinen ließ, auch wenn ihre Säulen aus imitiertem geäderten Marmor mit Lotusknospenkapitellen wahrscheinlich erst im 19. Jahrhundert in Canterbury hinzugefügt worden waren.

Die Synagoge ist ein länglicher Bau, etwa 12 Meter lang, 8 Meter breit und 9 Meter hoch, und gleicht einem kleinen ägyptischen Tempel. Zwei Säulen mit Lotusknospenkapitellen bilden den Vorbau. Die Eingangstür ist einfach, die Fenster an den drei anderen Seiten sind schmal. Die Öffnungen lenken kaum von dem Eindruck ab, das Gebäude bestehe nur aus Mauern, der durch die Verwendung von Granit imitierendem Portlandzement an der Fassade verstärkt wird.

Der Innenraum hat den Almemor in der Mitte, Säulen mit Lotusknospenkapitellen, eine Frauenempore auf obeliskenförmigen Stützen an der Westseite und die häufig benutzte Inschrift »Know Before Whom Thou Standest«.

Die Synagoge wurde von einem Christen, Hezekiah Marshall aus Canterbury, mit Hilfe von Thomas French Cousins (oder Cozens), einem Bauunternehmer, geplant. Aus keinem der noch vorhandenen Dokumente geht hervor, warum sie den ägyptischen Stil benutzt haben. Ein Jude am Ort schrieb über den »mittelalterlichen« (er meinte gotischen) Stil, der Erinnerungen an die Verfolgung (durch die Christen) wachrufe. Solche Erinnerungen waren für ihn offensichtlich lebendiger als die Leiden unter den Ägyptern. Zu einem späteren Zeitpunkt im 19. Jahrhundert meinte ein einflußreicher Jude, Marshall habe die Juden ermahnen wollen, froh darüber zu sein, daß sie in England und nicht in ägyptischer Gefangenschaft lebten. Es gab im Museum von Canterbury auch das Modell eines ägyptischen Baus, das vielleicht den Architekten inspiriert hat bei seiner Suche nach etwas Besonderem für einen Auftrag von ungewöhnlichen Klienten, die aus den alten Mittelmeerländern stammten. Möglicherweise waren ihm auch Informationen über ägyptische Details an älteren Synagogen zuteil geworden, wie in München (1826), Kopenhagen (1833) und Hobart in Tasmanien (1843). Vielleicht hatte er ganz einfach die alte Heilige Lade zum Vorbild genommen, es sei denn, ihre Lotusknospenkapitelle stammten von ihm. Architekturkritiker aus dem frühen 19. Jahrhundert hatten die Juden mit ägyptischer Architektur in Verbindung gebracht, weil beide als dauerhaft, aber nicht als fortschrittlich betrachtet wurden.

Manche Gemeindeglieder mögen zwar durch die wenig schmeichelhaften Nebenbedeutungen des ägyptischen Stils beunruhigt gewesen sein, aber sie hatten nun zumindest eine attraktive und besondere Synagoge. Die Begeisterung für antike Stilformen war so groß, daß sogar das Bad für rituelle Waschungen im Jahre 1851 in Form eines Miniaturtempels gebaut wurde, der mit Ziegelsteinen verkleidet war und im Garten hinter der Synagoge stand. Die Gemeinde war erfreut darüber, daß die Synagoge auf dem Grundstück des Hospizes der Tempelritter stand, denn diese waren im Mittelalter die schlimmsten Feinde der Juden gewesen, und das Synagogengrundstück an das Stift »Black Prince's Chantry« angrenzte, das nach Edward, Prince of Wales (1330–1376), benannt war, der ebenfalls den Juden feindlich gesinnt gewesen war. Die Lage der Synagoge wurde als Zeichen für die Sicherheit und den Frieden angesehen, welche die Israeliten Englands schließlich erreicht hatten.

Die Synagoge wurde im Jahre 1861 renoviert, im Jahre 1889 erneut instand gesetzt, aber Ende des 19. Jahrhunderts ging die Anzahl der Gemeindemitglieder von Canterbury zurück, wie in allen alten jüdischen Gemeinden in den Marktstädten der Provinz. Während des Ersten Weltkriegs wurde in der Synagoge immer noch Gottesdienst abgehalten, aber im Jahre 1931 wurden einige Einrichtungsgegenstände, darunter auch zwei Thorarollen, an eine Synagoge in Oxford gegeben. Das Gebäude wurde im Jahre 1937 verkauft und während der fünfziger Jahre zu weltlichen Zwecken benutzt. In den sechziger Jahren nahm die Pfarrei von St. Alphege Reparaturen vor und verwandelte den Bau in einen Kirchenraum. Weitere Erneuerungen erfolgten in den frühen achtziger Jahren. Man kann zwar kaum eine Verbindung zwischen ägyptischen Stilelementen und dem modernen englischen Protestantismus herstellen, aber es besteht zumindest eine historische Folgerichtigkeit in der Überleitung von Ägyptern zu Juden und schließlich zu Christen. Trotz des Umstands, daß das Gebäude nunmehr an Organisatoren von Konzerten vermietet ist, können die Juden Englands und alle Liebhaber bescheidener und hübscher alter Bauten nur erfreut darüber sein, daß es noch steht.

Bibliographie

S. Cantacuzino, *Canterbury*, London 1970 (City Buildings Series).

D. Cohn-Sherbok, »Sir Moses Montefiore and the Canterbury Jewish Community«, in: *Bygone Kent*, II, Nr. 5 (Mai 1981), S. 309–312.

D. Cohn-Sherbok und L. Grace, »Jewish Community of Canterbury«, in: *Kent Life*, Nov. 1978, S. 42–43.

J. Jacobs, *Narrative of the Erection of the New Synagogue at Canterbury*, Manuskript, London 1851, United Synagogue Library and Archives; Abschrift in der Canterbury Public Library.

Jewish Chronicle, 1. Okt. 1847; 24. Mai 1889; 27. Sept. 1889.

Kentish Observer, 21. Sept. 1848.

C. Roth, *The Rise of Provincial Jewry*, London 1950, S. 46–49.

S. Williamson, »The Jewish Community of Canterbury«, in: *Bygone Kent*, IV, Nr. 3 (März 1983), S. 174–176.

Ich danke den Bibliothekaren für Lokalgeschichte an der Canterbury Public Library, den Vertretern der United Synagogue in London und Canon C. Tufton, Canterbury, für ihre Unterstützung.

London

Nachdem die Krone im Mittelalter die Beschränkung der Anzahl von Synagogen gelokkert hatte, die im kanonischen Recht verankert war, standen sie nun in vielen Straßen, sogar in der Nähe von Kirchen. Zu verschiedenen Zeiten hat es Synagogen in der Basinghall, der Coleman, der Gresham, der Threadneedle Street und der Ironmonger Lane gegeben. Diejenige, über die Archäologen am meisten ermittelt haben, wurde im Jahre 1280 gebaut und der jüdischen Gemeinde von einem gewissen Aaron, Sohn von Vives, gestiftet, den der Bruder des Königs protegierte. Die Maße des Gebäudes betrugen innen etwa 8×11 Meter, daneben lag ein Hof, der größer als der Bau war.

Die Synagoge in der Creechurch Lane

Nach der Austreibung der Juden aus England im Jahre 1290 haben dort keine offiziell anerkannten Synagogen bestanden, bis die Juden unter Oliver Cromwell Mitte des 17. Jahrhunderts wieder zugelassen wurden. Im Jahre 1657 verwandelten sie ein Gebäude in der Creechurch Lane in eine Synagoge, 1674 bauten sie es in eine Emporenbasilika um. Zunächst waren die Frauen hinter Gittern verborgen, anscheinend im Männerbereich. Bei dem Umbau 1674 wurde ein großer Teil des Obergeschosses entfernt, und zwei Frauenemporen wurden eingebaut, beide 12 Meter lang und vom Erdgeschoß abgehoben. Ein ähnlicher Umbau war 1639 in Amsterdam vorgenommen worden (Abb. 223, 224). In London waren die toskanischen Säulen, welche die Empore trugen, weiter nach oben bis zu den Bogen geführt, welche die gewölbte Mittelschiffdecke trugen. Ein solcher Entwurf war schon aus der Londoner Kirchenarchitektur bekannt, zum Beispiel von St. Sepulchre-without-Newgate (1666–1670), aber Bogen an Synagogenemporen waren bis ins 19. Jahrhundert ungewöhnlich.

Abb. 242. London, Bevis-Marks-Synagoge, 1699–1701, Außenansicht 1983.

Die Bevis-Marks-Synagoge

Londons ältester bestehender Synagogenbau, unter dem Namen Bevis-Marks-Synagoge bekannt, dient einer sephardischen Gemeinde, die im 17. Jahrhundert gegründet wurde. Sie steht in der Heneage Lane im East End von London, außerhalb der Grenzen der Innenstadt, wo Juden damals noch keinen Grundbesitz haben durften. Die Synagoge wurde in einer Gasse errichtet, weil es den Juden nicht gestattet war, eine Synagoge in Bevis Marks, der nächsten großen öffentlichen Straße, zu bauen.

Das Gebäude sieht heute fast genauso aus wie 1699 bis 1701 in den Jahren seiner Errichtung (Abb. 242, 243). Es ist ein zweistöckiger Kastenbau mit Emporen, 24,50×15 Meter groß, aus roten Ziegelsteinen gebaut, mit Gesimsen und Fensteröffnungen, die durch einen bemalten Steinbelag betont werden. Die einfache Tür in der Fassade ist von zwei kleinen Fenstern eingerahmt; im oberen Stock befindet sich in der Mitte ein Fenster mit einem Ellipsenbogen zwischen zwei schmäleren Rundbogenfenstern. Das einfache Äußere war für Synagogen jener Zeit typisch, aber diese ist schöner als die meisten von ihnen, weil die Gemeinde wohlhabend war.

Der Innenraum hat glattverputzte Wände und eine flache Decke, die mit Rosetten dekoriert ist, von denen hier und da Leuchter herabhängen. Die Emporen führen um drei Seiten des Raumes wie in der Synagoge von Livorno, die gerade in dieser Art umgebaut worden war (1693 ff., Abb. 195), nur schwingen die Emporen in London am östlichen Ende zur Wand aus. Sie ruhen auf zwölf toskanischen Säulen, die an den Ecken von quadratischen Pfeilern abgelöst werden. Ursprünglich war über jedem Stützpfeiler eine Kreuzblume angebracht gewesen, die einen Leuchter hielt. Rosetten und Stuckgesimse sind die einzigen angebrachten Ornamente. Die Ausstattung ist gediegen und vornehm. Wie in der sephardischen Synagoge von Amsterdam (1671–1675, Abb. 228) besteht die Heilige Lade aus einer mehrteiligen, zweigeschossigen Truhe mit Säulen, die den unteren Stock unterteilen und den erhöhten Teil des oberen Stocks einrahmen, wo die Zehn Gebote in goldenen Lettern angebracht sind. Die Heilige Lade in Amsterdam sieht jedoch eher wie ein Schrank aus, während die in London wie eine Kirchenfassade aus der späten Renaissance wirkt, weil hier die beiden übereinanderliegenden Teile durch Schnörkel verbunden sind. Der Almemor steht im Westen und sieht dem von Amsterdam sehr ähnlich: eine erhöhte Plattform mit niedrigen Brüstungen, aber in London sind die Baluster gedrechselt und nicht geschnitzt. Hölzerne Sitze stehen entlang der Ost-West-Achse und sind zur Mitte gedreht, wie es in Synagogen nach spanisch-portugiesischem und italienischem Ritus üblich ist.

Der Bau ist nüchtern in seiner Grundform und seiner Einrichtung, aber die Synagoge wirkt nicht langweilig, weil soviel Licht durch die großen Fenster fällt. Der Widerschein und das Funkeln des Lichts auf den gedrechselten Holzoberflächen, den schönen Messingkronleuchtern und Kerzenhaltern, die niemals durch elektrische Lampen ersetzt worden sind, beleben den Raum.

Die Synagoge ist gebaut worden, weil das Gebäude in der Creechurch Lane aufgrund zunehmender jüdischer Immigration so überfüllt war, daß man die Frauen bat, nach Hause zu gehen, um den Männern den Platz auf den Emporen zu überlassen. Der Erbauer war der Zimmermann Joseph Avis, ein Quäker, welcher an der Merchant Taylor's Hall und an St. Bride in der Fleet Street gearbeitet hatte, wo der Synagogenvorstand sein Werk hat sehen können. Es ist anzunehmen, daß sie ihn wählten, weil seine religiöse Überzeugung nicht derjenigen der Mehrheit entsprach und er daher nicht zum »Establishment« gehören konnte. Außerdem war er

Abb. 243. London, Bevis-Marks-Synagoge, Innenansicht zur Heiligen Lade 1928.

ein Mann von hohen moralischen Qualitäten, sofern folgende Überlieferung zutrifft: Als er feststellte, daß der Bau weniger als die ihm zugestandenen 2650 Pfund kostete, erstattete er den Rest zurück. Wir wissen, daß Avis den Bau von 1699 bis 1701 überwachte, aber nicht mit Sicherheit, wer ihn entworfen hat, denn in den Dokumenten werden Zahlungen an einen Schreiner Henry Ramsay erwähnt, der im Jahre 1694 ein Modell des Baus, vielleicht nach dem Entwurf von jemand anderem, anfertigte.

Im Vergleich zu den wiederaufgebauten Kirchen der Londoner City ist die Bevis-Marks-Synagoge innen wie außen ein bescheidener Bau. Aber er hat gewisse Merkmale, die auch in diesen Kirchen zu finden sind: vergleichbare

Proportionen, nur in einem kleineren Maßstab, ähnliche Fenster, Emporen, eine Anlage der Heiligen Lade, die Altären gleicht, und marmorierte Säulen. Diese Synagoge ist in ihrer Gestaltung den damaligen Kultbauten einer Großstadt angeglichen, während die Synagogen von Fürth (1692, Abb. 147) und Frankfurt am Main (1711) gotische Gewölbe und auf einer Seite Frauenanbauten hatten, die sie wie altmodische Gebäude für eine außergewöhnliche Gruppe von Menschen wirken ließen. Die Bevis-Marks-Synagoge ist insofern mit dem Bau in der Heidereutergasse in Berlin vergleichbar, der aus derselben Zeit stammt (Abb. 117, 118), als ihr Entwurf logisch und einheitlich gestaltet ist und sie reichlich Tageslicht und keinen sektiererischen Stil hat, so daß sie den Eindruck vermittelt, hier hielten zuversichtliche und wohlhabende Leute ihren Gottesdienst ab. Königin Anne selber hat angeblich einen Holzbalken für diese Synagoge gestiftet, was ein Zeichen ist für das offizielle Wohlwollen gegenüber nützlichen und reichen Juden, ein Phänomen, das wir auch aus Berlin kennen. (Die Gunst eines Herrschers führte auch 1798 in Düsseldorf zu einer schönen Synagoge, für deren dreiseitige Emporen vielleicht die Bevis-Marks-Synagoge als Vorbild diente.)

Wenige Änderungen sind seit 1701 vorgenommen worden, mit Ausnahme von neuen Fenstern, zwei Stufen, die um 1730 an den Almemor angebaut wurden, und dem Wiederaufbau der Sakristei. Die Umgebung hat sich jedoch verändert, weil die Juden aus dem Londoner East End wegzogen und diese Synagoge sowie ihr Nachbarbau, die Große Aschkenasische Synagoge, der vormals dort wohnenden Israeliten und ihrer Einrichtungen verlustig gingen. Um die verstreute jüdische Bevölkerung unterbringen zu können, richtete die sephardische Synagogengemeinde schließlich Zweigstellen ein: in der Wigmore Street, dann in der Bryanston Street, auf der Maida Vale-Lauderdale Road (1896), in Holland Park, Golders Green, Stamford Hill und Wembley. Glücklicherweise bewahrten die sephardischen Juden, welche sich durchaus ihrer Geschichte bewußt waren, die Bevis-Marks-Synagoge. Sie ist nunmehr offiziell zum historischen Denkmal erklärt.

Bibliographie

L. D. Barnett, *Bevis Marks Records*, Oxford 1940–1973.

R. Barnett, *The Synagogue of Bevis Marks*, London 1960.

El Libro de los Acuerdos: Being the Records and Accounts of the Spanish and Portugese Synagogue of London from 1663 to 1681, übersetzt von L. D. Barnett, Oxford 1931.

M. Gaster, *History of the Ancient Synagogue of the Spanish and Portugese Jews*, London 1901, bes. S. 50–52, 61–72.

A. M. Hyamson, *The Sephardim of England*, London 1951.

Royal Commission on Historic Monuments (England), *An Inventory of the Historical Monuments in London IV. The City*, London 1929, S. 10–12.

W. A. Samuel, *The First London Synagogue of the Resettlement*, London 1924, S. 44–46.

N. H. Schless, »Peter Harrison, The Touro Synagogue, and the Wren City Church«, in: *Winterthur Portfolio*, 8, 1973, S. 187–200. John Maas Dank für diesen Hinweis.

»Sketches of Anglo-Jewish History: V«, in: *Jewish Chronicle*, 26. Sept. 1873, S. 429.

Great Synagogue

Im letzten Jahrzehnt des 17. Jahrhunderts hatten sich die Juden schon in eine sephardische und eine aschkenasische Synagogengemeinde gespalten. Die erstere gab den Bau einer Synagoge ganz in der Nähe der Bevis-Marks-Synagoge in Auftrag, während letztere im Jahre 1692 eine Synagoge am Duke's Place eröffnete. Diese und ihre Nachfolgerinnen von 1722 und 1790 waren unter dem Namen Great Synagogue bekannt. Die auf demselben Grundstück errichtete Synagoge von 1790 war ein schöner Backsteinbau, zu einem großen Teil von Judith Hart Levy gestiftet, die ein Drittel der Kosten, 4000 Pfund, beitrug. Üblicherweise waren es Männer, die Synagogen finanzierten, und ihr Vorfahre, Moses Hart, hatte die Kosten der Synagoge von 1722 getragen. Aber Mrs. Levy war Witwe, und ihre Kinder waren gestorben, so daß ihr die Kontrolle des Familienvermögens zufiel. James Spiller, ein Christ, wurde mit dem Bau beauftragt. Er rechtfertigte seinen guten Ruf, indem er eine ungewöhnlich stattliche Emporenbasilika baute (Abb. 244, 245).

Der geräumige Bau war groß genug, um etwa

500 Männer im Erdgeschoß und etwa 250 Frauen auf den Emporen unterzubringen. Er hatte ein breites Mittelschiff mit einer gewölbten Decke, das von den niedrigeren Seitenschiffen durch kannellierte ionische Säulen aus Stein getrennt war. Tageslicht fiel durch Lichtgadenfenster in der Nord- und der Südwand. Die Gestaltung des Gebäudes war einfach. Die ebenen Felder in der Deckenmitte, die Brüstungen und Gitter der Emporen und der vordere Teil der Bänke im Männerbereich waren alle glatt und unverziert, und die Fenster hatten rechteckige Verglasung; runde Scheiben befanden sich nur oben an den großen Fenstern des Emporengeschosses. Die Ostwand hatte zusätzliche Dekorationen: marmorierte Steinsäulen, einen Triumphbogen, der die abgerundete Apsis für die Heilige Lade einrahmte, sowie Girlanden und Blumengewinde aus Stuck unter dem Karnies und über dem halbrunden Fenster in der Wölbung über der Heiligen Lade. Seitlich an der Ostwand hingen Tafeln mit vergoldeter Umrandung, auf denen sicherlich Gebete für das Königshaus standen, wie sie häufig in Synagogen zu finden sind. Der Stifter wurde in Form eines Gedichts gedacht, und ihre Namen wurden später in goldenen Lettern auf Täfelungen gemalt, die unter den Frauenemporen um die Wände liefen (wie in Livorno), aber die Täfelungen wurden bei der Restaurierung des Baus im Jahre 1930 entfernt. Der Raum wurde von sieben Messingkronleuchtern erhellt. Der Almemor bestand aus einer großen Plattform, von einem hölzernen Geländer mit geschwungenem Abschluß umgeben. Ursprünglich hat es zwischen dem Almemor und der Heiligen Lade keine Sitze gegeben, aber im 19. Jahrhundert wurden Sitze in den freien Raum gestellt. Die Synagoge wurde im Jahr 1823, dann wieder 1852 von John Wallen, 1899/1900 und 1930 neu dekoriert und restauriert. Die Eingänge wurden verändert und die Chorempore verbreitert – Umbauten, die den Zugang erleichterten und die Brandsicherheit erhöhten. Zwei weitere Veränderungen hatten soziale Konsequenzen: Die erste war die Entfernung der Messinggitter, welche die Frauenemporen abschirmten; dies geschah im Jahre 1852 oder zwischen 1879 und 1895. Die zweite war die Entfernung einer großen Bank, und zwar vor 1895, wo die Armen ihren Platz hatten, so daß sie sich nicht unter

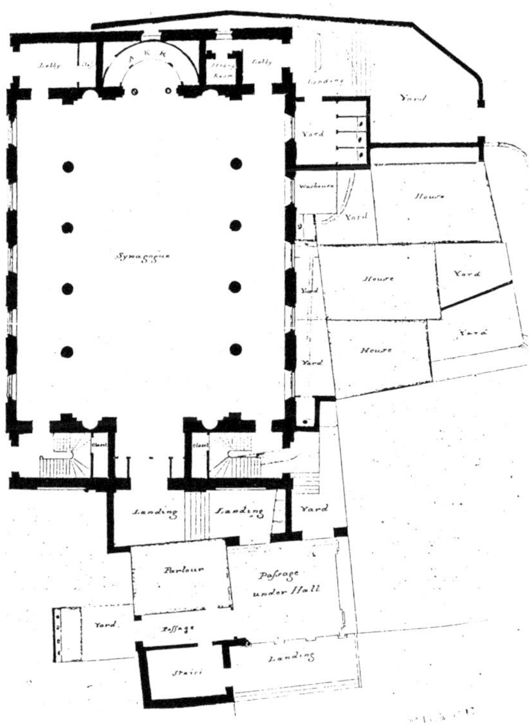

Abb. 244. London, Great Synagogue, 1790–1791, Grundriß, von J. Spiller gezeichnet.

jene mischen konnten, die für ihre Sitzplätze und den Unterhalt des Gebäudes zahlen konnten. Solche Veränderungen wurden auch an anderen Orten im 19. und 20. Jahrhundert vorgenommen, zum Beispiel in Casale Monferrato.

Die Fassade zur Straße war rechteckig, von einem schweren Fries unterteilt und durch die auffälligen Archivolten der Fenster belebt. Zu beiden Seiten führte ein Durchgang zum Hof auf den Duke's Place, und von dort erreichte man die Vorhalle der Synagoge mit dem Traungssaal darüber, der ursprünglich nicht vorhanden gewesen war.

Die Great Synagogue von London war insofern typisch, als sie in einem Hof lag, ein unauffälliges Äußeres hatte, dem Architekturstil der Zeit entsprach und überwiegend mit Hilfe eines einzigen Stifters gebaut wurde. Das Innere war jedoch außergewöhnlich schön gestaltet und auch besonders kirchenähnlich, eine spätere Fassung von Christopher Wrens St. James Garlickhythe. Viele christliche Besucher lobten den Bau, eine Tatsache, die in jüdischen Berichten fast nie zu erwähnen unterlassen wurde. Aber nicht alle Christen betrachteten die Insassen dieses kirchenartigen Gebäudes als ihnen ähn-

Abb. 245. London, Great Synagogue, Innenansicht zur Heiligen Lade, Tuschezeichnung von A. C. Pugin und Thomas Rowlandson, ca. 1819.

lich, wie aus der berühmtesten Ansicht der Synagoge zu ersehen ist, die von A. C. Pugin und Thomas Rowlandson für Ackermanns *Microcosm of London* angefertigt wurde. Während Pugin die Architektur mit dem ihm üblichen Respekt wiedergab, zeichnete Rowlandson eine böse Karikatur von Juden in gebeugter Stellung und mit häßlichen Gesichtern. Dank dem Bild blieb zumindest eine exakte Wiedergabe der Architektur erhalten, da die Synagoge bei einem Fliegerangriff im Mai 1941 durch eine Bombe zerstört wurde.

Nach dem Krieg blieben so wenige Gemeindemitglieder im East End übrig, daß ein Wiederaufbau der Synagoge überflüssig erschien. Eine Tafel an einem Bürogebäude kennzeichnet die Stelle, an der die Synagoge einst gestanden hat.

Bibliographie

E. Jamily, »Synagogue Art and Architecture«, in: *A Century of Jewish Life*, London 1971, S. 77.

C. Roth, *The Great Synagogue, London, 1690–1940*, London 1950, mit weiteren bibliographischen Angaben.

W. Samuel, *The First London Synagogue of the Resettlement*, London 1924, S. 44–46.

United Synagogue Archives, London.

Spitalfields Great Synagogue

Die Spitalfields Great Synagogue ist ein Beispiel dafür, welche Probleme auftreten können, wenn eine Kirche, eine Kapelle oder ein Versammlungshaus in eine Synagoge umgewandelt werden. Daß eine Synagogengemeinde sich immer wieder mit offensichtlichen Verlegenheitslösungen bei der Anpassung des Baus an seine neue Bestimmung abfindet, läßt erkennen, daß sie sich zwar mit den religiösen Erfordernissen, mit angemessenen Sitzgelegenheiten und mit der Belichtung befaßt, einer harmonischen Architekturform aber relativ gleichgültig gegenübersteht. Dieses schöne Bauwerk an der Fournier Street und der Brick Lane war 1743 von Charles Dunn, einem Maurer, und John Jull, einem Zimmermann, als Hugenottenkirche errichtet worden. Im Jahre 1819 wurde eine methodistische Kapelle daraus und später eine Mission zur Bekehrung der Juden, die im East End um den Bau herum wohnten.

Die Fassade wurde trotz all dieser Besitzerwechsel wenig verändert, aber im Innenraum waren ursprünglich an drei Seiten des weiten Saals mit großen Fenstern Emporen angebracht, die nicht mehr alle vorhanden sind (Abb. 246, 247). In protestantischen Kirchen werden häufig Emporen benutzt, um die Zahl der Sitzplätze zu vermehren, ohne den eigentlichen Raum vergrößern zu müssen. In Synagogen erfüllen die Emporen den gleichen Zweck, aber in der Spitalfields-Synagoge mußten sie umgebaut werden, nachdem die ultraorthodoxe Machzike-Hadass-Gemeinde den Bau im Jahre 1896 erworben hatte. Diese hatte sich während des Gebets in Richtung Jerusalem zu wenden, stellte aber fest, daß die Ostwand von einer der drei Emporen unterbrochen wurde. Daher ließ sie einen Teil der Empore an der Ostwand entfernen, so daß für die Liturgie ein passender Mittelpunkt geschaffen wurde und die Heilige Lade an die Ostwand gesetzt werden konnte. Diese neue Anlage entsprach zwar den religiösen Vorschriften, hinterließ aber ein unschönes Emporenfragment, wodurch die vorherige einfache, aber geschlossene Gestaltung des Raumes mit Emporen an drei Seiten und einer offenen vierten Seite zerstört wurde. Hätten die Juden alle Emporen abgerissen, um die Harmonie der architektonischen Anlage zu bewahren, so wäre kein geeigneter und abgetrennter Raum für die Frauen vorhanden gewesen. Hätten sie eine Empore an der freien Seite angebracht, dann hätte dies unnötige Ausgaben verursacht.

Sicher fügte die Synagogengemeinde aus Gründen der Kostenersparnis Teile der Retabeln des protestantischen Altars in die Anlage der Heiligen Lade ein und erhob derart nach talmudischem Gesetz den Einrichtungsgegenstand der Christen in einen höheren Stand der Heiligkeit. Die Gesamtwirkung des Raumes blieb die eines nüchternen und würdigen Saals aus dem 18. Jahrhundert.

Wir wissen nicht, ob die Methodisten das Gebäude veränderten. Die weiter oben beschriebenen Umbauten wurden von A. J. Hopkins geplant und im Jahre 1897 von dem Bauunternehmen Maple & Co durchgeführt, das 4500 Pfund für die Ausführung von Hopkins' Plänen und den Bau von zusätzlichen zwölf Klassenräumen

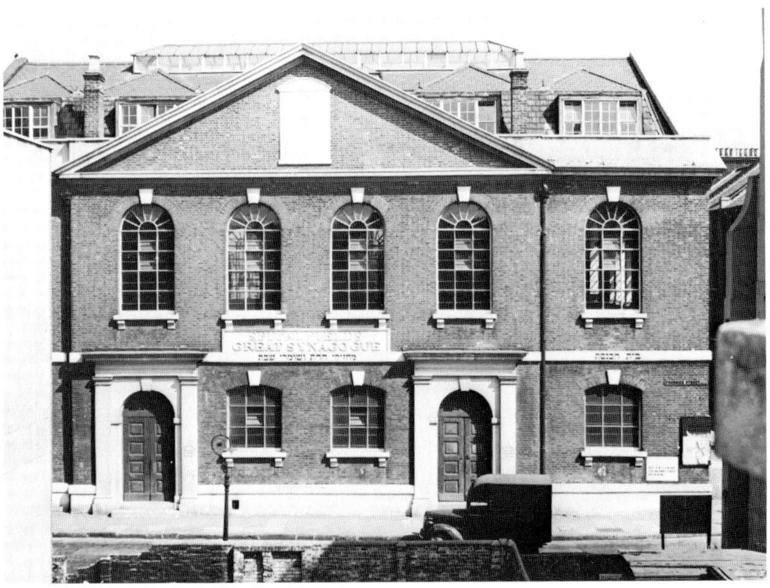

Abb. 246. London, ehemalige Spitalfields Great Synagogue, 1743, Außenansicht zwischen 1897 und ca. 1975.

Abb. 247. London, ehemalige Spitalfields Great Synagogue, Innenansicht zur Heiligen Lade zwischen 1897 und ca. 1975.

über der Synagoge unter einem neuen Dach erhielt. Die Synagogengemeinde, die durch die Mitglieder der Machzike-Schomrei-Schabbat-Synagoge erweitert wurde, welche sich in der nahe gelegenen Booth Street (heute Princelet Street) befunden hatte, zog in einem festlichen Einweihungsakt im September 1898 in den Bau in der Brick Lane ein. Die zusammengelegten Synagogengemeinden kauften die Synagoge 1922 mit unbegrenztem Eigentumsrecht. Im Jahre 1930 wurde das Gebäude durch ein Feuer beschädigt und wahrscheinlich kurz danach instand gesetzt. 1939 bestand die Synagogengemeinde aus 610 männlichen Mitgliedern; es konnten jedoch 2000 Personen in dem Gebäude untergebracht werden.

Die Spitalfields Great Synagogue überstand die Bombenangriffe auf London während des Zweiten Weltkriegs, und notwendige Instandsetzungsarbeiten wurden 1951 vollendet. Sie wurde als eines der größten, traditionell orthodoxen Gotteshäuser in London und als eine Zierde für die orthodoxe Synagogengemeinde erneut eingeweiht.

Der allgemeine Auszug der Juden aus dem East End nach dem Kriege führte dazu, daß die Mitgliederzahl von 369 Männern im Jahre 1958 auf 294 im Jahre 1970 und 201 im Jahre 1976 sank. Im Jahre 1972, als sich nicht einmal am Samstag ein Quorum zusammenfand, wurde erwogen, die Synagoge zu schließen und den Bau als Moschee an islamische Immigranten zu verkaufen, die nunmehr einen bedeutenden Teil der Bevölkerung im East End ausmachen. Im November 1976 wurde dann aus dem Bau die Jamme Masjid der pakistanischen Mohammedaner.

Bibliographie

B. Homa, *A Fortress in Anglo-Jewry. The Story of the Machzike Hadath*, London 1953. Ich danke B. Homa für das lange und fruchtbare Gespräch.

Jewish Chronicle, 16. Sept. 1898, S. 24–25.

V. D. Lipman, *Social History of the Jews in England*, London 1954, bes. S. 125–126.

S. Sharot, »Religious Change in Native Orthodoxy in London, 1870–1914«, in: *Jewish Journal of Sociology*, XV, Nr. 1 (Juni 1973), S. 57–78.

F. H. W. Sheppard, (Hrsg.), *Survey of London XXVII: Spitalfields and Mile End New Town*, London 1957, S. 221–225, Tafeln 40–41.

Die Synagoge in Dollis Hill

Die innovativen Formen der Synagoge in Dollis Hill machen sie zu einem der bemerkenswertesten jüdischen Kultbauten des 20. Jahrhunderts. Avantgardistische Architekturzeitschriften aus den dreißiger Jahren priesen diese funktionale Synagoge, die vollkommen anders aussah als die älteren, in unterschiedlichen historischen Stilformen erbauten. Dieses Bauwerk wurde in jenen Veröffentlichungen viel eingehender als üblich behandelt, weil Synagogen normalerweise eine konservative Form hatten, wie ein großer Teil der englischen Architektur allgemein zwischen den beiden Weltkriegen. Das Gebäude war von einem hervorragenden britischen Ingenieur, Sir Owen Williams, entworfen, der für seine Chemiefabrik Boots in Nottingham berühmt wurde. Er war anscheinend den Auftraggebern von Dollis Hill bekannt, weil er im Jahre 1934 das Empire-Stadion und -Schwimmbad in Wembley gebaut hatte, das ganz in der Nähe lag.

Dollis Hill war eine der Vorstädte im Norden Londons, in denen die jüdische Bevölkerung während der ersten Jahrzehnte dieses Jahrhunderts beträchtlich angestiegen war. Die Gemeinde versammelte sich im Jahre 1929 erstmals in einem Privathaus. Danach benutzte sie Häuser und gemietete Säle, darunter auch die Neasden Mission Hall. 1933 eröffnete sie eine kleine Synagoge, die etwa 1400 Pfund gekostet hatte und heute als Gemeindezentrum dient. Im Jahre 1936 war die Gemeinde für diesen bescheidenen Bau zu zahlreich geworden, und im Februar 1937 wurde der Grundstein zu einer neuen Synagoge auf einem Grundstück gelegt, das nur wenige Meter entfernt und gegenüber einem Park lag. Die Synagoge war für etwa tausend Personen gedacht, mit 524 Sitzplätzen für Männer und 392 für Frauen. Der Gottesdienst folgte den Praktiken der United Synagogue Organization, das heißt, Männer und Frauen waren getrennt und das Hebräische wurde betont, aber die Frauenempore hatte keine hohen Gitter mehr, eine Orgel und ein Männerchor waren erlaubt, die Fenster durften bunte Glasscheiben mit erkennbaren Darstellungen haben, und manchmal, wie in diesem Fall, wurde der Almemor in die Nähe der Heiligen Lade gesetzt. Im Umkreis einiger Kilometer befinden sich mehrere Synagogen der United Synagogue Organization, die etwa zur gleichen Zeit gebaut wurden und deren Mitglieder in Doppelhausreihen in leicht gekurvten Straßen leben, die von Rosenbüschen gesäumt sind.

In dieser konservativen Vorstadtbebauung erhebt sich die Synagoge aus Beton, die keinem anderen Bau in Großbritannien gleicht. Sie hat Wände, welche wie ein Akkordeon gefaltet sind, eine kistenförmige Vorhalle und einen Flügel mit Büroräumen an der Straße, sechseckige Fenster sowie Bogenfenster (Abb. 248, 249). Die Gemeinde hatte keine feste Vorstellung, wie eine Synagoge auszusehen hätte. Sie wollte nur einen großen, aber wirtschaftlichen Bau mit guter Sicht und guter Akustik im Innern. Williams realisierte zusammen mit der Betonfirma Grays Ferro diesen Wunsch, und die Synagoge, die nur 18 250 Pfund kostete, wurde Ende 1937 fertiggestellt.

Der Betsaal ist ein länglicher Raum; seine Wände »falten« sich an den langen Seiten nach außen und innen und geben ihnen dadurch die nötige Stabilität, denn gerade wären sie zu dünn gewesen, um die Auflager zu tragen, auf denen die Emporen ruhen. Die Auflager sind an den inneren Scheitelpunkten der Falten angebracht. Auch das Dach ist gefaltet, ebenfalls um die Decke, die nur 12,50 Zentimeter dick ist, zu stabilisieren. Die Decke war innen aus Gründen der Isolierung und der Akustik mit Korkplatten verkleidet.

Williams bewies in der wirtschaftlichen Ver-

Abb. 248. London, Dollis Hill, 1933–1934, Außenansicht der Südseite 1983.

Abb. 249. London, Dollis Hill, Innenansicht zur Heiligen Lade 1979.

wendung der Baustoffe und in seinen statischen Berechnungen, daß er die Technologie des Stahlbetonbaus beherrschte und die Bedürfnisse der Gemeinde voll verstand. Indem er auf innenliegende Stützen verzichtete, schuf er eine ungehinderte Sicht auf die Teile des Raumes, wo sich das Ritual abspielt, und gab dem großen Saal eine optische und räumliche Einheit, die man zuvor nur in Räumen finden konnte, welche zu klein waren, als daß sie Stützen für Dach und Emporen benötigten.

Der Architekt offenbarte hier auch die beeindruckenden Qualitäten der funktionalistischen modernen Architektur. An den leicht rauhen Oberflächen der Betonwände, die in ihrem natürlichen Farbton belassen wurden, ist die Bretterverschalung sichtbar – als sollte die Art ihrer Herstellung ehrlich gezeigt und auf die Würde von nicht-traditionellen oder bescheidenen Baustoffen hingewiesen werden.

Im Innenraum vermied Williams jene trivialen Details, welche die Wirkung von beeindruckenden Synagogeninnenräumen des 20. Jahrhunderts beeinträchtigen, wie in Essen, Frankfurt am Main (Abb. 140, 145) oder Sarajevo. Er überließ es an erster Stelle den Gläubigen, den Raum zu beleben. Von den modernen Synagogen aus der gleichen Zeit sind nur wenige mit solcher Zurückhaltung gestaltet. Dieser Entwurf ist vom Geist der grandiosen, mit einem Säulengang versehenen, Liberalen Synagoge von London weit entfernt, auch von der späten Jugendstilfassade der Synagoge in der Walm Lane, der zögerlichen Moderne der Preßburger Synagoge (Abb. 28–30) und dem überholten Orientalismus der Synagoge von Enschede – Bauten, die alle zwischen den beiden Weltkriegen errichtet wurden.

Williams und die Gemeinde schufen jedoch nicht nur eine funktionale Kiste. Die ungewöhnlichen gefalteten Wände, das feierliche Grauweiß des Äußeren und die besonderen Fensterformen lassen erkennen, daß dies kein gewöhnlicher Bau ist. Die Zusammenführung der Ecken, wo die Decken- und die Wandfalten aufeinandertreffen, ist optisch interessant, ebenso die wechselnde Perspektive der Fenster, die entlang den gefalteten Wänden einmal nach innen und einmal nach außen gewandt sind. Durch 34 sechseckige Fenster fällt Licht in den Betsaal. (Konstantin Melnikows Haus in Moskau aus dem Jahre 1929 hatte glatte [verputzte] Mauern und sechseckige Fenster, aber eine Verbindung zwischen diesem und dem Synagogenentwurf ist nicht bekannt.) Die Fenster enthielten ehemals sechszackige Sterne, aber Mitglieder der Synagogengemeinde stifteten später farbige Glasfenster, die mit Abbildungen von Thorarollen, dem Löwen von Juda und anderen biblischen Themen und Symbolen verziert waren. In den polygonalen Zwickeln zwischen den Wänden und der Decke sind polygonale Fenster eingelassen, während der Flügel mit der Vorhalle und den Büroräumen und andere Nebenräume durch Fenster belichtet werden, die wie umgedrehte Gesetzestafeln aussehen, oben rechteckig und unten abgerundet, und Menoraornamente aus Metall umschließen.

Die Synagoge hat keine wesentlichen Veränderungen erfahren, auch wenn das Fensterglas mit den konventionellen Abbildungen nicht zu dem großartigen Bau paßt. Im Juni 1952 wurde ein Fonds zur Erneuerung und Dekoration der Synagoge und des Gemeindezentrums eingerichtet. Da es schwierig war, den Bau ohne allzu große Kosten zu beheizen, wurden Holztäfelungen angebracht, die eine bessere Isolierung bewirken sollten. Die Gemeinde fand die Holzverkleidung auch angenehmer und schöner als die ursprüngliche Betonoberfläche und hätte sie sicher weiter geführt als bis zur jetzigen Begrenzung am unteren Teil der Wand, wenn die Mittel vorhanden gewesen wären. Außen wurde der Bau in einem kalten, harten Weiß gestrichen, wahrscheinlich um Reparaturstellen oder den Sichtbeton zu verdecken, der im englischen Klima altert. Diese Veränderungen können jedoch dem Eindruck des Gebäudes als dem eines kühnen Experiments, das ein Mann mit Phantasie und Können durchgeführt hat, nichts anhaben. Auch wenn die Synagoge kein vollkommenes Kunstwerk ist, so ist sie doch ein zweckdienliches, wirkungsvolles, befriedigendes Werk eines ausgezeichneten Architekten. Sie bezeugt auch, daß ihre Auftraggeber sich nicht scheuten, ein Risiko einzugehen.

Bibliographie

»Landmarks in the History of the Dollis Hill Synagogue«, maschinengeschriebener Text im Archiv des Kantors.
»Synagogue at Dollis Hill, Cricklewood«, in: *Architect and Building News*, CLIII (25. März 1938), S. 365–367.
»Synagogue at Dollis Hill, Cricklewood«, in: *Architects' Journal*, LXXXVII (24. März 1938), S. 480, 489–491.
The North West Jewish Monitor, 5. März 1937, S. 10.

Gespräche mit Rev. Harry Cohen, Mrs. M. H. Taylor und Jack Singer waren mir eine große Hilfe.

Die United Synagogue in Finchley

Die Synagoge in Finchley ist ein Betonbau von beeindruckender Größe, der von der Firma Dowton & Hurst in den Jahren 1965 bis 1967 errichtet wurde (Abb. 250, 251). Sie ist ein typisches Beispiel für viele Vorstadtsynagogen, die nach dem Kriege in England gebaut wurden und der United Synagogue, einer Gruppe von Synagogengemeinden, angeschlossen sind, in denen orthodoxe, aschkenasische Praktiken mit einigen Gebeten in englischer Sprache befolgt werden. Diese Synagogengemeinden umfassen insgesamt mehr Mitglieder als irgendeine andere Gruppe britischer Juden, wie die orthodoxe Federation of Synagogues oder die verschiedenen Reformvereinigungen, liberalen und fortschrittlichen Verbände. Die Bauten der United Synagogue spiegeln den relativen Wohlstand ihrer Mitglieder.

Während der dreißiger Jahre und nach 1945 verschob sich das Ballungszentrum von Londons jüdischer Mittelschicht vom East End, dem Stadtteil, wo sich die Immigranten zunächst niederließen, in die Vorstädte, vor allem in die nördlichen und nordwestlichen. Die kulturell

Abb. 250. London, United Synagogue in Finchley, 1965–1967, Außenansicht der Ostwand.

Abb. 251. London, United Synagogue in Finchley, Innenansicht zur Heiligen Lade.

assimilierten Kinder der Immigranten ließen sich in Golders Green, Hendon und später in Edgware, Hampstead und Finchley nieder. Gemeindevorstände, die eine rasch anwachsende Zahl von Gläubigen unterbringen und deren Kindern eine jüdische Erziehung bieten mußten, gaben große Synagogen und Gemeindezentren in Auftrag, und zwar in Hendon (1935), Dollis Hill (1937) (Abb. 248, 249), St. John's Wood (1956–1963), Stanmore (1959–1963) sowie in den beiden letzten Jahrzehnten in Finchley, Kingsbury, Pinner (Abb. 6) und anderen in zunehmendem Maße außengelegenen Vierteln Londons. Zwischen 1961 und 1971 wurden siebenundsechzig neue Synagogen in Groß-London erworben und gebaut.

Viele der größten neuen Synagogen wirken kalt, zumindest dann, wenn sie leer sind. Schließlich ist es nicht einfach, ein bescheiden und intim wirkendes Gebäude für mehrere hundert Personen zu planen. Bauten mit glatten Betonwänden können kaum Wärme oder ein Gefühl vereinter Frömmigkeit ausstrahlen. Außerdem müssen die Frauenemporen strengen Bau- und Sicherheitsvorschriften entsprechen. Die Ergebnisse sind eher ihrer Zweckmäßigkeit als ihrer Schönheit wegen zu schätzen.

In Finchley erfüllten Dowton und Hurst diese funktionalen Forderungen zufriedenstellend. Sie vermieden die Irrtümer eines anderen Architekten einer United Synagogue, der in etwa einem Drittel des Frauenbereichs nicht genug Platz für die Beine ließ und Stufen zur Heiligen Lade anbrachte, auf denen man ausrutschte. Die Sitze in der Synagoge von Finchley sind unten für 800 Männer und 500 Frauen auf den Emporen berechnet und in bequemem Abstand voneinander angebracht. Die Fenster geben reichlich Tageslicht. Die Plattform der Heiligen Lade ist breit genug, um sowohl sicher wie imposant zu sein. Im Keller sind Versammlungsräume und eine Küche untergebracht, die bei festlichen Anlässen benutzt werden.

Um den Eindruck praktischer Funktionalität zu mildern, legte die Gemeinde den Hauptkorridor mit dickem, blauem Teppichboden aus, setzte farbiges Glas in die Fenster des Betsaals und sogar einen Ankleidetisch mit Rüschen in das Brautwartezimmer. Obwohl einige dieser Einrichtungen den Bau eher wie ein Hotel als wie ein Gotteshaus erscheinen lassen, brachte die Synagogengemeinde sie deutlich in der Absicht an, die kalte Wirkung harter, rechteckiger Formen abzuschwächen.

Die Fassade läßt ebenso lobenswerte Absichten erkennen. Die Architekten hatten eine Ausbuchtung für die Heilige Lade innen anzubringen, sollten aber gleichzeitig eine passende Lösung für die Hauptfassade, das heißt die Außenseite der Mauer liefern, an der die Heilige Lade steht. Dieser Teil der Synagoge mußte mit Licht versorgt werden, zugleich aber war die Intimität dieses Bereichs und der Gemeinde im Betsaal zu gewährleisten. Zu diesem Zweck setzten sie die Heilige Lade in eine eckige Ausbuchtung, die sich von dem Bereich der Gläubigen angemessen unterscheidet. Der eckige Vorsprung hat außen den Vorteil, diesen Bau von den umliegenden Gebäuden zu unterscheiden, und er dämpft das Geräusch einer Schnellstraße. Die abwechselnden vertikalen Streifen aus Beton und Glas, die schräg zur Straße angebracht sind, erschweren den Vorübergehenden, hineinzuschauen oder Fenster einzuschlagen. Der Entwurf war vielleicht in der Theorie überzeugender als in der Ausführung, denn in einer Karikatur im Londoner *Jewish Chronicle* wurde auf die Ähnlichkeit dieser Anlage mit dem Kühler eines Rolls-Royce hingewiesen.

Im allgemeinen erinnern die neuesten Bauten der United Synagogue an die der wohlhabenden Vorstadtgemeinden in den Vereinigten Staaten. Sie bilden eine Kombination von beeindruckenden, großen Betsälen (die an den hohen Feiertagen voll sind) und den Einrichtungen eines Gemeindezentrums, darunter Räume für Jugendliche, Frauenvereine, Büros, Schulzimmer, Vorlesesäle und Küchen. Die Gebäude sehen manchmal prunkvoll aus, aber sie sind Ausdruck starker jüdischer Gemeinden, in denen die Enkel der Immigranten ihren materiellen Wohlstand mit den Hauptinstitutionen jüdischen Lebens teilen. Diese auffälligen Bauten sind auch Beweis des Vertrauens, das die britischen Juden in ihr Land setzen, wie deutsche und österreichische Synagogen ein Jahrhundert zuvor.

Ähnliche Einrichtungen in vergleichbar beeindruckendem Maßstab werden in einer Anzahl unabhängiger Synagogen geboten, wie in der Beth-Hamedrash-Synagoge in Golders Green, die in den sechziger Jahren von Shaw & Lloyd erbaut wurde. Die wichtigste liberale Synagoge in St. John's Wood hat die größte Kapazität an Sitzplätzen aller britischer Synagogen. Sie ist ein überkuppelter Bau mit Zentralgrundriß, der in einem abgewandelten neogeorgianischen Stil gehalten ist und Erhabenheit sowie einen konservativen, modernen Geschmack herauskehrt (1925 von Ernest M. Joseph errichtet, mit späteren Anbauten und Restaurierungen in der Nachkriegszeit). Die Reformsynagoge in Hove in Sussex, 1966 von Derek Sharp vollendet, ist eine weitere große Synagoge mit Gemeindezentrum, mit Bogen und dekorativen Details, die ihre moderne Gestaltung und ihre Kastenform weicher wirken lassen sollen.

Bibliographie

A Century of Jewish Life, 1870–1970, Katalog der Ausstellung bei Christie's in London, 1971, darin E. Jamilly, »Synagogue Art und Architecture«, S. 75–91.

Jewish Chronicle, Lageplan der Londoner Synagogen im Jahre 1939, in der Ausstellung des Londoner Museums *London in the 1930s*, London 1973, gezeigt.

L. E. Kochan, »Anglo-Jewry Since World War II«, in: *American Jewish Year Book*, LXXVIII (1978), S. 339–347.

S. J. Prais, »Synagogue Statistics and the Jewish Population of Great Britain, 1900–1970«, in: *Jewish Journal of Sociology*, XIV, Nr. 2 (Dez. 1972), S. 215–228.

C. Roth, *Archives of the United Synagogue. Report and Catalogue*, London 1930.

S. Sharot, »Religious Change in Native Orthodoxy in London, 1870–1914«, in: *Jewish Journal of Sociology*, XV, Nr. 1 (Juni 1973), S. 57–78.

Siehe auch:

»Synagogue St. John's Wood. T. B. Bennett & Son, Architects«, in: *Architectural Review*, CXXIII, Nr. 1 (Jan. 1958), S. 27.

»United Synagogue, Great Cumberland Place«, *Builder*, CCIII (12. Okt. 1962), S. 729–731.

Ich bin den Mitarbeitern und Verantwortlichen der obengenannten Synagogen sehr dankbar, besonders den Herren Cohen und Press von der United Synagogue, John Levonson von der Liberal Synagogue und Dow Marmur, dem Rabbiner der Reformgemeinde in Alyth Gardens.

Die Synagoge von Sir Moses Montefiore in Ramsgate

Die kleine sephardische Synagoge im Badeort Ramsgate an der englischen Kanalküste ist aus zwei Gründen von Bedeutung: wegen ihrer Architektur und wegen ihres Stifters. Es war die private Synagoge von Sir Moses Montefiore (1784–1885), der sein Vermögen, das er in Finanzgeschäften erworben hatte, seinen Glaubensbrüdern und der Menschheit im allgemeinen widmete. Sir Moses Montefiore und seine Frau, Lady Judith, erwarben Land in Ramsgate, das damals mehr in Mode war als heute, und bauten dort ein Haus mit Nebengebäuden. Sir Moses, ein frommer Mann, wünschte, seine Gebete häufig zu verrichten, aber es gab in Ramsgate keine Synagoge. Aus Dankbarkeit für seine gesunde Rückkehr von einer gefährlichen Reise ins Heilige Land kaufte er im Jahre 1831 Grundbesitz, der an sein eigenes Land grenzte, und begann zu bauen. Seine Synagoge ist heute die sephardische Synagoge des Küstengebiets sowohl für Feriengäste aus den umliegenden Badeorten als auch für die wenigen sephardischen Juden, die das ganze Jahr über dort leben.

Die Synagoge liegt auf einem Hügel, der sich zu Sir Moses' Zeiten über einer gepflegten Landschaft aus Rasenflächen, Gärten, Zierbäumen und einem Obsthain erhob. Sie überragte die anderen Gebäude des Besitzes leicht, was der Tradition entsprach, daß die Synagoge höher liegen sollte (Abb. 252). Sie ist ein Oktogon mit längeren Nord- und Südseiten und kurzen Diagonalen, hat im Westen einen Anbau, in dem die Vorhalle mit (später hinzugefügtem) Marmorbrunnen und Becken sowie Treppen zur Frauenempore untergebracht sind. Das Äußere ist lediglich eine dem Grundriß folgende Hülle, mit weiß bemaltem Stuck auf den glatten Mauern, die an den Ecken von Pilastern betont werden, und einer etwas höheren bescheidenen Fassadenfront. Ein horizontales Zierprofil teilt diese in zwei Geschosse, was bedeutet, daß die Frauenempore von Anfang an bestanden hat. Im oberen Stockwerk wird die Einrahmung des obersten Fensters von einer Uhr eingenommen, was ungewöhnlich, aber für eine Synagoge nicht einmalig ist. Der untere Teil der Fassade muß symmetrische Pilaster zu beiden Seiten eines Fensters gehabt haben, einer davon ist jedoch nicht mehr vorhanden.

Abb. 252. Ramsgate, Sir Moses Montefiores Synagogue, 1831–1833, Außenansicht um 1930.

Die schlichte, neoklassizistische Fassade hat zwar ihr ursprüngliches zurückhaltendes Aussehen bewahrt, aber der Innenraum ist durch spätere Veränderungen farbenfroher und prächtiger geworden, als Sir Moses es beabsichtigt hatte (Abb. 253). Im Jahre 1833, als er und seine Frau die Synagoge an ihrem Hochzeitstag einweihten, betraten sie einen relativ dunklen, oktogonalen Raum, der nur durch Fenster auf dem Emporengeschoß, ein Dachfenster in der Mitte und ein winziges Fenster hoch oben in der Wand, an der sich die Heilige Lade befindet, Licht erhielt. Die verputzten Wände waren alle weiß bemalt, die wenigen Zierprofile an den Pilastern und Fensterrahmen so einfach wie möglich gestaltet. Diese Anlage entspricht dem zurückhaltenden, neoklassizistischen Geschmack von Englands wohlhabenden Klassen in den Jahren, bevor die Synagoge gebaut wurde, und Sir Moses hat sicherlich keinen Bau errichten wollen, der weniger konservativ gewesen wäre.

Die Wände und Pfeiler sind jetzt mit Marmor in cremefarbigen und rosa Tönen verkleidet, ein Geschenk von Mrs. Harriett Sebag-Montefiore aus dem Jahre 1912. Die Einfassung der Heiligen Lade, deren Ziergiebel von glatten, sich verjüngenden Pilastern mit Lotusknospenkapitellen getragen wird, fehlt auf einer Zeichnung aus dem späten 19. Jahrhundert, die wahrscheinlich auf einer Photographie beruht. Auf diesem Bild ist ein horizontaler Sturz über der Tür der Heiligen Lade zu sehen. Vielleicht ist die Heilige Lade auch im Jahre 1912 verändert worden. Mehrere Umwandlungen wurden 1932 vorgenommen, um den hundertsten Jahrestag des Gebäudes zu feiern. Damals stiftete Mrs. Ida Sebag-Montefiore farbige Glasfenster, vielleicht die farbenprächtigen an der Nordost- und der Südostwand; die Fenster erscheinen nicht auf der alten Zeichnung. Ein neuer Almemor und neue Bänke wurden, ebenfalls für die Hundertjahrfeier, aufgestellt und die Sitze nach Osten gedreht, anstatt in Richtung der Mittelachse, wie es in sephardischen Synagogen üblich war (und wie auf der alten Zeichnung zu sehen ist). Die älteren, verbliebenen Holzarbeiten wurden zur gleichen Zeit restauriert und Eisenstützen eingebaut, um die Frauenempore zu konsolidieren.

Die Synagoge, die auf ihrem Grund und Boden stand, bedeutete viel für Sir Moses und seine Frau. Sie wurde von seinem Vetter, David Mocatta, entworfen, einem der wenigen jüdischen Architekten jener Zeit; der Bauunternehmer Crosford kam aus dem Ort. Die Synagoge war auch ein Dankopfer von Sir Moses für die vielen Wohltaten, die Gott ihm gewährt hatte.

Am Einweihungstage gedachte er aller Armen, die in der Nähe wohnten, indem er zwei englischen Pfarreien Geld gab, das als Almosen verteilt werden sollte. In seinem Tagebuch bezeichnete er die Einweihung als einen der großen Tage seines Lebens, neben dem seiner Hochzeit und dem, als er in den Ritterstand erhoben wurde. Es ist auch möglich, daß Sir Moses den Bau als ein dauerndes Zeugnis seiner Hingabe an die jüdische Religion betrachtete, besonders da er und seine Frau keine Kinder hatten, die nach ihnen dem Glauben hätten weiter dienen können.

In ihrer Bescheidenheit und Klarheit ist die Synagoge in Ramsgate ein geeignetes Denkmal für einen klar denkenden und aktiven Mann, dem bewußt war, daß er über viele seiner Mitmenschen erhoben worden war, der aber auch wußte, daß dies das Werk des Herrn und zu einem höheren Zweck bestimmt war. Das Gebäude liegt jetzt tief im Park des Montefiore-Besitzes versteckt, wo nur wenig Aktivitäten stattfinden, da Lady Judith Montefiores theologische Hochschule nur hin und wieder Gebrauch von Haus und Park macht. Besucher finden jedoch den Weg dorthin, um die Synagoge und das daneben liegende Grabmal zu besichtigen, das später in einem nahöstlichen Kuppelbaustil errichtet wurde. Hier sehen sie auf einer Lichtung im zugewachsenen Wald und Obsthain die Bauten eines Mannes, der sich in vieler Hinsicht in seinem Leben auf Erden wie ein perfekter Engländer benahm und in einem Bau betete, der in englischem Stil gehalten ist, sich aber selbst stets mit dem alten Erbe der jüdischen Religion identifizierte und dies für immer, auch im Grab, zu tun wünschte.

Bibliographie

E. Jamilly, »Anglo-Jewish Architects and Architecture in the 18th and 19th Centuries«, in: *Jewish Historical Society of England Transactions*, XVIII (1958), S. 134.

D. A. Jessurun Cardozo und Paul Goodman, *Think and Thank: Montefiore Synagogue and College, Ramsgate, 1833–1933*, London und Oxford 1933.

L. Loewe (Hrsg.), *The Diaries of Sir Moses and Lady Judith Montefiore*, London und Sydney 1890.

Ich danke R. D. Barnett, London, und George DaCosta, Broadstairs, dafür, daß sie meine Fragen beantwortet und die Synagoge für mich geöffnet haben.

Abb. 253. Ramsgate, Sir Moses Montefiores Synagogue, Innenansicht zur Heiligen Lade um 1930.

Hinweise für Besucher

In Europa gibt es mehrere hundert Synagogen. Einige stammen aus der Zeit vor 1939 und sind entweder wiederhergestellt und/oder einer anderen Bestimmung übergeben und umgewandelt worden. Etwa einhundert Synagogen wurden, hauptsächlich in Westeuropa, nach 1945 erbaut.

Will man diese Bauten besichtigen, kann man dies während des Gottesdienstes bei Sonnenuntergang am Freitagabend oder am Samstagmorgen tun. Gottesdienste werden auch zu anderen Zeiten abgehalten, an Festtagen und hohen Feiertagen, die man ermitteln kann, indem man einen jüdischen Kalender zu Rate zieht oder im Büro der Synagoge nachfragt; die Daten wechseln jedes Jahr mit dem Mondkalender. Synagogen sind unter Umständen zu anderen Zeiten geschlossen, es sei denn, man vereinbart vorher einen Besuchstermin.

Männer und Frauen sind im allgemeinen während des Gottesdienstes getrennt, denn die meisten europäischen Synagogengemeinden folgen dem orthodoxen Brauch, die Geschlechter zu separieren. Männer und Frauen werden gebeten, den Kopf zu bedecken; in manchen Fällen stehen Männern, die keinen Hut haben, Kopfbedeckungen zur Verfügung. Beim Besuch einer Synagoge ist es angebracht, lange statt kurzen Hosen und Hemden mit langen Ärmeln zu tragen. In orthodoxen Synagogen kann von Frauen sogar im Sommer erwartet werden, daß sie langärmelige Kleidung, Strümpfe und eine Kopfbedeckung tragen. Man sollte keine Handtaschen, Photoapparate oder sonstige Reiseausrüstung beim Besuch eines orthodoxen Gottesdienstes mitnehmen, denn diejenigen, die den orthodoxen Vorschriften folgen, tragen am Sabbat keine Last. Besuchern ist zu raten, vorher das jüdische Gemeindebüro anzurufen, um zu erfahren, wie streng die Vorschriften jeweils befolgt werden.

Reisende in osteuropäischen Ländern sollten sich bei der jüdischen Gemeinde am Ort oder dem jeweiligen Touristenbüro erkundigen, bevor sie den Versuch unternehmen, derzeitige oder ehemalige Synagogengebäude zu besichtigen. Dieser Rat ist aus Gründen der eigenen Sicherheit zu befolgen. Bei vielen europäischen Synagogen ist der Einlaß aus Furcht vor antisemitischen Ausschreitungen beschränkt. Jeder sollte deshalb darauf verzichten, heimlich Photographien zu machen oder die Wachhabenden zu überreden, ihm Einlaß in das Gebäude zu gewähren.

Synagogen, die heute einer anderen Nutzung dienen, sind häufig der Öffentlichkeit nicht zugänglich. Gebäude, die nunmehr zu Museen, Archiven, Kinos oder ähnlichem geworden sind, haben üblicherweise Öffnungszeiten, die draußen oder aus Touristenbroschüren ersichtlich sind. In diesen Bauten kann das Photographieren verboten sein, desgleichen in ehemaligen Synagogen, die sich nunmehr in Privatbesitz befinden. Am besten ist es, im jüdischen Gemeindebüro (und nicht bei den jetzigen Bewohnern) Erkundigungen darüber einzuholen, wie das Gebäude zu seiner neuen Bestimmung kam.

Wem der Zugang zu derzeitigen oder ehemaligen Synagogen verwehrt wird, der kann unter Umständen von Regierungsämtern oder anderen Einrichtungen Photographien bekommen. Jedes europäische Land besitzt ein Amt für Denkmalschutz; in Touristenbüros gibt es die Adresse des Denkmalschutzamtes, das eventuell Photographien hat, wenn auch nicht von allen Synagogen des Landes. Im Zentralarchiv für die Geschichte des jüdischen Volkes in Jerusalem befindet sich ein umfassendes Photoarchiv, ebenso im Institut zur Erinnerung an den Holocaust, Jad Vaschem. In New York gibt es drei Institute, die umfassende Sammlungen von Photographien und illustrierten Büchern besitzen: die New York Public Library (Jewish Division und Picture Collection); das Leo Baeck Institute, 129 East 73rd Street, New York, N. Y. 10021, für deutschsprachige Gebiete; das YIVO, 1048 Fifth Avenue, New York, N. Y. 10028, für Osteuropa.

Auch jüdische theologische Seminare und jüdische Museen in den Vereinigten Staaten und anderen Ländern haben teilweise Photoarchive. Nicht alle Bilder sind von guter Qualität, es gibt auch nicht von allen Synagogen Abbildungen, aber Tausende von Photographien sind vorhanden.

Glossar

Almemor (Bima, Tewa): Plattform oder Tisch in einer Synagoge, von wo die Thorarollen verlesen werden. Die Plattform unter dem Tisch ist häufig von fast quadratischer oder polygonaler Form und im allgemeinen über Stufen an zwei Seiten zu erreichen. Sie ist von einem Geländer umgeben, einmal aus Sicherheitsgründen, aber auch zur Verschönerung. Der Almemor befindet sich im allgemeinen in orthodoxen aschkenasischen Synagogen auf der Haupt-(Ost-West-)Achse, in aschkenasischen Reformsynagogen am östlichen Ende des Betsaals und in Synagogen nach sephardischem, italienischem oder comtadinischen Ritus an dem der Heiligen Lade entgegengesetzten Ende.

Aschkenasisch (Aschkenas, hebräisch = Deutschland): Aschkenasim sind Juden französischer oder deutscher Abstammung, die französische und deutsche religiöse Riten befolgen und später nach Osteuropa und in Teile West- oder Mitteleuropas emigriert waren.

Bad für rituelle Waschungen (Mikwa, Mikwe): Einrichtung mit frischem, fließendem Wasser für das monatliche Reinigungsritual der Frauen und für die den Männern vorgeschriebenen rituellen Waschungen. Wird im allgemeinen nicht von jüdischen Anhängern der Reformbewegungen benutzt. Bäder für rituelle Waschungen befanden sich meist nahe oder sogar unter der Synagoge oder dem Gemeindezentrum.

Bar Mizwa: erwachsener (über dreizehn Jahre alter) Jude, der »gebotspflichtig« ist und am Gottesdienst teilnimmt. Das Wort wird auch benutzt, um die Zeremonie zu bezeichnen, die anläßlich des 13. Geburtstags eines Knaben erfolgt, um seinen Übergang zum Erwachsensein in religiöser Hinsicht zu kennzeichnen.

Beth Hamidrasch: siehe Lehrhaus oder Haus des Studiums.

Chasside: Anhänger einer Bewegung, die Mitte des 18. Jahrhunderts in der Ukraine entstand. Chassiden legen mehr Wert auf den Glauben und mystische, religiöse Emotionen als auf Gelehrsamkeit, obwohl der moderne Chassidismus sowohl ekstatische Elemente wie auch Wissen beinhaltet.

Diaspora: Gebiete, in denen Juden außerhalb des Heiligen Landes als religiöse Minderheiten leben.

Gemara: Kommentar zur Mischna, Teil des Talmuds (siehe dort).

Haggada: Text, der während des Passahfestmahls, dem *Seder*, zu Hause vorgelesen wird.

Heilige Lade (Aron hakodesch, Hechal): Behälter, in dem die Thorarollen in einer Synagoge aufbewahrt werden. Ursprünglich freistehend gegen die Ostwand der Synagoge, häufig in eine Nische oder Apsis gesetzt. Im allgemeinen führen Stufen zur Heiligen Lade hinauf, und sie ist von einem bestickten Vorhang verhüllt.

Hohe Feiertage: Tage im Herbst, die das neue Jahr einleiten (Rosch Haschana); zu ihnen gehört ein Tag der Sühne (Jom Kippur). Diese und die Tage zwischen den beiden Festen bilden zehn Tage der Reue und der Selbstkasteiung.

Jeschiwa: siehe Lehrhaus. Die Bezeichnung *Jeschiwa* kann auch fortgeschrittene Gelehrtheit an formell konstituierten Schulen bedeuten.

Kantor (Chazan): ursprünglich der Aufseher einer Versammlung zum Gebet, später der Vorsänger und Leiter des Gebets in einer Synagoge.

Karäer: Anhänger einer jüdischen Bewegung, die in Babylonien gegründet wurde. Karäer erkennen die Autorität des Talmuds nicht an, betrachten die Bibel als einzig gültige Autorität, besonders den Pentateuch. Sie haben ihre eigenen Traditionen, ihre besondere Liturgie, ihre eigenen Gelehrten und Wohlfahrtseinrichtungen.

»Kristallnacht«: Nacht vom 9. auf den 10. November 1938, als nationalsozialistische Banden in Deutschland und Österreich die Fenster von jüdischen Häusern und Geschäften einschlugen sowie Synagogen und jüdische Geschäfte zerstörten.

Laubhüttenfest: siehe Sukkoth.

Lehrhaus oder *Haus des Studiums*: Schule und Raum für religiöse Debatten erwachsener männlicher Juden. Es gilt als heiliger als eine Synagoge. Es kann an eine Synagoge angebaut oder ein getrennter Bau sein, entweder in einem zu diesem Zweck errichteten Gebäude oder in einem Raum eines Gebäudes untergebracht sein, das für andere Aktivitäten bestimmt ist. Es kann eine Heilige Lade und einen Almemor haben, so daß dort gebetet werden kann. In Jiddisch wird es auch *Kloyz* oder *Schtibl* (deutsch = *Klause* oder *Stube*) genannt, besonders wenn es sich um einen privaten Raum handelt (der nicht einer Synagogengemeinde oder einer offiziell konstituierten jüdischen Gemeinde gehört) oder einen, der von Chassiden benutzt wird.

Marane: Jude auf der Iberischen Halbinsel, der zum Christentum übertrat, um der religiösen Verfolgung zu entgehen.

Minjan: Quorum von zehn über 13 Jahre alten männlichen Betern, die für die Bildung einer Synagogengemeinde und das Zitieren von bestimmten Gebeten nötig sind.

Mischna: Kern des Talmuds, eine systematische Sammlung des mündlich überlieferten Gesetzes, das heißt die allgemein anerkannten Interpretationen des Geschriebenen Gesetzes (Pentateuch). Das Mündliche Gesetz wird so genannt, weil sein Inhalt über mehrere Generationen mündlich überliefert worden ist (von Rabbi Jehuda ha-Nassi, dem Patriarchen von Palästina, Ende des 2. Jh. redigiert).

Mizra: Markierung im Hause eines Juden, welche die Richtung angibt, in der Jerusalem liegt und in welche die Gebete gesprochen werden.

Neolog: reformistisch ausgerichtete Bewegung in Ungarn, etwas konservativer als die deutsche Reformbewegung.

Orthodox: streng an die traditionellen Doktrinen gebunden, wie sie in der Thora, dem Talmud und den Gesetzen und Kommentaren niedergelegt sind.

Rabbiner: respektvolle Bezeichnung, ursprünglich für Weise und Lehrer der Religion, jetzt für ordinierte jüdische Geistliche benutzt. Rabbiner sind von alters her Gelehrte gewesen, deren Wissen ihnen das Recht gab, Richter der jüdischen Gemeinde und Repräsentanten der Religion zu sein sowie Trauungen zu vollziehen.

Rebbe (Tzadik, Zaddik): chassidischer Rabbiner, von dem man glaubt, er habe besondere Kräfte besessen, zwischen Gottes Willen und den Wünschen der Menschen zu vermitteln, und der daher als ein Wundertäter betrachtet wird. Es hat erbliche Dynastien von diesen Männern gegeben. Einige von ihnen unterhielten einen umfangreichen Haushalt oder »Hof«, der aus ihren Anhängern bestand.

Reform: Bewegung im aschkenasischen Judentum, Ursprung in Deutschland gegen 1800. Diese Bewegung wollte das Judentum von zunehmenden rituellen Überflüssigkeiten befreien und so die Liturgie vereinfachen. Die Reformer wollten den Gottesdienst für diejenigen verständlicher gestalten, die nur wenig Hebräisch verstanden, und setzten vermehrt die Landessprache ein. Reformer waren ursprünglich meist relativ wohlhabende Juden, die eine weltliche Erziehung genossen hatten. Die Bewegung hatte besonders in Mittel- und Westeuropa Erfolg.

Responsum: entscheidet religionsgesetzliche Kontroversen, erteilt theoretische Information, biblische Auslegung u. a.

Rundbogenstil: Stil aus dem 19. Jh., der auf Elementen von antiken, frühchristlichen, romanischen und Renaissance-Stilformen beruht.

Schawuos: eines der drei Pilgerfeste, jetzt ein Fest, das die Offenbarung der Thora feiert, die Moses den Juden am Fuße des Berges Sinai vorlegte.

Schtetl (deutsch = *Stadt*): in Osteuropa jüdische Kleinstadtgemeinde oder Siedlung.

Sephardisch (Sefarad, hebräisch = Spanisch): Sephardim sind Juden, die ihren Ursprung auf die Iberische Halbinsel zurückführen oder die irgendein Ritual benutzen, das von dort stammt.

Sukkoth: siebentägiges Fest der Hütten (Laubhüttenfest) im Oktober, ursprünglich ein Erntedankfest. Es wird zu Hause in einer Hütte gefeiert, die mit Zweigen, Früchten und Blumen dekoriert wird; eine solche Hütte kann auch im Hof oder auf der Terrasse einer Synagoge errichtet werden.

Talmud: Niederschrift von gesetzlichen Entscheidungen und Debatten antiker jüdischer Weiser, das fundamentale Werk des Mündlichen Gesetzes, welches das Geschriebene Gesetz (Pentateuch) ergänzt. Es gibt zwei Fassungen des Talmuds, die »Babylonische« und die »Palästinensische« oder »Jerusalem«-Fassung. Beide sind in die Mischna und die Gemara unterteilt.

Tempel: kann hier das zentrale Opfersanktuarium in Jerusalem bedeuten (das von König Salomo gebaut und nach dem Babylonischen Exil der Juden und unter König Herodes wiederaufgebaut wurde), aber auch andere Kultbauten wie die der heidnischen Antike, der Hugenotten und der Reformjuden meinen.

Thora: Das Geschriebene Gesetz, der Pentateuch. Es ist auf Pergamentrollen geschrieben und wird in der Synagoge in der Heiligen Lade aufbewahrt.

Bibliographie

In dieser Aufstellung ausgewählter bibliographischer Hinweise werden die allgemeinen Werke zuerst angegeben, dann folgen Werke, die besondere Bauten oder Gebiete behandeln. Ich bezeichne diese Gebiete nach ihren heute gültigen Grenzen und ihrer heutigen nationalen Zugehörigkeit, benutze aber die deutschen Ortsnamen. Die Orte sind im Index mit ihren ehemals deutschen und den heutigen Namen aufgeführt.

Wörterbücher und Enzyklopädien

Encyclopedia Judaica, Berlin ca. 1928–1932. Nur die Bände A-Lyra sind erschienen.

Encyclopedia Judaica, Jerusalem 1971–1972.

Jewish Encyclopedia, New York und London 1901–1906.

Jüdisches Lexikon, Berlin 1927–1930.

Philo-Lexikon, Handbuch des jüdischen Wissens, Berlin 1935.

Pinkas ha'Kehillot (Enzyklopädie jüdischer Gemeinden), Jerusalem, wird fortgesetzt.

Universal Jewish Encyclopedia, New York 1939–1943.

Zeitschriften

Index of Articles on Jewish Studies, Jerusalem ab 1966.

Index of Articles Relative to Jewish History and Literature Published in Periodicals from 1665 to 1900, Hrsg. M. Schwab, Paris 1923; Nachdruck New York 1972. Originaltitel: *Répertoire des articles d'histoire et de littérature juives parus dans les périodiques de 1665 à 1900.*

Index to Jewish Periodicals, Hrsg. M. Leikind, Cleveland 1963. Die meisten Artikel über Synagogen aus den Monats- und Vierteljahreszeitschriften sind unter anderem enthalten in: *Israel. La rassegna mensile; Monatsschrift für Geschichte und Wissenschaft des Judentums; Menorah; Ost und West; Revue des études juives.*

Von den Wochenzeitschriften waren folgende am informativsten: *Allgemeine Zeitung des Judentums* (1837–1922), die abgelöst wurde von *C.-V. Zeitung* (1922–1938), dann von *Allgemeine unabhängige jüdische Wochenzeitung* (ab 1945); *Jewish Chronicle; Österreichische Wochenschrift; De Vrijdagavond.*

Bibliographien

Bibliographie der Dissertationen über Judentum und jüdische Persönlichkeiten, die 1872–1962 an österreichischen Hochschulen (Wien, Graz, Innsbruck) approbiert wurden, Hrsg. W. Bihl, Wien 1965.

S. Brisman, *A History and Guide to Judaic Bibliography*, Cincinnati 1977 (Bibliographia Judaica, 7; Jewish Research Literature, 1).

G. Kisch und K. Roepke, *Schriften zur Geschichte der Juden: eine Bibliographie der in Deutschland und der Schweiz 1922–1955 erschienenen Dissertationen*, Tübingen 1959 (Schriftenreihe wissenschaftlicher Abhandlungen des Leo Baeck Institute of Jews in Germany, 4).

L. A. Mayer, *Bibliography of Jewish Art*, Jerusalem 1967.

J. Rothenberg, *Judaica Reference Materials: A Selective Annotated Bibliography*, Waltham/Mass. 1971.

S. Shunami, *Bibliography of Jewish Bibliographies*, 2. Auflage, Jerusalem 1965; Ergänzungsband 1975.

YIVO, *Doctoral Dissertations and Masters' Theses Accepted by American Institutions of Higher Learning* (über jüdische Themen), New York 1963, wird fortgesetzt.

Allgemeine Werke

A. Bachi, »Appunti sulla architettura della sinagoga«, in: *Israel. La rassegna mensile*, 2. Serie, VIII (1933), S. 25–46.

R. D. Barnett (Hrsg.), *The Sephardi Heritage*, New York 1971.

J. Carlebach, »Architektur der Synagoge«, in: *Jeschurun*, XVI, Nr. 3–4 (1929), S. 109–131.

A. Charim, *Die toten Gemeinden*, Wien 1976.

M. J. S. Chiat, *A Handbook of Synagogue Architecture*, Chico/Kalif. 1982 (Brown Judaic Studies, 29).

B. deBreffny, *The Synagogue*, New York 1978.

»Die Einweihung zweier neuer großer Tempel in Nürnberg und Paris«, in: *Allgemeine Zeitung des Judentums*, XXXVIII (1874), S. 669–672.

A. Eisenberg, *The Synagogue through the Ages*, New York 1974.

D. J. Elazar (Hrsg.), *Balkan Jewries Today*, Jerusalem und Philadelphia 1974.

I. Feuer, »Magyarországi középkori zsinagógák az általános európai fejlődés tükrében«, in: *Magyar Izraelita Országos Kommittee, Evkönyv*, 1971/1972, S. 43–46.
M. Fleischer, »Über Tempelbau«, in: *Die Neuzeit*, XIV, Nr. 14 (4. April 1884), S. 134–137, Nr. 16 (18. April 1884), S. 154–156.
R. Gordis und M. Davidowitz (Hrsg.), *Art in Judaism. Studies in the Jewish Artistic Experience*, New York 1975.
A. Grotte, *Deutsche, böhmische und polnische Synagogentypen vom XI. bis Anfang des XIX. Jahrhunderts*, Berlin 1915 (Mittheilungen der Gesellschaft zur Erforschung jüdischer Kunstdenkmäler, Frankfurt a. M., Nr. 7, 8).
A. Grotte, »Kultbauten der Vergangenheit«, in: *C.-V. Zeitung*, X, Nr. 27 (3. Juli 1931), S. 343–344.
A. Grotte, »Ostjüdische Sakralkunst und ihre Ausstrahlung auf deutsches Gebiet«, in: *Monatshefte für Kunstwissenschaft*, XI, Nr. 5 (1918), S. 135–138.
M. Grünwald, »Wie baut man Synagogen?«, in: *AZJ*, LXV (1910), S. 115–117.
C. Gurlitt, *Handbuch der Architektur. Kirchen*, Teil 4, VIII, Nr. 1, Darmstadt 1906, S. 126–165.
J. Gutmann (Hrsg.), *Ancient Synagogues: The State of Research*, Chico/Kalif. 1981 (Brown Judaic Studies, 22).
J. Gutmann (Hrsg.), *The Synagogue. Studies in Origins, Archaeology, and Architecture*, New York 1975.
E. Hiller, »Betrachtungen über den modernen Synagogenbau«, in: *Ost und West*, VI (1906), Spalten 28–36.
K. Hruby, *Die Synagoge. Geschichtliche Entwicklung einer Institution*, Zürich 1971 (Schriften zur Judentumskunde, 3).
U. Kaploun, *The Synagogue*, Philadelphia 1973.
A. Kohut, *Berühmte israelitische Männer und Frauen in der Kulturgeschichte der Menschheit*, Leipzig 1900.
A. Kosel und I. Eisenberg (Hrsg.), *Deutsch-österreichisches Künstler und Schriftsteller Lexikon*, Wien 1902–1905.
S. Krauss, *Synagogale Altertümer*, Berlin 1922.
R. Krautheimer, *Mittelalterliche Synagogen*, Berlin 1927.
J. Kreppel, *Juden und Judentum von heute*, Zürich 1925.
H. Künzl, »Die Architektur der mittelalterlichen Synagogen und rituellen Bäder«, in: *Judentum im Mittelalter*, Ausstellung im Schloß Halbturm, Katalog, Hrsg. K. Schubert, Eisenstadt 1978, S. 40–59.
H. Künzl, *Islamische Stilelemente im Synagogenbau des 19. und frühen 20. Jahrhunderts*, Frankfurt a. M. 1984 (Judentum und Umwelt, Bd. 9, nicht eingesehen).
F. Landsberger, »The Sacred Direction in Synagogue and Church«, in: *Hebrew Union College Annual*, XXVIII (1957), S. 181–203.
I. Levy, *The Synagogue: Its History and Function*, London 1963.
B. Litvin, *The Sanctity of the Synagogue*, New York 1959.
L. Löw, *Gesammelte Schriften*, Hrsg. I. Löw, Szegedin 1898; Nachdruck New York und Hildesheim 1979.
M. Lowenthal, *A World Passed By*, New York 1933.
T. und M. Metzger, *Jewish Life in the Middle Ages*, New York 1982, bes. S. 59–75.
P. Meyer, B. D. Weinryb und E. Dushinski, *The Jews in the Soviet Satellites*, Syracuse/N. Y. 1953.
H. Rosenau, »The Architectural Development of the Synagogue«, Diss., Courtauld Institute 1939.
H. Rosenau, »The Synagogue and Protestant Church Architecture«, in: *Journal of the Warburg and Courtauld Institutes*, IV (1940–1941), S. 80–84.
C. Roth (Hrsg.), *Jewish Art*, New York 1961; überarbeitete Auflage, B. Narkiss (Hrsg.), 1971.
S. Rubenstein, *The Synagogue. An Illustrated Analysis of the Synagogue*, Bronx/N. Y. 1973.
S. Seeligman, »Assimilatie in architectuur«, in: *De Vrijdagavond*, VI, Nr. 25 (20. Sept. 1929), S. 387–390.
S. Waetzoldt und V. Haas, *Bibliographie zur Architektur im 19. Jahrhundert. Die Aufsätze in den deutschsprachigen Architekturzeitschriften 1789–1918*, München 1977, Bd. 3, S. 1603–1620.
R. Wischnitzer, *The Architecture of the European Synagogue*, Philadelphia 1964.
R. Wischnitzer, »The Problem of Synagogue Architecture«, in: *Commentary*, III, Nr. 3 (März 1947), S. 233–241.

Kunst

D. Davidowicz (oder Davidowitsch), *Art and Artists in Polish Synagogues*, Jerusalem, Kibbuz Amuhad 1982 (hebräisch, nicht eingesehen).
D. Davidowicz, *Wall Paintings of Synagogues in Poland*, Jerusalem 1968 (hebräisch; soll von H. Künzl ins Deutsche übertragen werden).
D. Davidowicz, *Wandmalereien in alten Synagogen. Das Wirken des Malers Eliezer Sussmann in Deutschland*, Hameln und Hannover 1969.
Encyclopedia Judaica, Jerusalem 1971, s. u. Kunst.
F. Feuchtwanger, »Die bildenden Künste im jüdischen Kultus«, in: *Ost und West*, III, Nr. 5 (1903), Spalten 335–347.
H. Frauberger, »Über Bau und Ausschmückung alter Synagogen«, in: *Mitteilungen der Gesellschaft zur Erforschung jüdischer Kunstdenkmäler*, II (1901).
R. Gordis und M. Davidowicz (Hrsg.), *Art in Judaism*, New York 1975.
J. Gutmann (Hrsg.), *Beauty in Holiness: Studies in*

Jewish Customs and Ceremonial Art, New York 1970.
J. Gutmann, *No Graven Images. Studies in Art and the Hebrew Bible*, New York 1971.
J. Gutmann, *The Jewish Sanctuary*, Leiden 1983 (Iconography of Religions, Section XXIII, Judaism, Heft 2; nicht eingesehen).
I. Z. Kahana, »Omanut bet ha-keneset be-halacha«, in: *Bet ha-keneset*, M. Hacohen (Hrsg.), Jerusalem 1955, S. 255–308.
F. Landauer, »Jüdische Kultbauten von Heute«, in: *C.-V. Zeitung*, X, Nr. 27 (3. Juli 1931), S. 341–342.
L. A. Mayer, *Bibliography of Jewish Art*, Jerusalem 1967.
M. Osborn, »Baukünstler und Bauten von Hitzig bis Mendelsohn«, in: *C.-V. Zeitung*, X, Nr. 27, (3. Juli 1931), S. 337–339.
C. Roth (Hrsg.), *Jewish Art*, London 1961; überarbeitete Auflage, B. Narkiss (Hrsg.), 1971.
K. Schwarz, *Die Juden in der Kunst*, Berlin 1928.
H. Strauss, »The Horb Synagogue and Polish Synagogue Murals«, in: *Ariel*, Nr. 24 (Frühjahr 1969), S. 75–80.
E. Toeplitz, *Die Malerei in den Synagogen (besonders in Franken)*, Frankfurt a. M. 1929 (Beiträge zur jüdischen Kunstgeschichte, 3).
A. Wolf, »Etwas über jüdische Kunst und ältere jüdische Künstler«, in: *Mitteilungen der Gesellschaft für jüdische Volkskunde*, V, Heft IX, Nr. 1 (1902), S. 12–74.

Synagogen der Nachkriegszeit

Siehe auch Bibliographien für Belfast, Essen, Hamburg und Livorno.
R. Wischnitzer, *Architecture*, S. 248–277, inklusive Illustrationen.

Österreich

Salzburgs wiederaufgebaute Synagoge. Festschrift zur Einweihung, Dezember 1968, Salzburg 1969.

Frankreich

»Centro comunitario e sinagoga a Parigi«, in: *L'architettura*, XXVIII (Juni 1982), S. 407–411.
»Concours pour la reconstruction d'une synagogue à Strasbourg«, in: *L'architecture d'aujourd'hui*, XXIII, Nr. 44 (Sept. 1952), S. XXV.
La Synagogue de la Paix, Straßburg 1958.
E. Roditi, »Les centres communautaires. Un nouveau visage du judaïsme français«, in: *L'Arche*, Nr. 113 (Juli 1966), S. 14–19.
»Strasbourg, Synagogue de la Paix«, in: *Techniques et architecture*, XXI, Nr. 2 (März 1961), S. 8–11.
»Synagogue à Paris«, in: *L'architecture d'aujourd'hui*, XXXVI (Apr.–Mai 1966), S. 92–93; auch »Projet de synagogue« (Okt.–Nov. 1966), S. 30.

Deutschland

Einweihung der Synagoge Würzburgs, Würzburg 1970.
H. Eschwege, *Die Synagoge in der deutschen Geschichte*, Dresden 1980, S. 171–176.
Festschrift zur Einweihung der neuen Synagoge in Stuttgart, Stuttgart 1952.
Festschrift zur Weihe der neuen Synagoge in Münster/Westf., Münster 1961.
R. R. Geis, »Kirchen der letzten Jahre in Deutschland«, in: *Das Münster*, XVII (Nov.–Dez. 1964), S. 365–389.
C. Gerle, »Zur Fertigstellung der neuen Synagoge«, in: *Allgemeine unabhängige jüdische Wochenzeitung*, XIV (27. Nov. 1959), S. 17.
H. Goldschmidt, »Neubau der Synagoge zu Bonn«, Zeitungsausschnitt, freundlicherweise von Rachel Wischnitzer zur Verfügung gestellt.
H. Guttmann, »Das Düsseldorfer Gemeindezentrum«, in: *Die neue Synagoge in Düsseldorf. Zur Einweihung am 7. September 1958*, Düsseldorf 1958, S. 28–31.
H. Guttmann, »Modernes Gemeindezentrum in Osnabrück«, in: *Allgemeine unabhängige jüdische Wochenzeitung*, XXIV (30. Mai 1969), S. 6.
»Jüdisches Gemeindehaus, Berlin, Fasanenstraße« und »Neue Synagoge mit Gemeindezentrum in Essen«, in: *Baumeister*, LVIII, Nr. 2 (Febr. 1961), S. 96–100 (Essen), S. 100–105 (Berlin).
K. Kuehling, *Die Juden in Osnabrück*, Osnabrück 1969.
H. Lamm, »Synagogenbauten gestern und heute«, in: *Baumeister*, LXIII, Nr. 2 (Febr. 1966), S. 53–59.
Leben und Schicksal. Zur Einweihung der Synagoge in Hannover, Hannover 1963, bes. S. 199–206.
O. K., »Eine Dankesschuld abgetragen«, in: *Allgemeine unabhängige jüdische Wochenzeitung*, XXVI, 16. Juli 1971, S. 3.

Großbritannien

»Jewish Centre. West London«, in: *Architect and Building News*, CCXXIX, Nr. 12 (23. März 1966), S. 523–528.
Jewish Chronicle, 10. Juli 1964 (Romford), 31. Juli 1964 (Wallingford, Carmel College Synagogue).
»Synagogue St. John's Wood. T. P. Bennett & Son, Architects«, in: *Architectural Review*, CXXIII (Jan. 1958), S. 27.
»Synagogue, Woodford, Essex«, *Architect and Building News*, CCVI (16. Dez. 1954), S. 759–760.
»United Synagogue. Great Cumberland Place, W. 1«, in: *Builder*, CCIII (12. Okt. 1962), S. 729–731.

Niederlande

J. Bijnen, »Synagoge te Oss«, in: *Bouwkundig Weekblad*, LXXIII (27. Mai 1960), S. 236–239.

»Synagoge van de Nederl. Israel. Gemeente te Rotterdam«, in: *Bouwkundig Weekblad*, LXXIV (17. Apr. 1956), S. 177–180.

Nach geographischen Gebieten

Österreich-Ungarn und die Balkanländer

H. Gold, *Gedenkbuch der untergegangenen Judengemeinden des Burgenlandes*, Tel Aviv 1970.

F. Grünvald und E. Fülöp-Naményi, *Budapesti zsinagógák*, Budapest 1949.

I. Heller und Z. Vajda, *The Synagogues of Hungary. An Album*, Hrsg. R. Braham und E. Farkas, New York 1968.

K. Lohrmann (Hrsg.), *1000 Jahre österreichisches Judentum. Ausstellungskatalog, Eisenstadt, 1982 (Studia Judaica Austriaca, 9).*

L. Moses, »Synagogenbauten und deren Reste in Niederösterreich«, in: *Unsere Heimat. Monatsblatt des Vereins für Landeskunde von Niederösterreich*, V., Nr. 10 (1932), S. 297–307.

M. Paul, *Technischer Führer durch Wien*, Wien 1910, S. 281–286.

J. Pick, *Jüdisch-geschichtliche Stätten in Wien und den österreichischen Bundesländern*, Wien 1935.

M. Pollák, »Zsidó templomépités Magyarországon a XIX századtól a mai napig«, in: *Az Izraelita Magyar Irodalmi Társulat Kiadványai*, LVI, *Evkönyv*, 1934.

P. Ujvari (Hrsg.), *Magyár Zsidó Lexikon*, Budapest 1929.

Belgien

La Grande Synagogue de Bruxelles. Contributions à l'histoire juive de Bruxelles, 1878–1978, Brüssel 1978.

J. Gutwirth, »Antwerp Jewry Today«, in: *Jewish Journal of Sociology*, X, Nr. 1 (Juni 1968), S. 121–137.

Z. Szajkowski, »Bibliography of Jewish Periodicals in Belgium«, in: *Studies in Bibliography and Booklore*, IV, Nr. 3 (1960), S. 103–122.

Tschechoslowakei

E. Bachmann, *Eine spätstaufische Baugruppe im mittelböhmischen Raum*, Brünn und Leipzig 1940 (Kunstgeschichte in Sudeten- und Carpathenländern, 3).

V. Benda, *The State Jewish Museum in Prague*, Prag o. J.

L. Ehrmann, »Synagogen«, in: *Die Jüdischen Denkmäler in der Tschechoslowakei*, Hrsg. S. H. Lieben, Prag 1933, S. 6–9.

B. Foges und D. Podiebrad, *Altertümer der Prager Josefstadt*, Prag 1855.

H. Gold, *Die Juden und Judengemeinden Mährens in Vergangenheit und Gegenwart*, Brünn 1929.

A. Grotte, »Historische Baudokumente jüdischer Wanderung in Böhmen und Mähren«, in: *Jahrbuch der Gesellschaft für Geschichte der Juden in der Tschechoslowakischen Republik*, VII (1935), S. 399–410.

A. Grotte, »Vergessene Sakralbauten in Westböhmen«, in: *Technische Blätter, Zeitschrift des Deutschen Polytechnischen Vereins in Böhmen*, L (1918), S. 7–14.

J. Heřman und M. Vílímkova, *Die Prager Synagogen*, Prag 1970.

E. Laor, *Vergangen und ausgelöscht. Erinnerungen an das slowakisch-ungarische Judentum*, Stuttgart 1972 (Veröffentlichung des Leo-Baeck-Instituts, I).

O. Muneles, *Bibliographical Survey of Jewish Prague*, Prag [1952].

H. Volavková, *Zmizelá Praha, 3. Zidovské město Pražské*, Prag 1947.

R. Weltschied, *Das jüdische Prag*, Kronberg 1978.

Osteuropa und die UdSSR

R. Abramovitch, *The Vanished World*, New York 1947.

Z. Baker, »Bibliography of Eastern European Memorial Books: Updated and Revised«, in: *Toledot*, III, Nr. 2/3 (Herbst 1979/Winter 1980), S. 7–42.

M. Balaban, *Bibliographia historii żydów w Polsce . . . 1900–1939*, Warschau 1939; Neuauflage in polnischer Sprache mit englischem Titel: *Bibliography on the History of the Jews in Poland and the Neighboring Lands*, Einführung von E. Mendelsohn, Jerusalem 1978.

M. Balaban, *Bóżnice obronne na wschodnich kresach Rzeczpospolitej. Studia historyczne*, Warschau 1927.

M. Balaban, *Dzielnica żydowska, jej dzieje i zabytki*, Lemberg 1909 (Biblioteka Lwowska, 5, 6).

M. Balaban, *O warownych bóżnicach w Polsce, 1900–1939*, Warschau 1939.

M. Balaban, *Przewodnik po żydowskich zabytkach Krakowa*, Krakau 1935.

M. Balaban, »Wehrhafte Synagogen in den östlichen Randgebieten der polnischen Republik«, in: *Menorah*, V, Nr. 6/7 (1927), S. 369–376.

M. Balaban, *Zabytki historyczne żydów w Polsce*, Warschau 1929.

M. Bersohn, *Dyplomataryusz dotyczacy żydów w dawnej Polsce . . . 1388–1782*, Warschau 1910.

M. Bersohn, *Kilka słów o dawniejszych bóżnicach drewnianych w Polsce*, Krakau 1895–1903.

Black Book of Localities Whose Jewish Population Was Exterminated by the Nazis, Jerusalem 1965.

M. Borwicz, *A Thousand Years of Jewish Life in Poland*, Paris 1956.

R. Braham und M. Hauer, *Jews in the Communist World. A Bibliography, 1945–1962*, New York 1963.

A. Breier, M. Eisler und M. Grünwald, *Holzsynagogen in Polen*, Baden bei Wien 1934.

D. Buxton, *The Wooden Churches of Eastern Europe: An Introductory Survey*, Cambridge 1981.
D. Davidowitsch, *Beth Knesset be-Polen we-Hurbanim*, Jerusalem 1960. Englischer Titel: *The Synagogues of Poland and their Destruction.*
L. Dobroszycki und B. Kirshenblatt-Gimblett, *Image Before my Eyes: A Photographic History of Jewish Life in Poland, 1884–1939*, New York 1977.
Entsiklopedia schel Galujot (Enzyklopädie der Diaspora), Jerusalem 1953, wird fortgesetzt. Die bisher erschienen Bände befassen sich mit Osteuropa.
Z. Gloger, *Budownictwo drzewne i wyroby z drzewa w dawnej Polsce*, Bd. 1, Warschau 1907.
H. Gold, *Geschichte der Juden in der Bukowina*, 1, Tel Aviv 1958.
M. Goldstein, *Kultura i sztuka ludy żydowskiego na ziemach polskich*, Warschau 1935.
Z. Gostynski, *Les pierres racontent*, Paris 1973.
A. Grotte, »Die Beeinflussung jüdischer östlicher Sakralkunst durch Prager Vorbilder«, in: *Jahrbuch der Gesellschaft für Geschichte der Juden in der Tschechoslowakischen Republik*, VI (1934), S. 457–469.
A. Grotte, »Neuere Forschungen über kirchliche Verteidigungsbauten«, in: *Die Denkmalpflege*, XXIII, Nr. 7/8 (1921), S. 56–59.
A. Grotte, *Synagogenspuren in schlesischen Kirchen*, Breslau 1931 (Schriften der Gesellschaft zur Förderung der Wissenschaft des Judentums, 41).
M. Grünwald, »Was geschieht für die jüdischen Kunstdenkmäler in Polen?«, in: *Menorah*, VIII, Nr. 5/6 (1930), S. 261–263.
A. Heppner und I. Herzberg, *Aus Vergangenheit und Gegenwart der Juden und der jüdischen Gemeinden in den Posener Landen*, Koschmin 1904–1928.
Jevreiskaja Entsiklopedia, 1912.
P. Juckoff-Skopau, *Architektonischer Atlas von Polen (Kongreß-Polen)*, Berlin 1921 (Beiträge zur polnischen Landeskunde, Reihe B, Band 8).
Die Juden in Polen. Sonderheft von Menorah, V (1927); ursprünglich *Menorah*, V, Nr. 5/6 (1927).
A. Kubiak, »Żydowska architektura zabytkowa w Polsce«, in: *Biuletyn Żydowski Instytut Historyczny*, 1953, Nr. 6–7, S. 122–168; Nr. 8, S. 73–96.
I. Levitats, *The Jewish Community in Russia, 1844–1917*, Jerusalem 1981.
G. Lukomskii, *Jewish Art in European Synagogues*, London und New York 1947.
Y. L. Hacohen Maimon (Fishman) (Hrsg.), *Arim waimahat be'Jisrael*, Jerusalem 1969, wird fortgesetzt.
K. Moklowski, *Sztuka ludowa w Polsce*, Lemberg 1903.
A. Penkalla und J. Szczepański, »Żydowskie Budowle Instytutowe w miastach Guberni Radomskiej w Polowie XIX w.«, in: *Biuletyn Żydowski Instytut Historyczny* 1/101 (1977), S. 77–83.
K. und M. Piechotka, *Wooden Synagogues*, Warschau 1959.
L. Ran, *Jerusalem of Lithuania*, New York 1974.
J. Rothenberg, *Synagogues in the Soviet Union, Report to the Institute of East European Jewish Affairs, Brandeis University*, März 1966.
J. Rothenberg, *The Jewish Religion in the Soviet Union*, New York 1972, bes. Kap. 2: »Synagogues«.
I. Schiper, A. Tartakower und A. Hafftka (Hrsg.), *Żydzi w Polsce Odrodzonej*, Warschau [ca. 1932].
A. Shulman, *The Old Country. The Lost World of East European Jewry*, New York 1974.
Sistematicheskii ukasatel literatury o ewreikach na russkom lasike, St. Petersburg 1893.
P. Stoyanov, *Churches and Religions in the People's Republic of Bulgaria*, Sofia 1975, S. 72–75.
A. Szyszko-Bohusz, »Materjaly do architektury bóżnic w Polsce«, in: *Prace komisji Historii Sztuki*, IV, Nr. 1 (1927), S. 1–25.
E. Vinecour, *Polish Jews. The Final Chapter*, New York 1977.
P. Wasserman (Hrsg.), *Glos gminy żydowskiej*, Bd. 3, Warschau 1939.
R. Wischnitzer, »Mutual Influences between Eastern and Western Europe in Synagogue Architecture from the 12th to the 18th Centuries«, in: *YIVO Annual of Jewish Social Science*, II–III (1947–1948), S. 25–68.
R. Wischnitzer, »Synagogen im ehemaligen Königreich Polen«, in: *Das Buch von den polnischen Juden*, Hrsg. S. J. Agnon und A. Eliasberg, Berlin 1916, S. 89–105.
A. Y. Yodfat, »The Closure of Synagogues in the Soviet Union«, in: *Soviet Jewish Affairs*, III, Nr. 1 (1973), S. 48–56.
S. Zajczyk, »Architektura barokowych bóżnic murowanych w Polsce«, in: *Biuletyn Naukowy* (= *Biuletyn Historii Sztuki*), 1933, Nr. 4, S. 106–195.
S. Zajczyk, *Bóżnice drewniane na terenic woj. bialostockiego. Woj. bialostockie Przeszlość i zabytki*, Belostok 1928.

Frankreich

F. Ambrière (Hrsg.), *Guide religieux de la France*, Paris 1967.
R. Berg, C. Chemouny und F. Didi, *Guide juif de France*, Paris ca. 1967.
B. Blumenkranz, *Art et archéologie des juifs en France médiévale*, Toulouse 1980 (Collection Franco-Judaica, 9).
B. Blumenkranz, *Documents modernes sur les juifs XVIe-XXe siècles. I: Dépots parisiens*, Toulouse 1979.
B. Blumenkranz und M. Levy, *Bibliographie des juifs en France*, Toulouse 1974 (Collection Franco-Judaica).
Centre de documentation juive contemporaine. Bi-

bliothèque, Catalogue I: *La France de l'Affaire Dreyfus à nos jours*, Paris 1964.

H. Gross, *Gallia Judaica: Dictionnaire géographique d'après les sources rabbiniques*, Paris 1897 (Société des études juives, Publications); überarb. Aufl., S. Schwarzfuchs (Hrsg.), Amsterdam 1969.

E. Haymann, *Paris Judaica*, Paris 1979.

V. Issembert-Gannat, *Guide du judaïsme à Paris*, Paris ca. 1964.

A. Lunel, *Juifs du Languedoc, de la Provence et des états français du pape*, Paris 1975.

F. Narjoux, *Paris. Monuments élevées par la ville 1850–1880. Edifices religieux*, Paris 1883.

F. Raphael und R. Weyl, *Les juifs en Alsace. Culture, société, histoire*, Toulouse 1977 (Collection Franco-Judaica, 5).

E. Roditi, »Les centres communautaires. Un nouveau visage du judaïsme français«, in: *L'Arche*, 113 (Juli 1966), S. 14–19.

P. R. Roland-Marcel, *A Guide to Jewish Monuments*, Paris 1937.

Seine (Département), *Direction des Travaux de Paris. Inventaire général des œuvres d'art appartenant à la ville de Paris*, Bd. 4, 1886.

Z. Szajkowski, *Analytical Franco-Jewish Gazetteer, 1939–1945*, New York 1966.

Z. Szajkowski, *Franco-Judaica: An Analytical Bibliography of Books, Pamphlets, Decrees, Briefs, and other Documents Pertaining to the Jews of France, 1500–1788*, New York 1962.

Z. Szajkowski, *Jews and the French Revolutions of 1789, 1830, and 1848*, New York 1970.

Deutschland

Arbeitsinformationen über Studienprojekte auf dem Gebiet der Geschichte des deutschen Judentums und des Antisemitismus, in regelmäßiger Folge erscheinende Veröffentlichung.

N. B. Bamberger, »Synagogen in Württemberg«, in: *Israelitisches Wochenblatt* (Zürich), LXXXIV (3. Febr. 1984), S. 15–19.

V. Bendt und R. Bothe (Hrsg.), *Synagogen in Berlin. Zur Geschichte einer zerstörten Architektur*, Berlin 1983 (Stadtgeschichtliche Publikationen, herausgegeben von Rolf Bothe, 1).

A. Diamant, *Zerstörte Synagogen vom November 1938. Eine Bestandsaufnahme*, Frankfurt a. M. 1978.

I. Elbogen, M. Brann und A. Freimann (Hrsg.), *Germania judaica*, I, Frankfurt a. M. 1934 (Schriften der Gesellschaft zur Förderung der Wissenschaft des Judentums).

H. Eschwege, *Die Synagoge in der deutschen Geschichte*, Dresden 1980.

A. Freimann (Hrsg.), *Katalog der Judaica und Hebraica, I: Judaica*, Frankfurt a. M. (Stadtbibliothek) 1932.

H. Hammer-Schenk, »Ästhetische und politische Funktionen historisierender Baustile im Synagogenbau des ausgehenden 19. Jahrhunderts«, in: *Kritische Berichte. Mitteilungsorgan des Ulmer Vereins für Kunstwissenschaft*, III, Nr. 2–3 (1975), S. 12–24.

H. Hammer-Schenk, *Synagogen in Deutschland. Geschichte einer Baugattung im 19. und 20. Jahrhundert (1780–1933)*, Hamburg 1981, mit umfassender Bibliographie.

H. Hammer-Schenk, »Untersuchungen zum Synagogenbau in Deutschland von der ersten Emanzipation bis zur gesetzlichen Gleichberechtigung der Juden (1800–1871)«, Diss., Tübingen 1974 (überholt durch *Synagogen in Deutschland*).

F. Hundsnurcher und G. Taddey, *Die jüdische Geschichte in Baden*, Stuttgart 1968 (Veröffentlichung der Archivverwaltung, Baden-Württemberg, 19).

A. Kober, »Jewish Communities in Germany from the Age of Enlightenment to their Destruction by the Nazis«, in: *Jewish Social Studies*, IX, Nr. 3 (1947), S. 195–238.

M. Kreutzberger und I. Foerg (Hrsg.), *Leo Baeck Institute, New York. Bibliothek und Archiv. Katalog*, Bd. 1, Tübingen 1970.

H. Künzl, »Zur Aufnahme islamischer Architekturstile im Synagogenbau des 19. Jahrhunderts«, in: *Zeitschrift der deutschen Morgenländischen Gesellschaft. Supplement*, Bd. 3, Teil 2, *19. Deutscher Orientalistentag ..., 1975 in Freiburg im Breisgau, Vorträge*, Hrsg. W. Voigt, 1977, S. 1626–1631.

H. Künzl, »Synagogen«, in: *Die Kunst des 19. Jahrhunderts im Rheinland, I: Architektur*, Hrsg. E. Trier und W. Weyres, Düsseldorf 1980, S. 339–346.

H. Ottenheimer, »The Disappearance of Jewish Communities in Germany, 1900–1938«, in: *Jewish Social Studies*, III (1941), S. 189–206.

P. Rieger, *Jüdische Gotteshäuser und Friedhöfe in Württemberg*, Augsburg 1932.

H. Rosenau, »German Synagogues in the Early Period of Emancipation«, in: *Publications of the Leo Baeck Institute. Yearbook*, VIII (1963), S. 214–225.

H. Rosenau, »Gottfried Semper and German Synagogue Architecture«, in: *Publications of the Leo Baeck Institute. Yearbook*, XXII (1977), S. 237–244.

H. O. Schembs (Hrsg.), *Bibliographie zur Geschichte der Frankfurter Juden, 1781–1945*, Frankfurt a. M. 1978.

K. Schwarz, »Jüdische Kultbauten«, in: *Kunst und Kirche*, VII, Nr. 2/3 (1930), S. 89–92.

R. Thalmann und E. Feinermann, *Crystal Night, 9–10 November, 1938*, New York 1974.

Verband der jüdischen Gemeinden in der DDR, *Gedenke! Vergiß nie! 40. Jahrestag des faschistischen »Kristallnacht«–Pogroms*, Berlin 1979.

Wiener Library Catalog Series: Nr. 3, *German*

Jewry: Its History, Life, and Culture, Bd. 1, Hrsg. I. R. Wolff, London 1958; Nr. 8 (= Bd. 2), Hrsg. H. Kehr, London 1978.

H. Zopf und G. Heinrich, *Berlin-Bibliographie bis 1960 in der Senatsbibliothek Berlin*, Berlin 1965 (Veröffentlichung der Historischen Kommission zu Berlin beim Friedrich-Meinecke-Institut der Freien Universität, 15, Bibliographie, Band 1).

Iberische Halbinsel

R. Amador de los Rios y Villalta, *Toledo*, Madrid 1905, S. 242–285 (Monumentos arquitectónicos de España, 1).

E. Ashtor, *The Jews of Moslem Spain*, Philadelphia 1973.

F. Baer, *Die Juden im christlichen Spanien*, Berlin 1936.

F. Cantera y Burgos, »Identificación de nuevas sinagogas en España, in: *Sefarad*, XXII (1962), S. 3–16.

F. Cantera y Burgos, *Sinagogas de Toledo, Segovia, y Córdoba*, Madrid 1973.

F. Cantera y Burgos, *Sinagogas españolas, con especial estudio de la de Córdoba y la toledana de El Tránsito*, Madrid 1955.

J. Contreras y Lopez de Ayala, Marquez de Lozoya, *Historia del arte hispánico*, Barcelona 1932–1949, Bd. 2, S. 439–468.

M. Kayserling, *Biblioteca espagñola-portugueza judaica. Dictionnaire, Bibliographie*, Nieuwkoop 1961.

H. Künzl, »Die mittelalterlichen Synagogen in Spanien«, in: *Emuna*, VII (1972), S. 175–181.

P. Riera Vidal, *The Jews of Toledo and Their Synagogues*, Toledo 1975 (englische Ausgabe eines spanischen Werks von 1958).

R. Singerman, *The Jews in Spain und Portugal. A Bibliography*, New York und London 1975.

L. Torres Balbas, *Arte almohade. Arte nazarí. Arte mudéjar*, Madrid 1949 (Ars hispaniae, 4).

Italien

V. Campajola, »Il ghetto di Roma«, in: *Quaderni dell' Istituto di storia dell'architettura (Università Roma)*, Reihe 12, Heft 67–70 (1965), S. 67–84.

D. Cassuto, *Ricerche sulle cinque sinagoghe (scuole) de Venezia. Suggerimenti per il loro ripristino*, Jerusalem 1978.

U. Fortis, *Jews and Synagogues*, Venedig 1973.

S. Kirchstein, »Eine italienische Reise«, in: *Menorah*, VII, Nr. 1 (1929), S. 50–62; Nr. 2, S. 76–85.

H. J. Leon, *The Jews of Ancient Rome*, Philadelphia 1960, bes. S. 135–166.

E. Loevinson, »Die Juden Italiens«, in: *Ost und West*, XII, Nr. 9 (1912), Spalten 845–854.

A. Milano, *Bibliografia degli studi sulla storia degli ebrei in Italia (1964–66)*, in: *Israel. La rassegna mensile*, XXXII (1966), Sonderheft.

A. Milano, *Bibliotheca historica italo-judaica*, Florenz 1954; Supplement, Florenz 1964.

A. Milano, *Il ghetto di Roma*, Roma 1964.

A. Milano, »Immagini del passato ebraico«, in: *Israel. La rassegna mensile*, XXXIII (1967) und XXXIV (1968), *passim*.

A. Milano, »Le sinagoghe del vecchio ghetto di Roma«, in: *Studi romani*, VI (1958), S. 138–159.

E. Morpurgo, »Bibliografia della storia degli ebrei nel Veneto«, in: *Rivista israelitica* VII (1910), S. 180–190; VIII (1911), S. 14–29, 68–81, 106–126, 215–229; IX (1912), S. 49–79, 127–152, 214–233.

J. Pinkerfeld, *Beth ha-knesset be'Italja*, Jerusalem 1954 (Die Synagogen von Italien).

Niederlande

P. Bregstein, *Herinnering Joods Amsterdam*, Amsterdam 1978.

H. Brugmans und A. Frank (Hrsg.), *Geschiedenis der Jooden in Nederland*, Bd. 1, Amsterdam 1940.

Encyclopaedia sefardica neerlandica, Amsterdam 1940–1950.

M. H. Gans, *De Amsterdamse Joodenhoek in foto's, 1900–1940*, Baarn [1974].

M. H. Gans, *De oude Amsterdamse Joodenhoek nu*, Baarn 1975.

M. H. Gans, *Memorbook. History of the Dutch Jewry from the Renaissance to 1940*, Baarn 1977.

D. Hausdorff, *Jizkor. Platenatlas van drie en een halve eeuw geschiedenis van de Joodse gemeente in Rotterdam van 1610 tot ca. 1960*, Baarn 1978.

J. J. van Agt, *Synagogen in Amsterdam*, Den Haag 1974.

J. J. van Agt u. a., *De Tempel van Salomo. Een terugblik in het nabije en verre verleden ter gelegenheid van de feestelijke opening van de Synagoge bij de Prinsessegracht in Den Haag*, Den Haag 1976, bes. S. 14–40.

J. Verheul, *De nederlandsch-israelitische gemeente en hare oude synagoge te Rotterdam*, Rotterdam 1938.

J. Verheul, »Synagogues in the Netherlands«, in: *Studies on the History of Dutch Jewry*, III (1981), S. 89–123 (hebräisch mit englischem Titel).

Großbritannien

Catalogue of the Exhibition of Anglo-Jewish Art and History in Commemoration of the Tercentenary of the Resettlement of the Jews in the British Isles, London 1956.

J. Jacobs und L. Wolf (Hrsg.), *Anglo-Jewish Historical Exhibition 1887*, London 1888.

J. Jacobs und Z. Wolf (Hrsg.), *Bibliotheca Anglo-Judaica*, London 1888.

E. Jamilly, »Anglo-Jewish Architects and Architecture in the 18th and 19th Centuries«, in: *Jewish Historical Society of England. Transactions*, XVIII (1958), S. 127–141.

E. Jamilly, »Synagogue Art and Architecture«, in: *A Century of Jewish Life, 1870–1970*, London 1971, S. 75–91.

R. P. Lehmann, *Anglo-Jewish Bibliography, 1937–1970*, London 1971, bes. S. 160–180, 291–321.

R. P. Lehmann, *Nova Bibliotheca Anglo-Judaica, 1937–1960*, London 1961, bes. S. 65–84, 175–193.

S. S. Levin (Hrsg.), *A Century of Anglo-Jewish Life, 1870–1970*, London 1970.

V. D. Lipman, »The Rise of Jewish Suburbia«, in: *Jewish Historical Society of England. Transactions*, XXI (1968), S. 78–103.

V. D. Lipman, *Social History of the Jews in England*, London 1954.

S. J. Prais, »Synagogue Statistics and the Jewish Population of Great Britain, 1900–1970«, in: *Jewish Journal of Sociology*, XIV, Nr. 2 (Dez. 1972), S. 215–228.

C. Roth, *The Federation of Synagogues, 1912–1937*, London 1937.

C. Roth, *The Rise of Provincial Jewry: The Early History of the Jewish Communities in the English Countryside, 1740–1840*, London 1950.

A. Rubens, *A Jewish Iconography*, London 1954 (überarbeitete Auflage, ca. 1980, nicht eingesehen).

S. Sharot, »Reform and Liberal Judaism in London, 1840–1940«, in: *Jewish Social Studies*, XLI, Nr. 3–4 (1979), S. 211–228.

S. Sharot, »A Religious Change in Native Orthodoxy in London, 1870–1914: The Synagogue Service«, in: *Jewish Journal of Sociology*, XV, Nr. 1 (Juni 1973), S. 57–78.

Verzeichnis ausgewählter Architekten

Synagogen, die von dem (oder den) Architekten entworfen und gebaut wurden, erscheinen zuerst in chronologischer Reihenfolge. Dann folgen Wettbewerbsentwürfe und Synagogen, die der (oder die) Architekt(en) um- oder neu aufgebaut haben. Alle Synagogen, die zeitlich nicht einzureihen sind, erscheinen am Ende in alphabetischer Ordnung.

Christliche Architekten

Zu den Hof- und Regierungsarchitekten, die Synagogen entwarfen, gehörten:

Antoine d'Allemand: Carpentras (Neugestaltung), 1741–1742
Friedrich Wilhelm von Erdmannsdorff: Wörlitz, 1788–1790
Ludwig von Förster: Wien, Tempelgasse, 1853–1858; Budapest, Dohány-Straße, 1854–1859; Miskolcz, 1861–1863
M. Hermans: Maastricht, 1839–1840
J. A. Joffroy: Avignon, 1846–1848
A. Matuszynski: Goersdorf, 1851– ca. 1855; Trimbach, 1865
G. F. Maybaum: Amsterdam, Neue aschkenasische Synagoge, 1750–52
Johann B. Métivier: München, 1824–1826
J. A. Mulock Houwer: Deventer, 1891–1892
Leopold Retti: Ansbach, 1744–1746
Daniel Stalpaert: Amsterdam, Große aschkenasische Synagoge, 1670
Friedrich Weinbrenner: Karlsruhe, 1798–1806

Bezirksarchitekten fertigten zumindest die Lagepläne für Synagogen in Remiremont (ca. 1870–1880), Wissembourg (ca. 1869–1870), Surbourg (ca. 1864) sowie sicher die Synagogengrundrisse in Hochfelden (1854), Minversheim (1865), Osthouse, Uttenheim, Westhausen und Zellwiller (alle zwischen 1860 und 1870) an.

Stadtarchitekten fertigten Synagogengrundrisse in Vesoul (1873–1875), Stettin (1871–1875), Amersfoort (1727) und Ansbach (Umbau, 1842–1843) an.

Folgende Architekten mit bedeutendem lokalem oder internationalem Ruf planten Synagogen:

Alessandro Antonelli: Turin, 1863 ff.
Peter Behrens: Sillein, 1928–1930
Luca Beltrami: Mailand, 1891
P. J. H. Cuypers: Eindhoven, 1866
Friedrich Eisenlohr: Mannheim, 1853
Ludwig von Förster: siehe oben, Wien, Budapest, Miskolcz
Hector Guimard: Paris, Rue Pavée, 1911–1913
G. F. Hetsch: Kopenhagen, 1831–1833
Josef Hoffmann: Entwürfe für Sillein, ca. 1927–1928
Peter Jürgensen und Jürgen Bachmann: Frankfurt am Main, Israelitische Religionsgesellschaft, 1904–1907
Eduard Knoblauch: Berlin, Heidereutergasse, Erweiterung, 1853–1856; Oranienburger Straße, 1859–1866
Edmund Körner: Essen, Steeler Straße, 1908–1913; Wettbewerbsentwurf für Frankfurt am Main, Westend, 1907
Josef Kornhäusel: Wien, Seitenstettengasse, 1824–1826
Peter Joseph Krahe: Düsseldorf, 1787–1790
András Landherr (zus. mit Mihály Pollak?): Budapest-Alt-Ofen, 1820; vielleicht auch Hunkovče, 1821, und Abony
Karl F. Langhans: Breslau, Storch-Synagoge, ca. 1820
Franz Roeckle: Frankfurt am Main, Westend, 1907–1910
Fredrik Vilhelm Scholander: Stockholm, 1870
Gottfried Semper: Dresden, 1838–1840; Entwurf für Paris, 1849
James Spiller: London, Große aschkenasische Synagoge, 1788–1790
Gustav Stier: Berlin, Johannisstraße, 1854
Vojtěch Ignaz Ullmann: Prag, Duschni-Straße, 1868
Friedrich von Gärtner: Ingenheim, 1830–1832
Otto Wagner: Budapest, Rumbach-Straße, 1869–1872
Friedrich Weinbrenner: siehe oben, Karlsruhe
Sir E. Owen Williams: London, Dollis Hill, 1937
Ernst Zwirner: Köln, Glockengasse, 1857–1861

Jüdische Architekten

Architekten von Synagogen in Österreich-Ungarn:

Lipót Baumhorn entwarf vierundzwanzig Synagogen, darunter: Gran, 1888–1890; Nagy Becskerek, 1895; Szegedin, 1899–1903; Budapest, Aréna-(Dossa Gyorgy) Straße, Páva-Straße, 1923,

Csáky-Straße, 1927; Gyöngyös, 1929; Budapest, Bethlen-Platz, 1931 die drei letzten zusammen mit György Somogyi); Fiume; Teilnahme am Wettbewerb für Sillein.

Otto Eisler: Brünn, Agudass-Achim-Synagoge, 1936

Max Fleischer: Wien, Schmalzhofgasse, 1883-1884; Budweis, 1888; Hohenau, Krems und Pilgram, um 1890; Wien, Müllnergasse, 1888—1889, Neudeggergasse, 1900—1903; Synagoge des Allgemeinen Krankenhauses, 1903; kleine Synagogen, die nicht genau aufgeführt sind; Umbauten des Innenraums in Lundenburg und Nikolsburg

Dezsö Freund: Budapest, Nagyfuvaros-Straße, 1922

Jacob Gartner: Olmütz, 1896—1897; Troppau, 1896—1897; Wien, Humboldtgasse, 1896; Klukkygasse, 1898; Braunhubergasse, 1898; Debrezin, Freistadt, Holleschau und Pilsen

Alfred Grotte: Tachau, 1912; Pinne, 1912—1913; Posen, Synagoge des Altersheim- und Invalidenkrankenhauses der Latz-Stiftung, 1914; Militsch, 1928; Umbau Prag, Meisel-Synagoge, 1893—1905

Karl König: Wien, Turnergasse, 1871—1872; Reichenberg, 1888

Béla Laita: Budapest, Pest Hewra Kaddischa, Armenhaus-Betsaal, 1910; Abony-Straße, Knabengymnasiums-Synagoge, 1923

Henryk und József Lipovzky: Szegedin, 1842

Béla und Sándor Löffler: Budapest, Kazinczy-Straße, Orthodoxe Synagoge, 1911—1913; einer von ihnen nahm am Wettbewerb für Antwerpen, Van Nestlei teil, 1923, und baute ein Lagerhaus in der Rue Ambroise Thomas, Paris, in die Raschi-Synagoge um, 1935

Oskar Marmorek: Teilnahme am Wettbewerb Triest, 1903

Berthold Marmorstein und Richard Straßmann (jüdisch?): Moravská-Synagoge, Ostrau

Matouschek (Jude?) und Adler: Teilnahme am Wettbewerb Triest, 1903

Richard Neutra: Teilnahme am Wettbewerb Wien-Hietzing, 1924

Ede Novák und István Hamburger: Budapest, Lágymányos Bezirks-Synagoge, 1926

Károly Hugo Schönteil: Budapest-Kóbánya, 1911

Izidor Sterck: Budapest, Mädchenwaisenhaus-Synagoge, 1911

Wilhelm Stiassny: Teplitz, Šanov, 1882; Malazka, 1886—1887; Wien, Leopoldgasse, 1893; Prag, Královské Weinberge, 1896—1898, Jerusalem Straße (mit L. Richter), 1906; Caslau; Gablonz; Umbau Wien, Seitenstettengasse und Tempelgasse; Entwürfe für Regensburg

Oskar Strnad: Teilnahme am Wettbewerb Triest, 1903

László Vago und Ferenc Faragó: Budapest, »Helden-Tempel«-Kriegsgedenkkapelle, neben der Synagoge in der Dohány-Straße, 1935

Architekten von Synagogen in Frankreich:

Alfred Philibert Aldrophe: Paris, Rue de la Victoire, 1865—1874; Rothschild-Waisenhaus-Betsaal, ca. 1874; Versailles, 1886

Braun und Dayan: Sarcelles, 1965

Abraham Hirsch: Lyon, 1864—1868

Edmond Lévy: unterzeichnete Kostenvoranschläge für Rouen, ca. 1864

Gustave Lévy: Wiederaufbau und Erweiterung der Synagoge in Bayonne, 1867

Robert Lévy: Niederroedern, Bischwiller, Wiederaufbau Osthoffen vielleicht Erweiterung Duttlenheim, alle zwischen 1858 und 1865

Claude Meyer-Lévy: Straßburg, 1958; St. Dié

Nathan Nathan, alias Salomon, (wahrscheinlich identisch mit Salomon Nathan): Fontainebleau, 1857; Marseille, 1860—1864 (von Salomon Nathan)

Alexandre Persitz (mit *A. G. Heaume,* Religionszugehörigkeit unbekannt): Paris, Abrabanel, 1962; Teilnahme am Wettbewerb Straßburg

Ionel Schein: Paris, Rue Gaston-de-Caillavat, 1980

Jacob Silveyra: Paris, Notre-Dame de Nazareth, 1819—1822 (mit *J. P. Sandrié,* Christ)

Stern und Pietrasanta: Fontainebleau, 1964

Emile Ulmann: Neuilly, 1877—1878

Architekten von Synagogen in Deutschland (Grenzen von 1939):

Friedrich Adler: Modellsynagoge der Werkbund-Ausstellung, Köln, 1914

Felix Ascher mit *Robert Friedmann:* Hamburg, Oberstraße, 1929—1930

Alexander Beer: Berlin, Kottbuser (jetzt Fraenkel-) Ufer, 1912-1916; Prinzregentenstraße, 1922—1930; Entwürfe für Klopstockstraße, 1928; Agricolastraße, 1930

Oskar Bloch: Schwäbisch Gmünd (mit *Ernst Guggenheimer*), 1926; Teilnahme am Wettbewerb Zürich, ca. 1928

S. Engel: Hamburg, Bornplatz (mit *E. Friedheim*), 1905—1906; Hoheluftchaussee, 1909

Max Fraenkel: Berlin, Münchener Straße, 1909—1910

E. Friedheim: siehe oben, *S. Engel;* Synagoge der Oppenheimer-Stiftung, Hamburg, 1907—1908

Eduard Fürstenau (Jude?): Dortmund, 1895—1900; Bielefeld, 1900—1905

Carl Gerle: Aachen, Bremen, Hagen, Minden, Mülheim, Paderborn, Recklinghausen, alle in den 1950er Jahren

Helmut Goldschmidt: Bonn, Dortmund; Umbau Köln, Roonstraße, alle ca. 1956—1959

Ernst Guggenheimer: siehe oben, *O. Bloch,* Stuttgart, 1952

Hermann Guttmann: Offenbach, 1956; Düsseldorf, 1958; Villeurbanne, Frankreich (mit *Raymond Carpe,* Christ), 1964; Osnabrück, 1969; Würzburg (mit *Rudolf Schlick*, Religionszugehörigkeit unbekannt), 1970

Wilhelm Haller: Teilnahme am Wettbewerb Hamburg, Oberstraße; Entwürfe für Friedhofskapelle

Emil Hecht: Konsolidierung der Nürnberger Synagoge von 1864 im Jahre 1902

Johann Höniger (mit Partner *Sedelmeier*, Religionszugehörigkeit unbekannt): Berlin, Rykestraße, 1902–1904; Artilleriestraße, 1903–1904; Levetzowstraße, 1912–1914 (1919 eingeweiht); Teilnahme an Wettbewerben Berlin, Lindenstraße und Lützowstraße, Darmstadt, Dortmund und Frankfurt am Main, Israelitische Religionsgesellschaft; Chemnitz; Posen

Rudolf Joseph: Dieburg, 1927–1929; Paris, Orthodoxe Synagoge, ohne Namen, ca. 1934–1935 (Archiv des Leo Baeck Institute, Sammlung R. Joseph)

Richard Kaufmann: Bad Nauheim, 1929

Siegfried Kusnitzky: Frankfurt am Main, Horowitz-Synagoge, 1881–1882; Entwürfe für Danzig, 1881

Fritz Landauer: Augsburg (mit *Heinrich Lömpel*), 1912–1917; Plauen, 1927–1929; London, Alyth Gardens, 1935–1936; Willesden (mit *Wills und Kaula*), 1937–1938; Teilnahme am Wettbewerb Würzburg, 1922, und Wien-Hietzing, 1924; Hamburg, Oberstraße, 1929 *Ludwig Levy:* Kaiserslautern, 1882–1886; Pforzheim, 1893; Luxemburg, 1883–1894; Baden-Baden, 1899; Bingen, 1905; Barmen, Rastatt, Rostock; Entwürfe für Bamberg 1907; Saarbrücken; Berater in Augsburg, ca. 1907

Emanuel Josef Margold: Entwurf für Dieburg, 1926

Erich Mendelsohn: Tilsit, 1925–1926

Leo Nachtlicht: Teilnahme am Wettbewerb Berlin, Klopstockstraße, 1929

Fritz Nathan: Umbau von Synagogen in Frankfurt am Main, Friedberg in Hessen, Konstanz, Mannheim und Klaus; Teilnahme am Wettbewerb Zürich ca. 1928

W. Nathanson, Maurermeister: Randers, 1858

Edwin Oels Oppler: Hannover, 1864–1870; Breslau, 1865–1872; Schweidnitz, 1877; Hameln, 1878–1879; Bleicherode, 1882; Teilnahme am Wettbewerb München, 1871–1872; Karlsbad, 1874; Nürnberg; vielleicht Norderney, ca. 1877

A. Rosengarten: Kassel, 1836–1839; Hamburg, Sephardische Synagoge, 1852; Hamburg, Kohlhöfen, 1854; Hamburg, Alte und Neue Klaus, 1858

Harry Rosenthal: Privathaus-Synagoge (für Ausstellungen in Berlin und Stuttgart, 1929 und 1930); Teilnahme am Wettbewerb Berlin, Klopstockstraße (mit F. Nathan), 1929

Franz Salomon: Berlin-Siegmundshof, 1924–1929

Otto Simonson: Leipzig, 1853–1854

Robert Stern: Köln-Ehrenfeld, 1927

P. L. Wiener (mit Partner *Jaretzki*, Religionszugehörigkeit unbekannt): Teilnahme am Wettbewerb Berlin, Klopstockstraße, 1929

Richard Wolffenstein (mit Partner *Wilhelm Cremer*, Christ): Berlin, Lindenstraße, 1888–1891; Königsberg, 1892–1896; Berlin-Spandau, 1894; Berlin, Lützowstraße, 1896–1898; Posen, 1907–1913; Dessau, ca. 1907–1909; Teilnahme am Wettbewerb Dortmund und Essen, Steeler Straße

Architekten von Synagogen in Italien:

Angelo di Castro: Livorno, 1959–1962

Eugenio Gentili (mit *Manfredo d'Urbino und Alessandro Rimini*): Umbau Synagoge von Mailand, 1953–1954

Marco Treves: Pisa, 1863; Florenz (mit christlichen Partnern), 1874–1882

Architekten von Synagogen in den Niederlanden und Belgien:

Jacob Baars: Amsterdam, Linnaeusstraat, 1927–1928; Den Haag, Carpentierstraat, 1938 Rotterdam (mit *Jan van Duin*, Religionszugehörigkeit unbekannt), 1955–1956; Umbau einer Kirche in Bussum in eine Synagoge, 1931

Joseph DeLange: Ostende, ca. 1900–1910; Antwerpen, Hovenierstraat, ca. 1910–1913; Antwerpen, Van den Nestlei, 1923–1929

Harry Elte: Amsterdam, Jacob Obrechtplein, 1928; Den Helder, ca. 1930; Wiederaufbau Synagoge Utrecht, 1926; Restaurierung Synagoge Amersfoort, 1927

A. Elzas: Amsterdam, Lekstraat, 1934–1938

Jules Hofman: Antwerpen, Oostenstraat, 1911–1913

Oscar Leeuw (Jude?): Nimwegen, 1911–1912

E. M. Rood: Amsterdam, Gerard Doustraat, 1892; Monnikendam, 1894

Abraham und G. B. Salm (Jude?): Amsterdam, Rapenburger Straße, 1881–1883; Wiederaufbau Amsterdam, Lange Houtstraat, 1894

L. Waterman: Amsterdam, Liberale Synagoge, 1966

Leon Winkel: Delft, 1861–1862

Architekten von Synagogen in Großbritannien:

Cyril Adler: London, Smith Terrace, 1959

Hyman Henry Collins: London, Bryanston Street, Sephardische Synagoge, 1862–1863; Southampton, 1865; Chatham, 1866–1870; London-Borough, New Synagogue, 1867; Barnsbury, 1868; Bristol, 1871; Teilnahme am Wettbewerb London, Upper Berkeley Street, 1867, und Liverpool, 1872, Instandsetzung London, Western Synagogue, 1857, und London, Abbey Road, 1880

Barrow Emanuel (mit Partner *Henry David Davis*, Christ): London, Upper Berkeley Street, 1867–1870; London, Stepney Green, 1876; London, Lauderdale Road, 1896

C. J. Epril (oder *Eprile*, zusammen mit *Hersh*): London, Walm Lane; Cambridge, beide in den 1930er Jahren

Alexander Flinder: London, Pinner, 1979–1982
Ernest Freud: London, Stepney Green, Betsaal des Jüdischen Krankenhauses, 1958
Delissa Joseph (Neffe von N. S. Joseph): London, Hammersmith, 1890; London, Hampstead, 1892; London, South Hackney, 1897; London, Finsbury Park, 1901; London, New Cross, 1904; Cardiff, 1897; Manchester-Withington
Nathan Solomon Joseph (teilweise mit Partnern): London, Bayswater, 1862–1864; Central, 1866–1870; Belfast, Victoria Street, 1870; London, New West End, 1878–1879; Dalston, 1885; Entwurf für Manchester
B. S. Jacobs: Berater in Belfast, 1904
Karl Kapolka (mit *Eugene Rosenberg* von Yorke, Rosenberg & Mardall): Belfast, 1961–1964
Fritz Landauer: siehe unter Deutschland
Eric Lyons: London, Belsize Square, 1950er Jahre
David Mocatta: Ramsgate, 1831–1833; London, Bruton Street, 1842; London, Margaret Street, 1849; Berater bei London, Upper Berkeley Street
Edward Salomons: London, Bayswater (mit *N. S. Joseph*), 1862–1863; Manchester, Cheetham Hill, Sephardische Synagoge, 1872–1874; Teilnahme am Wettbewerb Liverpool, 1872
Derek Sharp: London, Amhurst Park; Hove Reform, 1960er Jahre
Lewis Solomon: London, Old Castle Street, 1872; London, Spital Square, 1886; London, Bethnal Green, 1891; London, New Hambro, 1899; London, Stoke Newington, 1903
David Stern (und Partner): London, Kingsbury, ca. 1970
Joseph Sunlight: Vollendung Manchester-Withington, 1927
Harald Weinreich: London, Woodford, 1954

Die Namen der Architekten sind überwiegend folgenden Quellen entnommen:

Archive:
Paris – Archives Nationales, Akte F 19; Consistoire Israélite
London – United Synagogue Archives; Royal Institute of British Architects, Drawings Collection
Düsseldorf – Zentralrat der Juden in Deutschland, *Allgemeine unabhängige jüdische Wochenzeitung*
Wien – Österreichische Nationalbibliothek, Photographiensammlung
New York – Leo Baeck Institute

Jüdische Enzyklopädien, die in der Bibliographie zitiert werden:
Allgemeine Geschichten der Synagogenkunst und -architektur, die in der Bibliographie zitiert werden, vor allem die von Roth und Wischnitzer, Hammer-Schenk, Bendt & Bothe, Eschwege, Osborn und Wolf für Deutschland; E. Jamilly für England; van Agt für die Niederlande; Heller und Vajda für Ungarn

Jüdische Gemeindegeschichten, in jüdischen Enzyklopädien und in Bibliographien zitiert, die in meiner eigenen Bibliographie aufgeführt sind, vor allem die von Kreutzberger und Foerg, L. A. Mayer und I. Wolff für Deutschland; Blumenkranz für Frankreich; Milano für Italien; Jacobs und Wolf, Roth und Lehman für England

Stichwortverzeichnisse zu jüdischen Zeitschriften und Stichwortverzeichnis zum *Jewish Chronicle*

Bildquellen

Alle Angaben
beziehen sich auf die Abbildungsnummern.

Zeichnungen von Madelaine Fava: 1, 6, 31, 40, 44, 50, 60, 127, 167, 195, 217, 220
Menorah 1923/24: 2, 3; 1929: 161; 1931: 158
Kupferstichkabinett SMPK, Berlin: 4
Trustees of the British Library (MS Or. 2884): 5
Autor: 7, 16, 17, 21–23, 36, 42, 51, 70–73, 80, 81, 102, 111, 113, 233, 241, 242, 248, 249
Helmut Eschwege: 8, 9
Polska Akademia Nauk. Instytut Sztuki, Warschau: 10, 78, 79, 92, 95–97
Universität Krakau, Photoarchiv: 11, 77, 84, 86
Archiv des YIVO Institute for Jewish Research: 12, 35, 52, 53, 94, 188–190
Leo Baeck Institute, New York: 13, 125, 126, 144, 165, 179
Erich Mendelsohn, Das Gesamtschaffen des Architekten: 14, 15
Bundesdenkmalamt Wien: 18, 19
Nikolaus Vielmetti: 20
Sándor Scheiber: 24, 55, 57
H. Gold: *Die Judengemeinde Bratislava in Vergangenheit und Gegenwart:* 25–27
Lŭdovit Dojč: 28
Deutsche Bauzeitung 1907: 143; 1929: 29, 30; 1931: 156
Der Architekt 1906: 210, 211; 1916/19: 32, 33; 1919: 66
Ellen C. Schwartz: 34
Rachel Wischnitzer: 37, 93, 118, 164, 172, 173
Denkmalamt, Budapest: 38, 49, 41, 54
Der Bautechniker 1891: 43, 45
Savez Jevreijskih opština Jugoslavije, Belgrad: 46
Antun Tasovac: 47
Bildarchiv und Porträtsammlung, Österreichische Nationalbibliothek, Wien: 48, 56, 58, 63–65, 69
Nationalmuseum, Prag: 49
Mark Epstein: 59
Graphische Sammlung Albertina, Wien: 61, 62
Royal Institute of British Architects, London: 67, 155, 235, 236
Dione Neutra: 68
Grotte: *Deutsche:* 74, 75, 82, 83, 85, 87, 169
Zeichnungen von Anne Lacy: 76, 166, 186
Jonathan Porath: 88
Central Archives for the History of the Jewish People, Jerusalem, Photo Nr. 2662: 89
Jesse Zel Lurie: 90, 91
Leon Joelson: 98–100
Andrzej Stasiak: 101
Norman Golb: 103
Photo Daniel Franck, Paris: 104, 105, 107
Photo Roger-Viollet, Paris: 106, 114
Archives Nationales, Paris: 108, 109
Oscar Israelowitz: 110, 119, 231
Photo Couturier: 112
Alfred E. Willis: 115, 116
Jochen Littkemann: 117
Bayerisches Landesamt für Denkmalpflege, München: 120, 121
Märkisches Museum, Berlin/DDR: 122
Zeitschrift für Bauwesen 1886: 123
Illustrated London News 1866: 124
Innen-Dekoration 1917: 128
Bildarchiv Foto Marburg: 129, 130, 139, 140
Aargauische Kantonsbibliothek, Aarau (MS BNQ 50:1): 131–133
Aargauische Denkmalpflege, Aarau: 134–137
R. Klapheck: *Die neue Synagoge in Essen:* 138
Bernhard Schaub: 141
Verkehrsamt der Stadt Essen, Photo Günter Schleder: 142
Der Baumeister 1907: 145
Krautheimer: *Mitt. Syn.:* 146, 147
Germanisches Nationalmuseum, Nürnberg: 148
Oskar Wolfsberg-Aviad, *Jüdische Gemeinde in Hamburg:* 149
Gert von Bassewitz: 150, 153
Page Ayres Cowley: 151, 152
B. Italiener: *Festschrift zum 120jährigen Bestehen des israelitischen Tempels in Hamburg:* 154
Baugilde 1932: 157
Forum 1931: 158–160
Historisches Museum am Hohen Ufer, Hannover: 162, 163
Photo Stadtarchiv Worms: 168, 170, 171
Muzeum Architektury we Wrocławiu, Breslau: 174–177
F. Schorbach: *Edwin Oppler, Architektonische Entwürfe:* 178
Arquitectura 1931: 180, 183
The New York Public Library. Astor, Lenox, and Tilden Foundations. Art, Prints, and Photograph Division (P. de la Escosura: *España artístico y monumental*): 181
Fotografías y ampliacciones MAS, Barcelona: 182, 184, 185

Photo Nabão, Tomar. Manuel de Oliveira: 187
Photo Francesco Colonelli. Comunità Israelitica, Ancona: 191
Photo Giulio Borbon: 192
Alinari: 193, 194, 206, 214, 216
Foto Arte, Livorno: 197–199
Museo d'arte antica, Mailand: 200
Metron 1954: 201
Maria Floriani Squarciapino: 202
Gabinetto Comunale Stampe. Archivio Fotografico Comunale Rom: 203, 204
G. Accasto et al.: *L'architettura di Roma capitale:* 205
Robert Kupferman: 207
Mario Stock: 208, 209, 212, 213
L'ingegneria civile e le arti industriali 1875: 215
Museo Correr, Venedig: 218, 219, 222
Osvaldo Böhm, Venedig: 221
Rijksmuseum-Stichting, Amsterdam: 224, 225, 228
Gemeente Archief, Amsterdam: 227, 229, 230, 232
Rijksdienst voor de Monumentenzorg, Zeist: 223
Algemeen Nederlands Persbureau (ANP), Amsterdam: 226, 234
Photo PAT-Per Anders Thunqvist, Stockholm: 237, 238
Photo Henk Snoek, Architekten Yorke, Rosenberg and Mardall: 239, 240
Royal Commission on Historical Monuments, London: 243
Archiv United Synagogue, London: 244
The New York Public Library. Astor, Lenox, and Tilden Foundations. Art, Prints, and Photograph Division (R. Ackermann: *Microcosm of London* III): 245
Greater London Council, Photograph Library: 246, 247
Paul Press: 250, 251
D. A. Jessurun Cardozo und P. Goodman, *Think and Thank:* 252, 253

Namenverzeichnis

Ortsverzeichnis